国学经典文库

中国二十大名著

图文珍藏版

描述奇事冤案与怪异世界 道尽功名利禄与人世沧桑

警世通言

第十一册

中国名篇

[明]冯梦龙○著

马博○主编

线装书局

图书在版编目（CIP）数据

警世通言 / (明) 冯梦龙著. -- 北京：线装书局，
2016.1
（中国二十大名著 / 马博主编）
ISBN 978-7-5120-2004-7

Ⅰ.①警… Ⅱ.①冯… Ⅲ.①话本小说－小说集－中
国－明代 Ⅳ.①I242.3

中国版本图书馆CIP数据核字(2015)第255666号

警世通言

原　　著：	[明] 冯梦龙	
主　　编：	马　博	
责任编辑：	高晓彬	
装帧设计：	博雅圣轩藏书馆　Boyashengxuan Cangshuguan	
出版发行：	线装书局	

地　址：北京市西城区鼓楼西大街41号（100009）

电　话：010-64045283（发行部）　64045583（总编室）

网　址：www.xzhbc.com

经　　销：	新华书店
印　　制：	北京彩虹伟业印刷有限公司
开　　本：	710mm×1040mm　1/16
印　　张：	28
字　　数：	340千字
版　　次：	2016年1月第1版第1次印刷
印　　数：	0001－3000套

定　　价：4980.00元（全二十册）

导读

　　《警世通言》是一部话本小说集，由明末冯梦龙纂辑。冯梦龙（1574—1646），明朝人，字犹龙，又字公鱼、子犹，别号龙子犹、墨憨斋主人、吴下词奴、姑苏词奴、前周柱史，他使用的其他笔名还更多。他出生于明后期万历二年。这时在世界的西方正是文艺复兴时期，与之遥相呼应，在我们这个有着几千年文明的东方大国，也出现了许多离经叛道的思想家、艺术家。李卓吾、汤显祖、袁宏道等等一大批文人，以他们惊世骇俗的见解，鲜明的个性特色，卓绝的艺术成就，写下了中国思想史、文学史上璀璨的篇章。在这一批文人中，冯梦龙以其对小说、戏曲、民歌、笑话等通俗文学的创作、搜集、整理、编辑，为中国文学做出了独异的贡献。他卒于南明唐王隆武二年，也就是清顺治三年，终年七十三岁。《警世通言》汇集了宋元明白话短篇小说，为中国古代小说宝库提供了一份珍贵的遗产。

目　录

叙

　　野史尽真乎？曰：不必也。尽赝乎？曰：不必也。然则去其赝而存其真乎？曰：不必也。六经《语》《孟》，谭者纷如，归于令人为忠臣、为孝子、为贤牧、为良友、为义夫、为节妇、为树德之士、为积善之家，如是而已矣。经书著其理，史传述其事，其揆一也。理著而世不皆切磋之彦，事述而世不皆博雅之儒。于是乎村夫稚子、里妇佑儿，以甲是乙非为喜怒，以前因后果为劝惩，以道听途说为学问。而通俗演义一种，遂足以佐经书史传之穷。而或者曰："村醪市脯，不入宾筵。乌用是齐东娓娓者为？"呜呼！《大人》《子虚》，曲终奏雅，顾其旨何如耳？人不必有其事，事不必丽其人。其真者可以补金匮石室之遗，而赝者亦必有一番激扬劝诱、悲歌感慨之意。事真而理不赝，即事赝而理亦真。不害于风化，不谬于圣贤，不戾于《诗》、《书》经史，若此者，其可废乎？里中儿代庖而创其指，不呼痛，或怪之，曰："吾顷从玄妙观听说《三国志》来，关云长刮骨疗毒，且谈笑自若，我何痛为？"夫能使里中儿顿有刮骨疗毒之勇，推此说孝而孝，说忠而忠，说节义而节义，触性性通，导情情出。视彼切磋之彦，貌而不情；博雅之儒，文而丧质。所得竟未知孰赝而孰真也。

　　陇西君，海内畸士，与余相遇于栖霞山房，倾盖莫逆，各叙旅况。因出其新刻数卷佐酒，且曰："尚未成书，子盍先为我命名？"余阅之，大抵如僧家因果说法度世之语，譬如村醪市脯，所济者众。遂名之曰《警世通言》，而从臾其成。

　　　　　　　　时天启甲子腊月豫章无碍居士题

第 一 卷

俞伯牙摔琴谢知音

> 浪说曾分鲍叔金,谁人辨得伯牙琴?
> 于今交道奸如鬼,湖海空悬一片心。

　　古来论交情至厚,莫如管鲍。管是管夷吾,鲍是鲍叔牙。他两个同为商贾,得利均分。时管夷吾多取其利,叔牙不以为贪,知其贫也。后来管夷吾被囚,叔牙脱之,荐为齐相。这样朋友,才是个真正相知。这相知有几样名色:恩德相结者,谓之知己;腹心相照者,谓之知心;声气相求者,谓之知音;总来叫作相知。今日听在下说一桩俞伯牙的故事。列位看官们,要听者,洗耳而听,不要听者,各随尊便。正是:

> 知音说与知音听,不是知音不与谈。

　　话说春秋战国时,有一名公,姓俞名瑞,字伯牙,楚国郢都人氏,即今湖广荆州府之地也。那俞伯牙身虽楚人,官星却落于晋国,仕至上大夫之位。因奉晋主之命,来楚国修聘。伯牙讨这个差使,一来,是个大才,不辱君命;二来,就便省视乡里,一举两得。当时从陆路至于郢都,朝见了楚王,致了晋主之命。楚王设宴款待,十分相敬。那郢都乃是桑梓之地,少不得去看一看坟墓,会一会亲友。然虽如此,各事其主,君命在身,不敢迟留。公事已毕,拜辞楚王。楚王赠以黄金彩缎,高车驷马。伯牙离楚一十二年,思想故国江山之胜,欲得恣情观览,要打从水路大宽转而回,乃假奏楚王道:"臣不幸有犬马之疾,不胜车马驰骤,乞假臣舟楫,以便医药。"楚王准奏。命水师拨大船二只,一正一副。正船单坐晋国来使,副船安顿仆从行李。都是兰桡画桨,锦帐高帆,甚是齐整,群臣直送至江头而别。

只因览胜探奇，不顾山遥水远。

伯牙是个风流才子，那江山之胜，正投其怀。张一片风帆，凌千层碧浪，看不尽遥山叠翠，远水澄清。不一日，行至汉阳江口。时当八月十五日，中秋之夜。偶然风狂浪涌，大雨如注，舟楫不能前进，泊于山崖之下。不多时，风恬浪静，雨止云开，现出一轮明月。那雨后之月，其光倍常。伯牙在船舱中，独坐无聊，命童子焚香炉内："待我抚琴一操，以遣情怀。"童子焚香罢，捧琴囊置于案间。

伯牙开囊取琴，调弦转轸，弹出一曲。曲犹未终，指下"刮喇"的一声响，琴弦断了一根。伯牙大惊，叫童子去问船头："这住船所在是什么去处？"船头答道："偶因风雨，停泊于山脚之下，虽然有些草树，并无人家。"伯牙惊讶。想道："是荒山了。若是城郭村庄，或有聪明好学之人，盗听吾琴，所以琴声忽变，有弦断之异。这荒山下，那得有听琴之人？哦，我知道了，想是有仇家差来刺客，不然，或是贼盗伺候更深，登舟劫我财物。"叫左右："与我上崖搜检一番。不在柳荫深处，定在芦苇丛中。"

左右领命，唤齐众人，正欲搭跳上崖，忽听得崖上有人答应道："舟中大人，不必见疑；小子并非奸盗之流，乃樵夫也。因打柴归晚，值骤雨狂风，雨具不能遮蔽，潜身岩畔。闻君雅操，少住听琴。"伯牙大笑道："山中打柴之人，也敢称听琴二字！此言未知真伪，我也不计较了。左右的，叫他去吧。"那人不去，在崖上高声说道："大人出言谬矣！岂不闻'十室之邑，必有忠信。''门内有君子，门外君子至。'大人若欺负山野中没有听琴之人，这夜静更深，荒崖下也不该有抚琴之客了。"伯牙见他出言不俗，或者真是个听琴的，亦未可知。止住左右不要啰唣，走近舱门，回嗔作喜的问道："崖上那位君子，既是听琴，站立多时，可知道我适才所弹何曲？"那人道："小子若不知，却也不来听琴了。方才大人所弹，乃孔仲尼叹颜回，谱入琴声。其词云：'可惜颜回命蚤亡，叫人思想鬓如霜。只因陋巷箪瓢乐，'到这一句，就断了琴弦，不曾抚出第四句来。小子也还记得：'留得贤名万古扬。'"

伯牙闻言，大喜道："先生果非俗士，隔崖弯远，难以问答。"命左右："掌跳，看扶手，请那位先生登舟细讲。"左右掌跳，此人上船，果然是个樵夫。头戴箬笠，身披草衣，手持尖担，腰插板斧，脚踏芒鞋。手下人哪知言谈好歹，见是樵夫，下眼相看："咄，那樵夫！下舱去，见我老爷叩头。问你什么言语，小心答应。官尊着哩！"樵夫却是个有意思的，道："列位不须粗鲁，待我解衣相见。"除了斗笠，头上是青布包巾；脱了蓑衣，身上是蓝布衫儿；搭膊拴腰，露出布裈下截。那时不慌不忙，将蓑衣、斗笠、尖担、板斧，俱安放舱门之外，脱下芒鞋，渍去泥水，重复穿上，步入舱来。官舱内公座上灯烛辉煌。樵夫长揖而不跪，道："大人施礼了。"俞伯牙是晋国大臣，眼界中那有两接的布衣。下来还礼，恐失了官体，既请下船，又不好叱他回去。伯牙没奈何,微微举手道:"贤友免礼吧。"叫童子看坐的。童子取一张杌坐儿置于下席。伯牙全无客礼,把嘴向樵夫一努道:"你且坐了。"你我之称,怠慢可知。那樵夫亦不谦让,俨然坐下。伯牙见他不告而坐,微有嗔怪之意。因此不问姓名,亦不呼手下人看茶。

　　默坐多时,怪而问之:"适才崖上听琴的,就是你么?"樵夫答言:"不敢。"伯牙道:"我且问你,既来听琴,必知琴之出处。此琴何人所造?抚他有甚好处?"正问之时,船头来禀话:"风色顺了,月明如昼,可以开船。"伯牙吩咐:"且慢些!"樵夫道:"承大人下问,小子若讲话絮烦,恐耽误顺风行舟。"伯牙笑道:"唯恐你不知琴理。若讲得有理,就不做官,亦非大事,何况行路之迟速乎!"樵夫道:"既如此,小子方敢僭谈。此琴乃伏羲氏所琢,见五星之精,飞坠梧桐,凤凰来仪。凤乃百鸟之王,非竹实不食,非梧桐不栖,非醴泉不饮。伏羲氏知梧桐乃树中之良材,夺造化之精气,堪为雅乐,令人伐之。其树高三丈三尺,按三十三天之数,截为三段,分天、地、人三才。取上一段叩之,其声太清,以其过轻而废之;取下一段叩之,其声太浊,以其过重而废之;取中一段叩之,其声清浊相济,轻重相兼。送长流水中,浸七十二日,按七十二候之数,取起阴干,选良时吉日,用高手匠人刘子奇斫成乐器。此乃瑶池之乐,故名瑶琴。长三尺六寸一分,按周天三百六十一度。前阔八寸,按八节;后阔四寸,按四时;厚二寸,按两仪。有金童头、玉女腰、仙人背、龙池、凤沼、玉轸、金徽。那徽有十二,按十二月;又有一中徽,按闰月。先是五条弦在上,外按五行金木水火土,内按五音宫商角徵羽。尧、舜时操五弦琴,歌《南风》诗,天下大治。后因周文王被囚于羑里,吊子伯邑考,添弦一根,清幽哀怨,谓之文弦。后武王伐纣,前歌后舞,添弦一根,激烈发扬,谓之武弦。先是宫、商、角、徵、羽五弦,后加二弦,称为文武七弦琴。此琴有六忌、七不弹、八绝。何为六忌?

　　一忌大寒,二忌大暑,三忌大风,四忌大雨,五忌迅雷,六忌大雪。

何为七不弹?

　　闻丧者不弹,奏乐不弹,事冗不弹,不净身不弹,衣冠不整不弹,不焚香不弹,不遇知音者不弹。

　　何为八绝?总之清、奇、幽、雅、悲、壮、悠、长。此琴抚到尽美尽善之处,啸虎闻而不吼,哀猿听而不啼。乃雅乐之好处也。"

　　伯牙听见他对答如流,犹恐是记问之学。又想道:"就是记问之学,也亏他了。我再试他一试。"此时已不似在先你我之称了。又问道:"足下既知乐理,当时孔仲尼鼓琴于室中，颜回自外入。闻琴中有幽沉之声，疑有贪杀之意。怪而问之。仲尼曰：'吾适鼓琴，见猫方捕鼠，欲其得之，又恐其失之。此贪杀之意，遂露于丝桐。'始知圣门音乐之理，入于微妙。假如下官抚琴，心中有所思念，足下能闻而知之否？"樵夫道："《毛诗》云：'他人有心，予忖度之。'大人试抚弄一过，小子任心猜度。若猜不着时，大人休得见罪。"

伯牙将断弦重整。沉思半晌。其意在于高山，抚琴一弄。樵夫赞道："美哉洋洋乎！大人之意，在高山也。"伯牙不答。又凝神一会，将琴再鼓。其意在于流水。樵夫又赞道："美哉汤汤乎！志在流水。"只两句道着了伯牙的心事。

伯牙大惊，推琴而起，与子期施宾主之礼。连呼："失敬失敬！石中有美玉之藏。若以衣貌取人，岂不误了天下贤士！先生高名雅姓？"樵夫欠身而答："小子姓钟，名徽，贱字子期。"伯牙拱手道："是钟子期先生。"子期转问："大人高姓，荣任何所？"伯牙道："下官俞瑞，仕于晋朝，因修聘上国而来。"子期道："原来是伯牙大人。"

伯牙推子期坐于客位，自己主席相陪。命童子点茶，茶罢，又命童子取酒共酌。伯牙道："借此攀话，休嫌简亵。"子期称"不敢"。童子取过瑶琴，二人入席饮酒。伯牙开言又问："先生声口是楚人了，但不知尊居何处？"子期道："离此不远，地名马安山集贤村，便是荒居。"伯牙点头道："好个集贤村。"又问："道艺何为？"子期道："也就是打柴为生。"伯牙微笑道："子期先生，下官也不该僭言，似先生这等抱负，何不求取功名，立身于廊庙，垂名于竹帛，却乃赍志林泉，混迹樵牧，与草木同朽。窃为先生不取也。"子期道："实不相瞒，舍间上有年迈二亲，下无手足相辅。采樵度日，以尽父母之余年。虽位为三公之尊，不忍易我一日之养也。"伯牙道："如此大孝，一发难得。"二人酒杯酬酢了一会。子期宠辱无惊，伯牙愈加爱重。又问子期："青春多少？"子期道："虚度二十有七。"伯牙道："下官年长一旬。子期若不见弃，结为兄弟相称，不负知音契友。"子期笑道："大人差矣。大人乃上国名公，钟徽乃穷乡贱子，怎敢仰扳，有辱俯就。"伯牙道："相识满天下，知心能几人。下官碌碌风尘，得与高贤结契，实乃生平之万幸。若以富贵贫贱为嫌，觑俞瑞为何等人乎！"遂命童子重添炉火，再熟名香，就船舱中与子期顶礼八拜。伯牙年长为兄，子期为弟。今后兄弟相称，生死不负。拜罢，复命取暖酒再酌。子期让伯牙上坐。伯牙从其言。换了杯箸，子期下席。兄弟相称，彼此谈心叙话。正是：

> 合意客来心不厌，知音人听话偏长。

谈论正浓，不觉月淡星稀，东方发白。船上水手都起身收拾篷索，整备开船。子期起身告辞。伯牙捧一杯酒递与子期，把子期之手叹道："贤弟，我与你相见何太迟，相别何太早！"子期闻言，不觉泪珠滴于杯中。子期一饮而尽，斟酒回敬伯牙。二人各有眷恋不舍之意。伯牙道："愚兄余情不尽，意欲曲延贤弟同行数日，未知可否？"子期道："小弟非不欲相从。怎奈二亲年老，'父母在，不远游。'"伯牙道："既是二位尊人在堂，回去告过二亲，到晋阳来看愚兄一看，这就是'游必有方'了。"子期道："小弟不敢轻诺而寡信。许了贤兄，就当践约，万一禀命于二亲，二亲不允，使仁兄悬望于数千里之外，小弟之罪更大矣。"伯牙道："贤弟真所谓至诚君子。也罢，明年还是我来看贤弟。"子期道："仁兄明岁何时到此？小弟好伺候尊驾。"伯牙屈指道："昨夜是中秋节，今日天明，是八月十六日了。贤弟，我来仍在仲秋中五六日奉访。若过了中旬，迟到季秋月分，就是爽信，不为君子。"叫童子："吩咐记室，将钟贤弟所居地名及相会的日期，登写在日记簿上。"子期道："既如此，小弟来年仲秋中五六日准在江边侍立拱候，不敢有误。天色已明，小弟告辞了。"伯牙道："贤弟且住。"命童子取黄金二笏不用封帖，双手捧定道："贤弟，些须薄礼，权为二位尊人甘旨之费。斯文骨肉，勿得嫌轻。"子期不敢谦让，即时收下。再拜告别，含泪出舱，取尖担挑了蓑衣斗笠，插板斧于腰间，掌跳搭扶手上崖。伯牙直送至船头，各各洒泪而别。

不题子期回家之事。再说俞伯牙点鼓开船，一路江山之胜，无心观览，心心念念，只想着知音之人。又行了几日，舍舟登岸。经过之地，知是晋国上大夫，不敢轻慢，安排车马相送。直至晋阳，回复了晋主。不在话下。

光阴迅速，过了秋冬，不觉春去夏来。伯牙心怀子期，无日忘之。想着中秋节近，奏过晋主，给假还乡，晋主依允。伯牙收拾行装，仍打大宽转，从水路而行。下船之后，吩咐水手，但是湾泊所在，就来通报地名。事有偶然，刚刚八月十五夜，水手禀复，此去马安山不远。伯牙依稀还认得去年泊船相会子期之处。吩咐水手，将船湾泊，水底抛锚，崖边钉橛。其夜晴明，船舱内一线月光，射进朱帘。伯牙命童子将帘卷起，步出舱门，立于船头之上，仰观斗柄。水底天心，万顷茫然，照如白昼。思想去岁与知己相逢，雨止月明。今夜重来，又值良夜。他约定江边相候，如何全无踪影,莫非爽信!又等了一会,想道:"我理会得了。江边来往船只颇多。我今日所驾的,不是去年之船了。吾弟急切如何得。去岁我原为抚琴惊动知音,今夜仍将瑶琴抚弄一曲,吾弟闻之,必来相见。"命童子取琴卓安放船头,焚香设座。伯牙开囊,调弦转轸,才泛音律,商弦中有哀怨之声。伯牙停琴不操。"呀!商弦哀声凄切,吾弟必遭忧在家。去岁曾言父母年高,若非父丧,必是母亡。他为人至孝,事有轻重,宁失信于我,不肯失礼于亲,所以不来也。来日天明,我亲上崖探望。"叫童子收拾琴卓,下舱就寝。伯牙一夜不睡,真个巴明不明,盼晓不晓。看看月移帘影,日出山头。伯牙起来梳洗整衣,命童子携琴相随;又取黄金二镒带去:"倘吾弟居丧,可为赙礼。"踌跳登崖,行于樵径,约莫十数里,出一谷口,伯牙站住。童子禀道:"老爷为何不行?"伯牙道:"山分南北,路列东西。从山谷出来,两头都是大路,都去得,知道哪一路往集贤村去?等个识路之人,问明了他,方才可行。"伯牙就石上少憩。童儿退位于后。不多时,左手官路上有一老叟,髯垂玉线,发挽银丝,箬冠野服,左手举藤杖,右手携竹篮,徐步而来。伯牙起身整衣,向前施礼。那老者不慌不忙,将右手竹篮轻轻放下,双手举藤杖还礼,道:"先生有何见教?"伯牙道:"请问两头路,哪一条路,往集贤村去的?"老者道:"那两头路,就是两个集贤村。左手是上集贤村,右手是下集贤村,通衢三十里官道。先生从谷出来,正当其半,东去十五里,西去也是十五里。不知先生要往哪一个集贤村?"伯牙默默无言,暗想道:"吾弟是个聪明人,怎么说话这等糊涂!相会之日,你知道此间有两个集贤村,或上或下,就该说个明白了。"伯牙却才沈吟,那老者道:"先生这等吟想,一定那说路的,不曾分上下,总说了个集贤村,教先生没处抓寻了。"伯牙道:"便是。"老者道:"两个集贤村中,有一二十家庄户,大抵都是隐遁避世之辈。老夫在这山里,多住了几年,正是'土居三十载,无有不亲人'。这些庄户,不是舍亲,就是敝友。先生到集贤村必是访友。只说先生所访之友,姓甚名谁,老夫就知他住处了。"伯牙道:"学生要往钟家庄去。"老者闻钟家庄三字,一双昏花眼内,扑簌簌掉下泪来,道:"先生别家可去,若说钟家庄,不必去了。"伯牙惊问:"却是为何?"老者道:"先生到钟家庄,要访何人?"伯牙道:"要访子期。"老者闻言,放声大哭道:"子期钟徽,乃吾儿也。去年八月十五采樵归晚,遇晋国上大夫俞伯牙先生。讲论之间,意气相投。临行赠黄金二笏。吾儿买书攻读,老拙无才,不曾禁止。且则采樵负重,暮则诵读辛勤,心力耗废,染成怯疾,数月之间,已亡故了。"伯牙闻言,五内崩裂,泪如涌泉,大叫一声,傍山崖跌倒,昏绝于地。钟公用手搀扶,回顾小童道:"此位先生是谁?"小童低低附耳道:"就是俞伯牙老爷。"钟公道:"原来是吾儿好友。"扶起伯牙苏醒。伯牙坐于地下,口吐痰涎,双手捶胸,恸哭不已,道:"贤弟呵!我昨夜泊舟,还说你爽信,岂知已为泉下之鬼!你有才无寿了。"钟公拭泪相劝。

伯牙哭罢起来,重与钟公施礼。不敢呼老丈,称为老伯,以见通家兄弟之意。

伯牙道：“老伯，令郎还是停柩在家，还是出瘗郊外了？”钟公道：“一言难尽。亡儿临终，老夫与拙荆，坐于卧榻之前，亡儿遗语嘱咐道：‘修短由天，儿生前不能尽人子事亲之道，死后乞葬于马安山江边。与晋大夫俞伯牙有约，欲践前言耳。’老夫不负亡儿临终之言。适才先生来的小路之右，一丘新土，即吾儿钟徽之冢。今日是百日之忌，老夫提一陌纸钱，往坟前烧化，何期与先生相遇！”伯牙道：“既如此，奉陪老伯，就坟前一拜。”命小童代太公提了竹篮。钟公策杖引路，伯牙随后，小童跟定，复进谷口。果见一丘新土，在于路左。伯牙整衣下拜：“贤弟，在世为人聪明，死后为神灵应。愚兄此一拜，诚永别矣！”拜罢，放声又哭。惊动山前山后，山左山右，黎民百姓，不问行的住的，远的近的，闻得朝中大臣来祭钟子期，回绕坟前，争先观看。伯牙却不曾摆得祭礼，无以为情，命童子把瑶琴取出囊来，放于祭石台上，盘膝坐于坟前，挥泪两行，抚琴一操。那些看者，闻琴韵铿锵，鼓掌大笑而散。

伯牙问：“老伯，下官抚琴，吊令郎贤弟，悲不能已，众人为何而笑？”钟公道：“乡野之人，不知音律。闻琴声以为取乐之具，故此长笑。”伯牙道：“原来如此。老伯可知所奏何曲？”钟公道：“老夫幼年也颇习，如今年迈，五官半废，模糊不懂久矣。”伯牙道：“这就是下官随心应手一曲短歌以吊令郎者。口诵于老伯听之。”钟公道：“老夫愿闻。”伯牙诵云：

“忆昔去年春，江边曾会君。今日重来访，不见知音人！但见一抔土，惨然伤我心；伤心伤心复伤心，不忍泪珠纷！来欢去何苦，江畔起愁云。子期子期兮，你我千金义。历尽天涯无足语，此曲终兮不复弹，三尺瑶琴为君死！”

伯牙于衣夹间取出解手刀，割断琴弦，双手举琴，向祭石台上，用力一摔，摔得玉轸抛残，金徽零乱。钟公大惊问道：“先生，为何摔碎此琴？”伯牙道：

摔碎瑶琴凤尾寒,子期不在对谁弹!

春风满面皆朋友,欲觅知音难上难。

　　钟公道:"原来如此,可怜可怜!"伯牙道:"老伯高居,端的在上集贤村,还是下集贤村?"钟公道:"荒居在上集贤村第八家就是。先生如今又问他怎的?"伯牙道:"下官伤感在心,不敢随老伯登堂了。随身带得有黄金二镒,一半代令郎甘旨之奉;一半买几亩祭田,为令郎春秋扫墓之费。待下官回本朝时,上表告归林下。那时却到上集贤村,迎接老伯与老伯母同到寒家,以尽天年。吾即子期,子期即吾也。老伯勿以下官为外人相嫌。"说罢,命小僮取出黄金,亲手递与钟公,哭拜于地。钟公答拜。盘桓半晌而别。

　　这回书,题作《俞伯牙摔琴谢知音》。后人有诗赞云:

势利交怀势利心,斯文谁复念知音!

伯牙不作钟期逝,千古令人说破琴。

国学经典文库

中国二十大名著

警世通言

图文珍藏版

第 二 卷

庄子休鼓盆成大道

富贵五更春梦，功名一片浮云。眼前骨肉亦非真，恩爱翻成仇恨。
莫把金枷套颈，休将玉锁缠身。清心寡欲脱凡尘，快乐风光本分。

这首《西江月》词，是个劝世之言。要人割断迷情，逍遥自在。且如父子天性，
兄弟手足，这是一本连枝，割不断的。儒、释、道，三教虽殊，总抹不得孝弟二字。至
于生子生孙，就是下一辈事，十分周全不得了。常言道得好：

儿孙自有儿孙福，莫与儿孙作马牛。

若论到夫妇，虽说是红线缠腰，赤绳系足，到底是剜肉粘肤，可离可合。常言又
说得好：

夫妻本是同林鸟，巴到天明各自飞。

近世人情恶薄，父子兄弟到也平常，儿孙虽是疼痛，总比不得夫妇之情，他溺的
是闺中之爱，听的是枕上之言，多少人被妇人迷惑，做出不孝不悌的事来。这断不
是高明之辈。如今说这庄生鼓盆的故事，不是唆人夫妻不睦，只要人辨出贤愚，参
破真假。从第一着迷处，把这念头放淡下来。渐渐六根清净，道念滋生，自有受用。
昔人看田夫插秧，咏诗四句，大有见解。诗曰：

手把青秧插野田，低头便见水中天。
六根清净方为稻，退步原来是向前。

话说周末时，有一高贤，姓庄名周，字子休，宋国蒙邑人也。曾仕周为漆园吏。

师事一个大圣人，是道教之祖，姓李名耳，字伯阳。伯阳生而白发，人都呼为老子。庄生常昼寝，梦为蝴蝶，栩栩然于园林花草之间，其意甚适。醒来时，尚觉臂膊如两翅飞动，心甚异之。以后不时有此梦。庄生一日在老子座间讲《易》之暇，将此梦诉之于师。却是个大圣人，晓得三生来历。向庄生指出凤世因由，那庄生原是混沌初分时一个白蝴蝶。天一生水，二生木，木荣花茂，那白蝴蝶采百花之精，夺日月之秀，得了气候，长生不死，翅如车轮。后游于瑶池，偷采蟠桃花蕊，被王母娘娘位下守花的青鸾啄死。其神不散，托生于世，做了庄周。因他根器不凡，道心坚固，师事老子，学清净无为之教。今日被老子点破了前生，如梦初醒。自觉两腋风生有栩栩然蝴蝶之意，把世情荣枯得丧，看做行云流水，一丝不挂。老子知他心下大悟，把《道德》五千字的秘诀，倾囊而授。庄生嘿嘿诵习修炼，遂能分身隐形，出神变化。从此弃了漆园吏的前程，辞别老子，周游访道。

他虽宗清净之教，原不绝夫妇之伦，一连娶过三遍妻房。第一妻，得疾夭亡；第二妻，有过被出；如今说的是第三妻，姓田，乃田齐族中之女。庄生游于齐国，田宗重其人品，以女妻之。那田氏比先前二妻，更有姿色。肌肤若冰雪，绰约似神仙。庄生不是好色之徒，却也十分相敬。真个如鱼似水。楚威王闻庄生之贤，遣使持黄金百镒，文锦千端，安车驷马，聘为上相。庄生叹道："牺牛身被文绣，口食刍菽，见耕牛力作辛苦，自夸其荣。及其迎入太庙，刀俎在前，欲为耕牛而不可得也。"遂却之不受。挈妻归宋，隐于曹州之南华山。

一日，庄生出游山下，见荒冢累累，叹道："'老少俱无辨，贤愚同所归。'人归冢中，冢中岂能复为人乎？"嗟咨了一回。再行几步，忽见一新坟，封土未干，一年少妇人，浑身缟素，坐于此冢之傍，手运齐纨素扇，向冢连扇不已。庄生怪而问之："娘子，冢中所葬何人？为何举扇扇土？必有其故。"那妇人并不起身，运扇如故。口中莺啼燕语，说出几句不通道理的话来。正是：

听时笑破千人口，说出加添一段羞。

那妇人道："冢中乃妾之拙夫，不幸身亡，埋骨于此。生时与妾相爱，死不能舍。遗言教妾如要改适他人，直待葬事毕后，坟土干了，方才可嫁。妾思新筑之土，如何得就干，因此举扇扇之。"庄生含笑，想道："这妇人好性急！亏他还说生前相爱。若不相爱的，还要怎么？"乃问道："娘子，要这新土干燥极易。因娘子手腕娇软，举扇无力。不才愿替娘子代一臂之劳。"那妇人方才起身，深深道个万福："多谢官人！"双手将素白纨扇，递与庄生。庄生行起道法，举手照冢顶连扇数扇，水气都尽，其土顿干。妇人笑容可掬，谢道："有劳官人用力。"将纤手向鬓傍拔下一股银钗，连那纨扇送庄生，权为相谢。庄生却其银钗，受其纨扇。妇人欣然而去。庄子心下

不平,回到家中,坐于草堂,看了纨扇,口中叹出四句:

> 不是冤家不聚头,冤家相聚几时休?
> 早知死后无情义,索把生前恩爱勾。

田氏在背后,闻得庄生嗟叹之语,上前相问。那庄生是个有道之士,夫妻之间亦称为先生。田氏道:"先生有何事感叹?此扇从何而得?"庄生将妇人扇冢,要土干改嫁之言述了一遍。"此扇即搧土之物。因我助力,以此相赠。"田氏听罢,忽发忿然之色,向空中把那妇人"千不贤,万不贤"骂了一顿。对庄生道:"如此薄情之妇,世间少有!"庄生又道出四句:

> 生前个个说恩深,死后人人欲搧坟。
> 画龙画虎难画骨,知人知面不知心。

田氏闻言大怒。自古道:"怨废亲,怒废礼。"那田氏怒中之言,不顾体面,向庄生面上一啐,说道:"人类虽同,贤愚不等。你何得轻出此语,将天下妇道家看做一例?却不道歉人带累好人,你却也不怕罪过!"庄生道:"莫要弹空说嘴。假如不幸我庄周死后,你这般如花似玉的年纪,难道捱得过三年五载?"田氏道:"'忠臣不事二君,烈女不更二夫。'那见好人家妇女吃两家茶睡两家床!若不幸轮到我身上,这样没廉耻的事,莫说三年五载,就是一世也成不得。梦儿里也还有三分的志气。"庄生道:"难说,难说!"田氏口出詈语道:"有志妇人胜如男子。似你这般没仁没义的,死了一个,又讨一个,出了一个,又纳一个。只道别人也是一般见识。我们妇道家一鞍一马,到是站得脚头定的。怎么肯把话与他人说,惹后世耻笑。你如今又不死,直恁枉杀了人!"就庄生手中,夺过纨扇,扯得粉碎。庄生道:"不必发怒,只愿得如此争气甚好!"自此无话。

过了几日,庄生忽然得病,日加沉重。田氏在床头,哭哭啼啼。庄生道:"我病势如此,永别只在早晚,可惜前日纨扇扯碎了,留得在此,好把与你搧坟!"田氏道:"先生休要多心!妾读书知礼,从一而终,誓无二志!先生若不见信,妾愿死于先生之前,以明心迹。"庄生道:"足见娘子高志,我庄某死亦瞑目。"说罢,气就绝了。

田氏抚尸大哭。少不得央及东邻西舍,制备衣衾棺椁殡殓。田氏穿了一身素缟,真个朝朝忧闷,夜夜悲啼。每想着庄先生前恩爱,如痴如醉,寝食俱废。山前山后庄户,也有晓得庄生是个逃名的隐士,来吊孝的,到底不比城市热闹。

到了第七日,忽有一少年秀士,生得面如傅粉,唇若涂朱,俊俏无双,风流第一。穿扮的紫衣玄冠,绣带朱履。带着一个老苍头,自称楚国王孙,向年曾与庄子休先生有约，欲拜在门下，今日特来相访。见庄生已死，口称："可惜！"慌忙脱下色衣，叫苍头于行囊内取出素服穿了，向灵前四拜道："庄先生，弟子无缘，不得面会侍教，愿为先生执百日之丧，以尽私淑之情。"说罢，又拜了四拜，洒泪而起。便请田氏相见。田氏初次推辞。王孙道："古礼：通家朋友，妻妾都不相避，何况小子与庄先生有师弟之约。"田氏只得步出孝堂，与楚王孙相见，叙了寒温。田氏一见楚王孙人才标致，就动了怜爱之心，只恨无由厮近。楚王孙道："先生虽死，弟子难忘思慕。欲借尊居，暂住百日；一来守先师之丧，二者先师留下有什么著述，小子告借一观，以领遗训。"田氏道："通家之宜，久住何妨。"当下治饭相款。饭罢，田氏将庄子所著《南华真经》，及《老子道德》五千言，和盘托出，献与王孙。王孙殷勤感谢。草堂中间占了灵位，楚王孙在左边厢安顿。田氏每日假以哭灵为由，就左边厢，与王孙攀话。日渐情熟，眉来眼去，情不能已。楚王孙只有五分，那田氏到有十分。所喜者深山隐僻，就做差了些事，没人传说；所恨者新丧未久，况且女求于男，难以启齿。

又挨了几日，约莫有半月了，那婆娘心猿意马，按捺不住。悄地唤老苍头进房，赏以美酒，将好言抚慰。从容问："你家主人曾婚配否？"老苍头道："未曾婚配。"婆娘又问道："你家主人要拣什么样人物才肯婚配？"老苍头带醉道："我家王孙曾有言，若得像娘子一般丰韵的，他就心满意足。"婆娘道："果有此话！莫非你说谎？"老苍头道："老汉一把年纪，怎么说谎？"婆娘道："我央你老人家为媒说合。若不弃嫌，奴家情愿服侍你主人。"老苍头道："我家主人也曾与老汉说来，道一段好姻缘，只碍师弟二字，恐惹人议论。"婆娘道："你主人与先夫，原是生前空约，没有北面听教的事，算不得师弟，又且山僻荒居，邻舍罕有，谁人议论！你老人家是必委曲成就，教你吃杯喜酒。"老苍头应允。临去时，婆娘又唤转来嘱咐道："若是说得允时，不论早晚，便来房中，回复奴家一声。奴家在此专等。"老苍头去后，婆娘悬悬而望。孝堂边张了数十遍，恨不能一条细绳缚了那俏后生俊脚，扯将入来，搂做一处。将及黄昏，那婆娘等得个不耐烦，黑暗里走入孝堂，听左边厢声息。忽然灵座上作响，婆娘吓了一跳,只道亡灵出现。急急走转内室,取灯火来照,原来是老苍头吃醉了,直挺挺的卧于灵座桌上。婆娘又不敢嗔责他,又不敢声唤他,只得回房。挨更挨点,又过了一夜。

次日,见老苍头行来步去,并不来回复那话儿。婆娘心下发痒,再唤他进房,问其前事。老苍头道:"不成,不成!"婆娘道:"为何不成? 莫非不曾将昨夜这些话剖豁明白?"老苍头道:"老汉都说了,我家王孙也说得有理。他道:'娘子容貌,自不必言。未拜师徒,亦可不论。但有三件事未妥,不好回复得娘子。'"婆娘道:"那三件事?"老苍头道:"我家王孙道:'堂中见摆着个凶器,我却与娘子行吉礼,心中何忍,且不雅相。二来庄先生与娘子是恩爱夫妻,况且他是个有道德的名贤,我的才学万分不及,恐被娘子轻薄。三来我家行李尚在后边未到,空手来此,聘礼筵席之费,一无所措。为此三件,所以不成。'"婆娘道:"这三件都不必虑。凶器不是生根的,屋后还有一间破空房,唤几个庄客抬他出去就是。这是一件了。第二件,我先夫那里就是个有道德的名贤!当初不能正家,致有出妻之事,人称其薄德。楚威王慕其虚名,以厚礼聘他为相。他自知才力不胜,逃走在此。前月独行山下,遇一寡妇,将扇搧坟,待坟土干燥,方才嫁人。拙夫就与他调戏,夺他纨扇,替他搧土,将那把纨扇带回,是我扯碎了。临死时几日,还为他淘了一场气,又什么恩爱? 你家主人青年好学,进不可量。况他乃是王孙之贵,奴家亦是田宗之女,门地相当。今日到此,姻缘天合。第三件,聘礼筵席之费,奴家作主,谁人要得聘礼! 筵席也是小事。奴家更积得私房白金二十两,赠与你主人,做一套新衣服。你再去道达。若成就时,今夜是合婚吉日,便要成亲。"老苍头收了二十两银子,回复楚王孙。楚王孙只得顺从。老苍头回复了婆娘。那婆娘当时欢天喜地,把孝服除下,重匀粉面,再点朱唇,穿了一套新鲜色衣,叫苍头顾唤近山庄客,扛抬庄生尸枢,停于后面破屋之内。打扫草堂,准备做合婚筵席。有诗为证:

> 俊俏孤孀别样娇,王孙有意更相挑。
>
> 一鞍一马谁人语? 今夜思将快婿招。

是夜,那婆娘收拾香房,草堂内摆得灯烛辉煌。楚王孙簪缨袍服,田氏锦袄绣裙,双双立于花烛之下。一对男女,如玉琢金装,美不可说。交拜已毕,千恩万爱的,携手入于洞房。吃了合卺杯,正欲上床解衣就寝。忽然楚王孙眉头双皱,寸步难移,登时倒于地下,双手磨胸,只叫心疼难忍。田氏心爱王孙,顾不得新婚廉耻,近前抱住,替他抚摩,问其所以。王孙痛极不语,口吐涎沫,奄奄欲绝。老苍头慌做一堆。田氏道:"王孙平日曾有此症候否?"老苍头代言:"此症平日常有,或一二年发一次,无药可治。只有一物,用之立效。"田氏急问:"所用何物?"老苍头道:"太医传一奇方，必得生人脑髓热酒吞之，其痛立止。平日此病举发，老殿下奏过楚王，拨一名死囚来，缚而杀之，取其脑髓。今山中如何可得？其命合休矣！"田氏道："生人脑髓，必不可致。第不知死人的可用得么？"老苍头道："太医说，凡死未满四十九日者，其脑尚未干枯，亦可取用。"田氏道："吾夫死方二十余日，何不斫棺而取之？"老苍头道："只怕娘子不肯。"田氏道："我与王孙成其夫妇，妇人以身事夫，自身尚且不惜，何有于将朽之骨乎？"即命老苍头伏侍王孙，自己寻了砍柴板斧，右手提斧，左手携灯，往后边破屋中，将灯檠放于棺盖之上，觑定棺头，双手举斧，用力劈去。妇人家气力单微，如何劈得棺开？有个缘故，那庄周是达生之人，不肯厚敛。桐棺三寸，一斧就劈去了一块木头。再一斧去，棺盖便裂开了。只见庄生从棺内叹口气，推开棺盖，挺身坐起。田氏虽然心狠，终是女流。吓得腿软筋麻，心头乱跳，斧头不觉坠地。庄生叫："娘子扶起我来。"那婆娘不得已，只得扶庄生出棺。庄生携灯，婆娘随后同进房来。婆娘心知房中有楚王孙主仆二人，捏两把汗。行一步，反退两步。

比及到房中看时，铺设依然灿烂，那主仆二人，阒然不见。婆娘心下虽然暗暗惊疑，却也放下了胆，巧言抵饰，向庄生道："奴家自你死后，日夕思念。方才听得棺中有声响，想古人中多有还魂之事，望你复活，所以用斧开棺。谢天谢地，果然重生！实乃奴家之万幸也！"庄生道："多谢娘子厚意。只是一件，娘子守孝未久，为何锦袄绣裙？"婆娘又解释道："开棺见喜，不敢将凶服冲动，权用锦绣，以取吉兆。"庄生道："罢了！还有一节，棺木何不放在正寝，却撇在破屋之内，难道也是吉兆！"婆娘无言可答。庄生又见杯盘罗列，也不问其故，教暖酒来饮。庄生放开大量，满饮数觥。那婆娘不达时务，指望煨热老公，重做夫妻，紧挨着酒壶，撒娇撒痴，甜言美语，要哄庄生上床同寝。庄生饮得酒大醉，索纸笔写出四句：

> 从前了却冤家债，你爱之时我不爱。
> 若重与你做夫妻，怕你巨斧劈开天灵盖。

那婆娘看了这四句诗，羞惭满面，顿口无言，庄生又写出四句：

> 夫妻百夜有何恩？见了新人忘旧人。
> 甫得盖棺遭斧劈，如何等待搧干坟！

庄生又道："我则教你看两个人。"庄生用手将外面一指，婆娘回头而看，只见楚王孙和老苍头踱将进来。婆娘吃了一惊，转身不见了庄生。再回头时，连楚王孙主仆都不见了。哪里有什么楚王孙、老苍头，此皆庄生分身隐形之法也。那婆娘精神恍惚,自觉无颜,解腰间绣带,悬梁自缢,呜呼哀哉。这到是真死了。庄生见田氏已死,解将下来,就将劈破棺木盛放了他,把瓦盆为乐器,鼓之成韵,倚棺而作歌。歌曰:

> 大块无心兮,生我与伊。我非
> 伊夫兮,伊非我妻。偶然邂逅兮,一
> 室同居。大限既终兮,有合有离。
> 人之无良兮,生死情移。真情既见
> 兮,不死何为!伊生兮拣择去取,伊
> 死兮还返空虚。伊吊我兮,赠我以
> 巨斧;我吊伊兮,慰伊以歌词。斧声
> 起兮我复活,歌声发兮伊可知!噫
> 嘻,敲碎瓦盆不再鼓,伊是何人我
> 是谁!

庄生歌罢,又吟诗四句:

> 你死我必埋,我死你必嫁。
> 我若真个死,一场大笑话!

庄生大笑一声,将瓦盆打碎。取火从草堂放起,屋宇俱焚,连棺木化为灰烬。只有《道德经》、《南华经》不毁。山中有人检取,传流至今。庄生遨游四方,终身不娶。或云:遇老子于函谷关,相随而去,已得大道成仙矣。诗云:

> 杀妻吴起太无知,荀令伤神亦可嗤。
> 请看庄生鼓盆事,逍遥无碍是吾师。

第 三 卷

王安石三难苏学士

海鳖曾欺井内蛙，大鹏张翅绕天涯。
强中更有强中手，莫向人前满自夸。

这四句诗，奉劝世人虚己下人，勿得自满。古人说得好，道是："满招损，谦受益。"俗谚又有四不可尽的话。那四不可尽？

势不可使尽，福不可享尽，便宜不可占尽，聪明不可用尽。

你看如今有势力的，不做好事，往往任性使气，损人害人，如毒蛇猛兽，人不敢近。他见别人惧怕，没奈他何，意气扬扬，自以为得计。却不知八月潮头，也有平下来的时节。危滩急浪中，趁着这刻儿顺风，扯了满篷，望前只顾驶去，好不畅快。不思去时容易，转时甚难。当时夏桀、商纣，贵为天子，不免窜身于南巢，悬头于太白。那桀纣有何罪过？也无非倚贵欺贱，恃强凌弱，总来不过是使势而已。假如桀纣是个平民百姓，还造得许多恶业否！所以说势不可使尽。怎么说福不可享尽？常言道："惜衣有衣，惜食有食。"又道："人无寿夭，禄尽则亡。"晋时石崇太尉，与皇亲王恺斗富，以酒沃釜，以蜡代薪；锦步障大至五十里，坑厕间皆用绫罗供帐，香气袭人。跟随家童，都穿火浣布衫，一衫价值千金；买一妾，费珍珠十斛。后来死于赵王伦之手，身首异处。此乃享福太过之报。怎么说便宜不可占尽？假如做买卖的错了分文入己，满脸堆笑。却不想小经纪若折了分文，一家不得吃饱饭。我贪此些须小便宜，亦有何益？昔人有《占便宜》诗云：

我被盖你被，你毡盖我毡。你若有钱我共使，我若无钱用你钱。上山时你扶我脚，下山时我靠你肩。我有子时做你婿，你有女时伴我眠。你依此誓时，我死在你后；我违此誓时，你死在我前。

国学经典文库

中国二十大名著

警世通言

图文珍藏版

依若得这诗时，人人都要如此，谁是呆子，肯束手相让？就是一时得利，暗中损福折寿，自己不知。所以佛家劝化世人：吃一分亏，受无量福。有诗为证：

得便宜处欣欣乐，不遂心时闷
闷忧。
不讨便宜不折本，也无欢乐也
无愁。

说话的，这三句都是了。则那聪明二字，求之不得，如何说聪明不可用尽？见不尽者，天下之事。读不尽者，天下之书。参不尽者，天下之理。宁可懵懂而聪明，不可聪明而懵懂。如今且说一个人，古来第一聪明的。他聪明了一世，懵懂在一时。留下花锦般一段话文，传与后生小子、恃才夸己的看样。那第一聪明的是谁？

吟诗作赋般般会，打诨猜谜件件精。
不是仲尼重出世，定知颜子再投生。

话说宋神宗皇帝在位时，有一名儒，姓苏名轼，字子瞻，别号东坡，乃四川眉州眉山人氏。一举成名，官拜翰林学士。此人天资高妙，过目成诵，出口成章。有李太白之风流，胜曹子建之敏捷，在宰相荆公王安石先生门下。荆公甚重其才。东坡自恃聪明，颇多讥诮。荆公因作《字说》，一字解作一义。偶论东坡的坡字，从土从皮，谓坡乃土之皮。东坡笑道："如相公所言，滑字乃水之骨也。"一日，荆公又论及鲵字："从鱼从儿，合是鱼子。四马曰驷，天虫为蚕。古人制字，定非无义。"东坡拱手进言："鸠字九鸟，可知有故。"荆公认以为真，欣然请教。东坡笑道："《毛诗》云：'鸤鸠在桑，其子七兮。'连娘带爷，共是九个。"荆公默然，恶其轻薄，左迁为湖州刺史。正是：

是非只为多开口，烦恼皆因巧弄唇。

东坡在湖州做官，三年任满，朝京，作寓于大相国寺内。想当时因得罪于荆公，自取其咎。常言道："未去朝天子，先来谒相公。"吩咐左右备脚色手本，骑马投王丞相府来。离府一箭之地，东坡下马步行而前。见府门首许多听事官吏，纷纷站立。东坡举手问道："列位，老太师在堂上否？"守门官上前答道："老爷昼寝未醒。且请门房中少坐。"从人取交床在门房中，东坡坐下，将门半掩。不多时，相府中有一少年人。年方弱冠，戴缠骔大帽，穿青绢直摆，捥手洋洋，出来下阶。众官吏皆躬身揖让。此人从东向西而去。东坡命从人去问："相府中适才出来者何人？"从人打听明白回覆，是丞相老爷府中掌书房的姓徐。东坡记得荆公书房中宠用的有个徐伦，三年前还未冠；今虽冠了，面貌依然。叫从人："既是徐掌家，与我赶上一步，快请他转来。"从人飞奔去了，赶上徐伦，不敢于背后呼唤，从旁边抢上前去，垂手侍立于街傍，道："小的是湖州府苏爷的长班。苏爷在门房中，请徐老爹相见，有句话说。"徐伦问："可是长胡子的苏爷？"从人道："正是。"东坡是个风流才子，见人一团和气，平昔与徐伦相爱，时常写扇送他。徐伦听说是苏学士，微微而笑，转身便回。从人先到门房，回复徐掌家到了。徐伦进门房来见苏爷，意思要跪下去。东坡用手捥住。这徐伦立身相府，掌内书房，外府州县首领官员到京参谒丞相，知会徐伦，俱有礼物，单帖通名。今日见苏爷怎么就要下跪？因苏爷久在丞相门下往来，徐伦自小书房答应，职任烹茶，就如旧上人一般，一时大不起来。苏爷却全他的体面，用手捥住道："徐掌家，不要行此礼。"徐伦道："这门房中不是苏爷坐处，且请进府到东书房待茶。"这东书房，便是王丞相的外书房了。凡门生知友往来，都到此处。徐伦引苏爷到东书房，看了坐，命童儿烹好茶伺候。"禀苏爷，小的奉老爷遣差往太医院取药，不得在此伏侍，怎么好？"东坡道："且请治事。"

徐伦去后，东坡见四壁书橱关闭有锁，文几上只有笔砚，更无余物。东坡开砚匣，看了砚池，是一方绿色端砚，甚有神采。砚上余墨未干。方欲掩盖，忽见砚匣下露出些纸角儿。东坡扶起砚匣，乃是一方素笺，叠做两折。取而观之，原来是两句未完的诗稿，认得荆公笔迹，题是《咏菊》。东坡笑道："士别三日，换眼相待。昔年我曾在京为官时，此老下笔数千言，不由思索。三年后，也就不同了，正是江淹才尽，两句诗不曾终韵。"念了一遍。"呀！原来连这两句诗都是乱道。"这两句诗怎么样写？

　　　西风昨夜过园林，吹落黄花满地金。

　　东坡为何说这两句诗是乱道？一年四季，风各有名：春天为和风，夏天为薰风，秋天为金风，冬天为朔风。和、薰、金、朔四样风配着四时。这诗首句说西风，西方属金，金风乃秋令也。那金风一起，梧叶飘黄，群芳零落。第二句说"吹落黄花满地金"。黄花即菊花。此花开于深秋，其性属火，敢与秋霜鏖战，最能耐久，随你老来焦干枯烂，并不落瓣。说个"吹落黄花满地金"，岂不是错误了？兴之所发，不能自已。举笔舐墨，依韵续诗二句：

　　　秋花不比春花落，说与诗人仔细吟。

　　写便写了，东坡愧心复萌："倘此老出书房相待，见了此诗，当面抢白，不像晚辈体面。欲待袖去，以灭其迹，又恐荆公寻诗不见，带累徐伦。"思算不妥，只得仍将诗稿折叠，压于砚匣之下，盖上砚匣，步出书房。到大门首，取脚色手本，付与守门官吏嘱咐道："老太师出堂，通禀一声，说苏某在此伺候多时。因初到京中，文表不曾收拾，明日早朝赍过表章，再来谒见。"说罢，骑马回下处去了。
　　不多时，荆公出堂。守门官吏，虽蒙苏爷嘱咐，没有纸包相送，那个与他禀话。只将脚色手本和门簿缴纳。荆公也只当常规，未及观看。心下记着菊花诗二句未完韵，恰好徐伦从太医院取药回来。荆公唤徐伦送置东书房，荆公也随后入来。坐定，揭起砚匣，取出诗稿一看，问徐伦道："适才何人到此？"徐伦跪下，禀道："湖州府苏爷伺候老爷，曾到。"荆公看其字迹，也认得是苏学士之笔。口中不语，心下踌躇："苏轼这个小畜生，虽遭挫折，轻薄之性不改！不道自己学疏才浅，敢来讥讪老夫！明日早朝，奏过官里，将他削职为民。"又想道："且住，他也不晓得黄州菊花落瓣，也怪他不得！"叫徐伦取湖广缺官册籍来看。单看黄州府，余官俱在，只缺少个团练副使。荆公暗记在心。命徐伦将诗稿贴于书房柱上。
　　明日早朝，密奏天子，言苏轼才力不及，左迁黄州团练副使。天下官员到京上表章，升降勾除，各自安命。唯有东坡心中不服，心下明知荆公为改诗触犯，公报私仇。没奈何，也只得谢恩，朝房中才卸朝服，长班禀道："丞相爷出朝。"东坡露堂一恭，荆公肩舆中举手道："午后老夫有一饭。"东坡领命。回下处修书，打发湖州跟官人役,兼本衙管家,往旧任接取家眷黄州相会。

午牌过后,东坡素服角带,写下新任黄州团练副使脚色手本,乘马来见丞相领饭。门吏通报。荆公吩咐请进到大堂拜见。荆公待以师生之礼。手下点茶。荆公开言道:"子瞻左迁黄州,乃圣上主意,老夫爱莫能助。子瞻莫错怪老夫否?"东坡道:"晚学生自知才力不及,岂敢怨老太师!"荆公笑道:"子瞻大才,岂有不及!只是到黄州为官,闲暇无事,还要读书博学。"东坡目穷万卷,才压千人。今日劝他读书博学,还读什么样书!口中称谢道:"承老太师指教。"心下愈加不服。荆公为人至俭,肴不过四器,酒不过三杯,饭不过一箸。东坡告辞。荆公送下滴水檐前,携东坡手道:"老夫幼年灯窗十载,染成一症,老年举发,太医院看是痰火之症。虽然服药,难以除根。必得阳羡茶,方可治。有荆溪进贡阳羡茶,圣上就赐与老夫。老夫问太医院官如何烹服,太医院官说须用瞿塘中峡水。瞿塘在蜀,老夫几欲差人往取,未得其便,兼恐所差之人未必用心。子瞻桑梓之邦,倘尊眷往来之便,将瞿塘中峡水,携一瓮寄与老夫,则老夫衰老之年,皆子瞻所延也。"东坡领命,回相国寺。

次日辞朝出京,星夜奔黄州道上。黄州合府官员知东坡天下有名才子,又是翰林谪官,出郭远迎。选良时吉日公堂上任。过月之后,家眷方到。

东坡在黄州与蜀客陈季常为友。不过登山玩水,饮酒赋诗,军务民情,秋毫无涉。光阴迅速,将及一载。时当重九之后,连日大风。一日风息,东坡兀坐书斋。忽想:"定惠院长老曾送我黄菊数种,栽于后园,今日何不去赏玩一番。"足犹未动,恰好陈季常相访。东坡大喜,便拉陈慥同往后园看菊。到得菊花棚下,只见满地铺金,枝上全无一朵,唬得东坡目瞪口呆,半晌无语。陈慥问道:"子瞻见菊花落瓣,缘何如此惊诧?"东坡道:"季常有所不知。平常见此花只是焦干枯烂,并不落瓣。去岁在王荆公府中,见他《咏菊》诗二句,道:'西风昨夜过园林,吹落黄花满地金。'小弟只道此老错误了,续诗二句道:'秋花不比春花落,说与诗人仔细吟。'却不知黄州菊花,果然落瓣!此老左迁小弟到黄州,原来使我看菊花也。"陈慥笑道:"古人说得好:

> 广知世事休开口,纵会人前只点头。
> 假若连头俱不点,一生无恼亦无愁。"

东坡道:"小弟初然被谪,只道荆公恨我摘其短处,公报私仇,谁知他到不错,我到错了。真知灼见者,尚且有误,何况其他!吾辈切记,不可轻易说人笑人,正所谓经一失长一智耳。"东坡命家人取酒,与陈季常就落花之下,席地而坐。正饮酒间,门上报道:"本府马太爷拜访,将到。"东坡分咐:"辞了他吧。"是日,两人对酌闲谈,至晚而散。

次日，东坡写了名帖，答拜马太守。马公出堂迎接。彼时没有迎宾馆，就在后堂分宾而坐。茶罢。东坡因叙出去年相府错题了菊花诗，得罪荆公之事。马太守微笑道："学生初到此间，也不知黄州菊花落瓣，亲见一次，此时方信。可见老太师学问渊博，有包罗天地之抱负。学士大人，一时忽略，陷于不知，何不到京中太师门下赔罪一番，必然回嗔作喜。"东坡道："学生也要去，恨无其由。"太守道："将来有一事方便，只是不敢轻劳。"东坡问何事。太守道："常规，冬至节必有贺表到京，例差地方官一员。学士大人若不嫌琐屑，假进表为由，到京也好。"东坡道："承堂尊大人用情，学生愿往。"太守道："这道表章，只得借重学士大笔。"东坡应允。别了马太守回衙。想起荆公嘱咐要取瞿塘中峡水的话来。初时心中不服，连这取水一节，置之度外。如今却要替他出力做这件事，以赎妄言之罪。但此事不可轻托他人。现今夫人有恙，思想家乡。既承贤守公美意，不若告假亲送家眷还乡，取得瞿塘中峡水，庶为两便。

　　黄州至眉州，一水之地，路正从瞿塘三峡过。那三峡？西陵峡，巫峡，归峡。

西陵峡为上峡，巫峡为中峡，归峡为下峡，那西陵峡又唤做瞿塘峡，在夔州府城之东。两崖对峙，中贯一江。滟滪堆当其口，乃三峡之门。所以总唤做瞿塘三峡。此三峡共长七百余里，两岸连山无阙，重峦叠嶂，隐天蔽日。风无南北，唯有上下。自黄州到眉州，总有四千余里之程，夔州适当其半。东坡心下计较："若送家眷直到眉州，往回将及万里，把贺冬表又耽误了。我如今有个道理，叫作公私两尽。从陆路送家眷至夔州，却令家眷自回。我在夔州换船下峡，取了中峡之水，转回黄州，方往东京。可不是公私两尽！"算计已定，对夫人说知，收拾行李，辞别了马太守。衙门上悬一个告假的牌面，择了吉日，准备车马，唤集人夫，合家起程。一路无事，自不必说。

　　才过夷陵州，早是高唐县。
　　驿卒报好音，夔州在前面。

东坡到了夔州，与夫人分手，嘱咐得力管家，一路小心伏侍夫人回去。东坡讨个江船，自夔州开发，顺流而下。原来这滟滪堆，是江口一块孤石，亭亭独立，夏即浸没，冬即露出，因水满石没之时，舟人取途不定，故又名犹豫堆。俗谚云：

　　犹豫大如象，瞿塘不可上；

犹豫大如马，瞿塘不可下。

东坡在重阳后起身，此时尚在秋后冬前，又其年是闰八月，迟了一个月的节气，所以水势还大。上水时，舟行甚迟。下水时却甚快。东坡来时正怕迟慢，所以舍舟从陆。回时乘着水势，一泻千里，好不顺溜。东坡看见那峭壁千寻，沸波一线，想要做一篇《三峡赋》，结构不就。因连日鞍马困倦，凭几构思，不觉睡去，不曾吩咐得水手打水。及至醒来问时，已是下峡，过了中峡了。东坡吩咐："我要取中峡之水，快与我拨转船头。"水手禀道："老爷，三峡相连，水如瀑布，船如箭发。若回船便是逆水，日行数里，用力甚难。"东坡沉吟半晌，问："此地可以泊船？有居民否？"水手禀道："上二峡悬崖峭壁，船不能停。到归峡，山水之势渐平，崖上不多路，就有市井街道。"东坡叫泊了船，吩咐苍头："你上崖去看有年长知事的居民，唤一个上来，不要声张惊动了他。"

苍头领命。登崖不多时，带一个老人上船，口称居民叩头。东坡以美言抚慰："我是过往客官，与你居民没有统属，要问你一句话。那瞿塘三峡，那一峡的水好？"老者道："三峡相连，并无阻隔。上峡流于中峡，中峡流于下峡，昼夜不断。一般样水，难分好歹。"东坡暗想道："荆公胶柱鼓瑟。三峡相连，一般样水，何必定要中峡！"叫手下，给官价与百姓买个干净磁瓮，自己立于船头，看水手将下峡水满满的汲了一瓮，用桑皮纸封固，亲手金押。即刻开船。直至黄州拜了马太守。夜间草成贺冬表，送去府中。马太守读了表文，深赞苏君大才，赍表官就金了苏轼名讳。择了吉日，与东坡饯行。东坡赍了表文，带了一瓮蜀水，星夜来到东京，仍投大相国寺内。天色还早，命手下抬了水瓮，乘马到相府来见荆公。荆公正当闲坐，闻门下通报："黄州团练使苏爷求见。"荆公笑道："已经一载矣！"吩咐守门官："缓着些出去，引他东书房相见。"守门官领命。荆公先到书房，见柱上所贴诗稿，经年尘埃迷目。亲手于鹊尾瓶中取拂尘，将尘拂去，俨然如旧。荆公端坐于书房。

却说守门官延捱了半晌，方请苏爷。东坡听说东书房相见，想起改诗的去处，面上赧然。勉强进府，到书房见了荆公下拜。荆公用手相扶道："不在大堂相见，唯思远路风霜，休得过礼。"命童儿看坐。东坡坐下，偷看诗稿，贴于对面。荆公用拂尘往左一指道："子瞻，可见光阴迅速，去岁作此诗，又经一载矣！"东坡起身，拜伏于地。荆公用手扶住道："子瞻为何？"东坡道："晚学生甘罪了！"荆公道："你见了黄州菊花落瓣吗？"东坡道："是。"荆公道："目中未见此一种，也怪不得子瞻。"东坡道："晚学生才疏识浅，全仗老太师海涵。"

茶罢，荆公问道："老夫烦足下带瞿塘中峡水，可有么？"东坡道："见携府外。"荆公命堂候官两员，将水瓮抬进书房。荆公亲以衣袖拂试，纸封打开，命童儿茶灶中煨火，用银铫汲水烹之。先取白定碗一只，投阳羡茶一撮于内。候汤如蟹眼，急取起倾入，其茶色半晌方见。荆公问：“此水何处取来？”东坡道：“巫峡。”荆公道：“是中峡了？”东坡道：“正是。”荆公笑道：“又来欺老夫了！此乃下峡之水，如何假名中峡？”东坡大惊，述：“土人之言：‘三峡相连，一般样水。’晚学生误听了，实是取下峡之水。老太师何以辨之？”荆公道：“读书人不可轻举妄动，须是细心察理。老夫若非亲到黄州，看过菊花，怎么诗中敢乱道黄花落瓣？这瞿塘水性，出于《水经补注》。上峡水性太急，下峡太缓，唯中峡缓急相半。太医院官乃明医，知老夫乃中脘变症，故用中峡水引经。此水烹阳羡茶，上峡味浓，下峡味淡，中峡浓淡之间。今见茶色半晌方见，故知是下峡。”东坡离席谢罪。

荆公道：“何罪之有！皆因子瞻过于聪明，以至疏略如此。老夫今日偶然无事，幸子瞻光顾。一向相处，尚不知子瞻学问真正如何？老夫不自揣量，要考子瞻一考。”东坡欣然答道：“晚学生请题。”荆公道：“且住！老夫若遽然考你，只说老夫恃了一日之长。子瞻到先考老夫一考，然后老夫请教。”东坡鞠躬道：“晚学生怎么敢？”荆公道：“子瞻既不肯考老夫，老夫却不好僭妄。也罢，叫徐伦把书房中书橱尽数与我开了。左右二十四橱，书皆积满。但凭于左右橱内上中下三层取书一册，不拘前后，念上文一句，老夫答下句不来，就算老夫无学。”东坡暗想道：“这老甚迂阔！难道这些书都记在腹内？虽然如此，不好去考他。”答应道：“这个晚学生不敢！”荆公道：“咳！道不得个‘恭敬不如从命’了！”

东坡使乖，只拣尘灰多处，料久不看，也忘记了。任意抽书一本，未见签题，揭开居中，随口念一句道：“如意君安乐否？”荆公接口道：“‘窃已啖之矣’可是？”东坡道：“正是。”荆公取过书来，问道：“这句书怎么讲？”东坡不曾看得书上详细，暗想：“唐人讥则天后，曾称薛敖曹为如意君。或者差人问候，曾有此言。只是下文说‘窃已啖之矣’，文理却接上面不来。”沉吟了一会，又想道：“不要惹这老头儿，千虚不如一实。”答应道：“晚学生不知。”荆公道：“这也不是什么秘书，如何就不晓得？这是一桩小故事。汉末灵帝时，长沙郡武冈山后有一狐穴，深入数丈。内有九尾狐狸二头。日久年深，皆能变化，时常化作美妇人，遇着男子往来，诱入穴中行乐。小不如意，分而食之。后有一人姓刘名玺，入山采药，被二妖所掳。夜晚求欢，枕席之间，二狐快乐，称为如意君。大狐出山打食，则小狐看守。小狐出山，则大狐亦如之。日就月将，并无忌惮。酒后，露其本形。刘玺有恐怖之心，精力衰倦。一日，大狐出山打食，小狐在穴，求其云雨，不果其欲。小狐大怒，生啖刘玺于腹内。大狐回穴，心记刘生，问道：‘如意君安乐否？’小狐答道：‘窃已啖之矣。’二狐相争追逐，满山喊叫。樵人窃听，遂得其详，记于《汉末全书》。子瞻想未涉猎？”东坡道：“老太师学问渊深，非晚辈浅学可及！”荆公微笑道：“这也算考过老夫了。老夫还席，也要考子瞻一考，子瞻休得吝教。”东坡道：“求老太师命题平易。”荆公道：“考别件事，又道老夫作难，久闻子瞻善于作对。今年闰了个八月，正月立春，十二月又是立

春,是个两头春。老夫就将此为题,出句求对,以观子瞻妙才。"命童儿取纸笔过来,荆公写出一对道:

一岁二春双八月,人间两度春秋。

东坡虽是妙才,这对出得蹊跷,一时寻对不出,羞颜可掬,面皮通红了。荆公问道:"子瞻从湖州至黄州,可从苏州润州经过么?"东坡道:"此是便道。"荆公道:"苏州金闾门外,至于虎丘,这一带路,叫作山塘,约有七里之遥,其半路名为半塘。润州古名铁瓮城,临于大江,有金山,银山,玉山,这叫作三山。俱有佛殿僧房,想子瞻都曾游览?"东坡答应道:"是。"荆公道:"老夫再将苏润二州,各出一对,求子瞻对之。"苏州对云:

七里山塘,行到半塘三里半。

润州对云:

铁瓮城西,金、玉、银山三宝地。

东坡思想多时,不能成对,只得谢罪而出。荆公晓得东坡受了些腌臜,终惜其才。明日奏过神宗天子,复了他翰林学士之职。后人评这篇话道:以东坡天才,尚然三被荆公所屈。何况才不如东坡者!因作诗戒世云:

项托曾为孔子师,荆公又把子瞻嗤。
为人第一谦虚好,学问茫茫无尽期。

第 四 卷

拗相公饮恨半山堂

得岁月，延岁月；得欢悦，且欢悦。万事乘除总在天，何必愁肠千万结！放心宽，莫量窄，古今兴废言不彻。金谷繁华眼底尘，淮阴事业锋头血，临潼会上胆气消，丹阳县里箫声绝。时来弱草胜春花，运去精金逊顽铁。逍遥快乐是便宜，到老方知滋味别。粗衣澹饭足家常，养得浮生一世拙。

开话已毕，未入正文，且说唐诗四句：

周公恐惧流言日，王莽谦恭下士时。

假使当年身便死，一生真伪有谁知！

此诗大抵说人品有真有伪，须要恶而知其美，好而知其恶。第一句说周公。那周公，姓姬名旦，是周文王少子。有圣德，辅其兄武王伐商，定了周家八百年天下。武王病，周公为册文告天，愿以身代。藏其册于金匮，无人知之。以后武王崩，太子成王年幼。周公抱成王于膝，以朝诸侯。有庶兄管叔蔡叔将谋不轨，心忌周公，反布散流言，说周公欺侮幼主，不久篡位。成王疑心。周公辞了相位，避居东国，心怀恐惧。一日天降大风疾雷，击开金匮。成王见了册文，方知周公之忠，迎归相位，诛了管叔、蔡叔，周室危而复安。假如管叔蔡叔流言方起，说周公有反叛之心，周公一病而亡，金匮之文未开，成王之疑未释，谁人与他分辨？后世却不把好人当做恶人？

第二句说王莽。王莽字巨君，乃西汉平帝之舅。为人奸诈。自恃椒房宠势，相国威权，阴有篡汉之意。恐人心不服，乃折节谦恭，尊礼贤士，假行公道，虚张功业，天下郡县称莽功德者，共四十八万七千五百七十二人。莽知人心归己，乃鸩平帝，迁太后，自立为君，改国号曰新，一十八年。直至南阳刘文叔起兵复汉，被诛。假如王莽早死了十八年，却不是完名全节一个贤宰相，垂之史册，不把恶人当做好人么？

所以古人说:"日久见人心。"又道:"盖棺论始定。"不可以一时之誉,断其为君子;不可以一时之谤,断其为小人。有诗为证:

> 毁誉从来不可听,是非终久自分明。
> 一时轻信人言语,自有明人话不平。

如今说先朝一个宰相,他在下位之时,也着实有名有誉的。后来大权到手,任性胡为,做错了事,惹得万口唾骂,饮恨而终。假若有名誉的时节,一个瞌睡死去了不醒,人还千惜万惜,道国家没福。怎般一个好人,未能大用,不尽其才,却到也留名于后世。及至万口唾骂时,就死也迟了。这到是多活了几年的不是!

那位宰相是谁? 在那一个朝代? 这朝代不近不远,是北宋神宗皇帝年间,一个首相,姓王名安石,临川人也。此人目下十行,书穷万卷。名臣文彦博、欧阳修、曾巩、韩维等,无不奇其才而称之。方及二旬,一举成名。初任浙江庆元府鄞县知县,兴利除害,大有能声。转任扬州金判。每读书达旦不寐,日已高,闻太守坐堂,多不及盥漱而往。时扬州太守,乃韩魏公名琦者,见安石头面垢污,知未盥漱,疑其夜饮,劝以勤学。安石谢教,绝不分辨。后韩魏公察听他彻夜读书,心甚异之,更夸其美。升江宁府知府,贤声愈著,直达帝聪。正是:

> 只因前段好,误了后来人。

神宗天子励精图治,闻王安石之贤,特召为翰林学士。天子问为治何法,安石以尧舜之道为对,天子大悦。不二年,拜为首相,封荆国公,举朝以为皋夔复出,伊周再生,同声相庆。唯李承之见安石双眼多白,谓是奸邪之相,他日必乱天下。苏老泉见安石衣服垢敝,经月不洗面,以为不近人情,作《辨奸论》以刺之。此两个人是独得之见,谁有肯信! 不在话下。

安石既为首相,与神宗天子相知,言听计从,立起一套新法来。那几件新法?

> 农田法,水利法,青苗法,均输法,保甲法,免役法,市易法,保马法,方田法,免行法。

专听一个小人,姓吕名惠卿,及伊子王雱,朝夕商议,斥逐忠良,拒绝直谏。民间怨声载道,天变迭兴。荆公自以为是,复倡为三不足之说:

> 天变不足畏,人言不足恤,祖宗之法不足守。

他因性子执拗，主意一定，佛菩萨也劝他不转，人皆呼为"拗相公"。文彦博、韩琦许多名臣，先夸佳说好的，到此也自悔失言。一个个上表争论，不听，辞官而去。自此持新法益坚。祖制纷更，万民失业。

一日，爱子王雱病疽而死，荆公痛思之甚。招天下高僧，设七七四十九日斋醮，荐度亡灵。荆公亲自行香拜表。其日，第四十九日斋醮已完。漏下四鼓，荆公焚香送佛，忽然昏倒于拜毡之上，左右呼唤不醒。到五更，如梦初觉，口中道："诧异，诧异！"左右扶进中门。吴国夫人命丫鬟接入内寝，问其缘故，荆公眼中垂泪道："适才昏愦之时，恍恍忽忽到一个去处，如大官府之状，府门尚闭。见吾儿王雱荷巨枷约重百斤，力殊不胜，蓬首垢面，流血满体，立于门外，对我哭诉其苦，道：'阴司以儿父久居高位，不思行善，专一任性执拗，行青苗等新法，蠹国害民，怨气腾天。儿不幸阳禄先尽，受罪极重，非斋醮可解。父亲宜及蚤回头，休得贪恋富贵！'说犹未毕，府中开门吆喝，惊醒回来。"夫人道："'宁可信其有，不可信其无。'妾亦闻外面人言籍籍，归怨相公，相公何不急流勇退，早去一日，也省了一日的咒詈。"荆公从夫人之言，一连十来道表章，告病辞职。天子风闻外边公论，亦有厌倦之意，遂从其请，以使相判江宁府。故宋时，凡宰相解位，都要带个外任的职衔，到那地方资禄养老，不必管事。荆公想江宁乃金陵古迹之地，六朝帝王之都，江山秀丽，人物繁华，足可安居，甚是得意。夫人临行，尽出房中钗钏衣饰之类，及所藏宝玩，约数千金，布施各庵院寺观打醮焚香，以资亡儿王雱冥福。择日辞朝起身，百官设饯送行，荆公托病都不相见。府中有一亲吏，姓江名居，甚会答应。荆公只带此一人，与僮仆随家眷同行。

东京至金陵都有水路，荆公不用官船，微服而行，驾一小艇，由黄河溯流而下。将次开船，荆公唤江居及众僮仆吩咐："我虽宰相，今已挂冠而归。凡一路马头歇船之处，有问我何姓何名何官何职，汝等但言过往游客，切莫对他说实话，恐惊动所在官府，前来迎送，或起夫防护，骚扰居民不便。若或泄漏风声，必是汝等需索地方常例，诈害民财。吾若知之，必皆重责。"众人都道："谨领钧旨。"江居禀道："相公白龙鱼服，隐姓潜名。倘或途中小辈不识高低，有毁谤相公者，何以处之？"荆公道："常言：'宰相腹中撑得船过。'从来人言不足恤，言吾善者，不足为喜，道吾恶者，不足为怒。只当耳边风过去便了，切莫揽事！"江居领命，并晓喻水手知悉。自此水路无话。

不觉二十余日，已到钟离地方。荆公原有痰火症，住在小舟多日，情怀抑郁，火症复发。思欲舍舟登陆，观看市井风景，少舒愁绪，吩咐管家道："此去金陵不远，你可小心伏侍夫人家眷，从水路，由瓜步淮扬过江。我从陆路而来，约到金陵江口相会。"安石打发家眷开船，自己只带两个僮仆，并亲吏江居，主仆共是四人登岸。

只因水陆舟车扰，断送南来北往人。

　　江居禀道："相公陆行，必用脚力。还是拿钧帖到县驿取讨，还是自家用钱雇赁？"荆公道："我吩咐在前，不许惊动官府，只自家雇赁便了。"江居道："若自家雇赁，须要投个主家。"当下僮仆携了包裹，江居引荆公到一个经纪人家来。主人迎接上坐，问道："客官要往哪里去？"荆公道："要往江宁，欲觅肩舆一乘，或骡或马三匹，即刻便行。"主人道："如今不比当初，忙不得哩！"荆公道："为何？"主人道："一言难尽！自从拗相公当权，创立新法，伤财害民，户口逃散。虽留下几户穷民，只好奔走官差。那有空役等雇！况且民穷财尽，百姓饔餐不饱，没闲钱去养马骡。就有几头，也不够差使。客官坐稳，我替你抓寻去。寻得下，莫喜；寻不来，莫怪。只是比往常一倍钱要两倍哩！"江居问道："你说那拗相公是谁？"主人道："叫作王安石。闻说一双白眼睛，恶人自有恶相。"荆公垂下眼皮，叫江居莫管别人家闲事。

　　主人去了多时，来回复道："轿夫只许你两个，要三个也不能够，没有替换，却要把四个人的夫钱雇他。马是没有，止寻得一头骡；一个叫驴。明日五鼓到我店里。客官将就去得时，可付些银子与他。"荆公听了前番许多恶话，不耐烦，巴不得走路，想道："就是两个夫子，缓缓而行也罢。只是少一个头口，没奈何，把一匹与江居坐，那一匹，教他两个轮流坐罢。"吩咐江居，但凭主人定价，不要与他计较。江居把银子称付主人。日光尚早，荆公在主人家闷不过，唤童儿跟随，走出街市闲行。果然市井萧条，店房稀少。荆公暗暗伤感。步到一个茶坊，到也洁净。荆公走进茶坊，正欲唤茶，只见壁间题一绝句云：

　　　祖宗制度至详明，百载余黎乐太平。
　　　白眼无端偏固执，纷纷变乱拂人情。

　　后款云："无名子慨世之作。"荆公默然无语，连茶也没兴吃了，慌忙出门。
　　又走了数百步，见一所道院。荆公道："且去随喜一回，消遣则个。"走进大门，就是三间庙宇。荆公正欲瞻礼，尚未跨进殿楹，只见朱壁外面黏着一幅黄纸，纸上有诗句：

　　　五叶明良致太平，相君何事苦纷更？
　　　既言尧舜宜为法，当效伊周辅圣明！
　　　排尽旧臣居散地，尽为新法误苍生。
　　　翻思安乐窝中老，先识天津杜宇声。

先前英宗皇帝时，有一高士，姓邵名雍，别号尧夫，精于数学，通天彻地。自名其居为"安乐窝"。常与客游洛阳天津桥上，闻杜宇之声，叹道："天下从此乱矣！"客问其故。尧夫答道："天下将治，地气自北而南。天下将乱，地气自南而北。洛阳旧无杜宇，今忽有之，乃地气自南而北之征。不久天子必用南人为相，变乱祖宗法度，终宋世不得太平。"这个兆，正应在王安石身上。

荆公默诵此诗一遍，问香火道人："此诗何人所作，没有落款？"道人道："数日前，有一道侣到此索纸题诗，粘于壁上，说是骂什么拗相公的。"荆公将诗纸揭下，藏于袖中，默然而出。回到主人家，闷闷的过了一夜。

五鼓鸡鸣，两名夫和一个赶脚的牵着一头骡，一个叫驴都到了。荆公素性不十分梳洗，上了肩舆。江居乘了驴子，让那骡子与童仆两个更换骑坐。约行四十余里。日光将午，到一村镇。江居下了驴，走上一步，禀道："相公，该打中火了。"荆公因痰火病发，随身扶手，带得有清肺干糕，及丸药茶饼等物。吩咐手下："只取沸汤一瓯来，你们自去吃饭。"荆公将沸汤调茶，用了点心。众人吃饭，兀自未了。荆公见屋旁有个坑厕，讨一张手纸，走去登东。只见坑厕土墙上，白石灰画诗八句：

> 初知鄞邑未升时，为负虚名众所推。
> 苏老《辨奸》先有识，李丞劾奏已前知。
> 斥除贤正专威柄，引进虚浮起祸基。
> 最恨邪言"三不足"，千年流毒臭声遗。

荆公登了东，觑个空，就左脚脱下一只方舄，将舄底向土墙上抹得字迹糊涂，方才罢手。

众人中火已毕。荆公复上肩舆而行。

又三十里，遇一驿舍。江居禀道："这官舍宽敞，可以止宿。"荆公道："昨日叮咛汝辈是甚言语！今宿于驿亭，岂不惹人盘问。还到前村，择僻静处民家投宿，方为安稳。"

又行五里许，天色将晚。到一村家，竹篱茅舍，柴扉半掩。荆公叫江居上前借宿。江居推扉而入。内一老叟扶杖走出，问其来由。江居道："某等游客，欲暂宿尊居一宵，房钱依例奉纳。"老叟道："但随官人们尊便。"江居引荆公进门，与主人相见。老叟延荆公上坐；见江居等三人侍立，知有名分，请到侧屋里另坐。老叟安排茶饭去了。荆公看新粉壁上，有大书律诗一首。诗云：

> 文章谩说自天成，曲学偏邪识者轻。

强辨鹑刑非正道，误餐鱼饵岂真情。

奸谋已遂生前志，执拗空遗死后名。

亲见亡儿阴受梏，始知天理报分明。

荆公阅毕，惨然不乐。须臾，老叟搬出饭来，从人都饱餐，荆公也略用了些。问老叟道："壁上诗何人写作？"荆公道："往来游客所书，不知名姓。"公俯首寻思："我曾辨帛勒为鹑刑，及误餐鱼饵；二事人颇晓得。只亡儿阴府受梏事，我单对夫人说，并没第二人得知，如何此诗言及？好怪，好怪！"荆公因此诗末句刺着他痛心之处，狐疑不已，因问老叟："高寿几何？"老叟道："年七十八了。"荆公又问："有几位贤郎？"老叟扑簌簌泪下，告道："有四子，都死了。与老妻独居于此。"荆公道："四子何为俱夭？"老叟道："十年以来，苦为新法所害。诸子应门，或殁于官，或丧于途。老汉幸年高，是以苟延残喘，倘若少壮，也不在人世了。"荆公惊问："新法有何不便，乃至于此？"老叟道："官人只看壁间诗，可知矣。自朝廷用王安石为相，变易祖宗制度，专以聚敛为急，拒谏饰非，驱忠立佞。始设青苗法以虐农民，继立保甲、助役、保马、均输等法，纷纭不一。官府奉上而虐下，日以箠掠为事，吏卒夜呼于门，百姓不得安寝，弃产业，携妻子，逃于深山者，日有数十。此村百有余家，今所存八九家矣。寒家男女共一十六口，今只有四口仅存耳！"说罢，泪如雨下。荆公亦觉悲酸，又问道："有人说新法便民，老丈今言不便，愿闻其详。"老叟道："王安石执拗，民间称为拗相公。若言不便，便加怒贬；说便，便加升擢。凡说新法便民者，都是谄佞辈所为，其实害民非浅！且如保甲上番之法，民家每一丁，教阅于场，又以一丁朝夕供送。虽说五日一教，那做保正的，日聚于教场中，受贿方释；如没贿赂，只说武艺不熟，拘之不放。以致农时俱废，往往冻馁而死。"言毕，问道："如今那拗相公何在？"荆公哄他道："见在朝中辅相天子。"老叟唾地大骂道："这等奸邪，不行诛戮，还要用他，公道何在！朝廷为何不相了韩琦、富弼、司马光、吕诲、苏轼诸君子，而偏用此小人乎！"

江居等听得客坐中喧嚷之声，走来看时，见老叟说话太狠，咤叱道："老人家不可乱言，倘王丞相闻知此语，获罪非轻了。"老叟蘧然怒起道："吾年近八十，何畏一死！若见此奸贼，必手刃其头，剖其心肝而食之。虽赴鼎镬刀锯，亦无恨矣！"众人皆吐舌缩项。荆公面如死灰，不敢答言。起立庭中，对江居说道："月明如昼，还宜赶路。"江居会意，去还了老叟饭钱，安排轿马。荆公举手与老叟分别，老叟笑道："老拙自骂奸贼王安石，与官人何干，乃怫然而去，莫非官人与王安石有甚亲故么？"荆公连声答道："没有，没有！"荆公登舆，分咐快走。从者跟随踏月而行。

又走十余里，到树林之下，只有茅屋三间，并无邻比。荆公道："此颇幽寂，可以息劳。"命江居叩门，内有老姬启扉。江居亦告以游客贪路，错过邸店，特来借宿，来早奉谢。老姬指中一间屋道："此处空在，但宿何妨。只是草房窄狭，放不下轿马。"江居道："不妨，我有道理。"荆公降舆入室。江居吩咐将轿子置于檐下，骡驴放在树林之中。荆公坐于室内，看那老姬时，衣衫褴褛，鬓发蓬松，草舍泥墙，颇为洁净。老姬取灯火，安置荆公，自去睡了。荆公见窗间有字，携灯看时，亦是律诗八句。诗云：

> 生已沾名衒气豪，死犹虚伪惑儿曹。
> 既无好语遗吴国，却有浮辞诳叶涛。
> 四野逃亡空白屋，千年嗔恨说青苗。
> 想因过此来亲睹，一夜愁添雪鬓毛。

荆公阅之，如万箭攒心，好生不乐，想道："一路来，茶坊道院，以至村镇人家，处处有诗讥诮。这老姬独居，谁人到此，亦有诗句，足见怨词詈语遍于人间矣！那第二联说'吴国'，乃吾之夫人也。叶涛，是吾故友。此二句诗意犹不可解。"欲唤老姬问之，闻隔壁打鼾之声。江居等马上辛苦，俱已睡去。荆公展转寻思，抚膺顿足，懊悔不迭，想道："吾只信福建子之言，道民间甚便新法，故吾违众而行之，焉知天下怨恨至此？此皆福建子误我也！"吕惠卿是闽人，故荆公呼为福建子。是夜，荆公长吁短叹，和衣偃卧，不能成寐，吞声暗泣，两袖皆沾湿了。

将次天明，老姬起身，蓬着头同一赤脚蠢婢，赶二猪出门外。婢携糠秕，老姬取水，用木杓搅于木盆之中，口中呼："啰，啰，啰，拗相公来！"二猪闻呼，就盆吃食。婢又呼鸡："喌，喌，喌，喌，王安石来！"群鸡俱至。江居和众人看见，无不惊讶。荆公心愈不乐，因问老姬道："老人家何为呼鸡豕之名如此？"老姬道："官人难道不知，王安石即当今之丞相，拗相公是他的浑名。自王安石做了相公，立新法以扰民。老妾二十年媳妇，子媳俱无，止与一婢同处，妇女二口，也要出免役助役等钱，钱既出了，差役如故。老妾以桑麻为业，蚕未成眠，便预借丝钱用了，麻未上机，又借布钱用了。桑麻失利，只得畜猪养鸡，等候吏胥里保来征役钱，或准与他，或烹来款待他,自家不曾尝一块肉。故此民间怨恨新法,入于骨髓,畜养鸡豕,都呼为拗相公、王安石,把王安石当做畜生。今世没奈何他,后世得他变为异类,烹而食之,以快胸中之恨耳!"荆公暗暗垂泪,不敢开言。左右惊讶。荆公容颜改变,索镜自照,只见须发俱白,两目皆肿。心下凄惨,自己忧患所致,思想"一夜愁添雪鬓毛"之句,岂非数乎!命江居取钱谢了老姬,收拾起身。

江居走到舆前,禀道:"相公施美政于天下,愚民无知,反以为怨。今宵不可再宿村舍,还是驿亭官舍,省些闲气。"荆公口虽不答,点头道是。上路多时,到一邮亭。江居先下驴,扶荆公出轿升亭而坐,安排蚤饭。荆公看亭子壁间,亦有绝句二首,第一首云:

> 富、韩、司马总孤忠,恳谏良言过耳风。
> 只把惠卿心腹待,不知杀羿是逢蒙!

第二首云:

> 高谈道德口悬河,变法谁知有许多!
> 他日命衰时败后,人非鬼责奈愁何!

荆公看罢,艴然大怒,唤驿卒问道:"何物狂夫,敢毁谤朝政如此!"有一老卒应道:"不但此驿有诗,是处皆有留题也。"荆公问道:"此诗为何而作?"老卒道:"因王安石立新法以害民,所以民恨入骨。近闻得安石辞了相位,判江宁府,必从此路经过,蚤晚常有村农数百在此左近,伺候他来。"荆公道:"伺他来,要拜谒他么?"老卒笑道:"仇怨之人,何拜谒之有!众百姓持白梃,候他到时,打杀了他,分而啖之耳。"荆公大骇。不等饭熟,趋出邮亭上轿,江居唤众人随行。一路只买干粮充饥。

荆公更不出轿,吩咐兼程赶路,直至金陵。与吴国夫人相见。羞入江宁城市,乃卜居于钟山之半,名其堂曰半山。荆公只在半山堂中,看经念佛,冀消罪愆。他原是过目成诵极聪明的人,一路所见之诗,无字不记,私自写出与吴国夫人看之。方言亡儿王雱阴府受罪,非偶然也。以此终日忧愤,痰火大发,兼以气膈,不能饮食。延及岁余,奄奄待尽,骨瘦如柴,支枕而坐。吴国夫人在傍,堕泪问道:"相公有甚好言语吩咐?"荆公道:"夫妇之情,偶合耳。我死,更不须挂念。只是散尽家财,广修善事便了。"言未已,忽报故人叶涛特来问疾。夫人回避。荆公请叶涛床头相见,执其手,嘱道:"君聪明过人,宜多读佛书,莫作没要紧文字,徒劳无益。王某一生枉费精力,欲以文章胜人,今将死之时,悔之无及。"叶涛安慰道:"相公福寿正远,何出此言?"荆公叹道:"生死无常,老夫只恐大限一至,不能发言,故今日为君

叙及此也。"叶涛辞去。荆公忽然想起老妪草舍中诗句第二联道：

　　既无好语遗吴国，却有浮词诳叶涛。

　　今日正应其语。不觉抚髀长叹道："事皆前定，岂偶然哉！作此诗者，非鬼即神。不然，如何晓得我未来之事？吾被鬼神诮让如此，安能久于人世乎！"

　　不几日，疾革，发谵语，将手批颊自骂道："王某上负天子，下负百姓，罪不容诛。九泉之下，何面目见唐子方诸公乎？"一连骂了三日，呕血数升而死。那唐子方名介，乃是宋朝一个直臣，苦谏新法不便，安石不听，也是呕血而死的。一般样死，比王安石死得有名声。至今山间人家，尚有呼猪为拗相公者。后人论宋朝元气，都为熙宁变法所坏，所以有靖康之祸。有诗为证：

　　熙宁新法谏书多，执拗行私奈尔何！
　　不是此番元气耗，虏军岂得渡黄河！

又有诗惜荆公之才：

　　好个聪明介甫翁，高才历任有清风。
　　可怜覆谏因高位，只合终身翰苑中。

第 五 卷

吕大郎还金完骨肉

毛宝放龟悬大印,宋郊渡蚁占高魁。
世人尽说天高远,谁识阴功暗里来。

话说浙江嘉兴府长水塘地方,有一富翁,姓金名钟,家财万贯,世代都称员外。性至悭吝。平生常有五恨,那五恨?

一恨天,二恨地,三恨自家,四恨爹娘,五恨皇帝。

恨天者,恨他不常常六月,又多了秋风冬雪,使人怕冷,不免费钱买衣服来穿。恨地者,恨他树木生得不凑趣;若是凑趣,生得齐整如意,树本就好做屋柱,枝条大者,就好做梁,细者就好做椽,却不省了匠人工作。恨自家者,恨肚皮不会作家,一日不吃饭,就饿将起来。恨爹娘者,恨他遗下许多亲眷朋友,来时未免费茶费水。恨皇帝者,我的祖宗分授的田地,却要他来收钱粮!不止五恨,还有四愿,愿得四般物事。那四般物事?

一愿得邓家铜山,二愿得郭家金穴,三愿得石崇的聚宝盆,四愿得吕纯阳祖师点石为金这个手指头。

因有这四愿、五恨,心常不足。积财聚谷,日不暇给。真个是数米而炊,称柴而爨。因此乡里起他一个异名,叫作金冷水,又叫金剥皮。尤不喜者是僧人,世间只有僧人讨便宜,他单会布施俗家的东西,再没有反布施与俗家之理。所以金冷水见了僧人,就是眼中之钉,舌中之刺。他住居相近处,有个福善庵。金员外生年五十,从不晓得在庵中破费一文的香钱。所喜浑家单氏,与员外同年同月同日,只不同时。他偏吃斋好善。金员外喜他的是吃斋,恼他的是好善。因四十岁上,尚无子息，单氏瞒过了丈夫，将自己钗梳二十余金，布施与福善庵老僧，教他妆佛诵经，祈求子嗣，佛门有应，果然连生二子，且是俊秀。因是福善庵祈求来的，大的小名福儿，小的小名善儿。单氏自得了二子之后，时常瞒了丈夫，偷柴偷米，送与福善庵，供养那老僧。金员外偶然察听了些风声，便去咒天骂地，夫妻反目，直聒得一个不耐烦方休。如此也非止一次。只为浑家也是个硬性，闹过了，依旧不理。

其年夫妻齐寿，皆当五旬。福儿年九岁，善儿年八岁，踏肩生下来的，都已上学读书，十全之美。到生辰之日，金员外恐有亲朋来贺寿，预先躲出。单氏又凑些私房银两，送与庵中打一坛斋醮。一来为老夫妇齐寿，二来为儿子长大，了还愿心。日前也曾与丈夫说过来，丈夫不肯，所以只得私房做事。其夜，和尚们要铺设长生佛灯，叫香火道人至金家，问金阿妈要几斗糙米。单氏偷开了仓门，将米三斗，付与道人去了。随后金员外回来，单氏还在仓门口封锁，被丈夫窥见了，又见地下狼籍些米

粒，知是私房做事。欲要争嚷，心下想道："今日生辰好日，况且东西去了，也讨不转来，干拌去了涎沫。"只推不知，忍住这口气。一夜不睡，左思右想道："叵耐这贼秃，常时来蒿恼我家！到是我看家的一个耗鬼。除非那秃驴死了，方绝其患。"恨无计策。

到天明时，老僧携着一个徒弟来回覆醮事。原来那和尚也怕见金冷水，且站在门外张望。金老早已瞧见，眉头一皱，计上心来。取了几文钱，从侧门走出市心，到山药铺里赎些砒霜，转到卖点心的王三郎店里。王三郎正蒸着一笼熟粉，摆一碗糖馅，要做饼子。金冷水袖里摸出八文钱，撒在柜上道："三郎收了钱，大些的饼子与我做四个，馅却不要下少了。你只捏着窝儿，等我自家下馅则个。"王三郎口虽不言，心下想道："有名的金冷水金剥皮，自从开这几年点心铺子，从不见他家半文之面，今日好利市，也撰他八个钱。他是好便宜的，便等他多下些馅去，扳他下次主顾。"王三郎向笼中取出雪团样的熟粉，真个捏做窝儿，递与金冷水说道："员外请尊便。"金冷水却将砒霜末悄悄的撒在饼内，然后加馅，做成饼子。如此一连做了四个，热烘烘的放在袖里，离了王三郎店，望自家门首踱将进来。

那两个和尚,正在厅中吃茶。金老欣然相揖,揖罢,入内对浑家道:"两个师父清早到来,恐怕肚里饥饿,适才邻舍家邀我吃点心。我见饼子热得好,袖了他四个来,何不就请了两个师父?"单氏深喜丈夫回心向善,取个朱红碟子,把四个饼子装做一碟,叫丫鬟托将出去。那和尚见了员外回家,不敢入坐,已无心吃饼了。见丫鬟送出来,知是阿妈美意,也不好虚得,将四个饼子装做一袖,叫声唅噪,出门回庵而去。金老暗暗欢喜。不在话下。

却说金家两个学生,在社学中读书。放了学时,常到庵中玩耍。这一晚,又到庵中。老和尚想道:"金家两位小官人,时常到此,没有什么请他。今早金阿妈送我四个饼子,还不曾动,放在橱柜里。何不将来煨热了,请他吃一杯茶?"当下吩咐徒弟,在橱柜里取出四个饼子,厨房下煨得焦黄,热了两杯浓茶,摆在房里,请两位小官人吃茶。两个学生玩耍了半晌,正在肚饥,见了热腾腾的饼子,一人两个,都吃了。不吃时犹可,吃了呵,分明是:

> 一块火烧着心肝,万杆枪攒却腹肚!

两个一时齐叫肚疼。跟随的学童慌了,要扶他回去。奈两个疼做一堆,跑走不动。老和尚也着了忙,正不知什么意故,只得叫徒弟一人背了一个,学童随着,送回金员外家。二僧自去了。金家夫妇这一惊非小,慌忙叫学童问其缘故。学童道:"方才到福善庵吃了四个饼子,便叫肚疼起来。那老师父说,这饼子原是我家今早把与他吃的,他不舍得吃,将来恭敬两位小官人。"金员外情知跷蹊了,只得将砒霜实情对阿妈说知。单氏心下越慌了,便把凉水灌得他,如何灌得醒?须臾七窍流血,呜呼哀哉,做了一对殇鬼。单氏千难万难,祈求下两个孩儿,却被丈夫不仁,自家毒死了。待要厮骂一场,也是枉然。气又忍不过,苦又熬不过,走进内房,解下束腰罗帕,悬梁自缢。金员外哭了儿子一场,方才收泪,到房中与阿妈商议说话。见梁上这件打秋千的东西,唬得半死。登时就得病上床,不勾七日,也死了。金氏族家,平昔恨那金冷水金剥皮悭吝,此时天赐其便,大大小小,都蜂拥而来,将家私抢个罄尽。此乃万贯家财。有名的金员外一个终身结果。不好善而行恶之报也。有诗为证:

> 饼内砒霜那得知?害人反害自家儿。
> 举心动念天知道,果报昭彰岂有私!

方才说金员外只为行恶上,拆散了一家骨肉。如今再说一个人,单为行善上,周全了一家骨肉。正是:

善恶相形,祸福自见。

戒人作恶,劝人为善。

话说江南常州府无锡县东门外,有个小户人家,兄弟三人。大的叫作吕玉,第二的叫作吕宝,第三的叫作吕珍。吕玉娶妻王氏,吕宝娶妻杨氏,俱有姿色。吕珍年幼未娶。王氏生下一个孩子,小名喜儿,方才六岁,跟邻舍家儿童出去看神会,夜晚不回。夫妻两个烦恼,出了一张招子,街坊上,叫了数日,全无影响。吕玉气闷,在家里坐不过,向大户家借了几两本钱,往太仓、嘉定一路,收些棉花布匹,各处贩卖,就便访问儿子消息。每年正二月出门,到八九月回家,又收新货。走了四个年头,虽然趁些利息,眼见得儿子没有寻处了。日久心慢,也不在话下。

到第五个年头,吕玉别了王氏,又去做经纪。何期中途遇了个大本钱的布商,谈论之间,知道吕玉买卖中通透,拉他同往山西脱货,就带绒货转来发卖,于中有些用钱相谢。吕玉贪了蝇头微利,随着去了。及至到了山西,发货之后,遇着连岁荒歉,讨赊账不起,不得脱身。吕玉少年久旷,也不免行户中走了一两遍,走出一身风流疮。服药调治,无面回家。捱到三年,疮才痊好。讨清了账目。那布商因为稽迟了吕玉的归期,加倍酬谢。吕玉得了些利物,等不得布商收货完备,自己贩了些粗细绒褐,相别先回。

一日早晨,行至陈留地方,偶然去坑厕出恭,见坑板上遗下个青布搭膊,检在手中,觉得沉重。取回下处,打开看时,都是白物,约有二百金之数。吕玉想道:"这不意之财,虽则取之无碍,倘或失主追寻不见,好大一场气闷。古人见金不取,拾带重还。我今年过三旬,尚无子嗣,要这横财何用!"忙到坑厕左近伺候。只等有人来找寻,就将原物还他。等了一日,不见人来。

次日只得起身,又行了五百余里,到南宿州地方。

其日天晚,下一个客店,遇着一个同下的客人,闲论起江湖生意之事。那客人说起:"自不小心,五日前,清晨到陈留县解下搭膊登东,偶然官府在街上过,心慌起身,却忘记了那搭膊,里面有二百两银子。直到夜里脱衣要睡,方才省得。想着过了一日,自然有人拾去了,转去寻觅,也是无益。只得自认晦气罢了。"吕玉便问:"老客尊姓?高居何处?"客人道:"在下姓陈,祖贯徽州。今在扬州闸上开个粮食铺子。敢问老兄高姓?"吕玉道:"小弟姓吕,是常州无锡县人。扬州也是顺路,相送尊兄到彼奉拜。"客人也不知详细,答应道:"若肯下顾最好。"

次早,二人作伴同行。

不一日,来到扬州闸口。吕玉也到陈家铺子,登堂作揖。陈朝奉看坐献茶。吕玉先提起陈留县失银子之事,盘问他搭膊模样,"是个深蓝青布的,一头有白线缉一个陈字。"吕玉心下晓然,便道:"小弟前在陈留拾得一个搭膊,到也相像,把来与尊兄认看。"陈朝奉见了搭膊,道:"正是。"搭膊里面银两,原封不动。吕玉双手递还陈朝奉。陈朝奉过意不去,要与吕玉均分。吕玉不肯。陈朝奉道:"便不均分,也受我几两谢礼,等在下心安。"吕玉那里肯受。陈朝奉感激不尽,慌忙摆饭相款,思想:"难得吕玉这般好人,还金之恩,无门可报。自家有十二岁一个女儿,要与吕君扳一脉亲往来,第不知他有儿子否?"饮酒中间,陈朝奉问道:"恩兄,令郎几岁了?"吕玉不觉掉下泪来,答道:"小弟只有一儿,七年前为看神会,失去了,至今并无下落。荆妻亦别无生育。如今回去,意欲寻个螟蛉之子,出去帮扶生理,只是难得这般凑巧的。"陈朝奉道:"舍下数年之间,将三两银子,买得一个小厮,貌颇清秀,又且乖巧,也是下路人带来的,如今一十三岁了,伴着小儿在学堂中上学。恩兄若看得中意时,就送与恩兄伏侍,也当我一点薄敬。"吕玉道:"若肯相借,当奉还身价。"陈朝奉道:"说哪里话来! 只恐恩兄不用时,小弟无以为情。"当下便教掌店的,去学堂中唤喜儿到来。吕玉听得名字与他儿子相同,中心疑惑。

须臾,小厮唤到。穿一领芜湖青布的道袍,生得果然清秀,习惯了学堂中规矩,见了吕玉,朝上深深唱个喏。吕玉心下便觉得欢喜。仔细认出儿子面貌来:四岁时,因跌损左边眉角,结一个小疤儿,有这点可认。吕玉便问道:"几时到陈家的?"那小厮想一想道:"有六七年了。"又问他:"你原是哪里人? 谁卖你在此?"那小厮道:"不十分详细,只记得爹叫作吕大,还有两个叔叔在家,娘姓王,家在无锡城外。小时被人骗出,卖在此间。"吕玉听罢,便抱那小厮在怀,叫声:"亲儿! 我正是无锡吕大! 是你的亲爹了。失了你七年,何期在此机遇!"正是:

> 水底捞针针已得,掌中失宝宝重逢。
> 筵前相抱殷勤认,犹恐今朝是梦中。

小厮眼中流下泪来。吕玉伤感,自不必说。吕玉起身拜谢陈朝奉:"小儿若非府上收留,今日安得父子重会?"陈朝奉道:"恩兄有还金之盛德,天遣尊驾到寒舍,父子团圆。小弟一向不知是令郎,甚愧怠慢。"吕玉又叫喜儿拜谢了陈朝奉。陈朝奉定要还拜。吕玉不肯,再三扶住,受了两礼,便请喜儿坐于吕玉之旁。陈朝奉开言:"承恩兄相爱,学生有一女,年方十二岁,欲与令郎结丝萝之好。"吕玉见他情意真恳,谦让不得,只得依允。是夜父子同榻而宿,说了一夜的话。

次日,吕玉辞别要行。陈朝奉留住,另设个大席面,管待新亲家、新女婿,就当送行。酒行数巡,陈朝奉取出白金二十两,向吕玉说道:"贤婿一向在舍有慢,今奉些须薄礼相赎,权表亲情,万勿固辞。"吕玉道:"过承高门俯就,舍下就该行聘定之礼。因在客途,不好苟且。如何反费亲家厚赐? 绝不敢当!"陈朝奉道:"这是学生自送与贤婿的，不干亲翁之事。亲翁若见却，就是不允这头亲事了。"吕玉没得说，只得受了，叫儿子出席拜谢。陈朝奉扶起道："些微薄礼，何谢之有。"喜儿又进去谢了丈母。当日开怀畅饮，至晚而散。吕玉想道："我因这还金之便，父子相逢，诚乃天意。又攀了这头好亲事，似锦上添花。无处报答天地。有陈亲家送这二十两银子，也是不意之财。何不择个洁净僧院，籴米斋僧，以种福田。"主意定了。

次早，陈朝奉又备早饭。吕玉父子吃罢，收拾行囊，作谢而别。唤了一只小船，摇出闸外。约有数里，只听得江边鼎沸。原来坏了一只人载船，落水的号呼求救。崖上人招呼小船打捞，小船索要赏犒，在那里争嚷。吕玉想道："救人一命，胜造七级浮屠。比如我要去斋僧，何不舍这二十两银子做赏钱，教他捞救，见在功德。"当下对众人说："我出赏钱，快捞救。若救起一船人性命，把二十两银子与你们。"众人听得有二十两银子赏钱，小船如蚁而来。连崖上人，也有几个会水性的，赴水去救。须臾之间，把一船人都救起，吕玉将银子付与众人分散。水中得命的，都千恩万谢。

只见内中一人，看了吕玉叫道："哥哥哪里来？"吕玉看他，不是别人，正是第三个亲弟吕珍。吕玉合掌道："惭愧，惭愧！天遣我捞救兄弟一命。"忙扶上船，将干衣服与他换了。吕珍纳头便拜。吕玉答礼。就叫侄儿见了叔叔。把还金遇子之事，述了一遍。吕珍惊讶不已。吕玉问道："你却为何到此？"吕珍道："一言难尽。自从哥哥出门之后，一去三年。有人传说哥哥在山西害了疮毒身故。二哥察访得实，嫂嫂已是成服戴孝，兄弟只是不信。二哥近日又要逼嫂嫂嫁人。嫂嫂不从，因此教兄弟亲到山西访问哥哥消息。不期于此相会，又遭覆溺，得哥哥捞救。天与之幸！哥哥不可怠缓，急急回家，以安嫂嫂之心。迟则，怕有变了。"吕玉闻说惊慌。急叫家长开船，星夜赶路。正是：

　　　　心忙似箭唯嫌缓，船走如梭尚道迟！

再说王氏闻丈夫凶信，初时也疑惑。被吕宝说得活龙活现，也信了，少不得换了些素服。吕宝心怀不善，想着哥哥已故，嫂嫂又无所出，况且年纪后生，要劝他改嫁，自己得些财礼。教浑家杨氏与阿姆说。王氏坚意不从。又得吕珍朝夕谏阻，所以其计不成。王氏想道："'千闻不如一见。'虽说丈夫已死。在几千里之外，不知端的。"央小叔吕珍是必亲到山西，问个备细。如果然不幸，骨殖也带一块回来。吕珍去后，吕宝愈无忌惮。又连日赌钱输了，没处设法。偶有江西客人丧偶，要讨一个娘子，吕宝就将嫂嫂与他说合。那客人也访得吕大的浑家有几分颜色，情愿出三十两银子。吕宝得了银子，向客人道："家嫂有些妆乔，好好里请她出门，定然不肯。今夜黄昏时分，唤了人轿，悄地到我家来。只看戴孝髻的便是家嫂，更不须言语，扶他上轿,连夜开船去便了。"客人依计而行。

却说吕宝回家,恐怕嫂嫂不从,在她跟前不露一字。却私下对浑家做个手势道:"那两脚货,今夜要出脱与江西客人去了。我生怕她哭哭啼啼,先躲出去。黄昏时候,你劝她上轿。日里且莫对她说。"吕宝自去了。却不曾说明孝髻的事。原来杨氏与王氏姊娌最睦,心中不忍,一时丈夫做主,没奈他何。欲言不言,直挨到酉牌时分,只得与王氏透个消息:"我丈夫已将姆姆嫁与江西客人,少停,客人就来取亲,教我莫说。我与姆姆情厚,不好瞒得。你房中有甚细软家私,须先收拾,打个包裹,省得一时忙乱。"王氏啼哭起来,叫天叫地起来。杨氏道:"不是奴苦劝姆姆,后生家孤孀,终久不了。吊桶已落在井里,也

是一缘一会。哭也没用!"王氏道:"姆姆说哪里话!我丈夫虽说已死,不曾亲见,且待三叔回来,定有个真信。如今逼得我好苦!"说罢又哭。杨氏左劝右劝。王氏住了哭说道:"姆姆,既要我嫁人,罢了!怎好戴孝髻出门? 姆姆寻一顶黑髻与奴换了。"杨氏又要忠丈夫之托,又要姆姆面上讨好,连忙去寻黑髻来换。也是天数当然,旧髻儿也寻不出一顶。王氏道:"姆姆,你是在家的,暂时换你头上的髻儿与我。明早你教叔叔铺里取一顶来换了就是。"杨氏道:"使得。"便除了髻来递与姆姆。王氏将自己孝髻除下,换与杨氏戴了。王氏又换了一身色服。

黄昏过后,江西客人,引着灯笼火把,抬着一顶花花轿,吹手虽有一副,不敢吹

打,如风似雨,飞奔吕家来。吕宝已自与了他暗号。众人推开大门,只认戴孝髻的就抢。杨氏嚷道:"不是!"众人哪里管三七二十一,抢上轿时,鼓手吹打,轿夫飞也似抬去了。

> 一派笙歌上客船,错疑孝髻是姻缘。
> 新人若向新郎诉,只怨亲夫不怨天。

王氏暗暗叫:"谢天谢地!"关了大门,自去安歇。次日天明,吕宝意气扬扬,敲门进来。看见是嫂嫂开门,吃了一惊。房中不见了浑家,见嫂子头上戴的是黑髻,

心中大疑，问道："嫂嫂，你婶子哪里去了？"王氏暗暗好笑，答道："昨夜被江西蛮子抢去了。"吕宝道："那有这话？且问嫂嫂，如何不戴孝髻？"王氏将换髻的缘故，述了一遍。吕宝捶胸只是叫苦，指望卖嫂子，谁知到卖了老婆！江西客人已是开船去了。三十两银子，昨夜一夜，就赌输了一大半。再要娶这房媳妇子，今生休想！复又思量，一不做，二不休，有心是这等，再寻个主顾把嫂子卖了，还有讨老婆的本钱。方欲出门，只见门外四五个人，一拥进来，不是别人，却是哥哥吕玉，兄弟吕珍，侄子喜儿，与两个脚家，驮了行李货物进门，吕宝自觉无颜，后门逃出，不知去向。

王氏接了丈夫，又见儿子长大回家，问其缘故。吕玉从头至尾，叙了一遍。王氏也把江西人抢去婶婶，吕宝无颜，后门走了一段情节叙出。吕玉道："我若贪了这二百两非意之财，怎能够父子相见？若惜了那二十两银子，不去捞救覆舟之人，怎能勾兄弟相逢？若不遇兄弟时，怎知家中信息？今日夫妻重会，一家骨肉团圆，皆天使之然也。逆弟卖妻，也是自作自受，皇天报应，的然不爽！"自此益修善行，家道日隆。后来喜儿与陈员外之女做亲，子孙繁衍，多有出仕贵显者。诗云：

　　本意还金兼得子，立心卖嫂反输妻。
　　世间唯有天工巧，善恶分明不可欺。

第 六 卷

俞仲举题诗遇上皇

日月盈亏，星辰失度，为人岂无兴衰？子房年幼，逃难在徐邳，伊尹曾耕莘野，子牙尝钓磻溪。君不见：韩侯未遇，遭胯下受驱驰。蒙正瓦窑借宿，裴度在古庙依栖。时来也，皆为将相，方表是男儿。

汉武帝元狩二年，四川成都府一秀士，司马长卿，双名相如，自父母双亡，孤身无倚，齑盐自守。贯串百家，精通经史。虽然游艺江湖，其实志在功名。出门之时，过城北七里许，曰升仙桥，相如大书于桥柱上："大丈夫不乘驷马车，不复过此桥。"所以北抵京、洛，东至齐、楚，遂依梁孝王之门。与邹阳、枚皋辈为友。不期梁王薨，相如谢病归成都市上。临邛县有县令王吉，每每使人相招。一日到彼相会，盘桓旬日。谈间，言及本处卓王孙，巨富，有亭台池馆，华美可玩。县令着人去说，教他接待。卓王孙资财巨万，僮仆数百，门阑奢侈。园中有花亭一所，名曰瑞仙。四面芳菲烂熳，真可游息。京洛名园，皆不能过此。这卓员外丧偶不娶，慕道修真。只有一女，小字文君，年方十九，新寡在家。聪慧过人，姿态出众。琴棋书画，无所不通。

员外一日早晨，闻说县令友人司马长卿，乃文章巨儒，要来游玩园池，特来拜访，慌忙迎接，至后花园中瑞仙亭上。动问已毕，卓王孙置酒相待。见长卿丰姿俊雅，且是王县令好友，甚相敬重。道："先生去县中安下不便，何不在敝舍权住几日？"相如感其厚意，遂令人唤琴童携行李来瑞仙亭安下。倏忽半月。

且说卓文君在绣房中闲坐，闻侍女春儿说："有秀士司马长卿相访，员外留他在瑞仙亭安寓。此生丰姿俊雅，且善抚琴。"文君心动，乃于东墙琐窗内，窃窥视相如才貌。"日后必然大贵。但不知有妻无妻？我若得如此之丈夫，平生愿足。怎奈此人箪瓢屡空，若待媒征求亲，俺父亲决然不肯。倘若错过此人，再后难得。"过了两日，女使春儿见小姐双眉愁蹙，必有所思，乃对小姐道："今夜三月十五日，月色光明，何不往花园中散闷则个？"小姐口中不说，心下思量："自见了那秀才，日夜废寝忘餐，放心不下。我今主意已定，虽然有亏妇道，是我一世前程。"收拾了些金珠首饰，吩咐春儿安排酒果：“今夜与你赏月散闷。”春儿打点完备，随小姐行来。

话中且说相如久闻得文君小姐貌美聪慧，甚知音律，也有心去挑逗他。今夜月明如水，闻花阴下有行动之声，教琴童私觑，知是小姐。乃焚香一炷，将瑶琴抚弄。文君正行数步，只听得琴声清亮，移步将近瑞仙亭，转过花阴下，听得所弹音曰：

> 凤兮凤兮思故乡，遨游四海兮求其凰。时未遇兮无所将，何如今夕兮升斯堂？有艳淑女在闺房，室迩人遐在我傍。何缘交颈为鸳鸯，期颉颃兮共翔翔！
>
> 凤兮凤兮从我栖，得托孳尾永为妃。交情通体心和谐，中夜相从知者谁？双翼俱起翻高飞，无感我思使余悲！

小姐听罢，对侍女道：“秀才有心，妾亦有心。今夜既到这里，可去与秀才相见。”遂乃行到亭边。相如月下见了文君，连忙起身迎接道：“小生梦想花容，何期光降，不及远接，恕罪，恕罪！”文君敛衽向前道：“高贤下临，甚缺款待。孤馆寂寞，令人相念无已。”相如道：“不劳小姐挂意！小生有琴一张，自能消遣。”文君笑道：“先生不必迂阔！琴中之意，妾已备知。”相如跪下告道：“小生得见花颜，死也甘心！”文君道：“请起。妾今夜到此，与先生赏月，同饮三杯。”春儿排酒果于瑞仙亭上。文君相如对饮。相如细视文君，果然生得：

> 眉如翠羽，肌如白雪，振绣衣，披锦裳，浓不短，纤不长，临溪双洛浦，对月两嫦娥。

酒行数巡，文君令春儿收拾前去：“我便回来。”相如道：“小姐不嫌寒陋，愿就枕席之欢。”文君笑道：“妾欲奉终身箕帚，岂在一时欢爱乎？”相如问道：“小姐计将安出？”文君道：“如今收拾了些金珠在此。不如今夜同离此间，别处居住，倘后父亲想念，搬回一家完聚，岂不美哉？”当下二人同下瑞仙亭，出后园而走。却是：

> 鳌鱼脱却金钩去，摆尾摇头更不回。

且说春儿至天明不见小姐在房，亭子上又寻不见，报与老员外得知。寻到瑞仙亭上，和相如都不见。员外道：“相如是文学之士，为此禽兽之行！小贱人，你也自幼读书，岂不闻女子‘事无擅为，行无独出’！你不闻父命，私奔苟合，非吾女也。”欲要讼之于官，怎奈家丑不可外扬，故尔中止，“且看他有何面目，相见亲戚！”从此隐忍无语，亦不追寻。

却说相如与文君到家，相如自思囊箧罄然，难以度日。"想我浑家乃富贵之女，岂知如此寂寞！所喜者略无愠色，颇为贤达。他料想司马长卿，必有发达时分。"正愁闷间，文君至。相如道："日与浑家商议，欲做些小营运，奈无资本。"文君道："我首饰钗钏，尽可变卖。但我父亲万贯家财，岂不能周济一女？如今不若开张酒肆，妾自当垆。若父亲知之，必然懊悔。"相如从其言，修造房屋，开店卖酒。文君亲自当垆记账。忽一日，卓王孙家僮有事到成都府，入肆饮酒。事有凑巧，正来到司马长卿肆中。见当垆之妇，乃是主翁小姐，吃了一惊，慌忙走回临邛，报与员外知道。员外满面羞惭，不肯认女，但杜门不见宾客而已。

再说相如夫妇卖酒，约有半年。忽有天使捧着一纸诏书，问司马相如名字。到于肆中，说道："朝廷观先生所作《子虚赋》，文章浩烂，超越古人，官里叹赏，飘飘然有凌云之志气，恨不得与此人同时。有杨得意奏言：'此赋是臣之同里司马长卿所作，见在成都闲居。'天子大喜，特差小官来征召。走马临朝，不许迟延。"相如收拾行装，即时要行。文君道："官人此行富贵，则怕忘了瑞仙亭上。"相如道："小生受小姐大恩，方恨未报，何出此言？"文君道："秀才们也有两般。有那君子儒，不论贫富，志行不移。有那小人儒，贫时又一般，富时就忘了。"相如道："小姐放心。"夫妻二人不忍相别。临行，文君又嘱道："此时已遂题桥志，莫负当垆涤器人。"

且不说相如同天使登程。却说卓王孙有家僮从长安回，听得杨得意举荐司马相如，蒙朝廷征召去了。自言："我女儿有先见之明，为见此人才貌双全，必然显达，所以成了亲事。老夫想起来，男婚女嫁，人之大伦。我女婿不得官时，我先带侍女春儿，同往成都去望，乃是父子之情，无人笑我，若是他得了官时去看他，教人道我趋时奉势。"次日，带同春儿径到成都府，寻见文君。文君见了父亲，拜道："孩儿有不孝之罪，望爹爹饶恕。"员外道："我儿，你想杀我！从前之话，更不须题了。如今且喜朝廷征召，正称孩儿之心。我今日送春儿来伏侍，接你回家居住。我自差家僮往长安报与贤婿知道。"文君执意不肯。员外见女儿主意定了，乃将家财之半，分授女儿，于成都起建大宅，市买良田，僮仆三四百人。员外伴着女儿同住，等候女婿佳音。

再说司马相如同天使至京师朝见，献《上林赋》一篇。天子大喜，即拜为著作郎，待诏金马门。近有巴蜀开通南夷诸道，用军兴法转漕繁冗，惊扰夷民。官里闻知大怒，召相如议论此事，令作喻巴蜀之檄。官里道："此一事，欲待差官，非卿不可。"乃拜相如为中郎将，持节而往，令剑金牌，先斩后奏。相如谢恩，辞天子出朝。一路驰驿而行，到彼处，劝谕巴蜀已平，蛮夷清静。不过半月，百姓安宁，衣锦还乡。数日之间，已达成都府。本府官员迎接，到于新宅，文君出迎。相如道："读书不负人，今日果遂题桥之愿！"文君道："更有一喜，你丈人先到这里迎接。"相如连声："不敢，不敢！"老员外出见，相如向前施礼。彼此相谢，排筵贺喜。自此遂为成都

国学经典文库 中国二十大名著 警世通言 图文珍藏版

富室。有诗为证：

> 夜静瑶台月正圆，清风淅沥满林峦。
> 朱弦慢促相思调，不是知音不与弹。

司马相如本是成都府一个穷儒，只为一篇文字上投了至尊之意，一朝发迹。如今再说南宋朝一个贫士，也是成都府人，在濯锦江居住。亦因词篇遭际，衣锦还乡。此人姓俞名良，字仲举，年登二十五岁，幼丧父母，娶妻张氏。这秀才日夜勤攻诗史，满腹文章。时当春榜动，选场开，广招天下人才，赴临安应举。俞良便收拾琴剑书箱，择日起程。亲朋钱送。吩咐浑家道："我去求官，多则三年，少则一载。但得一官半职，即便回来。"道罢，相别。跨一蹇驴而去。不则一日，行至中途。偶染一疾，忙寻客店安下，心中烦恼。不想病了半月，身边钱物使尽，只得将驴儿卖了做盘缠。又怕误了科场日期，只得买双草鞋穿了，自背书囊而行。不数日，脚都打破了，鲜血淋漓，于路苦楚，心中想道："几时得到杭州。"看着那双脚，作一词以述怀抱，名《瑞鹤仙》：

> 春闱期近也，望帝京迢递，犹在天际。懊恨这双脚底，不惯行程，如今
> 怎免得拖泥带水。痛难禁，芒鞋五耳倦行时，着意温存，笑语甜言安慰。
> 　争气扶持我去，选得官来，那时赏你穿对朝靴。安排在轿儿里，抬来
> 抬去，饱餐羊肉滋味，重教细腻，更寻对小小脚儿，夜间伴你。

不则一日，已到杭州。至贡院前桥下，有个客店，姓孙，叫作孙婆店，俞良在店中安歇了。过不多几日，俞良入选场已毕，俱各伺候挂榜。只说举子们，元来却有这般苦处。假如俞良八千有余多路，来到临安，指望一举成名，怎奈时运未至，龙门点额，金榜无名。俞良心中好闷，眼中流泪，自寻思道："千乡万里，来到此间，身边囊箧消然，如何够得回乡？"不免流落杭州。每日出街，有些银两，只买酒吃，消愁解闷。看看穷乏，初时还有几个相识看觑他，后面蓦恼人多了，被人憎嫌。但遇见一般秀才上店吃酒，俞良便入去投谒。每日吃两碗饿酒，烂醉了归店中安歇。孙婆见了，埋怨道："秀才，你却少了我房钱不还，每日吃得大醉，却有钱买酒吃！"俞良也不分说。每日早间，问店小二讨些汤洗了面，便出门。"长篇见宰相，短卷谒公卿。"搪得几碗酒吃，吃得烂醉，直到昏黑，便归客店安歇。每日如是。

一日，俞良走到众安桥，见个茶坊，有几个秀才在里面。俞良便挨身入去坐地。只见茶博士向前唱个喏，问道："解元吃什么茶？"俞良口中不道，心下思量："我早饭也不曾吃，却来问我吃茶。身边铜钱又无，吃了却捉什么还他？"便道："我约一

个相识在这里等，少间客至来问。"茶博士自退。俞良坐于门首，只要看一个相识过，却又遇不着。正闷坐间，只见一个先生，手里执着一个招儿，上面写道"如神见"。俞良想是个算命先生，且算一命看。则一请，请那先生入到茶坊里坐定，俞良说了年月日时，那先生便算。茶博士见了道："这是他等的相识来了。"便向前问道："解元吃什么茶？"俞良吩咐："点两个椒茶来。"二人吃罢，先生道："解元好个造物！即目三日之内，有分遇大贵人发迹，贵不可言。"俞良听说，自想："我这等模样，几时能够发迹？眼下茶钱也没得还。"便做个意头，抽身起道："先生，我若真个发迹时，却得相谢。"便起身走。茶博士道："解元，茶钱！"俞良道："我只借坐一坐，你却来问我茶，我那得钱还？先生说我早晚发迹，等我好了，一发还你。"掉了便走。先生道："解元，命钱未还。"俞良道："先生得罪，等我发迹，一发相谢。"先生道："我方才出来，好不顺溜！"茶博士道："我没兴，折了两个茶钱！"当下自散。

俞良又去赶趁，吃了几碗饿酒。直到天晚，酩酊烂醉，跟跟跄跄，到孙婆店中，昏迷不醒，睡倒了。孙婆见了，大骂道："这秀才好没道理！少了我若干房钱不肯还，每日吃得大醉。你道别人请你，终不成每日有人请你！"俞良便道："我醉自醉，干你甚事？别人请不请，也不干你事！"孙婆道："老娘情愿折了许多时房钱，你明日便请出门去！"俞良带酒胡言乱语，便道："你要我去，再与我五贯钱，我明日便去！"孙婆听说，笑将起来道："从不曾见恁般主顾！白住了许多时店房，到还要诈钱撒泼，也不像斯文体面。"俞良听得，骂将起来道："我有韩信之志，你无漂母之仁。我俞某是个饱学秀才，少不得今科不中来科中，你就供养我到来科，打什么紧！"乘着酒兴，敲台打凳，弄假成真起来。孙婆见他撒酒风，不敢惹他，关了门，自进去了。俞良弄了半日酒，身体困倦，跌倒在床铺上，也睡去了。五更酒醒，想起前情，自觉惭愧。欲要不别而行，又没个去处。正在两难。

却说孙婆与儿子孙小二商议，没奈何，只得破两贯钱，倒去陪他个不是，央及他动身。若肯轻轻撒开，便是造化。俞良本待不受，其奈身无半文，只得忍着羞，收了这两贯钱，作谢而去，心下想道："临安到成都，有八千里之遥，这两贯钱，不够吃几顿饭，却如何盘费得回去？"出了孙婆店门，在街坊上东走西走，又没寻个相识处。走到饭后，肚里又饿，心中又闷："身边只有两贯钱，买些酒食吃饱了，跳下西湖，且做个饱鬼。"

当下一径走出涌金门外西湖边，见座高楼，上面一面大牌，朱红大书"丰乐楼"。只听得笙簧缭绕，鼓乐喧天。俞良立定脚打一看时，只见门前上下首立着两个人，头戴方顶样头巾，身穿紫衫，脚下丝鞋净袜，叉着手，看着俞良道："请坐！"俞良见请，欣然而入。直走到楼上，拣一个临湖傍槛的阁儿坐下。只见一个当日的酒保，便向俞良唱个喏："覆解元，不知要打多少酒？"俞良道："我约一个相识在此，你可将两双箸放在桌上，铺下两只盏，等一等来问。"酒保见说，便将酒缸、酒提、匙、箸、盏、碟，放在面前，尽是银器。俞良口中不道，心中自言："好富贵去处，我却这般生受！只有两贯钱在身边，做甚用？"少顷，酒保又来问："解元要多少酒，打来？"俞良便道："我那相识，眼见的不来了，你与我打两角酒来。"酒保便应了，又问："解元，要甚下酒？"俞良道："随你把来。"当下酒保只当是个好客，折莫甚新鲜果品、可口肴馔、海鲜、案酒之类，铺排面前，般般都有。将一个银酒缸盛了两角酒，安一把杓儿，酒保频将酒烫。

俞良独自一个，后响午前直吃到日晡时后。面前按酒，吃得阑残。俞良手抚雕栏，下视湖光，心中愁闷，唤将酒保来："烦借笔砚则个。"酒保道："解元借笔砚，莫不是要题诗赋？却不可污了粉壁，本店自有诗牌。若是污了粉壁，小人今日当直，便折了这一日日事钱。"俞良道："恁地时，取诗牌和笔砚来。"须臾之间，酒保取到诗牌笔砚，安在桌上。俞良道："你自退，我教你便来，不叫时休来！"当下酒保自去。俞良拽上阁门，用凳子顶住，自言道："我只要显名在这楼上，教后人知我，你却教我写在诗牌上则甚？"想起："身边只有两贯钱，吃了许多酒食，捉甚还他？不如题了诗，推开窗，看着湖里，只一跳，做一个饱鬼。"当下磨得墨浓，蘸得笔饱，拂拭一堵壁子干净，写下《鹊桥仙》词：

> 来时秋暮，到时春暮，归去又还秋暮。丰乐楼上望西川，动不动八千里路。　　青山无数，白云无数，绿水又还无数。人生七十古来稀，算恁地光阴能来得几度！

题毕，去后面写道："锦里秀才俞良作。"放下笔，不觉眼中流泪，自思量道："活他做甚，不如寻死处，免受穷苦！"当下推开槛窗，望着下面湖水，待要跳下去，怎奈去岸又远；倘或跳下去，不死，颠折了腿脚，如何是好？心生一计，解下腰间系的旧绦，一搭搭在阁儿里梁上，做一个活落圈。俞良叹了一口气，却待把头钻入那圈里去。

你道好凑巧，那酒保见多时不叫他，走来阁儿前，见关着门，不敢敲，去那窗眼里打一张，只见俞良在内，正要钻入圈里去，又不舍得死。酒保吃了一惊，火急向前，推开门，入到里面，一把抱住俞良道："解元甚做作！你自死了，须连累我店中！"声张起来，楼下掌管、师工、酒保、打杂人等，都上楼来。一时嚷动。众人看那俞良时，却有八分酒，只推醉，口里胡言乱语不住声。酒保看那壁上时，茶盏来大小字写了一壁，叫苦不迭："我今朝却不没兴！这一日事钱休了也！"道："解元，吃了酒，便算了钱回去。"俞良道："做什么？你要便打杀了我！"酒保道："解元，不要寻闹。你今日吃的酒钱，总算起来，共该五两银子。"俞良道："若要我五两银子，你要我性命便有，那得银子还你！我自从门前走过，你家两个着紫衫的邀住我，请我上楼吃酒。我如今没钱，只是死了罢！"便望窗槛外要跳，唬得酒保连忙抱住。

当下众人商议："不知他在哪里住，忍晦气放他去吧。不时，做出人命来，明日怎地分说？"便问俞良道："解元，你在哪里住？"俞良道："我住在贡院桥孙婆客店里。我是西川成都府有名的秀才，因科举来此间。若我回去，路上撺在河里水里，明日都放不过你们！"众人道："若真个死了时不好。"只得忍晦气，着两个人送他去，有个下落，省惹官司。当下教两个酒保，搀扶他下楼。出门迤逦上路，却又天色晚了。两个人一路扶着，到得孙婆店前，那客店门却关了。酒保便把俞良放在门前，却去敲门。里面只道有甚客来，连忙开门。酒保见开了门，撒了手便走。俞良东倒西歪，跟跟跄跄，只待要撺。孙婆讨灯来一照，却是俞良，吃了一惊，没奈何，叫儿子孙小二扶他入房里去睡了。孙婆便骂道："昨日在我家蒿恼，白白里送了他两贯钱，说道'还乡去'，却原来将去买酒吃！"俞良只推醉，由他骂，不敢则声。正是：

> 人无气势精神减，囊少金钱应对难。

话分两头。却说南宋高宗天子传位孝宗，自为了太上皇，居于德寿宫。孝宗尽事亲之道，承颜顺志，唯恐有违，自朝贺问安，及良辰美景，父子同游之外，上皇在德寿宫闲暇，每同内侍官到西湖游玩。或有时恐惊扰百姓，微服潜行，以此为常。

忽一日，上皇来到灵隐寺冷泉亭闲坐。怎见得冷泉亭好处？有张舆诗四句：

> 朵朵峰峦拥翠华，倚云楼阁是僧家。
> 凭栏尽日无人语，濯足寒泉数落花。

上皇正坐观泉，寺中住持僧献茶。有一行者，手托茶盘，高擎下跪。上皇龙目观看，见他相貌魁梧，且是执礼恭谨。御音问道："朕看你不像个行者模样，可实说是何等人？"那行者双行流泪，拜告道："臣姓李名直，原任南剑府太守，得罪于监司，被诬赃罪，废为庶人。家贫无以糊口，本寺住持是臣母舅，权充行者，觅些粥食，以延微命。"上皇恻然不忍道："待朕回宫，当与皇帝言之。"是晚回宫，恰好孝宗天子差太监到德寿宫问安，上皇就将南剑太守李直吩咐去了，要皇帝复其原官。过了数日，上皇再到灵隐寺中，那行者依旧来送茶。上皇问道："皇帝已复你的原官否？"那行者叩头奏道："还未。"上皇面有愧容。

次日，孝宗天子恭请太上皇、皇太后幸聚景园。上皇不言不笑，似有怨怒之意。孝宗奏道："今日风景融和，愿得圣情开悦。"上皇嘿然不答。太后道："孩儿好意招老夫妇游玩，没事恼做什么？"上皇叹口气道："'树老招风，人老招贱'。朕今年老，说来的话，都没人作准了。"孝宗愕然，正不知为甚缘故，叩头请罪。上皇道："朕前日曾替南剑府太守李直说个分上，竟不作准。昨日于寺中复见其人，令我愧杀。"孝宗道："前奉圣训，次日即谕宰相。宰相说：'李直赃污狼籍，难以复用。'既承圣眷，此小事来朝便行，今日且开怀一醉。"上皇方才回嗔作喜，尽醉方休。第二日，孝宗再谕宰相，要起用李直。宰相依旧推辞。孝宗道："此是太上主意，昨日发怒，朕无地缝可入。便是大逆谋反，也须放他。"遂尽复其原官。此事阁起不题。

再说俞良在孙婆店借宿之夜，上皇忽得一梦，梦游西湖之上，见毫光万道之中，却有两条黑气冲天，竦然惊觉。至次早，宣个圆梦先生来，说其备细。先生奏道："乃是有一贤人流落此地，游于西湖，口吐怨气冲天，故托梦于上皇。必主朝廷得一贤人，应在今日，不注吉凶。"上皇闻之大喜，赏了圆梦先生。遂入宫中，更换衣装，扮作文人秀才，带几个近侍官，都扮作斯文模样，一同信步出城。

行至丰乐楼前，正见两个着紫衫的，又在门前邀请。当下上皇与近侍官，一同入酒肆中，走上楼去。那一日，楼上阁儿恰好都有人坐满，只有俞良夜来寻死的那阁儿关着。上皇便揭开帘儿，却待入去，只见酒保告："解元，不可入去，这阁儿不顺溜，今日主人家便要打醋炭了。待打过醋炭，却教客人吃酒。"上皇便问："这阁儿如何不顺溜？"酒保告："解元，说不可尽。夜来有个秀才，是西川成都府人，因赴试不第，流落在此，独自一个在这阁儿里，吃了五两银子酒食，吃的大醉。直至日晚，身边无银子还酒钱，便放无赖，寻死觅活，自割自吊。没奈何怕惹官司，只得又赔店里两个人送他归去。且是住的远，直到贡院桥孙婆客店里歇。因此不顺溜，主家要打醋炭了，方教客人吃酒。"上皇见说道："不妨。我们是秀才，不惧此事。"遂乃一齐坐下。上皇抬头，只见壁上茶盏来大小字写满，却是一只《鹊桥仙》词。读至后面写道"锦里秀才俞良作"，龙颜暗喜，想道："此人正是应梦贤士。这词中有怨望之言。"便问酒保："此词是谁所作？"酒保告："解元，此词便是那夜来撒赖秀才写的。"上皇听了，便问："这秀才，见在哪里住？"酒保道："见在贡院桥孙婆客店里安歇。"上皇买些酒食吃了，算了酒钱，起身回宫。一面吩咐内侍官，传一道旨意，着地方官于贡院桥孙婆店中，取锦里秀才俞良火速回奏。

内侍传将出去，只说太上圣旨，要唤俞良，却不曾叙出缘由明白。地方官心下也只糊涂。当下奉旨飞马到贡院桥孙婆店前，左右的一索抠住孙婆。因走得气急，口中连唤："俞良，俞良！"孙婆只道被俞良所告，惊得面如土色，双膝跪下，只是磕头。差官道："那婆子莫忙！官里要西川秀才俞良，在你店中也不在？"孙婆方敢回言道："告恩官，有却有个俞秀才在此安下，只是今日清日起身，回家乡去了。家中儿子送去，兀自未回。临行之时，又写一首词在壁上。官人如不信，下马来看便见。"差官听说，入店中看时，见壁上真个有只词，墨迹尚然新鲜，词名也是《鹊桥仙》，道是：

> 杏花红雨，梨花白雪，羞对短亭长路。东君也解数归程，遍地落花飞絮。　　胸中万卷，笔头千古，方信儒冠多误。青霄有路不须忙，便着辆草鞋归去。

原来那俞良隔夜醉了，由那孙婆骂了一夜。到得五更，孙婆怕他又不去，教儿子小二清早起来，押送他出门。俞良临去，就壁上写了这只词。孙小二送去，兀自未回。差官见了此词，便教左右抄了，飞身上马。另将一匹空马，也教孙婆骑坐，一直望北赶去。路上正迎见孙小二，差官教放了孙婆，将孙小二抠住，问俞良安在。孙小二战战兢兢道："俞秀才为盘缠缺少，踌躇不进，见在北关门边汤团铺里坐。"当下就带孙小二做眼，飞马赶到北关门下，只见俞良立在那灶边，手里拿着一碗汤团正吃哩。被使命叫一声："俞良听圣旨！"吓得俞良大惊，连忙放下碗，走出门跪下。使命口宣上皇圣旨："教俞良到德寿宫见驾。"俞良不知分晓，一时被众人簇拥上马，迤逦直到德寿宫。各人下马，且于侍班阁子内，听候传宣。地方官先在宫门外叩头复命："俞良秀才取到了。"

上皇传旨，教俞良借紫入内。俞良穿了紫衣软带，纱帽皂靴，到得金阶之下，拜舞起居已毕。上皇传旨，问俞良："丰乐楼上所写《鹊桥仙》词，是卿所作？"俞良奏道："是臣醉中之笔，不想惊动圣目。"上皇道："卿有如此才，不远千里而来，应举不中，是主司之过也。卿莫有怨望之心？"俞良奏道："穷达皆天，臣岂敢怨！"上皇曰："以卿大才，岂不堪任一方之寄！朕今赐卿衣紫，说与皇帝，封卿大官，卿意若何？"俞良叩头拜谢曰："臣有何德能，敢膺圣眷如此！"上皇曰："卿当于朕前，或诗或词，可做一首，胜如使命所抄店中壁上之作。"俞良奏乞题目。上皇曰："便只指卿今日遭遇朕躬为题。"俞良领旨，左右便取过文房四宝，放在俞良面前。俞良一挥而就，做了一只词，名《过龙门令》。

> 冒险过秦关，跋涉长江，崎岖万里到钱塘。举不成名归计拙，趁食街

坊。　　命蹇苦难当,空有词章,片言争敢动吾皇。敕赐紫袍归故里,衣锦还乡。

　　上皇看了,龙颜大喜。对俞良道:"卿要衣锦还乡,朕当遂卿之志。"当下御笔亲书六句:

锦里俞良,妙有词章;
高才不遇,落魄堪伤;
敕赐高官,衣锦还乡。

　　吩咐内侍官,将这道旨意,送与皇帝,就引俞良去见驾。孝宗见了上皇圣旨,因数日前为南剑太守李直一事,险些儿触了太上之怒,今番怎敢迟慢?想俞良是锦里秀才,如今圣旨批赐衣锦还乡,若用他别处地方为官,又恐拂了太上的圣意,即刻批旨:"俞良可授成都府太守,加赐白金千两,以为路费。"次日,俞良紫袍金带,当殿谢恩已毕;又往德寿宫,谢了上皇。将御赐银两、备办鞍马仆从之类,又将百金酬谢孙婆。前呼后拥,荣归故里。不在话下。

　　是日,孝宗御驾,亲往德寿宫朝见上皇,谢其贤人之赐。上皇又对孝宗说过:"传旨遍行天下,下次秀才应举,须要乡试得中,然后赴京殿试。"今时乡试之例,皆因此起,流传至今,永远为例矣。

昔年司马逢杨意,今日俞良际上皇。
若使文章皆遇主,功名迟早又何妨。

第七卷

陈可常端阳仙化

利名门路两无凭,百岁风前短焰灯。
只恐为僧僧不了,为僧得了尽输僧。

说话大宋高宗绍兴年间,温州府乐清县,有一秀才,姓陈名义,字可常,年方二十四岁。生得眉目清秀,且是聪明,无书不读,无史不通。绍兴年间,三举不第,就于临安府众安桥命铺,算看本身造物。那先生言:"命有华盖,却无官星,只好出家。"陈秀才自小听得母亲说,生下他时,梦见一尊金身罗汉投怀。今日功名蹭蹬之际,又闻星家此言,忿一口气,回店歇了一夜,早起算还了房宿钱,雇人挑了行李,径来灵隐寺投奔印铁牛长老出家,做了行者。这个长老,博通经典,座下有十个侍者,号为甲、乙、丙、丁、戊、己、庚、辛、壬、癸,皆读书聪明。陈可常在长老座下做了第二位侍者。

绍兴十一年间,高宗皇帝母舅吴七郡王,时遇五月初四日,府中裹粽子。当下郡王钧旨吩咐都管:"明日要去灵隐寺斋僧,可打点供食齐备。"都管领钧旨,自去关支银两,买办什物,打点完备。至次日早饭后,郡王点看什物,上轿。带了都管、干办、虞候、押番,一干人等出了钱塘门,过了石涵桥大佛头,径到西山灵隐寺。先有报帖报知,长老引众僧鸣钟擂鼓,接郡王上殿烧香,请至方丈坐下。长老引众僧参拜献茶,分立两傍。郡王说:"每年五月重五,入寺斋僧解粽,今日依例布施。"院子抬供食献佛,大盘托出粽子,各方都要散到。郡王闲步廊下,见壁上有诗四句:

齐国曾生一孟尝,晋朝镇恶又高强;
五行偏我遭时寒,欲向星家问短长!

郡王见诗道:"此诗有怨望之意,不知何人所作?"回至方丈。长老设宴管待。郡王问:"长老,你寺中有何人,能作得好诗?"长老:"覆恩王,敝寺僧多,座下有甲、

乙、丙、丁、戊、己、庚、辛、壬、癸十个侍者,皆能作诗。"郡王说:"与我唤来!"长老:
"覆恩王,止有两个在敝寺,这八个教去各庄上去了。"只见甲乙二侍者,到郡王面
前。郡王叫甲侍者:"你可作诗一首。"甲侍者禀乞题目,郡王教就将粽子为题。甲
侍者作诗曰:

> 四角尖尖草缚腰,浪荡锅中走一遭;
> 若还撞见唐三藏,将来剥得赤条条。

郡王听罢,大笑道:"好诗,却少文采。"再唤乙侍者作诗。乙侍者问讯了,乞题
目,也教将粽子为题。作诗曰:

> 香粽年年祭屈原,斋僧今日结良缘;
> 满堂供尽知多少,生死工夫那个先?

郡王听罢大喜道:"好诗!"问乙侍者:"廊下壁间诗,是你作的?"乙侍者:"覆恩
王,是侍者做的。"郡王道:"既是你做的,你且解与我知道。"乙侍者道:"齐国有个
孟尝君,养三千客,他是五月五日午时生。晋国有个大将王镇恶,此人也是五月五
日午时生。小侍者也是五月五日午时生,却受此穷苦,以此做下四句自叹。"郡王
问:"你是何处人氏?"侍者答道:"小侍者温州府乐清县人氏,姓陈名义,字可常。"
郡王见侍者言语清亮,人才出众,意欲抬举他。当日就差押番去临安府僧录司讨一
道度牒,将乙侍者剃度为僧,就用他表字可常为佛门中法号,就作郡王府内门僧。
郡王至晚回府。不在话下。

光阴似箭,不觉又早一年。至五月五日,郡王又去灵隐寺斋僧。长老引可常并
众僧按入方丈,少不得安办斋供,款待郡王。坐间叫可常到面前道:"你做一篇词,
要见你本身故事。"可常问讯了,口念一词,名《菩萨蛮》:

> 平生只被今朝误,今朝却把平生补。重午一年期,斋僧只待时。
> 主人恩义重,两载蒙恩宠。清净得为僧,幽闲度此生。

郡王大喜,尽醉回府,将可常带回见两国夫人说:"这个和尚是温州人氏,姓陈
名义,三举不第,因此弃俗出家,在灵隐寺做侍者。我见他作得好诗,就剃度他为门
僧,法号可常。如今一年了,今日带回府来,参拜夫人。"夫人见说,十分欢喜,又见
可常聪明朴实,一府中人都欢喜。郡王与夫人解粽,就将一个与可常,教做"粽子
词",还要《菩萨蛮》。可常问讯了,乞纸笔写出一词来:

包中香黍分边角,彩丝剪就交绒索。樽俎泛菖蒲,年年五月初。

主人恩义重,对景承欢宠。何日玩山家?葵蒿三四花!

郡王见了大喜,传旨唤出新荷姐,就教她唱可常这词。那新荷姐生得眉长眼细,面白唇红,举止轻盈。手拿象板,立于筵前,唱起绕梁之声。众皆喝彩。郡王又教可常做新荷姐词一篇,还要《菩萨蛮》。可常执笔便写,词曰:

天生体态腰肢细,新词唱彻歌声利。一曲泛清奇,扬尘籁籁飞。

主人恩义重,宴出红妆宠。便要赏"新荷",时光也不多!

郡王越加欢喜,至晚席散,着可常回寺。

至明年五月五日,郡王又要去灵隐寺斋僧,不想大雨如倾,郡王不去,吩咐院公:"你自去分散众僧斋供,就教同可常到府中来看看。"院公领旨去灵隐寺斋僧,说与长老:"郡王教同可常回府。"长老说:"近日可常得一心病,不出僧房,我与你同去问他。"院公与长老同至可常房中。可常睡在床上,吩咐院公:"拜覆恩王,小僧心病发了,去不得。有一柬贴,与我呈上恩王。"院公听说,带来这封柬帖回府。郡王问:"可常如何不来?"院公:"告恩王,可常连日心疼病发,来不得。教男女奉上一简,他亲自封好。"郡王拆开看,又是《菩萨蛮》词一首:

去年共饮菖蒲酒,今年却向僧房守。好事更多磨,教人没奈何。

主人恩义重,知我心头痛。待要赏"新荷",争知疾愈么?

郡王随即唤新荷出来唱此词。有管家婆禀:"覆恩王,近日新荷眉低眼慢,乳大腹高,出来不得。"郡王大怒,将新荷送交府中五夫人勘问。新荷供说:"我与可常奸宿有孕。"五夫人将情词覆恩王。郡王大怒:"可知道这秃驴词内,都有赏'新荷'之句,他不是害什么心病,是害的相思病!今日他自觉心亏,不敢到我府中!"教人吩咐临安府,差人去灵隐寺,拿可常和尚。临安府差人,去灵隐寺印长老处要可常。长老离不得安排酒食,送些钱钞与公人。常言道:"官法如炉,谁肯容情!"可常推病不得,只得挣坐起来,随着公人到临安府厅上跪下。府主升堂:

> 冬冬牙鼓响,公吏两边排。
> 阎王生死案,东岳摄魂台。

带过可常问道:"你是出家人,郡王怎地恩顾你,缘何做出这等没天理的事出来?你快快招了!"可常说:"并无此事。"府尹不听分辨。"左右拿下,好生打!"左右将可常拖倒,打得皮开肉绽,鲜血迸流。可常招道:"小僧果与新荷有奸。一时念头差了,供招是实。"将新荷勘问,一般供招。临安府将可常、新荷供招呈上郡王。

郡王本要打杀可常,因他满腹文章,不忍下手,监在狱中。却说印长老自思:"可常是个有德行和尚,日常山门也不出,只在佛前看经。便是郡王府里唤去半日,未晚就回,又不在府中宿歇,此奸从何而来?内中必有跷蹊!"连忙入城去传法寺,央住持槁大惠长老同到府中,与可常讨饶。郡王出堂,赐二长老坐,待茶。郡王开口便说:"可常无礼!我平日怎么看待他,却做下不仁之事!"二位长老跪下,再三禀说:"可常之罪,僧辈不敢替他分辩,但求恩王念平日错爱之情,可以饶恕一二。"郡王请二位长老回寺:"明日吩咐临安府,量轻发落。"印长老开言:"覆恩王,此事日久自明。"郡王闻言心中不喜,退入后堂,再不出来。二位长老见郡王不出,也走出府来。槁长老说:"郡王嗔怪你说'日久自明'。他不肯认错,便不出来。"印长老便说:"可常是个有德行的,日常无事,山门也不出,只在佛前看经,便是郡王府里唤去,去了半日便回,又不曾宿歇,此奸从何而来?故此小僧说'日久自明',必有冤枉。"槁长老说:"'贫不与富敌,贱不与贵争'。僧家怎敢与王府争得是非?这也是宿世冤业,且得他量轻发落,却又理会。"说罢,备回寺去了。不在话下。

次日,郡王将封简子去临安府,即将可常、新荷量轻打断。有大尹禀郡王:"待新荷产子,可断。"郡王吩咐,便要断出。府官只得将僧可常追了度牒,杖一百,发灵隐寺,转发宁家当差;将新荷杖八十,发钱塘县转发宁家,追原钱一千贯还郡王府。

却说印长老接得可常,满寺僧众教长老休要安着可常在寺中,玷辱宗风。长老对众僧说:"此事必有跷蹊,久后自明。"长老令人山后搭一草舍,教可常将息棒疮好了,着他自回乡去。

且说郡王把新荷发落宁家,追原钱一千贯。新荷父母对女儿说:"我又无钱,你若有私房积蓄,将来凑还府中。"新荷说:"这钱自有人替我出。"张公骂道:"你这贱人!与个穷和尚通奸,他的度牒也被追了,却那得钱来替你还府中。"新荷说:"可惜屈了这个和尚!我自与府中钱原都管有奸,他见我有孕了，恐事发，'到郡王面前，只供与可常和尚有奸。郡王喜欢可常，必然饶你。我自来供养你家，并使用钱物。'说过的话，今日只去问他讨钱来用，并还官府，我一个身子被他骗了，先前说过的话，如何赖得？他若欺心不招架时，左右做我不着，你两个老人家将我去府中，等我郡王面前实诉，也出脱了可常和尚。"

父母听得女儿说，便去府前伺候钱都管出来，把上项事一一说了。钱都管到焦躁起来，骂道："老贱才！老无知！好不知廉耻！自家女儿偷了和尚，官司也问结了，却说恁般鬼话来图赖人！你欠了女儿身价钱，没处措办时，好言好语，告个消乏，或者可怜你的，一两贯钱助了你也不见得。你却说这样没根蒂的话来，旁人听见时，教我怎地做人？"骂了一顿，走开去了张老只得忍气吞声回来，与女儿说知。新荷见说，两泪交流，乃言："爹娘放心，明日却与他理会。"

至次日，新荷跟父母到郡王府前，连声叫屈。郡王即时叫人拿来，却是新荷父母。郡王骂道："你女儿做下弥天大罪，到来我府前叫屈！"张老跪覆："恩王，小的女儿没福，做出事来，其中屈了一人，望恩王做主！"郡王问："屈了何人？"张老道："小人不知，只问小贱人便有明白。"郡王问："贱人在哪里？"张老道："在门首伺候。"郡王唤他入来，问他详细。新荷人到府堂跪下。郡王问："贱人，做下不仁之事，你今说屈了甚人？"新荷："告恩王，贱妾犯奸，妄屈了可常和尚。"郡王问："缘何屈了他？你可实说，我到饶你。"新荷告道："贱妾犯奸，却不干可常之事。"郡王道："你先前怎地不说？"新荷告道："妾实被干办钱原奸骗。有孕之时，钱原怕事露，吩咐妾：'如若事露，千万不可说我，只说与可常和尚有奸。因郡王喜欢可常，必然饶你。'"郡王骂道："你这贱人，怎地依他说，害了这个和尚！"新荷告道："钱原说：'你若无事退回，我自养你一家老小，如要原钱还府，也是我出。'今日贱妾宁家，恩王责取原钱，一时无措，只得去问他讨钱还府中。以此父亲去与他说，到把父亲打骂。被害无辜，妾今诉告明白，情愿死在恩王面前。"郡王道："先前他许供养你一家，有甚表记为证？"新荷："告恩王，钱原许妾供养，妾亦怕他反悔，已拿了他上直朱红牌一面为信。"郡王见说，十分大怒，跌脚大骂："泼贱人！屈了可常和尚！"就着人分咐临安府，拿钱原到厅审问拷打，供认明白。一百日限满，脊杖八十，送沙门岛牢城营料高。新荷宁家，饶了一千贯原钱。随即差人去灵隐寺取可常和尚来。

却说可常在草舍中将息好了，又是五月五日到。可常取纸墨笔来，写下一首《辞世颂》：

"生时重午，为僧重午；得罪重午，死时重午。为前生欠他债负，若不当时承认，又恐他人受苦。今日事已分明，不若抽身回去。

五月五日午时书,赤口白舌尽消除;
五月五日天中节,赤口白舌尽消灭。"

可常作了《辞世颂》,走出草舍边,有一泉水。可常脱了衣裳,遍身抹净,穿了衣服,入草舍结跏趺坐圆寂了。道人报与长老知道。长老将自己龛子,妆了可常,抬出山顶。长老正欲下火,只见郡王府院公来取可常。长老道:"院公,你去禀覆恩王,可常坐化了,正欲下火。郡王来取,今且暂停,待恩王令旨。"院公说:"今日事已明白,不干可常之事。皆因屈了,教我来取,却又圆寂了。我去禀恩王,必然亲自来看下火。"院公急急回府,将上项事并《辞世颂》呈上。郡王看了大惊。

次日,郡王同两国夫人,去灵隐寺烧化可常。众僧接到后山。郡王与两国夫人亲自拈香罢,郡王坐下。印长老带领众僧看经毕,印长老手执火把,口中念道:

"留得屈原香粽在,龙舟竞渡尽争先。

从今剪断缘丝索,不用来生复结缘。

恭唯圆寂可常和尚:重午本良辰,谁把兰汤浴?角黍漫包金,菖蒲空切玉。须知《妙法华》,大乘俱念足。手不折'新荷',枉受攀花辱。目下事分明,唱彻《阳关曲》。今日是重午,归西何太速?寂灭本来空,管甚时辰毒。山僧今日来,赠与光明烛。凭此火光三昧,要见本来面目。咦!

唱彻当时《菩萨蛮》,撒手便归兜率国。"

众人只见火光中现出可常,问讯谢郡王、夫人、长老并众僧:"只因我前生欠宿债,今世转来还,吾今归仙境,再不往人间。吾是五百尊罗汉中名常欢喜尊者!"正是:

从来天道岂痴聋?好丑难逃久照中。
说好劝人归善道,算来修德积阴功。

第 八 卷

崔待诏生死冤家

　　山色晴岚景物佳，暖烘回雁起平沙；东郊渐觉花供眼，南陌依稀草吐芽。　　堤上柳，未藏鸦，寻芳趁步到山家；陇头几树红梅落，红杏枝头未着花。

这首《鹧鸪天》说孟春景致，原来又不如《仲春词》做得好：

　　每日青楼醉梦中，不知城外又春浓。杏花初落疏疏雨，杨柳轻摇淡淡风。　　浮画舫，跃青骢，小桥门外绿阴笼。行人不入神仙地，人在珠帘第几重？

这首词说仲春景致，原来又不如黄夫人做着《季春词》又好：

　　先自春光似酒浓，时听燕语透帘栊；小桥杨柳飘香絮，山寺绯桃散落红。　　莺渐老，蝶西东，春归难觅恨无穷。侵阶草色迷朝雨，满地梨花逐晓风。

这三首词，都不如王荆公看见花瓣儿片片风吹下地来，原来这春归去，是东风断送的。有诗道：

　　春日春风有时好，春日春风有时恶。
　　不得春风花不开，花开又被风吹落！

苏东坡道："不是东风断送春归去，是春雨断送春归去"有诗道：

雨前初见花间蕊,雨后全无叶底花。
蜂蝶纷纷过墙去,却疑春色在邻家。

秦少游道:"也不干风事,也不干雨事,是柳絮飘将春色去。"有诗道:

三月柳花轻复散,飘扬澹荡送春归;
此花本是无情物,一向东飞一向西。

邵尧夫道:"也不干柳絮事,是蝴蝶采将春色去。"有诗道:

花正开时当三月,蝴蝶飞来忙劫劫。
采将春色向天涯,行人路上添凄切!

曾两府道:"也不干蝴蝶事,是黄莺啼得春归去。"有诗道:

花正开时艳正浓,春宵何事恼芳丛?
黄鹂啼得春归去,无限园林转首空。

朱希真道:"也不干黄莺事,是杜鹃啼得春归去。"有诗道:

杜鹃叫得春归去,吻边啼血尚犹存。
庭院日长空悄悄,教人生怕到黄昏!

苏小小道:"都不干这几件事,是燕子衔将春色去。"有《蝶恋花》词为证:

妾本钱塘江上住,花开花落,不管流年度。燕子衔将春色去,纱窗几阵黄梅雨。　　斜插犀梳云半吐,檀板轻敲,唱彻黄金缕。歌罢彩云无觅处,梦回明月生南浦。

王岩叟道:"也不干风事,也不干雨事,也不干柳絮事,也不干蝴蝶事,也不干黄莺事,也不干杜鹃事,也不干燕子事;是九十日春光已过,春归去。"曾有诗道:

怨风怨雨两俱非,风雨不来春亦归;
腮边红褪青梅小,口角黄消乳燕飞。

蜀魄健啼花影去，吴蚕强食柘桑稀；
直恼春归无觅处，江湖辜负一蓑衣！

　　说话的，因甚说这《春归词》？绍兴年间，行在有个关西延州延安府人，本身是三镇节度使咸安郡王。当时怕春归去，将带着许多钧眷游春。至晚回家，来到钱塘门里，车轿前面，钧眷轿子过了。后面是郡王轿子到来。则听得桥下裱褙铺里一个人叫道："我儿出来看郡王！"当时郡王在轿里看见，叫帮窗虞候道："我从前要寻这个人，今日却在这里。只在你身上，明日要这个人入府中来！"当时虞候声诺，来寻这个看郡王的人，是甚色目人？正是：

尘随车马何年尽？情系人心早晚休。

　　只见车轿下一个人家，门前出着一面招牌，写着："璩家装裱古今书画"。铺里一个老儿，引着一个女儿，生得如何？

云鬟轻笼蝉翼，蛾眉淡拂春山；朱唇缀一颗樱桃，皓齿排两行碎玉。
莲步半折小弓弓，莺啭一声娇滴滴。

　　便是出来看郡王轿子的人。虞候即时来他家对门一个茶坊里坐定。婆婆把茶点来。虞候道："启请婆婆，过对门裱褙铺里请璩大夫来说话。"婆婆便去请到来。
　　两个相揖了就坐。璩待诏问："府干有何见谕？"虞候道："无甚事，闲问则个。适来叫出来看郡王轿子的人是令爱么？"待诏道："正是拙女，止有三口。"虞候又问："小娘子贵庚？"待诏应道："一十八岁。"再问："小娘子如今要嫁人，却是趋奉官员？"待诏道："老拙家寒，那讨钱来嫁人！将来也只是献与官员府第。"虞候道："小娘子有甚本事？"待诏说出女孩儿一件本事来，有词寄《眼儿媚》为证：

深闺小院日初长，娇女绮罗裳；不做东君造化，金针刺绣群芳。
斜枝嫩叶包开蕊，唯只欠馨香；曾向园林深处，引教蝶乱蜂狂。

　　原来这女儿会绣作。虞候道："适来郡王在轿里，看见令爱身上系着一条绣裹肚。府中正要寻一个绣作的人，老丈何不献与郡王？"璩公归去，与婆婆说了。到明日写一纸献状，献来府中。郡王给与身价，因此取名秀秀养娘。
　　不则一日，朝廷赐下一领团花绣战袍。当时秀秀依样绣出一件来。郡王看了欢喜道："主上赐与我团花战袍，却寻什么奇巧的物事献与官家？"去府库里寻出一块透明的羊脂美玉来，即时叫将门下碾玉待诏，问："这块玉堪做什么？"内中一个道："好做一副劝杯。"郡王道："可惜恁般一块玉，如何将来只做得一副劝杯！"又一个道："这块玉上尖下圆，好做一个摩侯罗儿。"郡王道："摩侯罗儿，只是七月七日乞巧使得，寻常间又无用处。"数中一个后生，年纪二十五岁，姓崔名宁，趋事郡王数年，是升州建康府人。当时又手向前，对着郡王道："告恩王，这块玉上尖下圆，甚是不好，只好碾一个南海观音。"郡王道："好！正合我意。"就叫崔宁下手。不过两个月，碾成了这个玉观音，郡王即时写表进上御前，龙颜大喜。崔宁就本府增添请给，遭遇郡王。

　　不则一日，时遇春天，崔待诏游春回来，入得钱塘门，在一个酒肆，与三四个相知，方才吃得数杯，则听得街上闹吵吵，连忙推开楼窗看时，见乱烘烘道："井亭桥有遗漏！"吃不得这酒成，慌忙下酒楼看时，只见：

　　　　初如萤火，次若灯光，千条蜡烛焰难当，万座糁盆敌不住；六丁神推倒
　　宝天炉，八力士放起焚山火。骊山会上，料应褒姒逞娇容；赤壁矶头，想是
　　周郎施妙策。五通神牵住火葫芦，宋无忌赶番赤骡子。又不曾泻烛浇油，
　　直恁的烟飞火猛！

　　崔待诏望见了，急忙道："在我本府前不远！"奔到府中看时，已搬挈得罄尽，静悄悄地无一个人。崔待诏既不见人，且循着左手廊下入去，火光照得如同白日。去那左廊下，一个妇女，摇摇摆摆，从府堂里出来。自言自语，与崔宁打个胸厮撞。崔宁认得是秀秀养娘，倒退两步，低身唱个喏。原来郡王当日，尝对崔宁许道："待秀秀满日，把来嫁与你。"这些众人，都撺掇道："好对夫妻！"崔宁拜谢了，不则一番。崔宁是个单身，却也痴心；秀秀见恁地个后生，却也指望。当日有这遗漏，秀秀手中提着一帕子金珠富贵，从左廊下出来。撞见崔宁便道："崔大夫，我出来得迟了。府中养娘各自四散，管顾不得，你如今没奈何，只得将我去躲避则个。"当下崔宁和秀秀出府门，沿着河，走到石灰桥。秀秀道："崔大夫，我脚疼了，走不得。"崔宁指着前面道："更行几步，那里便是崔宁住处，小娘子到家中歇脚，却也不妨。"到得家中坐定，秀秀道："我肚里饥，崔大夫，与我买些点心来吃。我受了些惊，得杯酒吃更好。"当时崔宁买将酒来，三杯两盏。正是：

　　　　三杯竹叶穿心过，两朵桃花上脸来。

　　道不得个"春为花博士，酒是色媒人"。秀秀道："你记得当时在月台上赏月，把我许你，你兀自拜谢。你记得也不记得？"崔宁又着手，只应得"喏"。秀秀道：

"当日众人都替你喝采：'好对夫妻！'你怎地倒忘了？"崔宁又则应得喏。秀秀道："比似只管等待，何不今夜我和你先做夫妻，不知你意下何如？"崔宁道："岂敢。"秀秀道："你知道不敢！我叫将起来，教坏了你，你却如何将我到家中？我明日府里去说。"崔宁道："告小娘子，要和崔宁做夫妻不妨，只一件，这里住不得了，要好趁这个遗漏人乱时，今夜就走开去，方才使得。"秀秀道："我既和你做夫妻，凭你行。"当夜做了夫妻。

四更已后，各带着随身金银物件出门。离不得饥餐渴饮，夜住晓行，迤逦来到衢州。崔宁道："这里是五路总头，是打那条路去好？不若取信州路上去，我是碾玉作，信州有几个相识，怕那里安得身。"即时取路到信州。住了几日。崔宁道："信州常有客人到行在往来，若说道我等在此，郡王必然使人来追捉，不当稳便。不若离了信州，再往别处去。"两个又起身上路，径取潭州。不则一日，到了潭州。却是走得远了。就潭州市里讨间房屋，出面招牌，写着"行在崔待诏碾玉生活"。崔宁便对秀秀道："这里离行在有二千余里了，料得无事，你我安心，好做长久夫妻。"潭州也有几个寄居官员，见崔宁是行在待诏，日逐也有生活得做。崔宁密使人打探行在本府中事。有曾到都下的，得知府中当夜失火，不见了一个养娘，出赏钱寻了几日不知下落。也不知道崔宁将他走了，见在潭州住。

时光似箭，日月如梭，也有一年之上。忽一日，方早开门，见两个着皂衫的。一似虞候府干打扮，入来铺里坐地，问道："本官听得说有个行在崔待诏，教请过来做生活。"崔宁吩咐了家中，随这两个人到湘潭县路上来。便将崔宁到宅里相见官人，承揽了玉作生活，回路归家。正行间，只见一个汉子头上带个竹丝笠儿，穿着一领白段子两上领布衫，青白行缠找着裤子口，着一双多耳麻鞋，挑着一个高肩担儿，正面来，把崔宁看了一看。崔宁却不见这汉面貌，这个人却见崔宁，从后大踏步尾着崔宁来。正是：

谁家稚子鸣榔板，惊起鸳鸯两处飞。

这汉子毕竟是何人？且听下回分解。

竹引牵牛花满街，疏篱茅舍月光筛。琉璃盏内茅柴酒，白玉盘中簇豆梅。　　休懊恼，且开怀。平生赢得笑颜开。三千里地无知己，十万军中挂印来。

这只《鹧鸪天》词，是关西秦州雄武军刘两府所作。从顺昌大战之后，闲在家中，寄居湖南潭州湘潭县。他是个不爱财的名将。家道贫寒，时常到村店中吃酒。

店中人不识刘两府,欢呼啰唣。刘两府道:"百万番人,只如等闲,如今却被他们诬罔!"做了这只《鹧鸪天》,流传直到都下。当时殿前太尉是杨和王,见了这词,好伤感:"原来刘两府直恁孤寒!"教提辖官差人送一项钱与这刘两府。今日崔宁的东人郡王,听得说刘两府恁地孤寒,也差人送一项钱与他,却经由潭州路过。见崔宁从湘潭路上来,一路尾着崔宁到家,正见秀秀坐在柜身子里,便撞破他们道:"崔大夫多时不见,你却在这里。秀秀养娘他如何也在这里?郡王教我下书来潭州,今日遇着你们。原来秀秀养娘嫁了你,也好。"当时唬杀崔宁夫妻两个,被他看破。那人是谁?却是郡王府中一个排军,从小伏侍郡王,见他朴实,差他送钱与刘两府。这个姓郭名立,叫作郭

排军。当下夫妻请住郭排军,安排酒来请他,吩咐道:"你到府中,千万莫说与郡王知道!"郭排军道:"郡王怎知得你两个在这里?我没事,却说什么!"当下酬谢了出门,回到府中,参见郡王,纳了回书,看着郡王道:"郭立前日下书回,打潭州过,却见两个人在那里住。"郡王问:"是谁?"郭立道:"见秀秀养娘并崔待诏两个,请郭立吃了酒食,教休来府中说知。"郡王听说便道:"叵耐这两个做出这事来,却如何直走到哪里?"郭立道:"也不知他仔细,只见他在那里住地,依旧挂招牌做生活。"郡王教干办去吩咐临安府,即时差一个缉捕使臣,带着做公的,备了盘缠,径来湖南潭州府,下了公文,同来寻崔宁和秀秀。却似:

　　皂雕追紫燕,猛虎啖羊羔。

　　不两月,捉将两个来,解到府中。报与郡王得知,即时升厅。原来郡王杀番人时,左手使一口刀,叫作"小青";右手使一口刀,叫作"大青"。这两口刀不知剁了多少番人;那两口刀,鞘内藏着,挂在壁上。郡王升厅,众人声喏。即将这两个人押来跪下。郡王好生焦躁,左手去壁牙上取下"小青",右手一掣,掣刀在手,睁起杀番人的眼儿,咬得牙齿剥剥地响。当时吓杀夫人,在屏风背后道:"郡王,这里是帝辇之下,不比边庭上面,若有罪过,只消解去临安府施行,如何胡乱砍得人?"郡王听

说道:"叵耐这两个畜生逃走,今日捉将来,我恼了,如何不砍?既然夫人来劝,且捉秀秀入府后花园去。把崔宁解去临安府断治。"当下喝赐钱酒,赏犒捉事人。解这崔宁到临安府,一一从头供说:"自从当夜遗漏,来到府中,都搬尽了,只见秀秀养娘从廊下出来,揪住崔宁道:'你如何安手在我怀中?若不依我口,教坏了你!'要共崔宁逃走。崔宁不得已,只得与他同走。只此是实。"临安府把文案呈上郡王。郡王是个刚直的人,便道:"既然恁地,宽了崔宁,且与从轻断治。崔宁不合在逃,罪杖,发还建康府居住。"

当下差人押送,方出北关门,到鹅项头,见一项轿儿,两个人抬着,从后面叫:"崔待诏,且不得去!"崔宁认得像是秀秀的声音,赶将来又不知怎地?心下好生疑惑!伤弓之鸟,不敢揽事,且低着头只顾走。只见后面赶将上来,歇了轿子,一个妇人走出来,不是别人,便是秀秀,道:"崔待诏,你如今去建康府,我却如何?"崔宁道:"却是怎地好?"秀秀道:"自从解你去临安府断罪,把我捉入后花园,打了三十竹篦,遂便赶我出来。我知道你建康府去,赶将来同你去。"崔宁道:"恁地却好。"讨了船,直到建康府,押发人自回。若是押发人是个学舌的,就有一场是非出来。因晓得郡王性如烈火,惹着他不是轻放手的。他又不是王府中人,去管这闲事怎地?况且崔宁一路买酒买食,奉承得他好,回去时就隐恶而扬善了。

再说崔宁两口在建康居住,既是问断了,如今也不怕有人撞见,依旧开个碾玉作铺。浑家道:"我两口却在这里住得好,只是我家爹妈,自从我和你逃去潭州,两个老的吃了些苦。当日捉我入府时,两个去寻死觅活,今日也好教人去行在,取我爹妈来这里同住。"崔宁道:"最好。"便教人来行在取他丈人丈母。写了他地理脚色与来人,到临安府寻见他住处,问他邻舍,指道:"这一家便是。"来人去门首看时,只见两扇门关着,一把锁锁着,一条竹竿封着。问邻舍:"他老夫妻哪里去了?"邻舍道:"莫说!他有个花枝也似女儿,献在一个奢遮去处。这个女儿不受福德,却跟一个碾玉的待诏逃走了。前日从湖南潭州捉将回来,送在临安府吃官司。那女儿吃郡王捉进后花园里去。老夫妻见女儿捉去,就当下寻死觅活,至今不知下落,只恁地关着门在这里。"来人见说,再回建康府来,兀自未到家。

且说崔宁正在家中坐,只见外面有人道:"你寻崔待诏住处?这里便是。"崔宁叫出浑家来看时,不是别人,认得是璩公、璩婆。都相见了,喜欢的做一处。那去取老儿的人,隔一日才到,说如此这般,寻不见,却空走了这遭。两个老的且自来到这里了。两个老人道:"却生受你,我不知你们在建康住,教我寻来寻去,直到这里。"其时四口同住。不在话下。

且说朝廷官里,一日到偏殿看玩宝器,拿起这玉观音来看,这个观音身上,当时有一个玉铃儿,失手脱下。即时问近侍官员:"却如何修理得?"官员将玉观音反复看了,道:"好个玉观音!怎地脱落了铃儿?"看到底下,下面碾着三字:"崔宁造。"怎地容易，既是有人造，只消得宣这个人来，教他修整。敕下郡王府，宣取碾玉匠崔宁。郡王回奏："崔宁有罪，在建康府居住。"即时使人去建康，取得崔宁到行在歇泊了。当时宣崔宁见驾，将这玉观音教他领去，用心整理。崔宁谢了恩，寻一块一般的玉，碾一个铃儿，接住了，御前交纳。破分请给养了崔宁，令只在行在居住。崔宁道："我今日遭际御前，争得气。再来清湖河下寻间屋儿开个碾玉铺，须不怕你们撞见！"可煞事有斗巧，方才开得铺三两日，一个汉子从外面过来，就是那郭排军。见了崔待诏，便道："崔大夫恭喜了！你却在这里住？"抬起头来，看柜身里却立着崔待诏的浑家。郭排军吃了一惊，拽开脚步就走。浑家说与丈夫道："你与我叫住那排军，我想问则个。"正是：

> 平生不作皱眉事，世上应无切齿人。

崔待诏即时赶上扯住，只见郭排军把头只管侧来侧去，口里喃喃地道："作怪，作怪！"没奈何，只得与崔宁回来，到家中坐地。浑家与他相见了，便问："郭排军，前者我好意留你吃酒，你却归来说与郡王，坏了我两个的好事？今日遭际御前，却不怕你去说。"郭排军吃他相问得无言可答，只道得一声："得罪！"相别了，便来到府里，对着郡王道："有鬼！"郡王道："那汉则甚？"郭立道："告恩王，有鬼！"郡王问道："有甚鬼？"郭立道："方才打清湖河下过，见崔宁开个碾玉铺，却见柜身里一个妇女，便是秀秀养娘。"郡王焦躁道，"又来胡说！秀秀被我打杀了，埋在后花园，你须也看见，如何又在那里？却不是取笑我！"郭立道："告恩王，怎敢取笑！方才叫住郭立，相问了一回。怕恩王不信，勒下军令状了去。"郡王道："真个在时，你勒军令状来！"那汉也是合苦，真个写一纸军令状来。郡王收了，叫两个当直的轿番，抬一顶轿子，教："取这妮子来！若真个在，把来砍取一刀！若不在，郭立，你须替他砍取一刀！"郭立同两个轿番，来取秀秀。正是：

> 麦穗两岐，农人难辨。

郭立是关西人，朴直，却不知军令状如何胡乱勒得。三个一径来到崔宁家里，那秀秀兀自在柜身里坐地。见那郭排军来得怎地慌忙，却不知他勒了军令状来取你。郭排军道："小娘子，郡王钧旨，教来取你则个！"秀秀道："既如此，你们少等，待我梳洗了同去。"即时入去梳洗，换了衣服出来，上了轿，分咐了丈夫，两个轿番便抬着，径到府前。郭立先入去，郡王正在厅上等待。郭立唱了喏，道："已取到秀秀养娘。"郡王道："着他入来！"郭立出来道："小娘子，郡王教你进来。"掀起帘子看一看，便是一桶水倾在身上，开着口，则合不得，就轿子里不见了秀秀养娘。问那个轿番，道："我不知，则见他上轿，抬到这里，又不曾转动。"那汉叫将入来道："告恩王，恁地真个有鬼！"郡王道："却不叵耐！"教人："捉这汉，等我取过军令状来，如今砍了一刀，先去取下'小青'来。"那汉从来伏侍郡王，身上也有十数次官了，盖缘是粗人，只教他做排军。这汉慌了道："见有两个轿番见证，乞叫来问。"即时叫将轿番来。道："见他上轿，抬到这里，却不见了。"说得一般，想必真个有鬼，只消得叫将崔宁来问。便使人叫崔宁来到府中，崔宁从头至尾说了一遍。郡王道："恁地，又不干崔宁事，且放他去。"崔宁拜辞去了。郡王焦躁，把郭立打了五十背花棒。

崔宁听得说浑家是鬼，到家中问丈人、丈母。两个面面厮觑，走出门，看着清湖河里，扑通地都跳下水去了。当下叫"救人"，打捞，便不见了尸首。原来当时打杀秀秀时，两个老的听得说，便跳在河里，已自死了。这两个也是鬼。崔宁到家中，没情没绪，走进房中，只见浑家坐在床上。崔宁道："告姐姐，饶我性命！"秀秀道："我因为你，吃郡王打死了，埋在后花园里。却恨郭排军多口，今日已报了冤仇，郡王已将他打了五十背花棒。如今都知道我是鬼，容身不得了。"道罢起身，双手揪住崔宁，叫得一声，扑然倒地。邻舍都来看时，只见：

> 两部脉尽总皆沉，一命已归黄壤下。

崔宁也被扯去，和父母四个，一块儿做鬼去了。后人评论得好：

> 咸安王捺不下烈火性，郭排军禁不住闲磕牙；
> 璩秀娘舍不得生眷属，崔待诏撇不脱鬼冤家。

第 九 卷

李谪仙醉草吓蛮书

堪美当年李谪仙,吟诗斗酒有连篇;
蟠胸锦绣欺时彦,落笔风云迈古贤。
书草和番威远塞,词歌倾国媚新弦;
莫言才子风流尽,明月长悬采石边。

话说唐玄宗皇帝朝,有个才子,姓李名白,字太白,乃西梁武昭兴圣皇帝李暠九世孙,西川绵州人也。其母梦长庚入怀而生。那长庚星又名太白星,所以名字俱用之。那李白生得姿容美秀,骨格清奇,有飘然出世之表。十岁时,便精通书史,出口成章,人都夸他锦心绣口,又说他是神仙降生,以此又呼为李谪仙。有杜工部赠诗为证:

昔年有狂客,号尔谪仙人。
笔落惊风雨,诗成泣鬼神!
声名从此大,汩没一朝伸。
文采承殊渥,流传必绝伦。

李白又自称青莲居士。一生好酒,不求仕进,志欲遨游四海,看尽天下名山,尝遍天下美酒。先登峨眉,次居云梦,复隐于徂徕山竹溪,与孔巢父等六人,日夕酣饮,号为竹溪六逸。

有人说:"湖州乌程酒甚佳。"白不远千里而往,到酒肆中,开怀畅饮,旁若无人。时有迦叶司马经过,闻白狂歌之声,遣从者问其何人?白随口答诗四句:

青莲居士谪仙人,酒肆逃名三十春。
湖州司马何须问,金粟如来是后身。

迦叶司马大惊，问道："莫非蜀中李谪仙么？闻名久矣。"遂请相见。留饮十日，厚有所赠，临别，问道："以青莲高才，取青紫如拾芥，何不游长安应举？"李白道："目今朝政紊乱，公道全无，请托者登高第，纳贿者获科名；非此二者，虽有孔孟之贤，晁董之才，无由自达。白所以流连诗酒，免受盲试官之气耳！"迦叶司马道："虽则如此，足下谁人不知！一到长安，必有人荐拔。"李白从其言，乃游长安。一日，到紫极宫游玩，遇了翰林学士贺知章，通姓道名，彼此相慕。知章遂邀李白于酒肆中，解下金貂，当酒同饮。至夜不舍，遂留李白于家中下榻，结为兄弟。次日，李白将行李搬至贺内翰宅，每日谈诗饮酒，宾主甚是相得。时光荏苒，不觉试期已迫。贺内翰道："今春南省试官，正是杨贵妃兄杨国忠太师，监视官乃太尉高力士。二人都是爱财之人。贤弟却无金银买嘱他，便有冲天学问，见不得圣天子。此二人与下官皆有相识。下官写一封札子去，预先嘱托，或者看薄面一二。"李白虽则才大气高，遇了这等时势，况且内翰高情，不好违阻。贺内翰写了柬帖，投与杨太师高力士。二人接开看了，冷笑道："贺内翰受了李白金银，却写封空书在我这里讨白人情，到那日专记如有李白名字卷子，不问好歹，即时批落。"

时值三月三日，大开南省，会天下才人，尽呈卷子。李白才思有余，一笔挥就，第一个交卷。杨国忠见卷子上有李白名字，也不看文字，乱笔涂抹道："这样书生，只好与我磨墨。"高力士道："磨墨也不中，只好与我着袜脱靴！"喝令将李白推抢出去。正是：

> 不愿文章中天下，只愿文章中试官！

李白被试官屈批卷子，怨气冲天，回至内翰宅中，立誓："久后吾若得志，定教杨国忠磨墨，高力士与我脱靴，方才满愿。"贺内翰劝白："且休烦恼，权在舍下安歇，待三年，再开试场，别换试官，必然登第。"终日共李白饮酒赋诗。日往月来，不觉一载。

忽一日,有番使赍国书到。朝廷差使命急宣贺内翰陪接番使,在馆驿安下。次日阁门舍人,接得番使国书一道。玄宗敕宣翰林学士,拆开番书,全然不识一字。拜伏金阶启奏:"此书皆是鸟兽之迹,臣等学识浅短,不识一字。"天子闻奏,将与南省试官杨国忠开读。杨国忠开看,双目如盲,亦不晓得。天子宣问满朝文武,并无一人晓得,不知书上有何吉凶言语。龙颜大怒,喝骂朝臣:"枉有许多文武,并无一个饱学之士与朕分忧。此书识不得,将何回答,发落番使?却被番邦笑耻,欺侮南朝,必动干戈,来侵边界,如之奈何!敕限三日,若无人识此番书,一概停俸;六日无人,一概停职;九日无人,一概问罪。别选贤良,共扶社稷!"圣旨一出,诸官默默无言,再无一人敢奏。天子转添烦恼。

贺内翰朝散回家,将此事述于李白。白微微冷笑:"可惜我李某去年不曾及第为官,不得与天子分忧。"贺内翰大惊道:"想必贤弟博学多能,辨识番书,下官当于驾前保奏。"次日,贺知章入朝,越班奏道:"臣启陛下,臣家有一秀才,姓李名白,博学多能。要辨番书,非此人不可。"天子准奏,即遣使命,赍招前去内翰宅中,宣取李白。李白告天使道:"臣乃远方布衣,无才无识。今朝中有许多官僚,都是饱学之儒,何必问及草莽?臣不敢奉诏,恐得罪于朝贵。"说这句"恐得罪于朝贵",隐隐刺着杨、高二人。使命回奏。天子初问贺知章:"李白不肯奉诏,其意云何?"知章奏道:"臣知李白文章盖世,学问惊人。只为去年试场中,被试官屈批了卷子,羞抢出门,今日教他白衣入朝,有愧于心。乞陛下赐以恩典,遣一位大臣再往,必然奉诏。"玄宗道:"依卿所奏。钦赐李白进士及第,着紫袍金带、纱帽象简见驾。就烦卿自往迎取,卿不可辞!"

贺知章领旨回家,请李白开读,备述天子惓惓求贤之意。李白穿了御赐袍服,望阙拜谢,遂骑马随贺内翰入朝。玄宗于御座专待李白。李白至金阶拜舞,山呼谢恩,躬身而立。天子一见李白,如贫得宝,如暗得灯,如饥得食,如旱得云,开金口,动玉音,道:"今有番国赍书,无人能晓,特宣卿至,为朕分忧。"白躬身奏道:"臣因学浅,被太师批卷不中,高太尉将臣推抢出门。今有番书,何不令试官回答?却乃久滞番官在此!臣是批黜秀才,不能称试官之意,怎能称皇上之意?"天子道:"朕自知卿,卿其勿辞!"遂命侍臣捧番书赐李白观看。李白看了一遍,微微冷笑,对御座前,将唐音译出,宣读如流。番书云:

"渤海国大可毒书达唐朝官家:自你占了高丽,与俺国逼近,边兵屡屡侵犯吾界,想出自官家之意。俺如今不可耐者,差官来讲和,可将高丽一百七十六城,让与俺国,俺有好物事相送:太白山之菟,南海之昆布,栅城之豉,扶馀之鹿,郏颉之豕,率宾之马,沃州之绵,湄沱河之鲫,九都之李,乐游之梨。你官家都有分。若还不肯,俺起兵来厮杀,且看那家胜败?"

众官听得读罢番书,不觉失惊,面面相觑,尽称"难得"。天子听了番书,龙情不悦。沉吟良久,方问两班文武:"今被番家要兴兵抢占高丽,有何策可以应敌?"两班文武,如泥塑木雕,无人敢应。贺知章启奏道:"自太宗皇帝三征高丽,不知杀了多少生灵,不能取胜,府库为之虚耗。天幸盖苏文死了,其子男生兄弟争权,为我乡导。高宗皇帝遣老将李勣、薛仁贵,统百万雄兵,大小百战,方才殄灭。今承平日久,无将无兵,倘干戈复动,难保必胜。兵连祸结,不知何时而止? 愿吾皇圣鉴。"天子道:"似此如何回答他?"知章道:"陛下试问李白,必然善于辞命。"天子乃召白问之。李白奏道:"臣启陛下,此事不劳圣虑,来日宣番使入朝,臣当面回答番书,与他一般字迹,书中言语,羞辱番家,须要番国可毒拱手来降。"天子问:"可毒何人也?"李白奏道:"渤海风俗,称其王曰可毒。犹回纥称可汗,吐番称赞普,六诏称诏,诃陵称悉莫威,各从其俗。"天子见其应对不穷,圣心大悦,即日拜为翰林学士。遂设宴于金銮殿,宫商迭奏,琴瑟喧阗,嫔妃进酒,彩女传杯。御音传示:"李卿,可开怀畅饮,休拘礼法。"李白尽量而饮,不觉酒浓身软。天子令内官扶于殿侧安寝。

次日五鼓,天子升殿。

净鞭三下响,文武两班齐。

李白宿醒犹未醒,内官催促进朝。百官朝见已毕,天子召李白上殿,见其面尚带酒容,两眼兀自有朦胧之意。天子吩咐内侍,教御厨中造三分醒酒酸鱼羹来。须臾,内侍将金盘捧到鱼羹一碗。天子见羹气太热,御手取牙箸调之良久,赐与李学士。李白跪而食之,顿觉爽快。是时百官见天子恩幸李白,且惊且喜:惊者怪其破格,喜者喜其得人。唯杨国忠、高力士,愀然有不乐之色。

圣旨宣番使入朝,番使山呼见圣已毕。李白紫衣纱帽,飘飘然有神仙凌云之态,手捧番书立于左侧柱下,朗声而读。一字无差,番使大骇。李白道:"小邦失礼,圣上洪度如天,置而不较,有诏批答,汝宜静听!"番官战战兢兢,跪于阶下。天子命设七宝床于御座之旁,取于阗白玉砚,象管兔毫笔,独草龙香墨,五色金花笺,排列停当。赐李白近御榻前,坐锦墩草诏。李白奏道:"臣靴不净,有污前席,望皇上宽恩,赐臣脱靴结袜而登。"天子准奏,命一小内侍:"与李学士脱靴。"李白又奏道:"臣有一言,乞陛下赦臣狂妄,臣方敢奏。"天子道:"任卿失言,朕亦不罪。"李白奏道:"臣前入试春闱,被杨太师批落,高太尉赶逐,今日见二人押班,臣之神气不旺。乞玉音吩咐杨国忠与臣捧砚磨墨,高力士与臣脱靴结袜。臣意气始得自豪,举笔草诏,口代天言,方可不辱君命。"天子用人之际,恐拂其意,只得传旨,教:"杨国忠捧砚,高力士脱靴。"二人心里暗暗自揣:"前日科场中轻薄了他:'这样书生,只好与

我磨墨脱靴。'今日恃了天子一时宠幸,就来还话,报复前仇。"出于无奈,不敢违背圣旨,正是敢怒而不敢言。常言道:

> 冤家不可结,结了无休歇;
> 侮人还自侮,说人还自说。

李白此时昂昂得意,渍袜登裀,坐于锦墩。杨国忠磨得墨浓,捧砚侍立。论来爵位不同,怎么李学士坐了,杨太师到侍立?因李白口代天言,天子宠以殊礼。杨太师奉旨磨墨,不曾赐坐,只得侍立。李白左手将须一拂,右手举起中山兔颖,向五花笺上,手不停挥,须臾草就《吓蛮书》。字画齐整,并无差落,献于龙案之上。天子看了大惊,都是照样番书,一字不识。传与百官看了,各各骇然。天子命李白诵之。李白就御座前朗诵一遍:

"大唐开元皇帝,诏谕渤海可毒:自昔石卵不敌,蛇龙不斗。本朝应运开天,抚有四海,将勇卒精,甲坚兵锐。颉利背盟而被擒,弄赞铸鹅而纳誓。新罗奏织锦之颂,天竺致能言之鸟,波斯献捕鼠之蛇,拂菻进曳马之狗;白鹦鹉来自诃陵,夜光珠贡于林邑;骨利干有名马之纳,泥婆罗有良酢之献。无非畏威怀德,买静求安。高丽拒命,天讨再加,传世九百,一朝殄灭:岂非逆天之咎征,衡大之明鉴欤!况尔海外小邦?高丽附国,比之中国,不过一郡,士马刍粮,万分不及。若螳怒是逞,鹅骄不逊,天兵一下,千里流血,君同颉利之俘,国为高丽之续。方今圣度汪洋,恕尔狂悖,急宜悔祸,勤修岁事;毋取诛僇,为四夷笑。尔其三思哉!故谕。"

天子闻之大喜,再命李白对番官面宣一通,然后用宝入函。李白仍叫高太尉着靴,方才下殿,唤番官听诏。李白重读一遍,读得声匀铿锵,番使不敢则声,面如土色,不免山呼拜舞辞朝。贺内翰送出都门,番官私问道:"适才读诏者何人?"内翰道:"姓李名白,官拜翰林学士。"番使道:"多大的官,使太师捧砚,太尉脱靴?"内翰道:"太师大臣,太尉亲臣,不过人间之极贵。那李学士乃天上神仙下降,赞助天朝,更有何人可及!"番使点头而别,归至本国,与国王述之。国王看了国书,大惊,与国人商议:"天朝有神仙赞助,如何敌得?"写了降表,愿年年进贡,岁岁来朝。此是后话。

话分两头,却说天子深敬李白,欲重加官职。李白启奏:"臣不愿受职,愿得逍遥散诞,供奉御前,如汉东方朔故事。"天子道:"卿既不受职,朕所有黄金白璧,奇珍异宝,唯卿所好。"李白奏道:"臣亦不愿受金玉,愿得从陛下游幸,日饮美酒三千筋,足矣!"天子知李白清高,不忍相强。从此时时赐宴,留宿于金銮殿中,访以政事,恩幸日隆。

一日,李白乘马游长安街,忽听得锣鼓齐鸣,见一簇刀斧手,拥着一辆囚车行来。白停骖问之,乃是并州解到失机将官,今押赴东市处斩。那囚车中,囚着个美丈夫,生得甚是英伟。叩其姓名,声如洪钟,答道"姓郭名子仪。"李白相他容貌非凡,他日必为国家柱石,遂喝住刀斧手:"待我亲往驾前保奏。"众人知是李谪仙学士,御手调羹的,谁敢不依? 李白当时回马,直叩宫门,求见天子,讨了一道赦敕,亲往东市开读,打开囚车,放出子仪,许他带罪立功。子仪拜谢李白活命之恩,异日衔环结草,不敢忘报。此事阁过不题。

是时,宫中最重木芍药,是扬州贡来的。如今叫作牡丹花,唐时谓之木芍药。宫中种得四本,开出四样颜色,那四样?

　　　　大红,深紫,浅红,通白。

玄宗天子移植于沉香亭前,与杨贵妃娘娘赏玩,诏梨园子弟奏乐。天子道:"对妃子,赏名花,新花安用旧曲?"遂命梨园长李龟年召李学士入宫。有内侍说道:"李学士往长安市上酒肆中去了。"龟年不往九街,不走三市,一径寻到长安市去。只听得一个大酒楼上,有人歌云:

　　　　三杯通大道,一斗合自然;
　　　　但得酒中趣,勿为醒者传。

李龟年道:"这歌的不是李学士是谁?"大踏步上楼梯来,只见李白独占一个小小座头,桌上花瓶内供一枝碧桃花,独自对花而酌,已吃得酩酊大醉,手执巨觥,兀自不放。龟年上前道:"圣上在沉香亭宣召学士,快去!"众酒客闻得有圣旨,一时惊骇,都站起来闲看。李白全然不理,张开醉眼,向龟年念一句陶渊明的诗,道是:

　　　　我醉欲眠君且去。

念了这句诗,就瞑然欲睡。李龟年也有三分主意,向楼窗往下一招,七八个从者,一齐上楼,不由分说,手忙脚乱,抬李学士到于门前,上了玉花骢,众人左扶右持,龟年策马在后相随,直跑到五凤楼前。天子又遣内侍来催促了,敕赐"走马入宫"。龟年遂不扶李白下马,同内侍帮扶,直至后宫,过了兴庆池,来到沉香亭。天子见李白在马上双眸紧闭,兀自未醒,命内侍铺紫氍毹于亭侧,扶白下马,少卧。亲往省视，见白口流涎沫，天子亲以龙袖拭之。贵妃奏道："妾闻冷水沃面，可以解醒。"乃命内侍汲兴庆池水，使宫女含而喷之。白梦中惊醒，见御驾，大惊，俯伏道："臣该万死！臣乃酒中之仙，幸陛下恕臣！"天子御手搀起道："今日同妃子赏名花，不可无新词，所以召卿，可作《清平调》三章。"李龟年取金花笺授白。白带醉一挥，立成三首。其一曰：

> 云想衣裳花想容，春风拂槛露华浓。
> 若非群玉山头见，会向瑶台月下逢。

其二曰：

> 一枝红艳露凝香，云雨巫山枉断肠。
> 借问汉宫谁得似？可怜飞燕倚新妆！

其三曰：

> 名花倾国两相欢，长得君王带笑看。
> 解释春风无限恨，沉香亭北倚栏杆。

天子览词，称美不已："似此天才，岂不压倒翰林院许多学士。"即命龟年按调而歌，梨园众子弟丝竹并进，天子自吹玉笛以和之。歌毕，贵妃敛绣巾，再拜称谢。天子道："莫谢朕，可谢学士也！"贵妃持玻璃七宝杯，亲酌西凉葡萄酒，命宫女赐李学士饮。天子敕赐李白遍游内苑，令内侍以美酒随后，恣其酣饮。自是宫中内宴，李白每每被召，连贵妃亦爱而重之。高力士深恨脱靴之事，无可奈何。

一日，贵妃重吟前所制《清平调》三首，倚栏叹羡。高力士见四下无人，乘间奏道："奴婢初意娘娘闻李白此词，怨入骨髓，何反拳拳如是？"贵妃道："有何可怨？"力士奉道："'可怜飞燕倚新妆。'那飞燕姓赵，乃西汉成帝之后。则今画图中，画着一个武士，手托金盘，盘中有一女子，举袖而舞，那个便是赵飞燕。生得腰肢细软，行步轻盈，若人手执花枝颤颤然，成帝宠幸无比。谁知飞燕私与燕赤凤相通，匿于复壁之中。成帝入宫，闻壁衣内有人咳嗽声，搜得赤凤杀之。欲废赵后，赖其妹合德力救而止，遂终身不入正宫。今日李白以飞燕比娘娘，此乃谤毁之语，娘娘何不熟思！"

原来贵妃那时以胡人安禄山为养子，出入宫禁，与之私通，满宫皆知，只瞒得玄宗一人。高力士说飞燕一事，正刺其心。贵妃于是心下怀恨，每于天子前说李白轻狂使酒，无人臣之礼。天子见贵妃不乐李白，遂不召他内宴，亦不留宿殿中。李白情知被高力士中伤，天子存疏远之意，屡次告辞求去。天子不允。乃益纵酒自废，与贺知章、李适之、汝阳王琎、崔宗之、苏晋、张旭、焦遂为酒友。时人呼为"饮中八仙"。

却说玄宗天子心下，实是爱重李白，只为宫中不甚相得，所以疏了些儿。见李白屡次乞归，无心恋阙，乃向李白道："卿雅志高蹈，许卿暂还，不日再来相召。但卿有大功于朕，岂可白手还山？卿有所需，朕当一一给与。"李白奏道："臣一无所需，但得杖头有钱，日沽一醉足矣。"天子乃赐金牌一面，牌上御书："敕赐李白为天下无忧学士，逍遥落托秀才，逢坊吃酒，遇库支钱，府给千贯，县给五百贯。文武官员军民人等，有失敬者，以违诏论。"又赐黄金千两，锦袍玉带，金鞍龙马，从者二十人。白叩头谢恩，天子又赐金花二朵，御酒三杯，于驾前上马出朝；百官俱给假，携酒送行，自长安街直接到十里长亭，樽罍不绝。只有杨太师、高太尉二人怀恨不送。内中唯贺内翰等酒友七人，直送至百里之外，流连三日而别。李白集中有《还山别金门知己诗》，略云：

> 恭承丹凤诏，欻起烟萝中。
> 一朝去金马，飘落成飞蓬。
> 闲来东武吟，曲尽情未终。
> 书此谢知己，扁舟寻钓翁。

李白锦衣纱帽，上马登程，一路只称锦衣公子。果然逢坊饮酒，遇库支钱。不一日，回至锦州，与许氏夫人相见。官府闻李学士回家，都来拜贺。无日不醉，日往月来，不觉半载。

一日，白对许氏说，要出外游玩山水。打扮做秀才模样，身边藏了御赐金牌，带一个小仆，骑一健驴，任意而行。府县酒资，照牌供给。忽一日，行到华阴界上，听得人言华阴知县贪财害民。李白生计，要去治他。来到县前，令小仆退去，独自倒骑着驴子，于县门首回打三回。那知县在厅上取问公事，观见了，连声："可恶，可恶！怎敢调戏父母官！"速令公吏人等拿至厅前取问。李白微微诈醉，连问不答。知县令狱卒押入牢中，待他酒醒，着他好生供状，来日决断。狱卒将李白领入牢中。见了狱官，掀髯长笑。狱官道："想此人是疯癫的？"李白道："也不疯，也不癫。"狱官道："既不疯癫，好生供状。你是何人？为何到此骑驴，搪突县主？"李白道："要我供状，取纸笔来。"狱卒将纸笔置于案上，李白扯狱官在一边，说道："让开一步，待我写。"狱官笑道："且看这疯汉，写出什么来？"李白写道：

"供状锦州人，姓李单名白。弱冠广文章，挥毫神鬼泣。长安列八仙，竹溪称六逸。曾草《吓蛮书》，声名播绝域。玉辇每趋陪，金銮为寝室。啜羹御手调，流涎御袍拭。高太尉脱靴，杨太师磨墨。天子殿前尚容乘马行，华阴县里不许我骑驴入？请验金牌，便知来历。"

写毕，递与狱官看了。狱官吓得魂惊魄散，低头下拜道："学士老爷，可怜小人蒙官发遣，身不由己，万望海涵赦罪。"李白道："不干你事，只要你对知县说，我奉金牌圣旨而来，所得何罪，拘我在此？"狱官拜谢了，即忙将供状呈与知县，并述有金牌对旨。知县此时如小儿初闻霹雳，无孔可钻，只得同狱官到牢中参见李学士，叩头哀告道："小官有眼不识泰山，一时冒犯，乞赐怜悯！"在职诸官，闻知此事，都来拜求，请学士到厅上正面坐下，众官庭参已毕。李白取出金牌，与众官看，牌上写道："学士所到，文武官员军民人等有不敬者以违诏论。""汝等当得何罪？"众官看罢圣旨，一齐低头礼拜："我等都该万死。"李白见众官苦苦哀求，笑道："你等受国家爵禄，如何又去贪财害民？如若改过前非，方免汝罪。"众官听说，人人拱手，个个遵依，不敢再犯。就在厅上大排筵宴，管待学士饮酒三日方散。自是知县洗心涤虑，遂为良牧。此事闻于他郡，都猜道朝廷差李学士出外私行观风考政，无不化贪为廉，化残为善。

李白遍历赵、魏、燕、晋、齐、梁、吴、楚，无不流连山水，极诗酒之趣。后因安禄山反叛，明皇车驾幸蜀，诛国忠于军中，缢贵妃于佛寺，白避乱隐于庐山。永王璘时为东南节度使，阴有乘机自立之志。闻白大才，强逼下山，欲授伪职。李白不从，拘留于幕府。未几，肃宗即位于灵武，拜郭子仪为天下兵马大元帅，克复两京。有人告永王璘谋叛，肃宗即遣子仪移兵讨之。永王兵败，李白方得脱身，逃至浔阳江口，被守江把总擒拿，把做叛党，解到郭元帅军前。子仪见是李学士，即喝退军士，亲解其缚，置于上位，纳头便拜道："昔日长安东市，若非恩人相救，焉有今日？"即命治酒压惊，连夜修本，奏上天子，为李白辩冤，且追叙其《吓蛮书》之功，荐其才可以大用。此乃施恩而得报也。正是：

两叶浮萍归大海，人生何处不相逢。

时杨国忠已死，高力士亦远贬他方，玄宗皇帝自蜀迎归，为太上皇，亦对肃宗称李白奇才。肃宗乃征白为左拾遗。白叹宦海沉迷，不得逍遥自在，辞而不受。别了郭子仪，遂泛舟游洞庭岳阳。再过金陵，泊舟于采石江边。是夜，月明如画。李白在江头畅饮，忽闻天际乐声嘹亮，渐近舟次，舟人都不闻，只有李白听得。忽然江中风浪大作，有鲸鱼数丈，奋鬐而起；仙童二人，手持旌节，到李白面前，口称："上帝奉迎星主还位。"舟人都惊倒，须臾苏醒。只见李学士坐于鲸背，音乐前导，腾空而去。明日将此事告于当涂县令李阳冰，阳冰具表奏闻。天子敕建李谪仙祠于采石山上，春秋二祭。到宋太平兴国年间，有书生于月夜渡采石江，见锦帆西来，船头上有白牌一面，写"诗伯"二字。书生遂朗吟二句道：

> 谁人江上称诗伯？锦绣文章借一观。

舟中有人和云：

> 夜静不堪题绝句，恐惊星斗落江寒！

书生大惊，正欲傍舟相访，那船泊于采石之下。舟中人紫衣纱帽，飘然若仙，径投李谪仙祠中。书生随后求之祠中，并无人迹，方知和诗者即李白也。至今人称"酒仙"、"诗伯"，皆推李白为第一云。

> 《吓蛮书》草见天才，天子调羹亲赐来。
> 一自骑鲸天上去，江流采石有余哀。

第 十 卷

钱舍人题诗燕子楼

烟花风景眼前休,此地仍传燕子楼。
鸳梦肯忘三月蕙?翠鬘能省一生愁。
柘因零落难重舞,莲为单开不并头。
娇艳岂无黄壤瘗?至今人过说风流。

话说大唐自政治大圣大孝皇帝谥法太宗开基之后,至十二帝宪宗登位,凡一百九十三年。天下无事日久,兵甲生尘,刑具不用。时有礼部尚书张建封做官年久,恐妨贤路,遂奏乞骸骨归田养老。宪宗曰:"卿年齿未衰,岂宜退位?果欲避冗辞繁,敕镇青、徐数载。"建封奏曰:"臣虽菲才,既蒙圣恩,自当竭力。"遂敕建封节制武宁军事。建封大喜。平昔爱才好客,既镇武宁,拣选才能之士,礼置门下。后房歌姬舞妓,非知书识礼者不用。武宁有妓关盼盼,乃徐方之绝色也。但见:

歌喉清亮,舞态婆娑,调弦成合格新声,品竹作出尘雅韵。琴弹古调,棋覆新图。赋诗琢句,追风雅见于篇中;搦管丹青,夺造化生于笔下。

建封虽闻其才色无双,缘到任之初,未暇召于樽俎之间。忽一日,中书舍人白乐天名居易自长安来,宣谕兖郓,路过徐府,乃建封之故人也。喜乐天远来,遂置酒邀饮于公馆,只见:

幕卷流苏,帘垂朱箔;瑞脑烟喷宝鸭,香醪光溢琼壶。果劈天浆,食烹异味。绮罗珠翠,列两行粉面梅妆;脆管繁音,奏一派新声雅韵。遍地舞裀铺蜀锦,当筵歌拍按红牙。

当时酒至数巡,食供两套,歌喉少歇,舞袖亦停。忽有一妓,抱胡琴立于筵前,转袖调弦，独奏一曲，纤手斜拨，轻敲慢按。满座清香消酒力，一庭雅韵爽烦襟。须臾，弹彻韶音，抱胡琴侍立。建封与乐天俱喜调韵清雅，视其精神举止，但见花生丹脸，水剪双眸，意态天然，迥出伦辈。回视其余诸妓，粉黛如土。遂呼而问曰："孰氏？"其妓斜抱胡琴，缓移莲步，向前对曰："贱妾关盼盼也。"建封喜不自胜，笑谓乐天曰："彭门乐事，不出于此。"乐天曰："似此佳人，名达帝都，信非虚也！"建封曰："诚如舍人之言，何惜一诗赠之？"乐天曰："但恐句拙，反污丽人之美。"盼盼据卸胡琴，掩袂而言："妾姿质丑陋，敢烦珠玉，若果不以猜贱见弃，是微躯随雅文不朽，岂胜身后之荣哉！"乐天喜其黠慧，遂口吟一绝：

> 凤拨金甸砌，檀槽后带垂；
> 醉娇无气力，风袅牡丹枝。

盼盼拜谢乐天曰："贱妾之名，喜传于后世，皆舍人所赐也。"于是宾主欢洽，尽醉而散。

翌日，乐天车马东去，自此建封专宠盼盼，遂于府第之侧，择佳地创建一楼，名曰"燕子楼"，使盼盼居之。建封治政之暇，轻车潜往，与盼盼宴饮，交飞玉斝，共理笙簧；璨锦相偎，鸾衾共展。绮窗唱和，指花月为题；绣阁论情，对松筠为誓。歌笑管弦，情爱方浓。不幸彩云易散，皓月难圆。建封染病，盼盼请医调治，服药无效，问卜无灵，转加沉重而死。子孙护持灵柩，归葬北邙，独弃盼盼于燕子楼中。香消衣被，尘满琴筝，沉沉朱户长扃，悄悄翠帘不卷。盼盼焚香指天誓曰："妾妇人，无他计报尚书恩德，请落发为尼，诵佛经资公冥福，尽此一生，誓不再嫁！"遂闭户独居，凡十换星霜，人无见面者。

乡党中有好事君子，慕其才貌，怜其孤苦，暗暗通书，以窥其意。盼盼为诗以代柬答，前后积三百余首，编缀成集，名曰《燕子楼集》，镂板流传于世。忽一日，金风破暑，玉露生凉，雁字横空，蛩声喧草。寂寥院宇无人，静锁一天秋色。盼盼倚栏长叹独言曰："我作之诗，皆诉愁苦，未知他人能晓我意否？"沉吟良久，忽想翰林白公必能察我，不若赋诗寄呈乐天，诉我衷肠，必表我不负张公之德。遂作诗三绝，缄封付老苍头，驰赴西洛，诣白公投下。白乐天得诗，启缄展视，其一曰：

> 北邙松柏锁愁烟，燕子楼人思悄然；
> 因埋冠剑歌尘散，红袖香消二十年。

其二曰：

适看鸿雁岳阳回，又睹玄禽送杜来；

瑶瑟玉萧无意绪，任从蛛网结成灰。

其三曰：

楼上残灯伴晓霜，独眠人起合欢床；

相思一夜知多少？地角天涯不是长！

乐天看毕，叹赏良久。不意一妓女能守节操如此，岂可弃而不答？亦和三章以嘉其意，遣老苍头驰归。盼盼接得，拆开视之，其一曰：

钿晕罗衫色似烟，一回看着一潸然；

自从不舞《霓裳曲》，叠在空箱得几年？

其二曰：

今朝有客洛阳回，曾到尚书冢上来；

见说白杨堪作柱，争交红粉不成灰。

其三曰：

满帘明月满庭霜，被冷香销拂卧床，

燕子楼前清夜雨，秋来只为一人长。

盼盼吟玩久之，虽获骊珠和璧，未足比此诗之美。笑谓侍女曰："自此之后，方表我一点真心。"正欲藏之箧中，见纸尾淡墨题小字数行，遂复展看，又有诗一首：

黄金不惜买蛾眉，拣得如花只一枝；

歌舞教成心力尽，一朝身死不相随？

盼盼一见此诗，愁锁双眉，泪盈满脸，悲泣哽咽。告侍女曰："向日尚书身死，我恨不能自缢相随，恐人言张公有随死之妾，使尚书有好色之名，是玷公之清德也。我今苟活以度朝昏，乐天不晓，故作诗相讽。我今不死，谤语未息。"遂和韵一章云：

燕子楼前清夜雨
秋来孤为一人长

      独宿空楼敛恨眉，身如春后败残枝；

      舍人不解人深意，讽道泉台不去随。

    书罢，掷笔于地，掩面长吁。久之，拭泪告侍女曰："我无计报公厚德，唯坠楼一死，以表我心。"道罢，纤手紧搴绣袂，玉肌斜靠雕栏，有心报德酬恩，无意偷生苟活，下视高楼，踊跃奋身一跳。侍女急拽衣告曰："何事自求横夭？"盼盼曰："一片诚心，人不能表，不死何为？"侍女劝曰："贞躯报德，此心虽佳，但粉骨碎身，于公何益！且遗老母，使何人侍养？"盼盼沉吟久之曰："死既不能，唯诵佛经，祝公冥福。"自此之后，盼盼唯食素饭一盂，闭阁焚香，坐诵佛经，虽比屋未尝见面。久之鬓云懒掠，眉黛慵描，倦理宝瑟瑶琴，厌对鸳衾凤枕。不施朱粉，似春归欲谢庾岭梅花。瘦损腰肢，如秋后消疏隋堤杨柳。每遇花辰月夕，感旧悲哀，寝食失常。不幸寝疾，伏枕月余，遽尔不起。老母遂卜吉，葬于燕子楼后。

    盼盼既死，不二十年间，而建封子孙，亦散荡消索。盼盼所居燕子楼遂为官司所占。其地近郡圃，因其形势改作花园，为郡将游赏之地。

    星霜屡改，岁月频迁，唐运告终，五代更伯。当周显德之末，天水真人承运而兴，整顿朝纲，经营礼法。顾视而妖氛寝灭，指挥而宇宙廓清。至皇宋二叶之时，四海无犬吠之警。当时有中书舍人钱易字希白，乃吴越王钱镠之后裔也。文行诗词，独步朝野，久住紫薇，意欲一历外任。遂因奏事之暇，上章奏曰："臣久据词掖，无毫发之功，乞一小郡，庶竭驽骀！"上曰："青鲁地腴人善，卿可出镇彭门。"遂除希白节制武宁军。希白得旨谢恩。下车之日，宣扬皇化，整肃条章，访民瘼于井邑，察冤枉于囹圄，屈己待人，亲耕劝农，宽仁惠爱，劝化凶顽，悉皆奉业守约，廉谨公平。听政月余，节届清明。既在暇日，了无一事，因独步东阶。天气乍暄，无可消遣，遂呼苍头前导，闲游圃中。但见：

    晴光霭霭，淑景融融，小桃绽妆脸红深，嫩柳袅宫腰细软。幽亭雅榭，

深藏花圃阴中;画舫兰桡,稳缆回塘岸下。莺贪春光时时语,蝶弄晴光扰
扰飞。

希白信步,深入芬芳,纵意游赏,到红紫丛中。忽有危楼飞槛,映远横空,基址
孤高,规模壮丽。希白举目仰观,见画栋下有牌额,上书"燕子楼"三字。希白曰:
"此张建封宠盼盼之处,岁月累更,谁谓遗踪尚在!"遂摄衣登梯,径上楼中,但见:

画栋栖云,雕梁笋汉,视四野如窥目下,指万里如睹掌中。遮风翠幙
高张,蔽日疏帘低下。移踪但觉烟霄近,举目方知宇宙宽。

希白倚栏长叹,言曰:"昔日张公清歌对酒,妙舞邀宾,百岁既终,云消雨
散,此事自古皆然,不足感叹。但惜盼盼本一娼妓,而能甘心就死,报建封厚遇
之恩,虽烈丈夫何以加此。何事乐天诗中,犹讥其不随建封而死?实怜守节十
余年,自洁之心,泯没不传,我既知本末,若缄口不为褒扬,盼盼必抱怨于地
下。"即呼苍头磨墨,希白染毫,作古调长篇,书于素屏之上。其词曰:

人生百岁能几日?荏苒光阴如过隙!樽中有酒不成欢,身后虚名又
何益?清河太守真奇伟,曾向春风种桃李。欲将心事占韶华,无奈红颜随
逝水。佳人重义不顾生,感激深恩甘一死。新诗寄语三百篇,贯串风骚洗
沐耳。清楼十二横霄汉,低下珠帘锁双燕。娇魂媚魄不可寻,尽把阑干空
倚遍!

希白题罢,朗吟数过,忽有清风袭人,异香拂面。希白大惊,此非花气,自何
而来?方疑讶间,见素屏后有步履之声。希白即转屏后窥之,见一女子,云浓绀
发,月淡修眉,体欺瑞雪之容光,脸夺奇花之艳丽,金莲步稳,束素腰轻。一见希
白,娇羞脸黛,急挽金铺,平掩其身。虽江梅之映雪,不足比其风韵。

希白惊讶,问其姓氏。此女舍金铺,掩袂向前,叙礼而言曰:"妾乃守园老吏之
女也,偶因令节,闲上层楼,忽值公相到来,妾慌急匿身于此,以蔽丑恶。忽闻诵吊
盼盼古调新词,使妾闻之,如获珠玉,遂潜出听于素屏之后,因而得面台颜。妾之行
藏,尽于此矣。"希白见女子容颜秀丽,词气清扬,喜悦之心,不可言喻。遂以言挑之
曰:"听子议论,想必知音。我适来所作长篇,以为何如?"女曰:"妾门品虽微,酷喜
吟咏,闻适来所诵篇章,锦心绣口,使九泉衔恨之心,一旦消释。"希白又闻此语,愈
加喜悦曰:"今日相逢,可谓佳人才子,还有意无?"女乃敛容正色,掩袂言曰:"幸君
无及于乱,以全贞洁之心!唯有诗一首,仰酬厚意。"遂于袖中取彩笺一幅上呈。希

白展看其诗曰：

> 人去楼空事已深，至今惆怅乐天吟！
>
> 非君诗法高题起，谁慰黄泉一片心？

希白读罢，谓女子曰："尔既能诗，决非园吏之女，果何人也？"女曰："君详诗意，自知贱妾微踪，何必苦问？"希白春心荡漾，不能拴束，向前拽其衣裾，忽闻槛竹敲窗惊觉，乃一枕游仙梦，伏枕于书窗之下。但见炉烟尚袅，花影微欹，院宇沉沉，方当日午。希白推枕而起，兀坐沉思，"梦中所见者，必关盼盼也，何显然如是？千古所无，诚为佳梦。"反复再三叹曰："此事当作一词以记之。"遂成《蝶恋花》词，信笔书于案上，词曰：

> 一枕闲歌春昼午，梦入华胥，邂逅飞琼侣。娇态翠颦愁不语，彩笺遗我新奇句。　　几许芳心犹未诉，风竹敲窗，惊散无寻处！惆怅楚云留不住，断肠凝望高唐路。

墨迹未干，忽闻窗外有人鼓掌作拍，抗声而歌，调清韵美，声入帘枕。希白审听窗外歌声，乃适所作《蝶恋花》词也。希白大惊曰："我方作此词，何人早已先能歌唱？"遂启窗视之，见一女子翠冠珠珥，玉珮罗裙，向苍苍太湖石畔，隐珊珊翠竹丛中，绣鞋不动芳尘，琼裾风飘袅娜。希白仔细定睛看之，转柳穿花而去。希白叹异，不胜惆怅。后希白官至尚书，惜军爱民，百姓赞仰，一夕无病而终。这是后话。正是：

> 一首新词吊丽容，贞魂含笑梦相逢；
> 虽为翰苑名贤事，编入稗官小史中。

第十一卷

苏知县罗衫再合

早潮才罢晚潮来，一月周流六十回。
不独光阴朝复暮，杭州老去被潮催。

这四句诗，是唐朝白乐天杭州钱塘江看潮所作。话中说杭州府有一才子，姓李名宏，字敬之。此人胸藏锦绣，腹隐珠玑，奈时运未通，三科不第。时值深秋，心怀抑郁，欲渡钱塘，往严州访友。命童子收拾书囊行李，买舟而行。拢出江口，天已下午。李生推篷一看，果然秋江景致，更自非常。有宋朝苏东坡《江神子》词为证：

凤凰山下雨初晴，水风清，晚霞明。一朵芙蓉，开过尚盈盈。何处飞来双白鹭？如有意，慕娉婷。　　忽闻江上弄哀筝，苦含情，遣谁听。烟敛云收，依约是湘灵。欲待曲终寻问取，人不见，数峰青。

李生正看之间，只见江口有一座小亭，匾曰"秋江亭"。舟人道："这亭子上每日有游人登览，今日如何冷静？"李生想道："似我失意之人，正好乘着冷静时，去看一看。"叫："家长，与我移舟到秋江亭去。"舟人依命，将船放到亭边，停桡稳缆。李生上岸，步进亭子。将那四面窗口推开，倚栏而望，见山水相衔，江天一色。李生心喜，叫童子将桌椅拂净，焚起一炉好香，取瑶琴横于桌上，操了一回。曲终音止，举眼见墙壁上多有留题，字迹不一。独有一处连真带草，其字甚大。李生起而观之，乃是一首词，名《西江月》，是说酒、色、财、气四件的短处：

酒是烧身硝焰，色为割肉钢刀，财多招忌损人苗，气是无烟火药。
四件将来合就，相当不欠分毫。劝君莫恋最为高，才是修身正道！

李生看罢，笑道："此词未为确论，人生在世，酒、色、财、气四者脱离不得。若无酒,失了祭享宴会之礼;若无色,绝了夫妻子孙之事;若无财,天子庶人皆没用度;若无气,忠臣义士也尽委靡。我如今也作一词与他解释,有何不可?"当下磨得墨浓,蘸得笔饱,就在《西江月》背后,也带草连真,和他一首。

> 三杯能和万事,一醉善解千愁;阴阳和顺喜相求,孤寡须知绝后。
> 财乃润家之宝,气为造命之由,助人情性反为仇,将论何多差谬!

李生写罢,掷笔于桌上。见香烟未烬,方欲就坐,再抚一曲,忽然画檐前一阵风起!

> 善聚庭前草,能开水上萍,
> 唯闻千树吼,不见半分形。

李生此时,不觉神思昏迷,伏几而卧。朦胧中,但闻环珮之声,异香满室,有美女四人:一穿黄,一穿红,一穿白,一穿黑,自外而入。向李生深深万福。李生此时似梦非梦。便问:"四女何人?为何至此?"四女乃含笑而言:"妾姊妹四人,乃古来神女,遍游人间。前日有诗人在此游玩,作《西江月》一首,将妾等辱骂,使妾等羞愧无地。今日蒙先生也作《西江月》一首,与妾身解释前冤,特来拜谢。"李生心中开悟,知是酒、色、财、气四者之精,全不畏惧,便道:"四位贤姐,各请通名。"四女各言诗一句,穿黄的道:

> 杜康造下万家春。

穿红的道:

> 一面红妆爱杀人。

穿白的道:

> 生死穷通都属我。

穿黑的道:

> 氤氲世界满乾坤。

原来那黄衣女是酒,红衣女是色,白衣女是财,黑衣女是气。李生心下了然。用手轻招四女:"你四人听我分剖:

　　香甜美味酒为先,美貌芳年色更鲜。
　　财积千箱称富贵,善调五气是真仙。"

　　四女大喜,拜谢道:"既承解释,复劳褒奖,乞先生于吾姊妹四人之中,选择一名无过之女,奉陪枕席,少效恩环。"李生摇手连声道:"不可,不可!小生有志攀月中丹桂,无心恋野外闲花。请勿多言,恐亏行止。"四女笑道:"先生差矣。妾等乃巫山洛水之俦,非路柳墙花之比。汉司马相如文章魁首,唐李卫公开国元勋,一纳文君;一收红拂,反作风流话柄,不闻取讥于后世。况佳期良会,错过难逢,望先生三思。"李生到底是少年才子,心猿意马,拿把不定,不免转口道:"既贤姐们见爱,但不知那一位是无过之女?小生情愿相留。"

　　言之未已,只见那黄衣酒女急急移步上前道:"先生,妾乃无过之女。"李生道:"怎见贤姐无过?"酒女道:"妾亦有《西江月》一首:

　　善助英雄壮胆,能添锦绣诗肠。　　　　神仙造下解愁方,雪月风花玩赏。"

又道:"还有一句要紧言语,先生听着:

　　好色能生疾病,贪杯总是清狂。　　　　八仙醉倒紫云乡,不羡公侯卿相。"

　　李生大笑道:"好个'八仙醉倒紫云乡',小生情愿相留。"

　　方留酒女,只见那红衣色女向前,柳眉倒竖,星眼圆睁,道:"先生不要听贱婢之言。贱人,我且问你,你只讲酒的好处就罢了。为何重己轻人,乱讲好色的能生疾病,终不然三四岁孩儿害病,也从好色中来?你只夸己的好处,却不知己的不好处:

　　平帝丧身因酒毒,江边李白损其躯;
　　劝君休饮无情水,醉后教人心意迷!"

　　李生道:"有理,古人亡国丧身,皆酒之过,小生不敢相留。"只见红衣女妖妖娆

娆的走近前来,道:"妾身乃是无过之女,也有《西江月》为证:

　　每羡鸳鸯交颈,又看连理花开。无知花鸟动情怀,岂可人无欢爱。
　　君子好逑淑女,佳人贪恋多才。红罗帐里两和谐,一刻千金难买。"

李生沉吟道:"真个'一刻千金难买'!"才欲留色女,那白衣女早已发怒骂道:"贱人,怎么说'千金难买'? 终不然我到不如你? 说起你的过处尽多:

　　尾生桥下水涓涓,吴国西施事可怜;
　　贪恋花枝终有祸,好姻缘是恶姻缘。"

李生道:"尾生丧身,夫差亡国,皆由于色,其过也不下于酒。请去,请去!"遂问白衣女:"你却如何?"白衣女上前道:

　　"收尽三才权柄,荣华富贵从生。纵教好善圣贤心,空手难施德行。
　　有我人皆钦敬,无我到处相轻。休因闲气斗和争,问我须知有命。"

李生点头道:"汝言有理,世间所敬者财也。我若有财,取科第如反掌耳。"才动喜留之意,又见黑衣女粉脸生嗔,星眸带怒,骂道:"你为何说'休争闲气'? 为人在世,没了气还好? 我想着你:

　　有财有势是英雄,命若无时枉用功。
　　昔日石崇因富死,铜山不助邓通穷。"

李生摇首不语,心中暗想:"石崇因财取祸,邓通空有钱山,不救其饿,财有何益?"便问气女:"卿言虽则如此,但不知卿于平昔间处世何如?"黑衣女道:"象妾处世呵!

　　一自混元开辟,阴阳二字成功。合为元气散为风,万物得之萌动。　　但看生身六尺,喉间三寸流通。财和酒色尽包笼,无气谁人享用?"

气女说罢,李生还未及答,只见酒、色、财三女齐声来讲:"先生休听其言,我三人岂被贱婢包笼乎! 且听我数他过失:

　　霸王自刎在乌江,有智周瑜命不长。
　　多少阵前雄猛将,皆因争气一身亡。"

先生也不可相留!"

李生踌蹰思想:"呀!四女皆为有过之人。四位贤姐,小生褥薄衾寒,不敢相留,都请回去。"四女此时互相埋怨,这个说:"先生留我,为何要你打短?"那个说:"先生爱我,为何要你争先?"话不投机,一时间打骂起来:

> 酒骂色,盗人骨髓;色骂酒,专惹非灾;财骂气,能伤肺腑;气骂财,能损情怀。直打得酒女乌云乱,色女宝髻歪,财女捶胸叫,气女倒尘埃。一个个蓬松发遮粉脸,不整金莲撒凤鞋。

四女打在一团,搅在一处。李生暗想:"四女相争,不过为我一人耳。"方欲向前劝解,被气女用手一推:"先生闪开,待我打死这三个贱婢!"李生猛然一惊,衣袖拂着琴弦,当的一声响。惊醒回来,擦磨睡眼,定睛看时,那见四女踪迹?李生抚髀长叹:"我因关心太切,遂形于梦寐之间,据适间梦中所言,四者皆为有过。我为何又作这一首词,使后人观吾此词,恣意于酒色,沉迷于财气,我即为祸之魁首。如今欲要说他不好,难以悔笔,也罢,如今再题四句,等人酌量而行。"就在粉墙《西江月》之后,又挥一首:

> 饮酒不醉最为高,好色不乱乃英豪。
> 无义之财君莫取,忍气饶人祸自消。

这段评话,虽说酒、色、财、气一般有过,细看起来,酒也有不会饮的,气也有耐得的,无如财、色二字害事。但是贪财、好色的又免不得吃几杯酒,免不得淘几场气,酒、气二者又总括在财、色里面了。今日说一桩异闻,单为财、色二字弄出天大的祸来。后来悲欢离合,做了锦片一场佳话,正是:

> 说时惊破奸人胆,话出伤残义士心。

却说国初永乐年间,北直隶涿州,有个兄弟二人,姓苏,其兄名云,其弟名雨。父亲早丧,单有母亲张氏在堂。那苏云自小攻书,学业淹贯,二十四岁上,一举登科,殿试二甲,除授浙江金华府兰溪县大尹。苏云回家,住了数月,凭限已到,不免择日起身赴任。苏云对夫人郑氏说道:"我早登科甲,初任牧民,立心愿为好官,此去只饮兰溪一杯水;所有家财,尽数收拾,将十分之三留为母亲供膳,其余带去任所使用。"当日拜别了老母,嘱咐兄弟苏雨,"好生待养高堂,为兄的若不得罪于地方,到三年考满，又得相见。"说罢，不觉惨然泪下。苏雨道："哥哥荣任是美事，家中自有兄弟支持，不必挂怀。前程万里，须自保重。"苏雨又送了一程方别。

苏云同夫人郑氏，带了苏胜夫妻二人，伏事登途，到张家湾地方。苏胜禀道："此去是水路，该用船只，偶有顺便回头的官座，老爷坐去稳便。"苏知县道："甚好。"原来坐船有个规矩，但是顺便回家，不论客货私货，都装载得满满的，却去揽一位官人乘坐，借其名号，免他一路税课，不要那官人的船钱，反出几十两银子送他，为孝顺之礼，谓之坐舱钱。苏知县是个老实的人，何曾晓得怎样规矩，闻说不要他船钱，已自够了，还想什么坐舱钱。那苏胜私下得了他四五两银子酒钱，喜出望外，从旁撺掇。苏知县同家小下了官舱。一路都是下水，渡了黄河，过了扬州广陵驿，将近仪真。因船是年远的，又带货太重，发起漏来，满船人都慌了。苏知县叫快快拢岸，一时间将家眷和行李都搬上岸来。只因搬这一番，有分教：苏知县全家受祸，正合着二句古语。道是：

> 漫藏诲盗，冶容诲淫。

却说仪真县有个惯做私商的人，姓徐名能，在五坝上街居住，久揽山东王尚书府中一只大客船，装载客人，南来北往，每年纳还船租银两。他合着一班水手，叫作赵三、翁鼻涕、杨辣嘴、范剥皮、沈胡子，这一班都不是个良善之辈；又有一房家人，叫作姚大。时常揽了载，约莫有些油水看得入眼时，半夜三更悄地将船移动，到僻静去处，把客人谋害，劫了财帛。如此十余年，徐能也做了些家事。这些伙计，一个个羹香饭熟，饱食暖衣，正所谓"为富不仁，为仁不富"。你道徐能是仪真县人，如何却揽山东王尚书府中的船只，况且私商起家千金，自家难道打不起一只船？是有个缘故：王尚书初任南京为官，曾在扬州娶了一位小奶奶，后来小奶奶父母却移家于仪真居住，王尚书时常周给。后因路遥不便，打这只船与他，教他赁租用度。船上竖的是山东王尚书府的水牌，下水时，就是徐能包揽去了。徐能因为做那私商的道路，倒不好用自家的船，要借尚书府的名色。又有势头，人又不疑心他，所以一向不致败露。

今日也是苏知县合当有事，恰好徐能的船空闲在家。徐能正在岸上寻主顾，听说官船发漏，忙走来看，看见搬上许多箱笼囊箧，心中早有七分动火。结末又走个娇娇滴滴少年美貌的奶奶上来，徐能是个贪财好色的都头，不觉心窝发痒，眼睛里进出火来。又见苏胜搬运行李，料是仆人，在人丛中将苏胜背后衣袂一扯。苏胜回头，徐能陪个笑脸问道："是哪里去的老爷，莫非要换船么？"苏胜道："家老爷是新科进士，选了兰溪县知县，如今去到任，因船发了漏，权时上岸，若就有个好船换得，省得又落主人家。"徐能指着河里道："这山东王尚书府中水牌在上的，就是小人的船,新修整得好,又坚固又干净。惯走浙直水路,水手又都是得力的,今晚若下船时,明早祭了神福,等一阵顺风,不几日就吹到了。"苏胜欢喜,便将这话禀知家主。苏知县叫苏胜先去看了舱口,就议定了船钱,因家眷在上,不许搭载一人。徐能俱依允了。当下先秤了一半船钱,那一半直待到县时找足。苏知县家眷行李,重复移下了船。徐能慌忙去寻那一班不做好事的帮手,赵三等都齐了,只有翁、范二人不到。

买了神福,正要开船,岸上又有一个汉子跳下船来道:"我也相帮你们去!"徐能看见,呆了半晌。原来徐能有一个兄弟,叫作徐用,班中都称为徐大哥、徐二哥。真个是"有性善、有性不善":徐能惯做私商,徐用偏好善。但是徐用在船上,徐能要动手脚,往往被兄弟阻住,十遍倒有八九遍做不成。所以今日徐能瞒了兄弟不去叫他。那徐用却自有心,听得说有个少年知县换船到任,选了哥子的船,又见哥哥去唤这一班如狼似虎的人,不对他说,心下有些疑惑,故意要来船上相帮。徐能却怕兄弟阻挡他这番稳善的生意,心中嘿嘿不喜。正是:

> 泾渭自分清共浊,熏莸不混臭和香。

却说苏知县临欲开船,又见一个汉子赶将下来,心中倒有些疑虑,只道是乘船的,叫苏胜:"你问那方才来的,是什么人?"苏胜去问了来,回复道:"船头叫作徐能,方才来的叫作徐用,就是徐能的亲弟。"苏知县想道:"这便是一家了。"是日开船,约有数里,徐能就将船泊岸,说道:"风还不顺,众弟兄且吃神福酒。"徐能饮酒中间,只推出恭上岸,招兄弟徐用对他说道:"我看苏知县行李沉重,不下千金,跟随的又只一房家人,这场好买卖不可挫过,你却不要阻挡我。"徐用道:"哥哥,此事断然不可!他若任所回来,盈囊满箧,必是贪赃所致,不义之财,取之无碍。如今方才赴任,不过家中带来几两盘费,那有千金?况且少年科甲,也是天上一位星宿,哥哥若害了他,天理也不容,后来必然懊悔。"徐能道:"财产倒不打紧,还有一事,好一个标致奶奶!你哥正死了嫂嫂,房中没有个得意掌家的。这是天付姻缘,兄弟这番须作成做哥的则个!"徐用又道:"从来'相女配夫'。既是奶奶,必然也是宦家之女,把他好夫好妇拆散了,强逼她成亲,到底也不和顺,此事一发不可。"

这里兄弟二人正在唧唧哝哝,船艄上赵三望见了,正不知他商议甚事,一跳跳上岸来。徐用见赵三上岸,洋洋的到走开了。赵三问徐能:"适才与二哥说什么?"徐能附耳述了一遍。赵三道:"既然二哥不从,到不要与他说了,只消兄弟一人,便与你完成其事。今夜须如此如此,这般这般。"徐能大喜道:"不枉叫作赵一刀。"原来赵三为人粗暴,动不动自夸道:"我是一刀两段的性子,不学那粘皮带骨。"因此起个异名,叫作赵一刀。当下众人饮酒散了。权时歇息。看看天晚,苏知县夫妇都睡了。约至一更时分,闻得船上起身,收拾篷索,叫苏胜问时,说道:"江船全靠顺风,趁这一夜风使去,明早便到南京了。老爷们睡稳莫要开口,等我自行。"那苏知县是北方人,不知水面的勾当,听得这话,就不问他了。

却说徐能撑开船头,见风色不顺,正中其意,拽起满篷,倒使转向黄天荡去。那黄天荡是极野去处,船到荡中,四望无际。姚大便去抛铁锚,杨辣嘴把定头舱门口,沈胡子守舵,赵三当先提着一口泼风刀,徐能手执板斧随后,只不叫徐用一人。却说苏胜打铺睡在舱口,听得有人推门进来,便从被窝里钻出头向外张望,赵三看得真,一刀砍去,正劈着脖子,苏胜只叫得一声"有贼",又复一刀砍杀,拖出舱口,向水里撺下去了。苏胜的老婆和衣睡在那里,听得嚷,摸将出来,也被徐能一斧劈倒。姚大点起火把,照得舱中通亮。慌得苏知县双膝跪下,叫道:"大王,行李分毫不要了,只求饶命!"徐能道:"饶你不得!"举斧照顶门砍下,却被一人拦腰抱住道:"使不得!"却便似:

秋深逢赦至,病笃遇仙来!

你道是谁?正是徐能的亲弟徐用。晓得众人动弹,不干好事,走进舱来,却好抱住了哥哥,扯在一边,不容他动手。徐能道:"兄弟,今日骑虎之势,罢不得手了。"徐用道:"他中了一场进士,不曾做得一日官,今日劫了他财帛,占了他妻小,杀了他家人,又教他刀下身亡,也忒罪过。"徐能道:"兄弟,别事听得你,这一件听不得你,留了他便是祸根,我等性命难保。放了手!"徐用越抱得紧了,便道:"哥哥,既然放他不得。抛在湖中,也得个全尸而死。"徐能道:"便依了兄弟言语。"徐用道:"哥哥撒下手中凶器,兄弟方好放手。"徐能果然把板斧撒下,徐用放了手。徐能对苏知县道:"免便免你一斧,只是松你不得。"便将棕缆捆做一团,如一只馄饨相似,向水面扑通的撺将下去,眼见得苏知县不活了。夫人郑氏只叫得苦,便欲跳水。徐能哪里容他,把舱门关闭,拨回船头,将篷扯满,又使转来。原来江湖中除

了顶头大逆风，往来都使得篷。仪真至邵伯湖，不过五十余里，到天明，仍到了五坝口上。徐能回家，唤了一乘肩舆，教管家的朱婆先扶了奶奶上轿，一路哭哭啼啼，竟到了徐能家里。徐能吩咐朱婆："你好生劝慰奶奶：'到此地位，不由不顺从，不要愁烦，今夜若肯从顺，还你终身富贵，强似跟那穷官。'说得成时，重重有赏。"朱婆领命，引着奶奶归房。徐能叫众人将船中箱笼，尽数搬运上岸，打开看了，作六分均分。杀倒一口猪，烧利市纸，连翁鼻涕、范剥皮都请将来，做庆贺筵席。

徐用心中甚是不忍，想着哥哥不仁，到夜来必然去逼苏奶奶。若不从他，性命难保；若从时，可不坏了他名节。虽在席中，如坐针毡。众人大酒大肉，直吃到夜。徐用心生一计，将大折碗满斟热酒，碗内约有斤许，徐用捧了这碗酒，到徐能面前跪下。徐能慌忙来挽道："兄弟为何如此？"徐用道："夜来船中之事，做兄弟的违拗了兄长，必然见怪，若果然不怪，可饮兄弟这瓯酒。"徐能虽是强盗，弟兄之间，倒也和睦，只恐徐用有疑心，将酒一饮而尽。众人见徐用劝了酒，都起身把盏道："今日徐大哥娶了新嫂，是个大喜，我等一人庆一杯。"此时徐能七八已醉，欲推不饮。众人道："徐二哥是弟兄，我们异姓，偏不是弟兄？"徐能被缠不过，只得每人陪过，吃得酩酊大醉。

徐用见哥哥坐在椅上打瞌睡，只推出恭，提个灯笼，走出大门，从后门来，门却锁了。徐用从墙上跳进屋里，将后门锁裂开，取灯笼藏了。厨房下两个丫头在那里荡酒。徐用不顾，径到房前。只见房门掩着，里面说话声响，徐用侧耳而听，却是朱婆劝郑夫人成亲，正不知劝过几多言语了，郑夫人不允，只是啼哭。朱婆道："奶奶既立意不顺从，何不就船中寻个自尽？今日到此，哪里有地孔钻去？"郑夫人哭道："妈妈，不是奴家贪生怕死，只为有九个月身孕在身，若死了不打紧，我丈夫就绝后了。"朱婆道："奶奶，你就生下儿女来，谁容你存留？老身又是妇道家，做不得程婴杵臼，也是枉然。"徐用听到这句话，一脚把房门踢开，吓得郑夫人魂不附体，连朱婆也都慌了。徐用道："不要忙，我是来救你的。我哥哥已醉，乘此机会，送你出后门去逃命，异日相会，须记得不干我徐用之事。"郑夫人叩头称谢。朱婆因说了半日，也十分可怜郑夫人，情愿与他作伴逃走。徐用身边取出十两银子，付与朱婆做盘缠，引二人出后门，又送了他出了大街，嘱咐"小心在意！"说罢，自去了。好似：

捶碎玉笼飞彩凤，擘开金锁走蛟龙。

单说朱婆与郑夫人，寻思黑夜无路投奔，信步而行，只拣僻静处走去，顾不得鞋弓步窄。约行十五六里，苏奶奶心中着忙，倒也不怕脚痛，那朱婆却走不动了。没奈何，彼此相扶，又捱了十余里。天还未明，朱婆原有个气急的症候，走了许多路，发喘起来，道："奶奶，不是老身有始无终，其实寸步难移，恐怕反拖累奶奶。且喜天色微明，奶奶前去，好寻个安身之处。老身在此处途路还熟，不消挂念。"郑夫人道："奴家患难之际，只得相撒了，只是妈妈遇着他人，休得漏了奴家消息！"朱婆道："奶奶尊便，老身不误你的事。"郑夫人才转得身，朱婆叹口气想道："没处安身，索性做个干净好人。"望着路旁有口义井，将一双旧鞋脱下，投井而死。郑夫人眼中流泪，只得前行。又行了十里，共三十余里之程，渐觉腹痛难忍。

此时天色将明，望见路旁有一茅庵，其门尚闭。郑夫人叩门，意欲借庵中暂歇。庵内答应开门。郑夫人抬头看见，惊上加惊，想道："我来错了，原来是僧人！闻得南边和尚们最不学好，躲了强盗，又撞了和尚，却不晦气。千死万死，左右一死，且进门观其动静。"那僧人看见郑夫人丰姿服色，不像个以下之人，甚相敬重，请入净室问讯。叙话起来，方知是尼僧。郑夫人方才心定，将黄天荡遇盗之事，叙了一遍。那老尼姑道："奶奶暂住几日不妨，却不敢久留，恐怕强人访知，彼此有损……"说犹未毕，郑夫人腹痛，一阵紧一阵。老尼年逾五十，也是半路出家的，晓得些道儿，问道："奶奶这痛阵，倒象要分娩一般？"郑夫人道："实不相瞒，奴家怀九个月孕，因昨夜走急了路，肚疼，只怕是分娩了。"老尼道："奶奶莫怪我说，这里是佛地，不可污秽；奶奶可往别处去，不敢相留。"郑夫人眼中流泪，哀告道："师父，慈悲为本，这十方地面不留，教奴家更投何处？想是苏门前世业重，今日遭此冤劫，不如死休！"老尼心慈道："也罢，庵后有个厕屋，奶奶若没处去，权在那厕屋里住下，等生产过了，进庵未迟。"郑夫人出于无奈，只得捧着腹肚，走到庵后厕屋里去。虽则厕屋，喜得不是个露坑，倒还干净。

郑夫人到了屋内，一连几阵紧痛，产下一个孩儿。老尼听得小儿啼哭之声，忙走来看，说道："奶奶且喜平安。只是一件，母子不能并留：若留下小的，我与你托人抚养，你就休住在此。你若要住时，把那小官人弃了，不然佛地中啼啼哭哭，被人疑心，查得根由，又是祸事。"郑夫人左思右量，两下难舍，便道："我有道理。"将自己贴肉穿的一件罗衫脱下，包裹了孩儿，拔下金钗一股，插在孩儿胸前，对天拜告道："夫主苏云，倘若不该绝后，愿天可怜，遣个好人收养此儿。"祝罢，将孩儿递与老尼，央他放在十字路口。老尼念声"阿弥陀佛"，接了孩儿，走去约莫半里之遥，地名大柳村，撇于柳树之下。

分明路侧重逢弃，疑是空桑再产伊。

老尼转来，回复了郑夫人。郑夫人一恸几死。老尼劝解，自不必说。老尼净了手，向佛前念了血盆经，送汤送水价看觑郑夫人。郑夫人将随身簪珥手钏，尽数解下，送与老尼为陪堂之费。等待满月，进庵做了道姑，拜佛看经。过了数月。老尼恐在本地有是非，又引他到当涂县慈湖老庵中潜住，更不出门，不在话下。

却说徐能醉了,睡在椅上,直到五鼓方醒。众人见主人酒醉,先已各散去讫。徐能醒来,想起苏奶奶之事,走进房看时,却是个空房,连朱婆也不见了。叫丫鬟问时,一个个目睁口呆,对答不出。看后门大开,情知走了,虽然不知去向,也少不得追赶。料他不走南路,必走北路,望僻静处,一直追来,也是天使其然,一径走那苏奶奶的旧路,到义井跟头,看见一双女鞋,原是他先前老婆的旧鞋,认得是朱婆的。疑猜道:"难道他特地奔出去,到于此地,舍得性命?"巴着井栏一望,黑洞洞地。不要管他,再赶一程。又行十余里,已到大柳村前,全无踪迹。正欲回身,只听得小孩子哭响,走上一步看时,那大柳树之下一个小孩儿,且是生得端正,怀间有金钗一股,正不知什么人撇下的,心中暗想:"我徐能年近四十,尚无子息,这不是皇天有眼,赐与我为嗣?"轻轻抱在怀里,那孩儿就不哭了。徐能心下十分之喜,也不想追赶,抱了孩子就回。到得家中,想姚大的老婆,新育一个女儿,未及一月死了,正好接奶。把那一股钗子,就做赏钱,赏了那婆娘,教他:"好生喂乳,长大之时,我自看顾你。"不在话下。有诗为证:

> 插下蔷薇有刺藤,养成乳虎自伤生;凡人不识天公巧,种就殃苗待长成。

话分两头。再说苏知县被强贼掼入黄天荡中,自古道"死生有命。"若是命不该活,一千个也休了。只为苏知县后来还有造化,在水中半沉半浮,直溁到向水闸边。恰好有个徽州客船,泊于闸口。客人陶公夜半正起来撒溺,觉得船底下有物,叫水手将篙摘起,却是一个人,浑身捆缚,心中骇异,不知是死的活的?正欲推去水中,有这等异事,那苏知县在水中浸了半夜,还不曾死,开口道:"救命!救命!"陶公见是活的,慌忙解开绳索,将姜汤灌醒,问其缘故。苏知县备细告诉,被山东王尚书船家所劫,如今待往上司去告理。陶公是本分生理之人,听得说要与山东王尚书家打官司,只恐连累,有懊悔之意。苏知县看见颜色变了,怕不相容,便改口道:"如今盘费一空,文凭又失,此身无所着落,倘有安身之处,再作道理。"陶公道:"先生休怪我说,你若要去告理,在下不好管得闲事。若只要个安身之处,敝村有个市学,倘肯相就,权住几时。"苏知县道:"多谢,多谢!"陶公取些干衣服,教苏知县换了,带回家中。这村名虽唤做三家村,共有十四五家,每家多有儿女上学,却是陶公做领袖,分派各家轮流供给,在家教学,不放他出门。看官牢记着,那苏知县自在村中教学。正是:

> 未司社稷民人事,权作"之乎者也"师。

却说苏老夫人在家思念儿子苏云，对次子苏雨道："你哥哥为官，一去三年，杳无音信，你可念手足之情，亲往兰溪任所，讨个音耗回来，以慰我悬悬之望。"苏雨领命，收拾包裹，陆路短盘，水路搭船，不则一月，来到兰溪。那苏雨是朴实庄家，不知委曲，一径走到县里。值知县退衙，来私宅门口敲门。守门皂隶急忙拦住，问是什么人。苏雨道："我是知县老爷亲属，你快通报。"皂隶道："大爷好厉害，既是亲属，可通个名姓，小人好传云板。"苏雨道："我是苏爷的嫡亲兄弟，特地从涿州家乡而来。"皂隶兜脸打一啐，骂道："见鬼！大爷自姓高，是江西人，牛头不对马嘴！"正说间，后堂又有几个闲荡的公人听得了，走来帮兴，骂道："哪里来这光棍，打他出去就是。"苏雨再三分辩，那个听他。正在那里七张八嘴，东扯西拽，惊动了房内的高知县，开私宅出来，问甚缘由。

苏雨听说大爷出衙，睁眼看时，却不是哥哥，已自心慌，只得下跪禀道："小人是北直隶涿州苏雨，有亲兄苏云，于三年前，选本县知县，到任以后，杳无音信。老母在家悬望，特命小人不远千里，来到此间，何期遇了恩相。恩相既在此荣任，必知家兄前任下落。"高知县慌忙扶起，与他作揖看坐，说道："你令兄向来不曾到任，吏部只道病故了，又将此缺补与下官。既是府上都没消息，不是覆舟，定是遭寇了。若是中途病亡，岂无一人回籍？"苏雨听得哭将起来道："老母家中悬念，只望你衣锦还乡，谁知死得不明不白，教我如何回覆老母！"高知县傍观，未免同袍之情，甚不过意，宽慰道："事已如此，足下休得烦恼。且在敝治宽住一两个月，待下官差人四处打听令兄消息，回府未迟。一应路费，都在下官身上。"便吩咐门子，于库房取书仪十两，遂与苏雨为程敬，着一名皂隶，送苏二爷于城隍庙居住。苏雨虽承高公美意，心下痛苦，昼夜啼哭。住了半月，忽感一病，服药不愈，呜呼哀哉。

　　　　未得兄弟生逢，又见娘儿死别。

高知县买棺亲往殡殓，停柩于庙中，吩咐道士，小心看视。不在话下。
再说徐能，自抱那小孩儿回来，教姚大的老婆做了乳母，养为己子。俗语道："只愁不养，不愁不长。"那孩子长成六岁，聪明出众，取名徐继祖，上学攻书。十三岁经书精通，游庠补廪。十五岁上登科，起身会试。从涿州经过，走得乏了，下马歇脚。见一老婆婆，面如秋叶，发若银丝，自提一个瓷瓶向井头汲水。徐继祖上前与婆婆作揖，求一瓯清水解渴。老婆婆老眼朦胧，看见了这小官人，清秀可喜，便留他家里吃茶。徐继祖道："只怕老娘府上路远！"婆婆道："十步之内，就是老身舍下。"徐继祖真个下马，跟到婆婆家里，见门庭虽像旧家，甚是冷落。后边房屋都被火焚了，瓦砾成堆，无人收拾，止剩得厅房三间，将土墙隔断：左一间老婆婆做个卧房，右一间放些破家伙，中间虽则空下，傍边供两个灵位，开写着"长儿苏云"、"次儿苏雨"。厅侧边是个耳房，一个老婢在内烧火。老婆婆请小官人于中间坐下，自己陪坐，唤老婢泼出一盏热腾腾的茶，将托盘托将出来道："小官人吃茶。"

老婆婆看着小官人，目不转睛，不觉两泪交流。徐继祖怪而问之。老婆婆道："老身七十八岁了，就说错了句言语，料想郎君不怪。"徐继祖道："有话但说，何怪之有？"老婆婆道："官人尊姓？青春几岁？"徐继祖叙出姓名，年方一十五岁，今科侥幸中举，赴京会试。老婆婆屈指暗数了一回，扑簌簌泪珠滚一个不住。徐继祖也不觉惨然道："婆婆如此哀楚，必有伤心之事。"老婆婆道："老身有两个儿子，长子苏云，叨中进士，职受兰溪县尹，十五年前，同着媳妇赴任，一去杳然。老身又遣次男苏雨亲往任所体探，连苏雨也不回来。后来闻人传说，大小儿丧于江盗之手，次儿没于兰溪。老身痛苦无伸，又被邻家失火，延烧卧室。老身和这婢子两口，权住这几间屋内，坐以待死。适才偶见郎君面貌与苏云无二，又刚是十五岁，所以老身感伤不已。今日天色已晚，郎君若不嫌贫贱，在草舍权住一晚，吃老身一餐素饭。"说罢又哭。徐继祖是个慈善的人，也是天性自然感动，心内到可怜这婆婆，也不忍别去，就肯住了。老婆婆宰鸡煮饭，管待徐继祖。叙了二三更的话，就留在中间歇息。

次早，老婆婆起身，又留吃了早饭，临去时依依不舍，在破箱子内取出一件不曾开折的罗衫出来相赠，说道："这衫是老身亲手做的，男女衫各做一件，却是一般花样。女衫把与儿妇穿去了，男衫因打折时被灯煤落下，烧了领上一个孔。老身嫌不吉利，不曾把与亡儿穿，至今老身收着。今日老身见了郎君，就如见我苏云一般。郎君受了这件衣服，倘念老身衰暮之景，来年春闱得第，衣锦还乡，是必相烦，差人于兰溪县，打听苏云、苏雨一个实信见报，老身死亦瞑目。"说罢放声痛哭。徐继祖没来由，不觉也掉下泪来。老婆婆送了徐继祖上马，哭进屋去了。徐继祖不胜伤感。到了京师。连科中了二甲进士，除授中书。朝中大小官员，见他少年老成，诸事历练，甚相敬重。也有打听他未娶，情愿赔了钱，送女儿与他做亲。徐继祖为不曾禀命于父亲，坚意推辞。在京二年，为"急缺风宪事"，选授监察御史，差往南京刷卷，就便回家省亲归娶，刚好一十九岁。徐能此时已做了太爷，在家中耀武扬威，甚是得志。正合着古人两句：

　　　常将冷眼观螃蟹，看你横行得几时？

再说郑氏夫人在慈湖尼庵，一住十九年，不曾出门。一日照镜，觉得面庞非旧，潸然泪下，想道："杀夫之仇未报，孩儿又不知生死？就是那时有人收留，也不知落在谁手，住居何乡？我如今容貌憔瘦，又是道姑打扮，料无人认得。况且吃了这几年安逸茶饭，定害庵中，心中过意不去。如今不免出外托钵，一来也帮贴庵中，二来往仪真一路去,顺便打听孩儿消息。常言:'大海浮萍,也有相逢之日',或者天可怜,有近处人家拾得,抚养在彼,母子相会,对他说出根由,教他做个报仇之人,却不了却心愿!"当下与老尼商议停妥,托了钵盂,出庵而去。一路抄化,到于当涂县内,只见沿街搭彩,迎接刷卷御史徐爷。郑夫人到一家化斋,其家乃是里正,辞道:"我家为接官一事,甚是匆忙,改日来布施罢。"却有间壁一个人家,有女眷闲立在门前观看搭彩,看这道姑,生得十分精致,年也却不甚长,见化不得斋,便去叫唤他。郑氏闻唤,到彼问讯过了。那女眷便延进中堂,将素斋款待,问其来历。郑氏料非贼党,想道:"我若隐忍不说,到底终无结末。"遂将十九年前苦情,数一数二,告诉出来。谁知屏后那女眷的家长伏着,听了半日,心怀不平,转身出来,叫道姑:"你受恁般冤苦,见今刷卷御史到任,如何不去告状申理?"郑氏道:"小道是女流,幼未识字,写不得状词。"那家长道:"要告状,我替你写。"便去买一张三尺三的绵纸,从头至尾写道:

> 告状妇郑氏,年四十二岁,系直隶涿州籍贯。夫苏云,由进士选授浙江兰溪县尹。于某年相随赴任,路经仪真,因船漏过载。岂期船户积盗徐能,纠伙多人,中途劫夫财,谋夫命,又欲奸骗氏身。氏幸逃出,庵中潜躲,迄今一十九年,沉冤无雪。徐盗见在五坝街住,恳乞天台捕获正法,生死衔恩,激切上告。

郑氏收了状子,作谢而出。走到接官亭,徐御史正在宁太道周兵备船中答拜,船头上一清如水。郑氏不知厉害,径跄上船,管船的急忙拦阻,郑氏便叫起屈来。徐爷在舱中听见,也是一缘一会,偏觉得音声凄惨,叫巡捕官接进状子,同周兵备观看。不看犹可,看毕时,唬得徐御史面如土色。屏去从人,私向周兵备请教:"这妇人所告,正是老父,学生欲待不准他状,又恐在别衙门告理。"周兵备呵呵大笑道:"先生大人,正是青年,不知机变,此事亦有何难。可吩咐巡捕官带那妇人明日察院中审问。到那其间,一顿板子,将那妇人敲死,可不绝了后患!"徐御史起身相谢道:"承教了。"辞别周兵备,吩咐了巡捕官说话,押那告状的妇人,明早带进衙门面审。当下回察院中安歇。一夜不睡,想道:"我父亲积年为盗,这妇人所告,或是真情。当先劫财杀命,今日又将妇人打死,却不是冤上加冤。若是不打杀他时,又不是小可厉害。"蓦然又想起三年前涿州遇见老妪,说儿子苏云被强人所算,想必就是此事了。又想道:"我父亲劫掠了一生,不知造下许多冤业,有何阴德,积下儿子科第?我记得小时上学,学生中常笑我不是亲生之子,正不知我此身从何而来?此事除非奶公姚大知其备细。"心生一计,写就一封家书,书中道:"到任忙促,不及回家,特地迎接父叔诸亲,南京衙门相会。路上乏人伏侍,可先差奶公姚大来当涂采石驿,莫误,莫误!"

次日开门,将家书吩咐承差,送到仪真五坝街上太爷亲拆。巡捕官带郑氏进衙。徐继祖见了那郑氏,不由人心中惨然,略问了几句言语,就问道:"那妇人有儿子没有?如何自家出身告状?"郑氏眼中流泪,将庵中产儿,并罗衫包裹,和金钗一股,留于大柳村中始末,又备细说了一遍。徐继祖委绝不下,吩咐郑氏:"你且在庵中暂住,待我察访强盗着实,再来唤你。"郑氏拜谢去了。

徐继祖起马到采石驿住下,等得奶公姚大到来。日间无话,直至黄昏深后,唤姚大至于卧榻,将好言抚慰,问道:"我是谁人所生?"姚大道:"是太爷生的。"再三盘问,只是如此。徐爷发怒道:"我是他人之子,备细都已知道。你若说得明白,念你妻子乳哺之恩,免你本身一刀。若不说之时,发你在本县,先把你活活敲死!"姚大道:"实是太爷亲生,小的不敢说谎。"徐爷道:"黄天荡打劫苏知县一事,难道你不知?"姚大又不肯明言。徐爷大怒,便将宪票一幅,写下姚大名字,发去当涂县"打一百讨气绝缴"。姚大见写了宪票,着了忙,连忙磕头道:"小的愿说,只求老爷莫在太爷面前泄漏。"徐爷道:"凡事有我做主,你不须惧怕!"姚大遂将打劫苏知县,谋苏奶奶为妻,及大柳树下拾得小孩子回家,教老婆接奶,备细说了一遍。徐爷又问道:"当初裹身有罗衫一件,又有金钗一股,如今可在?"姚大道:"罗衫上染了血迹,洗不净,至今和金钗留在。"此时徐爷心中已自了然,吩咐道:"此事只可你我二人知道,明早打发你回家,取了钗子罗衫,星夜到南京衙门来见我。"姚大领命自去。徐爷次早,一面差官:"将盘缠银两,好生接取慈湖庵郑道姑,到京中来见我";一面发牌起程,往南京到任。正是:

> 少年科第荣如锦,御史威名猛似雷。

且说苏云知县在三家村教学,想起十九年前之事,老母在家,音信隔绝,妻房郑氏怀孕在身,不知生死下落,日夜忧惶。将此情告知陶公,欲到仪真寻访消息。陶公苦劝安命,莫去惹事。苏云乘清明日各家出去扫墓,乃写一谢帖留在学馆之内,寄谢陶公,收拾了笔墨出门。一路卖字为生,行至常州烈帝庙,日晚投宿。梦见烈帝庙中,灯烛辉煌,自己拜祷求签。签语云:

> 陆地安然水面凶,一林秋叶遇狂风。
> 要知骨肉团圆日,只在金陵豸府中。

五更醒来,记得一字不忘,自家暗解道:"江中被盗遇救,在山中住这几年,首句'陆地安然水面凶',已自应了。'一林秋叶遇狂风',应了骨肉分飞之象,难道还有团圆日子？金陵是南京地面，御史衙门号为豸府。我如今不要往仪真，径到南都御史衙门告状，或者有伸冤之日。"天明起来，拜了神道，讨其一筶："若该往南京，乞赐圣筶。"掷下果然是个圣筶。苏公欢喜，出了庙门，直至南京，写下一张词状，到操江御史衙门去出告。状云：

> 告状人苏云，直隶涿州人，忝中某科进士。初选兰溪知县，携家赴任，行至仪真，祸因舟漏，重雇山东王尚书家船只过载。岂期舟子徐能、徐用等，惯于江洋打劫。夜半移船僻处，缚云抛水。幸遇救免，教授糊口，行李一空，妻仆不知存亡。势宦养盗，非天莫剿。上告。

那操江林御史，正是苏爷的同年，看了状词，甚是怜悯。即刻行个文书，支会山东抚按，着落王尚书身上要强盗徐能、徐用等。刚刚发了文书，刷卷御史徐继祖来拜，操院偶然叙及此事。徐继祖有心，别了操院出门，即时叫听事官："将操院差人，唤到本院衙门，有话吩咐。"徐爷回衙门，听事官唤到操院差人进衙磕头，禀道："老爷有何吩咐？"徐爷道："那王尚书船上强盗，本院已知一二；今本院赏你盘缠银二两，你可暂停两三日，待本院唤你们时，你可便来，管你有处缉拿真赃真盗，不须到山东去得。"差人领命去了。少顷，门上通报太爷到了，徐爷出迎，就有局踏之意。想着养育教训之恩，恩怨也要分明，今晚且尽个礼数。当下差官往河下，接取到衙。

原来徐能、徐用起身时，连这一班同伙赵三、翁鼻涕、杨辣嘴、范剥皮、沈胡子，都倚仗通家兄弟面上，备了百金贺礼，一齐来庆贺徐爷。这是天使其然，自来投死。姚大先进衙磕头。徐爷教请太爷、二爷到衙，铺毡拜见。徐能端然而受。次要拜徐用，徐用抵死推辞，不肯要徐爷下拜，只是长揖。赵三等一伙，向来在徐能家，把徐继祖当做子侄之辈，今日高官显耀，时势不同，赵三等口称"御史公"，徐继祖口称"高亲"，两下宾主相见。备饭款待。至晚，徐继祖在书房中，密唤姚大，讨他的金钗及带血罗衫看了："那罗衫花样，与涿州老婆婆所赠无二。那老婆婆又说我的面庞，与他儿子一般，他分明是我的祖母，那慈湖庵中道姑是我亲娘。更喜我爷不死，见在此间告状，骨肉团圆，在此一举。"

次日，大排筵宴在后堂。管待徐能一伙七人，大吹大擂介饮酒。徐爷只推公务，独自出堂，先教聚集民壮快手五六十人，安排停当，听候本院挥扇为号，一齐进后堂擒拿七盗。又唤操院公差，快快请告状的苏爷，到衙门相会。不一时，苏爷到了，一见徐爷，便要下跪。徐爷双手扶住，彼此站立，问其情节。苏爷含泪而语，徐爷道："老先生休得愁烦，后堂有许多贵相知在哪里，请去认一认。"苏爷走入后堂，一者此时苏爷青衣小帽，二者年远了，三者出其不意，徐能等已不认得苏爷了。苏爷时刻在念，到也还认得这班人的面貌，看得仔细，吃了一惊，倒身退出，对徐爷道：

"这一班人，正是船中的强盗，为何在此？"

徐爷且不回话，举扇一挥，五六十个做公的，蜂拥而入，将徐能等七人，一齐捆缚。徐能大叫道："继祖孩儿，救我则个！"徐爷骂道："死强盗，谁是你的孩儿？你认得这位十九年前苏知县老爷么？"徐能就骂徐用道："当初不听吾言，只叫他全尸而死，今日悔之何及！"又叫姚大出来对证，各各无言。徐爷吩咐巡捕官："将这八人，与我一总发监，明日本院自备文书，送到操院衙门去。"发放已毕，吩咐关门。请苏爷复入后堂。

苏爷看见这一伙强贼，都在酒席上擒拿，正不知什么意故，方欲待请问明白，然后叩谢。只见徐爷将一张交椅，置于面南，请苏爷上坐，纳头便拜。苏爷慌忙扶住道："老大人素无一面，何须过谦如此？"徐爷道："愚男一向不知父亲踪迹，有失迎养，望乞恕不孝之罪。"苏爷还说道："老大人不要错了！学生并无儿子。"徐爷道："不孝就是爹爹所生，如不信时，有罗衫为证。"徐爷先取涿州老婆婆所赠罗衫，递与苏爷。苏父认得领上灯煤烧孔，道："此衫乃老母所制，从何而得？"徐爷道："还有一件。"又将血渍的罗衫，及金钗取来。苏爷观看，又认得："此钗乃吾妻首饰，缘何也在此？"徐爷将涿州遇见老母，及采石驿中道姑告状，并姚大招出情由，备细说了一遍。苏爷方才省悟，抱头而哭。事有凑巧，这里恰才父子相认，门外传鼓报道："慈湖观音庵中郑道姑已唤到。"徐爷忙教请进后堂。苏爷与奶奶别了一十九年，到此重逢。苏爷又引孩儿拜见了母亲。痛定思痛，夫妻母子，哭做一堆。然后打扫后堂，重排个庆贺筵席。正是：

> 树老抽枝重茂盛，云开见月倍光明。

次早，南京五府六部六科十三道，及府县官员，闻知徐爷骨肉团圆，都来拜贺。操江御史将苏爷所告状词，奉还徐爷，听其自审。徐爷别了列位官员，吩咐手下，取大毛板伺候。于监中吊出众盗，一个个脚镣手杻，跪于阶下。徐爷在徐家生长，已熟知这班凶徒杀人劫财，非止一事，不消拷问。只有徐用平昔多曾谏训，且苏爷夫妇都受他活命之恩，叮嘱儿子要出脱他。徐爷一笔出豁了他，赶出衙门。徐用拜谢而去。山东王尚书□远无干，不须推究。徐能、赵三首恶，打八十。杨辣嘴、沈胡子在船上帮助，打六十。姚大虽也在船上出尖，其妻有乳哺之恩，与翁鼻涕、范剥皮各只打四十板。虽有多寡，都打得皮开肉绽，鲜血迸流。姚大受痛不过，叫道："老爷亲许免小人一刀，如何失信？"徐爷又免他十板，只打三十。打完了，吩咐收监。徐爷退于后堂，请命于父亲，草下表章，将此段情由，具奏天子。先行出姓，改名苏泰。取否极泰来之义；次要将诸贼不时处决，各贼家财，合行籍没为边储之用；表尾又说："臣父苏云，二甲出身，一官未赴，十九年患难之余，宦情已淡。臣祖母年逾八峡,独居故里,未知存亡。臣年十九未娶,继祀无望。恳乞天恩给假,从臣父暂归涿州,省亲归娶。"云云。奏章已发。

此时徐继祖已改名苏泰,将新名写帖,遍拜南京各衙门。又写年侄贴子,拜谢了操江林御史。又记着祖母言语,写书差人往兰溪县,查问苏雨下落。兰溪县差人先来回报,苏二爷十五年前曾到,因得病身死,高知县殡殓,棺寄在城隍庙中。苏爷父子痛哭了一场,即差的当人,赍了盘费银两,重到兰溪,于水路雇船,装载二爷灵柩回涿州祖坟安葬。

不一日,奏章准了下来,一一依准,仍封苏云为御史之职,钦赐父子驰驿还乡。刑部请苏爷父子同临法场,监斩诸盗。苏泰预先吩咐狱中,将姚大缢死全尸,也算免其一刀。徐能叹口气道:"我虽不曾与苏奶奶成亲,做了三年太爷,死亦甘心了。"各盗面面相觑,延颈受死。但见:

> 两声破鼓响,一棒碎锣鸣,监斩官如十殿阎王,刽子手似飞天罗刹。刀斧劫来财帛,万事皆空;江湖使尽英雄,一朝还报。森罗殿前,个个尽惊凶鬼至;阳间地上,人人都庆贼人亡。

在先上本时,便有文书知会扬州府官、仪真县官,将强盗六家,预先赶出人口,封锁门户。纵有金宝如山,都为官物。家家女哭儿啼,人离财散,自不必说。只有姚大的老婆,原是苏御史的乳母,一步一哭,到南京来求见御史老爷。苏御史因有乳哺之恩,况且丈夫已经正法,罪不及孥。又恐奶奶伤心,不好收留,把五十两银子赏他,为终身养生送死之资,打发他随便安身。

京中无事,苏太爷辞了年兄林操江,御史公别了各官,起马。前站打两面金字牌,一面写着"奉旨省亲",一面写着"钦赐归娶",旗旛鼓吹,好不齐整,闹嚷嚷的从扬州一路而回。道经仪真,苏太爷甚是伤感,郑老夫人又对儿子说起朱婆投井之事,又说亏了庵中老尼。御史公差地方访问义井,居民有人说,十九年前,是曾有个死尸,浮于井面,众人捞起三日,无人识认,只得敛钱买棺盛殓,埋于左近一箭之地。地方回复了,御史公备了祭礼,及纸钱冥锭,差官到义井、坟头,通名致祭。又将白金百两,送于庵中老尼,另封白银十两,付老尼启建道场,超度苏二爷、朱婆及苏胜夫妇亡灵。这叫作"以直报怨,以德报德"。苏公父子亲往拈香拜佛。不一日,行到山东临清,头站先到渡口驿,惊动了地方上一位乡宦,那人姓王名贵,官拜一品尚书,告老在家。那徐能揽的山东王尚书船,正是他家。徐能盗情发了,操院拿人,闹动了仪真一县,王尚书的小夫人家属,恐怕连累,都搬到山东,依老尚书居住。后来打听得苏御史审明,船虽尚书府水牌,只是租赁,王府并不知情。老尚书甚是感激,今日见了头行,亲身在渡口驿迎接,见了苏公父子,满口称谢,设席款待。席上问

及:"御史公钦赐归娶,不知谁家老先生的宅眷?"苏云答道:"小儿尚未择聘。"王尚书道:"老夫有一末堂幼女,年方二八,才貌颇佳,倘蒙御史公不弃老朽,老夫愿结丝萝。"苏太爷谦让不遂,只得依允。就于临清暂住,择吉行聘成亲。有诗为证:

月下赤绳曾绾足,何须射中崔屏目。
当初恨杀尚书船,谁想尚书为眷属。

三朝以后,苏公便欲动身,王尚书苦留。苏太爷道:"久别老母,未知存亡,归心已如箭矣。"王尚书不好耽搁。过了七日,备下千金妆奁,别起夫马,送小姐随夫衣锦还乡。一路无话。到了涿州故居,且喜老夫人尚然清健。见儿子、媳妇俱已半老,不觉感伤。又见孙儿就是向年汲水所遇的郎君,欢喜无限。当初只恨无子,今日抑且有孙。两代甲科,仆从甚众,旧居火焚之余,安顿不下,暂借察院居住。起建御史第,府县都来助工,真个是"不日成之"。苏云在家,奉养太夫人直至九十余岁方终。苏泰历官至坐堂都御史。夫人王氏,所生二子,将次子承继为苏雨之后,二子俱登第。至今间里中传说《苏知县报冤》唱本。后人有诗云:

月黑风高浪沸扬,黄天荡里贼猖狂。
平陂往复皆天理,那见凶人寿命长?

第十二卷

范鳅儿双镜重圆

帘卷水西楼,一曲新腔唱打油;宿雨眠云年少梦,休讴,且尽生前酒一瓯。　　明日又登舟,却指今宵是旧游;同是他乡沦落客,休愁!月儿弯弯照九州?

这首词末句,乃借用吴歌成语,吴歌云:

月儿弯弯照九州?几家欢乐几家愁。
几家夫妇同罗帐,几家飘散在他州!

此歌出自南宋建炎年间,述民间离乱之苦。只为宣和失政,奸佞专权,延至靖康,金虏凌城,掳了徽、钦二帝北去。康王泥马渡江,弃了汴京,偏安一隅,改元建炎。其时东京一路百姓,惧怕鞑虏,都跟随车驾南渡。又被虏骑追赶,兵火之际,东逃西躲,不知拆散了几多骨肉!往往父子夫妻,终身不复相见。其中又有几个散而复合的,民间把作新闻传说。正是:

剑气分还合,荷珠碎复圆。
万般皆是命,半点尽由天!

话说陈州有一人。姓徐名信,自小学得一身好武艺,娶妻崔氏,颇有容色,家道丰裕,夫妻二人正好过活。却被金兵入寇,二帝北迁。徐信共崔氏商议,此地安身不牢,收拾细软家财,打做两个包裹,夫妻各背了一个,随着众百姓晓夜奔走。行至虞城,只听得背后喊声振天,只道鞑虏追来,却原来是南朝杀败的溃兵。只因武备久弛,军无纪律,教他杀贼,一个个胆寒心骇,不战自走;及至遇着平民,抢掳财帛子女,一般会扬威耀武。徐信虽然有三分本事,那溃兵如山而至,寡不敌众,舍命奔走。但闻四野号哭之声，回头不见了崔氏。乱军中无处寻觅，只得前行。行了数日，叹了口气，没奈何，只索罢了。

行到睢阳，肚中饥渴，上一个村店，买些酒饭。原来离乱之时，店中也不比往昔，没有酒卖了；就是饭，也不过是粗粝之物，又怕众人抢夺，交了足钱，方才取出来与你充饥。徐信正在数钱，猛听得有妇女悲泣之声。事不关心，关心者乱。徐信正数钱，急走出店来看，果见一妇人，单衣蓬首，露坐于地上。虽不是自己的老婆，年貌也相仿佛。徐信动了个恻隐之心，以己度人道："这妇人想也是遭难的。"不免上前问其来历。妇人诉道："奴家乃郑州王氏，小字进奴。随夫避兵，不意中途奔散，奴孤身被乱军所掠。行了两日一夜，到于此地，两脚俱肿，寸步难移，贼徒剥取衣服，弃奴于此。衣单食缺，举目无亲，欲寻死路，故此悲泣耳。"徐信道："我也在乱军中不见了妻子，正是'同病相怜'了。身边幸有盘缠，娘子不若权时在这店里住几日，将息贵体，等在下探问荆妻消息，就便访取尊夫，不知娘子意下如何？"妇人收泪而谢道："如此甚好。"徐信解开包裹，将几件衣服与妇人穿了，同他在店中吃了些饭食，借半间房子，做一块儿安顿。徐信殷殷勤勤，每日送茶送饭。妇人感其美意，料道寻夫访妻，也是难事。今日一鳏一寡，亦是天缘，热肉相凑，不容人不成就了。又过数日，妇人脚不痛了。徐信和他做了一对夫妻，上路直到建康。正值高宗天子南渡即位，改元建炎，出榜招军，徐信去充了个军校，就于建康城中居住。

日月如流，不觉是建炎三年。一日，徐信同妻城外访亲回来，天色已晚，妇人口渴，徐信引到一个茶肆中吃茶。那肆中先有一个汉子坐下，见妇人来，便立在一边偷看那妇人，目不转睛。妇人低眉下眼，那个在意。徐信甚以为怪。少顷，吃了茶，还了茶钱出门，那汉又远过相随。比及到家，那汉还站在门首，依依不去。徐信心头火起，问道："什么人？如何窥觑人家的妇女！"那汉拱手谢罪道："尊兄休怒！某有一言奉询。"徐信忿气尚未息，答应道："有什么话，就讲罢！"那汉道："尊兄倘不见责，权借一步，某有实情告诉。若还嗔怪，某不敢言。"徐信果然相随，到一个僻静巷里。那汉临欲开口，又似有难言之状。徐信道："我徐信也是个慷慨丈夫，有话不妨尽言。"那汉方才敢问道："适才妇人是谁？"徐信道："是荆妻。"那汉道："娶过几年了？"徐信道："三年矣。"那汉道："可是郑州人，姓王小字进奴么？"徐信大惊道："足下何以知之？"那汉道："此妇乃吾之妻也。因兵火失散，不意落于君手。"徐信闻言，甚踽踽不安，将自己虞城失散，到睢阳村店，遇见此妇始末，细细述了："当时实是怜他孤身无倚，初不晓得是尊阃，如之奈何？"那汉道："足下休疑，我已别娶浑家，旧日伉俪之盟，不必再题。但仓忙拆开，未及一言分别。倘得暂会一面，叙述悲苦，死亦无恨。"徐信亦觉心中凄惨，说道："大丈夫腹心相照，何处不可通情。明日在舍下相候，足下既然别娶，可携新闻同来，做个亲戚，庶于邻里耳目不碍。"那汉欢喜拜谢。临别，徐信问其姓名，那汉道："吾乃郑州列俊卿是也。"是夜，徐信先对王进奴述其缘由。进奴思想前夫恩义，暗暗偷泪，一夜不曾合眼。

到天明，盥漱方毕，列俊卿夫妇二人到了。徐信出门相迎，见了俊卿之妻，彼此惊骇，各各恸哭。原来俊卿之妻，却是徐信的浑家崔氏。自虞城失散，寻丈夫不着，却随个老妪同至建康，解下随身簪珥，赁房居住。三个月后，丈夫并无消息，老妪说他终身不了，与他为媒，嫁与列俊卿。谁知今日一双两对，恰恰相逢，真个天缘凑巧。彼此各认旧日夫妻，相抱而哭。当下徐信遂与列俊卿八拜为交，置酒相待。至晚，将妻子兑转，各还其旧。从此通家往来不绝。有诗为证：

> 夫换妻兮妻换夫，这场交易好糊涂；
> 相逢总是天公巧，一笑灯前认故吾。

此段话题做"交互姻缘"，乃建炎三年建康城中故事。同时又有一事，叫作"双镜重圆"。说来虽没有十分奇巧，论起"夫义妇节"，有关风化，到还胜似几倍。正是：

> 话须通俗方传远，语必关风始动人。

话说南宋建炎四年，关西一位官长。姓吕名忠翊，职授福州监税。此时七闽之地，尚然全盛。忠翊带领家眷赴任：一来福州凭山负海，东南都会，富庶之邦；二来中原多事，可以避难。于本年起程，到次年春间，打从建州经过。《舆地志》说："建州碧水丹山，为东闽之胜地。"今日合着了古语两句：

> 洛阳三月花如锦，偏我来时不遇春。

自古"兵荒"二字相连，金虏渡河，两浙都被他残破；闽地不遭兵火，也就见个荒年，此乃天数。话中单说建州饥荒，斗米千钱，民不聊生。却为国家正值用兵之际，粮饷要紧，官府只顾催征上供，顾不得民穷财尽。常言"巧媳妇煮不得没米粥"，百姓既没有钱粮交纳，又被官府鞭笞逼勒，禁受不过，三三两两，逃入山间，相聚为盗。"蛇无头而不行"，就有个草头天子出来，此人姓范名汝为，仗义执言，救民水火。群盗从之如流，啸聚至十余万。无非是：

> 风高放火，月黑杀人。
> 无粮同饿，得肉均分。

　　官兵抵当不住，连败数阵。范汝为遂据了建州城，自称元帅，分兵四出抄掠。范氏门中子弟，都受伪号，做领兵官将。汝为族中有个侄儿名唤范希周，年二十三岁，自小习得一件本事，能识水性，伏得在水底三四昼夜，因此起个异名唤做范鳅儿。原是读书君子，功名未就，被范汝为所逼——凡族人不肯从他为乱者，先将斩首示众——希周贪了性命，不得已而从之。虽在贼中，专以方便救人为务，不做劫掠勾当。贼党见他凡事畏缩，就他鳅儿的外号，改做"范盲鳅"，是笑他无用的意思。

　　再说吕忠翊有个女儿，小名顺哥，年方二八，生得容颜清丽，情性温柔，随着父母福州赴任。来到这建州相近，正遇着范贼一支游兵，劫夺行李财帛，将人口赶得三零四散。吕忠翊失散了女儿，无处寻觅，嗟叹了一回，只索赴任去了。单说顺哥脚小伶俜，行走不动，被贼兵掠进建州城来。顺哥啼啼哭哭，范希周中途见而怜之。问其家门，顺哥自叙乃是宦家之女。希周遂叱开军士，亲解其缚，留至家中，将好言抚慰，诉以衷情："我本非反贼，被族人逼迫在此。他日受了朝廷招安，仍做良民。小娘子若不弃卑末，结为眷属，三生有幸。"顺哥本不愿相从，落在其中，出于无奈，只得许允。次日，希周禀知贼首范汝为，汝为亦甚喜。希周送顺哥于公馆，择吉纳聘。希周有祖传宝镜，乃是两镜合扇。清光照彻，可开可合，内铸成"鸳鸯"二字，名为鸳鸯宝镜，用为聘礼；遍请范氏宗族，花烛成婚。

　　　　一个是衣冠旧裔，一个是阀阅名姝；一个儒雅丰仪，一个温柔性格。
　　一个纵居贼党，风云之气未衰；一个虽作囚俘，金玉之姿不改。绿林此日
　　称佳客，红粉今宵配吉人。

　　自此夫妻和顺，相敬如宾。自古道："瓦罐不离井上破。"范汝为造下弥天大罪，不过乘朝廷有事，兵力不及。岂期名将张浚、岳飞、张俊、张荣、吴玠、吴璘等，屡败金人，国家初定，高宗卜鼎临安，改元绍兴。是年冬，高宗命韩蕲王讳世忠的，统领大军十万，前来讨捕。范汝为岂是韩公敌手，只得闭城自守，韩公筑长围以困之。

　　原来韩公与吕忠翊先在东京有旧，今番韩公统兵征剿反贼，知吕公在福州为监税官，必知闽中人情土俗。其时将帅专征的都带有空头敕，遇有地方人才，听凭填敕委用。韩公遂用吕忠诩为军中都提辖，同驻建州城下，指麾攻围之事。城中日夜号哭，范汝为几遍要夺门而出，都被官军杀回，势甚危急。顺哥向丈夫说道："妾闻'忠臣不事二君，烈女不更二夫'。妾被贼军所掠，自誓必死。蒙君救拔，遂为君家之妇，此身乃君之身矣。大军临城，其势必破。城既破，则君乃贼人之亲党，必不能免。妾愿先君而死，不忍见君之就戮也。"引床头利剑便欲自刎。希周慌忙抱住，夺去其刀，安慰道："我陷在贼中，原非本意，今无计自明，玉石俱焚，已付之于命了。你是宦家儿女，掳劫在此，与你何干？韩元帅部下将士，都是北人，你也是北人，言

语相合,岂无乡曲之情?或有亲旧相逢,宛转闻知于令尊,骨肉团圆,尚不绝望。人命至重,岂可无益而就死地乎?"顺哥道:"若果有再生之日,妾誓不再嫁。便恐被军校所掳,妾宁死于刀下,决无失节之理!"希周道:"承娘子志节自许,吾死亦瞑目。万一为漏网之鱼,苟延残喘,亦誓愿终身不娶,以答娘子今日之心!"顺哥道:"鸳鸯宝镜,乃是君家行聘之物,妾与君共分一面,牢藏在身。他日此镜重圆,夫妻再合。"说罢相对而泣。这是绍兴元年冬十二月内的说话。

到绍兴二年春正月,韩公将建州城攻破,范汝为情急,放火自焚而死。韩公竖黄旗招安余党,只有范氏一门不赦。范氏宗族一半死于乱军之中,一半被大军擒获,献俘临安。顺哥见势头不好,料道希周必死,慌忙奔入一间荒屋中,解下罗帕自缢。正是:

宁为短命全贞鬼,不作偷生失节人。

也是阳寿未终,恰好都提辖吕忠翊领兵过去,见破屋中有人自缢,急唤军校解下。近前观之,正是女儿顺哥。那顺哥死去重苏,半响方能言语,父子重逢,且悲且喜。顺哥将贼兵掳劫,及范希周救取成亲之事,述了一遍。吕提辖嘿然无语。

却说韩元帅平了建州,安民已定,同吕提辖回临安面君奏凯。天子论功升赏,自不必说。一日,吕公与夫人商议,女儿青年无偶,终是不了之事,两口双双的来劝女儿改嫁。顺哥述与丈夫交誓之言,坚意不肯。吕公骂道:"好人家儿女,嫁了反贼,一时无奈。天幸死了,出脱了你,你还想他怎么?"顺哥含泪而告道:"范家郎君,本是读书君子。为族人所逼,实非得已。他虽在贼中,每行方便,不做伤天理的事。倘若天公有眼,此人必脱虎口。大海浮萍,或有相逢之日。孩儿如今情愿奉道在家,侍养二亲,便终身守寡,死而不怨!若必欲孩儿改嫁,不如容孩儿自尽,不失为完节之妇!"吕公见他说出一班道理,也不去逼他了。

光阴似箭,不觉已是绍兴十二年。吕公累官至都统制,领兵在封州镇守。一日,广州守将差指使贺承信捧了公牒,到封州将领司投递。吕公延于厅上,问其地

方之事，叙话良久方去。顺哥在后堂帘中窃窥，等吕公入衙，问道："适才赍公牒来的何人？"吕公道："广州指使贺承信也。"顺哥道："奇怪！看他言语行步，好似建州范家郎君。"吕公大笑道："建州城破，凡姓范的都不赦，只有枉死，那有枉活？广州差官自姓贺，又是朝廷命官，并无分毫干惹。这也是你妄想了，侍妾闻知，岂不可笑！"顺哥被父亲抢白了一场，满面羞惭，不敢再说。正是：

> 只为夫妻情爱重，致令父子语参差。

过了半年，贺承信又有军牒奉差到吕公衙门，顺哥又从帘下窥视，心中怀疑不已，对父亲说道："孩儿今已离尘奉道，岂复有儿女之情？但再三详审广州姓贺的，酷似范郎。父亲何不召至后堂，赐以酒食，从容叩之？范郎小名鳅儿，昔年在围城中情知必败，有'鸳鸯镜'各分一面，以为表记。父亲呼其小名，以此镜试之，必得其真情。"吕公应承了。

次日，贺承信又进衙领回文，吕公延至后堂，置酒相款。饮酒中间，吕公问其乡贯出身。承信言语支吾，似有羞愧之色。吕公道："鳅儿非足下别号乎？老夫已尽知矣，但说无妨也。"承信求吕公屏去左右，即忙下跪，口称"死罪"。吕公用手挽扶道："不须如此。"承信方敢吐胆倾心，告诉道："小将建州人，实姓范，建炎四年，宗人范汝为煽诱饥民，据城为叛，小将陷于贼中，实非得已。后因大军来讨，攻破城池，贼之宗族，尽皆诛戮。小将因平昔好行方便，有人救护，遂改姓名为贺承信，出就招安。绍兴五年，拨在岳少保部下，随征洞庭湖贼杨么。岳家军都是西北人，不习水战。小将南人，幼通水性，能伏水三昼夜，所以有'范鳅儿'之号。岳少保亲选小将为前锋，每战当先，遂平么贼。岳少保荐小将之功，得受军职，累任至广州指使。十年来未曾泄之他人。今既承钧问，不敢隐讳。"

吕公又问道："令孺人何姓？是结发还是再娶？"承信道："在贼中时曾获一宦家女，纳之为妻。逾年城破，夫妻各分散逃走，曾相约苟存性命，夫不再娶，妇不再

嫁。小将后来到信州，又寻到老母。至今母子相依，止畜一粗婢炊爨，未曾娶妻。"吕公又问道："足下与先孺人相约时，有何为记？"承信道："有鸳鸯宝镜，合之为一，分之为二，夫妇各留一面。"吕公道："此镜尚在否？"承信道："此镜朝夕随身，不忍少离。"吕公道："可借一观。"承信揭开衣袂，在锦裹肚系带上，解下一个绣囊，囊中藏着宝镜。吕公取观，遂于袖中亦取一镜合之，俨如生成。承信见二镜符合，不觉悲泣失声。吕公感其情义，亦不觉泪下道："足下所娶，即吾女也。吾女见在衙中。"遂引承信至中堂，与女儿相见，各各大哭。吕公解劝了，且作庆贺筵席。是夜，即留承信于衙门歇宿。

过了数日，吕公将回文打发女婿起身，即令女儿相随，到广州任所同居。后一年，承信任满，将赴临安，又领妻顺哥同过封州，拜别吕公。吕公备下千金妆奁，差官护送承信到临安。自谅前事年远，无人推剥，不可使范氏无后，乃打通状到礼部，复姓不复名，改名不改姓，叫作范承信。后累官至两淮留守，夫妻偕老。其鸳鸯二镜，子孙世传为至宝云。

后人评论范鳅儿在逆党中，涅而不淄，好行方便，救了许多人性命，今日死里逃生，夫妻再合，乃阴德积善之报也。有诗为证：

　　　　十年分散天边鸟，一旦团圆镜里鸳。
　　　　莫道浮萍偶然事，总由阴德感皇天。

国学经典文库

中国二十大名著

警世通言

图文珍藏版

第十三卷

三现身包龙图断冤

甘罗发早子牙迟,彭祖颜回寿不齐;
范丹贫穷石崇富,算来都是只争时。

话说大宋元祐年间,一个太常大卿,姓陈名亚,因打章子厚不中,除做江东留守安抚使,兼知建康府。一日,与众官宴于临江亭上,忽听得亭外有人叫道:"不用五行四柱,能知祸福兴衰!"大卿问:"甚人敢出此语?"众官有曾认的,说道:"此乃金陵术士边瞽。"大卿吩咐:"与我叫来!"即时叫至门下,但见:

破帽无檐,褴褛衣裙;
霜鬓瞽目,伛偻形躯。

边瞽手携节杖入来,长揖一声,摸着阶沿便坐。大卿怒道:"你既瞽目,不能观古圣之书,辄敢轻五行而自高!"边瞽道:"某善能听简笏声知进退,闻鞋履响辨死生。"大卿道:"你术果验否……"说言未了,见大江中画船一只,橹声咿轧,自上流而下。大卿便问边瞽,主何灾福。答言:"橹声带哀,舟中必载大官之丧。"大卿遣人讯问,果是知临江军李郎中,在任身故,载灵柩归乡。大卿大惊道:"使汉东方朔复生,不能过汝。"赠酒十樽、银十两遣之。

那边瞽能听橹声知灾福,今日且说个卖卦先生,姓李名杰,是东京开封府人。去兖州府奉符县前,开个卜肆,用金纸糊着一把太阿宝剑,底下一个诏儿,写道:"斩天下无学同声。"这个先生,果是阴阳有准:

精通《周易》,善辨六壬。瞻乾象遍识天文,观地理明知风水。五星深晓,决吉凶祸福如神;三命秘谈,断成败兴衰似见。

当日挂了招儿，只见一个人走将进来。怎生打扮？但见：

裹背系带头巾，着上两领皂衫，腰间系条丝绦，下面着一双干鞋净袜，袖里袋着一轴文字。

那人和金剑先生相揖罢，说了年月日时，铺下卦子。只见先生道："这命算不得。"那个买卦的，却是奉符县里第一名押司，姓孙名文，问道："如何不与我算这命？"先生道："上复尊官，这命难算。"押司道："怎地难算？"先生道："尊官有酒休买，护短休问。"押司道："我不曾吃酒，也不护短。"先生道："再请年月日时，恐有差误。"押司再说了八字。先生又把卦子布了道："尊官，且休算。"押司道："我不讳，但说不妨。"先生道："卦象不好。"写下四句来，道是：

　　白虎临身日，临身必有灾。
　　不过明旦丑，亲族尽悲哀。

押司看了，问道："此卦主何灾福？"先生道："实不敢瞒，主尊官当死。"又问："却是我几年上当死？"先生道："今年死。"又问："却是今年几月死？"先生道："今年今月死。"又问："却是今年今月几日死？"先生道："今年今月今日死。"再问："早晚时辰？"先生道："今年今月今日三更三点子时当死。"押司道："若今夜真个死，万事全休。若不死，明日和你县里理会。"先生道："今夜不死，尊官明日来取下这斩无学同声的剑，斩了小子的头。"押司听说，不觉怒从心上起，恶向胆边生，把那先生摔出卦铺去。怎地计结那先生？

　　只因会尽人间事，惹得闲愁满肚皮。

只见县里走出数个司事人，来拦住孙押司，问做甚闹。押司道："什么道理！我

111

闲买个卦,却说我今夜三更三点当死。我本身又无疾病,怎地三更三点便死?待捽他去县中,官司究问明白。"众人道:"若信卜,卖了屋。卖卦口,没量斗。"众人和烘孙押司去了,转来埋怨那先生道:"李先生,你触了这个有名的押司,想也在此卖卦不成了。从来贫好断,贱好断,只有寿数难断。你又不是阎王的老子,判官的哥哥,哪里便断生断死,刻时刻日,这般有准。说话也该放宽缓些。"先生道:"若要奉承人,卦就不准了,若说实话,又惹人怪。此处不留人,自有留人处!"叹口气,收了卦铺,搬在别处去了。

却说孙押司虽则被众人劝了,只是不好意思。当日县里押了文字归去,心中好闷。归到家中,押司娘见他眉头不展,面带忧容,便问丈夫:"有甚事烦恼?想是县里有甚文字不了。"押司道:"不是,你休问。"再问道:"多是今日被知县责罚来?"又道:"不是。"再问道:"莫是与人争闹来?"押司道:"也不是。我今日去县前买个卦,那先生道,我主在今年今月今日三更三点子时当死。"押司娘听得说,柳眉剔竖,星眼圆睁,问道:"怎地平白一个人,今夜便教死!如何不捽他去县里官司?"押司道:"便捽他去,众人劝了,"浑家道:"丈夫,你且只在家里少待。我寻常有事,兀自去知县面前替你出头。如今替你去寻那个先生,问他:'我丈夫又不少官钱私债,又无甚官事临逼,做什么今夜三更便死!'"押司道:"你且休去。待我今夜不死,明日我自与他理会,却强如你妇人家。"

当日天色已晚。押司道:"且安排几杯酒来吃着。我今夜不睡,消遣这一夜。"三杯两盏,不觉吃得烂醉。只见孙押司在校椅上,朦胧着醉眼,打瞌睡。浑家道:"丈夫,怎地便睡着?"叫迎儿:"你且摇觉爹爹来。"迎儿到身边摇着不醒,叫一会不应。押司娘道:"迎儿,我和你扶押司入房里去睡。"若还是说话的同年生,并肩长,拦腰抱住,把臂拖回。孙押司只吃着酒消遣一夜,千不合万不合上床去睡,却教孙押司只就当年当月当日当夜,死得不如《五代史》李存孝、《汉书》里彭越。正是:

金风吹树蝉先觉,暗送无常死不知。

浑家见丈夫先去睡,吩咐迎儿厨下打灭了火烛,说与迎儿道:"你曾听你爹爹说,日间卖卦的,算你爹爹今夜三更当死?"迎儿道:"告妈妈,迎儿也听得说来。哪里讨这话!"押司娘道:"迎儿,我和你做些针线,且看今夜死也不死?若还今夜不死,明日却与他理会!"教迎儿:"你且莫睡!"迎儿道:"哪里敢睡!"道犹未了,迎儿打瞌睡。押司娘道:"迎儿,我教你莫睡,如何便睡着!"迎儿道:"我不睡。"才说罢,迎儿又睡着。押司娘叫得应,问他如今甚时候了?迎儿听县衙更鼓,正打三更三点。押司娘道:"迎儿,且莫睡则个,这时辰正尴尬那!"迎儿又睡着,叫不应。只听得押司从床上跳将下来,兀底中门响。押司娘急忙叫醒迎儿,点灯看时,只听得大门响。迎儿和押司娘点灯去赶，只见一个着白的人，一只手掩着面，走出去，扑通地跳入奉符县河里去了。正是：

> 情到不堪回首处，一齐吩咐与东风。

那条河直通着黄河水，滴溜也似紧，哪里打捞尸首？押司娘和迎儿就河边号天大哭道："押司，你却怎地投河，教我两个靠兀谁！"即时叫起四家邻舍来，上手住的刁嫂，下手住的毛嫂，对门住的高嫂、鲍嫂，一发都来。押司娘把上件事，对他们说了一遍。刁嫂道："真有这般作怪的事！"毛嫂道："我日里兀自见押司着了皂衫，袖着文字归来，老媳妇和押司相叫来。"高嫂道："便是，我也和押司厮叫来。"鲍嫂道："我家里的早间去县前有事，见押司摔着卖卦的先生，兀自归来说；怎知道如今真个死了！"刁嫂道："押司，你怎地不分付我们邻舍则个，如何便死！"簌地两行泪下。毛嫂道："思量起押司许多好处来，如何不烦恼！"也眼泪出。鲍嫂道："押司，几时再得见你！"即时地方甲呈官司，押司娘少不得做些功果追荐亡灵。

捻指间过了三个月。当日押司娘和迎儿在家坐地，只见两个妇女，吃得面红颊赤。上手的提着一瓶酒，下手的把着两朵通草花，掀开布帘入来道："这里便是。"押司娘打一看时，却是两个媒人，无非是姓张姓李。押司娘道："婆婆多时不见。"媒婆道："押司娘烦恼！外日不知，不曾送得香纸来，莫怪则个！押司如今也死得几时？"答道："前日已做过百日了。"两个道："好快，早是百日了。押司在日，直恁地好人。有时老媳妇和他厮叫，还喏不迭。时今死了许多时，宅中冷静。也好说头亲事，是得。"押司娘道："何年月日，再生得一个一似我那丈夫孙押司这般人？"媒婆道："怎地也不难。老媳妇却有一头好亲。"押司娘道："且住，如何得似我先头丈夫？"两个吃了茶，归去。过了数日，又来说亲。押司娘道："婆婆休只管来说亲。你若依得我三件事，便来说，若依不得我，一世不说这亲，宁可守孤孀度日。"当时押司娘启齿张舌，说出这三件事来。有分撞着五百年前凤世的冤家，双双受国家刑法。正是：

> 鹿迷秦相应难辨，蝶梦庄周未可知。

媒婆道："却是那三件事？"押司娘道："第一件，我死的丈夫姓孙，如今也要嫁个姓孙的。第二件，我先丈夫是奉符县里第一名押司，如今也只要恁般职役的人。第三件，不嫁出去，则要他入舍。"两个听得说，道："好也！你说要嫁个姓孙的，也要一似先押司职役的，教他入舍。若是说别件事，还费些计较，偏是这三件事，老媳妇都依得。好教押司娘得知，先押司是奉符县里第一名押司，唤做大孙押司，如今来说亲的，原是奉符县第二名押司。如今死了大孙押司，钻上差役，做第一名押司，唤做小孙押司。他也肯来入舍。我教押司娘嫁这小孙押司，是肯也不？"押司娘道："不信有许多凑巧！"张媒道："老媳妇今年七十二岁了，若胡说时，变做七十二只雌狗，在押司娘家吃屎！"押司娘道："果然如此，烦婆婆且去说看，不知象分如何？"张媒道："就今日好日，讨一个利市团圆吉帖。"押司娘道："却不曾买在家里。"李媒道："老媳妇这里有。"便从抹胸内，取出一幅五男二女花笺纸来。正是：

雪隐鹭鸶飞始见，柳藏鹦鹉语方知。

当日押司娘教迎儿取将笔砚来，写了帖子，两个媒婆接去。免不得下财纳礼，往来传话。不上两月，入舍小孙押司在家。夫妻两个，好一对儿，果是说得着。不则一口，两口儿吃得酒醉。教迎儿做些个醒酒汤来吃。迎儿去厨下一头烧火，口里埋冤道："先的押司在时，怎早晚，我自睡了。如今却教我做醒酒汤！"只见火筒塞住了孔，烧不着。迎儿低着头，把火筒去灶床脚上敲，敲未得几声，则见灶床脚渐渐起来，离地一尺以上。见一个人顶着灶床，胅项上套着井栏，披着一带头发，长伸着舌头，眼里滴出血来，叫道："迎儿，与爹爹做主则个！"唬得迎儿大叫一声，匹然倒地，面皮黄，眼无光，唇口紫，指甲青，未知五脏如何，先见四肢不举。正是：

身如五鼓衔山月，命似三更油尽灯。

夫妻两人急来救得迎儿苏醒，讨些安魂定魄汤与他吃了。问道："你适来见了什么，便倒了？"迎儿告妈妈："却才在灶前烧火，只见灶床渐渐起来，见先押司爹爹，脖项上套着井栏，眼中滴出血来，披着头发，叫声迎儿，便吃惊倒了。"押司娘见说，倒把迎儿打个漏风掌："你这丫头，教你做醒酒汤，则说道懒做便了，直装出许多死模活样！莫做莫做，打灭了火去睡！"迎儿自去睡了。

且说夫妻两个归房，押司娘低低叫道："二哥，这丫头见这般事，不中用，教他离了我家罢。"小孙押司道："却教他哪里去？"押司娘道："我自有个道理。"到天明，做饭吃了，押司自去官府承应。押司娘叫过迎儿来道："迎儿，你在我家里也有七八年，我也看你在眼里。如今比不得先押司在日做事。我看你肚里，莫是要嫁个老公？如今我与你说头亲。"迎儿道："哪里敢指望，却教迎儿嫁兀谁？"押司娘只因教迎儿嫁这个人，与大孙押司索了命。正是：

风定始知蝉在树，灯残方见月临窗。

当时不由迎儿做主，把来嫁了一个人。那厮姓王名兴，浑名唤做王酒酒，又吃酒，又要赌。迎儿嫁将去，那得三个月，把房卧都费尽了。那厮吃得醉，走来家把迎儿骂道："打脊贱人！见我怎般苦，不去问你使头，借三五百钱来做盘缠？"迎儿吃不得这厮骂，把裙儿系了腰，一程走来小孙押司家中。押司娘见了道："迎儿，你自嫁了人，又来说什么？"迎儿告妈妈："实不敢瞒，迎儿嫁那厮不着，又吃酒，又要赌。如今未得三个月，有些房卧，都使尽了。没计奈何，告妈妈借换得三五百钱，把来做盘缠。"押司娘道："迎儿，你嫁人不着，是你的事。我今与你一两银子，后番却休要来。"迎儿接了银子，谢了妈妈归家。那得四五日，又使尽了。当日天色晚，王兴那厮吃得酒醉，走来看着迎儿道："打脊贱人！你见怎般苦，不去再告使头则个？"迎儿道："我前番去，借得一两银子，吃尽千言万语。如今却教我又怎地去？"王兴骂道："打脊贱人！你若不去时，打折你一只脚！"迎儿吃骂不过，只得连夜走来孙押司门首看时，门却关了。迎儿欲待敲门，又恐怕他埋怨，进退两难，只得再走回来。过了两三家人家，只见一个人道："迎儿，我与你一件物事。"只因这个人身上，我只替押司娘和小孙押司烦恼！正是：

> 龟游水面分开绿，鹤立松梢点破青。

迎儿回过头来，看那叫的人，只见人家屋檐头，一个人舒角幞头，绯袍角带，抱着一骨碌文字，低声叫道："迎儿，我是你先的押司，如今见在一个去处，未敢说与你知道。你把手来，我与你一件物事。"迎儿打一接，接了这件物事，随手不见了那个绯袍角带的人。迎儿看那物事时，却是一包碎银子。迎儿归到家中敲门，只听得里面道："姐姐，你去使头家里，如何怎早晚才回？"迎儿道："好教你知：我去妈妈家借米，他家关了门，我又不敢敲，怕吃他埋怨。再走回来，只见人家屋檐头，立着先的押司，舒角幞头，绯袍角带，与我一包银子在这里。"王兴听说道："打脊贱人！你却来我面前说鬼话！你这一包银子，来得不明，你且进来。"迎儿入去，王兴道："姐姐，你寻常说那灶前看见先押司的话，我也都记得。这事一定有些蹊跷。我却怕邻舍听得，故怎地如此说。你把银子收好，待天明去县里首告他。"正是：

> 着意种花花不活，等闲插柳柳成阴。

王兴到天明时，思量道："且住，有两件事告首不得。第一件，他是县里头名押司，我怎敢恶了他！第二件，却无实迹，连这些银子也待入官，却打没头脑官司。不如赎几件衣裳，买两个盒子送去孙押司家里，到去谒索他则个。"计较已定，便去买下两个盒子送去。两人打扮身上干净，走来孙押司家。押司娘看见他夫妻二人，身上干净，又送盒子来，便道："你那得钱钞？"王兴道："昨日得押司一件文字，撰得有二两银子，送些盒子来，如今也不吃酒，也不赌钱了。"押司娘道："王兴，你自归去，且教你老婆在此住两日。"王兴去了。押司娘对着迎儿道："我有一炷东峰岱岳愿香要还，我明日同你去烧个。"当晚无话。

明早起来，梳洗罢，押司自去县里去。押司娘锁了门，和迎儿同行，到东岳庙殿上烧了香，下殿来去那两廊下烧香。行到速报司前，迎儿裙带系得松，脱了裙带。押司娘先行过去。迎儿正在后面系裙带，只见速报司里，有个舒角幞头，绯袍角带的判官，叫："迎儿，我便是你先的押司，你与我申冤则个！我与你这件物事。"迎儿接得物事在手，看了一看，道："却不作怪！泥神也会说起话来！如何与我这物事？"正是：

开天辟地罕曾闻，从古至今希得见。

迎儿接得来，慌忙揣在怀里，也不敢说与押司娘知道。

当日烧了香，各自归家。把上项事对王兴说了，王兴讨那物事看时，却是一幅纸。上写道：

大女子，小女子，前人耕来后人饵。要知三更事，掇开火下水。来年二三月，句已当解此。

王兴看了，解说不出，吩咐迎儿不要说与别人知道，看来年二三月间有什么事。

捻指间，到来年二月间，换个知县，是庐州金斗城人，姓包名拯，就是今人传说有名的包龙图相公。他后来官至龙图阁学士，所以叫作包龙图。此时做知县还是初任。那包爷自小聪明正直，做知县时，便能剖人间暧昧之情，断天下狐疑之狱。到任三日，未曾理事。夜间得其一梦，梦见自己坐堂，堂上贴一联对子：

要知三更事，掇开火下水。

包爷次日早堂，唤合当吏书，将这两句教他解说，无人能识。包公讨白牌一面，将这一联楷书在上，却就是小孙押司动笔。写毕，包公将朱笔判在后面："如有能解此语者，赏银十两。"将牌挂于县门，烘动县前县后官身私身，挨肩擦背，只为贪那赏物，都来赌先争看。

却说王兴正在县前买枣糕吃，听见人说知县相公挂一面白牌出来，牌上有二句言语，无人解得。王兴走来看时，正是速报司判官一幅纸上写的话。忽地吃了一惊："欲要出首,那新知县相公,是个古怪的人,怕去惹他。欲待不说,除了我,再无第二个人晓得这二句话的来历。"买了枣糕回去,与浑家说知此事。迎儿道："先押司三遍出现,教我与他申冤,又白白里得了他一包银子。若不去出首,只怕鬼神见责。"王兴意犹不决。再到县前,正遇了邻人裴孔目。王兴平昔晓得裴孔目是知事的,一手扯到僻静巷里,将此事与他商议:"该出首也不该?"裴孔目道:"那速报司这一幅纸在哪里?"王兴道:"见藏在我浑家衣服箱里。"裴孔目道:"我先去与你禀官。你回去取了这幅纸,带到县里。待知县相公唤你时,你却拿将出来,做个证见。"当下王兴去了。

裴孔目候包爷退堂,见小孙押司不在左右,就跪将过去,禀道:"老爷白牌上写这二句,只有邻舍王兴晓得来历。他说是岳庙速报司与他一幅纸,纸上还写许多言语,内中却有这二句。"包爷问道:"王兴如今在那里?"裴孔目道:"已回家取那一幅纸去了。"包爷差人速拿王兴回话。却说王兴回家,开了浑家的衣箱,检那幅纸出来看时,只叫得苦,原来是一张素纸,字迹全无。不敢到县里去,怀着鬼胎,躲在家里。知县相公的差人到了。新官新府,如火之急,怎好推辞,只得带了这张素纸,随着公差进县,直至后堂。

包爷屏去左右,只留裴孔目在旁。包爷问王兴道:"裴某说你在岳庙中,收得一幅纸,可取上来看?"王兴连连叩头禀道:"小人的妻子,去年在岳庙烧香。走到速报司前,那神道出现,与他一幅纸。纸上写着一篇说话,中间其实有老爷白牌上写的两句。小的把来藏在衣箱里。方才去检看,变了一张素纸。如今这素纸见在,小人不敢说谎。"包爷取纸上来看了,问道:"这一篇言语,你可记得?"王兴道:"小人还记得。"即时念与包爷听了。

包爷将纸写出,仔细推详了一会,叫:"王兴,我且问你,那神道把这一幅纸,与你的老婆,可再有什么言语吩咐?"王兴道:"那神道只叫与他申冤。"包爷大怒,喝道:"胡说!做了神道,有甚冤没处申得,偏你的婆娘会替他申冤?他到来央你!这等无稽之言,却哄谁来!"王兴慌忙叩头道:"老爷,是有个缘故。"包爷道:"你细细讲,讲得有理有赏,如无理时,今日就是你开棒了。"

王兴禀道:"小人的妻子,原是伏侍本县大孙押司的,叫作迎儿,因算命的算那大孙押司,其年其月其日三更三点命里该死,何期果然死了!主母随了如今的小孙押司,却把这迎儿嫁出与小人为妻。小人的妻子,初次在孙家灶下,看见先押司现身,项上套着井栏,披发吐舌,眼中流血,叫道:'迎儿,可与你爹爹做主!'第二次夜间到孙家门首,又遇见先押司,舒角幞头,绯袍角带,把一包碎银,与小人的妻子。第三遍岳庙里速报司判官出现,将这一幅纸与小人的妻子,又嘱咐与他申冤。那判官爷模样,就是大孙押司,原是小人妻子旧日的家长。"

包爷闻言,呵呵大笑:"原来如此!"喝教左右,去拿那小孙押司夫妇二人到来:

"你两个做得好事!"小孙押司道:"小人不曾做什么事。"包爷将速报司一篇言语,解说出来:"'大女子,小女子',女之子,乃外孙,是说外郎姓孙,分明是大孙押司,小孙押司。'前人耕来后人饵',饵者食也,是说你白得他的老婆,享用他的家业。'要知三更事,拨开火下水',大孙押司,死于三更时分。要知死的根由,'拨开火下之水',那迎儿见家长在灶下,披发吐舌,眼中流血,此乃勒死之状。头上套着井栏,井者水也,灶者火也,水在火下,你家灶必砌在井上,死者之尸,必在井中。'来年二三月',正是今日。'句巳当解此','句巳'两字,合来乃是个包字。是说我包某今日到此为官,解其语意,与他雪冤。"喝教左右同王兴押着小孙押司,到他家灶下,不拘好歹,要勒死的尸首回话。

　　众人似疑不信。到孙家发开灶床脚,地下是一块石板。揭起石板,是一口井。唤集土工,将井水吊干,络了竹篮,放人下去打捞,捞起一个尸首来。众人齐来认看,面色不改,还有人认得是大孙押司。项上果有勒帛。小孙押司唬得面如土色,不敢开口。众人俱各骇然。

　　原来这小孙押司,当初是大雪里冻倒的人。当时大孙押司见他冻倒,好个后生,救他活了,教他识字,写文书。不想浑家与他有事。当日大孙押司算命回来时,恰好小孙押司正闪在他家。见说三更前后当死,趁这个机会,把酒灌醉了。就当夜勒死了大孙押司,撺在井里。小孙押司却掩着面走去,把一块大石头漾在奉符县河里,扑嗵地一声响。当时只道大孙押司投河死了。后来却把灶来压在井上。次后说成亲事。当下,众人回复了包爷。押司和押司娘,不打自招,双双的问成死罪,偿了大孙押司之命。包爷不失信于小民,将十两银子赏与王兴。王兴把三两谢了裴孔目。不在话下。包爷初任,因断了这件公事,名闻天下。至今人说包龙图,日间断人,夜间断鬼。有诗为证:

诗句藏谜谁解明?包公一断鬼神惊。
寄声暗室亏心者,莫道天公鉴不清。

第十四卷

一窟鬼癞道人除怪

杏花过雨，渐残红零落胭脂颜色。流水飘香，人渐远，难托春心脉脉。恨别王孙，墙阴目断，谁把青梅摘？金鞍何处？绿杨依旧南陌。

消散云雨须臾，多情因甚有轻离轻折。燕语千般，争解说些子伊家消息。厚约深盟，除非重见，见了方端的。而今无奈，寸肠千恨堆积。

这只词名唤做《念奴娇》，是一个赴省士人，姓沈名文述所作。原来皆是集古人词章之句。如何见得？从头与各位说开：

第一句道："杏花过雨。"陈子高曾有《寒食词》，寄《谒金门》：

柳丝碧，柳下人家寒食。莺语匆匆花寂寂，玉阶春草湿。　　闲凭熏笼无力，心事有谁知得？檀烛绕窗背壁，杏花残雨滴。

第二句道："渐残红零落胭脂颜色。"李易安曾有《暮春词》，寄《品令》：

零落残红，似胭脂颜色。一件春事，柳飞轻絮，笋添新竹。寂寞，幽对小园嫩绿。　　登临未足，怅游子归期促。他年清梦，千里犹到城阴溪曲。应有凌波，时为故人凝目。

第三句道："流水飘香。"延安李氏曾有《春雨词》，寄《浣溪沙》：

无力蔷薇带雨低，多情蝴蝶趁花飞，流水飘香乳燕啼。　　南浦魂消春不管，东阳衣减镜先知，小楼今夜月依依。

第四句道："人渐远，难托其心脉脉。"宝月禅师曾有《春词》，寄《柳梢

青》：

　　脉脉春心，情人渐远，难托离愁。雨后寒轻，风前香软，春在梨花。　　行人倚棹天涯，酒醒处残阳鸦。门外秋千，墙头红粉，深院谁家？

　　第五句、第六句道："恨别王孙，墙阴目断。"欧阳永叔曾有《清明词》，寄《一斛珠》：

　　伤春怀抱，清明过后莺花好。劝君莫向愁人道，又被香轮辗破青青草。夜来风月连清晓，墙阴目断无人到。恨别王孙愁多少，犹赖春寒未放花枝老。

　　第七句道："谁把青梅摘。"晁无咎曾有《春词》，寄《清商怨》：

　　风摇动，雨潆松，翠条柔弱花头重。春衫窄，娇无力，记得当初，共伊把青梅来摘。　　都如梦，何时共？可怜歆损钗头凤！关山隔，暮云碧，燕子来也，全然又无些子消息。

　　第八句、第九句道："金鞍何处？绿杨依旧南陌。"柳耆卿曾有《春词》，寄《清平乐》：

　　阴晴未定，薄日烘云影；金鞍何处寻芳径？绿杨依旧南陌静。厌厌几许春情，可怜老去难成！看取镊残霜鬓，不随芳草重生。

　　第十句道："消散云雨须臾。"晏叔原曾有《春词》，寄《虞美人》：

　　飞花自有牵情处，不向枝边住。晓风飘薄已堪愁，更伴东流流水过秦楼。　　消散须臾云雨怨，闲倚栏干见。远弹双泪湿香红。暗恨玉颜光景与花同。

第十一句道："多情因甚有轻离轻拆。"魏夫人曾有《春词》，寄《卷珠帘》：

　　记得来时春未暮，执手攀花，袖染花梢露；暗卜春心共花语，争寻双朵争先去。　　多情因甚相辜负？有轻拆轻离，向谁分诉？泪湿海棠花枝处，东君空把奴吩咐。

第十二句道："燕语千般。"康伯可曾有《春词》，寄《减字木兰花》：

　　杨花飘尽，云压绿阴风乍定；帘幕闲垂，弄语千般燕子飞。　　小楼深静，睡起残妆犹未整。梦不成归，泪涕斑斑金缕衣。

第十三句道："争解说些子伊家消息。"秦少游曾有《春词》，寄《夜游宫》：

　　何事东君又去？空满院落花飞絮；巧燕呢喃向人语，何曾解说伊家些子？　　况是伤心绪，念个人儿成暌阻。一觉相思梦回处，连宵雨；更那堪，闻杜宇！

第十四句、第十五句道："厚约深盟，除非重见。"黄鲁直曾有《春词》，寄《捣练子》：

　　梅凋粉，柳摇金，微雨轻风敛陌尘。厚约深盟何处诉？除非重见那人人。

第十六句道："见了方端的。"周美成曾有《春词》，寄《滴滴金》：

　　梅花漏泄春消息，柳丝长，草芽碧；不觉星霜鬓白，念时光堪惜！兰堂把酒思佳客，黛眉颦，愁春色。音书千里相疏隔，见了方端的。

第十七句、第十八句道："而今无奈，寸肠千恨堆积。"欧阳永叔曾有词寄《蝶恋花》：

　　帘幕东风寒料峭，雪里梅花先报春来早。而今无奈寸肠思，堆积千愁空懊恼。　　旋暖金炉薰兰澡，闷把金刀剪彩呈纤巧。绣被五更香睡好，罗帏不觉纱窗晓。

　　话说沈文述是一个士人，自家今日也说一个士人。因来行在临安府取选，变作十数回蹊跷作怪的小说。我且问你，这个秀才姓甚名谁？却说绍兴十年间，有个秀才，是福州威武军人，姓吴名洪。离了乡里，来行在临安府求取功名，指望：

　　一举首登龙虎榜，十年身到凤凰池。

　　怎知道时运未至，一举不中。吴秀才闷闷不已，又没什么盘缠，也自羞归故里，且只得胡乱在今时州桥下，开一个小小学堂度日。等待后三年，春榜动，选场开，再去求取功名。逐月却与几个小男女打交。捻指开学堂后，也有一年之上。也罪过那街上人家，都把孩儿们来与他教训，颇自有些趣足。

　　当日正在学堂里教书，只听得青布帘儿上铃声响，走将一个人入来。吴教授看那入来的人，不是别人，却是半年前搬去的邻舍王婆。原来那婆子是个撮合山，专靠做媒为生。吴教授相揖罢，道："多时不见，而今婆婆在哪里住？"婆子道："只道教授忘了老媳妇。如今老媳妇在钱塘门里沿城住。"教授问："婆婆高寿？"婆子道："老媳妇犬马之年，七十有五。教授青春多少？"教授道："小子二十有二。"婆子道："教授方才二十有二，却像三十以上人。想教授每日价费多少心神！据老媳妇愚见，也少不得一个小娘子相伴。"教授道："我这里也几次问人来，却没这般头脑。"婆子道："这个'不是冤家不聚会'。好教官人得知，却有一头好亲在这里：一千贯钱房卧，带一个从嫁，又好人材。却有一床乐器都会，又写得，算得，又是吽嗻大官府第出身。只要嫁个读书官人。教授却是要也不？"教授听得说罢，喜从天降，笑逐颜开，道："若还真个有这人时，可知好哩！只是这个小娘子如今在那里？"婆子道："好教教授得知，这个小娘子，从秦太师府三通判位下出来，有两个月，不知放了多少帖子，也曾有省、部、院里当职事的来说他，也曾有内诸司当差的来说他，也曾有门面铺席人来说他，只是高来不成，低来不就，小娘子道：'我只要嫁个读书官人。'更兼又没有爹娘，只有一个从嫁，名唤锦儿。因他一床乐器都会，一府里人都叫作李乐娘。见今在白雁池一个旧邻舍家里住……"

　　两个兀自说犹未了，只见风吹起门前布帘儿来，一个人从门首过去。王婆道："教授，你见过去的那么么？便是你有分取他做浑家……"王婆出门赶上那人，不是别人，便是李乐娘在他家住的，姓陈，唤做陈干娘。王婆厮赶着入来，与吴教授相揖罢。王婆道："干娘，宅里小娘子说亲成也未？"干娘道："说不得，又不是没好亲来说他，只是吃他执拗的苦，口口声声，'只要嫁个读书官人'，却又没这般巧。"王婆道："我却有个好亲在这里，未知干娘与小娘子肯也不？"干娘道："却教孩儿嫁兀谁？"王婆指着吴教授道："我教小娘子嫁这个官人，却是好也不好？"干娘道："休取笑，若嫁得这个官人，可知好哩！"

吴教授当日一日教不得学，把那小男女早放了，都唱了喏，先归去。教授却把一把锁锁了门，同着两个婆子上街。免不得买些酒相待她们。三杯之后，王婆起身道："教授既是要这头亲事，却问干娘觅一个帖子。"干娘道："老媳妇有在这里。"侧手从抹胸里取出一个帖子来。王婆道："干娘，'真人面前说不得假话，早地上打不得拍浮。'你便约了一日，带了小娘子和从嫁锦儿来梅家桥下酒店里，等我便同教授来过眼则个。"干娘应允，和王婆谢了吴教授，自去。教授还了酒钱归家，把闲话提过。

到那日，吴教授换了几件新衣裳，放了学生，一程走将来梅家桥下酒店里时，远远地王婆早接见了。两个同入酒店里来。到得楼上，陈干娘接着，教授便问道："小娘子在哪里？"干娘道："孩儿和锦儿在东阁儿里坐地。"教授把三寸舌尖舐破窗眼儿，张一张，喝声采，不知高低道："两个都不是人！"如何不是人？原来见他生得好了，只道那妇人是南海观音；见锦儿是玉皇殿下侍香玉女。怎地道他不是人？看那李乐娘时：

> 水剪双眸，花生丹脸，云鬟轻梳蝉翼，蛾眉淡拂春山，朱唇缀一颗天桃，皓齿排两行碎玉。意态自然，迥出伦辈。有如织女下瑶台，浑似嫦娥离月殿。

看那从嫁锦儿时：

> 眸清可爱，鬟耸堪观，新月笼眉，春桃拂脸。意态幽花未艳，肌肤嫩玉生香。金莲着弓弓扣绣鞋儿，螺髻插短短紫金钗子。如捻青梅窥小俊，似骑红杏出墙头。

自从当日插了钗，离不得下财纳礼，奠雁传书。不则一日，吴教授取过那妇女来，夫妻两个好，说得着：

> 云淡淡天边鸾凤，水沉沉交颈鸳鸯；

写成今世不休书，结下来生双绾带。

却说一日是月半，学生子都来得早，要拜孔夫子。吴教授道："姐姐，我先起去。"来那灶前过，看那从嫁锦儿时，脊背后披着一带头发，一双眼插将上去，胲项上血污着。教授看见，大叫一声，匹然倒地。即时浑家来救得苏醒，锦儿也来扶起。浑家道："丈夫，你见什么来？"吴教授是个养家人，不成说道："我见锦儿恁地来？"自己也认做眼花了，只得使个脱空，瞒过道："姐姐，我起来时少着了件衣裳，被冷风一吹，忽然头晕倒了。"锦儿慌忙安排些个安魂定魄汤，与他吃罢，自没事了。只是吴教授肚里，有些疑惑。

话休絮烦。时遇清明节假，学生子却都不来。教授吩咐了浑家，换了衣服，出去闲走一遭。取路过万松岭，出今时净慈寺里，看了一会。却待出来，只见一个人看着吴教授唱个喏，教授还礼不迭。却不是别人，是净慈寺对门酒店里量酒，说道："店中一个官人，教男女来请官人！"吴教授同量酒入酒店来时，不是别人，是王七府判儿，唤做王七三官人。两个叙礼罢，王七三官人道："适来见教授，又不敢相叫，特地教量酒来相请。"教授道："七三官人如今哪里去？"王七三官人口里不说，肚里思量："吴教授新娶一个老婆在家不多时，你看我消遣他则个。"道："我如今要同教授去家里坟头走一遭，早间看坟的人来说道：'桃花发，杜醖又熟。'我们去那里吃三杯。"教授道："也好。"两个出那酒店，取路来苏公堤上。看那游春的人，真个是：

人烟辐辏，车马骈阗。只见和风扇景，丽日增明，流莺啭绿柳荫中，粉蝶戏奇花枝上。管弦动处，是谁家舞榭歌台？语笑喧时，斜侧傍春楼夏阁。香车竞逐，玉勒争驰；白面郎敲金镫响，红妆人揭绣帘看。

南新路口讨一只船，直到毛家步上岸，迤逦过玉泉龙井。王七三官人家里坟，直在西山驼献岭下。好座高岭！下那岭去，行过一里，到了坟头。看坟的张安接见了。王七三官人即时叫张安安排些点心、酒来。侧首一个小小花园内，两个入去坐地。又是自做的杜醖，吃得大醉。看那天色时，早已：

红轮西坠，玉兔东生。佳人秉烛归房，江上渔人罢钓。渔父卖鱼归竹径，牧童骑犊入花村。

天色却晚，吴教授要起身，王七三官人道："再吃一杯，我和你同去。我们过驼献岭、九里松路上，妓弟人家睡一夜。"吴教授口里不说，肚里思量："我

国学经典文库
中国二十大名著
警世通言
图文珍藏版

新娶一个老婆在家里，干颡我一夜不归去，我老婆须在家等，如何是好？便是这时候去赶钱塘门，走到那里，也关了。"只得与王七三官人手厮挽着，上驼献岭来。你道事有凑巧，物有故然，就那岭上，云生东北，雾长西南，下一阵大雨。果然是银河倒泻，沧海盆倾，好阵大雨！且是没躲处，冒着雨又行了数十步，见一个小小竹门楼。王七三官人道："且在这里躲一躲。"不是来门楼下躲雨，却是：

猪羊走入屠宰家，一脚脚来寻死路。

两个奔来躲雨时，看来却是一个野墓园。只那门前一个门楼儿，里面都没什么屋宇。石坡上两个坐着，等雨住了行。正大雨下，只见一个人貌类狱子院家打扮，从隔壁竹篱笆里跳入墓园，走将去墓堆子上叫道："朱小四，你这厮有人请唤，今日须当你这厮出头。"墓堆子里谩应道"阿公，小四来也。"不多时，墓上土开，跳出一个人来，狱子厮赶着了自去。吴教授和王七三官人见了，背膝展展，两股不摇而自颤。看那雨却住了，两个又走，地下又滑，肚里又怕，心头一似小鹿儿跳，一双脚一似斗败公鸡，后面一似千军万马赶来，再也不敢回头。

行到山顶上，侧着耳朵听时，空谷传声，听得林子里面断棒响。不多时，则见狱子驱将墓堆子里跳出那个人来。两个见了又走，岭侧首却有一个败落山神庙，入去庙里，慌忙把两扇庙门关了。两个把身躯抵着庙门，真个气也不敢喘，屁也不敢放。听那外边时，只听得一个人声唤过去，道："打杀我也！"一个人道："打脊魍魉，你这厮许了我人情，又不还我，怎的不打你？"王七三官人低低说与吴教授道："你听得外面过去的，便是那狱子和墓堆里跳出来的人。"两个在里面颤做一团。吴教授却埋怨王七三官人道："你没事教我在这里受惊受怕，我家中浑家，却不知怎地盼望……"

兀自说言未了，只听得外面有人敲门，道："开门则个！"两个问道："你是谁？"仔细听时，却是妇女声音，道："王七三官人好也！你却将我丈夫在这里一夜，直教我寻到这里，锦儿，我和你推开门儿，叫你爹爹。"吴教授听得外面声音，"不是别人，是我浑家和锦儿，怎知道我和王七三官人在这里？莫教也是鬼？"两个都不敢则声。只听得外面说道："你不开庙门，我却从庙门缝里钻入来！"两个听得恁地说，日里吃的酒，都变作冷汗出来。只听得外面又道："告妈妈，不是锦儿多口，不如妈妈且归，明日爹爹自归来。"浑家道："锦儿，你也说得是，我且归去了，却埋会。"却叫道："王七三官人，我且归去，你明朝却送我丈夫归来则个！"两个哪里敢应他。妇女和锦儿说了自去。

王七三官人说："吴教授，你家里老婆和从嫁锦儿，都是鬼！这里也不是人去处，我们走休！"拨开庙门看时，约莫是五更天气，兀自未有人行。两个下得岭来，尚有一里多路，见一所林子里，走出两个人来。上手的是陈干娘，下手的是王婆，道："吴教授，我们等你多时，你和王七三官人却从哪里来？"吴教授和王七三官人看见道："这两个婆子也是鬼了，我们走休！"真个便是獐奔鹿跳，猿跃鹊飞，下那岭来。后面两个婆子，兀自慢慢地赶来。"一夜热乱，不曾吃一些物事，肚里又饥。一夜见这许多不祥，怎地得个生人来冲一冲！"正怄地说，则见岭下一家人家，门前挂着一枝松柯儿。王七三官人道："这里多则是卖茅柴酒，我们就这里买些酒吃了助威，一道躲那两个婆子。"恰待奔入这店里来，见个男女：

> 头上裹一顶牛胆青头巾，身上裹一条猪肝赤肚带，旧瞒裆袴，脚下草鞋。

王七三官人道："你这酒怎地卖？"只见那汉道："未有烫哩。"吴教授道："且把一碗冷的来！"只见那人也不则声，也不则气。王七三官人道："这个开酒店的汉子，又尴尬，也是鬼了！我们走休……"兀自说未了，就店里起一阵风：

> 非干虎啸，不是龙吟，明不能谢柳开花，暗藏着山妖水怪。吹开地狱门前土，惹引酆都山下尘。

风过处看时，也不见了酒保，也不见有酒店，两个立在墓堆子上。唬得两个魂不附体，急急取路到九里松曲院前，讨了一只船，直到钱塘门，上了岸。

王七三官人自取路归家。吴教授一径先来钱塘门城下王婆家里看时，见一把锁锁着门。问那邻舍时，道："王婆自死五个月有零了。"唬得吴教授目睁口呆，罔知所措。一程离了钱塘门，取今时景灵宫贡院前，过梅家桥，到白雁池边来。问到陈干娘门首时，十字儿竹竿封着门，一碗官灯在门前。上面写着八个字道："小心似铁，官法如炉。"问哪里时，"陈干娘也死一年有余了。"离了白雁池，取路归到州桥下，见自己屋里，一把锁锁着门，问邻舍："家里拙妻和粗婢哪里去了？"邻舍道："教授昨日一出门，小娘子吩咐了我们：'自和锦儿往干娘家里去。'直到如今不归。"

吴教授正在那里面面厮觑，做声不得。只见一个癫道人，看看吴教授道："观公妖气太重，我与你早早断除，免致后患。"吴教授即时请那道人入去，安排香烛符水。那个道人作起法来，念念有词，喝声道："疾！"只见一员神将出现：

黄罗抹额，锦带缠腰，皂罗袍袖绣团花，金甲束身微窄地。剑横秋水，靴踏猰㺄。上通碧落之间，下彻九幽之地。业龙作祟，向海波水底擒来；邪怪为妖，入山洞穴中捉出。六丁坛畔权为符吏之名；上帝阶前，次有天丁之号。

神将声喏道："真君遣何方使令？"真人道："在吴洪家里兴妖，并驼献岭上为怪的，都与我捉来！"神将领旨，就吴教授家里起一阵风：

无形无影透人怀，二月桃花被绰开；

就地撮将黄叶去，入山推出白云来。

西山窟鬼卷
卷身

风过处，捉将几个为怪的来：吴教授的浑家李乐娘，是秦太师府三通判小娘子，因与通判怀身，产亡的鬼；从嫁锦儿，因通判夫人妒色，吃打了一顿，因怎地自割杀，他自是割杀的鬼；王婆是害水蛊病死的鬼；保亲陈干娘，因在白雁池边洗衣裳，落在池里死的鬼；在驼献岭上被狱子叫开墓堆，跳出来的朱小四，在日看坟，害痨病死的鬼；那个岭下开酒店的，是害伤寒死的鬼。道人一一审问明白，去腰边取出一个葫芦来。人见时，便道是葫芦；鬼见时，便是酆都狱。作起法来，那些鬼个个抱头鼠窜，捉入葫芦中。吩咐吴教授："把来埋在驼献岭下。"

癫道人将拐杖望空一撇，变做一只仙鹤，道人乘鹤而去。吴教授直下拜道："吴洪肉眼不识神仙，情愿相随出家，望真仙救度弟子则个！"只见道人道："我乃上界甘真人，你原是我旧日采药的弟子。因你凡心不净，中道有退悔之意，因此堕落。今生罚为贫儒，教你备尝鬼趣，消遣色情。你今既已看破，便可离尘办道，直待一纪之年，吾当度汝。"说罢，化阵清风不见了。吴教授从此舍俗出家，云游天下。十二年后，遇甘真人于终南山中，从之而去。诗曰：

一心办道绝凡尘，众魅如何敢触人？
邪正尽从心剖判，西山鬼窟早翻身。

第 十 五 卷

金令史美婢酬秀童

塞翁得马非为吉，宋子双盲岂是凶！
祸福前程如漆暗，但平方寸答天公。

话说苏州府城内有个玄都观，乃是梁朝所建。唐刺史刘禹锡有诗道："玄都观里桃千树"，就是此地。一名为玄妙观。这观踞郡城之中，为姑苏之胜。基址宽广，庙貌崇宏，上至三清，下至十殿，无所不备。各房黄冠道士，何止数百。内中有个北极真武殿，俗名祖师殿。这一房道士，世传正一道教，善能书符遣将，剖断人间祸福。于中单表一个道士，俗家姓张，手中惯弄一个皮雀儿，人都唤他做张皮雀。其人有些古怪，荤酒自不必说，偏好吃一件东西。是甚东西？

吠月荒村里，奔月腊雪天；
分明一太字，移点在旁边。

他好吃的是狗肉。屠狗店里把他做个好主顾，若打得一只壮狗，定去报他来吃。吃得快活时，人家送得钱来，都把与他也不算账。或有鬼祟作耗，求他书符镇宅，遇着吃狗肉，就把箸蘸着狗肉汁，写个符去，教人贴于大门。邻人往往夜见贴符之处，如有神将往来，其祟立止。

有个矫大户家，积年开典获利，感谢天地，欲建一坛斋醮酬答。已请过了清真观里周道士主坛，周道士夸张皮雀之高，矫公亦慕其名，命主管即时相请。那矫家养一只防宅狗，甚是肥壮。张皮雀平昔看在眼里，今番见他相请，说道："你若要我来时，须打这只狗请我，待狗肉煮得稀烂，酒也烫热了，我才到你家里。"主管回复了矫公。矫公晓得他是跷蹊古怪的人，只得依允。果然烫热了酒，煮烂了狗肉，张皮雀到门。主人迎入堂中，告以相请之意。堂中香火灯烛，摆得齐整，供养着一堂神道，众道士已起过香头了。张皮雀昂然而入，也不礼神，也不与众道士作揖，口中只叫："快将烂狗肉来吃，酒要热些！"矫公道："且看他吃了酒肉，如何作用。"当下大盘装狗肉，大壶盛酒，摆列张皮雀面前，恣意饮啖，吃得盘无余骨，酒无余滴，十分醉饱，叫道："嗏噪！"吃得快活，嘴也不抹一抹，望着拜神的铺毡上倒头而睡，鼻息如雷，自酉牌直睡至下半夜。众道士醮事已毕，兀自未醒，又不敢去动掸他。矫公等得不耐烦，倒埋怨周道士起来。周道士自觉无颜，不敢分辨，想道："张皮雀时常吃醉了，一睡两三日不起，今番正不知几时才醒？"只得将表章焚化了，辞神谢将，收拾道场。

弄到五更，众道士吃了酒饭，刚欲告辞，只见张皮雀在拜毡上跳将起来。团团一转，乱叫："十日十日，五日五日。"矫公和众道士见他疯了，都走来围着看。周道士胆大，向前抱住，将他唤醒了，口里还叫："五日五日。"周道士问其缘故，张皮雀道："适才表章，谁人写的？"周道士道："是小道亲手缮写的。"张皮雀道："中间落了一字，差了两字。"矫公道："学生也亲口念过几遍，并无差落，那有此话？"张皮雀在袖中窸窣响，抽出一幅黄纸来道："这不是表章？"众人看见，各各骇然道："这表章已焚化了，如何却在他袖中，纸角儿也不动半毫？"仔细再念一遍，到天尊宝号中，果然落了一字，却看不出差处。张皮雀指出其中一联云：

"吃亏吃苦，挣来一倍之钱。奈短奈长，仅作千金之子。

'吃亏吃苦'该写'喫'字，今写'吃'字，是'吃舌'的'吃'字了。'喫'音'赤'，'吃'音'格'，两音也不同。'奈'字，是'李奈'之'奈'。'奈'字，是'奈何'之'奈'。'耐'字是'耐烦'之'耐'。'奈短奈长'该写'耐烦'的'耐'字，'奈'是果名，借用不得。你欺负上帝不识字么？如今上帝大怒，教我也难处。"矫公和众道士见了表文，不敢不信，一齐都求告道："如今重修章奏，再建斋坛，不知可否？"张皮雀道："没用，没用！你表文上差落字面还是小事，上帝因你有这道奏章，在天曹日记簿查你的善恶。你自开解库，为富不仁，轻兑出，重兑入，水丝出，足纹入，兼将解下的珠宝，但拣好的都换了自用。又凡质物值钱者，才足了年数，就假托变卖过了，不准赎取；如此刻剥贫户，以致肥饶。你奏章中全无悔罪之言，多是自夸之语，已命雷部于即日焚烧汝屋，荡毁你的家私。我只为念你一狗之惠，求宽至十日，上帝不允；再三恳告，已准到五日了。你可出个晓字：'凡五日内来赎典者免利，只收本钱。'其向来欺心，换人珠宝，赖人质物，虽然势难吐退；发心喜舍，变卖为修桥补路之费。有此善行，上帝必然回嗔，或者收回雷部，也未可知。"

矫公初时也还有信从之意，听说到"收回雷部，也未可知"，到不免有疑："这疯道士必然假托此因，来布施我的财物。难道雷部如此易收易放？"况且掌财的人，算本算利，怎肯放松？口中答应，心下不以为然。张皮雀和众道士辞别自去了。矫公将此话搁起不提。到第五日解库里火起，前堂后厅，烧做白地。第二日，这些质当的人家，都来讨当，又不肯赔偿，结起讼来，连田地都卖了。矫大户一贫如洗。有人知道张皮雀曾预言雷火之期，从此益敬而畏之。

张皮雀在玄都观五十余年，后因渡钱塘江，风逆难行，张皮雀遣天将打缆，其去如飞。皮雀呵呵大笑，触了天将之怒，为其所击而死。后有人于徽商家扶鸾，皮雀降笔，自称："原是天上苟元帅，尘缘已满，众将请他上天归班，非击死也。"徽商闻真武殿之灵异，舍施千金，于殿前堆一石假山，以为壮观之助。这假山虽则美观，反破了风水，从此本房道侣，更无得道者。诗云：

> 雷火曾将典府焚，符驱鬼祟果然真；
> 玄都观里张皮雀，莫道无神也有神。

为何说这张皮雀的话？只为一般有个人家，信了书符召将，险些儿冤害了人的性命。那人姓金名满，也是苏州府昆山县人。少时读书不就，将银援例纳了个令史，就参在本县户房为吏。他原是个乖巧的人，待人接物，十分克己，同役中甚是得合。做不上三四个月令史，衙门上下，没一个不喜欢他。又去结交这些门子，要他在知县相公面前帮衬，不时请他们吃酒，又送些小物事。但遇知县相公比较，审问到夜静更深时，他便留在家中宿歇，日逐打诨。那门子也都感激，在县主面前虽不能用力，每事却也十分周全。

时遇五月中旬，金令史知吏房要开各吏送阄库房，思量要谋这个美缺。那库房旧例，一吏轮管两季，任凭县主随意点的。众吏因见是个利薮，人人思想要管，屡屡县主点来，都不肯服。却去上司具呈批准，要六房中择家道殷实老成无过犯的，当堂拈阄，各吏具结申报上司，若新参及役将满者，俱不行阄。然虽如此，其权出在吏房。但平日与吏房相厚的，送些东道，他便混账开上去，哪里管新参，役满，家道殷实不殷实？这叫作官清私暗。却说金满暗想道："我虽是新参，那吏房刘令史与我甚厚，拼送些东西与他，自然送阄的，若阄得着，也不枉费这一片心机；倘阄不着，却不空丢了银子，又被人笑话？怎得一个必着之策便好！"忽然想起门子王文英，他在衙门有年，甚有见识，何不寻他计较！

一径走出县来，恰好县门口，就遇着王文英，道："金阿叔，忙忙的哪里去？"金满道："好兄弟，正来寻你说话。"王文英道："有什么事作成我？"金满道："我与你坐了方好说。"二人来到侧边一个酒店里坐下，金满一头吃酒，一头把要谋库房的事。说与王文英知道。王文英说："此事只要吏房开得上去，包在我身上，使你阄着。"金满道："吏房是不必说了，但当堂拈阄怎么这等把稳？"王文英附耳低言道："只消如此如此，何难之有！"金满大喜，连声称谢："若得如此，自当厚谢。"二人又吃了一回，起身会钞而别。

金满回到公廨里买东买西，备下夜饭，请吏房令史刘云到家，将上项事与他说知。刘云应允。金满取出五两银子，送与刘云道："些小薄礼，先送阿哥买果吃，待事成了，再找五两。"刘云假意谦让道："自己弟兄，怎么这样客气？"金满道："阿哥从直些罢，不嫌轻，就是阿哥的盛情了。"刘云道："既如此，我权收去再处。"把银袖了。摆出果品肴馔，二人杯来盏去，直饮至更深而散。

明日，有一令吏察听了些风声，拉了众吏与刘云说："金某他是个新参，未及半年，怎么就想要做库房？这个定然不成的。你要开只管开，少不得要当堂禀的，恐怕连你也没趣。那时却不要见怪！"刘云道："你们不要乱嚷，凡事也要通个情！就是他在众人面上，一团和气，并无一毫不到之处，便开上去，难道就是他阄着了？这是落得做人情的事，若去一禀，朋友面上又不好看，说起来只是我们薄情！"又一个道："争名争利，顾得什么朋友不朋友，薄情不薄情！"刘云道："嗳！不要与人争，只去与命争。是这样说，明日就是你阄着便好，若不是你，连这几句话也是多的，还要算长。"内中有两个老成的，见刘云说得有理，便道："老刘，你的话虽是，但他忒性急了些。就是做库房，未知是祸是福，直等结了局，方才见得好歹。什么正经？做也罢，不做也罢，不要闲争，各人自去干正事。"遂各散去，金满闻得众人有言，恐怕不稳，又去揭债，央本县显要士夫，写书嘱托县相公，说他"老成明理，家道颇裕，诸事可托"。这分明是叫把库房与他管，但不好明言耳。

话休烦絮。到拈阄这日，刘云将应阄各吏名字，开列一单，呈与知县相公看了。唤里书房一样写下条子，又呈上看罢，命门子乱乱的总做一堆，然后唱名取阄。那卷阄传递的门子，便是王文英，已作下弊。金满一手拈起，扯开，恰好正是。你道当堂拈阄，怎么作得弊？原来刘云开上去的名单，却从吏、户、礼、兵、刑、工挨次写的。吏房也有管过的，也有役满快的，已不在数内。金满是户房司吏，单上便是第一名了。那王文英卷阄的时节，已做下暗号，金满第一个上去，拈时，却不似易如反掌！众人那知就里，正是：

随你官清似水，难逃吏滑如油。

当时众吏见金满阄着，都跪下禀说："他是个新参，尚不该阄库。况且钱粮干系，不是小事，俱要具结申报上司的。若是金满管了库，众吏不敢轻易执结的。"县主道："既是新参，就不该开在单上了。"众吏道："这是吏房刘云得了他贿赂，混开在上面的。"县主道："吏房既是混开，你众人何不先来禀明？直等他阄着方来禀话，明明是个妒忌之意！"众人见本官做了主，谁敢再道个不字，反讨了一场没趣。县主落得在乡官面上做个人情，又且当堂阄着，更无班驳。那些众吏虽怀妒忌，无可奈何，做好做歉的说发金满备了一席戏酒，方出结状，申报上司，不在话下。

且说金满自六月初一日交盘，上库接管，就把五两银子谢了刘云。那些门子因作弊成全了他，当做恩人相看，比前愈加亲密。他虽则管了库，正在农忙之际，诸事俱停，哪里有什么钱粮完纳。到七八月里，却又个把月不下雨，做了个秋旱。虽不至全灾，却也是个半荒。乡间人纷纷的都来告荒。知县相公只得各处去踏勘，也没甚大生意。眼见得这半年库房，扯得直就够了。

时光迅速，不觉到了十一月里，钦天监奏准本月十五日月蚀，行文天下救护。本府奉文，帖下属县，是夜，知县相公聚集僚属师生僧道人等，在县救护。旧例库房备办公宴，于后堂款待众官。金满因无人相帮，将银教厨夫备下酒席，自己却不敢离库。转央刘云及门子在席上点管酒器，支持诸事。众官不过拜几拜，应了故事，都到后堂饮酒。只留这些僧道在前边打一套铙钹，吹一番细乐，直闹到四更方散。刚刚收拾得完，恰又报新按院到任。县主急忙忙下船，到府迎接。又要支持船上，往还供应，准准的一夜眼也不合。天明了，查点东西时，不见了四锭元宝。金满自想："昨日并不曾离库，有谁人用障眼法偷去了？只恐怕还失落在那里。"各处搜寻，哪里见个分毫。着了急，连声叫苦道："这般晦气，却失了这二百两银子，如今把什么来赔补？若不赔时，一定经官出丑，如何是好！"一头叫苦，一边又重新寻起，就把这间屋翻转来，何尝有个影儿。慌做一堆，正没理会。那时外边都晓得库里失了银子，尽来探问，到拌得口干舌碎。内中单喜欢得那几个不容他管库的令史，一味说清话，做鬼脸，喜谈乐道。正是：

幸灾乐祸千人有，替力分忧半个无！

过了五六日，知县相公接了按院，回到县里。金满只得将此事禀知县主。县主还未开口，那几个令史在傍边，你一嘴，我一句道："自己管库没了银子，不去赔补，到对老爷说，难道老爷赔不成？"县主因前番阅库时，有些偏护了金满，今日没了银子，颇有赧容，喝道："库中是你执掌，又没闲人到来，怎么没了银子？毕竟半去嫖赌花费了，在此支吾。今且饶你的打，限十日内将银补库；如无，定然参究。"

金满气闷闷地走出县来。即时寻县中阴捕商议……。江南人说阴捕，就是北方叫番子手一般。其在官有名者谓之官捕，帮手谓之白捕……，金令史不拘官捕、白捕，都邀过来，到酒店中吃三杯。说道："金某今日劳动列位，非为己私，四锭元宝寻常人家可有？不比散碎的好用，少不得败露出来。只要列位用心，若缉访得实，拿获赃盗时，小子愿出白金二十两酬劳。"捕人齐答应道："当得当得。"一日三，三日九，看看十日限足，捕人也吃了几遍酒水，全无影响。知县相公叫金满问："银子有了么？"金满禀道："小的同捕人缉访，尚无踪迹。"知县喝道："我限你十日内赔补，那等得你缉访！"叫左右："揣下去打！"金满叩头求饶，道："小的愿赔，只求老爷再宽十日，容变卖家私什物。"知县准了转限。金满管库，又不曾趁得几多东西，今日平白地要赔这二百两银子，甚费措置。家中首饰衣服之类，尽数变卖也还不勾。身边畜得一婢，小名金杏，年方一十五岁，生得其有姿色：

> 鼻端面正，齿白唇红，两道秀眉，一双娇眼；鬓似乌云发委地，手如尖笋肉凝脂；分明豆蔻尚含香，疑似天桃初发蕊。

金令史平昔爱如己女，欲要把这婢子来出脱，思想再等一二年，遇个贵人公子，或小妻，或通房，嫁他出去，也讨得百来两银子。如今忙不择价，岂不可惜。左思右想，只得把住身的几间房子，权解与人。将银子凑足二百两之数，倾成四个元宝，当堂兑准，封贮库上，吩咐他："下次小心！"金令史心中好生不乐，把库门锁了，回到公廨里，独坐在门首，越想越恼。着甚来由，用了这主屈财，却不是青白晦气！

正纳闷间，只见家里小厮叫作秀童，吃得半醉，从外走来。见了家长，倒退几步。金令史骂道："蠢奴才，家长气闷，你到快活吃酒！我手里没钱使用，你到有闲钱买酒吃。"秀童道："我见阿爹两日气闷，连我也不喜欢，常听见说酒可忘忧，身边偶然积得几分银子，买杯中物来散闷。阿爹苦没钱买酒时，我还余得有一壶酒钱，在店上，取来就是。"金令史喝道："谁要你的吃！"原来苏州有件风俗，大凡做令史的，不拘内外人都称呼为"相公"。秀童是九岁时卖在金家的，自小抚养，今已二十余岁，只当过继的义男，故称"阿爹"。那秀童要取壶酒与阿爹散闷，是一团孝顺之心。谁知人心不同，到挑动了家长的一个机括，险些儿送了秀童的性命。正是：

> 老龟烹不烂，移祸于枯桑。

当时秀童自进去了。金令史蓦然想道："这一夜眼也不曾合，哪里有外人进来偷了去？只有秀童拿递东西，进来几次，难道这银子是他偷了？"又想道："这小厮自幼跟随奔走，甚是得力，从不见他手脚有甚毛病，如何抖然生起盗心？"又想道："这小厮平昔好酒。凡为盗的，都从好酒赌钱两件上起。他吃溜了口，没处来方，见了大锭银子，又且手边方便，如何不爱？不然，终日买酒吃，哪里来这许多钱？"又想道："不是他，他就要偷时，或者溜几块散碎银子，这大锭元宝没有这个力量。就偷了时，那时出笋？终不然，放在钱柜上零支钱，少不得也露人眼目。就是拿出去时，只好一锭，还留下三锭在家，我今夜把他床铺搜检一番，便知分晓。"又想道："这也不是常法，他若果偷了这大银，必然寄顿在家中父母处，怎肯还放在身边？搜不着时，反惹他笑。若不是他偷的，冤了他一场，反冷了他的心肠。哦！有计了，闻得郡城有个莫道人，召将断事，吉凶如睹，见寓在玉峰寺中，何不请他来一问，以决胸中之疑。"过了一夜，次日，金满早起，吩咐秀童买些香烛纸马果品之类，也要买些酒肉，为谢将之用，自己却到玉峰寺去请莫道人。

却说金令史旧邻有个闲汉，叫作计七官，偶在街上，看见秀童买了许多东西，气忿忿的走来，问其缘故。秀童道："说也好笑，我爹真是交了败运，干这样没正经事！二百两银子已自赔去了，认了晦气罢休，却又听了别人言语，请什么道人来召将。那贼道今日鬼混，哄了些酒肉吃了，明日少不得还要索谢。'成不成，吃三瓶'，本钱去得不爽利，又添些利钱上去，好没要紧！七官人，你想这些道人，可有真正活神仙在里面么？有这好酒好肉，到把与秀童吃了，还替我爹出得些气力，斋了这贼道的嘴，'咶噪'也可谢你一声么！"正说之间，恰好金令史从玉峰寺转来。秀童见家长来了，自去了。金满与计七官相见问道："你与秀童说什么？"计七官也不信召将之事的，就把秀童适才所言，述了一遍，又道："这小厮到也有些见识。"金满沉吟无语，那计七官也只当闲话叙过，不想又挑动了家长一个机括：

> 只因家长心疑，险使童儿命丧！

金令史别了计七官自回县里，腹内踌躇："这话一发可疑。他若不曾偷银子，由我召将便了，如何要他怪那个道士？"口里不言，分明是"土中曲蟮，满肚泥心"。少停，莫道人到了，排设坛场，却将邻家一个小学生附体。莫道人做张做智，步罡踏斗，念咒书符，小学生就舞将起来，像一个捧剑之势，口称"邓将军下坛"，其声颇洪，不似小学生口气。金满见真将下降，叩首不迭，志心通陈，求判偷银之贼。天将摇首道："不可说，不可说！"金满再三叩头，愿乞大将拈示真盗姓名，莫道人又将灵牌施设，喝道：

> 鬼神无私，明彰报应。
> 有叩即答，急急如令！

金满叩之不已，天将道："屏退闲人，吾当告汝。"其时这些令史们家人，及衙门内做公的，闻得莫道人在金家召将，做一件希奇之事，都走来看，塞做一屋。金满好言好语都请出去了，只剩得秀童一个在傍答应。天将叫道："还有闲人。"莫道人对金令史说："连秀童都遣出屋外去！"天将教金满舒出手来。金满跪而舒其左手。天将伸指头蘸酒，在金满手心内，写出秀童二字，喝道："记着！"金满大惊，正合他心中所疑。犹恐未的，叩头嘿嘿祝告道："金满抚养秀童已十余年，从无偷窃之行。若此银果然是他所盗，便当严刑究讯，此非轻易之事。神明在上，乞再加详察，莫随人心，莫随人意！"天将又蘸着酒，在桌上写出秀童二字；又向空中指画，详其字势，亦此二字。金满以为实然，更无疑矣。当下莫道人书了退符，小学生望后便倒，扶起，良久方醒。问之一无所知。

金满把谢将的三牲，与莫道人散了福。只推送他一步，连夜去唤阴捕拿贼。为头的张阴捕，叫作张二哥。当下叩其所以。金令史将秀童口中所言，及天将三遍指名之事，备细说了。连阴捕也有八九分道。只是他缉访来的，不去担这干系，推辞道："未经到官，难以吊拷。"金满是衙门中出入的，岂不会意，便道："此事有我做主，与列位无涉，只要严刑究拷，拷得真赃出来，向时所许二十两，不敢短少分毫。"张阴捕应约，同兄弟四哥，去叫了帮手，即时随金令史行走。

此时已有起更时分，秀童收拾了堂中家火，吃了夜饭，正提碗行灯出县来迎候家主。才出得县门，被三四个阴捕，将麻绳望颈上便套。不由分说，直拖至城外一个冷铺里来。秀童却待开口，被阴捕将铁尺向肩胛上痛打一下，大喝道："你干得好事！"秀童负痛叫道："我干何事来？"阴捕道："你偷库内这四锭元宝，藏于何处？窝在那家？你家主已访实了，把你交付我等。你快快招了，免吃痛苦。"秀童叫天叫地的哭将起来。自古道：

> 有理言自壮，负屈声必高。

秀童其实不曾做贼，被阴捕如法吊拷。秀童疼痛难忍，咬牙切齿，只是不招。原来大明律一款，捕盗不许私刑吊拷。若审出真盗，解官有功；倘若不肯招认，放了去时，明日被他告官，说诬陷平民，罪当反坐。众捕盗吊打拶夹，都已行过。见秀童不招，心下也着了慌。商议只有阎王闩、铁膝裤两件未试。阎王闩是脑箍上了箍，眼睛内乌珠都涨出寸许；铁膝裤是将石屑放于夹棍之内，未曾收紧，痛已异常。这是拷贼的极刑了。秀童上了脑箍，死而复苏者数次，昏愦中承认了，醒来依旧说没有。阴捕又要上铁膝裤。秀童忍痛不起，只得招道："是我一时见财起意，偷来藏在姐夫李大家床下，还不曾动。"阴捕将板门抬秀童到于家中，用粥汤将息，等候天明，到金令史公廨里来报信。此时秀童奄奄一息，爬走不动。金令史叫了船只，自同捕役到李大家去起赃。

李大家住乡间，与秀童爹娘家相去不远。阴捕到时，李大又不在家，吓得秀童的姐儿面如土色。正不知什么缘故，开了后门，望爹娘家奔去了。阴捕走入卧房，发开床脚，看地下土实不松，已知虚言。金令史定要将锄头垦起，起土尺余，并无一物。众人道："有心到这里蒿恼一番了。"翻箱倒笼，满屋寻一个遍，那有些影儿。金令史只得又同阴捕转来，亲去叩问秀童。秀童泪如雨下，答道："我实不曾为盗，你们非刑吊拷，务要我招认，吾吃苦不过，又不忍妄扳他人，只得自认了。说姐夫床下赃物，实是混话，毫不相干。吾自九岁时蒙爹抚养成人，今已二十多岁，在家未曾有半点差错。前日看见我爹费产完官，暗地心痛，又见爹信了野道，召将费钱，愈加不乐。不想道爹疑到我身上。今日我只欠爹一死，更无别话。"说罢闷绝去了。众阴捕叫唤，方才醒来，兀自唉唉的哭个不住。金令史心下，亦觉惨然。

须臾，秀童的爹娘，和姐夫李大都到了。见秀童躺在板门上，七损八伤，一丝两气，大哭了一场，奔到县前叫喊。知县相公正值坐堂，问了口词，忙差人唤金满到来，问道："你自不小心，失了库内银两，如何通同阴捕，妄杀平人，非刑吊拷？"金满禀道："小的破家完库，自然要缉访此事，讨个明白。有莫道人善于召将，天将降坛，三遍写出秀童名字。小的又见他言语可疑，所以信了。除了此奴，更无影响，小的也是出乎无奈，不是故意。"知县也晓得他赔补得苦了，此情未知真伪，又被秀童的爹娘左禀右禀，无可奈何。此时已是腊月十八了，知县吩咐道："岁底事忙，且过了新年，初十后面，我与你亲审个明白。"众人只得都散了。金满回家，到抱着一个鬼胎，只恐秀童死了，到留秀童的爹娘伏侍儿子，又请医人去调治，每日大酒大肉，送去将息。那秀童的爹娘，兀自哭哭啼啼、絮絮聒聒的不住。正是：

　　青龙共白虎同行，吉凶事全然未保。

　　却说捕盗知得秀童的家属叫喊准了，十分着忙，商议道："我等如此绷吊，还不肯吐露真情，明日县堂上可知他不招的。若不招时，我辈私加吊拷，罪不能免。"乃请城隍纸供于库中，香花灯烛，每日参拜祷告，夜间就同金令史在库里歇宿，求一报应。金令史少不得又要破些悭在他们面上。到了除夜，知县把库逐一盘过，交付新库吏掌管。金满已脱了干纪，只有失盗事未结，同着张阴捕向新库吏说知："原教张二哥在库里安歇。"那新库吏也是本县人，与金令史平昔相好的，无不应允。是夜，金满备下三牲香纸，携到库中，拜献城隍老爷，就将福物，请新库吏和张二哥同酌。三杯以后，新库吏说家中事忙，到央金满替他照管，自己要先别。金满为是大节夜，不敢强留。新库吏将橱柜等都检看封锁，又将库门锁钥付与金满，叫声"相扰"，自去了。金满又吃了几杯，也说起身，对张二哥道："今夜除夜，来早是新年，多吃几杯，做个灵梦，在下不得相陪了。"说罢，将库门带上落了锁，带了钥匙自回。张二哥被金满反锁在内，叹口气道："这节夜，那一家不夫妇团圆，偏我晦气，在这里替他们守库！"闷上心来，只顾自筛自饮，不觉酩酊大醉，和衣而寝。睡至四更，梦见神道伸只靴脚踢他起来道："银子有了。陈大寿将来，放在橱柜顶上葫芦内了。"张阴捕梦中惊觉，慌忙爬起来，向橱柜顶上摸个遍，哪里有什么葫芦！"难道神道也作弄人？还是我自己心神恍惚之故？"须臾之间，又睡去了。梦里又听得神道说："金子在葫芦里面，如何不取？"张阴捕惊醒，坐在床铺上，听更鼓，恰好发擂。爬起来，推开窗子，微微有光。再向厨柜上下看时，并无些子物事。欲要去报与金令史，库门却又锁着，只得又去睡了。少顷，听得外边人声热闹，鼓乐喧阗，乃是知县出来同众官拜牌贺节，去文庙行香。天已将明，金满已自将库门上钥匙交还新库吏了。新库吏开门进来，取红纸用印。张阴捕已是等得不耐烦，急忙的戴了帽子，走出库来。恰好知县回县，在那里排衙公座。那金满已是整整齐齐，穿着公服，同众令史站立在堂上，伺候作揖。张阴捕走近前把他扯到旁边，说梦中神道如此如此："一连两次，甚是奇异，特来报你。你可查县中有这陈大寿的名字否？"说罢，张阴捕自回家去不题。

　　却说金满是日参谒过了知县，又到库中城隍面前磕了四个头，回家吃了饭，也不去拜年，只在县中稽查名姓。凡外郎、书手，皂快、门子及禁子、夜夫，曾在县里走动的，无不查到，并无陈大寿名字。整整的忙了三日，常规年节酒，都不曾吃得，气得面红腹胀，到去埋怨那张阴捕说谎。张阴捕道："我是真梦，除是神道哄我。"金满又想起前日召将之事，那天将下临，还没句实话相告，况梦中之言，怎便有准！说罢，丢在一边去了。

又过了两日，是正月初五，苏州风俗，是日家家户户，祭献五路大神，谓之烧利市。吃过了利市饭，方才出门做买卖。金满正在家中吃利市饭，忽见老门子陆有恩来拜年，叫道："金阿叔恭喜了！有利市酒，请我吃碗！"金令史道："兄弟，总是节物，不好特地来请得。今日来得极妙，且吃三杯。"即忙教嫂子暖一壶酒，安排些现成鱼肉之类，与陆门子对酌。闲话中间，陆门子道："金阿叔，偷银子的贼有些门路么？"金满摇首："哪里有！"陆门子道："要赃露，问阴捕，你若多许阴捕几两银子，随你飞来贼，也替你访着了。"金满道："我也许过他二十两银子，只恨他没本事赚我的钱！"陆门子道："假如今日有个人缉访得贼人真信，来报你时，你还舍得这二十两银子么？"金满道："怎么不肯！"陆门子道："金阿叔，你若真个把二十两银子与我，我就替你拿出贼来。"金满道："好兄弟，你果然如此，也教我明白了这桩官司，出脱了秀童。好兄弟，你须是眼见的实，莫又做猜谜的话。"陆门子道："我不是十分看得的实，怎敢多口！"金令史即忙脱下帽子，向髻上取下两钱重的一根金挖耳来，递与陆有恩道："这件小意思权为信物，追出赃来，莫说有余，就是止剩得二十两，也都与你！"陆有恩道："不该要金阿叔的，今日是初五，也得做兄弟的发个利市。"陆有恩是已冠的门子，就将挖耳插于网巾之内，教："金阿叔且关了门，与你细讲！"金满将大门闭了，两个促膝细谈。正是：

> 踏破铁鞋无觅处，得来全不费工夫。

原来陆有恩间壁住的，也是个门子，姓胡名美，年十八岁。有个姐夫叫作卢智高。那卢智高因死了老婆，就与小舅同住。这胡美生得齐整，多有人调戏他，到也是个本分的小厮。自从父母双亡，全亏着姐姐拘管。一从姐姐死了，跟着姐夫，便学不出好样，惯熟的是那七字经儿：

> 赌钱，吃酒，养婆娘。

去年腊月下旬，陆门子一日出去了，浑家闻得间壁有斧凿之声，初次也不以为异。以后，但是陆门子出去了，就听得他家关门，打得一片响。陆门子回家，就住了声。浑家到除夜，与丈夫饮酒，说及此事，正不知凿什么东西？陆门子有心，过了初一，自初二、初三一连在家住两日，侧耳而听，寂然无声。到初四日假做出门往亲戚家拜节，却远远站着，等间壁关门之后，悄地回来，藏在家里。果听得间壁槌凿之声，从壁缝里张看，只见胡美与卢智高俱蹲在地下，胡美拿着一锭大银，卢智高将斧敲那锭边下来。陆门子看在眼里，晚间与二人相遇问道："你家常常錾凿什么东西？"胡美面红不语。卢智高道："祖上传下一块好铁条，要敲断打厨刀来用。"陆有恩暗想道："不是那话儿是什么？他两个哪里来有这元宝？"当夜留在肚里，次日料得金令史在家烧利市，所以特地来报。

金满听了这席话，就同陆有恩来寻张二哥，不遇，其夜就留陆有恩过宿。明日初六，起个早，又往张二哥家，并拉了四哥，共四个人，同到胡美家来。只见门上落锁，没人在内。陆门子叫浑家出来问其缘故。浑家道："昨日听见说要叫船往杭州进香，今早双双出门。恰才去得，此时就开了船，也去不远。"四个人飞星赶去，刚刚上驷马桥，只见小游船上的王溜儿，在桥堍下买酒籴米，令史们时常叫他的船，都是相熟的。王溜儿道："金相公今日起得好早！"金令史问道："溜儿，你赶早买酒籴米，往哪里去？"溜儿道："托赖揽个杭州的载，要去有个把月生意。"金满拍着肩问："是谁？"王溜儿附耳低言道："是胡门官同他姓卢的亲眷合叫的船。"金满道："如今他二人可在船里？"王溜儿道："那卢家在船里，胡舍还在岸上接婊子未来。"张阴捕听说，一索先把王溜儿扣住。溜儿道："我得何罪？"金满道："不干你事，只要你引我到船上就放你。"溜儿连买的酒籴的米，都寄在店上，引着四个人下桥来，八只手准备拿贼。这正是：

闲时不学好，今日悔应迟。

却说卢智高在船中，靠着栏干，眼盼盼望那胡美接婊子下来同乐。却一眼瞧见金令史，又见王溜儿颈上麻绳带着，心头跳动，料道有些诧异，也不顾铺盖，跳在岸上，舍命奔走。王溜儿指道："那戴孝头巾的就是姓卢的。"众人放开脚去赶，口中只叫："盗库的贼休走！"卢智高着了忙，跌上一跤，被众人赶上，一把拿住。也把麻绳扣颈。问道："胡美在哪里？"卢智高道："在婊子刘丑姐家里。"众人教卢智高作眼，齐奔刘丑姐家来。胡美先前听得人说外面拿盗库的贼，打着心头，不对婊子说，预先走了，不知去向。众人只得拿刘丑姐去，都到张二哥家里。搜卢智高身边，并无一物，及搜到毡袜里，搜出一锭秃元宝。锭边儿都敲去了。张二哥要带他到城外冷铺里去吊拷。卢智高道："不必用刑，我招便了。去年十一月间，我同胡美都赌极了，没处设法。胡美对我说：'只有库里，有许多元宝空在那里。'我教他：'且拿几个来用用。'他趁十五月蚀这夜，偷了四锭出来，每人各分二锭。因不敢出笋，只敲得锭边使用。那一锭藏在米桶中，米上放些破衣服盖着，还在家里。那两锭却在胡美身边。金满又问："那一夜我眼也不曾合,他怎么拿得这样即溜?"卢智高道:"胡美几遍进来,见你坐着,不好动手。那一夜闪入来,恰好你们小厮在里面厨中取蜡烛,打翻了麻油,你起身去看,方得其便。"众人得了口词,也就不带去吊拷了。

此时秀童在张二哥家将息,还动弹不得,见拿着了真赃真贼,咬牙切齿的骂道:"这砍头贼!你便盗了银子,却害得我好苦。如今我也没处伸冤,只要咬下他一块肉来,消这口气!"便在草铺上要爬起来,可怜哪里挣扎得动。众人尽来安慰,劝住了他。心中转痛,呜呜咽咽的啼哭。金令史十分过意不去,不觉也吊下眼泪,连忙叫人抬回家中调养。自己却同众人到胡美家中,打开锁搜看,将米桶里米倾在地上,滚出一锭没边的元宝来。

当日,众人就带卢智高到县,禀明了知县相公。知县验了银子,晓得不枉,即将卢智高重责五十板,取了口词收监,等拿获胡美时,一同拟罪。出个广捕文书,缉访胡美,务在必获。船户王溜儿,乐妇刘丑姐,原不知情。且赃物未见破散,暂时讨保在外。先获元宝二个,本当还库,但库银已经金满变产赔补,姑照给主赃例,给还金满。这一断,满昆山人无有不服。正是:

> 国正天心顺,官清民自安。

却说金令史领了两个秃元宝回家,就在银匠铺里,将银錾开,把二八一十六两白银,送与陆门子,不失前言。却将十两送与张二哥,候获住胡美时,还有奉谢。次日金满候知县出堂,叩谢。知县有怜悯之心,深恨胡美。乃出官赏银十两,立限仰捕衙缉获。

过了半年之后,张四哥偶有事到湖州双林地方,船从苏州娄门过去,忽见胡美在娄门塘上行走。张四哥急拢船上岸,叫道:"胡阿弟,慢走!"胡美回头认得是阴捕,忙走一步,转弯望一个豆腐店里头就躲。卖豆腐的老儿,才要声张,胡美向兜肚里摸出雪白光亮水磨般的一锭大银,对酒缸草盖上一丢,说道:"容我躲过今夜时,这锭银与你平分。"老儿贪了这锭银子,慌忙检过了,指一个去处,教他藏了。张四哥赶到转弯处,不见了胡美,有个多嘴的闲汉,指点他在豆腐店里去寻。张四哥进店问时,那老儿只推没有。张四哥满屋看了一周遭,果然没有。张四哥身边取出一块银子,约有三四钱重,把与老儿说道:"这小厮是昆山县门子,盗了官库出来的,大老爷出广捕拿他。你若识时务时,引他出来,这几钱银子送你老人家买果子吃。你若藏留,我禀知县主,拿出去时,问你个同盗。"老儿慌了,连银子也不肯接,将手往上一指。你道什么去处?

> 上不至天,上不至地。

躲得安稳，说出晦气。

那老儿和妈妈两口只住得一间屋，又做豆腐，又做白酒，狭窄没处睡，将木头架一个小小阁儿，恰好打个铺儿，临睡时把短梯爬上去，却有一个店橱儿隐着。胡美正躲得稳，却被张四哥一手拖将下来，就把麻绳缚住，骂道："害人贼！银子藏在哪里？"胡美战战兢兢答应道："一锭用完了，一锭在酒缸盖上。"老者怎敢隐瞒，于缸罅里取出。张四哥问老者："何姓何名？"老者惧怕，不敢答应。旁边一个人替他答道："此老姓陈名大寿。"张四哥点头，便把那三四钱银子，撇在老儿柜上，带了胡美，踏在船头里面，连夜回昆山县来。正是：

莫道亏心事可做，恶人自有恶人磨！

此时卢智高已病死于狱中。知县见累死了一人，心中颇惨。又令史中多有与胡美有勾搭的，都来替他金满面前讨饶，又央门子头儿王文英来说。金满想起阄库的事亏他，只得把人情卖在众人面上，禀知县道："盗银虽是胡美，造谋实出姐夫，况原银所失不多，求老爷从宽发落！"知县将罪名都推在死者身上，只将胡美重责三十，问个徒罪，以儆后来。元宝一锭，仍给还金满领去。金满又将十两银子，谢了张四哥。张四哥因说起豆腐酒店老者始末，众人各个骇然。方知去年张二哥除夜梦城隍吩咐"陈大寿已将银子放在橱顶上葫芦内了"，"葫"者，胡美；"芦"者，卢智高；"陈大寿"，乃老者之姓名；胡美在店橱顶上搜出。神明之语，一字无欺。果然是：

暗室亏心，神目如电。

过了几日，备下猪羊，抬往城隍庙中赛神酬谢。金满因思屈了秀童，受此苦楚，况此童除饮酒之外，并无失德，更兼立心忠厚，死而无怨，更没有什么好处酬答得他。乃改秀童名金秀，用己之姓，视如亲子；将美婢金杏许他为婚，待身体调治得强旺了，便配为夫妇。金秀的父母俱各欢喜无言。后来金满无子，家业就是金秀承顶。金秀也纳个吏缺，人称为小金令史，三考满了，仕至按察司经历。后人有诗叹金秀之枉，诗云：

疑人无用用无疑，耳畔休听是与非。
凡事要凭真实见，古今冤屈有谁知？

第 十 六 卷

小夫人金钱赠年少

谁言今古事难穷？大抵荣枯总是空；
算得生前随分过，争如云外指溟鸿！
暗添雪色眉根白，旋落花光脸上红。
惆怅凄凉两回首，暮林萧索起悲风。

这八句诗，乃西川成都府华阳县王处厚，年纪将及六旬，把镜照面，见须发有几根白的，有感而作。世上之物，少则有壮，壮则有老，古之常理，人人都免不得的。原来诸物都是先白后黑，唯有髭须却是先黑后白。又有戴花刘使君，对镜中见这头发斑白，曾作《醉亭楼》词：

平生性格，随分好些春色，沉醉恋花陌。虽然年老心未老，满头花
压巾帽侧。鬓如霜，须似雪，自嗟恻。
几个相知劝我染，几个相知劝我摘；染摘有何益！当初怕作短命
鬼，如今已过中年客。且留些，妆晚景，尽教白。

如今说东京汴州开封府界，有个员外，年逾六旬，须发皤然，只因不伏老，兀自贪色，荡散了一个家计，几乎做了失乡之鬼。这员外姓甚名谁？却做什么事来？正是：

尘随车马何年尽，事系人心早晚休。

话说东京汴州开封府界身子里，一个开线铺的员外张士廉，年过六旬，妈妈死后，孑然一身，并无儿女。家有十万资财，用两个主管营运。张员外忽一日拍胸长叹，对二人说："我许大年纪，无儿无女，要十万家财何用？"二人曰："员

外何不取房娘子，生得一男半女，也不绝了香火。"员外甚喜，差人随即唤张媒李媒前来。这两个媒人端的是：

开言成匹配，举口合姻缘。医世上凤只鸾孤，管宇宙单眠独宿。传言玉女，用机关把臂拖来；侍案金童，下说词拦腰抱住。调唆织女害相思，引得嫦娥离月殿。

员外道："我因无子，相烦你二人说亲。"张媒口中不道，心下思量道："大伯子许多年纪，如今说亲，说什么人是得？教我怎地应他？"则见李媒把张媒推一推，便道："容易。"临行，又叫住了道："我有三句话。"只因说出这三句话来，教员外：

青云有路，番为苦楚之人。
白骨无坟，化作失乡之鬼。

媒人道："不知员外意下如何？"张员外道："有三件事，说与你两人：第一件，要一个人材出众，好模好样的；第二件，要门户相当；第三件，我家下有十万贯家财，须着个有十万贯房奁的亲来对付我。"两个媒人，肚里暗笑，口中胡乱答应道："这三件事都容易。"当下相辞员外自去。

张媒在路上与李媒商议道："若说得这头亲事成，也有百十贯钱赚，只是员外说的话太不着人！有那三件事的他不去嫁个年少郎君，却肯随你这老头子？偏你这几根白胡须是沙糖拌的？"李媒道："我有一头到也凑巧，人材出众，门户相当。"张媒道："是谁家？"李媒云："是王招宣府里出来的小夫人。王招宣初娶时，十分宠幸，后来只为一句话破绽些，失了主人之心，情愿白白里把与人，只要个有门风的便肯。随身房计少也有几万贯，只怕年纪忒小些。"张媒道："不愁小的忒小，还嫌老的忒老。这头亲张员外怕不中意！只是雌儿心下必然不美。如今对雌儿说，把张家年纪瞒过了一二十年，两边就差不多了。"李媒道："明日是个和合日，我同你先到张宅讲定财礼，随到王招宣府一说便成。"是晚

各归无话。

次日，二媒约会了，双双的到张员外宅里说："昨日员外吩咐的三件事，老媳寻得一头亲，难得恁般凑巧！第一件，人材十分足色。第二件，是王招宣府里出来，有名声的。第三件，十万贯房奁。则怕员外嫌他年小。"张员外问道："却几岁？"张媒应道："小如员外三四十岁。"张员外满脸堆笑道："全仗作成则个！"话休絮烦。当下两边俱说允了。少不得行财纳礼，奠雁已毕，花烛成亲。

次早参拜家堂，张员外穿紫罗衫，新头巾，新靴新袜。这小夫人着乾红销金大袖团花霞帔，销金盖头，生得：

> 新月笼眉，春桃拂脸。意态幽花殊丽，肌肤嫩玉生光。说不尽万种
> 妖娆，画不出千般艳冶！何须楚峡云飞过，便是蓬莱殿里人。

张员外从下至上看过，暗暗地喝彩！小夫人揭起盖头，看见员外须眉皓白，暗暗地叫苦。花烛夜过了，张员外心下喜欢，小夫人心下不乐。

过了月余，只见一人相揖道："今日是员外生辰，小道送疏在此。"原来员外但遇初一月半，本命生辰，须有道疏。那时小夫人开疏看时，扑簌簌两行泪下，见这员外年已六十，埋怨两个媒人将我误了。看那张员外时，这几日又添了四五件在身上：

> 腰便添疼，眼便添泪，
> 耳便添聋，鼻便添涕。

一日，员外对小夫人道："出外薄干，夫人耐静。"小夫人勉强应道："员外早去早归。"说了，员外自出去。小夫人自思量："我怎地一个人，许多房奁，却嫁一个白须老儿！"好不生恼。身边立着从嫁道："夫人今日何不门首看街消遣？"小夫人听说，便同养娘到外边来看。这张员外门首，是胭脂绒线铺，两壁装着橱柜，当中一片紫绢沿边帘子。养娘放下帘钩，垂下帘子，门前两个主管，一个李庆，五十来岁；一个张胜，年纪三十来岁。二人见放下帘子，问道："为什么？"养娘道："夫人出来看街。"两个主管躬身在帘子前参见。小夫人在帘子底下启一点朱唇，露两行碎玉，说不得数句言语，教张胜惹场烦恼：

> 远如沙漠，何殊没底沧溟；
> 重若丘山，难比无穷泰华。

　　小夫人先叫李主管问道："在员外宅里多少年了？"李主管道："李庆在此二十余年。"夫人道："员外寻常照管你也不曾？"李主管道："一饮一啄，皆出员外。"却问张主管。张主管道："张胜从先父在员外宅里二十余年，张胜随着先父便趁事员外，如今也有十余年。"小夫人问道："员外曾管顾你么？"张胜道："举家衣食，皆出员外所赐。"小夫人道："主管少待。"小夫人折身进去不多时，递些物与李主管，把袖包手来接，躬身谢了。小夫人却叫张主管道："终不成与了他不与你。这物件虽不值钱，也有好处。"张主管也依李主管接取，躬身谢了。小夫人又看了一回，自入去。两个主管，各自出门前支持买卖。原来李主管得的是十文银钱，张主管得的却是十文金钱。当时张主管也不知道李主管得的是银钱，李主管也不知张主管得的是金钱。当日天色已晚，但见：

　　　　野烟四合，宿鸟归林，佳人秉烛归房，路上行人投店，渔父负鱼归
　　行径，牧童骑犊返孤村。

　　当日晚，算了账目，把文簿呈张员外：今日卖几文，买几文，人上欠几文，都佥押了。原来两个主管，各轮一日在铺中当值。其日却好正轮着张主管值宿。门外面一间小房，点着一盏灯。张主管闲坐半响，安排歇息，则听得有人来敲门。张主管听得，问道："是谁？"应道："你则开门，却说与你！"张主管开了房门。那人跄将入来，闪身已在灯光背后。张主管看时，是个妇人。张主管吃了一惊，慌忙道："小娘子，你这早晚来有甚事？"那妇人应道："我不是私来，早间与你物事的教我来。"张主管道："小夫人与我十文金钱，想是教你来讨还？"那妇女道："你不理会得，李主管得的是银钱。如今小夫人又教把一件物来与你。"只见那妇人背上取下一包衣服，打开来看道："这几件把与你穿的，又有几件妇女的衣服，把与你娘。"只见妇女留下衣服，作别出门，复回身道："还有一件要紧的到忘了！"又向衣袖里取出一锭五十两大银，撇了自去。当夜张胜无故得了许多东西，不明不白，一夜不曾睡着。

　　明日早起来，张主管开了店门，依旧做买卖。等得李主管到了，将铺面交割与他，张胜自归到家中，拿出衣服银子与娘看，娘问："这物事哪里来的？"张主管把夜来的话，一一说与娘知。婆婆听得说道："孩儿，小夫人他把金钱与你，又把衣服银子与你，却是什么意思？娘如今六十已上年纪，自从没了你爷，便满眼只看你，若是你做出事来，老身靠谁？明日便不要去！"这张主管是个本分之人，况又是个孝顺的，听见娘说，便不往铺里去。张员外见他不去，使人来叫，问道："如何主管不来？"婆婆应道："孩儿感些风寒，这几日身子不快，来不得。传语员外得知，一好便来。"又过了几日，李主管见他不来，自来叫道：

"张主管如何不来？铺中没人相帮。"老娘只是推身子不快，这两日反重。李主管自去。张员外三五遍使人来叫，做娘的只是说未得好。张员外见三回五次叫他不来，猜道："必是别有去处。"张胜自在家中。

时光迅速，日月如梭，拈指之间，在家中早过了一月有余。道不得"坐吃山崩"。虽然得这小夫人许多物事，那一锭大银子，容易不敢出笋，衣裳又不好变卖；不去营运，日来月往，手内使得没了。却来问娘道："不教儿子去张员外宅里去，闲了经纪；如今在家中，日逐盘费如何措置？"那婆婆听得说，用手一指，指着屋梁上道："孩儿，你见也不见？"张胜看时，原来屋梁上挂着一个包，取将下来道："你爷养得你这等大，则是这件物事身上。"打开纸包看时，是个花栲栲儿。婆婆道："你如今依先做这道路，习爷的生意，卖些胭脂绒线。"

当日时遇元宵，张胜道："今日元宵夜，端门下放灯。"便问娘道："儿子欲去看灯则个。"娘道："孩儿，你许多时不行这条路，如今去端门看灯，从张员外门前过，又去惹是招非。"张胜道："是人都去看灯，说道今年好灯，儿子去去便归，不从张员外门前过便了。"娘道："要去看灯不妨，则是你自去看不得，同一个相识做伴去才好。"张胜道："我与王二哥同去。"娘道："你两个去看不妨，第一莫得吃酒，第二同去同回！"吩咐了，两个来端门下看灯。

正撞着当时赐御酒，撒金钱，好热闹。王二哥道："这里难看灯，一来我们身小力怯，着甚来由吃挨吃搅？不如去一处看，那里也抓缚着一座鳌山。"张胜问道："在那里？"王二哥道："你到不知，王招宣府里抓缚着小鳌山，今夜也放灯。"两个便复身回来，却到王招宣府前。原来人又热闹似端门下，就府门前不见了王二哥，张胜只叫得声苦！"却是怎地归去？临出门时，我娘吩咐道：'你两个同去同回。'如何不见了王二哥，只我先到屋里，我娘便不焦躁，若是王二哥先回，我娘定道我那里去。"当夜看不得那灯，独自一个行来行去，猛省道："前面是我那旧主人张员外宅里，每年到元宵夜，歇浪线铺，添许多烟火，今日想他也未收灯？"迤逦信步行到张员外门前，张胜吃惊，只见张员外家门便关着，十字两条竹竿，缚着皮革底钉住一碗泡灯，照着门上一张手榜贴着。张胜看了，唬得目睁口呆，罔知所措。张胜去这灯光之下，看这手榜上写着道："开封府左军巡院，勘到百姓张士廉，为不合。"方才读到不合两个字，兀自不知道因甚罪？则见灯笼底下一人喝声道："你好大胆，来这里看甚的！"张主管吃了一惊，拽开脚步便走。那喝的人大踏步赶将来，叫道："是什么人？直恁大胆！夜晚间，看这榜做什么？"唬得张胜便走。

渐次间，行到巷口，待要转弯归去，相次二更，见一轮明月，正照着当空。正行之间，一个人从后面赶将来，叫道："张主管，有人请你！"张胜回头看时，是一个酒博士。张胜道："想是王二哥在巷口等我，置些酒吃归去，恰也好。"

同这酒博士到店内，随上楼梯，到一个阁儿前面，量酒道："在这里。"掀开帘儿，张主管看见一个妇女，身上衣服不堪齐整，头上蓬松。正是：

乌云不整，唯思昔日豪华；粉泪频飘，为忆当年富贵。秋夜月蒙云笼罩，牡丹花被土沉埋。

这妇女叫："张主管，是我请你！"张主管看了一看，虽有些面熟，却想不起。这妇女道："张主管如何不认得我？我便是小夫人。"张主管道："小夫人如何在这里？"小夫人道："一言难尽！"张胜问："夫人如何恁地？"小夫人道："不合信媒人口，嫁了张员外。原来张员外因烧煅假银事犯，把张员外缚去左军巡院里去，至今不知下落。家计并许多房产，都封估了。我如今一身无所归着，特地投奔你。你看我平昔之面，留我家中住几时则个！"张胜道："使不得！第一家中母亲严谨，第二道不得'瓜田不纳履，李下不整冠'。要来张胜家中，断然使不得！"小夫人听得道："你将为常言俗语道：'呼蛇容易遣蛇难。'怕日久岁深，盘费重大，我教你看……"用手去怀里提出件物来：

闻钟始觉山藏寺，傍岸方知水隔村。

小夫人将一串一百单八颗西珠数珠，颗颗大如鸡豆子，明光灿烂。张胜见了喝彩道："有眼不曾见这宝物！"小夫人道："许多房奁，尽被官府籍没了，则藏得这物。你若肯留在家中，慢慢把这件宝物逐颗去卖，尽可过日。"张主管听得说，正是：

归去只愁红日晚，思量犹恐马行迟。
横财红粉歌楼酒，谁为三般事不迷？

当日张胜道："小夫人要来张胜家中，也得我娘肯时方可。"小夫人道："和你同去问婆婆。我只在对门人家等回报。"张胜回到家中，将前后事情逐一对娘说了一遍。婆婆是个老人家，心慈，听说如此落难，连声叫道："苦恼，苦恼！小夫人在哪里？"张胜道："见在对门等。"婆婆道："请相见。"相见礼毕，小夫人把适来说的话，从头细说一遍："如今都无亲戚投奔，特来见婆婆，望乞容留！"婆婆听得说道："夫人暂住数日不妨，只怕家寒怠慢，思量别的亲戚再去投奔。"小夫人便从怀里取出数珠递与婆婆。灯光下婆婆看见，就留小夫人在家住。小夫人道："来日剪颗来货卖，开起胭脂绒线铺，门前挂着花栲栲儿为记。"

张胜道："有这件宝物，胡乱卖动，便是若干钱。况且五十两一锭大银未动，正好收买货物。"张胜自从开店，接了张员外一路买卖，其时人唤张胜做小张员外。小夫人屡次来缠张胜，张胜心坚似铁，只以主母相待，并不及乱。

当时清明节候，怎见得？

> 清明何处不生烟？郊外微风挂纸钱；
> 人笑人歌芳草地，乍晴乍雨杏花天。
> 海棠枝上绵蛮语，杨柳堤边醉客眠；
> 红粉佳人争画板，彩丝摇曳学飞仙。

满城人都出去金明池游玩，小张员外也出去游玩。到晚回来，却待入万胜门，则听得后面一人叫"张主管。"当时张胜自思道："如今人都叫我做小张员外，甚人叫我主管？"回头看时，却是旧主人张员外。张胜看张员外面上，刺着四字金印，蓬头垢面，衣服不整齐，即时邀入酒店里，一个稳便阁儿坐下。张胜问道："主人缘何如此狼狈？"张员外道："不合成了这头亲事！小夫人原是王招宣府里出来的。今年正月初一日，小夫人自在帘儿里看街，只见一个安童，托着盒儿打从面前过去。小夫人叫住问道：'府中近日有甚事说？'安童道：'府里别无甚事，则是前日王招宣寻一串一百单八颗西珠数珠不见，带累得一府的人，没一个不吃罪责。'小夫人听得说，脸上或青或红。小安童自去。不多时二三十人来家，把他房奁和我的家私，都搬将去。便捉我下左军巡院拷问，要这一百单八颗数珠。我从不曾见，回说没有，将我打一顿毒棒，拘禁在监。到亏当日小夫人入去房里，自吊身死，官司没决撒，把我断了。则是一事，至今日那一串一百单八颗数珠，不知下落。"张胜闻言，心下自思道："小夫人也在我家里，数珠也在我家里，早剪动几颗了。"甚是惶惑，劝了张员外些酒食，相别了。张胜沿路思量道："好是惑人！"回到家中，见小夫人，张胜一步退一步道："告夫人，饶了张胜性命！"

小夫人问道："怎恁地说？"张胜把适来大张员外说的话说了一遍。小夫人听得道："却不作怪，你看我身上衣裳有缝，一声高似一声，你岂不理会得，他道我在你这里，故意说这话，教你不留我。"张胜道："你也说得是。"

又过了数日，只听得外面道："有人寻小员外。"张胜出来迎接，便是大张员外。张胜心中道："家里小夫人使出来相见，是人是鬼，便明白了。"教养娘请小夫人出来。养娘入去，只没寻讨处，不见了小夫人。当时小员外既知小夫人真个是鬼，只得将前面事，一一告与大张员外。问道："这串数珠却在哪里？"张胜去房中取出。大张员外叫张胜同来王招宣府中说，将数珠交纳，其余剪去数颗，将钱取赎讫。王招宣赎免张士廉罪犯，将家私给还，仍旧开胭脂绒线铺。大张员外仍请天庆观道士做醮，追荐小夫人。只因小夫人生前甚有张胜的心，死后犹然相从。亏杀张胜立心至诚，到底不曾有染，所以不受其祸，超然无累。如今财色迷人者纷纷皆是，如张胜者万中无一。有诗赞云：

> 谁不贪财不爱淫？始终难染正人心。
> 少年得似张主管，鬼祸人非两不侵！

第 十 七 卷

钝秀才一朝交泰

> 蒙正窑中怨气，买臣担上书声。丈夫失意惹人轻，才入荣华称庆。
> 红日偶然阴翳，黄河尚有澄清。浮云眼度总难凭，牢把脚跟立定。

这首《西江月》，大概说人穷通有时，固不可以一时之得意，而自夸其能；亦不可以一时之失意，而自坠其志。唐朝甘露年间，有个王涯丞相，官居一品，权压百僚，僮仆千数，日食万钱，说不尽荣华富贵。其府第厨房与一僧寺相邻。每日厨房中涤锅净碗之水，倾向沟中，其水从僧寺中流出。一日寺中老僧出行，偶见沟中流水中有白物，大如雪片，小如玉屑，近前观看，乃是上白米饭，王丞相厨下锅里碗里洗刷下来的。长老合掌念声："阿弥陀佛，罪过罪过！"随口吟诗一首：

> 春时耕种夏时耘，粒粒颗颗费力勤；
> 舂去细糠如剖玉，炊成香饭似堆银。
> 三餐饱食无余事，一口饥时可疗贫；
> 堪叹沟中狼藉贱，可怜天下有穷人！

长老吟诗已罢，随唤火工道人，将笊篱笊起沟内残饭，向清水河中涤去污泥，摊于筛内，日色晒干，用磁缸收贮。且看几时满得一缸，不勾三四个月，其缸已满。两年之内，共积得六大缸有余。那王涯丞相只道千年富贵，万代奢华。谁知乐极生悲，一朝触犯了朝廷，阖门待勘，未知生死。其时宾客散尽，僮仆逃亡，仓廪尽为仇家所夺。王丞相至亲二十三口，米尽粮绝，担饥忍饿。啼哭之声，闻于邻寺。长老听得，心怀不忍。只是一墙之隔，除非穴墙可以相通。长老将缸内所积饭干，浸软蒸而馈之。王涯丞相吃罢，甚以为美。遣婢子问老僧，他出家之人，何以有此精食？老僧道："此非贫僧家常之饭，乃府上涤釜洗碗之余，流出沟中，贫僧可惜有用之物，弃之无用，将清水洗尽，日色晒干，留为荒年贫丐之食。今日谁知仍济了尊府之急。正是一饮一啄，莫非前定。"王涯丞相听罢，叹道："我平昔暴殄天物如此，安得不败！今日之祸，必然不免。"其夜遂服毒而死。当初富贵时节，怎知道有今日！正是：贫贱常思富贵，富贵又履危机。此乃福过灾生，自取其咎。假如今人贫贱之时，那知后日富贵？即如荣华之日，岂信后来苦楚！如今在下再说个先忧后乐的故事，列位看官们，内中倘有胯下忍辱的韩信，妻不下机的苏秦，听在下说这段评话，各人回去硬挺着头颈过日，以待时来，不要先坠了志气。有诗四句：

> 秋风衰草定逢春，尺蠖泥中也会伸；
> 画虎不成君莫笑，安排牙爪始惊人。

话说国朝天顺年间，福建延平府将乐县，有个宦家，姓马名万群，官拜吏科给事中。因论太监王振专权误国，削籍为民。夫人早丧，单生一子，名曰马任，表字德称。十二岁游庠，聪明饱学。说起他聪明，就如颜子渊闻一知十；论起他饱学，就如虞世南五车腹笥。真个文章盖世，名誉过人。马给事爱惜如良金美玉，自不必言。里中那些富家儿郎，一来为他是黄门的贵公子，二来道他经解之才，早晚飞黄腾达，无不争先奉承。其中更有两个人奉承得要紧，真个是：

> 冷中送暖，闲里寻忙，出外必称弟兄，使钱那问尔我。偶话店中酒
> 美，请饮三杯；才夸妓馆容娇，代包一月。掇臀捧屁，犹云手有余香；
> 随口蹦痰，唯恐人先着脚。说不尽谄笑胁肩，只少个出妻献子。

一个叫黄胜，绰号黄病鬼；一个叫顾祥，绰号飞天炮仗。他两个祖上也曾出仕，都是富厚之家，目不识丁，也顶个读书的虚名。把马德称做个大菩萨供养，扳他日后富贵往来。那马德称是忠厚君子，彼以礼来，此以礼往，见他殷勤，也遂与之为友。黄胜就把亲妹六娛，许与德称为婚。德称闻此女才貌双全，不胜之喜。但从小立个誓愿：

> 若要洞房花烛夜，必须金榜挂名时。

马给事见他立志高明，也不相强，所以年过二十，尚未完娶。

时值乡试之年。忽一日，黄胜、顾祥邀马德称，向书铺中去买书。见书铺隔壁有个算命店，牌上写道：

国学经典文库

中国二十大名著

警世通言

图文珍藏版

要知命好丑？只问张铁口！

马德称道："此人名为铁口，必肯直言。"买完了书，就过间壁，与那张先生拱手道："学生贱造，求教！"先生问了八字，将五行生克之数，五星虚实之理，推算了一回，说道："尊官若不见怪，小子方敢直言！"马德称道："君子问灾不问福，何须隐讳。"黄胜、顾祥两个在旁，只怕那先生不知好歹，说出话来冲撞了公子。黄胜便道："先生仔细看看，不要轻谈。"顾祥道："此位是本县大名士，你只看他今科发解，还是发魁？"先生道："小子只据理直讲，不知准否？贵造'偏才归禄'，父主峥嵘，论理必生于贵宦之家。"黄、顾二人拍手大笑道："这就准了。"先生道："五星中'命缠奎壁'，文章冠世。"二人又大笑道："好先生，算得准，算得准！"先生道："只嫌二十二岁交这运不好，官煞重重，为祸不小。不但破家，亦防伤命。若过得三十一岁，后来到有五十年荣华。只怕一丈阔的水缺，双脚跳不过去。"黄胜就骂起来道："放屁，那有这话？"顾祥伸出拳来道："打这厮，打歪他的铁嘴！"马德称双手拦住道："命之理微，只说他算不准就罢了，何须计较！"黄、顾二人，口中还不干净，却得马德称抵死劝回。那先生只求无事，也不想算命钱了。正是：

阿谀人人喜，直言个个嫌。

那时连马德称，也只道自家唾手功名，虽不深怪那先生，却也不信。谁知三场得意，榜上无名。自十五岁进场，到今二十一岁，三科不中。若论年纪还不多，只为进场屡次了，反觉不利。又过一年，刚刚二十二岁。马给事一个门生，又参了王振一本。王振疑心座主指使而然。再理前仇，密唆朝中心腹，寻马万群当初做有司时罪过，坐赃万两，着本处抚按追解。马万群本是个清官，闻知此信，一口气得病数日身死。马德称哀戚尽礼，此心无穷。却被有司逢迎上意，逼要万两赃银交纳。此时只得变卖家产，但是有税契可查者，有司径自估价官卖；只有续置一个小小田庄，未曾起税，官府不知。马德称恃顾祥平昔至交，只说顾家产业，央他暂时承认。又有古董书籍等项，约数百金，寄与黄胜家中去讫。却说有司官，将马给事家房产田业尽数变卖，未足其数，兀自吹毛求疵不已。马德称扶枢在坟堂屋内暂住。

忽一日，顾祥遣人来言，府上余下田庄，官府已知，瞒不得了。马德称无可奈何，只得入官。后来闻得反是顾祥举首，一则恐后连累，二者博有司的笑脸。德称知人情奸险，付之一笑。过了岁余，马德称往黄胜家索取寄顿物件，连走数次，俱不相接，结末遣人送一封帖来。马德称拆开看时，没有书束，只封账目一纸。内开：某月某日某事用银若干，某该合认，某该独认。如此非一次，随将古董书籍等项估计扣除，不还一件。德称大怒，当了来人之面，将账目扯碎，大骂一场："这般狗彘之辈，再休相见！"从此亲事亦不题起。黄胜巴不得杜绝马家，正中其怀。正合着西汉冯公的四句，道是：

> 一贵一贱，交情乃见。
> 一死一生，乃见交情。

马德称在坟屋中守孝，弄得衣衫褴褛，口食不周。"当初父亲存日，也曾周济过别人，今日自己遭困，却谁人周济我？"守坟的老王撺掇他把坟上树木倒卖与人，德称不肯。老王指着路上几棵大柏树道："这树不在冢旁，卖之无妨。"德称依允，讲定价钱，先倒一棵下来，中心都是虫蛀空的，不值钱了。再倒一棵，亦复如此。德称叹道："此乃命也！"就教住手。那两颗树只当烧柴，卖不多钱，不两日用完了。身边只剩得十二岁一个家生小厮，央老王作中，也卖与人，得银五两。这小厮过门之后，夜夜小遗起来，主人不要了，退还老王处，索取原价。德称不得已，情愿减退了二两身价卖了。好奇怪！第二遍去就不小遗了。这几夜小遗，分明是打落德称这二两银子。不在话下。

光阴似箭，看看服满，德称贫困之极，无门可告。想起有个表叔在浙江杭州府做二府；湖州德清县知县，也是父亲门生。不如去投奔他，两人之中，也有一遇。当下将几件什物家火，托老王卖充路费。浆洗了旧衣旧裳，收拾做一个包裹，搭船上路，直至杭州。问那表叔，刚刚十日之前，已病故了。随到德清县投那个知县时，又正遇这几日为钱粮事情，与上司争论不合，使性要回去，告病关门，无由通报。正是：

> 时来风送滕王阁，运去雷轰荐福碑。

德称两处投人不着，想得南京衙门做官的多有年家。又乘船到京口，欲要渡江，怎奈连日大西风，上水船寸步难行，只得往句容一路步行而去，径往留都。且数留都那几个城门：

> 神策、金川、仪凤门，怀远、清凉到石城，三山、聚宝连通济，洪武、朝阳定太平。

马德称由通济门入城，到饭店中宿了一夜。次早往部科等各衙门打听，往年多有年家为官的，如今升的升了，转的转了，死的死了，坏的坏了，一无所遇。乘兴而来，却难兴尽而返。流连光景，不觉又是半年有余，盘缠俱已用尽。虽不学伍大夫吴门乞食，也难免吕蒙正僧院投斋。

忽一日，德称投斋到大报恩寺，遇见个相识乡亲，问其乡里之事。方知本省宗师按临岁考，德称在先服满时因无礼物送与学里师长，不曾动得起复文书及游学呈子；也不想如此久客于外。如今音信不通，教官径把他做避考申黜。千里之遥，无由辨复。真是：

> 屋漏更遭连夜雨，船迟又遇打头风。

德称闻此消息，长叹数声，无面回乡，意欲觅个馆地，权且教书糊口，再作道理。谁知世人眼浅，不识高低。闻知异乡公子如此形状，必是个浪荡之徒，便有锦心绣肠，谁人信他，谁人请他！又过了几时，和尚们都怪他蒿恼，语言不逊，不可尽说。幸而天无绝人之路。有个运粮的赵指挥，要请个门馆先生同往北京，一则陪话，二则代笔。偶与承恩寺主持商议。德称闻知，想道："乘此机会，往北京一行，岂不两便。"遂央僧举荐。那俗僧也巴不得遣那穷鬼起身，就在指挥面前称杨德称好处，且是束脩甚少。赵指挥是武官，不管三七二十一，只要省，便约德称在寺，投刺相见，择日请了下船同行。德称口如悬河，宾主颇也得合。

不一日，到黄河岸口，德称偶然上岸登东。忽听发一声响，犹如天崩地裂之形。慌忙起身看时，吃了一惊，原来河口决了。赵指挥所统粮船三分四散，不知去向。但见水势滔滔，一望无际。德称举目无依，仰天号哭，叹道："此乃天绝我命也，不如死休！"方欲投入河流，遇一老者相救，问其来历。德称诉罢，老者恻然怜悯。道："看你青春美质，将来岂无发迹之期？此去短盘至北京，费用亦不多，老夫带得有三两荒银，权为程敬。"说罢，去摸袖里，却摸个空。连呼"奇怪！"仔细看时，袖底有一小孔，那老者赶早出门，不知在哪里遇着剪绺的剪去了。老者嗟叹道："古人云：'得咱心肯日，是你运通时。'今日看起来，就是心肯，也有个天数。非是老夫吝惜，乃足下命运不通所致耳。欲屈足下过舍下，又恐路远不便。"乃邀德称到市心里，向一个相熟的主人家，借银五钱为赠。德称深感其意，只得受了，再三称谢而别。德称想："这五钱银子，如何盘缠得许多路？"思量一计，买下纸笔，一路卖字。德称写作俱佳，争奈时运未利，不能讨得文人墨士赏鉴，不过村坊野店，胡乱买几张糊壁，此辈晓得什么好歹，那肯出钱！德称有一顿没一顿，半饥半饱，直捱到北京城里，下了饭店。问店主人借缙绅看查，有两个相厚的年伯，一个是兵部尤侍郎，一个是左卿曹光禄。当下写了名刺，先去谒曹公，曹公见其衣衫不整，心下不悦；又知是王振的仇家，不敢招架，送下小小程仪，就辞了。再去见尤侍郎，那尤公也是个没意思的，自家一无所赠，写一封束帖荐在边上陆总兵处。店主人见有这封书，料有际遇，将五两银子借为盘缠。谁知正值北房也先为寇，大掠人畜，陆总兵失机，扭解来京问罪，连尤侍郎都罢官去了。德称在塞外耽搁了三四个月，又无所遇，依旧回到京城旅寓。

店主人折了五两银子，没处取讨。又欠下房钱饭钱若干，索性做个宛转，倒不好推他出门。想起一个主意来，前面胡同有个刘千户，其子八岁，要访个下路先生教书，乃荐德称。刘千户大喜，讲过束脩二十两。店主人先支一季束脩自己收受，准了所借之数。刘千户颇尽主道，送一套新衣服，迎接德称到彼坐馆。自此饔餐不缺，且训诵之暇，重温经史，再理文章。刚刚坐够三个月，学生出起痘来，太医下药不效，十二朝身死。刘千户单只此子，正在哀痛，又有刻薄小人对他说道："马德称是个降祸的太岁，耗气的鹤神，所到之处，必有灾殃。赵指挥请了他，就坏了粮船；尤侍郎荐了他，就坏了官职。他是个不吉利的秀才，不该与他亲近！"刘千户不想自儿死生有命，到抱怨先生带累了。各处传说，从此京中起他一个异名，叫作"钝秀才"。凡钝秀才街上过去，家家闭户，处处关门。但是早行遇着钝秀才的一日没采：做买卖的折本，寻人的不遇，告官的理输，讨债的不是厮打定是厮骂，就是小学生上学也被先生打几下手心。有此数项，把他做妖物相看。倘然狭路相逢，一个个吐口涎沫，叫句吉利方走。可怜马德称衣冠之胄，饱学之才，今日时运不利，弄得日无饱餐，夜无安宿。

同时，有个浙中吴监生，性甚硬直，闻知钝秀才之名，不信有此事。特地寻他相会，延至寓所，叩其胸中所学，甚有接待之意。坐席犹未暖，忽得家书，报家中老父病故，踉跄而别，转荐与同乡吕鸿胪。吕公请至寓所，待以盛馔，方才举箸，忽然厨房中火起，举家惊慌逃奔。德称因腹馁缓行了几步，被地方拿他做火头，解去官司，不由分说，下了监铺。幸吕鸿胪是个有天理的人，替他使钱，免其枷责。从此钝秀才其名益著，无人招接，仍复卖字为生：

> 惯与裱家书寿轴，喜逢新岁写春联。

夜间常在祖师庙、关圣庙、五显庙这几处安身。或与道人代写疏头，趁几文钱度日。

话分两头。却说黄病鬼黄胜，自从马德称去后，初时还怕他还乡，到宗师行黜，不见回家。又有人传言道："是随赵指挥粮船上京，被黄河水决，已覆没矣！"心下坦然无虑，朝夕逼勒妹子六娘改聘。六娘以死自誓，绝不二夫。到天顺晚年乡试，黄胜夤缘贿赂，买中了秋榜，里中奉承者填门塞户。闻知六娘年长未嫁，求亲者日不离门。六娘坚执不从，黄胜也无可奈何。到冬底，打叠行囊往北京会试。马德称见了乡试录，已知黄胜得意，必然到京；想起旧恨，羞与相见，预先出京躲避。谁知黄胜不耐功名，若是自家学问上挣来的前程，倒也理之当然，不放在心里。他原是买来的举人，小人乘君子之器，不觉手之舞之，足之蹈之。又将银五十两买了个勘合，驰驿到京，寻了个大大的下处，且不去温习经史，终日穿花街过柳巷，在院子里婊子家行乐。

常言道："乐极生悲"，嫖出一身广疮。科场渐近，将白金百两送太医，只求速愈。太医用轻粉劫药，数日之内，身体光鲜，草草完场而归。不够半年，疮毒大发，医治不痊，呜呼哀哉死了。既无兄弟，又无子息，族间都来抢夺家私，其妻王氏又没主张，全赖六娘一身，内支丧事，外应亲族，按谱立嗣，众心俱悦服无言。六娘自家，也分得一股家私，不下数千金。想起丈夫覆舟消息，未知真假，费了多少盘缠，各处遣人打听下落。有人自北京来，传说马德称未死，落寞在京，京中都呼为"钝秀才"。

六娘是个女中丈夫，甚有劈着，收拾起辎重银两，带了丫鬟僮仆，雇下船只，一径来到北京，寻取丈夫。访知马德称在真定府龙兴寺大悲阁写《法华经》，乃将白金百两，新衣数套，亲笔作书，缄封停当，差老家人王安赍去，迎接丈夫，吩咐道："我如今便与马相公援例入监，请马相公到此读书应举，不可迟滞！"王安到龙兴寺，见了长老，问："福建马相公何在？"长老道："我这里只有个'钝秀才'，并没有什么马相公。"王安道："就是了，烦引相见。"和尚引到大悲阁下，指道："旁边桌上写经的，不是钝秀才？"王安在家时曾见过马德称几次，今日虽然褴褛，如何不认得？一见德称，便跪下磕头。马德称却在贫贱患难之中，不料有此，一时想不起来，慌忙扶住，问道："足下何人？"王安道："小的是将乐县黄家，奉小姐之命，特来迎接相公。小姐有书在此。"德称便问："你小姐嫁归何宅?"王安道:"小姐守志至今,誓不改适。因家相公近故,小姐亲到京中来访相公,要与相公入粟北雍,请相公早办行期!"德称方才开缄而看,原来是一首诗。诗曰:

> 何事萧郎恋远游?应知乌帽未笼头。
> 图南自有风云便,且整双箫集凤楼。

德称看罢,微微而笑。王安献上衣服银两,且请起程日期。德称道:"小姐盛情,我岂不知?只是我有言在先:'若要洞房花烛夜,必须金榜挂名时。'向因贫困,学业久荒。今幸有余资可供灯火之费,且待明年秋试得意之后,方敢与小姐相见。"王安不敢强逼,求赐回书。德称取写经余下的茧丝一幅,答诗四句:

> 逐逐风尘已厌游,好音刚喜见
> 伻头。
> 嫦娥凤有攀花约,莫遣箫声出
> 凤楼。

德称封了诗,付与王安。王安星夜归京,回复了六娘小姐。开诗看毕,叹惜不已。

其年天顺爷爷正遇"土木之变",皇太后权请郕王摄位,改元景泰。将奸阉王振全家抄没,凡参劾王振吃亏的加官赐荫。黄小姐在寓中得了这个消息,又遣王安到龙兴寺,报与马德称知道。德称此时虽然借寓僧房,图书满案,鲜衣美食,已不似在先了,和尚们晓得是马公子马相公,无不钦敬。其年正是三十二岁,交逢好运,正应张铁口先生推算之语。可见:

> 万般皆是命,半点不由人。

德称正在寺中温习旧业,又得了王安报信,收拾行囊,别了长老赴京,另寻

一寓安歇。黄小姐拨家僮二人伏侍，一应日用供给，络绎馈送。德称草成表章，叙先臣马万群直言得祸之由，一则为父亲乞恩昭雪，一则为自己辨复前程。圣旨倒下，准复马万群原官，仍加三级。马任复学复廪。所抄没田产，有司追给，德称差家僮报与小姐知道。黄小姐又差王安送银两到德称寓中，叫他廪例入粟。明春，就考了监元，至秋发魁。就于寓中整备喜筵，与黄小姐成亲。来春，又中了第十名会魁，殿试二甲，考选庶吉士。上表给假还乡，焚黄谒墓，圣旨准了。夫妻衣锦还乡，府县官员出郭迎接。往年抄没田宅，俱用官价赎还，造册交割，分毫不少。宾朋一向疏失者，此日奔走其门如市。只有顾祥一人自觉羞惭，迁往他郡去讫。时张铁口先生尚在，闻知马公子得第荣归，特来拜贺。德称厚赠之而去。后来马任直做到礼、兵、刑三部尚书，六娛小姐封一品夫人。所生二子，俱中甲科，簪缨不绝。至今延平府人，说读书人不得第者，把"钝秀才"为比。后人有诗叹云：

> 十年落魄少知音，一日风云得称心。
> 秋菊春桃时各有，何须海底去捞针。

第 十 八 卷

老门生三世报恩

买只牛儿学种田，结间茅屋向林泉；
也知老去无多日，且向山中过几年。
为利为官终幻客，能诗能酒总神仙；
世间万物俱增价，老去文章不值钱。

这八句诗，乃是达者之言，末句说"老去文章不值钱"，这一句，还有个评论。大抵功名迟速，莫逃乎命，也有早成，也有晚达。早成者未必有成，晚达者未必不达。不可以年少而自恃，不可以年老而自弃。这老少二字，也在年数上，论不得的。假如甘罗十二岁为丞相，十三岁上就死了，这十二岁之年，就是他发白齿落、背曲腰弯的时候了，后头日子已短，叫不得少年。又如姜太公八十岁还在渭水钓鱼，遇了周文王以后车载之，拜为师尚父。文王崩，武王立，他又秉钺为军师，佐武王伐纣，定了周家八百年基业，封于齐国。又教其子丁公治齐，自己留相周朝，直活到一百二十岁方死。你说八十岁一个老渔翁，谁知日后还有许多事业，日子正长哩！这等看将起来，那八十岁上还是他初束发、刚顶冠、做新郎、应童子试的时候，叫不得老年。世人只知眼前贵贱，那知去后的日长日短？见个少年富贵的奉承不暇，多了几年年纪，蹉跎不遇，就怠慢他，这是短见薄识之辈。譬如农家，也有早谷，也有晚稻，正不知那一种收成得好？不见古人云：

东园桃李花，早发还先萎；
迟迟涧畔松，郁郁含晚翠。

闲话休提，却说国朝正统年间，广西桂林府兴安县有一秀才，复姓鲜于，名同，字大通。八岁时曾举神童，十一岁游庠，超增补廪。论他的才学，便是董仲舒、司马相如也不看在眼里，真个是胸藏万卷，笔扫千军。论他的志气，便像冯

京、商辂连中三元，也只算他便袋里东西，真个是足蹑风云，气冲牛斗。何期才高而数奇，志大而命薄！年年科举，岁岁观场，不能得朱衣点额，黄榜标名。到三十岁上，循资该出贡了。他是个有才有志的人，贡途的前程是不屑就的。思量穷秀才家，全亏学中年规这几两廪银，做个读书本钱。若出了学门，少了这项来路，又去坐监，反费盘缠。况且本省比监里又好中，算计不通。偶然在朋友前露了此意，那下首该贡的秀才，就来打话要他让贡，情愿将几十金酬谢。鲜于同又得了这个利息，自以为得计。第一遍是个情，张二遍是个例，人人要贡，个个争先。

鲜于同自三十岁上让贡起，一连让了八遍，到四十六岁，兀自沉埋于泮水之中，驰逐于青衿之队。也有人笑他的，也有人怜他的，又有人劝他的。那笑他的他也不睬，怜他的他也不受，只有那劝他的，他就勃然发怒起来道："你劝我就贡，止无过道俺年长，不能个科第了。却不知龙头属于老成，梁皓八十二岁中了状元，也替天下有骨气肯读书的男子争气。俺若情愿小就时，三十岁上就了，肯用力钻刺，少不得做个府佐县正，昧着心田做去，尽可荣身肥家。只是如今是个科目的世界，假如孔夫子不得科第，谁说他胸中才学？若是三家村一个小孩子，粗粗里记得几篇烂旧时文，遇了个盲试官，乱圈乱点，睡梦里偷得个进士到手，一般有人拜门生，称老师，谭天说地，谁敢出个题目，将带纱帽的再考他一考么？不止于此，做官里头还有多少不平处，进士官就是个铜打铁铸的，撒漫做去，没人敢说他不字。科贡官，兢兢业业，捧了卵子过桥，上司还要寻趁他。比及按院复命，参论的但是进士官，凭你叙得极贪极酷，公道看来，拿问也还透头，说到结末，生怕断绝了贪酷种子，道：'此一臣者，官箴虽玷，但或念初任，或念年青，尚可望其自新，策其末路，姑照浮躁或不及例降调。'不够几年工夫，依旧做起。倘挤得些银子，央要道挽回，不过对调个地方，全然没事。科贡的官一分不是，就当做十分。晦气遇着别人有势有力，没处下手随你清廉贤宰，少不得借重他，替进士顶缸。有这许多不平处，所以不中进士，再做不得官。俺宁可老儒终身，死去到阎王面前高声叫屈，还博个来世出头，岂可屈身小就，终日受人懊恼，吃顺气丸度日！"遂吟诗一首，诗曰：

> 从来资格困朝绅，只重科名不重人。
> 楚士凤歌诚恐殆，叶公龙好岂求真。
> 若还黄榜终无分，宁可青衿老此身。
> 铁砚磨穿豪杰事，春秋晚遇说平津。

汉时有个平津侯，复姓公孙名弘，五十岁读《春秋》，六十岁对策第一，到丞相封侯。鲜于同后来六十一岁登第，人以为诗谶。此是后话。

却说鲜于同自吟了这八句诗，其志愈锐。怎奈时运不利，看看五十齐头，"苏秦还是旧苏秦"，不能够改换头面。再过几年，连小考都不利了。每到科举年分，第一个拦场告考的，就是他，讨了多少人的厌贱。到天顺六年，鲜于同五十七岁，鬓发都苍然了，兀自挤在后生家队里，谈文讲艺，娓娓不倦。那些后生见了他，或以为怪物，望而避之；或以为笑具，就而戏之。这都不在话下。

却说兴安县知县，姓蒯，名遇时，表字顺之。浙江台州府仙居县人氏。少年科甲，声价甚高。喜的是谈文讲艺，商古论今。只是有件毛病，爱少贱老，不肯一视同仁。见了后生英俊，加意奖借，若是年长老成的，视为朽物，口呼"先辈"，甚有戏侮之意。其年乡试届期，宗师行文，命县里录科。蒯知县将合县生员考试，弥封阅卷，自恃眼力，从公品第，黑暗里拔了一个第一，心中十分得意。向众秀才面前夸奖道："本县拔得个首卷，其文大有吴、越中气脉，必然连捷。通县秀才，皆莫能及。"众人拱手听命，却似汉皇筑坛拜将，正不知拜那一个有名的豪杰。比及拆号唱名，只见一人应声而出，从人丛中挤将上来。你道这人如何？

> 矮又矮，胖又胖，须鬓黑白各一半。破儒巾，欠时样，蓝衫补孔重
> 重绽。你也瞧，我也看，若还冠带像胡判。不枉夸，不枉赞，"先辈"
> 今朝说嘴惯。休美他，莫自叹，少不得大家做老汉。不须营，不须干，
> 序齿轮流做领案。

那案首不是别人，正是那五十七岁的怪物、笑具，名叫鲜于同。合堂秀才，哄然大笑，都道："鲜于'先辈'，又起用了。"连蒯公也自羞得满面通红，顿口无言。一时间看错文字，今日众人属目之地，如何反悔！忍着一肚子气，胡乱将试卷拆完。喜得除了第一名，此下一个个都是少年英俊，还有些嗔中带喜。是日

蒯公发放诸生事毕，回衙闷闷不悦。不在话下。

却说鲜于同少年时本是个名士，因淹滞了数年，虽然志不曾灰，却也是：

> 泽畔屈原吟独苦，洛阳季子面多惭。

今日出其不意，考个案首，也自觉有些兴头。到学道考试，未必爱他文字，亏了县家案首，就搭上一名科举，喜孜孜去赴省试。众朋友都在下处看经书，温后场。只有鲜于同平昔饱学，终日在街坊上游玩。旁人看见，都猜道："这位老相公，不知是送儿子孙子进场的？事外之人，好不悠闲自在！"若晓得他是科举的秀才，少不得要笑他几声。

日居月诸，忽然八月初七日。街坊上大吹大擂，迎试官进贡院。鲜于同观看之际，见兴安县蒯公，正征聘做《礼记》房考官。鲜于同自想，"我与蒯公同经。他考过我案首，必然爱我的文字，今番遇合，十有八九。"谁知蒯公心里不然，他又是一个见识道："有取个少年门生，他后路悠远，官也多做几年，房师也靠得着他。那些老师宿儒，取之无益。"又道："我科考时不合昏了眼，错取了鲜于'先辈'，在众人前老大没趣。今番再取中了他，却不又是一场笑话！我今阅卷，但是三场做得齐整的，多应是夙学之士，年纪长了，不要取他。只拣嫩嫩的口气，乱乱的文法，歪歪的四六，怯怯的策论，惯惯的判语，那定是少年初学。虽然学问未充，养他一两科，年还不长，且脱了鲜于同这件干纪。"算计已定，如法阅卷，取了几个不整不齐，略略有些笔资的，大圈大点，呈上主司。主司都批了"中"字。

到八月廿八日，主司同各经房在至公堂上拆号填榜。《礼记》房首卷是桂林府兴安县学生，复姓鲜于，名同，习《礼记》，又是那五十七的怪物、笑具侥幸了。蒯公好生惊异。主司见蒯公有不乐之色，问其缘故。蒯公道："那鲜于同年纪已老，恐置之魁列，无以压服后生，情愿把一卷换他。"主司指堂上匾额道："此堂既名为'至公堂'，岂可以老少而私爱憎乎？自古龙头属于老成，也好把天下读书人的志气鼓舞一番。"遂不肯更换，判定了第五名正魁。蒯公无可奈何。正是：

> 饶君用尽千般力，命里安排动不得。
> 本心拣取少年郎，依旧取将老怪物。

蒯公立心不要中鲜于"先辈"，故此只拣不整齐的文字才中。那鲜于同是宿学之士，文字必然整齐，如何反投其机？原来鲜于同为八月初七日看了蒯公入

帘，自谓遇合十有八九。回归寓中多吃了几杯生酒，坏了脾胃，破腹起来。勉强进场，一头想文字，一头泄泻，泻得一丝两气，草草完篇。二场三场，仍复如此，十分才学，不曾用得一分出来。自谓万无中式之理，谁知蒯公倒不要整齐文字，以此竟占了个高魁。也是命里否极泰来，颠之倒之，自然凑巧。那兴安县刚刚只中他一个举人，当日鹿鸣宴罢，众同年序齿，他就居了第一。各房考官见了门生，俱各欢喜，唯蒯公闷闷不悦。鲜于同感蒯公两番知遇之恩，愈加殷勤。蒯公愈加懒散，上京会试，只照常规，全无作兴加厚之意。

明年鲜于同五十八岁，会试又下第了。相见蒯公，蒯公更无别语，只劝他选了官罢。鲜于同做了四十余年秀才，不肯做贡生官，今日才中得一年乡试，怎肯就举人职？回家读书，愈觉有兴。每闻里中秀才会文，他就袖了纸墨笔砚，捱入会中同做。凭众人耍他、笑他、嗔他、厌他，总不在意。做完了文字，将众人所作看了一遍，欣然而归，以此为常。

光阴荏苒，不觉转眼三年，又当会试之期。鲜于同时年六十有一，年齿虽增，矍铄如旧。在北京第二遍会试，在寓所得其一梦。梦见中了正魁，会试录上有名，下面却填做《诗经》，不是《礼记》。鲜于同本是个宿学之士，那一经不通？他功名心急，梦中之言，不由不信，就改了《诗经》应试。事有凑巧，物有偶然。蒯知县为官清正，行取到京，钦授礼科给事中之职。其年又进会试经房。蒯公不知鲜于同改经之事，心中想道："我两遍错了主意，取了那鲜于'先辈'做了首卷，今番会试，他年纪一发长了。若《礼记》房里又中了他，这才是终身之玷。我如今不要看《礼记》，改看了《诗经》卷子，那鲜于'先辈'中与不中，都不干我事。"比及入帘阅卷，遂请看《诗》五房卷。蒯公又想道："天下举子像鲜于'先辈'的，谅也非止一人，我不中鲜于同，又中了别的老儿，可不是'躲了雷公，遇了霹雳'！我晓得了，但凡老师宿儒，经旨必然十分透彻，后生家专工四书，经义必然不精。如今到不要取四经整齐，但是有些笔资的，不妨题旨影响，这定是少年之辈了。"阅卷进呈，等到揭晓，《诗》五房头卷，列在第十名正魁。拆号看时，却是桂林府兴安县学生，复姓鲜于，名同，习《诗经》，刚刚又是那六十一岁的怪物、笑具！气得蒯遇时目睁口呆，如槁木死灰模样。

　　　　早知富贵生成定，悔却从前枉用心。

　　蒯公又想道："论起世上同名胜的尽多，只是桂林府兴安县却没有两个鲜于同，但他向来是《礼记》，不知何故又改了《诗经》，好生奇怪？"候其来谒，叩其改经之故。鲜于同将梦中所见，说了一遍。蒯公叹息连声道："真命进士，真命进士！"自此蒯公与鲜于同师生之谊，比前反觉厚了一分。殿试过了，鲜于同考在二甲头上，得选刑部主事。人道他晚年一第，又居冷局，替他气闷，他欣然自如。

　　却说蒯遇时在礼科衙门直言敢谏，因奏疏里面触突了大学士刘吉，被吉寻他罪过，下于诏狱。那时刑部官员，一个个奉承刘吉，欲将蒯公置之死地。却好天与其便，鲜于同在本部一力周旋看觑，所以蒯公不致吃亏。又替他纠合同年，在各衙门恳求方便，蒯公遂得从轻降处。蒯公自想道："'着意种花花不活，无心栽柳柳成阴。'若不中得这个老门生，今日性命也难保。"乃往鲜于"先辈"寓所拜谢。鲜于同道："门生受恩师三番知遇，今日小小效劳，止可少答科举而已，天高地厚，未酬万一！"当日师生二人欢饮而别。自此不论蒯公在家在任，每年必遣人问候，或一次，或两次，虽俸金微薄，表情而已。

　　光阴荏苒，鲜于同只在部中迁转，不觉六年，应升知府。京中重他才品，敬他老成，吏部立心要寻个缺推他。鲜于同全不在意。偶然仙居县有信至，蒯公的公子蒯敬共，与豪户查家争坟地疆界，嚷骂了一场。查家走失了个小厮，赖蒯公子打死，将人命事告官。蒯敬共无力对理，一径逃往云南父亲任所去了。官府疑蒯公子逃匿，人命真情，差人雪片下来提人，家属也监了几个，阖门惊惧。鲜于同查得台州正缺知府，乃央人讨这地方。吏部知台州原非美缺，既然自己情愿，有何不从，即将鲜于同推升台州府知府。鲜于同到任三日，豪家已知新太守是蒯公门生，特讨此缺而来，替他解纷，必有偏向之情。先在衙门谣言放刁，鲜于同只推不闻。蒯家家属诉冤，鲜于同亦佯为不理。密差的当捕人访缉查家小厮，务在必获。约过两月有余，那小厮在杭州拿到。鲜于太守当堂审明，的系自逃，与蒯家无干。当将小厮责取查家领状，蒯氏家属即行释放。期会一日，亲往坟所踏看疆界。查家见小厮已出，自知所讼理虚，恐结讼之日必然吃亏。一面央大分上到太守处说方便；一面又央人到蒯家，情愿把坟界相让讲和。蒯家事已得白，也不愿结冤家。鲜于太守准了和息，将查家薄加罚治，申详上司，两家莫不心服。

正是：

> 只愁堂上无明镜，不怕民间有鬼奸。

鲜于太守乃写书信一通，差人往云南府回复房师蒯公。蒯公大喜，想道："'树荆棘得刺，树桃李得荫'，若不曾中得这个老门生，今日身家也难保。"遂写恳切谢启一通，遣儿子蒯敬共赍回，到府拜谢。鲜于同道："下官暮年淹蹇，为世所弃，受尊公老师三番知遇，得掇科目，常恐身先沟壑，大德不报。今日恩兄被诬，理当暴白。下官因风吹火，小效区区，止可少酬老师乡试提拔之德，尚欠情多多也。"因为蒯公子经纪家事，劝他闭户读书。自此无话。

鲜于同在台州做了三年知府，声名大振，升在徽宁道做兵宪，累升河南廉使，勤于官职。年至八旬，精力比少年兀自有余，推升了浙江巡抚。鲜于同想道："我六十一岁登第，且喜儒途淹蹇，仕途到顺溜，并不曾有风波。今官至抚台，恩荣极矣。一向清勤自矢，不负朝廷。今日急流勇退，理之当然。但受蒯公三番知遇之恩，报之未尽，此任正在房师地方，或可少效涓埃。"乃择日起程赴任。一路迎送荣耀，自不必说。

不一日，到了浙江省城。此时蒯公也历任做到大参地位，因病目不能理事，致政在家。闻得鲜于"先辈"又做本省开府，乃领了十二岁孙儿，亲到杭州谒见。蒯公虽是房师，到小于鲜于公二十余岁。今日蒯公致政在家，又有了目疾，龙钟可怜。鲜于公年已八旬，健如壮年，位至开府。可见发达不在于迟早。蒯公叹息了许多。正是：

> 松柏何须羡桃李，请君点检岁寒枝。

且说鲜于同到任以后，正拟遣人问候蒯公，闻说蒯参政到门，喜不自胜，倒屣而迎，直请到私宅，以师生礼相见。蒯公唤十二岁孙儿："见了老公祖。"鲜于公问："此位是老师何人？"蒯公道："老夫受公祖活命之恩，犬子昔日难中，又蒙昭雪，此恩直如覆载。今天幸福星又照吾省。老夫衰病，不久于世，犬子读书无成；只有此孙，名曰蒯悟，资性颇敏，特携来相托，求老公祖青目一二！"鲜于公道："门生年齿，已非仕途人物，正为师恩酬报未尽，所以强颜而来。今日承老师以令孙相托，此乃门生报德之会也。鄙意欲留令孙在敝衙，同小孙辈课业，未审老师放心否？"蒯公道："若蒙老公祖教训，老夫死亦瞑目。"遂留两个书童服事蒯悟，在都抚衙内读书，蒯公自别去了。那蒯悟资性过人，文章日进。就是年之秋，学道按临，鲜于公为荐神童，进学补廪。依旧留在衙门中勤学。

　　三年之后，学业已成。鲜于公道："此子可取科第，我亦可以报老师之恩矣！"乃将俸银三百两赠与蒯悟为笔砚之资，亲送到台州仙居县。适值蒯公三日前，一病身亡，鲜于公哭奠已毕。问："老师临终亦有何言？"蒯敬共道："先父遗言，自己不幸少年登第，因而爱少贱老，偶尔暗中摸索，得了老公祖大人。后来许多年少的门生，贤愚不等，升沉不一，俱不得其气力，全亏了老公祖大人一人，始终看觑。我子孙世世不可怠慢老成之士！"鲜于公呵呵大笑道："下官今日三报师恩，正要天下人晓得扶持了老成人也有用处，不可爱少而贱老也！"说罢，作别回省，草上表章，告老致仕。得旨预告，驰驿还乡，优悠林下。每日训课儿孙之暇，同里中父老饮酒赋诗。

　　后八年，长孙鲜于涵乡榜高魁，赴京会试，恰好仙居县蒯悟是年中举，也到京中。两人三世通家，又是少年同窗，并在一寓读书。比及会试揭晓，同年进士，两家互相称贺。鲜于同自五十七岁登科，六十一岁登甲，历仕二十三年。腰金衣紫，锡恩三代。告老回家，又看了孙儿科第，直活到九十七岁，整整的四十年晚运。至今浙江人肯读书，不到六七十岁还不丢手，往往有晚达者。后人有诗叹云：

　　　　利名何必苦奔忙，迟早须臾在上苍。
　　　　但学蟠桃能结果，三千余岁未为长。

第 十 九 卷

崔衙内白鹞招妖

早退春朝宠贵妃，谏章争敢傍丹墀。
蓬莱殿里迎鸾驾，花萼楼前进荔枝。
羯鼓未终鼙鼓动，羽衣犹在战衣追。
子孙翻作升平祸，不念先皇创业时。

这首诗，题著唐时第七帝，谥法谓之玄宗。古老相传云：天上一座星，谓之玄星，又谓之金星，又谓之参星，又谓之长庚星，又谓之太白星，又谓之启明星。世人不识，叫作晓星。初上时，东方未明；天色将晓，那座星渐渐的暗将来。先明后暗，这个谓之玄。唐玄宗自姚崇、宋璟为相，米麦不过三四钱，千里不馈行粮。自从姚、宋二相死，杨国忠、李林甫为相，教玄宗生出四件病来：

内作色荒，外作禽荒，耽酒嗜音，峻宇雕墙。

玄宗最宠爱者，一个贵妃，叫作杨太真。那贵妃又背地里宠一个胡儿，姓安，名禄山，腹重三百六十斤，坐绰飞燕，走及奔马，善舞胡旋，其疾如风。玄宗爱其骁健，因而得宠。禄山遂拜玄宗为父，贵妃为母。杨妃把这安禄山头发都剃了，擦一脸粉，画两道眉，打一个白鼻儿，用锦绣彩罗，做成襁褓，选粗壮宫娥数人扛抬，绕那六宫行走。当时则是取笑，谁知浸润之间，太真与禄山为乱。一日，禄山正在太真宫中行乐。宫娥报道："驾到!"禄山矫捷非常，逾墙逃去。贵妃怆惶出迎，冠发散乱，语言失度，错呼圣上为郎君。玄宗驾即时起，使六宫大使高力士高珪送太真归第，使其省过。贵妃求见天子不得，涕泣出宫。

却说玄宗自离了贵妃三日，食不甘味，卧不安席。高力士探知圣意，启奏道："贵妃昼寝困倦，言语失次，得罪万岁御前。今省过三日，想已知罪，万岁爷何不召之?"玄宗命高珪往看妃子在家作何事。高珪奉旨，到杨太师私第，见过了贵妃，回奏天子，言："娘娘容颜愁惨，梳沐俱废。一见奴婢，便问：'圣上安否？'泪如雨下。乃取妆台对镜，手持并州剪刀，解散青丝，剪下一缕，用五彩绒绳结之，手自封记，托奴婢传语，送到御前。娘娘含泪而言：'妾一身所有，皆出皇上所赐。只有身体发肤，受之父母，以此寄谢圣恩，愿勿忘七夕夜半之约。'"原来玄宗与贵妃七夕夜半，曾在沉香亭有私誓："愿生生世世，同衾同枕！"此时玄宗闻知高珪所奏，见贵妃封寄青丝，拆而观之，凄然不忍。即时命高力士用香车细辇，迎贵妃入宫。自此愈加宠幸。

其时四方贡献不绝，西夏国进月样琵琶，南越国进玉笛，西凉州进葡萄酒，新罗国进白鹉子。这葡萄酒供进御前，琵琶赐与郑观音，玉笛赐与御弟宁王，新罗白鹉赐与崔丞相。后因李白学士题沉香亭牡丹诗，将赵飞燕比著太真娘娘，暗藏讥刺，被高力士奏告贵妃，泣诉天子，将李白黜贬。崔丞相原来与李白是故交，事相连累，得旨令判河北定州中山府。正是：

> 老龟烹不烂，遗祸及枯桑。

崔丞相来到定州中山府远近，接入进府，交割牌印了毕。在任果然是如水之情，如秤之平，如绳之直，如镜之明。不一月之间，治得府中路不拾遗。时遇天宝春初：

> 春，春！柳嫩，花新，梅谢粉，草铺茵。莺啼北里，燕语南邻。郊原嘶宝马，紫陌广香轮。日暖冰消水绿，风和雨嫩烟轻。东阁广排公子宴，锦城多少赏花人。

崔丞相有个衙内，名唤崔亚，年纪二十来岁。生得美丈夫，性好畋猎。见这春间天色，宅堂里叉手向前道："告爹爹，请一日严假，欲出野外游猎。不知爹

爹尊意如何？"相公道："吾儿出去，则索早归。"衙内道："领爹尊旨。则是儿有一事，欲取覆慈父。"相公道："你有甚说？"衙内道："欲借御赐新罗白鹇同往。"相公道："好，把出去照管，休教失了。这件物是上方所赐，新罗国进到，世上只有这一只。万勿走失！上方再来索取，却是哪里去讨？"衙内道："儿带出去无妨！但只要光耀州府，教人看玩则个。"相公道："早归，少饮！"衙内借得新罗白鹇，令一个五放家架著，果然是那里去讨！牵将闹装银鞍马过来，衙内攀鞍上马出门。若是说话的当时同年生，并肩长，劝住崔衙内，只好休去。千不合，万不合，带这只新罗白鹇出来，惹出一场怪事。真个是亘古未闻，于今罕有。有诗为证：

外作禽荒内色荒，滥沾些了又何妨。
早晨架出苍鹰去，日暮归来红粉香。

崔衙内寻常好畋猎。当日借得新罗白鹇，好生喜欢，教这五放家架著。一行人也有把水磨角靶弹弓，雁木乌椿弩子，架眼圆铁爪嘴弯鹰，牵搭耳细腰深口犬。出得城外，穿桃溪，过梅坞，登绿杨林，涉芳草渡，杏花村高悬酒望，茅檐畔低亚青帘。正是：

不暖不寒天气，半村半郭人家。

行了二三十里，觉道各人走得辛苦，寻一个酒店，衙内推鞍下马。入店问道："有甚好酒买些个？先犒赏众人助脚力。"只见走一人酒保出来唱喏。看那人时，生得：

身长八尺，豹头燕颔，环眼骨髭，有如一个距水断桥张翼德，原水镇上王彦章。

衙内看了酒保，早吃一惊道："怎么有这般生得恶相貌的人？"酒保唱了喏，站在一边，衙内教："有好酒把些个来吃，就犒赏众人。"那酒保从里面掇一桶酒出来。随行自有带着底酒盏，安在桌上。筛下一盏，先敬衙内：

酒，酒！邀朋，会友。君莫待，时长久，名呼食前，礼于茶后。临风不可无，对月须教有。李白一饮一石，刘伶解醒五斗。公子沾唇脸似桃，佳人入腹腰如柳。

衙内见筛下酒色红，心中早惊："如何恁地红！"踏著酒保脚跟，入去到酒缸前，扬开缸盖，只看了一看，吓得衙内：

顶门上不见三魂，脚底下荡散七魄。

只见血水里面浸着浮米。衙内出来，教一行人且莫吃酒。把三两银子与酒保，还了酒钱。那酒保接钱，唱喏谢了。衙内攀鞍上马，离酒店，又行了一二里地，又见一座山冈。原来门外谓之郭，郭外谓之郊，郊外谓之野，野外谓之迥。行了半日，相次到北岳恒山。一座小峰在恒山脚下，山势果是雄勇：

山，山！突兀，回环，罗翠黛，列青蓝。洞云缥缈，涧水潺湲。峦碧千山外，岚光一望间。暗想云峰尚在，宜陪谢屐重攀。季世七贤虽可爱，盛时四皓岂宜闲！

衙内恰待上那山去，抬起头来，见山脚下立着两条木栓，柱上钉着一面版牌，牌上写著几句言语。衙内立马看了道："这条路上恁地厉害！"勒住马，叫："回去休！"众人都赶上来。衙内指著版牌，教众人看。有识字的，读道：

"此山通北岳恒山路，名为定山。有路不可行。其中精灵不少，鬼怪极多。行路君子，可从此山下首小路来往，切不可经此山过。特预禀知。

如今却怎地好？"衙内道："且只得回去。"待要回来，一个肐膊上架着一枚角鹰，出来道："覆衙内，男女在此居，上面万千景致，生数般跷蹊作怪直钱的飞禽走兽。衙内既是出来畋猎，不入这山去？从小路上去，那里是平地，有甚飞禽走兽！可惜闲了新罗白鹞，也可惜闲了某手中角鹰！这一行架的小鹞、猎狗、弹弓、弩子，都为弃物。"衙内道："也说得是。你们都听我说，若打得活的归去，到府中一人赏银三两，吃几杯酒了归；若打得死的，一人赏银一两，也吃几杯酒了归；若都打不得飞禽走兽，银子也没有，酒也没得吃。"众人各应了喏。

衙内把马摔一鞭，先上山去。众人也各上山来。可煞作怪，全没讨个飞禽走兽。只见草地里掉掉地响。衙内用五轮八光左右两点神水，则看了一看，喝声采！从草里走出一只干红兔儿来。众人都向前。衙内道："若捉得这红兔儿的，赏五两银子！"去马后立著个人，手探着新罗白鹞。衙内道："却如何不去勒？"

闲汉道："告衙内，未得台旨，不敢擅便。"衙内道一声："快去！"那闲汉领台旨，放那白鹞子勒红兔儿。这白鹞见放了手，一翅箭也似便去。这兔儿见那白鹞赶得紧，去浅草丛中便钻。鹞子见兔儿走的不见，一翅径飞过山嘴去。衙内道："且与我寻白鹞子！"衙内也勒著马，转山去赶。赶到山腰，见一所松林：

> 松，松！节峻，阴浓，能耐岁，解凌冬。高侵碧汉，森耸青峰。偃蹇形如盖，虬蟠势若龙。茂叶风声瑟瑟，繁枝月影重重。四季常持君子操，五株曾受大夫封。

衙内手搭著水磨角靶弹弓，骑那马赶。看见白鹞子飞入林子里面去，衙内也入这林子里来。当初白鹞子脖项上带着一个小铃儿。林子背后一座峭壁悬崖，没路上去。则听得峭壁顶上铃儿响，衙内抬起头来看时，吃了一惊，道："不曾见这般跷蹊作怪底事！"去那峭壁顶上，一株大树底下，坐着一个一丈来长短骷髅：

> 头上裹著镞金蛾帽儿，身上锦袍灼灼，金甲辉辉。锦袍灼灼，一条抹额荔枝红；金甲辉辉，靴穿一双鹦鹉绿。

看那骷髅，左手架著白鹞，右手一个指头，拨那鹞子的铃儿，口里喷喷地引这白鹞子。衙内道："却不作怪！我如今去讨，又没路上得去。"只得在下面告道："尊神，崔某不知尊神是何方神圣，一时走了新罗白鹞，望尊神见还则个！"看那骷髅，一似伴伴不采。似此告了他五七番，陪了七八个大喏。这人从又不见一个入林子来。骷髅只是不睬。衙内忍不得，拿起手中弹弓，拽得满，觑得较亲，一弹子打去。一声响亮，看时，骷髅也不见，白鹞子也不见了。乘著马，出这林子前。人从都不见，著眼看那林子，四下都是青草。看看天色晚了，衙内慢慢地行，肚中又饥。下马离鞍，吊缰牵著马，待要出这山路口。看那天色：

> 红日西沉，鸦鹊奔林高噪。打鱼人停舟罢棹，望客旅贪程，烟村缭绕。山寺寂寥，玩银灯，佛前点照。月上东郊，孤村酒斾收了。采樵人回，攀古道，过前溪，时听猿啼虎啸。深院佳人，望夫归倚门斜靠。

衙内独自一个牵着马，行到一处，却不是早起入来的路。星光之下，远远地望见数间草屋。衙内道："惭愧！这里有人家时，却是好了。"径来到跟前一看，见一座庄院：

　　庄，庄！临堤，傍冈，青瓦屋，白泥墙。桑麻映日，榆柳成行。山鸡鸣竹坞，野犬吠村坊。淡荡烟笼草舍，轻盈雾罩田桑。家有余粮鸡犬饱，户无徭役子孙康。

　　衙内把马系在庄前柳树上，便去叩那庄门。衙内道："过往行人，迷失道路，借宿一宵，来日寻路归家。"庄里无人答应。衙内又道："是见任中山府崔丞相儿子，因不见了新罗白鹞，迷失道路，问宅里借宿一宵。"敲了两三次，方才听得有人应道："来也，来也！"鞋履响，脚步鸣，一个人走将出来开门。衙内打一看时，叫声苦！那出来的不是别人，却便是早间村酒店里的酒保。衙内问道："你如何却在这里？"酒保道："告官人，这里是酒保的主人家。我却入去说了便出来。"

　　酒保去不多时，只见几个青衣，簇拥着一个著干红衫的女儿出来：

　　　　吴道子善丹青，描不出风流体段；
　　　　蒯文通能舌辩，说不尽许多精神。

　　衙内不敢抬头："告娘娘，崔亚迷失道路，敢就贵庄借宿一宵。来日归家，丞相爹爹却当报效。"只见女娘道："奴等衙内多时，果蒙宠访。请衙内且入敝庄。"衙内道："岂敢辄入！"再三再四，只管相请。衙内唱了喏，随著入去。到一个草堂之上，见灯烛荧煌，青衣点将茶来。衙内告娘娘："敢问此地是何去处？娘娘是何姓氏？"女娘听得问，启一点朱唇，露两行碎玉，说出数句言语来。衙内道："这事又作怪！"茶罢，接过盏托。衙内自思量道："先自肚里又饥，却教吃茶！"正惢沉吟间，则见女娘教安排酒来。道不了，青衣掇过果桌。顷刻之间，咄嗟而办。

　　　　幕天席地，灯烛荧煌。筵排异皿奇杯，席展金觥玉斝。珠礧妆成异果，玉盘簇就珍馐。珊瑚筵上，青衣美丽捧霞觞；玳瑁杯中，粉面丫鬟斟玉液。

　　衙内叉手向前："多蒙赐酒，不敢只受。"女娘道："不妨，屈郎少饮。家间也是勋臣贵戚之家。"衙内道："不敢拜问娘娘，果是那一宅？"女娘道："不必问，他日自知。"衙内道："家间父母望我回去。告娘娘指路，令某早归。"女娘道："不妨，家间正是五伯诸侯的姻眷，衙内又是宰相之子，门户正相当。奴家见爹爹议亲，东来不就，西来不成，不想姻缘却在此处相会！"衙内听得说，愈加心慌，却不敢抗违，则应得喏。一杯两盏，酒至数巡。衙内告娘娘："指一条路，教某归去。"女娘道："不妨，左右明日教爹爹送衙内归。"衙内道："'男女不同席，不共食。'自古'瓜田不纳履，李下不整冠'。深恐得罪于尊前。"女娘道："不妨，纵然不做夫妇，也待明日送衙内回去。"

衙内似梦如醉之间，则听得外面人语马嘶。青衣报道："将军来了。"女娘道："爹爹来了，请衙内少等则个。"女娘轻移莲步，向前去了。衙内道："这里有甚将军！"捏手捏脚，尾著他到一壁厢，转过一个阁儿里去，听得有人在里面声唤。衙内去黑处把舌尖舐开纸窗一望时，吓得浑身冷汗，动弹不得，道："我这性命休了！走了一夜，却走在这个人家里。"当时衙内窗眼里，看见阁儿里两行都摆列朱红椅子，主位上坐一个一丈来长短骷髅，却便是日间一弹子打的。且看他如何说？那女孩儿见爹爹叫了万福，问道："爹爹没甚事！"骷髅道："孩儿，你不来看我这个！我日间出去，见一只雪白鹞子，我见他奇异，捉将来架在手里。被一个人在山脚下打我一弹子，正打在我眼里，好疼！我便问山神土地时，却是崔丞相儿子崔衙内。我若捉得这厮，将来背剪缚在将军柱上，劈腹取心，左手把起酒来，右手把着他心肝；吃一杯酒，嚼一块心肝，以报冤仇！"

话犹未了，只见一个人，从屏风背转将出来。不是别人，却是早来村酒店里的酒保。将军道："班犬，你听得说也不曾？"班犬道："才见说，却不回耐，崔衙内早起来店中向我买酒吃。不知却打了将军的眼！"女孩儿道："告爹爹，他也想是误打了爹爹，望爹爹饶恕他！"班犬道："妹妹莫怪我多口！崔衙内适来共妹妹在草堂饮酒。"女孩儿告爹爹："崔郎与奴饮酒，也是五百年前姻眷。看孩儿面，且饶恕他则个！"将军便只管焦躁，女孩儿只管劝。衙内在窗子外听得，道："这里不走，更待何时！"走出草堂，开了院门，跳上马，捽一鞭，那马四只蹄一似翻盏撒钹，道不得"慌不择路"，连夜胡乱走到天色渐晓，离了定山。衙内道："惭愧！"

正说之间，林子里抢出十余个人来，大喊大叫，把衙内簇住。衙内道："我好苦！出得龙潭，又入虎穴！"仔细看时，却是随从人等。衙内道："我吃你们一惊！"众人问衙内："一夜从哪里去来？今日若不见衙内，我们都打没头脑恶官司。"衙内对众人把上项事说了一遍。众人都以手加额道："早是不曾坏了性命！我们昨晚一夜不敢归去，在这林子里等到今日。早是新罗白鹞，原来飞在林子后面树上，方才收得。"那养角鹰的道："覆衙内，男女在此土居，这山里有多少奇禽异兽，只好再入去出猎。可惜耽搁了新罗白鹞。"衙内道："这厮又来！"众人扶策著衙内，归到府中。一行人离了犒设，却入堂里，见了爹妈，唱了喏。相公道："一夜你不归，哪里去来？忧杀了妈妈。"衙内道："告爹妈，儿子昨夜见一件诧异的事！"把说过许多话，从头说了一遍。相公焦躁："小后生乱道胡说！且罚在书院里，教院子看着，不得出离。"衙内只得入书院。

时光似箭，日月如梭，捻指间过了三个月。当时是夏间天气：

> 夏，夏！雨余亭厦。纨扇轻，蕙风乍。散发披襟，弹棋打马，古鼎焚龙涎，照壁名人画。当头竹径风生，两行青松暗瓦。最好沉李与浮瓜，对青樽旋开新鲊。

衙内过三个月不出书院门，今日天色却热，且离书院去后花园里乘凉。坐定，衙内道："三个月不敢出书院门，今日在此乘凉，好快活！"听那更点，早是二更。只见一轮月从东上来。

> 月，月！无休，无歇，夜东生，晓西灭。少见团圆，多逢破缺。偏宜午夜时，最称三秋节。幽光解敌严霜，皓色能欺瑞雪。穿窗深夜忽清风，曾遣离人情惨切。

衙内乘着月色，闲行观看。则见一片黑云起，云绽处，见一个人驾一轮香车，载着一个妇人。看那驾车的人，便是前日酒保班犬。香车里坐着干红衫女儿，衙内月光下认得是庄内借宿留他吃酒的女娘。下车来道："衙内，外日奴好意相留，如何不别而行？"衙内道："好！不走，右手把著酒，左手把著心肝做下口。告娘娘，饶崔某性命！"女孩儿道："不要怕，我不是人，亦不是鬼，奴是上界神仙。与衙内是五百年姻眷，今时特来效于飞之乐。"教班犬自驾香车去。衙内一时被他这色迷了。

> 色，色！难离，易惑，隐深闺，藏柳陌。长小人志，灭君子德；后主谩多才，纣王空有力。伤人不痛之刀，对面杀人之贼。方知双眼是横波，无限贤愚被沉溺。

两个同在书院里过了数日。院子道："这几日衙内不许下人入书院里，是何意故？"当夜张见一个妖媚的妇人。院子先来覆管家婆，便来覆了相公。相公焦躁做一片，仗剑入书院里来。衙内见了相公，只得唱个喏。相公道："我儿，教你在书院中读书，如何引惹邻舍妇女来？朝廷得知，只说我纵放你如此！也妨我儿将来仕路！"衙内只应得喏："告爹爹，无此事。"却待再问，只见屏风后走出一个女孩儿来，叫声万福。相公见了，越添焦躁，仗手中宝剑，移步向前，喝一声道："著！"剑不下去，万事俱休，一剑下去，教相公倒退三步，看手中利刃，

只剩得剑靶。吃了一惊，到去住不得。只见女孩儿道："相公休焦！奴与崔郎五百年姻契，合为夫妇，不日同为神仙。"相公出豁不得，却来与夫人商量，教请法官。那里捉得住！

正怎地烦恼，则见客将司来覆道："告相公，有一司法，姓罗名公适，新到任，来公参。客司说：'相公不见客。'问：'如何不见客？'客将司把上件事说了一遍。罗法司道：'此间有一修行在世神仙，可以断得。姓罗名公远，是某家兄。'客司复相公。"相公即时请相见。茶汤罢，便问："罗真人在何所？"得了备细，便修札子请将罗公远下山，到府中见了。崔丞相看那罗真人，果是生得非常。便引到书院中，与这妇人相见了。罗真人劝谕那妇人："看罗某面，放舍崔衙内。"妇人哪里肯依。罗真人既再三劝谕不从，作起法来，忽起一阵怪风。

> 风，风！荡翠，飘红，忽南北，忽西东。春开柳叶，秋谢梧桐。凉门入朱门内，寒添陌巷中。似鼓声摇陆地，如雷响振晴空。乾坤收拾尘埃净，现日移阴却有功。

那阵风过处，叫下两个道童来。一个把着一条缚魔索，一个把著一条黑柱杖。罗真人令道童捉下那妇女。妇女见道童来捉，他叫一声班犬。从虚空中跳下班犬来，忿忿地擎起双拳，竟来抵敌。原来邪不可以干正，被两个道童一条索子，先缚了班犬，后缚了乾红衫女儿。喝教："现形！"班犬变做一只大虫，乾红衫女儿变做一个红兔儿。这骷髅神，原来晋时一个将军，死葬在定山之上，岁久年深，成器了，现形作怪，罗真人断了这三怪，救了崔衙内性命。从此至今，定山一路，太平无事。这段话本，则唤做《新罗白鹞》、《定山三怪》。有诗为证：

> 虎奴兔女活骷髅，作怪成群山上头。
> 一自真人明断后，行人坦道永无忧。

国学经典文库

中国二十大名著

警世通言

图文珍藏版

第 二 十 卷

计押番金鳗产祸

终日昏昏醉梦间，忽闻春尽强登山。
因过竹院逢僧话，又得浮生半日闲。

话说大宋徽宗朝有个官人，姓计，名安，在北司官厅下做个押番。止只夫妻两口儿。偶一日，下番在家，天色却热，无可消遣，却安排了钓竿，迤逦取路来到金明池上钓鱼。钓了一日，不曾发市。计安肚里焦躁，却待收了钓竿归去。觉道浮子沉下去，钓起一件物事来，计安道声好，不知高低："只有钱那里讨！"安在篮内，收拾了竿子，起身取路归来。一头走，只听得有人叫道："计安！"回头看时，却又没人。又行又叫："计安，吾乃金明池掌。汝若放我，教汝富贵不可言尽；汝若害我，教你合家人口死于非命！"仔细听过，不是别处，却是鱼篮内叫声。计安道："却不作怪！"一路无话。

到得家中，放了竿子篮儿。那浑家道："丈夫，快去厅里去，太尉使人来叫你两遭。不知有甚事，吩咐便来！"计安道："今日是下番日期，叫我做甚？"说不了，又使人来叫："押番，太尉等你。"计安连忙换了衣衫，和那叫的人去干当官的事。了毕，回来家中，脱了衣裳，教安排饭来吃。只见浑家安排一件物事，放在面前。押番见了，吃了一惊，叫声苦，不知高低："我这性命休了！"浑家也吃一惊道："没甚事，叫苦连声！"押番却把早间去钓鱼的事说了一遍，道："是一条金鳗，它说：'吾乃金明池掌，若放我，大富不可言；若害我，教我合家死于非命！'你却如何把它来害了？我这性命合休！"浑家见说，啐了一口唾，道："却不是放屁！金鳗又会说起话来！我见没有下饭，安排他来吃，却又没事。你不吃，我一发吃了。"

计安终是闷闷不已。到得晚间，夫妻两个解带脱衣去睡。浑家见他怀闷，离不得把些精神来陪侍他。自当夜之间，那浑家身怀六甲，只见眉低眼慢，腹大乳高。候忽间又十月满足，临盆之时，叫了收生婆，生下个女孩儿来。正是：

野花不种年年有，烦恼无根日日生。

那押番看了，夫妻二人好不喜欢，取名叫作庆奴。

时光如箭，转眼之间，那女孩儿年登二八。长成一个好身材，伶俐聪明，又教成一身本事。爹娘怜惜，有如性命。时遇靖康丙午年间，士马离乱。因此计安家夫妻女儿三口，收拾随身细软包裹，流落州府。后来打听得车驾杭州驻跸，官员都随驾来临安。计安便迤逦取路奔行在来。不则一日，三口儿入城，权时讨得个安歇，便去寻问旧日官员相见了，依旧收留在厅着役，不在话下。计安便教人寻间房，安顿了妻小居住。不止一日，计安觑着浑家道："我下番无事，若不做些营生，恐坐吃山空，须得些个道业，来相助方好。"浑家道："我也这般想，别没甚事好做，算来只好开一个酒店。便是你上番时，我也和孩儿在家里卖得。"计安道："你说得是，和我肚里一般。"便去理会这节事。次日，便去打合个量酒的人。却是外方人，从小在临安讨衣饭吃，没爹娘，独自一人，姓周名得，排行第三，安排都了，选吉日良时，开张店面。周三就在门前卖些果子，自捏合些汤水。到晚间，就在计安家睡。计安不在家，那娘儿两个自在家中卖。那周三直是勤力，却不躲懒。倏忽之间，相及数月。忽朝一日，计安对妻子道："我有句话和你说，不要嗔我。"浑家道："却有甚事，只管说。"计安道："这几日我见那庆奴，全不像那女孩儿相态。"浑家道："孩儿日夜不曾放出去，并没甚事，想必长成了怎么！"计安道："莫托大！我见他和周三两个打眼色。"当日没话说。

一日，计安不在家，做娘的叫那庆奴来："我儿，娘有件事和你说，不要瞒我。"庆奴道："没甚事。"娘便说道："我这几日，见你身体粗丑，全不像模样。实对我说。"庆奴见问，只不肯说。娘见那女孩儿前言不应后语，失张失志，道三不着两，面上忽青忽红，娘道："必有缘故。"捉住庆奴，搜检她身上时，只叹得口气，叫声苦，连腮赠掌，打那女儿："你却被何人坏了？"庆奴吃打不过，哭着道："我和那周三两个有事。"娘见说，不敢出声，擤着脚，只叫得苦："却是怎的计结? 爹归来时须说我在家管甚事, 装这般幌子!"周三不知里面许多事, 兀自在门前卖酒。

到晚, 计安归来歇息了, 安排些饭食吃罢。浑家道: "我有件事和你说。果应你的言语, 那丫头被周三那厮坏了身体。"那计安不听得说, 万事全休, 听得说时, "怒从心上起, 恶向胆边生", 便要去打那周三。浑家拦住道: "且商量。打了他, 不争我家却是甚活计!"计安道: "我指望教这贱人去个官员府第, 却做出这般事来, 譬如不养得, 把这丫头打杀了罢。"做娘的再三再四劝了一个时辰。爹性稍过, 便问这事却怎地出豁? 做娘的不慌不忙, 说出一个法儿来。正是:

　　　金风吹树蝉先觉, 断送无常死不知。

浑家道: "只有一法, 免得妆幌子。"计安道: "你且说。"浑家道: "周三那厮, 又在我家得使, 何不把他来招赘了?"说话的, 当时不把女儿嫁与周三, 只好休; 也只被人笑得一场, 两下赶开去, 却没后面许多说话。不想计安听信了妻子之言, 便道: "这也使得。"当日且吩咐周三归去。那周三在路上思量: "我早间见那做娘的打庆奴, 晚间押番归, 却打发我出门。莫是'东窗事发'? 若是这事走漏, 须教我吃官司, 如何计结?"没做理会处。正是:

　　　乌鸦与喜鹊同行, 吉凶事全然未保。

闲话提过。离不得计押番使人去说合周三, 下财纳礼, 择日成亲。不在话下。

倏忽之间, 周三入赘在家, 一载有余, 夫妻甚是说得着。两个暗地计较了, 只要搬出去住。在家起晏睡早, 躲懒不动。周三那厮, 打出吊人, 公然干颡。计安忍不得, 不住和那周三厮闹。便和浑家商量, 和这厮官司一场, 夺了休, 却不妨碍。日前时便怕人笑, 没出手, 今番只说是招那厮不着, 便安排圈套, 捉那周三些个事, 闹将起来, 和他打官司, 邻舍劝不住, 夺了休。周三只得离了计押番家, 自去赶趁。庆奴不敢则声, 肚里自烦恼, 正自生离死别,

讨休在家。相及半载, 只见有个人来寻押番娘, 却是个说亲的媒人。相见之后, 坐定道: "闻知宅上小娘子要说亲, 老媳妇特来。"计安道: "有甚好头脑, 万望主盟。"婆子道: "不是别人, 这个人是虎翼营有请受的官身, 占役在官员去处, 姓戚名青。"计安见说, 因缘相撞, 却便肯。即时便出个帖子, 几杯酒相待。押番娘便说道: "婆婆用心则个。事成时, 却得相谢。"婆婆谢了, 自去。

夫妻两人却说道："也好，一则有请受官身；二则年纪大些，却老成；三则周三那厮不敢来胡生事，已自嫁了个官身。我也认得这戚青，却善熟。"话中见快，媒人一合说成。依旧少不得许多节次，成亲。

却说庆奴与戚青两个说不着，道不得个"少女少郎，情色相当"。戚青却年纪大，便不中那庆奴意。却整日闹吵，没一日静办。爹娘见不成模样，又与女夺休，告托官员，封过状子，去所属看人情面，给状判离。戚青无力势，被夺了休。遇吃得醉，便来计押番门前骂。忽朝一日，发出句说话来，教"张公吃酒李公醉"，"柳树上着刀，桑树上出血"。正是：

> 安乐窝中好使乖，中堂有客寄书来。
> 多应只是名和利，撇在床头不拆开。

那戚青遇吃得酒醉，便来厮骂。却又不敢与他争。初时邻里也来相劝，次后吃得醉便来，把做常事，不管他。一日，戚青指着计押番道："看我不杀了你这狗男女不信！"道了自去，邻里都知。

却说庆奴在家，又经半载。只见有个婆婆来闲话，"莫是来说亲？"相见了。茶罢，婆子道："有件事要说，怕押番焦躁。"计安夫妻两个道："但说不妨。"婆子道："老媳妇见小娘子两遍说亲不着，何不把小娘子去个好官员家？三五年一程，却出来说亲也不迟。"计安听说，肚里道："也好，一则两遍装幌子，二则坏了些钱物，却是又嫁什么人是得？"便道："婆婆有什么好去处教孩儿去则个？"婆子道："便是有个官人要小娘子，特地叫老媳妇来说，见在家中安歇。他曾来宅上吃酒，认得小娘子。他是高邮军主簿，如今来这里理会差遣，没人相伴。只是要带归宅里去，却不知押番肯也不肯？"夫妻两个计议了一会，便道："若是婆婆说时，必不肯相误。望婆婆主盟则个。"当日说定，商量拣日，做了文字。那庆奴拜辞了爹娘，便来伏事那官人。有分教：做个失乡之鬼，父子不得相见。正是：

> 天听寂无声，苍苍何处寻？
> 非高亦非远，都只在人心。

那官人是高邮军主簿，家小都在家中，来行在理会本身差遣，姓李，名子由。讨得庆奴，便一似夫妻一般。日间寒食节，夜里正月半。那庆奴思衣得衣，思食得食。数月后，官人家中信到，催那官人去，恐在都下费用钱物。不只一日，干当完备，安排行装，买了人事，雇了船只，即日起程，取水路归来。在路贪花恋酒，迁延程途，直是怏怏。相次到家，当直人等接着。那恭人出来，与官人相见。官人只应得喏，便道："恭人在宅干管不易。"便教庆奴入来参拜恭人。庆奴低着头，走入来立地，却待拜。恭人道："且休拜！"便问："这是甚么人？"官人道："实不瞒恭人，在都下早晚无人使唤，胡乱讨来相伴。今日带来伏事恭人。"恭人看了庆奴道："你却和官人好快活！来我这里做什么？"庆奴道："奴一时遭际，恭人看离乡背井之面。"只见恭人教两个养娘来："与我除了那贱人冠子，脱了身上衣裳，换几件粗布衣裳着了。解开脚，蓬松了头，罚去厨下打水烧火做饭！"庆奴只叫得万万声苦，哭告恭人道："看奴家中有老爹娘之面。若不要庆奴，情愿转纳身钱，还归宅中。"恭人道："你要去，可知好哩！且罚你厨下吃些苦。你从前快活也勾了。"庆奴看着那官人道："你带我来，却教我怎地模样！你须与我告恭人则个。"官人道："你看恭人何等情性！随你了得的包待制，也断不得这事。你且没奈何，我自性命不保。等她性下，却与你告。"即时押庆奴到厨下去。官人道："恭人若不要他时，只消退在牙家，转变身钱便了，何须发怒！"恭人道："你好做作，兀自说哩！"自此罚在厨下，相及一月。

忽一日晚，官人去厨下，只听得黑地里有人叫官人。官人听得，认得是庆奴声音，走近前来，两个扯住了哭，不敢高声，便说道："我不合带你回来，教你吃这般苦！"庆奴道："你只管教我在这里受苦，却是几时得了？"官人沉吟半晌，道："我有道理救你处。不若我告他，只做退你去牙家，转变身钱。安排廨舍，悄悄地教你在那里住，我自教人把钱来。我也不时自来，和你相聚。是好也不好？"庆奴道："若得如此，可知好哩！却是灾星退度。"当夜，官人离不得把这事说道："庆奴受罪也勾了，若不要她时，教发付牙家去，转变身钱。"恭人应允，不知里面许多事。且说官人差一个心腹虞候，叫作张彬，专一料理这事。把庆奴安顿廨舍里，隔得那宅中一两条街，只瞒着恭人一个不知。官人不时便走来，安排几杯酒吃了后，免不得干些没正经的事。

却说宅里有个小官人，叫作佛郎，年方七岁，直是得人惜。有时往来庆奴那里耍。爹爹便道："我儿不要说向妈妈道，这个是你姐姐。"孩儿应喏。忽一日，佛郎来，要走入去。那张彬与庆奴两个，相并肩而坐吃酒。佛郎见了，便道："我只说向爹爹道。"两个男女回避不迭，张彬连忙走开躲了。庆奴一把抱住佛郎，坐在怀中，说："小官人不要胡说，姐姐自在这里吃酒，等小官人来，便把果子与小官人吃。"那佛郎只是说："我向爹爹道，你和张虞候两个做什么。"庆奴听了，口中不道，心下思量："你说了，我两个却如何！"眉头一纵，计上心来："宁苦你，莫苦我。没奈何，来年今月今日今时，是你忌辰！"把条手巾，捉住佛郎，扑翻在床上，便去一勒。那里消半碗饭时，那小官人命归泉世。

正是：

> 时间风火性，烧却岁寒心。

　　一时把那小官人来勒杀了，却是怎地出豁？正没理会处，只见张彬走来。庆奴道："叵耐这厮，只要说与爹爹知道。我一时慌促，把来勒死了。"那张彬听说，听声苦，不知高低，道："姐姐，我家有老娘，却如何出豁？"庆奴道："你教我坏了他，怎恁地说！是你家有老娘，我也有爹娘。事到这里，我和你收拾些包裹，走归行在见我爹娘，这须不妨。"张彬没奈何，只得随顺，两个打叠包儿，漾开了逃走。离不得宅中不见了佛郎，寻到庆奴家里，见他和张彬走了，孩儿勒死在床。一面告了官司，出赏捉捕。不在话下。

　　张彬和庆奴两个取路到镇江。那张彬肚里思量着老娘，忆着这事，因此得病，就在客店中将息。不止一日，身边细软衣物解尽。张彬道："要一文看也没有，却是如何计结？"簌簌地两行泪下："教我做个失乡之鬼！"庆奴道："不要烦恼，我有钱。"张彬道："在哪里？"庆奴道："我会一身本事，唱得好曲，到这里怕不得羞，何不买个锣儿，出去诸处酒店内卖唱，趁百十文，把来使用，是好也不好？"张彬道："你是好人家儿女，如何做得这等勾当？"庆奴道："事极无奈，但得你没事，和你归临安见我爹娘。"从此庆奴只在镇江店中赶趁。

　　话分两头。却说那周三自从夺休了，做不得经纪。归乡去投奔亲戚又不着。一夏衣裳着汗，到秋来都破了。再归行在来，于计押番门首过。其时是秋深天气，濛濛的雨下。计安在门前立地，周三见了便唱个喏。计安见是周三，也不好问他来做什么。周三道："打这里过，见丈人，唱个喏。"计安见他身上褴褛，动了个恻隐之心，便道："入来，请你吃碗酒了去。"当时只好休引那厮，却没甚事。千不合，万不合，教入来吃酒，却教计押番：

> 一种是死，死之太苦；一种是亡，亡之太屈！

　　却说计安引周三进门，老婆道："没事引他来做甚？"周三见了丈母，唱了喏，道："多时不见。自从夺了休，病了一场，做不得经纪，投远亲不着。姐姐安乐？"计安道："休说。自你去之后，又讨头脑不着。如今且去官员人家三二年，却又理会。"便教浑家暖将酒来，与周三吃。吃罢，没甚事，周三谢了自去。天色却晚，有一两点雨下。周三道："也罪过，他留我吃酒！却不是他家不好，都是我自讨得这场烦恼。"一头走，一头想："如今却是怎地好？深秋来到，过一冬如何过得？"自古人极计生，蓦上心来："不如等到夜深，拨开计押番门。那老夫妻两个又睡得早，不防我，拿些个东西，把来过冬。"那条路却静，不甚热闹，走回来等了一歇，拨开门闪身入去，随手关了。仔细听时，只听得押番娘道："关得门户好，前面响？"押番道："撑打得好。"浑家道："天色雨下，怕有做不是的。起去看一看，放心。"押番真个起来看。周三听得道："苦也！起来捉住我，却不厉害！"去那灶头边摸着把刀在手，黑地里立着。押番不知头脑，走出房门看时，周三让他过一步，劈脑后便剁。觉得衬手，劈然倒地，命归泉世。周三道："只有那婆子，索性也把来杀了。"不则声，走上床，揭开帐子，把押番娘杀了。点起灯来，把家中有底细软包裹都收拾了。碌乱了半夜，周三背了包裹，倒拽上门，迤逦出北关门。

且说天色已晓，人家都开门，只见计押番家，静悄悄不闻声息。邻舍道："莫是睡杀了也？"隔门叫唤不应，推那门时，随手而开。只见那中门里计押番死尸在地，便叫押番娘，又不应。走入房看时，只见床上血浸着那死尸，箱笼都开了。众人都道："不是别人，是戚青这厮，每日醉了来骂，便要杀他，今日真个做出来！"即时经由所属，便去捉了戚青。戚青不知来历，一条索缚将去，和邻舍解上临安府。府主见报杀人公事，即时升厅，押那戚青至面前，便问："有请官身，辄敢禁城内杀命掠财？"戚青初时辨说，后吃邻舍指证叫骂情由，分说不得。结正申奏朝廷："勘得戚青有请官身，禁城内图财杀人，押赴市曹处斩。"但见：

> 刀过时一点清风，尸倒处满街流血。

戚青枉吃了一刀。且说周三坏了两个人命，只恁地休，却没有天理！天几曾错害了一个，只是时辰未到。

且说周三迤逦取路，直到镇江府，讨个客店歇了。没事，出来闲走一遭。觉道肚中有些饥，就这里买些酒吃。只见一家门前招子上写道：

> 酝成春夏秋冬酒，醉倒东西南北人。

周三入去时，酒保唱了喏。问了升数，安排蔬菜下口。方才吃得两盏，只见一个人，头顶着厮锣，入来阁儿前，道个万福。周三抬头一看，当时两个都吃一惊。不是别人，却是庆奴。周三道："姐姐，你如何却在这里？"便教来坐地，教量酒人添只盏来，便道："你家中说卖你官员人家，如今却如何恁地？"庆奴见说，泪下数行。但见：

几声娇语如莺啭，一串真珠落线头。

道："你被休之后，嫁个人不着，如今卖我在高邮军主簿家。到得他家，娘子妒色，罚我厨下打火，挑水做饭，一言难尽。吃了万千辛苦。"周三道："却如何流落到此？"庆奴道："实不相瞒，后来与本府虞候两个有事，小官人撞见，要说与他爹爹，因此把来勒杀了，没计奈何，逃走在此。那厮却又害病在店中，解当使尽，因此我便出来攒几钱盘缠。今日天与之幸，撞见你，吃了酒，我和你同归店中。"周三道："必定是你老公一般，我须不去。"庆奴道："不妨，我自有道理。"哪里是教周三去？又教坏了一个人性命。有诗为证：

日暮迎来香阁中，百年心事一宵同。
寒鸡鼓翼纱窗外，已觉恩情逐晓风。

当时两个同到店中，甚是说得着。当初兀自赎药煮粥，去看那张彬。次后有了周三，便不管他。有一顿，没一顿。张彬又见他两个公然在家干颡，先自十分病做十五分，得口气，死了。两个正是推门入柏，免不得买具棺木盛殓，把去烧了。周三搬来店中，两个依旧做夫妻。

周三道："我有句话和你说，如今却不要你出去卖唱。我自寻些道路，赚得钱来使。"庆奴道："怎么恁地说。当初是没计奈何，做此道路。"自此两个恩情，便是：

云淡淡天边鸾凤，水沉沉交颈鸳鸯。欢娱嫌夜短，寂寞恨更长。

忽一日，庆奴道："我自离了家中，不知音信，不若和你同去行在，投奔爹娘。'大虫恶杀不吃儿'。"周三道："好却好，只是我和你归去不得。"庆奴道："怎地？"周三却待说，又忍了。当时只不说便休，千不合，万不合，说出来，分明似飞蛾投火，自送其死。正是：

花枝叶下犹藏刺，人心怎保不怀毒。

庆奴务要问个备细。周三道："实不相瞒。如此如此，把你爹娘都杀了，却走在这里，如何归去得！"庆奴见说，大哭起来，扯住道："你如何把我爹娘来杀了？"周三道："住，住！我不合杀了你爹娘，你也不合杀小官人和张彬，大家是死的。"庆奴沉吟半晌，无言抵对。

　　候忽之间，相及数月。周三忽然害着病，起床不得。身边有些钱物，又都使尽。庆奴看着周三道："家中没柴米，却是如何？你却不要嗔我，'前回意智今番在'，依旧去卖唱几时。等你好了，却又理会。"周三无计可施，只得应允。自从出去赶趁，每日赚得几贯钱来，便无话说，有时赚不得来，周三那厮便骂："你都是又喜欢汉子，贴了他！"不由分说。若赚不来，庆奴只得去到处熟酒店里柜头上，借几贯归家，赚得来便还他。

　　一日，却是深冬天气，下雪起来，庆奴立在危楼上，倚着栏干立地，只见三四个客人，上楼来吃酒。庆奴道："好大雪，晚间没钱归去，那厮又骂。且喜那三四客人来饮酒，我且胡乱去卖一卖。"便去揭开帘儿，打个照面。庆奴只叫得"苦也"，不是别人，却是宅中当直的。叫一声："庆奴！你好做作，却在这里！"吓得庆奴不敢则声。原来宅中下状，得知道走过镇江，便差宅中一个当直，厮赶着做公的来捉，便问："张彬在哪里？"庆奴道："生病死了。我如今却和我先头丈夫周三，在店里住。那厮在临安把我爹娘来杀了，却在此撞见，同做一处。"当日酒也吃不成，即时缚了庆奴，到店中床上拖起周三缚了，解来府中。尽情勘结，两个各自认了本身罪犯，申奏朝廷。

　　内有戚青屈死，别作施行。周三不合图财杀害外父外母，庆奴不合因奸杀害两条性命，押赴市曹处斩。但见：犯由前引，棍棒后随，前街后巷，这番过后几时回？把眼睁开，今日始知天报近。正是：

　　　　但存夫子三分礼，不犯萧何六尺条。

　　这两个正是明有刑法相系，暗有鬼神相随。道不得个：

　　　　善恶到头终有报，只争来早与来迟。

后人评论此事，道计押番钓了金鳗，那时金鳗在竹篮中开口原说道："汝若害我，教你合家人口，死于非命！"只合计押番夫妻偿命，如何又连累周三、张彬、戚青等许多人？想来这一班人也是一缘一会，该是一宗案上的鬼，只借金鳗作个引头。连这金鳗说话，金明池执掌，未知虚实，总是个凶妖之先兆。计安既知其异，便不该带回家中，以致害他性命。大凡物之异常者，便不可加害。有诗为证：

李救朱蛇得美姝，孙医龙子获奇书。
劝君莫害非常物，祸福冥中报不虚。

第二十一卷

赵太祖千里送京娘

兔走乌飞疾若驰，百年世事总依稀。
累朝富贵三更梦，历代君王一局棋。
禹定九州汤受业，秦吞六国汉登基。
百年光景无多日，昼夜追欢还是迟！

话说赵宋末年，河东石室山中有个隐士，不言姓名，自称石老人。有人认得的，说他原是有才的豪杰，因遭胡元之乱，曾诣军门献策不听，自起义兵，恢复了几个州县。后来见时势日蹙，知大事已去，乃微服潜遁，隐于此山中。指山为姓，农圃自给，耻言仕进，或与谈论古今兴废之事，娓娓不倦。

一日，近山有老少二儒，闲步石室，与隐士相遇，偶谈汉、唐、宋三朝创业之事。隐士问："宋朝何者胜于汉、唐？"一士云："修文偃武。"一士云："历朝不诛戮大臣。"隐士大笑道："二公之言，皆非通论。汉好征伐四夷，儒者虽言其'黩武'，然蛮、夷畏惧，称为强汉，魏武犹借其余威以服匈奴。唐初府兵最盛，后变为藩镇，虽跋扈不臣，而犬牙相制，终藉其力。宋自澶渊和虏，惮于用兵。其后以岁币为常，以拒敌为讳，金、元继起，遂至亡国，此则偃武修文之弊耳。不戮大臣虽是忠厚之

典，然奸雄误国，一概姑容，使小人进有非望之福，退无不测之祸，终宋之世，朝政坏于奸相之手。乃致末年时穷势败，函佗胄于房庭，刺似道于厕下，不亦晚乎！以是为胜于汉、唐，岂其然哉？"二儒道："据先生之意，以何为胜？"隐士道："他事虽不及汉、唐，唯不贪女色最胜。"二儒道："何以见之？"隐士道："汉高溺爱于戚姬，唐宗乱伦于弟妇。吕氏、武氏几危社稷，飞燕、太真并污宫闱。宋代虽有盘乐之主，绝无渔色之君，所以高、曹、向、孟，闺德独擅其美，此则远过于汉、唐者矣。"二儒叹服而去。正是：

> 要知古往今来理，须问高明远见人。

方才说宋朝诸帝不贪女色，全是太祖皇帝贻谋之善。不但是为君以后，早朝宴罢，宠幸希疏。自他未曾"发迹变泰"的时节，也就是个铁铮铮的好汉，直道而行，一邪不染。则看他《千里送京娘》这节故事便知。正是：

> 说时义气凌千古，话到英风透九霄。
> 八百国州真帝主，一条杆棒显雄豪。

且说五代乱离，有诗四句：

> 朱、李、石、刘、郭，梁、唐、晋、汉、周；
> 都来十五帝，扰乱五十秋。

这五代都是偏霸，未能混一。其时土宇割裂，民无定主。到后周虽是五代之末，兀自有五国三镇。那五国？

> 周郭威，北汉刘崇，南唐李璟，蜀孟昶，南汉刘晟。

那三镇？

> 吴越钱佐，荆南高保融，湖南周行逢。

虽说五国三镇，那周朝承梁、唐、晋、汉之后，号为正统。赵太祖赵匡胤曾仕周为殿前都点检。后因陈桥兵变，代周为帝，统一宇内，国号大宋。

当初，未曾发迹变泰的时节，因他父亲赵洪殷，曾仕汉为岳州防御使，人都称匡胤为赵公子，又称为赵大郎。生得面如噀血，目若曙星，力敌万人，气吞四海。专好结交天下豪杰，任侠任气，路见不平，拔刀相助，是个管闲事的祖宗，撞没头祸的太岁。先在汴京城打了御勾栏，闹了御花园，触犯了汉末帝，逃难天涯。到关西护桥杀了董达，得了名马赤麒麟。黄州除了宋虎，朔州三棒打死了李子英，灭了潞州王李汉超一家。来到太原地面，遇了叔父赵景清。时景清在清油观出家，就留赵公子在观中居住。谁知染病，一卧三月。比及病愈，景清朝夕相陪，要他将息身体，不放他出外闲游。一日，景清有事出门，吩咐公子道："侄儿耐心静坐片时，病如小愈，切勿行动！"景清去了，公子哪里坐得住，想道："便不到街坊游荡，这本观中闲步一回，又且何妨。"公子将房门拽上，绕殿游观。先登了三清宝殿，行遍东西两廊，七十二司，又看了东岳庙，转到嘉宁殿上游玩，叹息一声。真个是：

金炉不动千年火，玉盏长明万载灯。

行过多景楼玉皇阁，一处处殿宇崔嵬，制度宏敞。公子喝采不迭，果然好个清油观，观之不足，玩之有余。转到酆都地府冷静所在，却见小小一殿，正对那子孙宫相近，上写着降魔宝殿，殿门深闭。

公子前后观看了一回，正欲转身，忽闻有哭泣之声，乃是妇女声音。公子侧耳而听，其声出于殿内。公子道："蹊跷作怪！这里是出家人住处，缘何藏匿妇人在此？其中必有不明之事。且去问道童讨取钥匙，开这殿来，看个明白，也好放心。"回身到房中，唤道童讨降魔殿上钥匙。道童道："这钥匙师父自家收管，其中有机密大事，不许闲人开看。"公子想道："'莫信直中直，须防人不仁'。原来俺叔父不是个好人，三回五次只教俺静坐，莫出外闲行，原来干这勾当。出家人成甚规矩？俺今日便去打开殿门，怕怎的！"

方欲移步，只见赵景清回来，公子含怒相迎，口中也不叫叔父，气忿忿地问道："你老人家在此出家，干得好事？"景清出其不意，便道："我不曾做甚事！"公子道："降魔殿内，锁的是什么人？"景清方才省得，便摇手道："贤侄莫管闲事！"公子急得暴躁如雷，大声叫道："出家人清净无为，红尘不染，为何殿内锁着妇女在内，哭哭啼啼？必是非礼不法之事！你老人家也要放出良心。是一是二，说得明白，还有个商量。休要欺三瞒四，我赵某不是与你和光同尘的！"景清见他言词凌厉，便道："贤侄，你错怪愚叔了！"公子道："怪不怪是小事，且说殿内可是妇人？"景清道："正是。"公子道："可又来。"景清晓得公子性躁，还未敢明言，用缓词答应道："虽是妇人，却不干本观道众之事。"公子道："你是个一观之主，就是别人做出歹事寄顿在殿内，少不得你知情。"景清道："贤侄息怒，此女乃是两个有名响马不知哪里掳来。一月之前寄于此处，托吾等替他好生看守，若有差迟，寸草不留。因是贤侄病未痊，不曾对你说得。"公子道："响马在哪里？"景清道："暂往那里去了。"公子不信道："岂有此理！快与我打开殿门，唤女子出来，俺自审问他详细。"说罢，绰了浑铁齐眉短棒，往前先走。

景清知他性如烈火，不好遮拦，慌忙取了钥匙，随后赶到降魔殿前。

景清在外边开锁，那女子在殿中听得锁响，只道是强人来到，愈加啼哭。公子也不谦让，才等门开，一脚跨进。那女子躲在神道背后，唬做一团。公子近前放下齐眉短棒，看那女子，果然生得标致：

> 眉扫春山，眸横秋水。含愁含恨，犹如西子捧心；欲泣欲啼，宛似杨妃剪发。琵琶声不响，是个未出塞的明妃；胡笳调若成，分明强和番的蔡女。天生一种风流态，便是丹青画不真。

公子抚慰道："小娘子，俺不比奸淫之徒，你休得惊慌。且说家居何处，谁人引诱到此？倘有不平，俺赵某与你解救则个！"那女子方才举袖拭泪，深深道个万福。公子还礼。女子先问："尊官高姓？"景清代答道："此乃汴京赵公子。"女子道："公子听禀！"未说得一两句，早已扑簌簌流下泪来。

原来那女子也姓赵，小字京娘，是蒲州解梁县小祥村居住，年方一十七岁。因随父亲来阳曲县还北岳香愿，路遇两个响马强人：一个叫作满天飞张广儿，一个叫作着地滚周进。见京娘颜色，饶了他父亲性命，掳掠到山神庙中。张、周二强人争要成亲，不肯相让。议论了两三日，二人恐坏了义气，将这京娘寄顿于清油观降魔殿内，吩咐道士："小心供给看守！"再去别处访求个美貌女子，掳掠而来，凑成一对，然后同日成亲，为压寨夫人。那强人去了一月，至今未回。道士惧怕他，只得替他看守。

京娘叙出缘由。赵公子方才向景清道："适才甚是粗卤，险些冲撞了叔父！既然京娘是良家室女，无端被强人所掳，俺今日不救，更待何人？"又向京娘道："小娘子休要悲伤，万事有赵某在此，管教你重回故土，再见爹娘。"京娘道："虽承公子美意，释放奴家出于虎口，奈家乡千里之遥，奴家孤身女流，怎生跋涉？"公子道："救人须救彻，俺不远千里，亲自送你回去。"京娘拜谢道："若蒙如此，便是重生父母！"

景清道："贤侄，此事断然不可。那强人势大，官司禁捕他不得。你今日救了小娘子，典守者难辞其责。再来问我要人，教我如何对付？须当连累于我！"公子笑道："大胆天下去得，小心寸步难行。俺赵某一生见义必为，万夫不惧。那响马虽狠，敢比得潞州王么？他须也有两个耳朵，晓得俺赵某名字。既然你们出家人怕事，俺留个记号在此，你们好回复那响马。"说罢，轮起浑铁齐眉棒，横着身子，向那殿上朱红槅子，狠的打一下，栩拉一声，把菱花窗棂都打下来。再复一下，把那四扇槅子，打个东倒西歪。唬得京娘战战兢兢，远远的躲在一边。景清面如土色，口中只叫："罪过！"公子道："强人若再来时，只说赵某打开殿门抢去了。冤各有头，债各有主，要来寻俺时，教他打蒲州一路来。"

景清道："此去蒲州千里之遥，路上盗贼生发，独马单身，尚且难走，况有小娘子牵绊？凡事宜三思而行！"公子笑道："汉末三国时，关云长独行千里，五关斩六将，护着两位皇嫂，直到古城与刘皇叔相会，这才是大丈夫所为。今日一位小娘子救他不得，赵某还做什么人？此去倘然冤家狭路相逢，教他双双受死！"景清道："然虽如此，还有一说。古者男女坐不同席，食不共器。贤侄千里相送小娘子，虽则美意，出于义气，旁人怎知就里？见你少男少女一路同行，嫌疑之际，被人谈论，可不为好成歉，反为一世英雄之玷？"公子呵呵大笑道："叔父莫怪我说，你们出家人惯装架子，里外不一。俺们做好汉的，只要自己血心上打得过，人言都不计较！"景清见他主意已决，问道："贤侄几时起程？"公子道："明早便行。"景清道："只怕贤侄身子还不健旺。"公子道："不妨事。"

景清教道童治酒送行。公子于席上对京娘道："小娘子，方才叔父说一路嫌疑之际，恐生议论，俺借此席面，与小娘子结为兄妹。俺姓赵，小娘子也姓赵，五百年合是一家，从此兄妹相称便了。"京娘道："公子贵人，奴家怎敢攀高？"景清道："既要同行，如此最好。"呼道童取过拜毡，京娘请恩人在上："受小妹子一拜！"公子在傍还礼。京娘又拜了景清，呼为伯伯。景清在席上叙起侄儿许多英雄了得，京娘欢喜不尽。是夜直饮至更余，景清让自己卧房与京娘睡，自己与公子在外厢同宿。

五更鸡唱，景清起身安排早饭，又备些干粮牛脯，为路中之用。公子鞴了赤麒麟，将行李扎缚停当，嘱咐京娘："妹子，只可村妆打扮，不可冶容炫服，惹事招非。"早饭已毕，公子扮作客人，京娘扮作村姑，一般的戴个雪帽，齐眉遮了。兄妹二人作别景清。景清送出房门，忽然想起一事道："贤侄，今日去不成，还要计较。"不知景清说出甚话来？正是：

> 鹊得羽毛方远举，虎无牙爪不成行。

景清道："一马不能骑两人，这小娘子弓鞋袜小，怎跟得上，可不耽误了程途？从容觅一辆车儿同去，却不好？"公子道："此事算之久矣。有个车辆又费照顾，将此马让与妹子骑坐，俺誓愿千里步行，相随不惮。"京娘道："小妹有累恩人远送，愧非男子，不能执鞭坠镫，岂敢反占尊骑，决难从命！"公子道：

"你是女流之辈，必要脚力。赵某脚又不小，步行正合其宜。"京娘再四推辞，公子不允，只得上马。公子跨了腰刀，手执浑铁杆棒，随后向景清一揖而别。景清道："贤侄路上小心，恐怕遇了两个响马，须要用心堤防！下手斩绝些，莫带累我观中之人。"公子道："不妨不妨。"说罢，把马尾一拍，喝声："快走，"那马拍腾腾便跑，公子放开脚步，紧紧相随。

于路免不得饥餐渴饮，夜住晓行。不一日，行至汾州介休县地方。这赤麒麟原是千里龙驹马，追风逐电，自清油观至汾州，不过三百里之程，不够名马半日驰骋。一则公子步行恐奔赴不及，二则京娘女流不惯驰骋，所以控辔缓缓而行。兼之路上贼寇生发，须要慢起早歇，每日止行一百余里。

公子是日行到一个土冈之下，地名黄茅店。当初原有村落，因世乱人荒，都逃散了，还存得个小小店儿。日色将晡，前途旷野，公子对京娘道："此处安歇，明日早行吧。"京娘道："但凭尊意。"店小二接了包裹，京娘下马，去了雪帽。小二一眼瞧见，舌头吐出三寸，缩不进去，心下想道："如何有这般好女子！"小二牵马系在屋后，公子请京娘进了店房坐下。小二哥走来踮着呆看。公子问道："小二哥有甚话说？"小二道："这位小娘子，是客官什么人？"公子道："是俺妹子。"小二道："客官，不是小人多口，千山万水，路途间不该带此美貌佳人同走。"公子道："为何？"小二道："离此十五里之地，叫作介山，地旷人稀，都是绿林中好汉出没之处。倘若强人知道，只好白白里送与他做压寨夫人，还要贴他个利市。"公子大怒骂道："贼狗大胆，敢虚言恐唬客人！"照小二面门一拳打去。小二口吐鲜血，手掩着脸，向外急走去了。店家娘就在厨下发话。京娘道："恩兄忒性躁了些。"公子道："这厮言语不知进退，怕不是良善之人！先教他晓得俺些手段。"京娘道："既在此借宿，恶不得他。"公子道："怕他则甚？"京娘便到厨下，与店家娘相见，将好言好语稳贴了他半晌。店家娘方才息怒，打点动火做饭。

京娘归房，房中尚有余光，还未点灯。公子正坐，与京娘讲话，只见外面一个人入来，到房门口探头探脑。公子大喝道："什么人敢来瞧俺脚色？"那人道："小人自来寻小二哥闲话，与客官无干。"说罢，到厨房下，与店家娘唧唧哝哝的讲了一会方去。公子看在眼里，早有三分疑心。灯火已到。店小二只是不回，店家娘将饭送到房里。兄妹二人吃了晚饭，公子教京娘掩上房门先寝。自家只推水火，带了刀棒绕屋而行。约莫二更时分，只听得赤麒麟在后边草屋下有嘶喊踢跳之声。此时十月下旬，月光初起，公子悄步上前观看，一个汉子被马踢倒在地。见有人来，务能的挣坐起来就跑。公子知是盗马之贼，追赶了一程，不觉数里。转过溜水桥边，不见了那汉子，只见对桥一间小屋，里面灯烛辉煌。公子疑那汉子躲匿在内，步进看时，见一个白须老者，端坐于土床之上，在那里诵经。

怎生模样？

> 眼如迷雾，须若凝霜，眉如柳絮之飘，面有桃花之色。若非天上金
> 星，必是山中社长。

那老者见公子进门，慌忙起身施礼，公子答揖，问道："长者所诵何经？"
老者道："天皇救苦经。"公子道："诵他有甚好处？"老者道："老汉见天下分
崩，要保佑太平天子早出，扫荡烟尘，救民于涂炭。"公子听得此言，暗合其机，
心中也欢喜。公子又问道："此地贼寇颇多，长者可知他的行藏么？"老者道：
"贵人莫非是同一位骑马女子，下在坡下茅店里的？"公子道："然也。"老者道：
"幸遇老夫，险些儿惊了贵人。"公子问其缘故。老者请公子上坐，自己傍边相
陪，从容告诉道："这介山新生两个强人，聚集喽啰，打家劫舍，扰害汾潞地方。
一个叫作满天飞张广儿，一个叫作着地滚周进。半月之间不知哪里抢了一个女
子，二人争娶未决，寄顿他方，待再寻得一个来，各成婚配。这里一路店家，都
是那强人吩咐过的，但访得有美貌佳人，疾忙报他，重重有赏。晚上贵人到时，
那小二便去报与周进知道，先差野火儿姚旺来探望虚实，说道：'不但女子貌美，
兼且骑一匹骏马，单身客人，不足为惧。'有个千里脚陈名，第一善走，一日能
行三百里，贼人差他先来盗马，众寇在前面赤松林下屯扎。等待贵人五更经过，
便要抢劫。贵人须要防备。"公子道："原来如此，长者何以知之？"老者道：
"老汉久居于此，动息都知，见贼人切不可说出老汉来。"公子谢道："承教了。"
绰棒起身，依先走回；店门兀自半开，公子捱身而入。

却说店小二为接应陈名盗马，回到家中，正在房里与老婆说话。老婆暖酒与
他吃，见公子进门，闪在灯背后去了。公子心生一计，便叫京娘问店家讨酒吃。
店家娘取了一把空壶，在房门口酒缸内舀酒。公子出其不意，将铁棒照脑后一
下，打倒在地，酒壶也撒在一边。小二听得老婆叫苦，也取朴刀赶出房来，怎当
公子以逸待劳，手起棍落，也打翻了。再复两棍，都结果了性命。京娘大惊，急
救不及，问其打死二人之故。公子将老者所言，叙了一遍。京娘吓得面如土色，
道："如此途路难行，怎生是好？"公子道："好歹有赵某在此，贤妹放心。"公
子撑了大门，就厨下暖起酒来，饮个半醉，上了马料，将銮铃塞口，使其无声。
扎缚包裹停当，将两个尸首拖在厨下柴堆上，放起火来，前后门都放了一把火。
看火势盛了，然后引京娘上马而行。

此时东方渐白，经过溜水桥边，欲再寻老者问路，不见了诵经之室。但见土
墙砌的三尺高，一个小小庙儿，庙中社公坐于旁边。方知夜间所见，乃社公引
导。公子想道："他呼我为贵人，又见我不敢正坐，我必非常人也。他日倘然发

迹，当加封号。"公子催马前进，约行了数里，望见一座松林，如火云相似。公子叫声："贤妹慢行，前面想是赤松林了。"言犹未毕，草荒中钻出一个人来，手执钢叉，望公子便搠。公子会者不忙，将铁棒架住。那汉且斗且走，只要引公子到林中去。激得公子怒起，双手举棒，喝声："着！"将半个天灵盖劈下。那汉便是野火儿姚旺。公子叫京娘约马暂住："俺到前面林子里，结果了那伙毛贼，和你同行。"京娘道："恩兄仔细。"公子放步前行。正是：

圣天子百灵助顺，大将军八面威风。

那赤松林下着地滚周进，屯住四五十喽罗。听得林子外脚步响，只道是姚旺伏路报信，手提长枪，钻将出来，正迎着公子。公子知是强人，并不打话，举棒便打。周进挺枪来敌。约斗上二十余合，林子内喽罗知周进遇敌，筛起锣一齐上前，团团围住。公子道："有本事的都来！"公子一条铁棒，如金龙罩体，玉蟒缠身，迎着棒似秋叶翻风，近着身如落花坠地。打得三分四散，七零八落。周进胆寒起来，枪法乱了，被公子一棒打倒。众喽罗发声喊，都落荒乱跑。公子再复一棒，结果了周进。回步已不见了京娘，急往四下抓寻。那京娘已被五六个喽罗，簇拥过赤松林了。公子急忙赶上，大喝一声："贼徒哪里走？"众喽罗见公子追来，弃了京娘，四散去了。公子道："贤妹受惊了！"京娘道："适才喽罗内有两个人，曾跟随响马到清油观，原认得我。方才说：'周大王与客人交手，料这客人斗大王不过，我们先送你在张大王那边去。'"公子道："周进这厮，已被俺剿除了。只不知张广儿在于何处？"京娘道："只愿你不相遇更好。"

公子催马快行，约行四十余里，到一个市镇。公子腹中饥饿，带住辔头，欲要扶京娘下马上店。只见几个店家都忙乱乱的安排炊爨，全不来招架行客。公子心疑，因带有京娘，怕得生事，牵马过了店门。只见家家闭户，到尽头处，一个小小人家，也关着门。公子心下奇怪，去敲门时，没人答应。转身到屋后，将马拴在树上，轻轻的去敲他后门。里面一个老婆婆，开出来看了一看，意中甚是惶惧。公子慌忙跨进门内，与婆婆作揖道："婆婆休讶，俺是过路客人，带有女眷，要借婆婆家中火，吃了饭就走的。"婆婆捻神捻鬼的叫嗪声！京娘亦进门相见，婆婆便将门闭了。公子问道："那边店里安排酒会，迎接什么官府？"婆婆摇手道："客人休管闲事。"公子道："有甚闲事，直恁厉害？俺这远方客人，烦婆婆说明则个。"婆婆道："今日满天飞大王在此经过，这乡村敛钱备饭，买静求安。老身有个儿子，也被店中叫去相帮了。"公子听说，思想："原来如此！一不做二不休，索性与他个干净，绝了清油观的祸根吧！"公子道："婆婆，这是俺妹子，为还南岳香愿到此，怕逢了强徒，受他惊恐。有烦婆婆家藏匿片时，等这大王过去之后方行，自当厚谢。"婆婆道："好位小娘子，权躲不妨事，只客官不要出头惹事！"公子道："俺男子汉自会躲闪，且到路傍，打听消息则个。"婆婆道："仔细！有见成馍馍，烧口热水，等你来吃，饭却不方便。"

公子提棒仍出后门，欲待乘马前去迎他一步，忽然想道："俺在清油观中，说出了千里步行，今日为惧怕强贼乘马，不算好汉。"遂大踏步奔出路头。心生一计，复身到店家，大盼盼的叫道："大王即刻到了，酒家是打前站的，你下马饭完也未？"店家道："都完了。"公子道："先摆一席与酒家吃。"众人积威之下，谁敢辨其真假？还要他在大王面前方便，大鱼大肉，热酒热饭，只顾搬将出来。公子放量大嚼，吃到九分九，外面沸传："大王到了，快摆香案。"公子不慌不忙，取了护身龙；出外看时，只见十余对枪刀棍棒，摆在前导。到了店门，一齐跪下。

那满天飞张广儿骑着高头骏马，千里脚陈名执鞭紧随。背后又有三五十喽罗，十来乘车辆簇拥。你道一般两个大王，为何张广儿恁般齐整？那强人出入聚散，原无定规，况且闻说单身客人，也不在其意了，所以周进未免轻敌。这张广儿分路在外行劫，因千里脚陈名报道："二大王已拿得有美貌女子，请他到介山相会。"所以整齐队伍而来，行村过镇，壮观威仪。公子隐身北墙之侧，看得真切，等待马头相近，大喊一声道："强贼看棒！"从人丛中跃出，如一只老鹰半空飞下。说时迟，那时快，那马惊骇，望前一跳，这里棒势去得重，打折了马的一只前蹄。那马负疼就倒，张广儿身轻，早跳下马。背后陈名持棍来迎，早被公子一棒打番。张广儿舞动双刀，来斗公子。公子腾步到空阔处，与强人放对。斗上十余合，张广儿一刀砍来，公子棍起，中其手指。广儿右手失刀，左手便觉没势，回步便走。公子喝道："你绰号满天飞，今日不怕你飞上天去！"赶进一步，举棒望脑后劈下，打做个肉靶。可怜两个有名的强人，双双死于一日之内。正是：

> 三魂渺渺"满天飞"，七魄悠悠"着地滚"。

众喽罗却待要走，公子大叫道："俺是汴京赵大郎，自与贼人张广儿、周进有仇，今日都已剿除了，并不干众人之事。"众喽罗弃了枪刀，一齐拜倒在地，道："俺们从不见将军恁般英雄，情愿伏侍将军为寨主。"公子呵呵大笑道："朝中世爵，俺尚不希罕，岂肯做落草之事！"公子看见众喽罗中，陈名亦在其内，叫出问道："昨夜来盗马的就是你么？"陈名叩头服罪。公子道："且跟我来赏你一餐饭。"众人都跟到店中。公子吩咐店家："俺今日与你地方除了二害。这些都是良民，方才所备饭食，都着他饱餐，俺自有发放。其管待张广儿一席留着，俺有用处。"店主人不敢不依。众人吃罢，公子叫陈名道："闻你日行三百里，有用之才，如何失身于贼人？俺今日有用你之处，你肯依否？"陈名道："将军若有所委，不避水火。"公子道："俺在汴京，为打了御花园，又闹了御勾栏，逃难在此。烦你到汴京打听事体如何？半月之内，可在太原府清油视赵知观处等候我，不可失信！"公子借笔砚写了叔父赵景清家书，把与陈名。将贼人车辆财帛，打开分作三分，一分散与市镇人家，偿其向来骚扰之费。就将打死贼人尸首及枪刀等项，着众人自去解官请赏。其一分众喽罗分去，为衣食之资，各自还乡生理。其一分又剖为两分，一半赏与陈名为路费；一半寄与清油观修理降魔殿门窗。公子分派已毕，众心都伏，各各感恩。公子叫店主人半酒席一卓，抬到婆婆家里。婆婆的儿子也都来了，与公子及京娘相见。向婆婆说知除害之事，各各欢喜。公子向京娘道："愚兄一路不曾做得个主人，今日借花献佛，与贤妹压惊把盏。"京娘千恩百谢，自不必说。

是夜，公子自取囊中银十两送与婆婆，就宿于婆婆家里。京娘想起公子之恩："当初红拂一妓女，尚能自择英雄，莫说受恩之下，愧无所报，就是我终身之事，舍了这个豪杰，更托何人？"欲要自荐，又羞开口，欲待不说，"他直性汉子，那知奴家一片真心？"左思右想，一夜不睡。不觉五更鸡唱，公子起身鞴马要走。京娘闷闷不悦，心生一计，于路只推腹痛难忍，几遍要解。要公子扶他上马，又扶他下马。一上一下，将身偎贴公子，挽颈勾肩，万般旖旎。夜宿又嫌寒道热，央公子减被添衾，软香温玉，岂无动情之处。公子生性刚直，尽心伏侍，全然不以为怪。

又行了三四日，过曲沃地方，离蒲州三百余里，其夜宿于荒村。京娘口中不语，心下踌躇，如今将次到家了，只管害羞不说，错此机会，一到家中，此事便索罢休，悔之何及！黄昏以后，四宇无声，微灯明灭，京娘兀自未睡，在灯前长叹流泪。公子道："贤妹，因何不乐？"京娘道："小妹有句心腹之言，说来又怕唐突，恩人莫怪！"公子道："兄妹之间，有何嫌疑？尽说无妨。"京娘道："小妹深闺娇女，从未出门，只因随父进香，误陷于贼人之手，锁禁清油观中，还亏贼人去了，苟延数日之命，得见恩人。倘若贼人相犯，妾宁受刀斧，有死不从。今日蒙恩人拔离苦海，千里步行相送，又为妾报仇，绝其后患，此恩如重生父母，无可报答。倘蒙不嫌貌丑，愿备铺床叠被之数，使妾少尽报效之万一，不知恩人允否？"公子大笑道："贤妹差矣！俺与你萍水相逢，出身相救，实出恻隐之心，非贪美丽之容。况彼此同姓，难以为婚，兄妹相称，岂可及乱？俺是个坐怀不乱的柳下惠，你岂可学纵欲败礼的吴孟子！休得狂言，惹人笑话。"京娘羞惭满面，半晌无语，重又开言道："恩人休怪妾多言，妾非淫污苟贱之辈，只为弱体余生，尽出恩人所赐，此身之外，别无报答，不敢望与恩人婚配，得为妾婢，伏侍恩人一日，死亦瞑目！"公子勃然大怒道："赵某是顶天立地的男子，一生正直，并无邪佞。你把我看做施恩望报的小辈，假公济私的奸人，是何道理？你若邪心不息，俺即今撒开双手，不管闲事，怪不得我有始无终了。"公子此时声色俱厉。京娘深深下拜道："今日方见恩人心事，赛过柳下惠、鲁男子。愚妹是女流之辈，坐井观天，望乞恩人恕罪则个！"公子方才息怒道："贤妹，非是俺胶柱鼓瑟，本为义气上千里步行相送，今日若就私情，与那两个响马何异？把从前一片真心，化为假意，惹天下豪杰们笑话。"京娘道："恩兄高见，妾今生不能补报大德，死当衔环结草。"两个说话，直到天明。正是：

　　　　落花有意随流水，流水无情恋落花。

　　自此京娘愈加严敬公子，公子亦愈加怜悯京娘，一路无话。看看来到蒲州。京娘虽住在小祥村，却不认得，公子问路而行。京娘在马上，望见故乡光景，好生伤感。

　　却说小祥村赵员外，自从失了京娘，将及两月有余，老夫妻每日思想啼哭。忽然庄客来报，京娘骑马回来，后面有一红脸大汉，手执杆棒跟随。赵员外道："不好了，响马来讨妆奁了！"妈妈道："难道响马只有一人？且教儿子赵文去看个明白。"赵文道："虎口里那有回来肉？妹子被响马劫去，岂有送转之理？必是容貌相像的，不是妹子。"说犹未了，京娘已进中堂，爹妈见了女儿，相抱而哭。哭罢，问其得回之故。京娘将贼人锁禁清油观中，寺遇赵公子路见不平，开门救出，认为兄妹，千里步行相送，并途中连诛二寇大略，叙了一遍。"今恩人见在，不可怠慢。"赵员外慌忙出堂见了赵公子拜谢道："若非恩人英雄了得，吾女必陷于贼人之手，父子不得重逢矣！"遂令妈妈同京娘拜谢，又唤儿子赵文来见了恩人。庄上宰猪设宴，款待公子。

　　赵文私下与父亲商议道："'好事不出门，恶事传千里。'妹子被强人劫去，家门不幸，今日跟这红脸汉子回来，'人无利己，谁肯早起？'必然这汉子与妹子有情，千里送来，岂无缘故？妹子经了许多风波，又有谁人聘他。不如招赘那汉子在门，两全其美，省得旁人议论。"赵公是个随风倒舵没主意的老儿，听了儿子说话，便教妈妈唤京娘来问他道："你与那公子千里相随，一定把身子许过他了。如今你哥哥对爹说，要招赘与你为夫，你意下如何？"京娘道："公子正直无私，与孩儿结为兄妹，如嫡亲相似，并无调戏之言。今日望爹妈留他在家，管待他十日半月，少尽其心，此事不可题起。"妈妈将女儿言语述与赵公，赵公不以为然。

　　少间，筵席完备，赵公请公子坐于上席，自己老夫妇下席相陪，赵文在左席，京娘右席。酒至数巡，赵公开言道："老汉一言相告：小女余生，皆出恩人所赐，老汉阖门感德，无以为报！幸小女尚未许人，意欲献与恩人，为箕帚之妾，伏乞勿拒。"公子听得这话，一盆烈火从心头掇起，大骂道："老匹夫！俺为义气而来，反把此言来污辱我。俺若贪女色时，路上也就成亲了，何必千里相送！你这般不识好歹的，枉费俺一片热心！"说罢，将桌子掀番，望门外一直便走。赵公夫妇唬得战战兢兢，赵文见公子粗鲁，也不敢上前。只有京娘心下十分不安，急走去扯住公子衣裾，劝道："恩人息怒，且看愚妹之面。"公子哪里肯依，一手挣脱了京娘，奔至柳树下，解了赤麒麟，跃上鞍辔，如飞而去。

京娘哭倒在地，爹妈劝转回房。把儿子赵文埋怨了一场。赵文又羞又恼，也走出门去了。赵文的老婆，听得爹妈为小姑上埋怨了丈夫，好生不喜，强作相劝，将冷语来奚落京娘道："姑姑，虽然离别是苦事，那汉子千里相随，悤然而去，也是个薄情的。他若是有仁义的人，就了这头亲事了。姑姑青年美貌，怕没有好姻缘相配，休得愁烦则个！"气得京娘泪流不绝，顿口无言，心下自想道："因奴命蹇时乖，遭逢强暴，幸遇英雄相救，指望托以终身。谁知事既不谐，反涉瓜李之嫌，今日父母哥嫂亦不能相谅，何况他人？不能报恩人之德，反累恩人的清名，为好成歉，皆奴之罪。似此薄命，不如死于清油观中，省了许多是非，到得干净，如今悔之无及。千死万死，左右一死，也表奴贞节的心迹。"捱至夜深，爹妈睡熟，京娘取笔题诗四句于壁上，撮土为香，望空拜了公子四拜，将白罗汗巾，悬梁自缢而死。

可怜闺秀千金女，化作南柯一梦人。

天明老夫妇起身，不见女儿出房，到房中看时，见女儿缢在梁间。吃了一惊，两口儿放声大哭，看壁上有诗云：

天付红颜不遇时，受人凌辱被人欺。

今宵一死酬公子，彼此清名天地知。

　　赵妈妈解下女儿，儿子媳妇都来了。赵公玩其诗意，方知女儿冰清玉洁，把儿子痛骂一顿。免不得买棺成殓，择地安葬。不在话下。

　　再说赵公子乘着千里赤麒麟，连夜走至太原，与赵知观相会。千里脚陈名已到了三日，说汉后主已死，郭令公禅位，改国号曰周。招纳天下豪杰。公子大喜，住了数日，别了赵知观，同陈名还归汴京，应募为小校。从此随世宗南征北讨，累功至殿前都点检。后受周禅为宋太祖。陈名相从有功，亦官至节度使之职。太祖即位以后，灭了北汉。追念京娘昔日兄妹之情，遣人到蒲州解良县，寻访消息。使命录得四句诗回报，太祖甚是嗟叹，敕封为贞义夫人，立祠于小祥村。那黄茅店溜水桥社公，敕封太原都土地，命有司择地建庙，至今香火不绝。这段话，题做"赵公子大闹清油观，千里送京娘"。后人有诗赞云：

不恋私情不畏强，独行千里送京娘。

汉唐吕武纷多事，谁及英雄赵大郎？

第二十二卷

宋小官团圆破毡笠

不是姻缘莫强求，姻缘前定不须忧。

任从波浪翻天起，自有中流稳渡舟。

话说正德年间，苏州府昆山县大街，有一居民，姓宋名敦，原是宦家之后。浑家卢氏。夫妻二口，不做生理，靠着祖遗田地，见成收些租课为活。年过四十，并不曾生得一男半女。宋敦一日对浑家说："自古道，'养儿待老，积谷防饥。'你我年过四旬，尚无子嗣。光阴似箭，眨眼头白。百年之事，靠着何人？"说罢，不觉泪下。卢氏道："宋门积祖善良，未曾作恶造业；况你又是单传，老天绝不绝你祖宗之嗣。招子也有早晚，若是不该招时，便是养得长成，半路上也抛撒了，劳而无功，枉添许多悲泣。"宋敦点头道是。

方才拭泪未干，只听得坐启中有人咳嗽，叫唤道："玉峰在家么？"原来苏州风俗，不论大家小家，都有个外号，彼此相称。玉峰就是宋敦的外号。宋敦侧耳而听。叫唤第二句，便认得声音，是刘顺泉。那刘顺泉双名有才，积祖驾一只大船，揽载客货，往各省交卸。趁得好些水脚银两，一个十全的家业，团团都做在船上。就是这只船本，也值几百金，浑身是香楠木打造的。江南一水之地，多有这行生理。那刘有才是宋敦最契之友，听得是他声音，连忙趋出坐启，彼此不须作揖，拱手相见，分坐看茶，自不必说。宋敦道："顺泉今日如何得暇？"刘有才道："特来与玉峰借件东西。"宋敦知道："宝舟缺什么东西，到与寒家相借？"刘有才道："别的东西不来干渎，只这件是宅上有余的，故此敢来启口。"宋敦道："果是寒家所有，绝不相吝。"刘有才不慌不忙，说出这件东西来。正是：

背后并非攀诏，当前不是围胸，鹅黄细布密针缝，净手将来供奉。

还愿曾装冥钞，祈神并衬威容。名山古刹几相从，染下炉香浮动。

原来宋敦夫妻二口，因难于得子，各处烧香祈嗣，做成黄布袄、黄布袋，装裹佛马楮钱之类。烧过香后，悬挂于家中佛堂之内，甚是志诚。刘有才长于宋敦五年，四十六岁了，阿妈徐氏亦无子息，闻得徽州有盐商求嗣，新建陈州娘娘庙于苏州阊门之外，香火甚盛，祈祷不绝。刘有才恰好有个方便，要驾船往枫桥下客，意欲进一炷香，却不曾做得布袄布袋，特特与宋家告借。其时说出缘故，宋敦沉思不语。刘有才道："玉峰莫非有吝惜之心么？若污坏时，一个就赔两个。"宋敦道："岂有此理！只是一件，既然娘娘庙灵显，小子亦欲附舟一往，只不知几时去？"刘有才道："即刻便行。"

宋敦道："布袄布袋，拙荆另有一副，共是两副，尽可分用。"刘有才道："如此甚好。"宋敦入内，与浑家说知，欲往郡城烧香之事，刘氏也欢喜。宋敦于佛堂挂壁上取下两副布袄布袋，留下一副自用，将一副借与刘有才。刘有才道："小子先往舟中伺候，玉峰可快来。船在北门大坂桥下，不嫌怠慢时，吃些见成素饭，不消带米。"宋敦应允。当下忙忙的办下些香烛纸马阡张定段，打叠包裹，穿了一件新联就的洁白湖绸道袍，赶出北门下船。趁着顺风，不够半日，七十里之程，等闲到了，舟泊枫桥。当晚无话。有诗为证：

> 月落乌啼霜满天，江枫渔火对愁眠。
> 姑苏城外寒山寺，夜半钟声到客船。

次日起个黑早，在船中洗盥罢，吃了些素食，净了口手，一对儿黄布袄驮了冥财，黄布袋安插纸马文疏，挂于项上，步到陈州娘娘庙前，刚刚天晓。庙门虽开，殿门还关着，二人在两廊游绕，观看了一遍，果然造得齐整。正在赞叹，呀的一声，殿门开了，就有庙祝出来迎接进殿。其时香客未到，烛架尚虚，庙祝放下琉璃灯来取火点烛，讨文疏替他通陈祷告。二人焚香礼拜已毕，各将几十文钱，酬谢了庙祝，化纸出门。刘有才再要邀宋敦到船，宋敦不肯，当下刘有才将布袱布袋交还宋敦，各各称谢而别。刘有才自往枫桥接客去了。

宋敦看天色尚早，要往娄门趁船回家。刚欲移步，听得墙下呻吟之声，近前看时，却是矮矮一个芦席棚，搭在庙垣之侧，中间卧着个有病的老和尚，恹恹欲死，呼之不应，问之不答。宋敦心中不忍，停眸而看。旁边一人走来说道："客人，你只管看他则甚？要便做个好事了去。"宋敦道："如何做个好事？"那人道："此僧是陕西来的，七十八岁了，他说一生不曾开荤，每日只诵《金刚经》。三年前在此募化建庵，没有施主，搭这个芦席棚儿住下，诵经不辍。这里有个素饭店，每日只上午一餐，过午就不用了。也有人可怜他，施他些钱米，他就把来还了店上的饭钱，不留一文。近日得了这病，有半个月不用饮食了。两日前还开口说得话，我们问他：'如此受苦，何不早去吧？'他说：'因缘未到，还等两日。'今早连话也说不出了，早晚待死，客人若可怜他时，买一口薄薄棺材，焚化了他，便是做好事。他说'因缘未到'，或者这因缘，就在客人身上。"宋敦想道："我今日为求嗣而来，做一件好事回去，也得神天知道。"便问道："此处有棺材店么？"那人道："出巷陈三郎家就是。"宋敦道："烦足下同往一看。"

那人引路到陈家来。陈三郎正在店中支分镟匠锯木。那人道："三郎，我引个主顾作成你。"三郎道："客人若要看寿板，小店有真正婺源加料双榫的在里面；若要见成的，就店中但凭拣择。"宋敦道："要见成的。"陈三郎指着一副道："这是头号，足价三两。"宋敦未及还价，那人道："这个客官，是买来舍与那芦席棚内老和尚做好事的，你也有一半功德，莫要讨虚价。"陈三郎道："既是做好事的，我也不敢要多，照本钱一两六钱罢，分毫少不得了。"宋敦道："这价钱也是公道了。"想起汗巾角上，带得一块银子，约有五六钱重，烧香剩下，不上一百铜钱，总凑与他，还不够一半。"我有处了，刘顺泉的船在枫桥不远。"便对陈三郎道："价钱依了你，只是还要到一个朋友处借办，少顷便来。"陈三郎到罢了，说道："任从客便。"那人怫然不乐道："客人既发了个好心，却又做脱身之计。你身边没有银子，来看则甚？"说犹未了，只见街上人纷纷而过，多有说这老和尚，可怜半月前还听得他念经之声，今早呜呼了。正是：

> 三寸气在千般用，一旦无常万事休。

那人道："客人不听得说么？那老和尚已死了，他在地府睁眼等你断送哩！"宋敦口虽不语，心下复想道："我既是看定了这具棺木，倘或往枫桥去，刘顺泉不在船上，终不然呆坐等他回来。况且常言得'价一不择主'，倘别有个主顾，添些价钱，这副棺木买去了，我就失信于此僧了。罢罢！"便取出银子，刚刚一块，讨等来一称，叫声惭愧。原来是块元宝，看时像少，称时便多，到有七钱多重，先教陈三郎收了。将身上穿的那一件新联就的洁白湖绸道袍脱下道："这一件衣服，价在一两之外，倘嫌不值，权时相抵，待小子取赎，若用得时，便乞收算。"陈三郎道："小店大胆了，莫怪计较。"将银子、衣服收过了。宋敦又在髻上拔下一根银簪，约有二钱之重，交与那人道："这枝簪，相烦换些铜钱，以为殡殓杂用。"当下店中看的人都道："难得这位做好事的客官，他担当了大事去。其余小事，我们地方上，也该凑出些钱钞相助。"众人都凑钱去了。

宋敦又复身到芦席边，看那老僧，果然化去。不觉双眼垂泪，分明如亲戚一般，心下好生酸楚，正不知什么缘故，不忍再看，含泪而行。到娄门时，航船已开，乃自唤一只小船，当日回家。浑家见丈夫黑夜回来，身上不穿道袍，面又带忧惨之色，只道与人争竞，忙忙的来问。宋敦摇首道："话长哩！"一径走到佛堂中，将两副布袱布袋挂起，在佛前磕了个头，进房坐下，讨茶吃了，方才开谈，将老和尚之事备细说知。浑家道："正该如此。"也不嗔怪。宋敦见浑家贤慧，到也回愁作喜。是夜，夫妻二口睡到五更，宋敦梦见那老和尚登门拜谢道："檀越命合无子，寿数九亦止于此矣。因檀越心田慈善，上帝命延寿半纪。老僧与檀越又有一段因缘，愿投宅上为儿，以报盖棺之德。"卢氏也梦见一个金身罗汉走进房里，梦中叫喊起来，连丈夫也惊醒了。各言其梦，似信似疑，嗟叹不已。正是：

> 种瓜还得瓜，种豆还得豆。
> 劝人行好心，自作还自受。

从此卢氏怀孕，十月满足，生下一个孩儿。因梦见金身罗汉，小名金郎，官名就叫宋金。夫妻欢喜，自不必说。此时刘有才也生一女，小名宜春。各各长成，有人撺掇两家对亲。刘有才到也心中情愿。宋敦却嫌他船户出身，不是名门旧族，口虽不语，心中有不允之意。那宋金方年六岁，宋敦一病不起，呜呼哀哉了。自古道："家中百事兴，全靠主人命。"十个妇人，敌不得一个男子。自从宋敦故后，卢氏掌家，连遭荒歉，又里中欺他孤寡，科派户役，卢氏撑持不定，只得将田房渐次卖了，赁屋而居。初时，还是诈穷，以后坐吃山崩，不上十年，弄做真穷了。卢氏亦得病而亡。断送了毕，宋金只剩得一双赤手，被房主赶逐出屋，无处投奔。且喜从幼学得一件本事，会写会算。偶然本处一个范举人，选了浙江衢州府江山县知县，正要寻个写算的人，有人将宋金说了，范公就教人引来。见他年纪幼小，又生得齐整，心中甚喜。叩其所长，果然书通真草，算善归除。当日就留于书房之中，取一套新衣与他换过，同桌而食，好生优待；择了吉日，范知县与宋金下了官船，同往任所。正是：

冬冬画鼓催征桿，习习和风荡锦帆。

却说宋金虽然贫贱，终是旧家子弟出身。今日做范公门馆，岂肯卑污苟贱，与童仆辈和光同尘，受其戏侮。那些管家们欺他年幼，见他做作，愈有不然之意。自昆山起程，都是水路，到杭州便起早了。众人撺掇家主道："宋金小厮家，在此写算服事老爷，还该小心谦逊，他全不知礼。老爷优待他忒过分了，与他同坐同食，舟中还可混账，到陆路中火歇宿，老爷也要存个体面。小人们商议，不如教他写一纸靠身文书，方才妥帖。到衙门时，他也不敢放肆为非。"范举人是棉花做的耳朵，就依了众人言语，唤宋金到舱，要他写靠身文书。宋金如何肯写？逼勒了多时，范公发怒，喝教剥去衣服，喝出船去。众苍头拖拖拽拽，剥的干干净净，一领单布衫，赶在岸上，气得宋金半晌开口不得。只见轿马纷纷伺候范知县起陆，宋金嚼着双泪，只得回避开去。身边并无财物，受饿不过，少不得学那两个古人：

伍相吹箫于吴门，韩王寄食于漂母。

日间街坊乞食，夜间古庙栖身。还有一件，宋金终是旧家子弟出身，任你十分落泊，还存三分骨气，不肯随那叫街丐户一流，奴言婢膝，没廉没耻。讨得来便吃了，讨不来忍饿，有一顿没一顿。过了几时，渐渐面黄肌瘦，全无昔日丰神。正是：

好花遭雨红俱褪，芳草经霜绿尽凋。

时值暮秋天气，金风催冷，忽降下一场大雨。宋金食缺衣单，在北新关关王庙中担饥受冻，出头不得。这雨自辰牌直下至午牌方止。宋金将腰带收紧，挪步出庙门来。未及数步，劈面遇着一人。宋金睁眼一看，正是父亲宋敦的最契之友，叫作刘有才，号顺泉的。宋金无面目"见江东父老"，不敢相认，只得垂眼低头而走。那刘有才早已看见，从背后一手挽住。叫道："你不是宋小官么？为何如此模样？"宋金两泪交流，叉手告道："小侄衣衫不齐，不敢为礼了，承老叔垂问。"如此如此，这般这般，将范知县无礼之事，告诉了一遍。刘翁道："恻隐之心，人皆有之。你肯在我船上相帮，管教你饱暖过日。"宋金便下跪道："若得老叔收留，便是重生父母。"

当下刘翁引着宋金到于河下。刘翁先上船，对刘姬说知其事。刘姬道："此乃两得其便，有何不美。"刘翁就在船头上招宋小官上船。于自身上脱下旧布道袍，教他穿。引他到后艄，见了妈妈徐氏，女儿宜春在傍，也相见了。宋金走出船头。刘翁道："把饭与宋小官吃。"刘姬道："饭便有，只是冷的。"宜春道："有热菜在锅内。"宜春便将瓦罐子舀了一罐滚热的茶，刘姬便在厨柜内取了些腌菜，和那冷饭，付与宋金道："宋小官，船上买卖，比不得家里，胡乱用些吧！"宋金接得在手。又见细雨纷纷而下，刘翁叫女儿："后艄有旧毡笠，取下来与宋小官戴。"宜春取旧毡笠看时，一边已自绽开。宜春手快，就盘髻上拔下针线将绽处缝了，丢在船篷之上，叫道："拿毡笠去戴。"宋金戴了破毡笠，吃了茶淘冷饭。刘翁教他收拾船上家火，扫抹船只，自往岸上接客，至晚方回。一夜无话。

次日，刘翁起身，见宋金在船头上闲坐，心中暗想："初来之人，莫惯了他。"便吆喝道："个儿郎吃我家饭，穿我家衣，闲时搓些绳，打些索，也有用处，如何空坐？"宋金连忙答应道："但凭驱使，不敢有违。"刘翁便取一束麻皮，付与宋金，教他打索子。正是：

在他矮檐下，怎敢不低头？

宋金自此朝夕小心，辛勤做活，并不偷懒。兼之写算精通，凡客货在船，都是他记账，出入分毫不爽。别船上交易，也多有央他去拿算盘，登账簿，客人无不敬而爱之，都夸道好个宋小官，少年伶俐。刘翁、刘姬见他小心得用，另眼相待，好衣好食的管顾他。在客人面前，认为表侄。宋金亦自以为得所，心安体适，貌日丰腴。凡船户中无不欣羡。

光阴似箭，不觉二年有余。刘翁一日暗想："自家年纪渐老，止有一女，要求个贤婿以靠终身，似宋小官一般，到也十全之美。但不知妈妈心下如何？"是夜，与妈妈饮酒半醺，女儿宜春在傍，刘翁指着女儿对妈妈道："宜春年纪长成，未有终身之托，奈何？"刘姬道："这是你我靠老的一桩大事，你如何不上紧？"刘翁道："我也日常在念，只是难得个十分如意的。像我船上宋小官恁般本事人才，千中选一，也就不能够了。"刘姬道："何不就许了宋小官？"刘翁假意道：

"妈妈说哪里话！他无家无倚，靠着我船上吃饭，手无分文，怎好把女儿许他？"刘妪道："宋小官是宦家之后，况系故人之子，当初他老子存时，也曾有人议过亲来，你如何忘了？今日虽然落薄，看他一表人材，又会写，又会算，招得这般女婿，须不辱了门面，我两口儿老来也得所靠。"刘翁道："妈妈，你主意已定否？"刘妪道："有什么不定！"刘翁道："如此甚好。"

原来刘有才平昔是个怕婆的，久已看上了宋金，只愁妈妈不肯，今见妈妈慨然，十分欢喜。当下便唤宋金，对着妈妈面，许了他这头亲事。宋金初时也谦逊不当，见刘翁夫妻一团美意，不要他费一分钱钞，只索顺从刘翁。往阴阳生家选择周堂吉日，回复了妈妈，将船驾回昆山。先与宋小官上头，做一套绸绢衣服与他穿了，浑身新衣、新帽、新鞋、新袜，妆扮得宋金一发标致。

　　　　虽无子建才八斗，胜似潘安貌十分。

刘妪也替女儿备办些衣饰之类。吉日已到，请下两家亲戚，大设喜筵，将宋金赘入船上为婿。次日，诸亲作贺，一连吃了三日喜酒。宋金成亲之后，夫妻恩爱，自不必说。从此船上生理，日兴一日。

光阴似箭，不觉过了一年零两个月。宜春怀孕日满，产下一女。夫妻爱惜如金，轮流怀抱。期岁方过，此女害了痘疮，医药不效，十二朝身死。宋金痛念爱女，哭泣过哀，七情所伤，遂得了个痨瘵之疾。朝凉暮热，饮食渐减，看看骨露肉消，行迟走慢。刘翁刘妪初时还指望他病好，替他迎医问卜。延至一年之外，病势有加无减，三分人，七分鬼，写也写不动，算也算不动。到做了眼中之钉，巴不得他死了干净，却又不死。两个老人家懊悔不迭，互相抱怨起来："当初只指望半子靠老，如今看这货色，不死不活，分明一条烂死蛇缠在身上，摆脱不下。把个花枝般女儿，误了终身，怎生是了？为今之计，如何生个计较，送开了那冤家，等女儿另招个佳婿，方才称心。"

两口儿商量了多时，定下个计策。连女儿都瞒过了。只说有客货在于江西，移船往载。行至池州五溪地方，到一个荒僻的所在，但见孤山寂寂，远水滔滔，野岸荒崖，绝无人迹。是日小小逆风，刘公故意把舵使歪，船便向沙岸上阁住，却教宋金下水推舟。宋金手迟脚慢，刘公就骂道："痨病鬼！没气力使船时，岸上野柴，也砍些来烧烧，省得钱买。"宋金自觉惶愧，取了斫刀，挣扎到岸上砍柴去了。刘公乘其未回，把舵用力撑动，拨转船头，挂起满风帆，顺流而下。

　　　　不愁骨肉遭颠沛，且喜冤家离眼睛。

且说宋金上岸打柴，行到茂林深处，树木虽多，那有气力去砍伐，只得拾些儿残柴，割些败棘，抽取枯藤，束做两大捆，却又没有气力背负得去。心生一计，再取一条枯藤，将两捆野柴穿做一捆，露出长长的藤头，用手挽之而行，如牧童牵牛之势。行了一时，想起忘了斫刀在地，又复身转去，取了斫刀，也插入柴捆之内，缓缓的拖下岸来，到于泊舟之处，已不见了船。但见江烟沙岛，一望无际。宋金沿江而上，且行且看，并无踪影。看看红日西沉，情知为丈人所弃。上天无路，入地无门，不觉痛切于心，放声大哭。哭得气咽喉干，闷绝于地。半晌方苏，忽见岸上一老僧，正不知从何而来，将挂杖卓地，问道："檀越，伴侣何在？此非驻足之地也！"宋金忙起身作礼，口称姓名："被丈人刘翁脱赚，如今孤苦无归，求老师父提挈，救取微命。"老僧道："贫僧茅庵不远，且同往暂住一宵，来日再做道理。"宋金感谢不已，随着老僧而行。

约莫里许，果见茅庵一所。老僧敲石取火，煮些粥汤，把与宋金吃了。方才问道："令岳与檀越有何仇隙？愿问其详。"宋金将入赘船上，及得病之由，备细告诉了一遍。老僧道："老檀越怀恨令岳乎？"宋金道："当初求乞之时，蒙彼收养婚配，今日病危见弃，乃小生命薄所致，岂敢怀恨他人？"老僧道："听子所言，真忠厚之士也。尊恙乃七情所伤，非药饵可治。唯清心调摄可以愈之。平日间曾奉佛法诵经否？"宋金道："不曾。"老僧于袖中取出一卷相赠，道："此乃《金刚般若经》，我佛心印，贫僧今教授檀越，若日诵一遍，可以息诸妄念，却病延年，有无穷利益。"宋金原是陈州娘娘庙前老和尚转世来的，前生专诵此经，今日口传心受，一遍便能熟诵。此乃是前因不断。宋金和老僧打坐，闭眼诵经，将次天明，不觉睡去。及至醒来，身坐荒草坡间，并不见老僧及茅庵在那里。《金刚经》却在怀中，开卷能诵。宋金心下好生诧异，遂取池水净口，将经朗诵一遍，觉万虑消释，病体顿然健旺。方知圣僧显化相救，亦是凤因所致也。宋金向空叩头，感谢龙天保佑。然虽如此，此身如大海浮萍，没有着落，信步行去，早觉腹中饥饿。望见前山林木之内，隐隐似有人家，不免再温旧稿，向前乞食。只因这一番，有分教：宋小官凶中化吉，难过福来。正是：

> 路逢尽处还开径，水到穷时再发源。

宋金走到前山一看，并无人烟，但见枪刀戈戟，遍插林间。宋金心疑不决，放胆前去，见一所败落土地庙，庙中有大箱八只，封锁甚固，上用松茅遮盖。宋金暗想："此必大盗所藏，布置枪刀，乃惑人之计。来历虽则不明，取之无碍。"心生一计，乃折取松枝插地，记其路径，一步步走出林来，直至江岸。也是宋金时亨运泰，恰好有一只大船，因逆浪冲坏了舵，停泊于岸下修舵。宋金假作慌张之状，向船上人说道："我陕西钱金也，随吾叔父走湖广为商，道经于此，为强贼所劫。叔父被杀，我只说是跟随的小郎，久病乞哀，暂容残喘。贼乃遣伙内一人，与我同住土地庙中，看守货物，他又往别处行劫去了。天幸同伙之人，昨夜被毒蛇咬死，我得脱身在此。幸方便载我去。"舟人闻言，不甚信。宋金又道："见有八巨箱在庙内，皆我家财物。庙去此不远，多央几位上岸，抬归舟中，愿以一箱为谢，必须速往。万一贼徒回转，不唯无及于事，且有祸患。"众人都是千里求财的，闻说有八箱货物，一个个欣然愿往。当时聚起十六筹后生，准备八副绳索杠棒，随宋金往土地庙来。果见巨箱八只，其箱甚重，每二人抬一箱，恰好八杠。宋金将林子内枪刀收起，藏于深草之内。八个箱子都下了船，舵已修好了。舟人问宋金道："老客果今欲何往？"宋金道："我且往南京省亲。"秀人道："我的船正要往瓜州，却喜又是顺便。"当下开船，约行五十余里方歇。众人奉承陕西客有钱，到凑出银子，买酒买肉，与他压惊称贺。次日西风大起，挂起帆来，不几日，到了瓜州停泊。那瓜州到南京只隔十来里江面。宋金另唤了一只渡船，将箱笼只拣重的抬下七个，把一个箱子送与舟中众人，以践其言。众人自去开箱分用。不在话下。

宋金渡到龙江关口，寻了店主人家住下。唤铁匠对了钥匙。打开箱看时。其中充牣，都是金玉珍宝之类。原来这伙强盗积之有年，不是取之一家，获之一时的。宋金先把一箱所蓄，鬻之于市，已得数千金。恐主人生疑，迁寓于城内，买家奴伏侍，身穿罗绮，食用膏粱。余六箱，只拣精华之物留下，其他都变卖，不下数万金。就于南京仪凤门内买下一所大宅，改造厅堂园亭，制办日用家火，极其华整。门前开张典铺，又置买田庄数处，家僮数十房。出色管事者十人。又蓄美童四人，随身答应。满京城都称他为钱员外，出乘舆马，入拥金资。自古道："居移气，养移体。"宋金今日财发身发，肌肤充悦，容采光泽，绝无向来枯瘠之容，寒酸之气。正是：

　　　人逢运至精神爽，月到秋来光彩新。

话分两头。且说刘有才那日哄了女婿上岸，拨转船头，顺风而下，瞬息之间，已行百里。老夫妇两口暗暗欢喜。宜春女儿犹然不知，只道丈夫还在船上，煎好了汤药，叫他吃时，连呼不应。还道睡着在船头，自要去唤他。却被母亲劈手夺过药瓯，向江中一泼，骂道："痨病鬼在哪里？你还要想他！"宜春道："真个在哪里？"母亲道："你爹见他病害得不好，恐沾染他人，方才哄他上岸打柴，径自转船来了。"宜春一把扯住母亲，哭天哭地叫道："还我宋郎来！"刘公听得艄内啼哭，走来劝道："我儿，听我一言，妇道家嫁人不着，一世之苦。那害痨的死在早晚，左右要拆散的，不是你因缘了，到不如早些开交干净，免致耽误你青春。待做爹的另拣个好郎君，完你终身，休想他吧！"宜春道："爹做的是什么事！都是不仁不义，伤天理的勾当。宋郎这头亲事，原是二亲主张，既做了夫妻，同生同死，岂可翻悔？就是他病势必死，亦当待其善终，何忍弃之于无人之地？宋郎今日为奴而死，奴绝不独生，爹若可怜见孩儿，快转船上水，寻取宋郎回来，免被旁人讥谤。"刘公道："那害痨的不见了船，定然转往别处村坊乞食去了，寻之何益？况且下水顺风，相去已百里之遥，一动不如一静，劝你息了心吧！"宜春见父亲不允，放声大哭，走出船舷，就要跳水。喜得刘妈手快，一把拖住。宜春以死自誓，哀哭不已。

两个老人家，不道女儿执性如此，无可奈何，准准的看守了一夜。次早只得依顺他，开船上水。风水俱逆，弄了一日，不勾一半之路，这一夜啼啼哭哭，又不得安稳。第三日申牌时分，方到得先前阁船之处。宜春亲自上岸寻取丈夫，只见沙滩上乱柴二捆，斫刀一把。认得是船上的刀，眼见得这捆柴，是宋郎驮来的。物在人亡，愈加疼痛，不肯死心，定要往前寻觅。父亲只索跟随同去。走了多时，但见树黑山深，查无人迹。刘公劝他回船，又啼哭了一夜。第四日黑早，再教父亲一同上岸寻觅，都是旷野之地，更无影响。只得哭下船来，想道："如此荒郊，教丈夫何处乞食？况久病之人，行走不动，他把柴刀抛弃沙崖，一定是赴水自尽。"哭了一场，望着江心又跳，早被刘公拦住。宜春道："爹妈养得奴的身，养不得奴的心，孩儿左右是要死的，不如放奴早死，以见宋郎之面。"

两个老人家见女儿十分痛苦，甚不过意，叫道："我儿，是你爹妈不是了，一时失于计较，干出这事，差之在前，懊悔也没用了。你可怜我年老之人，止生得你一人，你若死时，我两口儿性命也都难保。愿我儿恕了爹妈之罪，宽心度日，待做爹的写一招子，于沿江市镇各处粘贴。倘若宋郎不死，见我招帖，定可相逢。若过了三个月无信。凭你做好事，追荐丈夫。做爹的替你用钱，并不吝惜。"宜春方才收泪谢道："若得如此，孩儿死也瞑目。"刘公即时写个寻婿的招帖，粘于沿江市镇墙壁触眼之处。过了三个月，绝无音耗。宜春道："我丈夫果然死了。"即忙制备头梳麻衣，穿着一身重孝，设了灵位祭奠，请九个和尚，做了三昼夜功德。自将簪珥布施，为亡夫祈福。刘翁、刘妪爱女之心，无所不至，并不敢一些违拗，闹了数日方休。兀自朝哭五更，夜哭黄昏。邻船闻之，无不感叹。有一班相熟的客人，闻知此事，无不可惜宋小官，可怜刘小娘者。宜春整整的哭了半年六个月，方才住声。刘翁对阿妈道："女儿这几日不哭，心下渐渐冷了，好劝他嫁人，终不然我两个老人家，守着个孤孀女儿，缓急何靠？"刘妪道："阿老见得是。只怕女儿不肯，须是缓缓的偢他。"

又过了月余，其时十二月二十四日，刘翁回船到昆山过年，在亲戚家吃醉了酒，乘其酒兴来劝女儿道："新春将近，除了孝罢！"宜春道："丈夫是终身之孝，怎样除得？"刘翁睁着眼道："什么终身之孝！做爹的许你带时便带，不许你带时，就不容你带。"刘妪见老儿口重，便来收科道："再等女儿带过了残岁，除夜做碗羹饭起了灵，除孝罢！"宜春见爹妈话不投机，便啼哭起来道："你两口儿合计害了我丈夫，又不容我带孝，无非要我改嫁他人。我岂肯失节，以负宋郎？宁可带孝而死，绝不除孝而生。"刘翁又待发作，被婆子骂了几句，劈颈的推向船舱睡了。宜春依先又哭了一夜。

到月尽三十日除夜，宜春祭奠了丈夫，哭了一会。婆子劝住了。三口儿同吃夜饭，爹妈见女儿荤酒不闻，心中不乐，便道："我儿，你孝是不肯除了，略吃点荤腥，何妨得？少年人不要弄弱了元气。"宜春道："未死之人，苟延残喘，连这碗素饭也是多吃的，还吃甚荤菜？"刘妪道："既不用荤，吃杯素酒儿，也好解闷。"宜春道："一滴何曾到九泉，想着死者，我何忍下咽！"说罢，又哀哀的哭将起来，连素饭也不吃就去睡了。刘翁夫妇料道女儿志不可夺，从此再不强他。后人有诗赞宜春之节。诗曰：

> 闺中节烈古今传，船女何曾阅简编？
> 誓死不移金石志，《柏舟》端不愧前贤。

话分两头。再说宋金住在南京一年零八个月，把家业挣得十全了，却教管家看守门墙，自己带了三千两银子，领了四个家人，两个美童，顾了一只航船，径至昆山来访刘翁、刘妪。邻舍人家道："三日前往仪真去了。"宋金将银两贩了布匹，转至仪真，下个有名的主家，上货了毕。

次日，去河口寻着了刘家船只，遥见浑家在船艄麻衣素妆，知其守节未嫁，伤感不已。回到下处，向主人王公说道："河下有一舟妇，带孝而甚美，我已访得是昆山刘顺泉之船，此妇即其女也，吾丧偶已将二年，欲求此女为继室。"遂于袖中取出白金十两，奉与王公道："此薄意权为酒资，烦老翁执伐，成事之日，更当厚谢。若问财礼，虽千金吾亦不吝。"王公接银欢喜，径往船上邀刘翁到一酒馆，盛设相款，推刘翁于上坐。刘翁大惊道："老汉操舟之人，何劳如此厚待？必有缘故。"王公道："且吃三杯，方敢启齿。"刘翁心中愈疑道："若不说明，必不敢坐。"王公道："小店有个陕西钱员外，万贯家财，丧偶将二载，慕令爱小娘子美貌，欲求为继室。愿出聘礼千金，特央小子作伐，望勿见拒。"刘翁道："舟女得配富室，岂非至愿？但吾儿守节甚坚，言及再婚，便欲寻死，此事不敢奉命，盛意亦不敢领。"便欲起身。王公一手扯住道："此设亦出钱员外之意，托小子做个主人，既已费了，不可虚之，事虽不谐，无害也。"刘翁只得坐了。

饮酒中间，王公又说起："员外相求，出于至诚，望老翁回舟，从容商议。"刘翁被女儿几遍投水唬坏了，只是摇头，略不统口。酒散各别。

王公回家，将刘翁之语，述与员外。宋金方知浑家守志之坚，乃对王公说道："姻事不成也罢了，我要雇他的船载货，往上江出脱，难道也不允？"王公道："天下船载天下客，不消说，自然从命。"王公即时与刘翁说了顾船之事，刘翁果然依允。宋金乃吩咐家童，称把铺陈行李，发下船来，货且留岸上，明日发也未迟。宋金锦衣貂帽，两个美童，各穿绿绒直身，手执熏炉如意跟随。刘翁夫妇认做陕西钱员外，不复相识。到底夫妇之间，与他人不同。宜春在艄尾窥视，虽不敢便信是丈夫，暗暗的惊怪道："有七八分厮像。"只见那钱员外才上得船，便向船艄说道："我腹中饥了，要饭吃，若是冷的，把些热茶淘来吧。"宜春已自心疑。那钱员外又叱喝童仆道："个儿郎吃我家饭，穿我家衣，闲时搓些绳，打些索，也有用处，不可空坐！"这几句，分明是宋小官初上船时，刘翁吩咐的话。宜春听得，愈加疑心。

少顷，刘翁亲自捧茶奉钱员外。员外道："你船艄上有一破毡笠，借我用之。"刘翁愚蠢，全不省事，径与女儿讨那破毡笠。宜春取毡笠付与父亲，口中微吟四句：

> 毡笠虽然破，经奴手自缝。
> 因思戴笠者，无复旧时容。

钱员外听艄后吟诗，嘿嘿会意，接笠在手，亦吟四句：

> 仙凡已换骨，故乡人不识。
> 虽则锦衣还，难忘旧毡笠。

是夜，宜春对翁、姬道："舱中钱员外，疑即宋郎也。不然，何以知吾船有破毡笠，且面庞相肖，语言可疑，可细叩之。"刘翁大笑道："痴女子！那宋家痨病鬼，此时骨肉俱消矣。就使当年未死，亦不过乞食他乡，安能致此富盛乎？"刘姬道："你当初怪爹娘劝你除孝改嫁，动不动跳水求死，今见客人富贵，便要认他是丈夫，倘你认他不认，岂不可羞？"宜春满面羞惭，不敢开口。刘翁便招阿妈到背处道："阿妈你休如此说，姻缘之事，莫非天数。前日王店主请我到酒馆中饮酒，说陕西钱员外，愿出千金聘礼，求我女儿为继室，我因女儿执性，不曾统口。今日难得女儿自家心活，何不将机就机，把他许配钱员外，落得你我下半世受用。"刘姬道："阿老见得是。那钱员外来顾我家船只，或者其中有意，阿老明日可往探之。"刘翁道："我自有道理。"

次早，钱员外起身，梳洗已毕，手持破毡笠于船头上翻覆把玩。刘翁启口而问道："员外，看这破毡笠则甚？"员外道："我爱那缝补处，这行针线，必出自妙手。"刘翁道："此乃小女所缝，有何妙处？前日王店主传员外之命，曾有一言，未知真否？"钱员外故意问道："所传何言？"刘翁道："他说员外丧了孺人，已将二载，未曾继娶，欲得小女为婚。"员外道："老翁愿也不愿？"刘翁道："老汉求之不得，但恨小女守节甚坚，誓不再嫁，所以不敢轻诺。"员外道："令婿为何而死？"刘翁道："小婿不幸得了个痨瘵之疾，其年因上岸打柴未还，老汉不知，错开了船，以后曾出招帖，寻访了三个月，并无动静，多是投江而死了。"员外道："令婿不死，他遇了个异人，病都好了，反获大财致富，老翁若要会令婿时，可请令爱出来。"

此时宜春侧耳而听，一闻此言，便哭将起来，骂道："薄幸钱郎，我为你带了三年重孝，受了千辛万苦，今日还不说实话，待怎么？"宋金也堕泪道："我妻，快来相见！"夫妻二人，抱头大哭。刘翁道："阿妈，眼见得不是什么钱员外了，我与你须索去谢罪。"刘翁刘姬走进舱来，施礼不迭。宋金道："丈人丈母，不须恭敬。只是小婿他日有病痛时，莫再脱赚！"两个老人家羞惭满面。宜春便除了孝服，将灵位抛向水中。宋金便唤跟随的童仆来，与主母磕头。翁姬杀鸡置酒，管待女婿，又当接风，又是庆贺筵席。安席已毕，刘姬叙起女儿自来不吃荤酒之意，宋金惨然下泪，亲自与浑家把盏，劝他开荤。随对翁姬道："据你们设心脱赚，欲绝吾命，恩断义绝，不该相认了。今日勉强吃你这杯酒，都看你女儿之面。"宜春道："不因这番脱赚，你何由发迹？况爹妈日前也有好处，今后但记恩，莫记怨。"宋金道："谨依贤妻尊命。我已立家于南京，田园富足，你老人家可弃了驾舟之业，随我到彼，同享安乐，岂不美哉！"翁姬再三称谢，是夜无话。

次日，王店主闻知此事，登船拜贺，又吃了一日酒。宋金留家童三人于王店主家发布取账，自己开船先往南京大宅了。住了三日，同浑家到昆山故乡扫墓，追荐亡亲。宗族亲党各有厚赠。此时范知县已罢官在家，闻知宋小官发迹还乡，恐怕街坊撞见没趣，躲向乡里，有月余不敢入城。宋金完了故乡之事，重回南京，阖家欢喜，安享富贵。不在话下。

再说宜春见宋金每早必进佛堂中，拜佛诵经，问其缘故。宋金将老僧所传《金刚经》，却病延年之事，说了一遍。宜春亦起信心，要丈夫教会了。夫妻同诵，到老不衰，后享寿各九十余，无疾而终。子孙为南京世富之家，亦有发科第者。后人评云：

刘老儿为善不终，宋小官因祸得福。
《金刚经》消除灾难，破毡笠团圆骨肉。

第二十三卷

乐小舍拚生觅偶

怒气雄声出海门，舟人云是子胥魂。
天排雪浪晴雷吼，地拥银山万马奔。
上应天轮分晦朔，下临宇宙定朝昏。
吴征越战今何在？一曲渔歌过晚村。

这首诗，单题着杭州钱塘江潮，元来非同小可。刻时定信，并无差错。自古至今，莫能考其出没之由。从来说道天下有四绝，却是：

雷州换鼓，广德埋藏，登州海市，钱塘江潮。

这三绝，一年止则一遍。唯有钱塘江潮，一日两番。自古唤做罗刹江，为因风涛险恶，巨浪滔天，常翻了船，以此名之。南北两山，多生虎豹，名为虎林。后因虎字犯了唐高祖之祖父御讳，改名武林。又因江潮险迅，怒涛汹涌，冲害居民，因取名宁海军。后至唐末五代之间，去那径山过来，临安邑人钱宽生得一子。生时红光满室，里人见者，将谓火发，皆往救之。却是他家产下一男，两足下有青色毛，长寸余，父母以为怪物，欲杀之。有外母不肯，乃留之，因此小名婆留。看看长大成人，身长七尺有余，美容貌，有智勇，讳镠，字巨美。幼年专作私商无赖。因官司缉捕甚紧，乃投径山法济禅师躲难。法济夜闻寺中伽蓝云："今夜钱武肃王在此，毋令惊动！"法济知他是异人，不敢相留，乃作书荐镠往苏州投太守安绥。绥乃用镠为帐下都部署，每夜在府中马院宿歇。时遇炎天酷热，太守夜起独步后园，至马院边，只见钱镠睡在那里。太守方坐间，只见那正厅背后，有一眼枯井，井中走出两个小鬼来，戏弄钱镠。却见一个金甲神人，把那小鬼一喝都走了，口称道："此乃武肃王在此，不得无礼！"太守听罢，大惊。急回府中，心大异之。以此好生看待钱镠。后因黄巢作乱，钱镠破贼有功，僖宗拜为节度使。后遇董昌作乱，钱镠收讨平定，昭宗封为吴越国王。因杭州建都，治得国中宁静。只是地方狭窄，更兼长江汹涌，心常不悦。

忽一日，有司进到金色鲤鱼一尾，约长三尺有余，两目炯炯有光，将来作御膳。钱王见此鱼壮健，不忍杀之，令畜之池中。夜梦一老人来见，峨冠博带，口称："小圣夜来孺子不肖，乘酒醉，变作金色鲤鱼，游于江岸，被人获之，进与大王作御膳，谢大王不杀之恩。今者小圣特来哀告大王，愿王怜悯，差人送往江中，必当重报！"钱王应允，龙君乃退。钱王飒然惊觉，得了一梦。次早升殿，唤左右打起那鱼，差人放之江中。当夜，又梦龙君谢曰："感大王再生之恩，将何以报？小圣龙宫海藏，应有奇珍异宝，夜光珠，盈尺璧，任从大王所欲，即当奉献。"钱王乃言："珍宝珠璧，非吾好也。唯我国僻处海隅，地方无千里，况兼长江广阔，波涛汹涌，日夕相冲，使国人常有风波之患。汝能借地一方，以广吾国，是所愿也。"龙王曰："此事甚易，然借则借，当在何日见还？"钱王曰："五百劫后，仍复还之。"龙王曰："大王来日，可铸铁柱十二只，各长一丈二尺，请大王自登舟，小圣使虾鱼聚于水面之上，大王但见处，可即下铁柱一只，其水渐渐自退，沙涨为平地。王可垒石为塘，其地即广也。"龙君退去，钱王惊觉。

次日，令有司铸造铁柱十二只，亲自登舟，于江中看之。果见有鱼虾成聚一十二处，乃令人以铁柱沉下去，江水自退。王乃登岸，但见无移时，沙石涨为平地，自富阳山前直至海门舟山为止。钱王大喜，乃使石匠于山中凿石为板，以黄罗木贯穿其中，排列成塘。因凿石迟慢，乃下令："如有军民人等，以百斤石板，将船装来，一船换米一船。"各处即将船载石板来换米。因此砌了江岸，石板有余，后方始称为钱塘江。至大宋高宗南渡，建都钱塘，改名临安府，称为行在。方始人烟辏集，风俗淳美。似此每遇年年八月十八，乃潮生日，倾城士庶，皆往江塘之上。玩潮快乐。亦有本土善识水性之人，手执十幅旗幡，出没水中，谓之弄潮，果是好看。至有不识水性深浅者，学弄潮，多有被汱了去，坏了性命。临安府尹得知，累次出榜禁谕，不能革其风俗。有东坡学士《看潮》一绝为证：

> 吴儿生长押涛渊，冒险轻生不自怜；
> 东海若知明主意，应教破浪变桑田。

话说南宋临安府，有一个旧家，姓乐名美善，原是贤福坊安平巷内出身，祖上七辈衣冠。近因家道消乏，移在钱塘门外居住，开个杂色货铺子，人都重他的家世，称他为乐大爷。妈妈安氏，单生一子，名和，生得眉目清秀，伶俐乖巧。幼年寄在永清巷母舅安三老家抚养，附在间壁喜将仕馆中上学。喜将仕家有个女儿，小名顺娘，小乐和一岁。两个同学读书，学中取笑道："你两个姓名'喜乐和顺'，合是天缘一对。"两个小儿女，知觉渐开，听这话也自欢喜，遂私下约为夫妇。这也是一时戏谑，谁知做了后来配合的谶语。正是：

　　姻缘本是前生定，曾向蟠桃会里来。

　　乐和到十二岁时，顺娘十一岁。那时乐和回家，顺娘深闺女工，各不相见。乐和虽则童年，心中伶俐，常想顺娘情意，不能割舍。又过了三年，时值清明将近，安三老接外甥同去上坟，就便游西湖。原来临安有这个风俗，但凡湖船，任从客便，或三朋四友，或带子携妻，不择男女，各自去占个座头，饮酒观山，随意取乐。安三老领着外甥上船，占了个座头，方才坐定，只见船头上又一家女眷入来。看时不是别人，正是间壁喜将仕家母女二人和一个丫头，一个奶娘。三老认得，慌忙作揖。又教外甥来相见了。此时顺娘年十四岁，一发长成得好了。乐和有三年不见，今日水面相逢，如见珍宝。虽然分桌而坐，四目不时观看，相爱之意，彼此尽知。只恨众人属目，不能叙情。船到湖心亭，安三老和一班男客，都到亭子上闲步，乐和推腹痛留在舱中，捱身与喜大娘攀话，稍稍得与顺娘相近，捉空以目送情，彼此意会。少顷，众客下船，又分开了。傍晚，各自分散。安三老送外甥回家。乐和一心忆着顺娘，题诗一首：

　　嫩蕊娇香郁未开，不因蜂蝶自生猜。
　　他年若作扁舟侣，日日西湖一醉回。

　　乐和将此诗题于桃花笺上，摺为方胜，藏于怀袖，私自进城，到永清巷喜家门首，伺候顺娘，无路可通。如此数次。闻说潮王庙有灵，乃私买香烛果品，在潮王面前祈祷，愿与顺娘娘今生得成鸳侣。拜罢，炉前化纸，偶然方胜从袖中坠地，一阵风卷出纸钱的火来烧了。急去抢时，止剩得一个侣字。乐和拾起看了，想道："侣乃双口之意，此亦吉兆。"心下甚喜。忽见碑亭内坐一老者，衣冠古朴，容貌清奇，手中执一团扇，上写"姻缘前定"四个字。乐和上前作揖，动问："老翁尊姓？"答道："老汉姓石。"又问："老翁能算姻缘之事乎？"老者道："颇能推算。"乐和道："小子乐和，烦老翁一推，赤绳系于何处？"老者笑道："小舍人年未弱冠，如何便想这事？"乐和道："昔汉武帝为小儿时，圣母抱于膝上，问：'欲得阿娇为妻否？'帝答言：'若得阿娇，当以金屋贮之。'年无长幼，其情一也。"老者遂问了年月日时，在五指上一轮道："小舍人佳眷，是熟人，不是生人。"乐和见说得合机，便道："不瞒老翁，小子心上正有一熟人，未知缘法何如？"老者引至一口八角井边，教乐和看井内有缘无缘便知。乐和手把井栏张望，但见井内水势甚大，巨涛汹涌，如万顷相似，其明如镜，内立一个美女，可十六七岁，紫罗衫，杏黄裙，绰约可爱，仔细认之，正是顺娘。心下又惊又喜，却被老者望背后一推，刚刚的跌在那女子身上，大叫一声，猛然惊觉，乃是一梦，双手兀自抱定亭柱。正是：

> 黄粱犹未熟，一梦到华胥。

乐和醒将转来，看亭内石碑，其神姓石名瑰，唐时捐财筑塘捍水，死后封为潮王。乐和暗想："原来梦中所见石老翁，即潮王也。此段姻缘，十有九就。"因家对母亲说，要央媒与喜顺娘议亲。那安妈妈是妇道家，不知高低，便向乐公撺掇其事。乐公道："姻亲一节，须要门当户对。我家虽曾有七辈衣冠，见今衰微，经纪营活。喜将仕名门富室，他的女儿，怕没有人求允，肯与我家对亲？若央媒往说，反取其笑。"乐和见父亲不允，又教母亲央求母舅去说合。安三老所言，与乐公一般。乐和大失所望，背地里叹了一夜的气。明早将纸裱一牌位，上写"亲妻喜顺娘生位"七个字，每日三餐，必对而食之。夜间安放枕边，低唤三声，然后就寝。每遇清明三月三，重阳九月九，端午龙舟，八月玩潮，这几个胜会，无不刷鬓修容，华衣美服，在人丛中挨挤。只恐顺娘出行，侥幸一遇。一般生意人家有女儿的，见乐小舍人年长，都来议亲。爹娘几遍要应承，倒是乐和立意不肯。立个誓愿，直待喜家顺娘嫁出之后，方才放心，再图婚配。事有凑巧，这里乐和立誓不娶，那边顺娘却也红鸾不照，天喜未临，高不成，低不就，也不曾许得人家。光阴似箭，倏忽又过了三年。乐和年一十八岁，顺娘一十七岁了，男未有室，女未有家。

> 男才女貌正相和，未卜姻缘事若何？
> 且喜室家俱未定，只须灵鹊肯填河。

话分两头。却说是时，南北通和，其年有金国使臣高景山来中国修聘。那高景山善会文章，朝命宣一个翰林范学士接伴。当八月中秋过了，又到十八，潮生日，就城外江边浙江亭子上，搭彩铺毡，大排筵宴，管待使臣观潮。陪宴官非止一员。都统司领着水军，乘战舰，于水面往来，施放五色烟火炮。豪家贵戚，沿江搭缚彩幕，绵亘三十余里，照江如铺锦相似。市井弄水者，共有数百人，蹈浪争雄，出没游戏。有踏滚木、水傀儡诸般伎艺。但见：

> 迎潮鼓浪，拍岸移舟。惊湍忽自海门来，怒吼遥连天际出。何异地生银汉，分明天震春雷。遥观似匹练飞空，远听如千军驰噪。吴儿勇健，平分白浪弄洪波；渔父轻便，出没江心夸好手。果然是万顷碧波随地滚，千寻雪浪接云奔。

北朝使臣高景山见了，毛发皆耸，嗟叹不已，果然奇观。范学士道："相公见此，何不赐一佳作？"即令取过文房四宝来。高景山谦让再三，做《念奴娇》词：

> 云涛千里，泛今古绝致，东南风物。碧海云横初一线，忽尔雷轰苍壁。万马奔天，群鹅扑地，汹涌飞烟雪。吴人勇悍，便竞踏浪雄杰。
> 想旗帜纷纭，吴音楚管，与胡笳俱发。人物江山如许丽，岂信妖氛难灭。况是行宫，星缠五福，光焰窥毫发。惊看无语，凭栏姑待明月。

高景山题毕，满座皆赞奇才。只有范学士道："相公词做得甚好，只可惜'万马奔天，群鹅扑地'，将潮比得来轻了，这潮可比玉龙之势。"学士遂做《水调歌头》，道是：

> 登临眺东渚，始觉太虚宽。海天相接，潮生万里一毫端。滔滔怒生雄势，宛胜玉龙戏水，尽出没波间。雪浪番云脚，波卷水晶寒。　　扫方涛，卷圆峤，大洋番。天垂银汉，壮观江北与江南。借问子胥何在？博望乘槎仙去，知是几时还？上界银河窄，流泻到人间。

范学士题罢，高景山见了，大喜道："奇哉佳作！难比万马争驰，真是玉龙戏水。"不题各官尽欢饮酒。

且说临安大小户人家，闻得是日朝廷款待北使，陈设百戏，倾城士女都来观看。乐和打听得喜家一门，也去看潮。侵早，便妆齐整，来到钱塘江口，趸来趸去，找寻喜顺娘不着。结末来到一个去处，唤做"天开图画"，又叫作"团围头"，因那里团团围转，四面都看见潮头，故名"团围头"。后人讹传，谓之"团鱼头"。这个所在，潮势阔大，多有子弟立脚不牢，被潮头涌下水去，又有豁湿了身上衣服的，都在下浦桥边搅挤教干。有人做下《临江仙》一只，单嘲那看潮的：

> 自古钱塘难比。看潮人成群作队，不待中秋，相随相趁，尽往江边游戏。沙滩畔，远望潮头，不觉侵天浪起。　　头巾如洗，斗把衣裳去挤。下浦桥边，一似奈何池畔，裸体披头似鬼。入城里，烘好衣裳，犹问几时起水？

乐和到"团围头"寻了一转，不见顺娘，复身又寻转来。那时人山人海，围护着席棚彩幕。乐和身材即溜，在人丛里捱挤进去，一步一看，行走多时。看见一个妇人，走进一个席棚里面去了。乐和认得这妇人，是喜家的奶娘，紧步随后，果然喜将仕一家男女，都成团聚块的坐下饮酒玩赏。乐和不敢十分逼近，又不舍得十分弯远，紧紧的贴着席棚而立。觑定顺娘目不转睛，恨不得走近前去，双手搂抱，说句话儿。那小娘子抬头观看，远远的也认得是乐小舍人，见他趋前退后，神情不定，心上也觉可怜。只是父母相随，寸步不离，无由相会一面。正是：

> 两人衷腹事，尽在不言中。

却说乐和与喜顺娘正在相视凄惶之际，忽听得说潮来了。道犹未绝，耳边如山崩地坼之声，潮头有数丈之高，一涌而至。有诗为证：

> 银山万叠耸巍巍，蹴地排空势若飞；
> 信是子胥灵未泯，至今犹自奋神威。

那潮头比往年更大，直打到岸上高处，掀翻锦幙，冲倒席棚，众人发声喊，都退后走。顺娘出神在小舍人身上，一时着忙不知高低，反向前几步，脚儿把滑不住，溜的滚入波浪之中。

> 可怜绣阁金闺女，翻做随波逐浪人。

乐和乖觉，约莫潮来，便移身立于高阜去处。心中不舍得顺娘，看定席棚，高叫："避水！"忽见顺娘跌在江里去了，这惊非小，说时迟，那时快，就顺娘跌下去这一刻，乐和的眼光紧随着小娘子下水，脚步自然留不住，扑嗵的向水一跳，也随波而滚。他哪里会水，只是为情所使，不顾性命。

这里喜将仕夫妇，见女儿坠水，慌急了，乱呼："救人救人！救得吾女，自有重赏。"那顺娘穿着紫罗衫杏黄裙，最好记认。有那一班弄潮的子弟们，踏着潮头，如履平地，贪着利物，应声而往，翻波搅浪，去捞救那紫罗衫杏黄裙的女子。

却说乐和跳下水去，直至水底，全不觉波涛之苦，心下如梦中相似。行到潮王庙中，见灯烛辉煌，香烟缭绕。乐和下拜，求潮王救取顺娘，度脱水厄。潮王开言道："喜顺吾已收留在此，今交付你去。"说罢，小鬼从神帐后，将顺娘送出，乐和拜谢了潮王，领顺娘出了庙门。彼此十分欢喜，一句话也说不出，四只手儿紧紧对面相抱，觉身子或沉或浮，泛出水面。

那一班弄潮的，看见紫罗衫杏黄裙在浪中现出，慌忙去抢。及至托出水面，不是单却是双。四五个人，扛头扛脚，抬上岸来，对喜将仕道："且喜连女婿都救起来了。"喜公、喜母、丫鬟奶娘都来看时，此时八月天气，衣服都单薄，两个脸对脸，胸对胸，交股叠肩，且是偎抱得紧，分拆不开，叫唤不醒，体尚微暖，不生不死的模样。父母慌又慌，苦又苦，正不知什么意故。喜家眷属哭做一堆。众人争先来看，都道从古来无此奇事。

却说乐美善正在家中，有人报他儿子在"团鱼头"看潮，被潮头打在江里去了。慌得一步一跌，直跑到"团围头"来。又听得人说打捞得一男一女，那女的是喜将仕家小姐。乐公分开人众，捱入看时，认得是儿子乐和，叫了几声："亲儿！"放声大哭道："儿呵！你生前不得吹箫侣，谁知你死后方成连理枝！"喜将仕问其缘故，乐公将三年前儿子执意求亲，及誓不先娶之言，叙了一遍。喜公、喜母到抱怨起来道："你乐门七辈衣冠，也是旧族，况且两个幼年，曾同窗读书，有此说话，何不早说！如今大家叫唤，若唤得醒时，情愿把小女配与令郎。"两家一边唤女，一边唤儿，约莫叫唤了半个时辰，渐渐眼开气续，四只肐膊，兀自不放。乐公道："我儿快苏醒，将仕公已许下，把顺娘配你为妻了。"说犹未毕，只见乐和睁开双眼道："岳翁休要言而无信!"跳起身来，便向喜公喜母作揖称谢。喜小姐随后苏醒。两口儿精神如故，清水也不吐一口。喜杀了喜将仕，乐杀了乐大爷。两家都将干衣服换了，顾个小轿抬回家里。

次日，到是喜将仕央媒来乐家议亲，愿赘乐和为婿，媒人就是安三老。乐家无不应允。择了吉日，喜家送些金帛之类，笙箫鼓乐，迎娶乐和到家成亲。夫妻恩爱，自不必说。满月后，乐和同顺娘备了三牲祭礼，到潮王庙去赛谢。喜将仕见乐和聪明，延名师在家，教他读书，后来连科及第。至今临安说婚姻配合故事，还传"喜乐和顺"四字。有诗为证：

少负情痴长更狂，却将情字感潮王；
钟情若到真深处，生死风波总不妨。

第二十四卷

玉堂春落难逢夫

公子初年柳陌游，玉堂一见便绸缪。
黄金数万皆消费，红粉双眸枉泪流。
财货拐，仆驹休，犯法洪同狱内囚。
按临骢马冤怨脱，百岁姻缘到白头。

话说正德年间，南京金陵城有一人，姓王名琼，别号思竹，中乙丑科进士，累官至礼部尚书。因刘瑾擅权，劾了一本，圣旨发回原籍。不敢稽留，收拾轿马和家眷起身。王爷暗想有几两俸银，都借在他人名下，一时取讨不及。况长子南京中书，次子时当大比。踌躇半晌，乃呼公子三官前来。

那三官双名景隆，字顺卿，年方一十七岁，生得眉目清新，丰姿俊雅。读书一目十行，举笔即便成文，原是个风流才子。王爷爱惜胜如心头之气，掌上之珍。当下王爷唤至吩咐道："我留你在此读书，叫王定讨账，银子完日，作速回家，免得父母牵挂。我把这里账目，都留与你。"叫王定过来："我留你与三叔在此读书讨账，不许你引诱他胡行乱为。吾若知道，罪责非小。"王定叩头说："小人不敢。"次日收拾起程，王定与公子送别，转到北京，另寻寓所安下。公子谨依父命，在寓读书。王定讨账。不觉三月有余，三万银账，都收完了。公子把底账扣算，分厘不欠，吩咐王定，选日起身。公子说："王定，我们事体俱已完了，我与你到大街上各巷口，闲耍片时，来日起身。"王定遂即锁了房门，吩咐主人家用心看着生口。房主说："放心，小人知道。"二人离了寓所，至大街观看皇都景致。但见：

人烟凑集，车马喧阗。人烟凑集，合四山五岳之音；车马喧阗，尽六部九卿之辈。做买做卖，总四方土产奇珍；闲荡闲游，靠万岁太平洪福。处处胡同铺锦绣，家家杯斝醉笙歌。

公子喜之不尽，忽然又见五七个宦家子弟，各拿琵琶弦子，欢乐饮酒。公子道："王定，好热闹去处。"王定说："三叔，这等热闹，你还没到那热闹去处哩！"二人前至东华门，公子睁眼观看，好锦绣景致。只见门彩金凤，柱盘金龙。王定道："三叔，好么？"公子说："真个好所在！"又走前面去，问王定："这是哪里？"王定说："这是紫金城。"公子往里一视，只见城内瑞气腾腾，红光闪闪。看了一会，果然富贵无过于帝王，叹息不已。

离了东华门往前，又走多时，到一个所在，见门前站着几个女子，衣服整齐。公子便问："王定，此是何处？"王定道："此是酒店。"乃与王定进到酒楼上。公子坐下，看那楼上有五七席饮酒的，内中一席有两个女子，坐着同饮。公子看那女子，人物清楚，比门前站的，更胜几分。公子正看中间，酒保将酒来，公子便问："此女是哪里来的？"酒保说："这是一秤金家丫头翠香、翠红"三官道："生得清气。"酒保说："这等就说标致。他家里还有一个粉头，排行三姐，号玉堂春，有十二分颜色。鸨儿索价太高，还未梳栊。"公子听说留心。叫王定还了酒钱，下楼去，说："王定，我与你春院胡同走走。"王定道："三叔不可去，老爷知道怎了！"公子说："不妨，看一看就回。"乃走至本司院门首。果然是：

> 花街柳巷，绣阁朱楼。有家品竹弹丝，处处调脂弄粉。黄金买笑，无非公子王孙；红袖邀欢，都是妖姿丽色。正疑香雾弥天霭，忽听歌声别院娇。总然道学也迷魂，任是真僧须破戒。

公子看得眼花撩乱，心内踌躇，不知那是一秤金的门。正思中间，有个卖瓜子的小伙，叫作金哥走来，公子便问："那是一秤金的门？"金哥说："大叔莫不是要耍？我引你去。"王定便道："我家相公不嫖，莫错认了。"公子说："但求一见。"那金哥就报与老鸨知道。老鸨慌忙出来迎接，请进待茶。王定见老鸨留茶，心下慌张，说："三叔可回去罢！"老鸨听说，问道："这位何人？"公子说："是小价。"鸨子道："大哥，你也进来吃茶去，怎么这等小器？"公子道："休要听他。"跟着老鸨往里就走。王定道："三叔不要进去，俺老爷知道，可不干我事！"在后边自言自语。公子哪里听他，竟到了里面坐下。

老鸨叫丫头看茶。茶罢，老鸨便问："客官贵姓。"公子道："学生姓王，家父是礼部正堂。"老鸨听说拜道："不知贵公子，失瞻休罪！"公子道："不碍，休要计较。久闻令爱玉堂春大名，特来相访。"老鸨道："昨有一位客官，要梳栊小女，送一百两财礼，不曾许他。"公子道："一百两财礼小哉！学生不敢夸大话，除了当今皇上，往下也数家父。就是家祖，也做过侍郎。"老鸨听说，心中暗喜。便叫翠红请三姐出来见尊客。翠红去不多时，回话道："三姐身子不健，辞了吧！"老鸨起身带笑说："小女从幼养娇了，直待老婢自去唤他。"王定在傍喉急，又说："他不出来就罢了，莫又去唤！"老鸨不听其言，走近房中，叫："三姐，我的儿，你时运到了！今有王尚书的公子，特慕你而来。"玉堂春低头不语。慌得那鸨儿便叫："我儿，王公子好个标致人物，年纪不上十六七岁，囊中广有金银。你若打得上这个主儿，不但名声好听，也够你一世受用。"玉姐听说，即时打扮，来见公子。临行，老鸨又说："我儿，用心奉承，不要怠慢他。"玉姐道："我知道了。"公子看玉堂春果然生得好：

> 鬓挽乌云，眉弯新月，肌凝瑞雪，脸衬朝霞。袖中玉笋尖尖，裙下金莲窄窄。雅淡梳妆偏有韵，不施脂粉自多姿。便数尽满院名姝，总输他十分春色。

玉姐偷看公子，眉清目秀，面白唇红，身段风流，衣裳清楚，心中也是暗喜。当下玉姐拜了公子。老鸨就说："此非贵客坐处，请到书房小叙。"公子相让，进入书房，果然收拾得精致。明窗净几，古画古炉，公子却无心细看，一心只对着玉姐。鸨儿帮衬，教女儿揾着公子肩下坐了，吩咐丫鬟摆酒。王定听见摆酒，一发着忙，连声催促三叔回去。老鸨丢个眼色与丫头："请这大哥到房里吃酒。"翠香、翠红道："姐夫请进房里，我和你吃钟喜酒。"王定本不肯去，被翠红二人，拖拖拽拽扯进去坐了。甜言美语，劝了几杯酒。初时还是勉强，以后吃得热闹，连王定也忘怀了，索性放落了心，且偷快乐。

正饮酒中间，听得传语公子叫王定。王定忙到书房，只见杯盘罗列，本司自有答应乐人，奏动乐器，公子开怀乐饮。王定走近身边，公子附耳低言："你到下处，取二百两银子，四匹尺头，再带散碎银二十两，到这里来。"王定道："三叔要这许多银子何用？"公子道："不要你闲管。"王定没奈何，只得来到下处，开了皮箱，取出五十两元宝四个，并尺头碎银，再到本司院说："三叔有了。"公子看也不看，都教送与鸨儿，说："银两尺头，权为令爱初会之礼。这二十两碎银，把做赏人杂用。"王定只道公子要讨那三姐回去，用许多银子。听说只当初会之礼，吓得舌头吐出三寸。却说鸨儿一见了许多东西，就叫丫头转过一张空桌。王定将银子、尺头，放在卓上。鸨儿假意谦让了一回，叫玉姐："我儿，拜谢了公子。"又说："今日是王公子，明日就是王姐夫了。"叫丫头收了礼物进去。"小女房中还备得有小酌，请公子开怀畅饮。"公子与玉姐肉手相携，

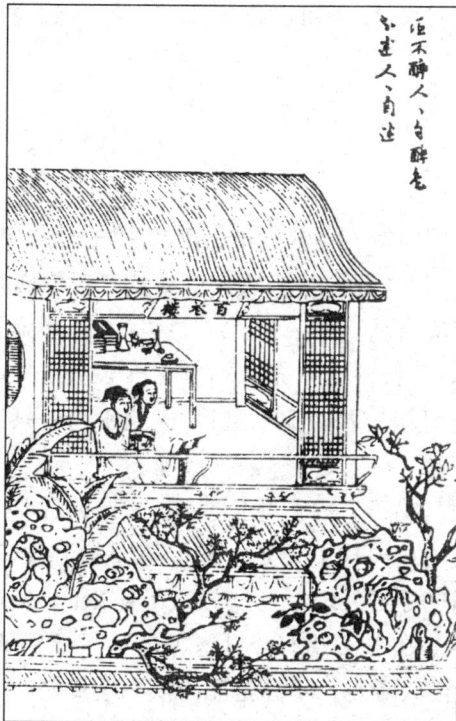

同至香房，只见围屏小桌，果品珍馐，俱已摆设完备。公子上坐，鸨儿自弹弦子，玉堂春清唱侑酒。弄得三官骨松筋痒，神荡魂迷。王定见天色晚了，不见三官动身，连催了几次。丫头受鸨儿之命，不与他传。王定又不得进房，等了一个黄昏，翠红要留他宿歇，王定不肯，自回下处去了。公子直饮到二鼓方散。玉堂春殷勤伏侍公子上床，解衣就寝，真个男贪女爱，倒凤颠鸾，彻夜交情。不在话下。

天明，鸨儿叫厨下摆酒煮汤，自进香房，追红讨喜，叫一声："王姐夫，可喜可喜！"丫头小厮都来磕头。公子吩咐王定每人赏银一两。翠香、翠红各赏衣服一套，折钗银三两。王定早晨本要来接公子回寓，见他撒漫使钱，有不然之色。公子暗想："在这奴才手里讨针线，好不爽利，索性将皮箱搬到院里，自家便当。"鸨儿见皮箱来了，愈加奉承。真个朝朝寒食，夜夜元宵。不觉住了一个多月。老鸨要生心科派，设一大席酒，搬戏演乐，专请三官、玉姐二人赴席。鸨子举杯敬公子说："王姐夫，我女儿与你成了夫妇，地久天长，凡家中事务，望乞扶持。"那三官心里只怕鸨子心里不自在，看那银子犹如粪土，凭老鸨说谎，欠下许多债负，都替他还。又打若干首饰酒器，做若干衣服，又许他改造房子。又造百花楼一座，与玉堂春做卧房，随其科派，件件许了。正是：

酒不醉人人自醉，色不迷人人自迷。

急得家人王定手足无措，三回五次，催他回去。三官初时含糊答应，以后逼急了，反将王定痛骂。王定没奈何，只得到求玉姐劝他。玉姐素知虔婆厉害，也来苦劝公子道："人无千日好，花有几日红！你一日无钱，他翻了脸来，就不认得你！"三官此时手内还有钱钞，哪里信他这话。王定暗想："心爱的人还不听他，我劝他则甚？"又想："老爷若知此事，如何了得！不如回家报与老爷知道，凭他怎么裁处，与我无干。"王定乃对三官说："我在北京无用，先回去吧！"三官正厌王定多管，巴不得他开身，说："王定，你去时，我与你十两盘费，你到家中禀老爷，只说账未完，三叔先使我来问安。"玉姐也送五两，鸨子也送五两。王定拜别三官而去。正是：

> 各人自扫门前雪，莫管他家瓦上霜。

且说三官被酒色迷住，不想回家。光阴似箭，不觉一年。亡八淫妇，终日科派。莫说上头、做生、讨粉头、买丫鬟，连亡八的寿圹都打得到。三官手内财空。亡八一见无钱，凡事疏淡，不照常答应奉承。又住了半月，一家大小作闹起来。老鸨对玉姐说："'有钱便是本司院，无钱便是养济院。'王公子没钱了，还留在此做甚？那曾见本司院举了节妇，你却呆守那穷鬼做甚！"玉姐听说，只当耳边之风。

一日，三官下楼往外去了，丫头来报与鸨子。鸨子叫玉堂春下来："我问你，几时打发王三起身？"玉姐见话不投机，复身向楼上便走。鸨子随即跟上楼来。说："奴才，不理我么？"玉姐说："你们这等没天理，王公子三万两银子，俱送在我家。若不是他时，我家东也欠债，西也欠债，焉有今日这等足用？"鸨子怒发，一头撞去，高叫："三儿打娘哩！"亡八听见，不分是非，便拿了皮鞭，赶上楼来，将玉姐撞跌在楼上，举鞭乱打。打得髻偏发乱，血泪交流。

且说三官在午门外，与朋友相叙，忽然面热肉颤，心下怀疑，即辞归，径走上百花楼。看见玉姐如此模样，心如刀割，慌忙抚摩，问其缘故。玉姐睁开双眼，看见三官，强把精神挣着说："俺的家务事，与你无干。"三官说："冤家，你为我受打，还说无干？明日辞去，免得累你受苦。"玉姐说："哥哥，当初劝你回去，你却不依我。如今孤身在此，盘缠又无，三千余里，怎生去得？我如何放得心！你若不能还乡，流落在外，又不如忍气，且住几日。"三官听说，闷倒在地。玉姐近前抱住公子，说："哥哥，你今后休要下楼去，看那亡八、淫妇怎么样行来？"三官说："欲待回家，难见父母兄嫂；待不去，又受不得亡八冷言热语。我又舍不得你，待住，那亡八、淫妇只管打你。"玉姐说："哥哥，打不打你休管他，我与你是从小的儿女夫妻，你岂可一旦别了我！"

看看天色又晚，房中往常时丫头秉灯上来，今日火也不与了。玉姐见三官痛伤，用手扯到床上睡了，一递一声长吁短气。三官与玉姐说："不如我去吧，再接有钱的客官，省你受气。"玉姐说："哥哥，那亡八、淫妇，任他打我，你好歹休要起身，哥哥在时，奴命在，你真个要去，我只一死。"二人直哭到天明。起来，无人与他碗水。玉姐叫丫头："拿钟茶来与你姐夫吃！"鸨子听见，高声大骂："大胆奴才，少打。叫小三自家来取！"那丫头、小厮都不敢来。玉姐无奈，只得自己下楼，到厨下盛碗饭，泪滴滴自拿上楼去，说："哥哥，你吃饭来。"公子才要呼，又听得下边骂；待不吃，玉姐又劝。公子方才吃得一口，那淫妇在楼下说："小三，大胆奴才，那有'巧媳妇做出无米粥'？"三官分明听得他话，只索隐忍。正是：

> 囊中有物精神旺，手内无钱面目惭。

却说亡八恼恨玉姐，待要打他，倘或打伤了，难教他挣钱；待不打他，他又恋着王小三。十分逼的小三极了，他是个酒色迷了的人，一时他寻个自尽，倘或尚书老爷差人来接，那时把泥做也不干。左思右算，无计可施。鸨子说："我自有妙法，叫他离咱门去。明日是你妹子生日，如此如此，唤作'倒房计'。"亡八说："倒也好。"鸨子叫丫头楼上问："姐夫吃了饭还没有？"鸨子上楼来说："休怪！俺家务事，与姐夫不相干。"又照常摆上了酒。吃酒中间，老鸨忙陪笑道："三姐，明日是你姑娘生日，你可禀王姐夫，封上人情，送去与他。"玉姐当晚封下礼物。

第二日清晨，老鸨说："王姐夫早起来，趁凉可送人情到姑娘家去。"大小都离司院，将半里，老鸨故意吃一惊，说："王姐夫，我忘了锁门，你回去把门锁上。"公子不知鸨子用计，回来锁门。不题。且说亡八从那小巷转过来。叫："三姐，头上吊了簪子。"哄的玉姐回头，那亡八把头口打了两鞭，顺小巷流水出城去了。

三官回院，锁了房门，忙往外赶看，不见玉姐，遇着一伙人，公子躬身便问："列位曾见一起男女，往哪里去了？"那伙人不是好人，却是短路的。见三官衣服齐整，心生一计，说："才往芦苇西边去了。"三官说："多谢列位。"公子往芦苇里就走。这人哄的三官往芦苇里去了，则忙走在前面等着。三官至近，跳起来喝一声，却去扯住三官，齐下手剥去衣服帽子，拿绳子捆在地上。三官手足难挣，昏昏沉沉，捱到天明，还只想了玉堂春，说："姐姐，你不知在何处去，那知我在此受苦！"不说公子有难，且说亡八淫妇拐着玉姐，一日走了一百二十里地，野店安下。玉姐明知中了亡八之计，路上牵挂三官，泪不停滴。

再说三官在芦苇里，口口声声叫救命。许多乡老近前看见，把公子解了绳子。就问："你是哪里人？"三官害羞，不说是公子，也不说嫖玉堂春。浑身上下又无衣服，眼中吊泪说："列位大叔，小人是河南人，来此小买卖，不幸遇着歹人，将一身衣服尽剥去了，盘费一文也无。"众人见公子年少，舍了几件衣服与他，又与了他一顶帽子。三官谢了众人，拾起破衣穿了，拿破帽子戴了。又不见玉姐，又没了一个钱，还进北京来，顺着房檐，低着头，从早至黑，水也没得口。三官饿的眼黄，到天晚寻宿，又没人家下他，有人说："想你这个模样子，谁家下你？你如今可到总铺门口去，有觅人打梆子，早晚勤谨，可以度日。"三官径至总铺门首，只见一个地方来雇人打更。三官向前叫："大叔，我打头更。"地方便问："你姓什么？"公子说："我是王小三。"地方说："你打二更吧！失了更，短了筹，不与你钱，还要打哩！"三官是个自在惯了的人，贪睡了，晚间把更失了。地方骂："小三，你这狗骨头，也没造化吃这自在饭，快着走！"三官自思无路，乃到孤老院里去存身。正是：

　　一般院子里，苦乐不相同。

却说那亡八鸨子，说："咱来了一个月，想那王三必回家去了，咱们回去吧。"收拾行李，回到本司院。只有玉姐每日思想公子，寝食俱废。鸨子上楼来，苦苦劝说："我的儿，那王三已是往家去了，你还想他怎么？北京城内多少王孙公子，你只是想着王三不接客，你可知道我的性子，自讨分晓！我再不说你了。"说罢自去了。玉姐泪如雨滴，想王顺卿手内无半文钱，不知怎生去了？"你要去时，也通个信息，免使我苏三常常挂牵。不知何日再得与你相见？"

不说玉姐想公子。且说公子在北京院讨饭度日。北京大街上，有个高手王银匠，曾在王尚书处打过酒器。公子在虔婆家打首饰物件，都用着他。一日往孤老院过，忽然看见公子，唬了一跳。上前扯住，叫："三叔，你怎么这等模样？"三官从头说了一遍。王银匠说："自古狠心亡八！三叔，你今到寒家，清茶淡饭，暂住几日，等你老爷使人来接你。"三官听说大喜，跟随至王匠家中。王匠敬他是尚书公子，尽礼管待，也住了半月有余。他媳妇子见短，不见尚书家来接，只道丈夫说谎，乘着丈夫上街，便发说话："自家一窝子男女，那有闲饭养他人！好意留吃几日，各人要自达时务，终不然在此养老送终！"三官受气不过，低着头，顺着房檐往外，出来信步而行。走至关王庙，猛省关圣最灵，何不诉他？乃进庙，跪于神前，诉以亡八鸨儿负心之事。拜祷良久，起来闲看两廊画的三国功劳。

却说庙门外街上，有一个小伙儿叫云："本京瓜子，一分一桶；高邮鸭蛋，半分一个。"此人是谁？是卖瓜子的金哥。金哥说道："原来是年景消疏，买卖不济。当时本司院有王三叔在时，一时照顾二百钱瓜子，转的来，我父母吃不了。自从三叔回家去了，如今谁买这物？二三日不曾发市，怎么过？我到庙里歇歇再走。"金哥进庙里来，把盘子放在供卓上，跪下磕头。三官却认得是金哥，无颜见他，双手掩面坐于门限侧边。金哥磕了头，起来，也来门限上坐下。三官只道金哥出庙去了。放下手来，却被金哥认出说："三叔！你怎么在这里？"三官含羞带泪，将前事道了一遍。金哥说："三叔休哭，我请你吃些饭。"三官说："我得了饭。"金哥又问："你这两日，没见你三婶来？"三官说："久不相见了！金哥，我烦你到本司院密密的与三婶说，我如今这等穷，看他怎么说？回来复我。"金哥应允，端起盘，往外就走。三官又说："你到那里看风色，他若想我，你便题我在这里如此；若无真心疼我，你便休话，也来回我。他这人家有钱的另一样待，无钱的另一样待。"金哥说："我知道。"辞了三官，往院里来，在于楼外边立着。

说那玉姐手托香腮，将汗巾拭泪，声声只叫："王顺卿，我的哥哥！你不知在哪里去了？"金哥说："呀！真个想三叔哩。"咳嗽一声，玉姐听见，问："外边是谁？"金哥上楼来，说："是我。我来买瓜子，与你老人家磕哩！"玉姐眼中吊泪。说："金哥，纵有羊羔美酒，吃不下，那有心绪磕瓜仁？"金哥说："三婶，你这两日怎么淡了？"玉姐不理。金哥又问："你想三叔，还想谁？你对我说，我与你接去。"玉姐说："我自三叔去后，朝朝思想，哪里又有谁来？我曾记得一辈古人。"金哥说："是谁？"玉姐说："昔有个亚仙女，郑元和为他黄金使尽，去打'莲花落'。后来收心勤读诗书，一举成名。那亚仙风月场中显大名。我常怀亚仙之心，怎得三叔他像郑元和方好。"

金哥听说，口中不语，心内自思："王三到也与郑元和相像了，虽不打'莲花落'，也在孤老院讨饭吃。"金哥乃低低把三婶叫了一声，说："三叔如今在庙中安歇，叫我密密的报与你，济他些盘费，好上南京。"玉姐唬了一惊："金哥休要哄我。"金哥说："三婶，你不信，跟我到庙中看看去。"玉姐说："这里到庙中有多少远？"金哥说："这里到庙中有三里地。"玉姐说："怎么敢去？"又问："三叔还有甚话？"金哥说："只是少银子钱使用，并没甚话。"玉姐说："你去对三叔说：'十五日在庙里等我。'"金哥去庙里回复三官，就送三官到王匠家中："倘若他家不留你，就到我家里去。"幸得王匠回家，又留住了公子不题。

却说老鸨又问："三姐，你这两日不吃饭，还是想着王三哩！你想他，他不想你，我儿好痴，我与你寻个比王三强的，你也新鲜些。"玉姐说："娘，我心里一件事，不得停当。"鸨子说："你有什么事？"玉姐说："我当初要王三的银子，黑夜与他说话，指着城隍爷爷说誓，如今等我还了愿，就接别人。"老鸨问：

国学经典文库

中国二十大名著

警世通言

图文珍藏版

"几时去还愿?"玉姐道:"十五日去吧。"老鸨甚喜。预先备下香烛纸马。等到十五日,天未明,就叫丫头起来:"你与姐姐烧下水洗脸。"玉姐也怀心,起来梳洗,收拾私房银两,并钗钏首饰之类,叫丫头拿着纸马,径往城隍庙里去。进的庙来,天还未明,不见三官在那里。那晓得三官,却躲在东廊下相等。先已看见玉姐,咳嗽一声。玉姐就知,叫丫头烧了纸马:"你先去,我两边看看十帝阁君。"玉姐叫了丫头转身,径来东廊下寻三官。三官见了玉姐,羞面通红。玉姐叫声:"哥哥王顺卿,怎么这等模样?"两下抱头而哭。玉姐将所带有二百两银子东西,付与三官,叫他置办衣帽买骡子,再到院里来:"你只说是从南京才到,休负奴言。"二人含泪各别。

玉姐回至家中,鸨子见了,欣喜不胜。说:"我儿还了愿了?"玉姐说:"我还了旧愿,发下新愿。"鸨子说:"我儿,你发下什么新愿?"玉姐说:"我要再接王三,把咱一家子死的灭门绝户,天火烧了。"鸨子说:"我儿这愿,忒发得重了些。"从此欢天喜地。不题。

且说三官回到王匠家,将二百两东西,递与王匠,王匠大喜。随即到了市上,买了一身衲帛衣服,粉底皂靴,绒袜,瓦楞帽子,青丝绦,真川扇,皮箱骡马,办得齐整。把砖头瓦片,用布包裹,假充银两,放在皮箱里面,收拾打扮停当。雇了两个小厮,跟随就要起身。王匠说:"三叔,略停片时,小子置一杯酒饯行。"公子说:"不劳如此,多蒙厚爱,异日须来报恩!"三官遂上马而去。

> 妆成圈套入胡同,鸨子焉能不强从。
> 亏杀玉堂垂念永,固知红粉亦英雄。

却说公子辞了王匠夫妇,径至春院门首。只见几个小乐工,都在门首说话。忽然看见三官气象一新,唬了一跳。飞风报与老鸨。老鸨听说,半晌不言:"这等事怎么处? 向日三姐说:他是宦家公子,金银无数,我却不信,逐他出门去了。今日到带有金银,好不惶恐人也!"左思右想,老着脸走出来见了三官,说:"姐夫从何而至?"一手扯住马头。公子下马唱了半个喏,就要行,说:"我伙计都在船中等我。"老鸨陪笑道:"姐夫,好狠心也! 就是寺破僧丑,也看佛面,纵然要去,你也看看玉堂春。"公子道:"向日那几两银子值甚的? 学生岂肯放在心上! 我今皮箱内,见有五万银子。还有几船货物,伙计也有数十人,有王定看守在那里。"鸨子一发不肯放手了。公子恐怕掣脱了,将机就机,进到院门坐下。鸨儿吩咐厨下,忙摆酒席接风。三官茶罢,就要走,故意攞出两定银子来,都是五两头细丝。三官检起,袖而藏之。鸨子又说:"我到了姑娘家,酒也不曾吃,就问你,说你往东去了,寻不见你,寻了一个多月,俺才回家。"公子乘机便说："亏你好心，我那时也寻不见你。王定来接我，我就回家去了。我心上也欠挂着玉姐，所以急急而来。"老鸨忙叫丫头去报玉堂春。

丫头一路笑上楼来，玉姐已知公子到了，故意说："奴才，笑什么？"丫头说："王姐夫又来了。"玉姐故意唬了一跳，说："你不要哄我！"不肯下楼。老鸨慌忙自来。玉姐故意回脸往里睡。鸨子说："我的亲儿！王姐夫来了，你不知道么？"玉姐也不语，连问了四五声，只不答应。这一时待要骂，又用着他。扯一把椅子拿过来，一直坐下，长吁了一声气。玉姐见他这模样，故意回过头起来，双膝跪在楼上，说："妈妈！今日饶我这顿打。"老鸨忙扯起来说："我儿！你还不知道王姐夫又来了。拿有五万两花银，船上又有货物并伙计数十人，比前加倍。你可去见他，好心奉承。"玉姐道："发下新愿了，我不去接他。"鸨子道："我儿！发愿只当取笑。"一手挽玉姐下楼来，半路就叫："王姐夫，三姐来了。"三官见了玉姐，冷冷的作了一揖，全不温存。老鸨便叫丫头摆桌，取酒斟上一钟，深深万福，递与王姐夫："权当老身不是，可念三姐之情，休走别家，教人笑话。"三官微微冷笑，叫声："妈妈，还是我的不是。"老鸨殷勤劝酒，公子吃了几杯，叫声多扰，抽身就走。翠红一把扯住，叫："玉姐，与俺姐夫陪个笑脸！"老鸨说："王姐夫，你忒做绝了。丫头把门顶了，休放你姐人出去！"叫丫头把那行李抬在百花楼去。就在楼下重设酒席，笙琴细乐，又来奉承。吃了半更，老鸨说："我去了，让你夫妻二人叙话。"三官、玉姐正中其意，携手登楼。

> 如同久旱逢甘雨，好似他乡遇故知。

二人一晚叙话，正是：欢娱嫌夜短，寂寞恨更长。不觉鼓打四更，公子爬将起来，说："姐姐，我走吧。"玉姐说："哥哥，我本欲留你多住几日，只是留君千日，终须一别。今番作急回家，再休惹闲花野草。见了二亲，用意攻书，倘或成名，也争得这一口气！"玉姐难舍王公子，公子留恋玉堂春。玉姐说："哥哥，你到家，只怕娶了家小不念我。"三官说："我怕你在北京另接一人，我再来也无益了。"玉姐说："你指着圣贤爷说了誓愿。"两人双膝跪下。公子说："我若南京再娶家小，五黄六月，害病死了我！"玉姐说："苏三再若接别人，铁锁长枷，永不出世！"就将镜子拆开，各执一半，日后为记。玉姐说："你败了三万两银子，空手而回，我将金银首饰器皿，都与你拿去吧！"三官说："亡八、淫妇知道时，你怎打发他？"玉姐说："你莫管我，我自有主意。"玉姐收拾完备，轻轻的开了楼门，送公子出去了。

天明，鸨儿起来，叫丫头烧下洗脸水，承下净口茶："看你姐夫醒了时，送上楼去，问他要吃什么？我好做去。若是还睡，休惊醒他。"丫头走上楼去，见摆设的器皿都没了，梳妆匣也出空了，撇在一边。揭开帐子，床上空了半边。跑下楼，叫："妈妈，罢了！"鸨子说："奴才，慌什么？惊着你姐夫。"丫头说："还有什么姐夫？不知哪里去了。俺姐姐回脸往里睡着。"老鸨听说大惊，看小厮骡脚都去了。连忙走上楼来，喜得皮箱还在。打开看时，都是个砖头瓦片。鸨儿便骂："奴才，王三哪里去了？我就打死你！为何金银器皿他都偷去了？"玉姐说："我发过新愿了，今番不是我接他来的。"鸨子说："你两个昨晚说了一夜说话，一定晓得他去处。"亡八就去取皮鞭。玉姐拿个首帕，将头扎了，口里说："待我寻王三还你。"忙下楼来，往外就走。鸨子，乐工，恐怕走了，随后赶来。

玉姐行至大街上，高声叫屈："图财杀命！"只见地方都来了。鸨子说："奴才，他到把我金银首饰尽情拐去，你还放刁！"亡八说："由他，咱到家里算账。"玉姐说："不要说嘴，咱往哪里去？那是我家？我同你到刑部堂上讲讲，怎家里是公侯宰相、朝郎驸马！你哪里的金银器皿，万物要平个理。一个行院人家，至轻至贱，那有什么大头面，戴往哪里去坐席？王尚书公子在我家，费了三万银子，谁不知道他去了就开手。你昨日见他有了银子，又去哄到家里，图谋了他行李，不知将他下落在何处？列位做个证见。"说得鸨子无言可答。亡八说："你叫王三拐去我的东西，你反来图赖我。"玉姐舍命就骂："亡八、淫妇，你图财杀人，还要说嘴？见今皮箱都打开在你家里，银子都拿去了，那王三官不是你谋杀了，是那个？"鸨子说："他哪里有什么银子？都是砖头瓦片哄人。"玉姐说："你亲口说带有五万银子，如何今日又说没有？"两下厮闹。众人晓得三官败过三万银子是真，谋命的事未必，都将好言劝解。玉姐说："列位，你既劝我不要到官，也得我骂他几句，出这口气。"众人说："凭你骂吧！"玉姐骂道：

> "你这王八是喂不饱的狗，鸨子是填不满的坑。不肯思量做生理，只是排局骗别人。奉承尽是天罗网，说话皆是陷人坑。只图你家长兴旺，那管他人贫不贫！八百好钱买了我，与你挣了多少银。我父叫作周彦亨，大同城里有名人。买良为贱该甚罪，兴贩人口问充军。哄诱良家子弟犹自可，图财杀命罪非轻！你一家万分无天理，我且说你两三分。"

众人说："玉姐，骂得够了。"鸨子说："让你骂许多时，如今该回去了。"玉姐说："要我回去，须立个文书执照与我。"众人说："文书如何写？"玉姐说："要写'不合买良为娼，及图财杀命'等话。"亡八哪里肯写。玉姐又叫起屈来。众人说："买良为娼，也是门户常事，那人命事不的实，却难招认。我们只主张写个赎身文书与你吧！"亡八还不肯。众人说："你莫说别项，只王公子三万银子，也够买三百个粉头了。玉姐左右心不向你了，舍了他吧！"众人都到酒店里面，讨了一张绵纸，一人念，一人写，只要亡八、鸨子押花。玉姐道："若写得不公道，我就扯碎了。"众人道："还你停当。"写道：

> 立文书本司乐户苏淮，同妻一秤金，向将钱八百文，讨大同府人周彦亨女玉堂春在家，本望接客靠老，奈女不愿为娼。

写到"不愿为娼"，玉姐说："这句就是了。须要写收过王公子财礼银三万两。"亡八道："三儿，你也拿些公道出来，这一年多费用去了，难道也算？"众人道："只写二万罢。"又写道：

> 有南京公子王顺卿，与女相爱，淮得过银二万两，凭众议作赎身财礼。今后听凭玉堂春嫁人，并与本户无干。立此为照。

后写"正德年月日，立文书乐户苏淮同妻一秤金"。见人有十余人，众人先押了花。苏淮只得也押了，一秤金也画个'十'字。玉姐收讫。又说："列位老爹！我还有一件事，要先讲个明。"众人曰："又是甚事？"玉姐曰："那百花楼，原是王公子盖的，拨与我住。丫头原是公子买的，要叫两个来伏侍我。以后米面、柴薪、菜蔬等项，须是一一供给，不许揸勒短少，直待我嫁人方止。"众人说："这事都依着你。"玉姐辞谢先回，亡八又请众人吃过酒饭方散。正是：

> 周郎妙计高天下，赔了夫人又折兵。

话说公子在路，夜住晓行，不数日，来到金陵自家门首下马。王定看见，唬了一惊。上前把马扯住，进的里面。三官坐下，王定一家拜见了。三官就问："我老爷安么？"王定说："安。""大叔、二叔、姑爷、姑娘何如？"王定说："俱安。"又问："你听得老爷说我家来，他要怎么处？"王定不言，长吁一口气，只看看天。三官就知其意："你不言语，想是老爷要打死我。"王定说："三叔，老爷誓不留你。今番不要见老爷了，私去看看老奶奶和姐姐、兄嫂，讨些盘费，他方去安身罢！"公子又问："老爷这二年，与何人相厚？央他来与我说个人情。"王定说："无人敢说。只除是姑娘、姑爹，意思间稍题题，也不敢直说。"三官道："王定，你去请姑爹来，我与他讲这件事。"

王定即时去请刘斋长、何上舍到来。叙礼毕，何、刘二位说："三舅，你在此，等俺两个与咱爷讲过，使人来叫你，若不依时，捎信与你，作速逃命。"二人说罢，竟往潭府来见了王尚书。坐下，茶罢，王爷问何上舍："田庄好么？"

上舍答道:"好。"王爷又问刘斋长:"学业何如?"答说:"不敢。连日有事,不得读书。"王爷笑道:"'读书过万卷,下笔如有神'。秀才将何为本?'家无读书子,官从何处来'?今后须宜勤学,不可将光阴错过。"刘斋长唯唯谢教。何上舍问:"客位前这墙,几时筑的?一向不见。"王爷笑曰:"我年大了,无多田产,日后恐怕大的二的争竞,预先分为两分。"二人笑说:"三分家事,如何只做两分?三官回来,叫他哪里住?"王爷闻说,心中大恼:"老夫平生两个小儿,哪里又有第三个?"二人齐声叫:"爷,你如何不疼三官王景隆?当初还是爷不是,托他在北京讨账,无有一个去接寻。休说三官十六七岁,北京是花柳之所,就是久惯江湖,也迷了心。"二人双膝跪下,吊下泪来。王爷说:"没下稍的狗畜生,不知死在哪里了!再休题起了。"

正说间,二位姑娘也到。众人都知三官到家,只哄着王爷一人。王爷说:"今日不请都来,想必有甚事情?"即叫家奴摆酒。何静庵欠身打一躬曰:"你闺女昨晚作一梦,梦三官王景隆身上褴缕,叫他姐姐救他性命。三更鼓做了这个梦,半夜捶床捣枕哭到天明,埋怨着我不接三官,今日特来问问三舅的信音。"刘心斋亦说:"自三舅三京,我夫妇日夜不安,今我与姨夫凑些盘费,明日起身去接他回来。"王爷含泪道:"贤婿,家中还有两个儿子,无他又待怎生?"何、刘二人往外就走。王爷向前扯住问:"贤婿何故起身?"二人说:"爷撒手,你家亲生子还是如此,何况我女婿也?"大小儿女放声大哭,两个哥哥一齐下跪,女婿也跪在地上;奶奶在后边吊下泪来。引得王爷心动,亦哭起来。

王定跑出来说:"三叔,如今老爷在那里哭你,你好过去见老爷,不要待等恼了。"王定推着公子进前厅跪下说:"爹爹!不孝儿王景隆今日回了。"那王爷两手擦了泪眼,说:"那无耻畜生,不知死的往那里去了。北京城街上最多游食光棍,偶与畜生面庞厮像,假充畜生来家,哄骗我财物,可叫小厮拿送三法司问罪!"那公子往外就走。二位姐姐赶至二门首,拦住说:"短命的,你待往哪里去?"三官说:"二位姐姐,开放条路,与我逃命吧!"二位姐姐不肯撒手,推至前来,双膝跪下。两个姐姐手指说:"短命的!娘为你痛得肝肠碎,一家大小为你哭得眼花,那个不牵挂!"众人哭在伤情处,王爷一声,喝住众人不要哭,说:"我依着二位姐夫,收了这畜生,可叫我怎么处他?"众人说:"消消气再处。"王爷摇头。奶奶说:"凭我打吧。"王爷说:"可打多少?"众人说:"任爷爷打多少。"王爷道:"须依我说,不可阻我,要打一百。"大姐、二姐跪下说:"爹爹严命,不敢阻当,容你儿待替吧。"大哥、二哥每人替上二十,大姐、二姐每人亦替二十。王爷说:"打他二十。"大姐二姐说:"叫他姐夫也替他二十。只看他这等黄瘦,一棍打在哪里?等他膘满肉肥,那时打他不迟。"王爷笑道:"我儿,你也说得是。想这畜生,天理已绝,良心已丧,打他何益?我问你:'家无生活计，不怕斗量金。'我如今又不做官了，无处挣钱，作何生意，以为糊口之计？要做买卖，我又无本钱与你。二位姐夫，问他那银子还有多少？"何、刘便问三舅："银子还有多少？"

王定抬过皮箱打开，尽是金银首饰器皿等物。王爷大怒，骂："狗畜生！你在哪里偷的这东西？快写首状，休要玷辱了门庭。"三官高叫："爹爹息怒，听不肖儿一言。"遂将初遇玉堂春，后来被鸨儿如何哄骗尽了，如何亏了王银匠收留，又亏了金哥报信，"玉堂春私将银两赠我回乡，这些首饰器皿，皆玉堂春所赠"，备细述了一遍。王爷听说骂道："无耻狗畜生！自家三万银子都花了，却要娼妇的东西，可不羞杀了人。"三官说："儿不曾强要他的，是他情愿与我的。"王爷说："这也罢了，看你姐夫面上，与你一个庄子，你自去耕地布种。"公子不言。王爷怒道："王景隆，你不言怎么说？"公子说："这事不是孩儿做的。"王爷说："这事不是你做的。你还去嫖院吧！"三官说："儿要读书。"王爷笑曰："你已放荡了，心猿意马，读什么书？"公子说："孩儿此回笃志，用心读书。"王爷说："既知读书好，缘何这等胡为？"何静庵立起身来说："三舅受了艰难苦楚，这下来改过迁善，料想要用心读书。"王爷说："就依你众人说，送他到书房里去，叫两个小厮去伏侍他。"即时就叫小厮，送三官往书院里去。两个姐夫又来说："三舅久别，望老爷留住他，与小婿共饮则可。"王爷说："贤婿，你如此乃非教子之方，休要纵他。"二人道："老爷言之最善。"于是翁婿大家痛饮，尽醉方归。这一出父子相会。分明是：

> 月被云遮重露彩，花遭霜打又逢春。

却说公子进了书院，清清独坐，又见满架诗书，笔山砚海，叹道："书呵！相别日久，且是生涩。欲待不看，焉得一举成名，却不辜负了玉姐言语？欲待读书，心猿放荡，意马难收。"公子寻思一会，拿着书来读了一会。心下只是想着玉堂春。忽然鼻闻甚气，耳闻甚声，乃问书童道："你闻这书里什么气？听听什么响？"书童说："三叔，俱没有。"公子道："没有？呀，原来鼻闻乃是脂粉气，耳听即是筝板声。"公子一时思想起来："玉姐当初嘱咐我，是什么话来？叫我用心读书。我如今未曾读书，心意还丢他不下，坐不安，寝不宁，茶不思，饭不想，梳洗无心，神思恍忽。"公子自思："可怎么处他？"走出门来，只见大门上挂着一联对子："'十年受尽窗前苦，一举成名天下闻'，这是我公公作下的对联。他中举会试，官至侍郎。后来咱爹爹在此读书，官到尚书。我今在此读书，亦要攀龙附凤，以继前人之志。"又见二门上有一联对子："不受苦中苦，难为人上人。"公子急回书房，心中回转，发志勤学。

一日，书房无火，书童往外取火。王爷正坐，叫书童。书童近前跪下。王爷便问："三叔这一会用功不曾？"书童说："禀老爷得知，我三叔先时通不读书，胡思乱想，体瘦如柴。这半年整日读书，晚上读至三更方才睡，五更就起，直至饭后，方才梳洗。口虽吃饭，眼不离书。"王爷道："奴才！你好说谎，我亲自去看他。"书童叫："三叔，老爷来了。"公子从从容容迎接父亲。王爷暗喜，观他行步安详，可以见他学问。王爷正面坐下，公子拜见。王爷曰："我限的书，你看了不曾？我出的题，你做了多少？"公子说："爹爹严命，限儿的书都看了，题目都做完了，但有余力旁观子史。"王爷说："拿文字来我看。"公子取出文字。王爷看他所作文课，一篇强如一篇，心中甚喜，叫："景隆，去应个儒士科举吧！"公子说："儿读了几日书，敢望中举？"王爷说："一遭中了虽多，两遭中了甚广。出去观观场，下科好中。"王爷就写书与提学察院，许公子科举。竟到八月初九日，进过头场，写出文字与父亲看。王爷喜道："这七篇，中有何难？"到二场三场俱完，王爷又看他后场，喜道："不在散举，决是魁解。"

话分两头。却说玉姐自上了百花楼，从不下梯。是日闷倦，叫丫头："拿棋子过来，我与你下盘棋。"丫头说："我不会下。"玉姐说："你会打双陆么？"丫头说："也不会。"玉姐将棋盘、双陆，一皆撤在楼板上。丫头见玉姐眼中吊泪，即忙掇过饭来，说："姐姐，自从昨晚没用饭，你吃个点心。"玉姐拿过分为两半，右手拿一块吃，左手拿一块与公子。丫头欲接又不敢接。玉姐猛然睁眼见不是公子，将那一块点心掉在楼板上。丫头又忙掇过一碗汤来，说："饭干燥，吃些汤吧！"玉姐刚呷得一口，泪如涌泉，放下了，问："外边是甚么响？"丫头说："今日中秋佳节，人人玩月，处处笙歌，俺家翠香、翠红姐都有客哩！"玉姐听说，口虽不言，心中自思："哥哥今已去了一年了。"叫丫头拿过镜子来照了一照，猛然唬了一跳："如何瘦的我这模样？"把那镜丢在床上，长吁短叹，走至楼门前，叫丫头："拿椅子过来，我在这里坐一坐。"坐了多时，只见明月高升，谯楼鼓转，玉姐叫丫头："你可收拾香烛过来，今日八月十五日，乃是你姐夫进三场日子，我烧一炷香保佑他。"玉姐下楼来，当天井跪下，说："天地神明，今日八月十五日，我哥王景隆进了三场，愿他早占鳌头，名扬四海。"祝罢，深深拜了四拜。有诗为证：

> 对月烧香祷告天，何时得泄腹中冤。
> 王郎有日登金榜，不枉今生结好缘。

却说西楼上有个客人，乃山西平阳府洪同县人。拿有整万银子，来北京贩马。这人姓沈名洪，因闻玉堂春大名，特来相访。老鸨见他有钱，把翠香打扮当作玉姐。相交数日，沈洪方知不是，苦求一见。是夜丫头下楼取火，与玉姐烧香。小翠红忍不住多嘴，就说了："沈姐夫，你每日间想玉姐，今夜下楼，在天井内烧香，我和你悄悄地张他。"沈洪将三钱银子买嘱了丫头，悄然跟到楼下，月明中，看得仔细。等他拜罢，趋出唱喏。玉姐大惊，问："是甚么人？"答道："在下是山西沈洪，有数万本钱，在此贩马，久慕玉姐大名，未得面睹。今日得见，如拨云雾见青天，望玉姐不弃，同到西楼一会。"玉姐怒道："我与你素不相识，今当贪夜，何故自夸财势，妄生事端？"沈洪又哀告道："王三官也只是个人，我也是个人，他有钱，我亦有钱，那些儿强似我？"说罢，就上前要搂抱玉姐。被玉姐照脸啐一口，急急上楼关了门，骂丫头："好大胆，如何放这野狗进来？"沈洪没意思自去了。玉姐思想起来："分明是小翠香、小翠红这两个奴才报他。"又骂："小淫妇，小贱人，你接着得意孤老也好了，怎该来罗唣我？"骂了一顿，放声悲哭："但得我哥哥在时，那个奴才敢调戏我！"又气又苦，越想越毒。正是：

可人去后无日见，俗子来时不待招。

却说三官在南京乡试终场，闲坐无事。每日只想玉姐。南京一般也有本司院，公子再不去走。到了二十九开榜之日，公子想到三更以后，方才睡着。外边报喜的说："王景隆中了第四名。"三官梦中闻信，起来梳洗，扬鞭上马，前拥后簇，去赴鹿鸣宴。父母兄嫂，姐夫姐姐，喜做一团，连日做庆贺筵席。公子谢了主考，辞了提学。坟前祭扫了。起了文书，"禀父母得知，儿要早些赴京，到僻静去处安下，看书数月，好入会试。"父母明知公子本意牵挂玉堂春，中了举，只得依从。叫大哥二哥来，"景隆赴京会试，昨日祭扫，有多少人情？"大哥说："不过三百余两。"王爷道："那只够他人情的，分外再与他一二百两拿去。"二哥说："禀上爹爹，用不得许多银子。"王爷说："你那知道，我那同年门生，在京颇多，往返交接，非钱不行。等他手中宽裕，读书也有兴。"叫景隆收拾行装，有知心同年，约上两三位。吩咐家人，到张先生家看了良辰。公子恨不的一时就到北京，邀了几个朋友，雇了一只船，即时拜了父母，辞别兄嫂。两个姐夫，邀亲朋至十里长亭，酌酒作别。公子上的船来，手舞足蹈，莫知所之。众人不解其意，他心里只想着三姐玉堂春。不则一日，到了济宁府，舍舟起岸。不在话下。

再说沈洪自从中秋夜见了玉姐，到如今朝思暮想，废寝忘餐，叫声："二位贤姐，只为这冤家害的我一丝两气，七颠八倒，望二位可怜我孤身在外，举眼无亲，替我劝化玉姐，叫他相会一面，虽死在九泉之下，也不敢忘了二位活命之恩。"说罢，双膝跪下。翠香、翠红说："沈姐夫，你且起来，我们也不敢和他说这话。你不见中秋夜，骂的我们不耐烦。等俺妈妈来，你央浼他。"沈洪说："二位贤姐，替我请出妈妈来。"翠香姐说："你跪着我，再磕一百二十个大响头。"沈洪慌忙跪下磕头。翠香即时就去，将沈洪说的言语述与老鸨。老鸨到西楼，见了沈洪，问："沈姐夫唤老身何事？"沈洪说："别无他事，只为不得玉堂春到手。你若帮衬我成就了此事，休说金银，便是杀身难报。"老鸨听说，口内不言，心中自思："我如今若许了他，倘三儿不肯，教我如何？若不许他，怎哄出他的银子？"沈洪见老鸨踌躇不语，便看翠红。翠红丢了一个眼色，走下楼来，洪即跟他下去。翠红说："常言'姐爱俏，鸨爱钞。'你多拿些银子出来打动他，不愁他不用心。他是使大钱的人，若少了，他不放在眼里。"沈洪说："要多少？"翠香说："不要少了！就把一千两与他，方才成得此事。"也是沈洪命运该败，浑如鬼迷一般，即依着翠香，就拿一千两银子来，叫："妈妈，财礼在此。"老鸨说："这银子，老身权收下，你却不要性急。待老身慢慢的偎他。"沈洪拜谢说："小子悬悬而望。"正是：

> 请下烟花诸葛亮，欲图风月玉堂春。

且说十三省乡试榜，都到午门外张挂，王银匠邀金哥说："王三官不知中了不曾？"两个跑在午门外南直隶榜下，看解元是《书经》，往下第四个乃王景隆。王匠说："金哥好了，三叔已中在第四名。"金哥道："你看看的确，怕你认不得字。"王匠说："你说话好欺人，我读书读到《孟子》，难道这三个字也认不得？随你叫谁看！"金哥听说大喜。二人买了一本乡试录，走到本司院里，去报玉堂春说："三叔中了。"玉姐叫丫头将试录拿上楼来，展开看了，上刊"第四名王景隆"，注明"应天府儒士，《礼记》"。玉姐步出楼门，叫丫头忙排香案，拜谢天地。起来先把王匠谢了，转身又谢金哥。唬得亡八、鸨子魂不在体，商议说："王三中了举，不久到京，白白地要了玉堂春去，可不人财两失？三儿向他孤老，决没甚好言语，搬斗是非，教他报往日之仇，此事如何了？"鸨子说："不若先下手为强。"亡八说："怎么样下手？"老鸨说："咱已收了沈官人一千两银子，如今再要了他一千，贱些价钱卖与他罢。"亡八道："三儿不肯如何？"鸨子说："明日杀猪宰羊，买一桌纸钱，假说东岳庙看会，烧了纸，说了誓，合家从良，再不在烟花巷里。小三若闻知从良一节，必然也要往岳庙烧香。叫沈官人先安轿子，径抬往山西去。公子那时才来，不见他的情人，心下就冷了。"亡八说："此计大妙。"即时暗暗地与沈洪商议，又要了他一千银子。

次早，丫头报与玉姐："俺家杀猪宰羊，上岳庙哩。"玉姐问："为何？"丫头道："听得妈妈说：'为王姐夫中了，恐怕他到京来报仇，今日发愿，合家从良。'"玉姐说:"是真是假?"丫头说:"当真哩!昨日沈姐夫都辞去了,如今再不接客了。"玉姐说:"既如此,你对妈妈说,我也要去烧香。"老鸨说:"三姐,你要去,快梳洗,我唤轿儿抬你。"玉姐梳妆打扮,同老鸨出的门来,正见四个人,抬着一顶空轿。老鸨便问:"此轿是雇的?"这人说:"正是。"老鸨说:"这里到岳庙,要多少雇价?"那人说:"抬去抬来,要一钱银子。"老鸨说:"只是五分。"那人说:"这个事小,请老人家上轿。"老鸨说:"不是我坐,是我女儿要坐。"玉姐上轿,那二人抬着,不往东岳庙去,径往西门去了。

走有数里,到了上高转折去处,玉姐回头,看见沈洪在后骑着个骡子。玉姐大叫一声:"吷!想是亡八鸨子盗卖我了?"玉姐大骂:"你这些贼狗奴,抬我往哪里家去?"沈洪说:"往哪里去?我为你去了二千两银子,买你往山西家去。"玉姐在轿中号啕大哭,骂声不绝。那轿夫抬了飞也似走,行了一日,天色已晚。沈洪寻了一座店房,排合卺美酒,指望洞房欢乐。谁知玉姐题着便骂,触着便打。沈洪见店中人多,恐怕出丑,想道:"瓮中之鳖,不怕他走了!权耐几日,到我家中,何愁不从。"于是反将好话奉承,并不去犯他。玉姐终日啼哭,自不必说。

却说公子一到北京,将行李上店,自己带两个家人,就往王银匠家,探问玉堂春消息。王匠请公子坐下:"有见成酒,且吃三杯接风,慢慢告诉。"王匠就拿酒来斟上。三官不好推辞,连饮了三杯,又问:"玉姐敢不知我来?"王匠叫:"三叔开怀,再饮三杯。"三官说:"够了,不吃了。"王匠说:"三叔久别,多饮几杯,不要太谦。"公子又饮了几杯,问:"这几日曾见玉姐不曾?"王匠又叫:"三叔且莫问此事,再吃三杯。"公子心疑,站起说:"有甚或长或短,说个明白,休闷死我也!"王匠只是劝酒。

却说金哥在门首经过,知道公子在内,进来磕头叫喜。三官问金哥:"你三婶近日何如?"金哥年幼多嘴说:"卖了!"三官急问说:"卖了谁?"王匠瞅了金哥一眼,金哥缩了口。公子坚执盘问,二人瞒不过,说:"三婶卖了!"公子问:"几时卖了?"王匠说:"有一个月了。"公子听说,一头撞在尘埃,二人忙扶起来。公子问金哥:"卖在哪里去了?"金哥说:"卖与山西客人沈洪去了。"三官说:"你那三婶就怎么肯去?"金哥叙出:"鸨儿假意从良,杀猪宰羊上岳庙,哄三婶同去烧香,私与沈洪约定,雇下轿子抬去,不知下落。"公子说:"亡八盗卖我玉堂春,我与他算账!"那时叫金哥跟着,带领家人,径到本司院里,进的院门,亡八眼快,跑去躲了。公子问众丫头:"你家玉姐何在?"无人敢应。公子发怒,房中寻见老鸨,一把揪住,叫家人乱打,金哥劝住。公子就走在百花楼上,看见锦帐罗帏,越加怒恼。把箱笼尽行打碎,气得痴呆了,问:"丫头,你姐姐嫁那家去了?可老实说,饶你打。"丫头说:"去烧香,不知道就偷卖了

237

他。"公子满眼落泪，说："冤家，不知是正妻，是偏妾？"丫头说："他家里自有老姿。"公子听说，心中大怒，恨骂："亡八淫妇，不仁不义！"丫头说："他今日嫁别人去了，还疼他怎的？"公子满眼流泪。

正说间，忽报朋友来访。金哥劝："三叔休恼，三婶一时不在了，你纵然哭他，他也不知道。今有许多相公在店中相访，闻公子在院中，都要来。"公子听说，恐怕朋友笑话，即便起身回店。公子心中气闷，无心应举，意欲束装回家。朋友闻知，都来劝说："顺卿兄，功名是大事，婊子是末节，哪里有为婊子而不去求功名之理？"公子说："列位不知，我奋志勤学，皆为玉堂春的言语激我。冤家为我受了千辛万苦，我怎肯轻舍？"众人叫："顺卿兄，你倘联捷，幸在彼地，见之何难？你苦回家，忧虑成疾，父母悬心，朋友笑耻，你有何益？"三官自思言之最当，倘或侥幸，得到山西，平生愿足矣。数言劝醒公子。

会试日期已到，公子进了三场，果中金榜二甲第八名，刑部观政。三个月，选了真定府理刑官，即遣轿马迎请父母、兄嫂。父母不来，回书说："教他做官勤慎公廉，念你年长未娶，已聘刘都堂之女，不日送至任所成亲。"公子一心只想玉堂春，全不以聘娶为喜。正是：

已半路柳为连理，翻把家鸡作野鸳。

且说沈洪之妻皮氏，也有几分颜色，虽然三十余岁，比二八少年，也还风骚。平昔间嫌老公粗蠢，不会风流，又出外日多，在家日少，皮氏色性太重，打熬不过。间壁有个监生，姓赵名昂，自幼惯走花柳场中，为人风月。近日丧偶。虽然是纳粟相公，家道已在消乏一边。一日，皮氏在后园看花，偶然撞见赵昂，彼此有心，都看上了。赵昂访知巷口做歇家的王婆，在沈家走动识熟，且是利口，善于做媒说合，乃将白银二十两，贿赂王婆，央他通脚。皮氏平昔间不良的口气，已有在王婆肚里，况且今日你贪我爱，一说一上，幽期密约，一墙之隔，梯上梯下，做就了一点不明不白的事。赵昂一者贪皮氏之色，二者要骗他钱财，枕席之间，竭力奉承。皮氏心爱赵昂，但是开口，无有不从，恨不得连家当都津贴了他。不上一年，倾囊倒箧，骗得一空。初时只推事故，暂时挪借，借去后，分毫不还，皮氏只愁老公回来盘问时，无言回答。一夜，与赵昂商议，欲要跟赵昂逃走他方。赵昂道："我又不是赤脚汉，如何走得？便走了，也不免吃官司。只除暗地谋杀了沈洪，做个长久夫妻，岂不尽美！"

皮氏点头不语。却说赵昂有心打听沈洪的消息，晓得他讨了院妓玉堂春一路回来，即忙报与皮氏知道，故意将言语触恼皮氏。皮氏怨恨不绝于声，问："如今怎么样对付他说好？"赵昂道："一进门时，你便数他不是，与他寻闹，叫他领着娟根另住，那时凭你安排了。我央王婆赎得些砒霜在此，觑便放在食器内，把与他两个吃。等他双死也罢，单死也罢！"皮氏说："他好吃的是辣面。"赵昂说："辣面内正好下药。"两人圈套已定，只等沈洪入来。

不一日，沈洪到了故乡，叫仆人和玉姐暂停门外。自己先进门，与皮氏相见，满脸陪笑说："大姐休怪，我如今做了一件事。"皮氏说："你莫不是娶了个小老婆？"沈洪说："是了。"皮氏大怒，说："为妻的整年月在家，守活孤孀，你却花柳快活，又带这泼淫妇回来，全无夫妻之情。你若要留这淫妇时，你自在西厅一带住下，不许来缠我。我也没福受这淫妇的拜，不要他来！"昂然说罢，啼哭起来，拍枪拍凳，口里"千亡八，万淫妇"，骂不绝声。沈洪劝解不得，想道："且暂时依他言语，在西厅住几日，落得受用。等他气消了时，却领玉堂春与他磕头。"沈洪只道浑家是吃醋，谁知他有了私情，又且房计空虚了，正怕老公进房，借此机会，打发他另居。正是：

　　　　你向东时我向西，各人有意自家知。

不在话下。

却说玉堂春曾与王公子设誓，今番怎肯失节于沈洪，腹中一路打稿："我若到这厌物家中，将情节哭诉他大娘子，求他做主，以全节操。慢慢的寄信与三官，教他将二千两银子来赎我去，却不好？"及到沈洪家里，闻知大娘不许相见，打发老公和他往西厅另住，不遂其计，心中又惊又苦。沈洪安排床帐在厢房，安顿了苏三。自己却去窝伴皮氏，陪吃夜饭，被皮氏三回五次催赶。沈洪说："我去西厅时，只怕大娘着恼。"皮氏说："你在此，我反恼！离了我眼睛，我便不恼。"沈洪唱了淡喏，谢声："得罪。"出了房门，径望西厅而来。原来玉姐乘着沈洪不在，检出他铺盖撒在厅中，自己关上房门自睡了。任沈洪打门，哪里肯开？却好皮氏叫小段名到西厅，看老公睡也不曾。沈洪平日原与小段名有情，那时扯在铺上，草草合欢，也当春风一度。事毕，小段名自去了。沈洪身子困倦，一觉睡去直至天明。

却说皮氏这一夜等赵昂不来，小段名回后，老公又睡了。番来复去，一夜不曾合眼。天明早起，赶下一轴面，煮熟分作两碗。皮氏悄悄把砒霜撒在面内，却将辣汁浇上，叫小段名送去西厅："与你爹爹吃。"小段名送至西厅，叫道："爹爹，大娘欠你，送辣面与你吃。"沈洪见是两碗，就叫："我儿，送一碗与你二娘吃。"小段名便去敲门，玉姐在床上问："做什么？"小段名说："请二娘起来吃面。"玉姐道："我不要吃。"沈洪说："想是你二娘还要睡，莫去闹他。"沈洪把两碗都吃了，须臾而尽。小段名收碗去了。

沈洪一时肚疼，叫道："不好了，死也，死也！"玉姐还只认假意，看看声音渐变。开门出来看时，只见沈洪九窍流血而死，正不知什么缘故，慌慌的高叫："救人！"只听得脚步响，皮氏早到，不等玉姐开言，就变过脸，故意问道："好好的一个人，怎么就死了？想必你这小淫妇弄死了他，要去嫁人？"玉姐说："那丫头送面来，叫我吃，我不要吃，并不曾开门。谁知他吃了，便肚疼死了，必是面里有些缘故。"皮氏说："放屁！面里若有缘故，必是你这小淫妇做下的。不然，你如何先晓得这面是吃不得的，不肯吃？你说并不曾开门，如何却在门外？这谋死情由，不是你，是谁？"说罢，假哭起"养家的天"来。家中僮仆、养娘，都乱做一堆。皮氏就将三尺白布摆头，扯了玉姐，往知县处叫喊。

正值王知县升堂，唤进问其缘故。皮氏说："小妇人皮氏，丈夫叫沈洪，在北京为商，用千金娶这娼妇，叫作玉堂春为妾。这娼妇嫌丈夫丑陋，因吃辣面，暗将毒药放入，丈夫吃了，登时身死。望爷爷断他偿命。"王知县听罢，问："玉堂春，你怎么说？"玉姐说："爷爷，小妇人原籍北直隶大同府人氏，只因年岁荒旱，父亲把我卖在司院苏家。卖了三年后，沈洪看见，娶我回家。皮氏嫉妒，暗将毒药藏在面中，毒死丈夫性命，反倚刁泼，展赖小妇人。"知县听玉姐说了一会，叫："皮氏，想你见那男女弃旧迎新，你怀恨在心，药死亲夫，此情理或有之。"皮氏说："爷爷！我与丈夫，从幼的夫妻，怎忍做这绝情的事？这苏氏原是不良之妇，别有个心上之人，分明是他药死，要图改嫁。望青天爷爷明镜。"知县乃叫苏氏，"你过来，我想你原系娼门，你爱那风流标致的人，想是你见丈夫丑陋，不趁你意，故此把毒药药死是实。"叫皂隶："把苏氏与我夹起来！"玉姐说："爷爷！小妇人虽在烟花巷里，跟了沈洪，又不曾难为半分，怎下这般毒手？小妇人果有恶意，何不在半路谋害？既到了他家，他怎容得小妇人做手脚？这皮氏昨夜就赶出丈夫，不许他进房。今早的面，出于皮氏之手，小妇人并无干涉。"王知县见他二人各说有理，叫皂隶暂把他二人寄监："我差人访实再审。"二人进了南牢不题。

却说皮氏差人密密传与赵昂，叫他快来打点。赵昂拿着沈家银子，与刑房吏一百两，书手八十两，掌案的先生五十两，门子五十两，两班皂隶六十两，禁子每人二十两，上下打点停当。封了一千两银子，放在坛内，当酒送与王知县，知县受了。

次日清晨升堂，叫皂隶把皮氏一起提出来。不多时到了，当堂跪下。知县说："我夜来一梦，梦见沈洪说：'我是苏氏药死，与那皮氏无干。'"玉堂春正待分辨，知县大怒，说："人是苦虫，不打不招。"叫皂隶："与我捆起着实打，问他招也不招？他若不招，就活活敲死。"玉姐熬刑不过，说："愿招。"知县说："放下刑具。"皂隶递笔与玉姐画供。知县说："皮氏召保在外，玉堂春收监。"皂隶将玉姐手肘脚镣，带进南牢。禁子牢头都得了赵上舍银子，将玉姐百般凌辱。只等上司详允之后，就递罪状，结果他性命。正是：

安排缚虎擒龙计，断送愁鸾泣凤人。

且喜有个刑房吏，姓刘名志仁，为人正直无私，素知皮氏与赵昂有奸，都是王婆说合。数日前，撞见王婆在生药铺内赎砒霜，说："要药老鼠。"刘志仁就有些疑心："今日做出人命来，赵监生使着沈家不疼的银子，来衙门打点，把苏氏买成死罪，天理何在？"踌躇一会："我下监去看看。"那禁子正在那里逼玉姐要灯油钱，志仁喝退众人，将温言宽慰玉姐，问其冤情。玉姐垂泪拜诉来历。志仁见四旁无人，遂将赵监生与皮氏私情，及王婆赎药始末，细说一遍，吩咐："你且耐心守困，待后有机会，我指点你去叫冤。日逐饭食，我自供你。"玉姐再三拜谢。禁子见刘志仁做主，也不敢则声。此话阁过不题。

却说公子自到真定府为官，兴利除害，吏畏民悦。只是相念玉堂春，无刻不然。一日，正在烦恼，家人来报，老奶奶家中送新奶奶来了。公子听说，接进家小，见了新人，口中不言，心内自思："容貌到也齐整，怎及得玉堂春风趣？"当时摆了合欢宴，吃了合卺杯。毕姻之际，猛然想起多娇："当初指望白头相守，谁知你嫁了沈洪，这官诰却被别人承受了。"虽然陪伴了刘氏夫人，心里还想着玉姐，因此不快。当夜中了伤寒，又想："当初与玉姐别时，发下誓愿，各不嫁娶。"心下疑惑，合眼就见玉姐在旁。刘夫人遣人到处祈禳，府县官都来问安，请名医切脉调治。一月之外，才得痊可。公子在任年余，官声大著，行取到京。吏部考选天下官员，公子在部点名已毕，回到下处，焚香祷告天地，只愿山西为官，好访问玉堂春消息。须臾马上人来报："王爷点了山西巡按。"公子听说，两手加额："趁我平生之愿矣。"

次日，领了敕印辞朝。连夜起马，往山西省城上任讫。即时发牌，先出巡平阳府。公子到平阳府，坐了察院，观看文卷。见苏氏玉堂春问了重刑，心内惊慌，其中必有蹊跷。随叫书吏过来："选一个能干事的，跟着我私行采访。你众人在内，不可走漏消息。"

公子时下换了素巾青衣，随跟书吏，暗暗出了察院；雇了两个骡子，往洪同县路上来。这赶脚的小伙，在路上闲问："二位客官，往洪同县有甚贵干？"公子说："我来洪同县要娶个亲，不知谁会说媒？"小伙说："你又说娶小，俺县里一个财主，因娶了个小，害了性命。"公子问："怎的害了性命？"小伙说："这财主叫沈洪，妇人叫作玉堂春，他是京里娶来的。他那大老婆皮氏，与那邻家赵昂私通，怕那汉子回来知道，一服毒药把沈洪药死了。这皮氏与赵昂，反把玉堂春送到本县，将银买嘱官府衙门，将玉堂春屈打成招，问了死罪，送在监里。若不是亏了一个外郎，几时便死了。"公子又问："那玉堂春如今在监死了？"小伙说："不曾。"公子说："我要娶个小，你说可投着谁做媒？"小伙说："我送你往王婆家去罢，他极会说媒。"公子说："你怎知道他会说媒？"小伙说："赵昂与皮氏，都是他做牵头。"公子说："如今下他家里吧。"小伙竟引到王婆家里，叫声："干娘，我送个客官在你家来，这客官要娶个小，你可与他说媒。"王婆说："累你，我转了钱来，谢你。"小伙自去了。

公子夜间与王婆攀话，见他能言快语，是个积年的马泊六了。到天明，又到赵监生前后门看了一遍，与沈洪家紧壁相通，可知做事方便。回来吃了早饭，还了王婆店钱，说："我不曾带得财礼，到省下回来，再作商议。"公子出的门来，雇了骡子，星夜回到省城，到晚进了察院，不题。

次早，星火发牌，按临洪同县。各官参见过，吩咐就要审录。王知县回县，叫刑房吏书，即将文卷册册，连夜开写停当，明日送审，不题。

却说刘志仁与玉姐写了一张冤状，暗藏在身。到次日清晨，王知县坐在监门首，把应解犯人点将出来。玉姐披枷带锁，眼泪纷纷，随解子到了察院门首，伺候开门。巡捕官回风已毕，解审牌出。公子先唤苏氏一起。玉姐口称"冤枉"，探怀中诉状呈上。公子抬头见玉姐这般模样，心中凄惨，叫听事官接上状来。公子看了一遍，问说："你从小嫁沈洪，可还接了几年客？"玉姐说："爷爷，我从小接着一个公子，他是南京礼部尚书三舍人。"公子怕他说出丑处，喝声："住了！我今只问你谋杀人命事，不消多讲。"玉姐说："爷爷，若杀人的事，只问皮氏便知。"公子叫皮氏问了一遍，玉姐又说了一遍。公子吩咐刘推官道："闻知你公正廉能，不肯玩法徇私，我来到任，尚未出巡，先到洪同县，访得这皮氏药死亲夫，累苏氏受屈，你与我把这事情用心问断。"说罢，公子退堂。

刘推官回衙，升堂，就叫："苏氏，你谋杀亲夫，是何意故？"玉姐说："冤屈！分明是皮氏串通王婆，和赵监生合计毒死男子，县官要钱，逼勒成招。今日小妇拚死诉冤，望青天爷爷做主。"刘爷叫皂隶把皮氏采上来，问："你与赵昂奸情可真么？"皮氏抵赖没有。刘爷即时拿赵昂和王婆到来面对，用了一番刑法，都不肯招。刘爷又叫小段名："你送面与家主吃，必然知情！"喝教夹起。小段名说："爷爷，我说罢！那日的面，是俺娘亲手盛起，叫小妇人送与爹爹吃。小妇人送到西厅，爹叫新娘同吃，新娘关着门，不肯起身，回道：'不要吃。'俺爹自家吃了，即时口鼻流血死了。"刘爷又问赵昂奸情，小段名也说了。赵昂说："这是苏氏买来的硬证。"刘爷沉吟了一会，把皮氏这一起分头送监，叫一书吏过来："这起泼皮奴才，苦不肯招。我如今要用一计，用一个大柜，放在丹墀内，凿几个孔儿，你执纸笔暗藏在内，不要走漏消息。我再提来问他，不招，即把他们锁在柜左柜右,看他有什么话说,你与我用心写来。"刘爷吩咐已毕,书吏即办一大柜,放在丹墀,藏身于内。刘爷又叫皂隶,把皮氏一起提来再审,又问:"招也不招?"赵昂、皮氏、王婆三人齐声哀告,说:"就打死小的,那呈招?"刘爷大怒,吩咐:"你众人各自去吃饭来,把这起奴才着实拷问,把他放在丹墀里,连小段名四人锁于四处,不许他交头接耳。"皂隶把这四人,锁在柜的四角,众人尽散。

却说皮氏抬起头来,四顾无人,便骂:"小段名,小奴才!你如何乱讲?今日再乱讲时,到家中活敲杀你!"小段名说:"不是夹得疼,我也不说。"王婆便叫:"皮大姐,我也受这刑杖不过,等刘爷出来,说了罢!"赵昂说:"好娘!我那些亏着你,倘捱出官司去,我百般孝顺你,即把你做亲母。"王婆说:"我再不听你哄我,叫我圆成了,认我做亲娘。许我两石麦,还欠八长;许我一石米,都下了糠秕;段衣两套,止与我一条蓝布裙;许我好房子,不曾得住。你干的事,没天理,教我只管与你熬刑受苦!"皮氏说:"老娘,这遭出去,不敢忘你恩。捱过今日不招,便没事了。"柜里书吏,把他说的话尽记了,写在纸上。

刘爷升堂,先叫打开柜子,书吏跪将出来。众人都唬软了。刘爷看了书吏所录口词,再要拷问,三人都不打自招。赵昂从头依直写得明白。各各画供已完,递至公案。刘爷看了一遍,问苏氏:"你可从幼为娼,还是良家出身?"苏氏将苏淮买良为贱,先遇王尚书公子,挥金三万,后被老鸨一秤金赶逐,将奴赚卖与沈洪为妾,一路未曾同睡,备细说了。刘推官情知王公子就是本院,提笔定罪:

> 皮氏凌迟处死,赵昂斩罪非轻。王婆赎药是通情,杖责段名示警。王县贪酷罢职,追赃不恕衙门。苏淮买良为贱合充军,一秤金三月立枷罪定。

刘爷做完申文,把皮氏一起俱已收监。次日亲捧招详,送解察院。公子依拟,留刘推官后堂待茶,问:"苏氏如何发放?"刘推官答言:"发还原籍,择夫另嫁。"公子屏去从人,与刘推官吐胆倾心,备述少年设誓之意:"今日烦贤府密地差人送至北京王银匠处暂居,足感足感!"刘推官领命奉行,自不必说。

却说公子行下关文,到北京本司院提到苏淮一秤金依律问罪。苏淮已先故了。一秤金认得是公子,还叫:"王姐夫。"被公子喝教重打六十,取一百斤大枷枷号。不够半月,呜呼哀哉。正是:

> 万两黄金难买命,一朝红粉已成灰。

　　再说公子一年任满，复命还京。见朝已过，便到王匠处问信。王匠说有金哥伏侍，在顶银胡同居住。公子即往顶银胡同，见了玉姐，二人放声大哭。公子已知玉姐守节之美，玉姐已知王御史就是公子，彼此称谢。公子说："我父母娶了个刘氏夫人，甚是贤德，他也知道你的事情，绝不妒忌。"当夜同饮同宿，浓如胶漆。次日，王匠、金哥都来磕头贺喜。公子谢二人昔日之恩，吩咐本司院，苏淮家当原是玉堂春置办的，今苏淮夫妇已绝，将遗下家财，拨与王匠、金哥二人管业，以报其德。上了个省亲本，辞朝和玉堂春起马，共回南京。

　　到了自家门首，把门人急报老爷说："小老爷到了。"老爷听说甚喜，公子进到厅上，排了香案，拜谢天地，拜了父母、兄嫂，两位姐夫、姐姐都相见了。又引玉堂春见礼已毕。玉姐进房，见了刘氏说："奶奶坐上，受我一拜。"刘氏说："姐姐，怎说这话？你在先，奴在后。"玉姐说："奶奶是名门宦家之子，奴是烟花，出身微贱。"公子喜不自胜。当日正了妻妾之分，姊妹相称，一家和气。公子又叫王定："你当先在北京三番四复规谏我，乃是正理，我今与老老爷说，将你做老管家。"以百金赏之。后来王景隆官至都御史，妻妾俱有子，至今子孙繁盛。有诗叹云：

　　　　郑氏元和已著名，三官嫖院是新闻。
　　　　风流子弟知多少，夫贵妻荣有几人？

第二十五卷

桂员外途穷忏悔

交游谁似古人情，春梦秋云未可凭。
沟壑不援徒泛爱，寒暄有问但虚名。
陈雷义重逾胶漆，管鲍贫交托死生。
此道今人弃如土，岁寒唯有竹松盟。

话说元朝天顺年间，江南苏州府吴趋坊，有一长者，姓施名济，字近仁。其父施鉴，字公明，为人谨厚志诚，治家勤俭，不肯妄费一钱。生施济时年已五十余矣。鉴晚岁得子，爱惜如金。年八岁，送与里中支学究先生馆中读书。先生见他聪秀，与己子支德年齿相仿，遂令同桌而坐。那时馆中学生虽多，长幼不一，偏他两个聪明好学，文艺日进。后支学究得病而亡，施济禀知父亲，邀支德馆谷于家，彼此切磋，甚相契爱。未几，同游庠序，齐赴科场。支家得第为官，施家屡试不捷。乃散财结客，周贫恤寡，欲以豪侠成名于世。父亲施鉴是个本分财主，惜粪如金的，见儿子挥金不吝，未免心疼。唯恐他将家财散尽，去后萧索，乃密将黄白之物，埋藏于地窖中，如此数处，不使人知，待等天年，才授与儿子。从来财主家往往有此。正是：

常将有日思无日，莫待无时思有时。

那施公平昔若是常患头疼腹痛，三好两歉的，到老来也自判个死日，就是平昔间没病，临老来伏床半月或十日，儿子朝夕在面前奉侍汤药，那地窖中的话儿却也说了。只为他年已九十有余，兀自精神健旺，饮啖兼人，步履如飞，不匡一夕五更睡去，就不醒了。虽唤做吉祥而逝，却不曾有片言遗嘱。常言说得好：

三寸气在千般用，一日无常万事休。

那施济是有志学好的人，少不得殡殓祭葬，务从其厚。其时施济年逾四十，尚未生子，三年孝满，妻严氏劝令置妾。施济不从，发心持诵《白衣观音经》，并刊本布施，许愿："生子之日，舍三百金修盖殿宇。"期年之后，严氏得孕，果生一男，三朝剃头，夫妻说起还愿之事，遂取名施还。到弥月做了汤饼会。施济对浑家说，收拾了三百两银子，来到虎丘山水月观音殿上烧香礼拜。

正欲唤主僧嘱托修殿之事，忽闻下面有人哭泣之声，仔细听之，其声甚惨。

施济下殿，走到千人石上观看，只见一人坐在剑池边，望着池水，呜咽不止。上前看时，认得其人姓桂，名富五，幼年间一条街上居住，曾同在支先生馆中读书。不一年，桂家父母移居胥口，以便耕种，桂生就出学去了。后来也曾相会几次。有十余年不相闻了，何期今日得遇？施公吃了一惊，唤起相见，问其缘故。桂生只是堕泪，口不能言。施公心怀不忍，一手挽住，拉到观音殿上来问道："桂兄有何伤痛？倘然见教，小弟或可分忧。"桂富五初时不肯说，被再三盘诘，只得吐实道："某祖遗有屋一所，田百亩，自耕自食，尽可糊口。不幸惑于人言，谓农夫利薄，商贩利厚，将薄产抵借李平章府中本银三百两，贩纱段往燕京。岂料运蹇时乖，连走几遍，本利俱耗。宦家索债，如狼似虎，利上盘利，将田房家私尽数估计。一妻二子，亦为其所有，尚然未足，要逼某扳害亲戚赔补。某情极，夜间逃出，思量无路，欲投涧水中自尽，是以悲泣耳。"

施公恻然道："吾兄勿忧，吾适带修殿银三百两在此，且移以相赠，使君夫妻父子团圆何如？"桂生惊道："足下莫非戏言乎？"施公大笑道："君非有求于我，何戏之有？我与君交虽不深，然幼年曾有同窗之雅。每见吴下风俗恶薄，见朋友患难，虚言抚慰，曾无一毫实惠之加，甚则面是背非，幸灾乐祸，此吾平时所深恨者。况君今日之祸，波及妻子。吾向苦无子，今生子仅弥月，祈佛保佑，愿其长成。君有子而弃之他人，玷辱门风，吾何忍见之？吾之此言，实出肺腑！"遂开箧取银三百两，双手递与桂生。桂生还不敢便接，说道："足下既念旧情，肯相周济，愿留借券，倘有好日，定当报补。"施公道："吾怜君而相赠，岂望报乎？君可速归，恐尊嫂悬悬而望也。"桂生喜出望外，做梦也想不到此，接银在手，不觉屈膝下拜。施济慌忙扶起。桂生垂泪道："某一家骨肉，皆足下所再造，虽重生父母，不及此恩！三日后，定当踵门叩谢。"又向观音大士前，磕头说誓道："某受施君活命之恩，今生倘不得补答，来生亦作犬马相报！"欢欢喜喜的下山去了。后人有诗赞施君之德：

> 谊高矜厄且怜贫，三百朱提贱似尘；
> 试问当今有力者，同窗谁念幼时人？

施公对主僧说道："带来修殿的银子，别有急用挪去，来日奉补。"主僧道："迟一日不妨事。"施济回家，将此事述与严氏知道，严氏亦不以为怪。次日，另凑银三百两，差人送去水月观音殿完了愿心。

到第三日，桂生领了十二岁的长儿桂高，亲自到门拜谢。施济见了他父子一处，愈加欢喜，殷勤接待，酒食留款。从容问其偿债之事。桂生答道："自蒙恩人所赐，已足本钱，奈渠将利盘算，田产尽数收去，止落得一家骨肉完聚耳。"说罢，泪如雨下。施济道："君家至亲数口，今后如何活计？"桂生道："身居口食，一无所赖，家世衣冠，羞在故乡出丑，只得往他方外郡，佣工趁食。"施公道："'为人须为彻'。胥门外吾有桑枣园一所，茅屋数间，园边有田十亩，勤于树艺，尽可度日。倘足下不嫌淡泊，就此暂过几时何如？"桂生道："若得如此，免作他乡饿鬼，只是前施未报，又叨恩赐，深有未安。某有二子，长年十二，次年十一，但凭所爱，留一个服侍恩人，少尽犬马之意，譬如服役于豪宦也。"施公道："吾既与君为友，君之子即吾之子，岂有此理！"当唤小厮取皇历，看个吉日，教他入宅。一面差人吩咐看园的老仆，教他打扫房屋洁净，至期交割与桂家管业。桂生命儿子拜谢了恩人，桂高朝上磕头。施公要还礼，却被桂生扶住。只得受了。桂生连唱了七八个喏，千恩万谢，同儿子相别而去。到移居之日，施家又送些糕米钱帛之类。分明是：

从空伸出拿云手，提起天罗地网人。

过了数日，桂生备了四个盒子，无非是时新果品，肥鸡巨鲫，教浑家孙六嫂，乘轿亲到施家称谢。严氏备饭留款。那孙大嫂能言快语，谗谄面谀。严氏初相会，便说得着，与他如姊妹一般。更有一件奇事，连施家未周岁的小官人，一见了孙大嫂，也自欢喜，就赖在身上要他抱。大嫂道："不瞒姆姆说，奴家见有身孕，抱不得小官人。"原来有这个俗忌，大凡怀胎的抱了孩子家，那孩子就坏了脾胃，要出青粪，谓之"受记"，直到产后方痊。严氏道："不知婶婶且喜几个月了？"大嫂道："五个足月了。"严氏把十指一轮道："去年十二月内受胎的，今年九月间该产。婶婶有过了两位令郎了，若今番生下女儿，奴与姆姆，结个儿女亲家。"大嫂道："多承姆姆不弃，只怕扳高不来。"当日说话，直到晚方别。大嫂回家，将严氏所言，述了一遍。丈夫听了，各各欢喜，只愿生下女儿，结得此姻，一生有靠。光阴似箭，不觉九月初旬。孙大嫂果然产下一女。施家又遣人送柴米，严氏又差女使去问安。其时只当亲眷往来，情好甚密，这话阁过不题。

却说桑枣园中有银杏一棵，大数十围，相传有"福德五圣之神"栖止其上。园丁每年腊月初一日，于树下烧纸钱奠酒。桂生晓得有这旧规，也是他命运合当发迹，其年正当烧纸，忽见有白老鼠一个，绕树走了一遍，径钻在树底下去，不见了。桂生看时，只见树根浮起处，有个盏大的窍穴，那白老鼠兀自在穴边张望。桂生说与浑家，莫非这老鼠是神道现灵？孙大嫂道："鸟瘦毛长，人贫就智短了。常听人说金蛇是金，白鼠是银，却没有神道变鼠的话。或者树下窖得有钱财，皇天可怜，见我夫妻贫苦，故教白鼠出现，也不见得，你明日可往胥门童瞎子家，起一当家宅课，看财爻发动也不？"桂生平日惯听老婆舌的，明日起早，真个到童瞎子铺中起课，断得有十分财采。夫妻商议停当，买猪头祭献藏神。

二更人静，两口儿两把锄头，照树根下窍穴开将下去。约有三尺深，方起小方砖一块，砖下瓷坛三个，坛口铺着米，都烂了。拨开米下边，都是白物。原来银子埋在土中，得了米便不走。夫妻二人叫声惭愧，四只手将银子搬尽。不动那瓷坛，依旧盖砖掩土。二人回到房中，看那东西，约一千五百金。桂生算计要将三百两还施氏所赠之数，余下的将来营运。孙大嫂道："却使不得！"桂生问道："为何？"孙大嫂道："施氏知我赤贫来此，倘问这三百金从何而得，反生疑心。若知是银杏树下掘得的，原是他园中之物，祖上所遗，凭他说三千四千，你哪里分辨？和盘托出，还只嫌少，不唯不见我们好心，反成不美。"桂生道："若依贤妻所见如何？"孙大嫂道："这十亩田，几株桑枣，了不得你我终身之事。幸天赐藏金，何不于他乡私下置些产业，慢慢地脱身去，自做个财主。那时报他之德，彼此见好。"桂生道："'有智妇人，胜如男子'。你说的是。我有远房亲族在会稽地方，向因家贫久不来往，今携千金而去，料不慢我。我在彼处置办良田美产，每岁往收花利，盘放几年，怕不做个大大财主？"商量已定。到来春，推说浙中访亲，私自置下田产，托人收放，每年去算账一次。回时旧衣旧裳，不露出有钱的本相。如此五年，桂生在绍兴府会稽县已做个大家事，住房都买下了，只瞒得施家不知。

忽一日，两家儿女同时出痘，施济请医看了自家儿子，就教去看桂家女儿，此时只当亲媳妇一般，大幸痘都好了。里中有个李老儿，号梅轩者，素在施家来往。遂邀亲邻酿钱与施公把盏贺喜，桂生亦与席。施济又题起亲事，李梅轩自请为媒，众人都玉成其美。桂生心下也情愿，回家与浑家孙大嫂商量。大嫂道："自古说'慈不掌兵，义不掌财。'施生虽是好人，却是为仁不富，家事也渐渐消乏不如前了。我的人家都做在会稽地面，到彼攀个高门，这些田产也有个依靠。"桂生道："贤妻说得是，只是他一团美意，将何推托？"大嫂道："你只推门衰祚薄，攀陪不起就是。倘若他定要做亲，只说儿女年幼，等他长大行聘未迟。"古人说得好："人心不足蛇吞象。"当初贫困之日，低门扳高，求之不得；如今掘藏发迹了，反嫌好道歉起来。

　　　　只因上岸身安稳，忘却从前落水时。

　　施济是个正直之人，只道他真个谦逊，并不疑有他故。

　　荏苒光阴，又过了三年。施济忽遭一疾，医治不痊，呜呼哀哉了。殡殓之事，不必细说。桂富五的浑家撺掇丈夫，乘此机会，早为脱身之计。乃具只鸡斗酒，夫妇齐往施家吊奠。桂生拜奠过了先回，孙大嫂留身向严氏道："拙夫向蒙恩人救拔，朝夕感念，犬马之报，尚未少申。今恩人身故，愚夫妇何敢久占府上之田庐？宁可转徙他方，别图生计。今日就来告别。"严氏道："婶婶何出此言！先夫虽则去世，奴家亦可做主。孤苦中，正要婶婶时常伴话，何忍舍我而去。"大嫂道："奴家也舍不得姆姆。但非亲非故，白占寡妇田房，被人议论。日后郎君长大，少不得要吐还的，不如早达时务，善始善终，全了恩人生前一段美意。"严氏苦留不住，各各流泪而别。桂生挈家搬往会稽居住，恍似开笼放鸟，一去不回。

　　再说施家，自从施济存日，好施乐善，囊中已空虚了。又经这番丧中之费，不免欠下些债负。那严氏又是贤德有余才干不足的，守着数岁的孤儿撑持不定，把田产逐渐弃了。不勾五六年，资财罄尽，不能度日，童仆俱已逃散。常言："吉人天相，绝处逢生。"恰好遇一个人，从任所回来。那人姓支名德，从小与施济同窗读书，一举成名，剔历外任，官至四川路参政。此时元顺帝至正年间，小人用事，朝政日紊。支德不愿为官，致政而归。闻施济故后，家日贫落，心甚不忍，特地登门吊唁。孤子施还出迎，年甫垂髫，进退有礼。支翁问："曾聘妇否？"施还答言："先人薄业已罄，老母甘旨尚缺，何暇及此！"支翁潸然泪下道："令先公忧人之忧乐人之乐，此天地间有数好人，天理若不泯，子孙必然昌盛。某忝在窗谊，因久宦远方，不能分忧共患，乃令先公之罪人也。某有爱女一十三岁，与贤侄年颇相宜，欲遣媒妁与令堂夫人议姻，万望先为道达，是必勿拒！"施还拜谢，口称"不敢"。

次日，支翁差家人持金钱币帛之礼，同媒人往聘施氏子为养婿。严氏感其美意，只得依允。施还择日过门，拜岳父岳母，就留在馆中读书，延明师以教之。又念亲母严氏在家薪水不给，担柴送米，每十日令其子归省一次。严氏母子感恩非浅。后人评论世俗倚富欺贫，已定下婚姻犹有图赖者，况以宦家之爱女，下赘贫友之孤儿，支翁真盛德之人也。这才是：

　　　　钱财如粪土，仁义值千金。

　　说那支翁虽然屡任，立意做清官的，所以宦囊甚薄。又添了女婿一家供给，力量甚是勉强。偶有人来，说及桂富五在桑枣园搬去会稽县，造化发财，良田美宅，何止万贯，如今改名桂迁，外人都称为桂员外。支翁是晓得前因的，听得此言，遂向女婿说知："当初桂富五受你家恩惠，不一而足，别的不算，只替他偿债一主，就是三百两。如今他发迹之日，小来看顾你，一定不知你家落薄如此。贤婿若往会稽投奔他，必然厚赠，此乃分内之财，谅他家也巴不得你去的，可与亲母计议。"施还回家，对母亲说了。严氏道："若桂家果然发迹，必不负我。但当初你尚年幼，不知中间许多情节，他的浑家孙大娘，与我姊妹情分。我与你同去，倘男子汉出外去了，我就好到他内里说话。"施还回复了，支翁以盘费相赠，又作书与桂迁，自叙同窗之谊，嘱他看顾施氏母子二人，当下买舟，径往绍兴会稽县来，问："桂迁员外，家居何处？"有人指引道："在西门城内，大街上，第一带高楼房就是。"施还就西门外，下个饭店。次日，严氏留止店中，施还写个通家晚辈的名刺，带了支公的书信，进城到桂迁家来。门景甚是整齐，但见：

　　　　门楼高耸，屋宇轩昂。花木点缀庭中，桌椅摆列堂上。一条甬道花
　　砖砌，三尺高阶琢石成。苍头出入，无非是管屋管田；小户登门，不过
　　是还租还债。桑枣园中掘藏客，会稽县里起家人。

　　施小官人见桂家门庭赫奕，心中私喜，这番投人投得着了。守门的问了来历，收了书帖，引到仪门之外，一座照厅内坐下。厅内匾额题"知稼堂"三字，乃名人杨铁崖之笔。名帖传进许久，不见动静。伺候约有两个时辰，只听得仪门开响，履声阁阁，从中堂而出。施还料道必是主人，乃重整衣冠，鹄立于槛外，良久不见出来。施还引领于仪门内窥觑；只见桂迁峨冠华服，立于中庭，从者十余人环侍左右。桂迁东指西画，处分家事，童仆去了一辈又来一辈，也有领差的，也有回话的，说一个不了。约莫又有一个时辰，童仆方散。管门的禀复有客

候见，员外问道："在哪里？"答言："在照厅。"桂迁不说请进，一步步踱出仪门，径到照厅来。施还鞠躬出迎，作揖过了。桂迁把眼一瞅，故意问道："足下何人？"施还道："小子长洲施还，号近仁的就是先父。因与老叔昔年有通家之好，久疏问候，特来奉谒。请老叔上坐，小侄有一拜。"桂迁也不叙寒温，连声道："不消，不消。"看坐唤茶已毕，就吩咐小童留饭。施还却又暗暗欢喜。施还开口道："家母老婶母万福，见在旅舍，先遣小子通知。"论起昔日受知深处，就该说"既然老夫人在此，请到舍中与拙荆相会"。桂迁口中唯唯，全不招架。

少停，童子报午饭已备。桂生就教摆在照厅内。只一张卓子，却是上下两卓嘎饭。施还谦让，不肯上坐，把椅拖在傍边，桂迁也不来安正。桂迁问道："舍人青年几何？"施还答道："昔老叔去苏之时，不肖年方八岁。承垂吊赐奠，家母至今感激。今奉别又已六年，不肖门户贫落，老叔福祉日臻，盛衰悬绝，使人欣羡不已。"桂迁但首肯，不答一词。酒至三巡，施还道："不肖量窄，况家母见在旅舍悬望，不敢多饮。"桂迁又不招架，道："既然少饮，快取饭来。"吃饭已毕，并不题起昔日交情，亦不问及家常之事。施还忍不住了，只得微露其意，道："不肖幼时侍坐于先君之侧，常听得先君说，生平窗友，只有老叔亲密，比时就说老叔后来，决然大发的。家母亦常称老婶母贤德，有仁有义。幸而先年老叔在敝园暂居之时，寒家并不曾怠慢，不然今日亦无颜至此。"桂迁低眉摇手，嘿然不答。施还又道："昔日虎丘水月观音殿，与先君相会之事，想老叔也还记得？"桂迁恐怕又说，慌忙道："足下来意，我已悉知，不必多言，恐他人闻之，为吾之羞也。"说罢，先立起身来，施还只得告辞道："暂别台颜，来日再奉候。"桂迁送至门外，举手而退。正是：

> 别人求我三春雨，我去求人六月霜。

话分两头，却说严氏在旅店中，悬悬而待，道："桂家必然遣人迎我。"怪其来迟，倚间而望。只见小舍人怏怏回来，备述相见时的态度言语。严氏不觉双泪交流，骂道："桂富五，你不记得跳剑池的时节么？"正要数一数二的叫骂出来，小舍人急忙劝住道："今日求人之际，且莫说尽情话。他既知我母子的来意，必然有个处法。当初曾在观音面前设誓'犬马相报'，料不食言。待孩儿明日再往，看他如何？"严氏叹口气，只得含忍过了一夜。次日，施还起早便往桂家门首候见。谁知桂迁自见了施小官人之后，却也腹中打蒿，要厚赠他母子回去。其奈孙大娘立意阻挡道："'接人要一世，怪人只一次'。揽了这野火上门，他吃了甜头，只管思想，惜草留根，到是个月月红了。就是他当初有些好处到我，他是一概行善，若干人沾了他的恩惠，不独我们一家；千人吃药，靠着一人还钱，我们当恁般晦气？若是有天理时，似恁地做好人的，千年发迹，万年财主，不到这个地位了！如今的世界还是硬心肠的得便宜，贴人不富，连自家都穷了。"桂迁道："贤妻说得是。只是他母子来一场，又有同窗支老先生的书，如何打发他动身？"孙大嫂道："支家的书不知是真是假，当初在姑苏时，不见有什么支乡宦扶持了我，如今却来通书！他既然怜贫恤寡，何不损己财？这样书一万封也休作准。你去吩咐门上，如今这穷鬼来时，不要招接他。等得兴尽心灰，多少赏发些盘费着他回去。'头醋不酸，二醋不辣'，没什么想头，下次再不来缠了。"只一套话说得桂迁：

　　　　恶心孔再透一个窟窿，黑肚肠重打三重疙瘩。

　　施还在门上候了多时，守门的推三阻四，不肯与他传达。再催促他时，佯佯的走开去了。那小官人且羞且怒，揎衣露臂，面赤高声，发作道："我施某也不是无因至此的，'行得春风，指望夏雨'！当初我们做财主时节，也有人求我来，却不曾恁般怠慢人……"骂犹未绝，只见一位郎君衣冠衣整，自外而入，问骂者何人？施还不认得那位郎君，整衣向前道："姑苏施某。"言未毕，那郎君慌忙作揖道："原来是故人，别来已久，各不相识矣。昨家君备述足下来意，正在措置，足下遽发大怒，何性急如此？今亦不难，当即与家君说知，来日便有设处。"施还方知那郎君，就是桂家长子桂高。见他说话入耳，自悔失言，方欲再诉衷曲，那郎君不别，竟自进门去了。施还见其无礼，忿气愈加，又指望他来日设处，只得含泪而归。详细述于母亲严氏。严氏复劝道："我母子数百里投人，分宜谦下，常将和气为先，勿骋锐气致触其怒。"

　　到次早，严氏又叮嘱道："此去须要谦和，也不可过有所求，只还得原借三百金回家，也好过日。"施还领了母亲教训，再到桂家，鞠躬屏气，立于门首。只见童仆出入自如，昨日守门的已不见了。小舍人站了半日，只得扯着一个年长的仆者，问道："小生姑苏施还，求见员外两日了，烦通报一声！"那仆者道："员外宿酒未醒，此时正睡梦哩。"施还道："不敢求见员外，只求大官人一见足矣。小生今日不是自来的，是大官人昨日面约来的。"仆者道："大官人今早五鼓驾船往东庄催租去了。施还道："二官人也罢。"仆者道："二官人在学堂攻书，不管闲事的。"那仆者一头说，一头就有人唤他说话，忙忙的奔去了。施还此时怒气填胸，一点无明火按纳不住；又想小人之言不可计较，家主未必如此，只得又忍气而待。

　　须臾之间，只见仪门大开，桂迁在庭前乘马而出。施还迎住马头，鞠躬致敬，迁慢不为礼，以鞭指道："你远来相投，我又不曾担阁你半月十日，如何便使性气恶言辱骂？本欲从厚，今不能矣。"回顾仆者："将拜匣内大银二锭，打发施生去吧。"又道："这二锭银子，也念你先人之面，似你少年狂妄，休想分文赍发。如今有了盘缠，可速回去！"施还再要开口，桂迁马上扬鞭如飞去了。正是：

> 蝮蛇口中草，蝎子尾后针；
> 两般犹未毒，最毒负心人。

那两锭银子，只有二十两重，论起少年性子不希罕，就撇在地下去了。一来主人已去，二来只有来的使费，没有去的盘缠，没奈何，含着两眼珠泪，回店对娘说了。母子二人，看了这两锭银子，放声大哭。店家王婆见哭得悲切，问其缘故，严氏从头至尾泣诉了一遍。王婆道："老安人且省愁烦，老身与孙大娘相熟，时常进去的。那大娘最和气会接待人，他们男子汉辜恩负义，妇道家怎晓得？既然老安人与大娘如此情厚，待老身去与老安人传信，说老安人在小店中，他必然相请。"严氏收泪而谢。

又次日，王婆当一节好事，进桂家去报与孙大嫂知，孙大嫂道："王婆休听他话，当先我员外生意不济时，果然曾借过他些小东西，本利都清还了。他自不会作家，把个大家事费尽了，却来这里打秋风。我员外好意款待他一席饭，送他二十两银子，是念他日前相处之情，别个也不能勾如此，他倒说我欠下他债负未还。王婆，如今我也莫说有欠无欠，只问他把借契出来看，有一百还一百，有一千还一千。王婆道："大娘说得是。"王婆即忙转身，孙大嫂又唤转来，叫养娘封一两银子，又取帕子一方道："这些微之物，你与我送施家姆姆，表我的私敬，教他下次切不可再来，恐怕怠慢了，伤了情分。"王婆听了这话，到疑心严老安人不是，回家去说："孙大嫂千好万好，教老身寄礼物与老安人。"又道："若有旧欠未清，教老安人将借契送去，照契本利，不缺分毫。"严氏说当初原没有契书。那王婆看这三百两银子，山高海阔，怎么肯信。母子二人凄惶了一夜，天明算了店钱，起身回姑苏来。正是：

> 人无喜事精神减，运到穷时落寞多。

严氏为桂家怄气，又路上往来受了劳碌，归家一病三月。施还寻医问卜，诸般不效，亡之命矣夫。衣衾棺椁，一事不办，只得将祖房绝卖与本县牛公子管业。那牛公子的父亲牛万户，久在李平章门下用事，说事过钱，起家百万。公子倚势欺人，无所不至。他门下又有个用事的，叫作郭刁儿，专一替他察访孤儿寡妇，便宜田产，半价收买。施还年幼，岳丈支公虽则乡绅，是个厚德长者，自己家事不屑照管，怎管得女婿之事。施小舍人急于求售，落其圈套，房产值数千金，郭刁儿于中议估，止值四百金。以百金压契，余俟出房后方交。施还想营葬迁居，其费甚多，百金不能济事，再三请益，只许加四十金。还勉支葬事，丘垅已成，所余无几。寻房子不来，牛公子雪片差人催促出屋。支翁看不过意，亲往谒牛公子，要与女婿说个方便。连去数次，并不接见。支翁道："等他回拜时讲。"牛公子却蹈袭个阳货拜孔子之法，瞷亡而往。支翁回家，连忙又去，仍回不在家了。支翁大怒，与女婿说道："那些市井之辈，不通情理，莫去求他。贤婿且就甥馆权住几时，待寻得房子时，从容议迁便了。"

施还从岳父之言，要将家私什物，权移到支家。先拆卸祖父卧房装摺，往支处修理。于乃祖房内天花板上，得一小匣，重重封固。还开看之，别无他物，只有账簿一本，内开某处埋银若干，某处若干，如此数处，末写"九十翁公明亲笔"。还喜甚，纳诸袖中。吩咐众人且莫拆动，即诣支翁家商议。支翁看了账簿道："既如此，不必迁居了。"乃随婿到彼，先发卧房槛下左柱磉边，簿上载内藏银二千两，果然不谬。遂将银一百四十两，与牛公子赎房。公子执定前言，勒掯不许。支翁遍求公子亲戚，往说方便，公子索要加倍，度施家没有银子。谁知藏镪充然，一天平兑足二百八十两，公子没理得讲，只得收了银子，推说文契偶寻不出，再过一日送还。哄得施还转背，即将近悔产事讼于本府。幸本府陈太守正直无私，素知牛公子之为人，又得支乡宦替女婿分诉明白，断令回赎原价一百四十两，外加契面银一十四两，其余一百二十六两，追出助修学宫，文契追还施小官人。郭刁儿坐教唆问杖。牛公子羞变成怒，写家书一封差家人往京师，捏造施家三世恶单，教父亲讨李平章关节，托嘱地方上司官，访拿施还出气。谁知人谋虽巧，天理难容。正是：

> 下水拖人他未溺，逆风点火自先烧。

那时元顺帝失政，红巾贼起，大肆劫掠。朝廷命枢密使咬咬征讨。李平章私受红巾贼贿赂，主张招安，事发，坐同逆系狱。穷治党与，牛万户系首名，该全家抄斩。顷刻有诏书下来，家人得了这个凶信，连夜奔回说了。牛公子惊慌，收拾细软家私，带妻携女，往海上避难。遇叛寇方国珍游兵，夺其妻妾金帛，公子刀下亡身。此乃作恶之报也。

却说施还自发了藏镪，赎产安居，照账簿以次发掘，不爽分毫，得财巨万。只有内开桑枣园银杏树下，埋藏一千五百两，止剩得三个空坛。只道神物化去，付之度外，亦不疑桂生之事。自此遍赎田产，又得支翁代为经理，重为富室。直待服阕成亲。不在话下。

再说桂员外在会稽为财主，因田多役重，官府生事侵渔，甚以为苦。近邻有尤生号尤滑稽，惯走京师，包揽事干，出入贵人门下。员外一日与他商及此事，尤生道："何不入粟买官，一则冠盖荣身，二则官户免役，两得其便。"员外道："不知所费几何？仗老兄斡旋则个！"尤生道："此事吾所熟为，吴中许万户、卫千兵，都是我替他干的，见今腰金衣紫，食禄千石。兄若要做时，敢不效劳？多不过三千，少则二千足矣。"桂生惑于其言，随将白金五十两付与尤生安家；又收拾三千余金，择日同尤生赴京。一路上，尤生将甜言美语哄诱桂生，桂生深信，与之结为兄弟。一到京师，将三千金唾手付之，恣其所用。

　　　　只要乌纱上顶，那顾白镪空囊。

约过了半年，尤生来称贺道："恭喜吾兄，旦夕为贵人矣！但时宰贪甚，凡百费十倍昔年，三千不勾，必得五千金方可成事。"桂迁已费了三千金，只恐前功尽弃，遂托尤生在势要家借银二千两，留下一半，以一千付尤生使用。又过了两三个月，忽有隶卒四人传命，新任亲军指使老爷，请员外讲话。桂迁疑是堂官之流，问："指使老爷何姓？"隶卒道："到彼便知，今不可说。"桂迁急整衣冠，从四人到一大衙门。那老爷乌纱袍带，端坐公堂之上，二人跟定桂迁，二人先入报。少顷，闻堂上传呼唤进。桂迁生平未入公门，心头突突地跳。军校指引到于堂檐之下，喝教跪拜。那官员全不答礼，从容说道："前日所付之物，我已便宜借用，侥幸得官，相还有日，绝不相负。但新任缺钱使用，知汝囊中尚有一千，可速借我，一并送还。"说罢，即命先前四卒："押到下处取银回话。如或不从，仍押来受罪，绝不轻贷。"桂迁被隶卒逼勒，只得将银交付去讫，敢怒而不敢言。明日，债主因桂生功名不就，执了文契，取索原银。桂迁没奈何，特地差人回家变产，得二千余，加利偿还。

桂迁受了这场屈气，没告诉处，羞回故里。又见尤滑稽乘马张盖，前呼后拥，眼红心热，忍耐不过，狠一声："不是他，就是我！"往铁匠店里，打下一把三尖利刀，藏于怀中，等尤生明日五鼓入朝，刺杀他了，便偿命，也出了这口闷气。事不关心，关心者乱，打点做这节非常的事，夜里就睡不着了。看见月光射窗，只道天明，慌忙起身，听得禁中鼓才三下，复身回来，坐以待旦。又捱了一个更次，心中按纳不住，持刀飞奔尤滑稽家来。其门尚闭，旁有一窦，自己立脚不住，不觉两手据地，钻入窦中。堂上灯烛辉煌，一老翁据案而坐，认得是施济模样。自觉羞惭，又被施公看见，不及躲避，欲与拱揖，手又伏地不能起，只得爬向膝前，摇尾而言："向承看顾，感激不忘，前日令郎远来，因一时手头不便，不能从厚，非负心也，将来必当补报。"只见施君大喝道："畜生讨死吃，只管吠做什么！"桂见施君不听其语，心中甚闷，忽见施还自内出来，乃衔衣献笑，谢昔怠慢之罪。施还骂道："畜生作怪了！"一脚踢开。

桂不敢分辨，俯首而行，不觉到厨房下。见施母严老安人坐于椅上，分派肉羹。桂闻肉香，乃左右跳跃良久，蹲足叩首，诉道："向郎君性急，不能久待，以致老安人慢去，幸勿记怀！有余肉幸见赐一块。"只见严老母唤侍婢："打这畜生开去。"养娘取灶内火叉在手，桂大惊，奔至后园。看见其妻孙大嫂，与二子桂高、桂乔，及少女琼枝，都聚一处，细认之，都是犬形。回顾自己，亦化为犬。乃大骇，不觉垂泪，问其妻："何至于此？"妻答道："你不记得水月观音殿上所言乎？'今生若不能补答，来生誓作犬马相报。'冥中最重誓语，今负了施君之恩，受此果报，复何说也！"桂抱怨道："当初桑枣园中掘得藏镪，我原要还施家债负，都听了你那不贤之妇，瞒昧入己，及至他母子远来相投，我又欲厚赠其行，你又一力阻挡，今日之苦，都是你作成我的。"其妻也骂道："男子不听妇人言。我是妇人之见，谁教你句句依我？"二子上前劝解道："既往不咎，徒伤和气耳。腹中馁甚，觅食要紧。"

于是夫妻父子相牵，同至后园，绕鱼池而走。见有人粪，明知齷齪，因饿极姑嗅之，气息亦不恶。见妻与二儿攒聚先咹，不觉垂涎，试将舌舐，味觉甘美，但恨少。忽有童儿来池边出恭，遂守其傍。儿去，所遗是干粪，以口咬之，误堕于池中，意甚可惜。忽闻疱人传主人之命，于诸犬中选肥壮者烹食。缚其长儿去，长儿哀叫甚惨。猛然惊醒，流汗浃背，乃是一梦，身子却在寓所。天已大明了。桂迁想起梦中之事，痴呆了半晌："昔日我负施家，今日尤生负我，一般之理。只知责人不知自责，天以此梦，儆醒我也。"叹了一口气，弃刀于河内，急急束装而归，要与妻子商议，寻施氏母子报恩。

只因一梦多奇异，唤醒忘恩负义人。

桂员外自得了这个异梦，心绪如狂，从京师赶回家来，只见门庭冷落，寂无一人。步入中堂，见左边停有二柩，前设供桌，桌上有两个牌位，明写："长男桂高"、"次男桂乔"。心中大惊，莫非眼花么？双手拭眼，定睛观看，叫声："苦也，苦也！"早惊动了宅里，奔出三四个丫环养娘出来，见了家主便道："来得好，大娘病重，正望着哩。"急得桂迁魂不附体，一步一跌进房，直到浑家床前。两个媳妇和女儿，都守在床边，啼啼哭哭，见了员外不暇施礼，叫公的叫爹的，乱做一堆，都道："快来看视！"桂迁才叫得一声："大娘！"只见浑家在枕上忽然倒插双眼，直视其夫道："父亲如何今日方回？"桂迁知谵语，急叫："大娘苏醒，我在此。"女儿、媳妇都来叫唤。那病者睁目垂泪说："父亲，我是你大儿子桂高，被万俟总管家打死，好苦呵！"桂迁惊问其故，又呜呜咽咽的哭道："往事休题了。冥王以我家负施氏之恩，父亲曾有犬马之誓，我兄弟两个同母亲于明日往施家投于犬胎，一产三犬，二雄者我兄弟二人，其雌犬背有肉瘤者，即母亲也。父亲因阳寿未终，当在明年八月中，亦托生施家做犬，以践前誓。唯妹子与施还缘分合为夫妇，独免此难耳。"

桂见言与梦合，毛骨悚然，方欲再问，气已绝了。举家哀恸，一面差人治办后事。桂员外细叩女儿，二儿致死及母病缘由。女儿答道："自爹赴京后，二哥出外嫖赌，日费不赀，私下将田庄陆续写与万俟总管府中，止收半价。一月前，病瘵瘵身死。大哥不知卖田之情，往东庄取租，遇万俟府中家人，与他争竞，被他毒打一顿，登时呕血，抬回数日亦死。母亲向闻爹在京中为人诓骗，终日忧郁；又见两位哥哥相继而亡，痛伤难尽；望爹不归，郁成寒热之症。三日前疽发于背，遂昏迷不省人事。遍请医人看治，俱说难救。天幸爹回，送了母亲之终。"桂迁闻言，痛如刀割。延请僧众作九昼夜功德拔罪救苦。家人连日疲倦，遗失火烛，厅房楼房烧做一片白地，三口棺材尽为灰烬，不曾剩一块板头。桂迁与二媳一女，仅以身免，叫天号地，唤祖呼宗，哭得眼红喉哑，昏绝数次。正是：

　　　　从前作过事，没兴一齐来。

常言道："瘦骆驼强似象。"桂员外今日虽然颠沛，还有些余房剩产，变卖得金银若干。念二媳少年难守，送回母家，听其改嫁。童婢或送或卖，止带一房男女自随，两个养娘服事女儿。唤了船只，直至姑苏，欲与施子续其姻好，兼有所赠。想施子如此赤贫，决然未娶，但不知漂流何所？且到彼旧居，一问便知。船到吴趋坊河下，桂迁先上岸，到施家门首一看，只见焕然一新，比往日更自齐整。心中有疑，这房子不知卖与何宅，收拾得恁般华美！问邻舍家："旧时施小舍人今在何处？"邻舍道："大宅里不是？"又问道："他这几年家事如何？"邻舍将施母已故，及卖房发藏始末，述了一遍："如今且喜娶得支参政家小姐，才德兼全，甚会治家，夫妻好不和顺，家道日隆，比老官儿在日更不同了。"桂迁听说，又喜又惊，又羞又悔，欲待把女儿与他，他已有妻了；欲待不与，又难以赎罪；欲待进吊，又恐怕他不理；若不进吊，又求见无辞。踌躇再四，乃作寓于阊门，寻相识李梅轩托其通信，愿将女送施为侧室。梅轩道："此事未可造次，当引足下相见了小舍人，然后徐议之。"

明日，李翁同桂迁造于施门，李先入，述桂生家难，并达悔过求见之情。施还不允。李翁再三相劝。施还念李翁是父辈之交，被央不过，勉强接见。桂生羞惭满面，流汗沾衣，俯首请罪。施还问："到此何事？"李翁代答道："一来拜奠令先堂，二来求释罪于门下。"施还冷笑道："谢固不必，奠亦不劳！"李翁道："古人云：'礼至不争'，桂先儿好意拜奠，休得固辞。"施还不得已，命苍头开了祠堂。桂迁陈设祭礼，下拜方毕，忽然有三只黑犬，从宅内出来，环绕桂迁，衔衣号叫，若有所言。其一犬背上，果有肉瘤隐起，乃孙大嫂转生，余二犬乃其子也。桂迁思忆前梦，及浑家病中之言，轮回果报，确然不爽，哭到在地。施还不知变犬之事，但见其哀切，以为懊悔前非，不觉感动，乃彻奠留款，词气稍和。桂迁见施子旧憾释然，遂以往日曾与小女约婚为言。施还即变色入内，不复出来。桂迁返寓所与女儿谈三犬之异，父女悲恸。

> 早知今日都成犬，却悔当初不做人！

次日，桂迁拉李翁再往，施还托病不出。一连去候四次，终不相见。桂迁计穷，只得请李翁到寓，将京中所梦，及浑家病中之言，始末备述。就唤女儿出来相见了，指道："此女自出痘时，便与施氏有约，如今悔之无及！然冥数已定，吾岂敢违？况我妻、男并丧，无家可奔，倘得收吾女为婢妾，吾身杂童仆，终身力作，以免犬报，吾愿毕矣。"说罢，涕泪交下。李翁怜悯其情，述于施还，劝之甚力。施还道："我昔贫困时仗岳父周旋，毕姻后又赖吾妻综理家政，吾安能负之更娶他人乎？且吾母怀恨身亡，此吾之仇家也，若与为姻眷，九泉之下何以慰吾母！此事断不可题起！"李翁道："令岳翁诗礼世家，令阃必闲内则，以情告之，想无难色。况此女贤孝，昨闻祠堂三犬之异，彻夜悲啼，思以身赎母罪。取过门来，又是令阃一帮手，令先堂泉下闻之，必然欢喜。古人不念旧恶，绝人不欲已甚，郎君试与令岳翁商之！"施还方欲再却，忽支参政自内而出，道："贤婿不必固辞，吾已备细闻之矣。此美事，吾女亦已乐从，即烦李翁作伐可也……"言未毕，支氏已收拾金珠币帛之类，教丫鬟养娘送出以为聘资。李翁传命说合，择日过门。当初桂生欺负施家，不肯应承亲事，谁知如今不为妻反为妾，虽是女孩儿命薄，也是桂生欺心的现报。分明是：

> 周郎妙计高天下，赔了夫人又折兵。

那桂女性格温柔，能得支氏的欢喜，一妻一妾甚说得着。桂迁罄囊所有，造佛堂三间，朝夕佞佛持斋，养三犬于佛堂之内。桂女又每夜烧香为母兄忏悔。如此年余，忽梦母兄来辞："幸仗佛力，已脱离罪业矣！"早起桂老来报，夜来三犬，一时俱死。桂女脱簪珥买地葬之。至今阊门城外有"三犬冢"，桂老逾年竟无恙，乃持斋悔罪之力。却说施还亏妻妾主持家事，专意读书，乡榜高中。桂老相伴至京，适值尤滑稽为亲军指挥使，受贿枉法，被言官所劾，拿送法司究问。途遇桂迁，悲惭伏地，自陈昔年欺诳之罪。其妻子跟随于后，向桂老叩头求助。桂迁慈心忽动，身边带有数金，悉以相赠。尤生叩谢道："今生无及，待来生为犬马相报！"桂老叹息而去。后闻尤生受刑不过，竟死于狱中。桂迁益信善恶果报，分毫不爽，坚心办道。是年，施还及第为官，妻妾随任，各生二子，桂迁养老于施家。至今施、支二姓，子孙蕃衍，为东吴名族。有诗为证：

桂迁悔过身无恙，施济行仁嗣果昌；

奉劝世人行好事，皇天不佑负心郎。

第二十六卷

唐解元一笑姻缘

三通鼓角四更鸡，日色高升月色低；
时序秋冬又春夏，舟车南北复东西。
镜中次第人颜老，世上参差事不齐；
右向其间寻稳便，一壶浊酒一餐斋。

这八句诗，乃吴中一个才子所作。那才子姓唐名寅，字伯虎，聪明盖地，学
问包天。书画音乐，无有不通；词赋诗文，一挥便就。为人放浪不羁，有轻世傲
物之志。生于苏郡，家住吴趋。做秀才时，曾效连珠体，做《花月吟》十余首，
句句中有花有月。如"长空影动花迎月，深院人归月伴花"；"云破月窥花好处，
夜深花睡月明中"等句，为人称颂。本府太守曹凤见之，深爱其才。值宗师科
考，曹公以才名特荐。那宗师姓方名志，鄞县人，最不喜古文辞。闻唐寅恃才豪
放，不修小节，正要坐名黜治。却得曹公一力保救，虽然免祸，却不放他科举。
直至临场，曹公再三苦求，附一名于遗才之末，是科遂中了解元。伯虎会试至
京，文名益著，公卿皆折节下交，以识面为荣。有程詹事典试，颇开私径卖题，
恐人议论，欲访一才名素著者为榜首，压服众心，得唐寅甚喜，许以会元。伯虎
性素坦率，酒中便向人夸说："今年我定做会元了。"众人已闻程詹事有私，又
忌伯虎之才，哄传主司不公，言官风闻动本。圣旨不许程詹事阅卷，与唐寅俱下
诏狱，问革。伯虎还乡，绝意功名，益放浪诗酒，人都称为唐解元。得唐解元诗
文字画，片纸尺幅，如获重宝。其中唯画，尤其得意。平日心中喜怒哀乐，都寓
之于丹青。每一画出，争以重价购之。有《言志》诗一绝为证：

不炼金丹不坐禅，不为商贾不耕田；
闲来写幅丹青卖，不使人间作业钱。

却说苏州六门：葑、盘、胥、阊、娄、齐。那六门中，只有阊门最盛，乃舟车辐辏之所。真个是：

> 翠袖三千楼上下，黄金百万水东西；
>
> 五更市贩何曾绝，四远方言总不齐。

唐解元一日坐在阊门游船之上，就有许多斯文中人，慕名来拜，出扇求其字画。解元画了几笔水墨，写了几首绝句。那闻风而至者，其来愈多。解元不耐烦，命童子且把大杯斟酒来。解元倚窗独酌，忽见有画舫从旁摇过，舫中珠翠夺目，内有一青衣小鬟，眉目秀艳，体态绰约，舒头船外，注视解元，掩口而笑。须臾船过，解元神荡魂摇，问舟子："可认得去的那只船么？"舟人答言："此船乃无锡华学士府眷也。"解元欲尾其后，急呼小艇不至，心中如有所失。

正要教童子去觅船，只见城中一只船儿，摇将出来。他也不管那船有载没载，把手相招，乱呼乱喊。那船渐渐至近，舱中一人，走出船头，叫声："伯虎，你要到何处去？这般要紧！"解元打一看时，不是别人，却是好友王雅宜。便道："急要答拜一个远来朋友，故此要紧，兄的船往哪里去？"雅宜道："弟同两个舍亲到茅山去进香，数日方回。"解元道："我也要到茅山进香，正没有人同去。如今只得要趁便了。"雅宜道："兄若要去，快些回家收拾，弟泊船在此相候。"解元道："就去罢了，又回家做什么！"雅宜道："香烛之类，也要备的。"解元道："到那里去买罢！"遂打发童子回去。也不别这些求诗画的朋友，径跳过船来，与舱中朋友叙了礼，连呼："快些开船。"

舟子知是唐解元，不敢怠慢，即忙撑篙摇橹。行不多时，望见这只画舫就在前面。解元吩咐船上，随着大船而行。众人不知其故，只得依他。次日，到了无锡，见画舫摇进城里。解元道："到了这里，若不取惠山泉也就俗了。"叫船家移舟去惠山取了水，原到此处停泊，明日早行。"我们到城里略走一走，就来下船。"舟子答应自去。

解元同雅宜三四人登岸，进了城，到那热闹的所在，撇了众人，独自一个去寻那画舫。却又不认得路径，东行西走，并不见些踪影。走了一回，穿出一条大街上来，忽听得呼喝之声。解元立住脚看时，只见十来个仆人前引一乘暖轿，自东而来，女从如云。自古道："有缘千里能相会。"那女从之中，阊门所见青衣小鬟，正在其内。解元心中欢喜，无远相随，直到一座大门楼下，女使出迎，一拥而入，询之傍人，说是华学士府，适才轿中乃夫人也。解元得了实信，问路出城。恰好船上取了水才到。少顷，王雅宜等也来了，问："解元哪里去了？教我们寻得不耐烦！"解元道："不知怎的，一挤就挤散了，又不认得路径，问了半日，方能到此。"并不题起此事。至夜半，忽于梦中狂呼，如魇魅之状。众人皆惊，唤醒问之。解元道："适梦中见一金甲神人，持金杵击我，责我进香不虔。我叩头哀乞，愿斋戒一月，只身至山谢罪。天明，汝等开船自去，吾且暂回，不得相陪矣。"雅宜等信以为真。

至天明，恰好有一只小船来到，说是苏州去的。解元别了众人，跳上小船。行不多时，推说遗忘了东西，还要转去。袖中摸几文钱，赏了舟子，奋然登岸。到一饭店，办下旧衣破帽，将衣巾换讫。如穷汉之状，走至华府典铺内，以典钱为由，与主管相见。卑词下气，问主管道："小子姓康名宣，吴县人氏，颇善书，处一个小馆为生。近因拙妻亡故，又失了馆，孤身无活，欲投一大家充书办之役，未知府上用得否？倘收用时，不敢忘恩。"因于袖中取出细楷数行，与主管观看。主管看那字，写得甚是端楷可爱，答道："待我晚间进府禀过老爷，明日你来讨回话。"是晚，主管果然将字样禀知学士。学士看了夸道："写得好，不似俗人之笔。明日可唤来见我。"次早，解元便到典中，主管引进解元拜见了学士。学士见其仪表不俗，问过了姓名住居，又问："曾读书么？"解元道："曾考过几遍童生，不得进学，经书还都记得。"学士问："是何经？"解元虽习《尚书》，其实五经俱通的，晓得学士习《周易》，就答应道："《易经》。"学士大喜道："我书房中写帖的不缺，可送公子处作伴读。"问他要多少身价？解元道："身价不敢领，只要求些衣服穿。待后老爷中意时，赏一房好媳妇足矣。"学士更喜，就叫主管于典中寻几件随身衣服与他换了，改名华安。送至书馆，见了公子。

公子教华安抄写文字。文字中有字句不妥的，华安私加改窜。公子见他改得好，大惊道："你原来通文理，几时放下书本的？"华安道："从来不曾旷学，但为贫所迫耳。"公子大喜，将自己日课教他改削。华安笔不停挥，真有点铁成金手段。有时题义疑难，华安就与公子讲解。若公子做不出时，华安就通篇代笔。先生见公子学问骤进，向主人夸奖。学士讨近作看了，摇头道："此非孺子所及，若非抄写，必是倩人。"呼公子诘问其由。公子不敢隐瞒，说道："曾经华安改窜。"学士大惊，唤华安到来，出题面试。华安不假思索，援笔立就，手捧所作呈上。学士见其手腕如玉，但左手有枝指。阅其文，词意兼美，字复精工，愈加欢喜。道："你时艺如此，想古作亦可观也！"乃留内书房掌书记。一应往来书札，授之以意，辄令代笔，烦简曲当，学士从未增减一字。宠信日深，赏赐比众人加厚。

华安时买酒食，与书房诸童子共享，无不欢喜。因而潜访前所见青衣小鬟，其名秋香，乃夫人贴身伏侍，顷刻不离者。计无所出。乃因春暮，赋《黄莺调》以自叹：

> 风雨送春归，杜鹃愁，花乱飞，青苔满院朱门闭。孤灯半垂，孤衾半欹，萧萧孤影汪汪泪。忆归期，相思未了，春梦绕天涯。

学士一日偶到华安房中，见壁间之词，知安所题，甚加称奖。但以为壮年鳏处，不无感伤，初不意其有所属意也。适典中主管病故，学士令华安暂摄其事。月余，出纳谨慎，毫忽无私。学士欲遂用为主管，嫌其孤身无室，难以重托。乃与夫人商议，呼媒婆欲为娶妇。华安将银三两，送与媒婆，央他禀知夫人说："华安蒙老爷夫人提拔，复为置室，恩同天地。但恐外面小家之女，不习里面规矩。倘得于侍儿中择一人见配，此华安之愿也！"媒婆依言禀知夫人。夫人对学士说了。学士道："如此诚为两便。但华安初来时，不领身价，原指望一房好媳妇。今日又做了府中得力之人，倘然所配未中其意，难保其无他志也。不若唤他到中堂，将许多丫鬟听其自择。"夫人点头道是。

当晚，夫人坐于中堂，灯烛辉煌，将丫鬟二十余人各盛饰装扮，排列两边，恰似一班仙女，簇拥着王母娘娘在瑶池之上。夫人传命唤华安。华安进了中堂，拜见了夫人。夫人道："老爷说你小心得用，欲赏你一房妻小。这几个粗婢中，任你自择。"叫老姆姆携烛下去照他一照。华安就烛光之下，看了一回，虽然尽有标致的，那青衣小鬟不在其内。华安立于傍边，嘿然无语。夫人叫："老姆姆，你去问华安：'那一个中你的意，就配与你。'"华安只不开言。夫人心中不乐，叫："华安，你好大眼孔，难道我这些丫头，就没个中你意的？"华安道："复夫人，华安蒙夫人赐配，又许华安自择，这是旷古隆恩，粉身难报。只是夫人随身侍婢，还来不齐，既蒙恩典，愿得尽观。"夫人笑道："你敢是疑我有吝啬之意。也罢！房中那四个，一发唤出来，与他看看，满他的心愿。"原来那四个是有执事的，叫作：

> 春媚，夏清，秋香，冬瑞。

春媚，掌首饰脂粉。夏清，掌香炉茶灶。秋香，掌四时衣服。冬瑞，掌酒果食品。管家老姆姆传夫人之命，将四个唤出来，那四个不及更衣，随身妆束，秋香依旧青衣，老姆姆引出中堂，站立夫人背后。室中蜡炬，光明如昼。华安早已看见了。昔日丰姿，宛然在目。还不曾开口，那老姆姆知趣，先来问道："可看中了谁？"华安心中明晓得是秋香，不敢说破，只将手指道："若得穿青这一位小娘子，足遂生平。"夫人回顾秋香，微微而笑。叫华安且出去。华安回典铺中，一喜一惧，喜者机会甚好，惧者未曾上手，唯恐不成。偶见月明如昼，独步徘徊，吟诗一首：

徙倚无聊夜卧迟，绿杨风静鸟栖枝。
难将心事和人说，说与青天明月知。

次日，夫人向学士说了。另收拾一所洁净房室，其床帐家伙，无物不备。又合家童仆奉承他是新主管，担东送西，摆得一室之中，锦片相似。择了吉日，学士和夫人主婚。华安与秋香中堂双拜，鼓乐引至新房，合卺成婚，男欢女悦，自不必说。

夜半，秋香向华安道："与君颇面善，何处曾相会来？"华安道："小娘子自去思想。"又过了几日，秋香忽问华安道："向日阊门游船中看见的，可就是你？"华安笑道："是也。"秋香道："若然，君非下贱之辈，何故屈身于此？"华安道："吾为小娘子傍舟一笑，不能忘情，所以从权相就。"秋香道："妾昔见诸少年拥君，出素扇纷求书画，君一概不理，倚窗酌酒，旁若无人。妾知君非凡品，故一笑耳。"华安道："女子家能于流俗中识名士，诚红拂、绿绮之流也！"秋香道："此后于南门街上，似又会一次。"华安笑道："好厉害眼睛！果然，果然。"秋香道："你既非下流，实是什么样人？可将真姓名告我。"华安道："我乃苏州唐解元也，与你三生有缘，得谐所愿。今夜既然说破，不可久留，欲与你图谐老之策，你肯随我去否？"秋香道："解元为贱妾之故，不惜辱千金之躯，妾岂敢不唯命是从！"华安次日，将典中账目细细开了一本簿子，又将房中衣服首饰及床帐器皿，另开一账，又将各人所赠之物亦开一账，纤毫不取。共是三宗账目，锁在一个护书箧内，其钥匙即挂在锁上。又于壁间题诗一首：

拟向华阳洞里游，行踪端为可人留。
愿随红拂同高蹈，敢向朱家惜下流。
好事已成谁索笑？屈身今去尚含羞。
主人若问真名姓，只在"康宣"两字头。

是夜雇了一只小船，泊于河下。黄昏人静，将房门封锁，同秋香下船，连夜望苏州去了。

天晓，家人见华安房门封锁，奔告学士。学士教打开看时，床帐什物一毫不动。护书内账目开载明白。学士沉思，莫测其故。抬头一看，忽见壁上有诗八句，读了一遍，想："此人原名，不是康宣。"又不知什么意故，来府中住许多时。若是不良之人，财上又分毫不苟。又不知那秋香如何就肯随他逃走，如今两口儿，又不知逃在哪里？我弃此一婢，亦有何难。只要明白了这桩事迹。"便叫家童唤捕人来，出信赏钱，各处缉获康宣、秋香，杳无影响。过了年余，学士也放过一边了。

忽一日，学士到苏州拜客，从阊门经过。家童看见书坊中，有一秀才坐而观书，其貌酷似华安，左手亦有枝指。报与学士知道。学士不信，吩咐此童再去看个详细，并访其人名姓。家童复身到书坊中，那秀才又和着一个同辈说话，刚下阶头，家童乖巧，悄悄随之。那两个转湾向潼子门下船去了，仆从相随共有四五人。背后察其形相，分明与华安无二。只是不敢唐突。家童回转书坊，问店主："适来在此看书的是什么人？"店主道："是唐伯虎解元相公。今日是文衡山相公舟中请酒去了。"家童道："方才同去的那一位可就是文相公么？"店主道："那是祝枝山，也都是一般名士。"家童一一记了，回复了华学士。学士大惊，想道："久闻唐伯虎放达不羁，难道华安就是他。明日专往拜谒，便知是否。"

次日，写了名帖，特到吴趋坊拜唐解元。解元慌忙出迎，分宾而坐。学士再三审视，果肖华安。及捧茶，又见手白如玉，左有枝指。意欲问之，难于开口。茶罢，解元请学士书房中小坐。学士有疑未决，亦不肯轻别，遂同至书房。见其摆设齐整，啧啧叹羡。少停酒至，宾主对酌多时。学士开言道："贵县有个康宣，其人读书不遇，甚通文理。先生识其人否？"解元唯唯。学士又道："此人去岁曾佣书于舍下，改名华安。先在小儿馆中伴读，后在学生书房管书束。后又在小典中为主管。因他无室，教他于贱婢中自择，他择得秋香成亲。数日后夫妇俱逃，房中日用之物一无所取。竟不知其何故？学生曾差人到贵处察访，并无其人。先生可略知风声么？"解元又唯唯，学士见他不明不白，只是胡答应，忍耐不住，只得又说道："此人形容颇肖先生模样，左手亦有枝指，不知何故？"解元又唯唯。

少顷，解元暂起身入内。学士翻看桌上书籍，见书内有纸一幅，题诗八句，读之，即壁上之诗也。解元出来。学士执诗问道："这八句诗乃华安所作，此字亦华安之笔，如何有在尊处？必有缘故，愿先生一言，以决学生之疑。"解元道："客少停奉告。"学士心中愈闷，道："先生见教过了，学生还坐，不然即告辞矣。"解元道:"禀复不难,求老先生再用几杯薄酒。"学士又吃了数杯。解元巨觥奉劝。学士已半酣,道:"酒已过分,不能领矣。学生惓惓请教,止欲剖胸中之疑,并无他念。"解元道:"请用一箸粗饭。"

饭后献茶,看看天晚,童子点烛到来。学士愈疑,只得起身告辞。解元道:"请老先生暂挪贵步,当决所疑。"命童子秉烛前引,解元陪学士随后共入后堂。堂中灯烛辉煌,里面传呼:"新娘来!"只见两个丫鬟,伏侍一位小娘子,轻移莲步而出,珠珞重遮,不露娇面。学士惶悚退避。解元一把扯住衣袖道:"此小妾也,通家长者,合当拜见,不必避嫌。"丫鬟铺毡,小娘子向上便拜,学士还礼不迭。解元将学士抱住,不要他还礼。拜了四拜,学士只还得两个揖,甚不过意。

拜罢,解元携小娘子近学士之旁,带笑问道:"老先生请认一认,方才说学生颇似华安,不识此女亦似秋香否?"学士熟视大笑,慌忙作揖,连称得罪。解元道:"还该是学生告罪。"二人再至书房。解元命重整杯盘,浅盏更酌。酒中学士复叩其详。解元将阊门舟中相遇始末细说一遍,各各抚掌大笑。学士道:"今日即不敢以记室相待,少不得行子婿之礼。"解元道:"若要甥舅相行,恐又费丈人妆奁耳。"二人复大笑,是夜,尽欢而别。

学士回到舟中,将袖中诗句置于桌上,又复玩味。"首联道:'拟向华阳洞里游',是说有茅山进香之行了。'行踪端为可人留',分明为途遇了秋香,耽搁住了。第二联:'愿随红拂同高蹈,敢向朱家惜下流。'他屈身投靠,便有相挈而逃之意。第三联:'好事已成谁索笑?屈身今去尚含羞。'这两句明白。末联:'主人若问真名姓,只在"康宣"两字头。'康字与唐字头一般,宣字与寅字头无二,是影着唐寅二字。我自不能推详耳。他此举虽似情痴,然封还衣饰,一无所取,乃礼义之人,不枉名士风流也。"

学士回家,将这段新闻,向夫人说了。夫人亦骇然。于是厚其装奁,约值千金,差当家老姆姆押送唐解元家。从此两家遂为亲戚,往来不绝。至今吴中把此事,传作风流话柄。有唐解元《焚香默坐歌》,自述一生心事,最做得好。歌曰:

焚香嘿坐自省己，口里喃喃想心里。
心中有甚害人谋？口中有甚欺心语？
为人能把口应心，孝弟忠信从此始。
其余小德或出入，焉能磨涅吾行止。
头插花枝手把杯，听罢歌童看舞女。
食色性也古人言，今人乃以为之耻。
及至心中与口中，多少欺人没天理。
阴为不善阳掩之，则何益矣徒劳耳。
请坐且听吾语汝，凡人有生必有死。
死见阎君面不惭，才是堂堂好男子。

国学经典文库

中国二十大名著

警世通言

图文珍藏版

第二十七卷

假神仙大闹华光庙

欲学为仙说与贤，长生不老是虚传。
少贪色欲身康健，心不瞒人便是仙。

话说故宋时，杭州普济桥有个宝山院，乃嘉泰中所建，又名华光庙，以奉五显之神。那五显？

一显，聪昭圣孚仁福善王；
二显，明昭圣孚义福顺王；
三显，正昭圣孚智福应王；
四显，直昭圣孚爱福惠王；
五显，德昭圣孚信福庆王。

此五显，乃是五行之佐，最有灵应。或言五显即五通，此谬言也。绍定初年，丞相郑清之重修，添造楼房精舍，极其华整。遭元时兵火，道侣流散，房垣倒塌，左右民居，亦皆凋落。至正初年，道士募缘修理，香火重兴，不在话下。

单说本郡秀才魏宇，所居于庙相近。同表兄服道勤，读书于庙旁之小楼。魏生年方一十七岁，丰姿俊雅，性复温柔，言语恂恂，宛如处子。每赴文会，同辈辄调戏之，呼为魏娘子，魏生羞脸发赤。自此不会宾客，只在楼上温习学业。唯服生朝夕相见。

一日，服生因母病回家侍疾，魏生独居楼中读书。约至二鼓，忽闻有人叩门。生疑表兄之来也，开而视之。见一先生，黄袍蓝袖，丝拂纶巾，丰仪美髯，香风袭袭，有出世凌云之表。背后跟着个小道童，也生得清秀，捧着个朱红盒子。先生自说："吾乃纯阳吕洞宾，遨游四海，偶尔经过此地。空中闻子书声清亮，殷勤嗜学，必取科甲，且有神仙之分，吾与汝宿世有缘，合当度汝，知汝独居，特特奉访。"魏生听说，又惊又喜。连忙下拜，请纯阳南面坐定，自己侧坐相陪。洞宾呼道童，拿过盒子，摆在桌上，都是鲜异果品，和那山珍海味，馨香扑鼻。所用紫金杯，白玉壶，其壶不满三寸，出酒不竭，其酒色如琥珀，味若醍醐。洞宾道："此仙肴仙酒，唯吾仙家受用。以子有缘，故得同享。"魏生此时，恍恍惚惚，如已在十洲三岛之中矣。饮酒中间，洞宾道："今夜与子奇遇，不可无诗。"魏生欲观仙笔，即将文房四宝，列于几上。洞宾不假思索，信笔赋诗四首：

其一：

> 黄鹤楼前灵气生，蟠桃会上啜玄英。
> 剑横紫海秋光动，每夕乘云上玉京。

其二：

> 嵯峨栋宇接云烟，身在蓬壶境里眠。
> 一觉不知天地老，醒来又见几桑田。

其三：

> 一粒金丹羽化奇，就中玄妙少人知。
> 夜来忽听钧天乐，知是仙人跨鹤时。

其四：

> 剑气横空海月浮，遨游顷刻遍神洲。
> 蟠桃历尽三千度，不计人间九百秋。

字势飞舞，魏生赞不绝口。洞宾问道："子聪明过人，可随意作一诗，以观子仙缘之迟速也。"魏生亦赋二绝：

其一：

十二峰前琼树齐，此生何似蹑天梯。
消磨寰宇尘氛净，漫着霞裳礼玉枢。

其二：
天空月色两悠悠，绝胜飞吟亭上游。
夜静玉箫天宇碧，直随鹤驭到瀛洲。

洞宾览毕，目视魏生，微笑道："子有瀛洲之志，真仙种也。昔西汉大将军霍去病，祷于神君之庙，神君现形，愿为夫妇。去病大怒而去。后病笃，复遣人哀恳神君求救。神君曰：'霍将军体弱，吾欲以太阴精气补之，霍将军不悟，认为淫欲，遂尔见绝。今日之病，不可救矣。'去病遂死。仙家度人之法，不拘一定，岂是凡人所知。唯有缘者信之不疑耳。吾更赠子一诗。"诗云：

相逢此夕在琼楼，酬酢灯前且自留。
玉液斟来晶影动，珠玑赋就峡云收。
漫将凤世人间了，且藉仙缘天上修。
从此岳阳消息近，白云天际自悠悠。

魏生读诗会意，亦答一绝句：

仙境清虚绝欲尘，凡心那杂道心真。
后庭无树栽琼玉，空美隋炀堤上人。

二人唱和之后，意益绸缪。洞宾命童子且去："今夜吾当宿此。"又向魏生道："子能与吾相聚十昼夜，当令子神完气足，日记万言。"魏生信以为然。酒酣，洞宾先寝。魏生和衣睡于洞宾之侧。洞宾道："凡人肌肉相凑，则神气自能往来。若和衣各睡，吾不能有益于子也。"乃抱魏生于怀，为之解衣，并枕而卧。洞宾软款抚摩，渐至狎浪。魏生欲窃其仙气，隐忍不辞。至鸡鸣时，洞宾与魏生说："仙机不可漏泄。乘此未明，与子暂别，夜当再会。"推窗一跃，已不知所在。魏生大惊，决为真仙。取夜来金玉之器看之，皆真物也，制度精巧可爱。枕席之间，余香不散。魏生凝思不已。至夜，洞宾又来与生同寝。一连宿了十余夜，情好愈密，彼此俱不忍舍。
一夕，洞宾与魏生饮酒，说道："我们的私事，昨日何仙姑赴会回来知道了，大发恼怒，要奏上玉帝，你我都受罪责，我再三求告，方才息怒。他见我说你十分标致，要来看你，夜间相会时，你陪个小心，求服他，我自也在里面撺掇，倘得欢喜起来，从了也不见得。若得打做一家，这事永不露出来。得他太阴真气，亦能少助。"魏生听说，心中大喜。到日间，疾忙置办些美酒精馔果品，等候到晚。且喜这几日，服道勤不来，只魏生一个在楼上。

魏生见更深人静了，焚起一炉好香，摆下酒果，又穿些华丽衣服，妆扮整齐，等待二仙。只见洞宾领着何仙姑，径来楼上。看这仙姑，颜色柔媚，光艳射人，神采夺目。魏生一见，神魂飘荡，心意飞扬。那时身不由己，双膝跪下在仙姑面前。何仙姑看见魏生果然标致，心里真实欢喜。到假意做个恼怒的模样，说道："你两个做得好事！扰乱清规，不守仙范，哪里是出家读书人的道理？"虽然如此，嗔中有喜，魏生叩头讨饶，洞宾也陪着小心，求服仙姑。仙姑说道："你二人既然知罪，且饶这一次。"说了，便要起身。魏生再三苦留，说道："尘俗粗肴，聊表寸意。"洞宾又恳恳撺掇，说："略饮数杯见意，不必固辞，若去了，便伤了仙家和气。"仙姑被留不过，只得勉意坐了。轮番把盏。洞宾又与仙姑说："魏生高才能诗，今夕之乐，不可无咏。"仙姑说："既然如此，请师兄起句。"洞宾也不推辞。

> 每日蓬壶恋玉卮，暂同仙伴乐须厘。（洞宾）
> 一宵清兴因知己，几朵金莲映碧池。（仙姑）
> 物外幸逢环珮暖，人间亦许凤皇仪。（魏生）
> 殷勤莫为桃源误，此夕须调琴瑟丝。（洞宾）

仙姑览诗，大怒道："你二人如何戏弄我？"魏生慌忙磕头谢罪。洞宾劝道："天上人间，其情则一。洛妃解珮，神女行云，此皆吾仙家故事也。世上佳人才子，犹为难遇，况魏生原有仙缘，神仙聚会，彼此一家，何必分体别形，效尘俗硁硁之态乎？"说罢，仙姑低头不语，弄其裙带。洞宾道："和议已成，魏宇可拜谢仙姑俯就之恩也。"魏生连忙下拜。仙姑笑扶而起，入席再酌，尽欢而罢。是夜，三人共寝。魏生先近仙姑，次后洞宾举事。阳变阴阖，欢娱一夜。仙姑道："我三人此会，真是奇缘，可于枕上联诗一律。"仙姑首唱：

> 满目辉光满目烟，无情却被有情牵。（仙姑）
> 春来杨柳风前舞，雨后桃花浪里颠。（魏生）
> 须信仙缘应不爽，漫将好事了当年。（仙姑）
> 香销梦绕三千界，黄鹤栖迟一夜眠。（洞宾）

鸡鸣时，二仙起身欲别，魏生不舍，再三留恋，恳求今夜重会。仙姑含着羞说道："你若谨慎，不向人言，我当源源而至。"自此以后，无夕不来或时二仙同来，或时一仙自来。虽表兄服生同寓书楼，一壁之隔，窗中来去，全不露迹。

如此半载有余。魏生渐渐黄瘦，肌肤销铄，饮食日减。夜间偏觉健旺，无奈日里倦怠，只想就枕。服生见其如此模样，叩其染病之故，魏生坚不肯吐。服生只得对他父亲说知。魏公到楼上看了儿子，大惊，乃取镜子教儿自家照。魏生自睹尪羸之状，亦觉骇然。魏公劝儿回家调理，儿子哪里肯回。乃请医切脉，用药调理。是夜，二仙又来。魏生述容颜黄瘦，父亲要搬回之语。洞宾道："凡人成仙，脱胎换骨，定然先将俗肌消尽，然后重换仙体。此非肉眼所知也。"魏生由此不疑。连药也不肯吃。

再过数日，看看一丝两气。魏公着了忙，自携铺盖，往楼上守着儿子同宿。到夜半，儿子向着床里说鬼话。魏公叫唤不醒，连隔房服道勤都起身来看。只见魏生口里说："二位师父怕怎的！不要去！"伸出手来，一把扯住，却扯了父亲。魏公双眼流泪，叫："我儿！你病势十死一生，尤自不肯实说！那二位师父是何人？想是邪魅。"魏生道："是两个仙人，来度我的！不是邪魅。"魏公见儿沉重，不管他肯不肯，顾了一乘小轿抬回家去将息。儿子道："仙人与我紫金杯，白玉壶，在书柜里，与我检好。"开柜看时，那是紫金白玉，都是黄泥白泥捻就的。魏公道："我儿，眼见得不是仙人是邪魅了！"魏生恰才心慌，只得将庙中初遇纯阳后遇仙姑始末，叙了一遍。魏公大惊，一面教妈妈收拾净房，伏侍儿子养病，一面出门访问个祛妖的法师。

走不多步，恰好一个法师，手中拿着法环摇将过来，朝着打个问讯。魏公连忙答礼，问道："师父何来？"这法师说道："弟子是湖广武当山张三丰老爷的徒弟，姓裴，法名守正，传得五雷法，普救人世。因见府上有妖气，故特动问。"魏公听得说话有些来历，慌忙请法师到里面客位里坐。茶毕，就把儿子的事，备细说与裴法师知道。裴道说："令郎今在何处？"魏公就邀裴法师，进到房里看魏生。裴道一见魏生，就与魏公说："令郎却被两个雌雄妖精迷了，若再过旬日不治，这命休了。"魏公听说，慌忙下拜，说道："万望师父慈悲，垂救犬子则个，永不敢忘！"裴法师说："我今晚就与你拿这精怪。"魏公说："如此甚好！或是要甚东西，吾师说来，小人好去治办。"裴守正说："要一副熟三牲和酒果、五雷纸马、香烛、朱砂、黄纸之类。"吩咐毕，又道："暂且别去，晚上过来。"魏公送裴道出门，嘱道："晚上准望光降。"裴法师道："不必说。"照旧又来街上，摇着法环而去。魏公慌忙买办合用物件，都齐备了，只等裴法师来捉鬼。

到晚，裴法师来了。魏公接着法师，说："东西俱已完备，不知要摆在哪里？"裴道说："就摆在令郎房里。"抬两张桌子进去，摆下三牲福物，烧起香来。裴道戴上法冠，穿领法衣，仗着剑，步起罡来，念动咒诀，把朱砂书起符来。正要烧这符去，只见这符都是水湿的，烧不着。裴法师骂道："畜生，不得无礼！"把剑望空中斫将去。这口剑被妖精接着，拿去悬空钉在屋中间，动也动不得。裴道心里慌张，把平生的法术都使出来，一些也不灵。魏公看着裴道，说："师父头上戴的道冠儿哪里去了？"裴道说："我不曾除下，如何便没了？又是作怪！"连忙使人去寻，只见门外有个尿桶，这道冠儿浮在尿桶面上。捞得起来时，烂臭，如何戴得在头上！裴道说："这精怪妖气太盛，我的法术敌他不过，你自别作计较。"

魏公见说，心里虽是烦恼，免不得把福物收了。请裴道来堂前散福，吃了酒饭。夜又深了，就留裴道在家安歇。彼此俱不欢喜。裴道也闷闷的，自去侧房里脱了衣服睡。才要合眼，只见三四个黄衣力士，扛四五十斤一块石板，压在裴道身上，口里说："谢贼道的好法！"裴道压得动身不得，气也透不转，慌了，只得叫道："有鬼！救人，救人！"原来魏公家里人正收拾未了，还不曾睡。听得裴道叫响，魏公与家人拿着灯火，走进房来。看裴道时，见裴道被块青石板压在身上，动不得。两三个人，慌忙扛去这块石板，救起裴道来。将姜汤灌了一回，东方已明，裴道也醒了。裴道梳洗已毕，又吃些早粥，辞了魏公自去，不在话下。魏公见这模样，夫妻两个，泪不曾干，也没奈何。

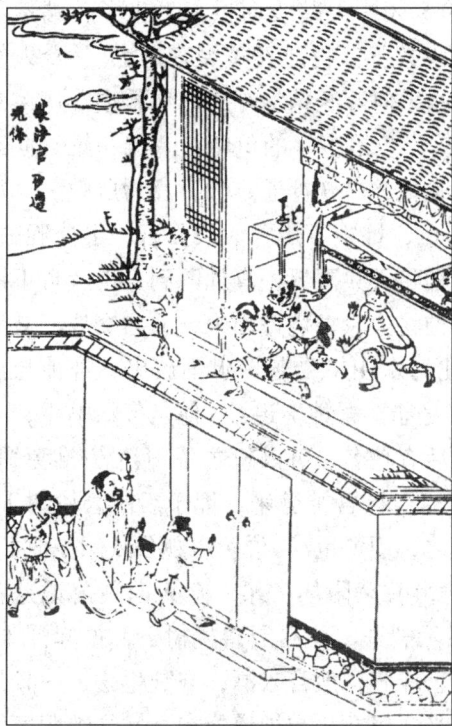

次日，表兄服道勤来看魏生。魏公与服生备说夜来裴道着鬼之事："怎生是好？"服生说道："本庙华光菩萨最灵感，原在庙里被精了，我们备些福物，做道疏文烧了，神道正必胜邪，或可救得。"服生与同会李林等说了，这些会友，个个爱惜魏生，争出分子，备办福物、香烛、纸马、酒果，摆列在神道面前，与魏公拜献，就把疏文宣读：

　　唯神正气摄乎山川，善恶不爽；威灵布于寰宇，祸福无私。今魏宇者，读书本庙，祸被物精。男女不分，夤夜欢娱于一席；阴阳无间，晨昏耽乐于两情。苟且相交，不顾逾墙之戒；无媒而合，自同钻穴之污。

先假纯阳，比顽不已；后托何氏，淫乐无休。致使魏生形神摇乱，全无清爽之期；心志飞扬，已失永长之道。或月怪，或花妖，殛之以灭其迹；或山精，或水魅，袪之使屏其形。阳伸阴屈，物泰民安，万众皆钦，唯神是祷。李林等拜疏。

疏文念毕，烧化了纸，就在庙里散福。众人因论吕洞宾、何仙姑之事。李林道："忠清巷新建一座纯阳庵，我们明早同去拈香，通陈此事，倘然吕仙有灵，必然震怒。"众人齐声道好。

次日，同会十人，不约而齐，都到纯阳祖师面前，拈香拜祷。转来回复了魏公。从此夜为始，魏生渐觉清爽，但元神不能骤复。魏公心下，已有三分欢喜。

过了数日，自备三牲祭礼，往华光庙，一则赛愿，二则保福。众友闻知，都来陪他拜神。礼毕，化纸，只见魏公双眸紧闭，大踏步向供桌上坐了，端然不动，叫道："魏则优，你儿子的性命，亏我救了。我乃五显灵官是也！"众人知华光菩萨附体，都来参拜，叩问："魏宇所患何等妖精？神力如何救拔？病体几时方能全妥？"魏公口里又说道："这二妖，乃是多年的龟精，一雌一雄，惯迷惑少年男女。吾神访得真了，先差部下去拿他，二妖神通广大，反为所败。吾神亲往收捕，他兀自假冒吕洞宾、何仙姑名色，抗拒不服，大战百合，不分胜败。恰好洞宾、仙姑亦知此情，奏闻玉帝，命神将天兵下界，真仙既到，伪者自不能敌。二妖逃走，去乌江孟子河里去躲。吾神将火轮去烧得出来，又与交战，被洞宾先生飞剑斩了雄的龟精，雌的直驱在北海水阴中受苦，永不赦出。吾神与洞宾、仙姑奏复上帝。上帝要并治汝子迷惑之罪。吾神奏道：'他是年幼书生，一时被惑，父母朋友，俱悔过求忏。况此生后有功名，可以恕之。'上帝方准免罚。你看我的袍袖，都战裂了。那雄龟精的腹壳，被吾神劈来，埋于后园碧桃树下。你若要儿子速愈，可取此壳煎膏，用酒服之，便愈也。"说罢，魏公跌倒在地下。

众人扶起，唤醒问他时，魏公并不晓得菩萨附体一事。众人向魏公说这备细。魏公惊异，就神帐中看神道袍袖，果然裂开。往后园碧桃树下，掘起浮土，见一龟板，约有三尺之长，犹带血肉。魏公取归，煎膏入酒，与魏生吃，一日三服。比及膏完，病已痊愈。于是父子往华光庙祭赛，与神道换袍。又往纯阳庵烧香。后魏宇果中科甲。有诗为证：

真妄由来本自心，神仙岂肯蹈邪淫？
人心不被邪淫惑，眼底蓬莱便可寻。

第二十八卷

白娘子永镇雷峰塔

山外青山楼外楼，西湖歌舞几时休？
暖风薰得游人醉，直把杭州作汴州。

话说西湖景致，山水鲜明。晋朝咸和年间，山水大发，汹涌流入西六。忽然水内有牛一头，见浑身金色。后水退，其牛随行至北山，不知去向。哄动杭州市上之人，皆以为显化，所以建立一寺，名曰金牛寺。西门，即今之涌金门，立一座庙，号金华将军。当时有一番僧，法名浑寿罗，到此武林郡云游，玩其山景，道："灵鹫山前小峰一座，忽然不见，原来飞到此处。"当时人皆不信，僧言："我记得灵鹫山前峰岭，唤做灵鹫岭。这山洞里有个白猿，看我呼出为验。"果然呼出白猿来。山前有一亭，今唤做冷泉亭。又有一座孤山，生在西湖中。先曾有林和靖先生，在此山隐居。使人搬挑泥石，砌成一条走路，东接断桥，西接栖霞岭，因此唤作孤山路。又唐时有刺史白乐天，筑一条路，南至翠屏山，北至栖霞岭，唤做白公堤，不时被山水冲倒，不只一番，用官钱修理。后宋时，苏东坡来做太守，因见有这两条路，被水冲坏，就买木石，起人夫，筑得坚固。六桥上朱红栏杆，堤上栽种桃柳，到春景融和，端的十分好景，堪描入画。后人因此只唤做苏公堤。又孤山路畔，起造两条石桥，分开水势，东边唤做断桥，西边唤做西宁桥。真乃：

隐隐山藏三百寺，依稀云锁二高峰。

说话的，只说西湖美景，仙人古迹。俺今日且说一个俊俏后生，只因游玩西湖，遇着两个妇人，直惹得几处州城，闹动了花街柳巷。有分教：才人把笔，编成一本风流话本。单说那子弟，姓甚名谁？遇着甚般样的妇人？惹出甚般样事？有诗为证：

清明时节雨纷纷，路上行人欲断魂。

借问酒家何处有，牧童遥指杏花村。

话说宋高宗南渡，绍兴年间，杭州临安府过军桥黑珠巷内，有一个宦家，姓李名仁。见做南廊阁子库募事官，又与邵太尉管钱粮。家中妻子有一个兄弟许宣，排行小乙。他爹曾开生药店。自幼父母双亡，却在表叔李将仕家生药铺做主管，年方二十二岁。那生药店开在官巷口。忽一日，许宣在铺内做买卖，只见一个和尚来到门首，打个问讯道："贫僧是保叔塔寺内僧，前日已送馒头并卷子在宅上。今清明节近，追修祖宗，望小乙官到寺烧香，勿误。"许宣道："小子准来。"和尚相别去了。许宣至晚归姐夫家去。原来许宣无有老小，只在姐姐家住。当晚与姐姐说："今日保叔塔和尚来请烧筅子，明日要荐祖宗，走一遭了来。"

次日早起，买了纸马、蜡烛、经幡、钱垛一应等项，吃了饭，换了新鞋袜衣服，把筅子钱马，使条袱子包了，径到官巷口李将仕家来。李将仕见了，问许宣何处去？许宣道："我今日要去保叔塔烧筅子，追荐祖宗，乞叔叔容暇一日。"李将仕道："你去便回。"

许宣离了铺中，入寿安坊、花市街，过井亭桥，行清河街后钱塘门，行石函桥过放生碑，径到保叔塔寺。寻见送馒头的和尚，忏悔过疏头、烧了筅子，到佛殿上看众僧念经。吃斋罢，别了和尚，离寺迤逦闲走，过西宁桥、孤山路、四圣观，来看林和靖坟，到六一泉闲走。不期云生西北，雾锁东南，落下微微细雨，渐大起来。正是清明时节，少不得天公应时，催花雨下，那阵雨下得绵绵不绝。许宣见脚下湿，脱下了新鞋袜，走出四圣观来寻船，不见一只，正没摆布处，只见一个老儿，摇着一只船过来。许宣暗喜，认时正是张阿公，叫道："张阿公，搭我则个！"老儿听得叫，认时，原来是许小乙。将船摇近岸来，道："小乙官，着了雨，不知要何处上岸？"许宣道："涌金门上岸。"这老儿扶许宣下船，离了岸，摇近丰乐楼来。

搖不上十数丈水面，只见岸上有人叫道："公公，搭船则个！"许宣看时，是一个妇人，头戴孝头髻，乌云畔插着些素钗梳，穿一领白绢衫儿，下穿一条细麻布裙。这妇人肩下一个丫鬟，身上穿着青衣服，头上一双角髻，戴两条大红头须，插着两件首饰，手中捧着一个包儿要搭船。那老张对小乙官道："'因风吹火，用力不多'，一发搭了他去。"许宣道："你便叫他下来。"老儿见说，将船傍了岸边。那妇人同丫鬟下船，见了许宣，起一点朱唇，露两行碎玉，向前道一个万福。许宣慌忙起身答礼。那娘子和丫鬟舱中坐定了。娘子把秋波频转，瞧着许宣。许宣平生是个老实之人，见了此等如花似玉的美妇人，傍边又是个俊俏美女样的丫鬟，也不免动念。那妇人道："不敢动问官人，高姓尊讳？"许宣答道："在下姓许名宣，排行第一。"妇人道："宅上何处？"许宣道："寒舍住在过军桥黑珠儿巷，生药铺内做买卖。"那娘子问了一回，许宣寻思道："我也问他一问。"起身道："不敢拜问娘子高姓？潭府何处？"那妇人答道："奴家是白三班白殿直之妹，嫁了张官人，不幸亡过了，见葬在这雷岭。为因清明节近，今日带了丫鬟，往坟上祭扫了方回。不想值雨，若不是搭得官人便船，实是狼狈。"又闲讲了一回，迤逦船摇近岸。只见那妇人道："奴家一时心忙，不曾带得盘缠在身边，万望官人处借些船钱还了，并不有负。"许宣道："娘子自便，不妨，些须船钱不必计较。"还罢船钱，那雨越不住。许宣挽了上岸。那妇人道："奴家只在箭桥双茶坊巷口。若不弃时，可到寒舍拜茶，纳还船钱。"许宣道："小事何消挂怀。天色晚了，改日拜望。"说罢，妇人共丫鬟自去。

许宣入涌金门，从人家屋檐下到三桥街，见一个生药铺，正是李将仕兄弟的店。许宣走到铺前，正见小将仕在门前。小将仕道："小乙哥晚了，哪里去？"许宣道："便是去保叔塔烧篝子，着了雨，望借一把伞则个！"将仕见说叫道："老陈把伞来，与小乙官去！"不多时，老陈将一把雨伞撑开道："小乙官，这伞是清湖八字桥老实舒家做的，八十四骨、紫竹柄的好伞，不曾有一些儿破，将去休坏了！仔细，仔细！"许宣道："不必吩咐。"接了伞，谢了将仕，出羊坝头来。

到后市街巷口。只听有人叫道："小乙官人。"许宣回头看时，只见沈公井巷口小茶坊屋檐下，立着一个妇人，认得正是搭船的白娘子。许宣道："娘子，如何在此？"白娘子道："便是雨不得住，鞋儿都踏湿了，教青青回家，取伞和脚下。又见晚下来，望官人搭几步则个。"许宣和白娘子合伞到坝头，道："娘子到哪里去？"白娘子道："过桥投箭桥去。"许宣道："小娘子，小人自往过军桥去，路又近了，不若娘子把伞将去，明日小人自来取。"白娘子道："却是不当，感谢官人厚意。"许宣沿人家屋檐下，冒雨回来。只见姐夫家当直王安，拿着钉靴雨伞来接不着，却好归来。到家内吃了饭。当夜思量那妇人，翻来覆去睡不着。梦中共日间见的一般，情意相浓。不想金鸡叫一声，却是南柯一梦。正是：

> 心猿意马驰千里，浪蝶狂蜂闹五更。

到得天明，起来梳洗罢，吃了饭，到铺中心忙意乱，做些买卖也没心想。到午时后，思量道："不说一谎，如何得这伞来还人？"当时许宣见老将仕坐在柜上，向将仕说道："姐夫叫许宣归早些，要送人情，请暇半日。"将仕道："去了，明日早些来。"许宣唱个喏，径来箭桥双茶坊巷口，寻问白娘子家里。问了半日，没一个认得。正踌躇间，只见白娘子家丫鬟青青，从东边走来。许宣道："姐姐，你家何处住？讨伞则个。"青青道："官人随我来。"许宣跟定青青，走不多路，道："只这里便是。"

许宣看时，见一所楼房，门前两扇大门，中间四扇看街槅子眼，当中挂顶细密朱红帘子，四下排着十二把黑漆交椅，挂四幅名人山水古画。对门乃是秀王府墙。那丫头转入帘子内道："官人，请入里面坐。"许宣随步入到里面，那青青低低悄悄叫道："娘子，许小乙官人在此。"白娘子里面应道："请官人进里面拜茶。"许宣心下迟疑。青青三回五次，催许宣进去。许宣转到里面，只见四扇暗槅子窗，揭起青布幕，一个坐起，桌上放一盆虎须菖蒲，两边也挂四幅美人，中间挂一幅神像，桌上放一个古铜香炉花瓶。那小娘子向前，深深的道一个万福，道："夜来多蒙小乙官人应付周全，识荆之初，甚是感激不浅。"许宣道："些微何足挂齿。"白娘子道："少坐拜茶。"茶罢，又道："片时薄酒三杯，表意而已。"许宣方欲推辞，青青已自把菜蔬果品流水排将出来。许宣道："感谢娘子置酒，不当厚扰。"饮至数杯，许宣起身道："今日天色将晚，路远，小子告回。"娘子道："官人的伞，舍亲昨夜转借去了。再饮几杯，着人取来。"许宣道："日晚，小子要回。"娘子道："再饮一杯。"许宣道："饮馔好了，多感，多感。"白娘子道："既是官人要回，这伞相烦明日来取则个。"许宣只得相辞了回家。

至次日，又来店中做些买卖。又推个事故，却来白娘子家取伞。娘子见来，又备三杯相款。许宣道："娘子还了小子的伞罢，不必多扰。"那娘子道："既安排了，略饮一杯。"许宣只得坐下。那白娘子筛一杯酒，递与许宣，启樱桃口，露榴子牙，娇滴滴声音，带着满面春风，告道："小官人在上，真人面前说不得假话。奴家亡了丈夫，想必和官人有宿世姻缘，一见便蒙错爱。正是你有心，我有意。烦小乙官人寻一个媒证，与你共成百年姻眷，不枉天生一对，却不是好。"许宣听那妇人说罢，自己寻思："真个好一段姻缘，若取得这个浑家，也不枉了。

我自十分肯了，只是一件不谐，思量我日间在李将仕家做主管，夜间在姐夫家安歇，虽有些少东西，只好办身上衣服，如何得钱来娶老小？"自沉吟不答。只见白娘子道："官人何故不回言语？"许宣道："多感过爱，实不相瞒，只为身边窘迫，不敢从命。"娘子道："这个容易。我囊中自有余财，不必挂念。"便叫青青道："你去取一锭白银下来。"只见青青手扶栏杆，脚踏胡梯，取下一个包儿来，递与白娘子。娘子道："小乙官人，这东西将去使用，少欠时再来取。"亲手递与许宣。许宣接得包儿，打开看时，却是五十两雪花银子，藏于袖中，起身告回。青青把伞来还了许宣。许宣接得相别，一径回家，把银子藏了。

当夜无话，明日起来，离家到官巷口，把伞还了李将仕。许宣将些碎银子，买了一只肥好烧鹅、鲜鱼精肉、嫩鸡果品之类，提回家来。又买了一樽酒，吩咐养娘、丫鬟，安排整下。那日却好姐夫李募事在家。饮馔俱已完备，来请姐夫和姐姐吃酒。李募事却见许宣请他，到吃了一惊，道："今日做什么子坏钞？日常不曾见酒盏儿面，今朝作怪！"三人依次坐定饮酒。酒至数杯，李募事道："尊舅，没事教你坏钞做什么？"许宣道："多谢姐夫，切莫笑话，轻微何足挂齿。感谢姐夫、姐姐管雇多时。一客不烦二主人，许宣如今年纪长成，恐虑后无人养育，不是了处。今有一头亲事在此说起，望姐夫、姐姐与许宣主张，结果了一生终身，也好。"姐夫、姐姐听得说罢，肚内暗自寻思道："许宣日常一毛不拔，今日坏得些钱钞，便要我替他讨老小？"夫妻二人，你我相看，只不回话。吃酒了，许宣自做买卖。

过了三两日，许宣寻思道："姐姐如何不说起？"忽一日，见姐姐问道："曾向姐夫商量也不曾？"姐姐道："不曾。"许宣道："如何不曾商量？"姐姐道："这个事不比别样的事，仓卒不得。又见姐夫这几日面色心焦，我怕他烦恼，不敢问他。"许宣道："姐姐，你如何不上紧？这个有甚难处，你只怕我教姐夫出钱，故此不理？"许宣便起身到卧房中开箱，取出白娘子的银来，把与姐姐道："不必推故，只要姐夫做主。"姐姐道："吾弟多时在叔叔家中做主管，积攒得这些私房，可知道要娶老婆！你且去，我安在此。"

却说李募事归来。姐姐道："丈夫，可知小舅要娶老婆，原来自趱得些私房，如今教我倒换些零碎使用，我们只得与他完就这亲事则个。"李募事听得说道："原来如此！得他积得些私房也好。拿来我看！"做妻的连忙将出银子递与丈夫。李募事接在手中，翻来覆去，看了上面凿的字号，大叫一声："苦！不好了，全家是死。"那妻吃了一惊，问道："丈夫，有什么厉害之事？"李募事道："数日前，邵太尉库内封记锁押俱不动，又无地穴得入，平空不见了五十锭大银。见今着落临安府提捉贼人，十分紧急，没头路得获，累害了多少人。出榜缉捕，写着字号锭数，'有人捉获贼人银子者，赏银五十两。知而不首，及窝藏贼人者，除正犯外，全家发边远充军。'这银子与榜上字号不差，正是邵太尉库内银子。即今捉捕十分紧急。正是'火到身边，顾不得亲眷，自可去拨'。明日事露，实难分说。不管他偷的借的，宁可苦他，不要累我，只得将银子出首，免了一家之害。"老婆见说了，合口不得，目睁口呆。当时，拿了这锭银子，径到临安府出首。

那大尹闻知这话，一夜不睡。次日，火速差缉捕使臣何立。何立带了伙伴，并一班眼明手快的公人，径到官巷口、李家生药店，提捉正贼许宣。到得柜边，发声喊，把许宣一条绳子绑缚了，一声锣，一声鼓，解上临安府来。正值韩大尹升厅，押过许宣当厅跪下，喝声："打！"许宣道："告相公不必用刑，不知许宣有何罪？"大尹焦躁道："真赃正贼，有何理说，还说无罪？邵太尉府中不动封锁，不见一号大银五十锭，见有李募事出首，一定这四十九锭也在你处。想不动封皮，不见了银子，你也是个妖人！不要打？"喝教："拿些秽血来！"许宣方知是这事，大叫道："不是妖人，待我分说！"大尹道："且住，你且说这银子，从何而来？"许宣将借伞讨伞的上项事，一一细说一遍。大尹道："白娘子是什么样人？见住何处？"许宣道："凭他说是白三班白殿直的亲妹子，如今见住箭桥边，双茶坊巷口，秀王墙对黑楼子高坡儿内住。"那大尹随即便叫缉捕使臣何立，押领许宣，去双茶坊巷口捉拿本妇前来。

何立等领了钧旨，一阵做公的径到双茶坊巷口秀王府墙对黑楼子前看时，门前四扇看阶，中间两扇大门，门外避藉陛，坡前却是垃圾，一条竹子横夹着。何立等见了这个模样，到都呆了。当时就叫捉了邻人，上首是做花的丘大，下首是做皮匠的孙公。那孙公摆忙的吃他一惊，小肠气发，跌倒在地。众邻舍都走来道："这里不曾有什么白娘子。这屋不五六年前有一个毛巡检，合家时病死了。青天白日，常有鬼出来买东西，无人敢在里头住。几日前，有个风子立在门前唱喏。"何立教众人解下横门竹竿，里面冷清清地，起一阵风，卷出一道腥气来。众人都吃了一惊，倒退几步。许宣看了，则声不得，一似呆的。做公的数中，有一个能胆大，排行第二，姓王，专好酒吃，都叫他做"好酒王二"。王二道："都跟我来！"发声喊，一齐哄将入去，看时，板壁、坐起、卓凳都有。来到胡梯边，教王二前行，众人跟着，一齐上楼，楼上灰尘三寸厚。众人到房门前，推开房门一望，床上挂着一张帐子，箱笼都有，只见一个如花似玉穿着白的美貌娘子，坐在床上。众人看了，不敢向前。众人道："不知娘子是神是鬼？我等奉临安大尹钧旨，唤你去与许宣执证公事。"那娘子端然不动。好酒王二道："众人都不敢向前，怎的是了？你可将一坛酒来，与我吃了，做我不着，捉他去见大尹。"众人连忙叫两三个下去，提一坛酒来与王二吃。王二开了坛口，将一坛酒吃尽了，道："做我不着！"将那空坛望着帐子内打将去。不打万事皆休，才然打去，只听得一声响，却是青天里打一个霹雳，众人都惊倒了！起来看时，床上不见了那娘子，只见明晃晃一堆银子。众人向前看了道："好了。"计数四十九锭。众人道："我们将银子去见大尹也吧。"扛了银子，都到临安府。

何立将前事禀复了大尹。大尹道："定是妖怪了。也罢，邻人无罪宁家。"差人送五十锭银子与邵太尉处，开个缘由，一一禀复过了。许宣照"不应得为而为之事"，理重者决杖免刺，配牢城营做工，满日疏放。牢城营乃苏州府管下。李募事因出首许宣，心上不安，将邵太尉给赏的五十两银子，尽数付与小舅作为盘费。李将仕与书二封，一封与押司范院长，一封与吉利桥下开客店的王主人。许宣痛哭一场，拜别姐夫姐姐，带上行枷，两个防送人押着，离了杭州到东新桥，下了航船。不一日，来到苏州。先把书去见了范院长，并王主人，王主人与他官府上下使了钱，打发两个公人去苏州府，下了公文，交割了犯人，讨了回文，防送人自回。范院长、王主人保领许宣不入牢中，就在王主人门前楼上歇了。许宣心中愁闷，壁上题诗一首：

> 独上高楼望故乡，愁看斜日照纱窗。
> 平生自是真诚士，谁料相逢妖媚娘。
> 白白不知归甚处，青青岂识在何方？
> 抛离骨肉来苏地，思想家中寸断肠。

有话即长，无话即短。不觉光阴似箭，日月如梭，又在王主人家住了半年之上。忽遇九月下旬，那王主人正在门首闲立，看街上人来人往。只见远远一乘轿子，傍边一个丫鬟跟着，道："借问一声：此间不是王主人家么？"王主人连忙起身，道："此间便是。你寻谁人？"丫鬟道："我寻临安府来的许小乙官人。"主人道："你等一等，我便叫他出来。"这乘轿子便歇在门前。王主人便入去，叫道："小乙哥，有人寻你。"许宣听得，急走出来，同主人到门前看时，正是青青跟着，轿子里坐着白娘子。许宣见了，连声叫道："死冤家！自被你盗了官库银子，带累我吃了多少苦，有屈无伸，如今到此地位，又赶来做什么？可羞死人！"那白娘子道："小乙官人，不要怪我，今番特来与你分辨这件事。我且到主人家里面与你说。"白娘子叫青青取了包裹下轿。许宣道："你是鬼怪，不许入来！"挡住了门不放他。那白娘子与主人深深道了个万福，道："奴家不相瞒，主人在上，我怎的是鬼怪？衣裳有缝，对日有影。不幸先夫去世，教我如此被人欺负！做下的事，是先夫日前所为，非干我事。如今怕你怨畅我，特地来分说明白了，我去也甘心。"主人道："且教娘子入来坐了说。"那娘子道："我和你到里面，对主人家的妈妈说。"门前看的人，自都散了。

图文珍藏版

许宣入到里面，对主人家并妈妈道："我为他偷了官银子事，如此如此，因此教我吃场官司，如今又赶到此，有何理说？"白娘子道："先夫留下银子，我好意把你，我也不知怎的来的？"许宣道："如何做公的捉你之时，门前都是垃圾，就帐子里一响，不见了你？"白娘子道："我听得人说你为这银子捉了去，我怕你说出我来，捉我到官，妆幌子羞人不好看。我无奈何只得走去华藏寺前姨娘家躲了；使人担垃圾堆在门前，把银子安在床上，央邻舍与我说谎。"许宣道："你却走了去，教我吃官事！"白娘子道："我将银子安在床上，只指望要好，哪里晓得有许多事情？我见你配在这里，我便带了些盘缠，搭船到这里寻你，如今分说都明白了，我去也，敢是我和你前生没有夫妻之分！"那王主人道："娘子许多路来到这里，难道就去？且在此间住几日，却理会。"青青道："即是主人家再三劝解，娘子且住两日，当初也曾许嫁小乙官人。"白娘子随口便道："羞杀人，终不成奴家没人要？只为分别是非而来。"王主人道："既然当初许嫁小乙哥，却又回去，且留娘子在此。"打发了轿子。不在话下。

过了数日，白娘子先自奉承好了主人的妈妈，那妈妈劝主人与许宣说合，选定十一月十一日成亲，共百年谐老。光阴一瞬，早到吉日良时。白娘子取出银两，央王主人办备喜筵，二人拜堂结亲。酒席散后，共入纱厨。白娘子放出迷人声态，颠鸾倒凤，百媚千娇，喜得许宣如遇神仙，只恨相见之晚。正好欢娱，不觉金鸡三唱，东方渐白。正是：

> 欢娱嫌夜短，寂寞恨更长。

自此日为始，夫妻二人如鱼似水，终日在王主人家快乐昏迷缠定。日往月来，又早半年光景。时临春气融和，花开如锦，车马往来，街坊热闹。许宣问主人家道："今日如何人人出去闲游，如此喧嚷？"主人道："今日是二月半，男子妇人，都去看卧佛。你也好去承天寺里闲走一遭。"许宣见说，道："我和妻子说一声，也去看一看。"许宣上楼来，和白娘子说："今日二月半，男子妇人都去看卧佛，我也看一看就来。有人寻说话，回说不在家，不可出来见人。"白娘子道："有甚好看，只在家中却不好？看他做甚？"许宣道："我去闲耍一遭就回，不妨。"

许宣离了店内，有几个相识，同走到寺里看卧佛。绕廊下各处殿上，观看了一遭。方出寺来，见一个先生，穿着道袍，头戴道遥巾，腰系黄丝绦，脚着熟麻鞋，坐在寺前卖药，散施符水。许宣立定了看。那先生道："贫道是终南山道士，到处云游，散施符水，救人病患灾厄，有事的向前来。"那先生在人丛中，看见许宣头上一道黑气，必有妖怪缠他，叫道："你近来有一妖怪缠你，其害非轻！

我与你二道灵符，救你性命。一道符，三更烧，一道符放在自头发内。"许宣接了符，纳头便拜，肚内道："我也八九分疑惑那妇人是妖怪，真个是实。"谢了先生，径回店中。

至晚，白娘子与青青睡着了。许宣起来道："料有三更了。"将一道符放在自头发内，正欲将一道符烧化，只见白娘子叹一口气道："小乙哥和我许多时夫妻，尚兀自不把我亲热，却信别人言语，半夜三更，烧符来压镇我！你且把符来烧看。"就夺过符来，一时烧化，全无动静。白娘子道："却如何？说我是妖怪！"许宣道："不干我事。卧佛寺前一云游先生，知你是妖怪。"白娘子道："明日同你去看他一看，如何模样的先生！"

次日，白娘子清早起来，梳妆罢，戴了钗环，穿上素净衣服，吩咐青青看管楼上。夫妻二人，来到卧佛寺前。只见一簇人，团团围着那先生，在那里散符水。只见白娘子睁一双妖眼，到先生面前，喝一声："你好无礼！出家人枉在我丈夫面前，说我是一个妖怪，书符来捉我！"那先生回言："我行的是五雷天心正法，凡有妖怪，吃了我的符，他即变出真形来。"那白娘子道："众人在此，你且书符来我吃看！"那先生书一道符，递与白娘子。白娘子接过符来，便吞下去。众人都看，没些动静。众人道："这等一个妇人，如何说是妖怪？"众人把那先生齐骂。那先生骂得口睁眼呆，半晌无言，惶恐满面。白娘子道："众位官人在此，他捉我不得。我自小学得个戏术，且把先生试来与众人看。"只见白娘子口内喃喃的，不知念些什么。把那先生却似有人擒的一般，缩做一堆，悬空而起。众人看了齐吃一惊。许宣呆了。娘子道："若不是众位面上，把这先生吊他一年！"白娘子喷口气，只见那先生依然放下，只恨爹娘少生两翼，飞也似走了。众人都散了。夫妻依旧回来。不在话下。日逐盘缠，都是白娘子将出来用度。正是：

　　夫唱妇随，朝欢暮乐。

不觉光阴似箭，又是四月初八日，释迦佛生辰。只见街市上人抬着柏亭浴佛，家家布施。许宣对王主人道："此间与杭州一般。"只见邻舍边一个小的，叫作铁头，道："小乙官人，今日承天寺里做佛会，你去看一看。"许宣转身到里面，对白娘子说了。白娘子道："甚么好看，休去！"许宣道："去走一遭，散闷则个。"娘子道："你要去，身上衣服旧了不好看，我打扮你去。"叫青青取新鲜时样衣服来。许宣着得不长不短，一似像体裁的：戴一顶黑漆头巾，脑后一双白玉环，穿一领青罗道袍，脚着一双皂靴，手中拿一把细巧百摺描金美人珊瑚坠上样春罗扇，打扮得上下齐整。那娘子吩咐一声，如莺声巧啭，道："丈夫早早回来，切勿教奴记挂！"

　　许宣叫了铁头相伴，径到承天寺来看佛会，人人喝彩，好个官人。只听得有人说道："昨夜周将仕典当库内，不见了四五千贯金珠细软物件。见今开单告官，挨查没捉人处。"许宣听得，不解其意，自同铁头在寺。其日，烧香官人子弟男女人等，往往来来，十分热闹。许宣道："娘子教我早回，去罢。"转身人丛中，不见了铁头，独自个走出寺门来。只见五六个人似公人打扮，腰里挂着牌儿。数中一个看了许宣，对众人道："此人身上穿的，手中拿的，好似那话儿？"数中一个认得许宣的道："小乙官，扇子借我一看。"许宣不知是计，将扇递与公人。那公人道："你们看这扇子坠，与单上开的一般！"众人喝声："拿了！"就把许宣一索子绑了，好似：

　　　　数只皂雕追紫燕，一群饿虎啖羊羔。

　　许宣道："众人休要错了，我是无罪之人。"众公人道："是不是，且去府前周将仕家分解！他店中失去五千贯金珠细软，白玉绦环，细巧百摺扇，珊瑚坠子，你还说无罪？真赃正贼，有何分说！实是大胆汉子，把我们公人作等闲看成。见今头上、身上、脚上，都是他家物件，公然出外，全无忌惮！"许宣方才呆了，半晌不则声。许宣道："原来如此，不妨，不妨，自有人偷得。"众人道："你自去苏州府厅上分说。"

　　次日，大尹升厅，押过许宣见了。大尹审问："盗了周将仕库内金珠宝物，在于何处？从实供来，免受刑法拷打。"许宣道："禀上相公做主，小人穿的衣服物件皆是妻子白娘子的，不知从何而来。望相公明镜详辨则个！"大尹喝道："你妻子今在何处？"许宣道："见在吉利桥下王主人楼上。"大尹即差缉捕使臣袁子明，押了许宣火速捉来。

　　差人袁子明来到王主人店中，主人吃了一惊，连忙问道："做什么？"许宣道："白娘子在楼上么？"主人道："你同铁头早去承天寺里，去不多时，白娘子对我说道：'丈夫去寺中闲耍，教我同青青照管楼上。此时不见回来，我与青青去寺前寻他去也，望乞主人替我照管。'出门去了，到晚不见回来。我只道与你去望亲戚，到今日不见回来。"众公人要王主人寻白娘子，前前后后，遍寻不见。袁子明将主人捉了，见大尹回话。大尹道："白娘子在何处？"王主人细细禀覆了，道："白娘子是妖怪。"大尹一一问了，道："且把许宣监了。"王主人使用了些钱，保出在外，伺候归结。

　　且说周将仕正在对门茶坊内闲坐，只见家人报道："金珠等物都有了，在库阁头空箱子内。"周将仕听了，慌忙回家看时，果然有了。只不见了头巾、绦环、扇子并扇坠。周将仕道：“明是屈了许宣，平白地害了一个人，不好。”暗地里到与该房说了，把许宣只问个小罪名。

却说邵太尉使李募事到苏州干事，来王主人家歇，主人家把许宣来到这里，又吃官事，一一从头说了一遍。李募事寻思道：“看自家面上亲眷，如何看做落？”只得与他央人情，上下使钱。一日，大尹把许宣一一供招明白，都做在白娘子身上，只做“不合不出首妖怪等事”，杖一百，配三百六十里，押发镇江府牢城营做工。李募事道：“镇江去便不妨。我有一个结拜的叔叔，姓李名克用，在针子桥下开生药店。我写一封书，你可去投托他。”许宣只得问姐夫借了些盘缠，拜谢了王主人并姐夫，就买酒饭与两个公人吃，收拾行李起程。王主人并姐夫送了一程，各自回去了。

且说许宣在路，饥食渴饮，夜住晓行。不则一日，来到镇江。先寻李克用家，来到针子桥生药铺内，只见主管正在门前卖生药。老将仕从里面走出来，两个公人同许宣慌忙唱个喏道：“小人是杭州李募事家中人，有书在此。”主管接了，递与老将仕。老将仕拆开看了道：“你便是许宣？”许宣道：“小人便是。”李克用教三人吃了饭。吩咐当直的，同到府中，下了公文，使用了钱，保领回家。防送人讨了回文，自归苏州去了。

许宣与当直一同到家中，拜谢了克用，参见了老安人。克用见李募事书，说道：“许宣原是生药店中主管。”因此留他在店中做买卖，夜间教他去五条巷卖豆腐的王公楼上歇。克用见许宣药店中十分精细，心中欢喜。原来药铺中有两个主管，一个张主管，一个赵主管。赵主管一生老实本分。张主管一生克剥奸诈，倚着自老了，欺侮后辈。见又添了许宣，心中不悦，恐怕退了他，反生奸计，要嫉妒他。

忽一日，李克用来店中闲看，问：“新来的做买卖如何？”张主管听了心中道：“中我机谋了！”应道：“好便好了，只有一件……”克用道：“有什么一件？”老张道：“他大主买卖肯做，小主儿就打发去了，因此人说他不好。我几次劝他，不肯依我。”老员外说：“这个容易，我自吩咐他便了，不怕他不依。”赵主管在傍听得此言，私对张主管说道：“我们都要和气。许宣新来，我和你照管他才是。有不是，宁可当面讲，如何背后去说他？他得知了，只道我们嫉妒。”老张道：“你们后生家，晓得什么！”天已晚了，各回下处。赵主管来许宣下处道：“张主管在员外面前嫉妒你，你如今要愈加用心，大主小主儿买卖，一般样做。”许宣道：“多承指教。我和你去闲酌一杯。”二人同到店中，左右坐下。酒保将要饭果碟摆下，二人吃了几杯。赵主管说：“老员外最性直，受不得触，你便依随他生性，耐心做买卖。”许宣道：“多谢老兄厚爱，谢之不尽！”又饮了两杯，天色晚了。赵主管道：“晚了路黑难行，改日再会。”许宣还了酒钱，各自散了。

许宣觉道有杯酒醉了，恐怕冲撞了人，从屋檐下回去。正走之间，只见一家楼上推开窗，将熨斗播灰下来，都倾在许宣头上。立住脚，便骂道："谁家泼男女，不生眼睛，好没道理！"只见一个妇人，慌忙走下来道："官人休要骂，是奴家不是，一时失误了，休怪！"许宣半醉，抬头一看，两眼相观，正是白娘子。许宣怒从心上起，恶向胆边生，无明火焰腾腾高起三千丈，掩纳不住，便骂道："你这贼贱妖精，连累得我好苦！吃了两场官事！"恨小非君子，无毒不丈夫。正是：

踏破铁鞋无觅处，得来全不费工夫。

许宣道："你如今又到这里，却不是妖怪？"赶将入去，把白娘子一马拿住道："你要官休私休！"白娘子陪着笑面道："丈夫，'一夜夫妻百夜恩'，和你说来事长。你听我说：当初这衣服，都是我先夫留下的。我与你恩爱深重，教你穿在身上，恩将仇报，反成吴越？"许宣道："那日我回来寻你，如何不见了？主人都说你同青青来寺前看我，因何又在此间？"白娘子道："我到寺前，听得说你被捉了去，教青青打听不着，只道你脱身走了。怕来捉我，教青青连忙讨了一只船，到建康府娘舅家去，昨日才到这里。我也道连累你两场官事，也有何面目见你！你怪我也无用了。情意相投，做了夫妻，如今好端端难道走开了？我与你情似泰山，恩同东海，誓同生死，可看日常夫妻之面，取我到下处，和你百年偕老，却不是好！"许宣被白娘子一骗，回嗔作喜，沉吟了半晌，被色迷了心胆，留连之意，不回下处，就在白娘子楼上歇了。

次日，来上河五条巷王公楼家，对王公说："我的妻子同丫鬟，从苏州来到这里。"——说了，道："我如今搬回来一处过活。"王公道："此乃好事，如何用说！"当日，把白娘子同青青，搬来王公楼上。次日，点茶请邻舍。第三日，邻舍又与许宣接风。酒筵散了，邻舍各自回去，不在话下。第四日，许宣早起梳洗已罢，对白娘子说："我去拜谢东西邻舍，去做买卖去也。你同青青只在楼上照管，切勿出门。"吩咐已了，自到店中做买卖，早去晚回。

不觉光阴迅速，日月如梭，又过一月。忽一日，许宣与白娘子商量，去见主人李员外妈妈家眷。白娘子道："你在他家做主管，去参见了他，也好日常走动。"到次日，雇了轿子，径进里面请白娘子上了轿。叫王公挑了盒儿，丫鬟青青跟随，一齐来到李员外家。下了轿子，进到里面，请员外出来。李克用连忙出见，白娘子深深道个万福，拜了两拜，妈妈也拜了两拜，内眷都参见了。原来李克用年纪虽然高大，却专一好色。见了白娘子有倾国之姿，正是：

三魂不附体，七魄在他身。

那员外目不转睛，看白娘子，当时安排酒饭管待，妈妈对员外道："好个伶俐的娘子！十分容貌，温柔和气，本分老成。"员外道："便是杭州娘子生得俊俏。"饮酒罢了，白娘子相谢自回。李克用心中思想："如何得这妇人共宿一宵？"眉头一簇，计上心来，道："六月十三，是我寿诞之日。不要慌，教这妇人着我一个道儿！"

不觉乌飞兔走，才过端午，又是六月初间。那员外道："妈妈，十三日是我寿诞，可做一个筵席，请亲眷朋友闲耍一日，也是一生的快乐。"当日，亲眷邻友主管人等，都下了请帖。次日，家家户户都送烛面手帕物件来。十三日都来赴筵，吃了一日。次日是女眷们来贺寿，也有廿来个。且说白娘子也来，十分打扮，上着青织金衫儿，下穿大红纱裙，戴一头百巧珠翠金银首饰。带了青青，都到里面拜了生日，参见了老安人。东阁下排着筵席。原来李克用吃虱了留后腿的人，因见白娘子容貌，设此一计，大排筵席。各各传杯弄盏，酒至半酣，却起身脱衣净手。李员外原来预先吩咐腹心养娘道："若是白娘子登东，他要进去，你可另引他到后面僻净房内去。"李员外设计已定，先身躲在后面。正是：

不劳钻穴逾墙事，稳做偷香窃玉人。

只见白娘子真个要去净手，养娘便引他到后面一间僻净房内去，养娘自回。那员外心中淫乱，捉身不住，不敢便走进去，却在门缝里张。不张万事皆休，则一张那员外大吃一惊，回身便走，来到后边，望后倒了。

不知一命如何，先觉四肢不举。

那员外眼中不见如花似玉体态，只见房中蟠着一条吊桶来粗大白蛇，两眼一似灯盏，放出金光来。惊得半死，回身便走，一绊一跤。众养娘扶起看时，面青口白。主管慌忙用定魂定魄丹服了，方才醒来。老安人与众人都来看了，道："你为何大惊小怪，做什么？"李员外不说其事，说道："我今日起得早了，连日又辛苦了些，头风病发晕倒了。"扶去房里睡了。众亲眷再入席饮了几杯，酒筵散罢，众人作谢回家。白娘子回到家中思想，恐怕明日李员外在铺中，对许宣说出本相来，便生一条计，一头脱衣服，一头叹气。许宣道："今日出去吃酒，因何回来叹气？"白娘子道："丈夫，说不得！李员外原来假做生日，其心不善。

因见我起身登东，他躲在里面，欲要奸骗我，扯裙扯裤，来调戏我。欲待叫起来，众人都在那里，怕妆幌子。被我一推倒地，他怕羞没意思，假说晕倒了。这惶恐哪里出气！"许宣道："既不曾奸骗你，他是我主人家，出于无奈，只得忍了。这遭休去便了。"白娘子道："你不与我做主，还要做人？"许宣道："先前多承姐夫写书，教我投奔他家，亏他不阻，收留在家做主管。如今教我怎的好？"白娘子道："男子汉！我被他这般欺负，你还去他家做主管？"许宣道："你教我何处去安身？做何生理？"白娘子道："做人家主管，也是下贱之事，不如自开一个生药铺。"许宣道："亏你说，只是那讨本钱？"白娘子道："你放心，这个容易，我明日把些银子，你先去赁了间房子，却又说话。"

且说"今是古，古是今"，各处有这等出热的。间壁有一个人，姓蒋名和，一生出热好事。次日，许宣问白娘子讨了些银子，教蒋和去镇江渡口马头上，赁了一间房子，买下一付生药厨柜，陆续收买生药。十月前后，俱已完备，选日开张药店，不去做主管，那李员外也自知惶恐，不去叫他。

许宣自开店来，不匡买卖一日兴一日，普得厚利。正在门前卖生药，只见一个和尚将着一个募缘簿子道："小僧是金山寺和尚，如今七月初七日是英烈龙王生日，伏望官人到寺烧香，布施些香钱。"许宣道："不必写名，我有一块好降香，舍与你拿去烧罢。"即便开柜取出递与和尚。和尚接了道："是日望官人来烧香。"打了一个问讯去了。白娘子看见道："你这杀才，把这一块好香与那贼秃去换酒肉吃！"许宣道："我一片诚心舍与他，花费了也是他的罪过。"

不觉又是七月初七日，许宣正开得店，只见街上闹热，人来人往。帮闲的蒋和道："小乙官前日布施了香，今日何不去寺内闲走一遭？"许宣道："我收拾了，略待略待，和你同去。"蒋和道："小人当得相伴。"许宣连忙收拾了，进去对白娘子道："我去金山寺烧香，你可照管家里则个。"白娘子道："'无事不登三宝殿。'去做什么？"许宣道："一者不曾认得金山寺，要去看一看；二者前日布施了，要去烧香。"白娘子道："你既要去，我也挡你不得，也要依我三件事。"许宣道："那三件？"白娘子道："一件，不要去方丈内去；二件，不要与和尚说话；三件，去了就回。来得迟，我便来寻你也。"许宣道："这个何妨，都依得。"

当时，换了新鲜衣服、鞋袜，袖了香盒，同蒋和径到江边，搭了船，投金山寺来。先到龙王堂烧了香，绕寺闲走了一遍，同众人信步来到方丈门前。许宣猛省道："妻子吩咐我，休要进方丈内去。"立住了脚，不进去。蒋和道："不妨事，他自在家中，回去只说不曾去便了。"说罢，走入去，看了一回，便出来。

且说方丈当中座上，坐着一个有德行的和尚，眉清目秀，圆顶方袍，看了模样，的是真僧。一见许宣走过，便叫侍者："快叫那后生进来。"侍者看了一回，人千人万，乱滚滚的，又不认得他，回说："不知他走那边去了？"和尚见说，持了禅杖，自出方丈来，前后寻不见。复身出寺来看，只见众人都在那里等风浪静了落船。那风浪越大了，道："去不得。"正看之间，只见江心里一只船，飞也似来得快。许宣对蒋和道："这般大风浪过不得渡，那只船如何到来得快！"

正说之间，船已将近。看时，一个穿白的妇人，一个穿青的女子，来到岸边。仔细一认，正是白娘子和青青两个。许宣这一惊非小。白娘子来到岸边，叫道："你如何不归？快来上船！"许宣却欲上船，只听得有人在背后喝道："业畜在此做什么？"许宣回头看时，人说道："法海禅师来了！"禅师道："业畜，敢再来无礼，残害生灵！老僧为你特来。"白娘子见了和尚，摇开船，和青青把船一翻，两个都翻下水底去了。许宣回身看着和尚便拜："告尊师，救弟子一条草命！"禅师道："你如何遇着这妇人？"许宣把前项事情，从头说了一遍。禅师听罢，道："这妇人正是妖怪，汝可速回杭州去。如再来缠汝，可到湖南净慈寺里来寻我。"有诗四句：

> 本是妖精变妇人，西湖岸上卖娇声。
> 汝因不识遭他计，有难湖南见老僧。

许宣拜谢了法海禅师，同蒋和下了渡船，过了江，上岸归家。白娘子同青青都不见了，方才信是妖精。到晚来，教蒋和相伴过夜，心中昏闷，一夜不睡。次日早起，叫蒋和看着家里，却来到针子桥李克用家，把前项事情告诉了一遍。李克用道："我生日之时，他登东，我撞将去，不期见了这妖怪，惊得我死去，我又不敢与你说这话。既然如此，你且搬来我这里住着，别作道理。"许宣作谢了李员外，依旧搬到他家。不觉住过两月有余。

忽一日立在门前，只见地方总甲，吩咐排门人等，俱要香花灯烛，迎接朝廷恩赦。原来是宋高宗策立孝宗，降赦通行天下，只除人命大事，其余小事，尽行赦放回家，许宣遇赦，欢喜不胜，吟诗一首。诗云：

> 感谢吾皇降赦文，网开三面许更新。
> 死时不作他邦鬼，生日还为旧土人。
> 不幸逢妖愁更甚，何期遇宥罪除根。
> 归家满把香焚起，拜谢乾坤再造恩。

许宣吟诗已毕，央李员外衙门上下打点，使用了钱，见了大尹，给引还乡。拜谢东邻西舍。李员外妈妈合家大小，二位主管，俱拜别了。央帮闲的蒋和，买了些土物带回杭州。来到家中，见了姐夫、姐姐，拜了四拜。李募事见了许宣，焦躁道："你好生欺负人，我两遭写书教你投托人，你在李员外家娶了老小，不直得寄封书来教我知道，直恁的无仁无义！"许宣说："我不曾娶妻小。"姐夫道："见今两日前，有一个妇人，带着一个丫鬟，道是你的妻子。说你七月初七日，去金山寺烧香，不见回来，哪里不寻到？直到如今，打听得你回杭州，同丫鬟先到这里，等你两日了。"教人叫出那妇人和丫鬟，见了许宣。许宣看见，果是白娘子、青青。许宣见了，目睁口呆，吃了一惊。不在姐夫、姐姐面前说这话本，只得任他埋怨了一场。

李募事教许宣共白娘子去一间房内去安身。许宣见晚了，怕这白娘子，心中慌了，不敢向前，朝着白娘子，跪在地下道："不知你是何神何鬼？可饶我的性命！"白娘子道："小乙哥是何道理？我和你许多时夫妻，又不曾亏负你，如何说这等没力气的话。"许宣道："自从和你相识之后，带累我吃了两场官司。我到镇江府，你又来寻我。前日金山寺烧香，归得迟了，你和青青又直赶来，见了禅师，便跳下江里去了。我只道你死了，不想你又先到此。望乞可怜见，饶我则个！"白娘子圆睁怪眼道："小乙官，我也只是为好，谁想到成怨本！我与你平生夫妇，共枕同衾，许多恩爱，如今却信别人闲言语，教我夫妻不睦。我如今实对你说，若听我言语，喜喜欢欢，万事皆休；若生外心，教你满城皆为血水，人人手攀洪浪，脚踏浑波，皆死于非命！"惊得许宣战战兢兢，半晌无言可答，不敢走近前去。青青劝道："官人，娘子爱你杭州人生得好，又喜你恩情深重。听我说，与娘子和睦了，休要疑虑！"许宣吃两个缠不过，叫道："却是苦耶！"只见姐姐在天井里乘凉，听得叫苦，连忙来到房前，只道他两个儿厮闹，拖了许宣出来。

白娘子关上房门自睡。许宣把前因后事，一一对姐姐告诉了一遍。却好姐夫乘凉归房，姐姐道："他两口儿厮闹了，如今不知睡了也未，你且去张一张了来。"李募事走到房前看时，里头黑了，半亮不亮。将舌头舔破纸窗，不张万事皆休，一张时，见一条吊桶来大的蟒蛇，睡在床上，伸头在天窗内乘凉，鳞甲内放出白光来，照得房内如同白日。吃了一惊，回身便走。来到房中，不说其事，道："睡了，不见则声。"许宣躲在姐姐房中，不敢出头，姐夫也不问他。

过了一夜，次日，李募事叫许宣出去，到僻静处问道："你妻子从何娶来？实实的对我说，不要瞒我！自昨夜亲眼看见他是一条大白蛇，我怕你姐姐害怕，不说出来。"许宣把从头事，一一对姐夫说了一遍。李募事道："既是这等，白马庙前，一个呼蛇戴先生，如法捉得蛇。我同你去接他。"二人取路来到白马庙前，只见戴先生正立在门口。二人道："先生拜揖。"先生道："有何见谕？"许宣道："家中有一条大蟒蛇，相烦一提则个！"先生道："宅上何处？"许宣道：

"过军桥黑珠儿巷内李募事家便是。"取出一两银子道:"先生收了银子,待捉得蛇另又相谢。"先生收了道:"二位先回,小子便来。"李募事与许宣自回。

那先生装了一瓶雄黄药水,一直来到黑珠儿巷内,问李募事家。人指道:"前面那楼子内便是。"先生来到门前,揭起帘子,咳嗽一声,并无一个人出来。敲了半晌门,只见一个小娘子出来问道:"寻谁家?"先生道:"此是李募事家么?"小娘子道:"便是。"先生道:"说宅上有一条大蛇,却才二位官人,来请小子捉蛇。"小娘子道:"我家那有大蛇?你差了。"先生道:"官人先与我一两银子,说捉了蛇后,有重谢。"白娘子道:"没有,休信他们哄你。"先生道:"如何作耍?"白娘子三回五次发落不去,焦躁起来,道:"你真个会捉蛇?只怕你捉他不得!"戴先生道:"我祖宗七八代呼蛇捉蛇,量道一条蛇,有何难捉!"娘子道:"你说捉得,只怕你见了要走!"先生道:"不走,不走!如走,罚一锭白银。"娘子道:"随我来。"到天井内,那娘子转个湾,走进去了。那先生手中提着瓶儿,立在空地上。不多时,只见刮起一阵冷风,风过后,只见一条吊桶来大的蟒蛇,速射将来。正是:

> 人无害虎心,虎有伤人意。

且说那戴先生吃了一惊,望后便倒,雄黄罐儿也打破了,那条大蛇张开血红大口,露出雪白齿,来咬先生。先生慌忙爬起来,只恨爹娘少生两脚,一口气跑过桥来,正撞着李募事与许宣。许宣道:"如何?"那先生道:"好教二位得知……"把前项事,从头说了一遍。取出那一两银子,付还李募事道:"若不生这双脚,连性命都没了。二位自去照顾别人。"急急的去了。许宣道:"姐夫,如今怎么处?"李募事道:"眼见实是妖怪了。如今赤山埠前张成家,欠我一千贯钱,你去那里静处,讨一间房儿住下。那怪物不见了你,自然去了。"许宣无计可奈,只得应承。同姐夫到家时,静悄悄的没些动静。李募事写了书贴,和票子做一封,教许宣往赤山埠去。只见白娘子叫许宣到房中道:"你好大胆,又叫什么捉蛇的来!你若和我好意,佛眼相看,若不好时,带累一城百姓受苦,都死于非命!"许宣听得,心寒胆战,不敢则声。将了票子,闷闷不已,来到赤山埠前,寻着了张成。随即袖中取票时,不见了,只叫得苦。慌忙转步,一路寻回来时,哪里见?

正闷之间,来到净慈寺前,忽地里想起那金山寺长老法海禅师,曾吩咐来:"倘若那妖怪再来杭州缠你,可来净慈寺内来寻我。如今不寻,更待何时?"急入寺中,问监寺道:"动问和尚,法海禅师,曾来上刹也未?"那和尚道:"不曾到来。"许宣听得说不在,越闷。折身便回来长桥堍下,自言自语道:"'时衰鬼弄人'，我要性命何用？"看着一湖清水，却待要跳。正是：

> 阎王判你三更到，定不容人到四更。

　　许宣正欲跳水，只听得背后有人叫道："男子汉何故轻生？死了一万口，只当五千双，有事何不问我！"许宣回头看时，正是法海禅师。背驮衣钵，手提禅杖，原来真个才到。也是不该命尽，再迟一碗饭时，性命也休了。许宣见了禅师，纳头便拜，道："救弟子一命则个！"禅师道："这业畜在何处？"许宣把上项事一一诉了，道："如今又直到这里，求尊师救度一命。"禅师于袖中取出一个钵盂，递与许宣道："你若到家，不可教妇人得知，悄悄的将此物劈头一罩，切勿手轻，紧紧的按住！不可心慌，你便回去。"

　　且说许宣拜谢了禅师回家，只见白娘子正坐在那里，口内喃喃的骂道："不知甚人挑拨我丈夫，和我做冤家，打听出来，和他理会！"正是有心等了没心的，许宣张得他眼慢，背后悄悄的，望白娘子头上一罩，用尽平生气力纳住。不见了女子之形，随着钵盂慢慢的按下，不敢手松，紧紧的按住。只听得钵盂内道："和你数载夫妻，好没一些儿人情！略放一放！"许宣正没了结处，报道："有一个和尚，说道要收妖怪。"许宣听得，连忙教李募事请禅师进来，来到里面，许宣道："救弟子则个！"不知禅师口里念的什么，念毕，轻轻的揭起钵盂，只见白娘子缩做七八寸长，如傀儡人像，双眸紧闭，做一堆儿，伏在地下。禅师喝道："是何业畜妖怪，怎敢缠人？可说备细！"白娘子答道："禅师，我是一条大蟒蛇。因为风雨大作，来到西湖上安身，同青青一处。不想遇着许宣，春心荡漾，按纳不住，一时冒犯天条，却不曾杀生害命。望禅师慈悲则个！"禅师又问："青青是何怪？"白娘子道："青青是西湖内第三桥下，潭内千年成气的青鱼。一时遇着，拖他为伴，他不曾得一日欢娱，并望禅师怜悯！"禅师道："念你千年修炼，免你一死，可现本相！"白娘子不肯。禅师勃然大怒，口中念念有词，大喝道："揭谛何在？快与我擒青鱼怪来，和白蛇现形，听吾发落！"须臾，庭前起一阵狂风，风过处，只闻得豁刺一声响，半空中坠下一个青鱼，有一丈多长，向地拨剌的连跳几跳，缩做尺余长一个小青鱼。看那白娘子时，也复了原形，变了三尺长一条白蛇，兀自昂头看着许宣。禅师将二物，置于钵盂之内，扯下褊衫一幅，封了钵盂口。拿到雷峰寺前，将钵盂放在地下，令人搬砖运石，砌成一塔。后来许宣化缘，砌成了七层宝塔。千年万载，白蛇和青鱼不能出世。

　　且说禅师押镇了，留偈四句：

> 西湖水干，江潮不起；

雷峰塔倒，白蛇出世。

法海禅师言偈毕，又题诗八句，以劝后人：

奉劝世人休爱色，爱色之人被色迷。
心正自然邪不扰，身端怎有恶来欺？
但看许宣因爱色，带累官司惹是非。
不是老僧来救护，白蛇吞了不留些。

法海禅师吟罢，各人自散，唯有许宣情愿出家，礼拜禅师为师，就雷峰塔披剃为僧。修行数年，一夕坐化去了。众僧买龛烧化，造一座骨塔，千年不朽。临去世时，亦有诗四句，留以警世，诗曰：

祖师度我出红尘，铁树开花始见春。
化化轮回重化化，生生转变再生生。
欲知有色还无色，须识无形却有形。
色即是空空即色，空空色色要分明。

第二十九卷

宿香亭张浩遇莺莺

闲向书斋阅古今，生非草木岂无情！
佳人才子多奇遇，难比张生遇李莺。

话说西洛有一才子，姓张名浩，字巨源，自儿曹时清秀异众。既长，才摛蜀锦，貌莹寒冰，容止可观，言词简当。承祖父之遗业，家藏镪数万，以财豪称于乡里。贵族中有慕其门第者，欲结婚姻，虽媒妁日至，浩正色拒之。人谓浩曰："君今冠矣！男子二十而冠，何不求良家令德女子配君？其理安在？"浩曰："大凡百岁姻缘，必要十分美满。某虽非才子，实慕佳人。不遇出世娇姿，宁可终身鳏处。且俟功名到手之日，此愿或可遂耳。"缘此，至弱冠之年，犹未纳室。浩性喜厚自奉养。所居连檐重阁，洞户相通，华丽雄壮，与王侯之家相等，浩犹以为隘窄。又于所居之北，创置一园。中有：

风亭月榭，杏坞桃溪。云楼上倚晴空，水阁下临清沚。横塘曲岸，露偃月虹桥。朱槛雕栏，叠生云怪石。烂漫奇花艳蕊，深沉竹洞花房。飞异域佳禽，植上林珍果。绿荷密锁寻芳路，翠柳低笼斗草场。

浩暇日，多与亲朋宴息其间。西都风俗，每至春时，园圃无大小，皆修莳花木，洒扫亭轩，纵游人玩赏，以此递相夸逞，士庶为常。

浩闻巷有名儒廖山甫者，学行俱高，可为师范，与浩情爱至密。浩喜园馆新成，花木茂盛，一日，邀山甫闲步其中，行至宿香亭共坐。时当仲春，桃李正芳，牡丹花放，嫩白妖红，环绕亭砌。浩谓山甫曰："淑景明媚，非诗酒莫称韶光。今日幸无俗事，先饮数杯，然后各赋一诗，咏目前景物。虽园圃消疏，不足以当君之盛作，若得一诗，可以永为壮观。"山甫曰："愿听指挥。"浩喜，即呼小童，具饮器笔砚于前。酒三行，方欲索题，忽遥见亭下花间，有流莺惊飞而起。山甫曰："莺语堪听，何故惊飞？"浩曰："此无他，料必有游人偷折花耳。邀先生一往观之。"遂下宿香亭，径入花阴，蹑足潜身，寻踪而去。过太湖石畔，芍药栏边，见一垂鬟女子，年方十五，携一小青衣，倚栏而立。但见：

> 新月笼眉，春桃拂脸。意态幽花未艳，肌肤嫩玉生光。莲步一折，着弓弓扣绣鞋儿；螺髻双垂，插短短紫金钗子。似向东君艳态，倚栏笑对牡丹丛。

浩一见之，神魂飘荡，不能自持。又恐女子惊避，引山甫退立花阴下，端详久之，真出世色也，告山甫曰："尘世无此佳人，想必上方花月之妖！"山甫曰："花月之妖，岂敢昼见？天下不乏美妇人，但无缘者自不遇耳。"浩曰："浩阅人多矣，未常见此殊丽。使浩得配之，足快平生。兄有何计，使我早遂佳期，则成我之恩，与生我等矣。"山甫曰："以君之门第才学，欲结婚姻，易如反掌，何须如此劳神？"浩曰："君言未当，若不遇其人，宁可终身不娶。今既遇之，即顷刻亦难捱也。媒妁通问，必须岁月，将无已在枯鱼之肆乎！"山甫曰："但患不谐，苟得谐，何患晚也。请询其踪迹，然后图之。"

浩此时情不自禁，遂整巾正衣，向前而揖。女子敛袂答礼。浩启女子曰："贵族谁家？何因至此？"女子笑曰："妾乃君家东邻也。今日长幼赴亲族家会，唯妾不行。闻君家牡丹盛开，故与青衣潜启隙户至此。"浩闻此语，乃知李氏之女莺莺也。与浩童稚时曾共扶栏之戏。再告女子曰："敝园荒芜，不足寓目，幸有小馆，欲备肴酒，尽主人接邻里之欢，如何？"女曰："妾之此来，本欲见君；若欲开樽，绝不敢领。愿无及乱，略诉此情。"浩拱手鞠躬而言曰："愿闻所谕！"女曰："妾自幼年慕君清德，缘家有严亲，礼法所拘，无因与君聚会。今君犹未娶，妾亦垂髫，若不以丑陋见疏，为通媒妁，使妾异日奉箕帚之末，立祭祀之列，奉侍翁姑，和睦亲族，成两姓之好，无七出之玷，此妾之素心也。不知君心还肯从否？"浩闻此言，喜出望外，告女曰："若得与丽人偕老，平生之乐事足矣！但未知缘何如耳？"女曰："两心既坚，缘分自定。君果见许，愿求

一物为定，使妾藏之异时，表今日相见之情。"浩仓卒中无物表意，遂取系腰紫罗绣带，谓女曰："取此以待定议。"女亦取拥项香罗，谓浩曰："请君作诗一篇，亲笔题于罗上，庶几他时可以取信。"浩心转喜，呼童取笔砚，指栏中未开牡丹为题，赋诗一绝于香罗之上。诗曰：

> 沉香亭畔露凝枝，敛艳含娇未放时；
> 自是名花待名手，风流学士独题诗。

女见诗大喜，取香罗在手，谓浩曰："君诗句清妙，中有深意，真才子也。此事切宜缄口，勿使人知，无忘今日之言，必遂他时之乐。父母恐回，妾且归去。"道罢，莲步却转，与青衣缓缓而去。浩时酒兴方浓，春心淫荡，不能自遏，自言："下坡不赶，次后难逢，争忍弃人归去？杂花影下，细草如茵，略效鸳鸯，死亦无恨！"遂奋步赶上，双手抱持。女子顾恋恩情，不忍移步绝裾而去，正欲启口致辞，含羞告免。忽自后有人言曰："相见已非正礼，此事决然不可！若能用我一言，可以永谐百岁。"浩舍女回视，乃山甫也，女子已去。

山甫曰："但凡读书，盖欲知礼别嫌。今君诵孔圣之书，何故习小人之态？若使女子去迟，父母先回，必询究其所往，则女祸延及于君。岂可恋一时之乐，损终身之德。请君三思，恐成后悔！"浩不得已，怏怏复回宿香亭上，与山甫尽醉散去。

自此之后，浩但当歌不语，对酒无欢，月下长吁，花前偷泪。俄而绿暗红稀，春光将暮。浩一日独步闲斋，反复思念，一段离愁，方恨无人可诉。忽有老尼惠寂自外而来，乃浩家香火院之尼也。浩礼毕，问曰："吾师何来？"寂曰："专来传达书信。"浩问："何人致意于我？"寂移坐促席谓浩曰："君东邻李家女子莺莺，再三申意。"浩大惊，告寂曰："宁有是事，吾师勿言！"寂曰："此事何必自隐？听寂拜闻：李氏为寂门徒二十余年，其家长幼相信。今日因往李氏诵经，知其女莺莺染病，寂遂劝令勤服汤药，莺屏去侍妾，私告寂曰：'此病岂药所能愈耶！'寂再三询其仔细，莺遂说及园中与君相见之事，又出罗巾上诗，向寂言，'此即君所作也。'令我致意于君，幸勿相忘，以图后会。盖莺与寂所言也，君何用隐讳耶？"浩曰："事实有之，非敢自隐。但虑传扬遐迩，取笑里间。今日吾师既知，使浩如何而可？"寂曰："早来既知此事，遂与莺父母说及莺亲事。答云：'女儿尚幼，未能干家。'观其意在二三年后，方始议亲。更看君缘分如何？"言罢，起身谓浩曰："小庵事冗，不及款话，如日后欲寄音信，但请垂谕！"遂相别去。

自此香闺密意，书幌幽怀，皆托寂私传。光阴迅速，倏忽之间，已经一载。

节过清明，桃李飘零，牡丹半折。浩倚栏凝视，睹物思人，情绪转添。久之，自思去岁此时，相逢花畔，今岁花又重开，玉人难见。沉吟半晌，不若折花数枝，托惠寂寄莺莺同赏。遂召寂至，告曰："今折得花数枝，烦吾师持往李氏，但云吾师所献。若见莺莺，作浩起居：去岁花开时，相见于西栏畔；今花又开，人犹间阻。相忆之心，言不可尽。愿似叶如花，年年长得相见。"寂曰："此事易为，君可少待。"遂持花去。逾时复来，浩迎问："如何？"寂于袖中取彩笺小柬，告浩曰："莺莺寄君，切勿外启。"寂乃辞去。浩启封视之，曰：

妾莺莺拜启：相别经年，无日不怀思忆。前令乳母以亲事白于父母，坚意不可，事须后图，不可仓卒。愿君无忘妾，妾必不负君！姻若不成，誓不他适。其他心事，询寂可知。昨夜宴花前，众皆欢笑，独妾悲伤。偶成小词，略诉心事，君读之，可以见妾之意。读毕毁之，切勿外泄！

词曰：

红疏绿密时喧，还是困人天。相思极处，凝睛月下，洒泪花前。誓约已知俱有愿，奈目前两处悬悬！鸾凤未偶，清宵最苦，月色先圆。

浩览毕，敛眉长叹，曰："好事多磨，信非虚也！"展放案上，反复把玩，不忍释手。感刻寸心，泪下如雨。又恐家人见疑，询其所因，遂伏案掩面，偷声潜泣。良久，举首起视，见日影下窗，瞑色已至。浩思适来书中言"心事询寂可知"，今抱愁独坐，不若询访惠寂，究其仔细，庶几少解情怀。遂徐步出门，路过李氏之家。时夜色已阑，门户皆闭，浩至此，想象莺莺，心怀爱慕，步不能移，指李氏之门曰："非插翅步云，安能入此？"方徘徊未进，忽见旁有隙户半开，左右寂无一人。浩大喜曰："天赐此理，成我佳期。远托惠寂，不如潜入其中，探问莺莺消息。"浩为情爱所重，不顾礼法，蹑足而入。既到中堂，匿身回廊之下。左右顾盼，见：

闲庭悄悄，深院沉沉。静中闻风响玎珰，暗里见流萤聚散。更筹渐急，窗中风弄残灯；夜色已阑，阶下月移花影。香闺想在屏山后，远似巫阳千万重。

浩至此，茫然不知所往。独立久之，心中顿省。自思设若败露，为之奈何？

不唯身受苦楚，抑且玷辱祖宗，此事当款曲图之。不期隙户已闭，返转回廊，方欲寻路复归；忽闻室中有低低而唱者。浩思深院净夜，何人独歌？遂隐住侧身，静听所唱之词，乃《行香子》词：

> 雨后风微，绿暗红稀，燕巢成蝶绕残枝。杨花点点，永日迟迟。动离怀，牵别恨，鹧鸪啼。　　辜负佳期，虚度芳时，为甚褪尽罗衣？宿香亭下，红芍栏西。当时情，今日恨，有谁知！

但觉如雏莺啭翠柳荫中，彩凤鸣碧梧枝上。想是清夜无人，调韵转美。浩审词察意，若非莺莺，谁知宿香亭之约？但得一见其面，死亦无悔。方欲以指击窗，询问仔细，忽有人叱浩曰："良士非媒不聘，女子无故不婚。今女按板于窗中，小子逾墙到厅下，皆非善行，玷辱人伦。执诣有司，永作淫奔之戒。"浩大惊退步，失脚堕于砌下，久之方醒。开目视之，乃伏案昼寝于书窗之下，时日将晡矣。浩曰："异哉梦也！何显然如是？莫非有相见之期，故先垂吉兆告我！"方心绪扰扰未定，惠寂复来。浩讯其意。寂曰："适来只奉小柬而去，有一事偶忘告君。莺莺传语，他家所居房后，乃君家之东墙也，高无数尺。其家初夏二十日，亲族中有婚姻事，是夕举家皆往，莺托病不行。令君至期，于墙下相待，欲逾墙与君相见，君切记之。"惠寂且去，浩欣喜之心，言不能尽。

屈指数日，已至所约之期。浩遂张帷幄，具饮馔，器用玩好之物，皆列于宿香亭中。日既晚，悉逐僮仆出外，唯留一小鬟。反闭园门，倚梯近墙，屏立以待。未久，夕阳消柳外，暝色暗花间，斗柄指南，夜传初鼓。浩曰："惠寂之言岂非谑我乎……"语犹未绝，粉面新妆，半出短墙之上。浩举目仰视，乃莺莺也。急升梯扶臂而下，携手偕行，至宿香亭上。明烛并坐，细视莺莺，欣喜转盛，告莺曰："不谓丽人果肯来此！"莺曰："妾之此身，异时欲作闺门之事，今日宁肯诳语！"浩曰："肯饮少酒，共庆今宵佳会可乎？"莺曰："难禁酒力，恐来朝获罪于父母。"浩曰："酒既不饮，略歇如何？"莺笑倚浩怀，娇羞不语。浩遂与解带脱衣，入鸳帏共寝。但见：

> 宝炬摇红，麝裀吐翠。金缕绣屏深掩，绀纱斗帐低垂。并莲鸳枕，如双双比目同波；共展香衾，似对对春蚕作茧。向人尤殢春情争，一搦纤腰怯未禁！

须臾，香汗流酥，相偎微喘，虽楚王梦神女，刘、阮入桃源，相得之欢，皆不能比。少顷，莺告浩曰："夜色已阑，妾且归去。"浩亦不敢相留，遂各整衣而起。浩告莺曰："后会未期，切宜保爱！"莺曰："去岁偶然相遇，犹作新诗相赠，今夕得侍枕席，何故无一言见惠？岂非猥贱之躯，不足当君佳句？"浩笑谢莺曰："岂有此理！"谨赋一绝：

华胥佳梦徒闻说，解佩江皋浪得声。
一夕东轩多少事，韩生虚负窃香名。

莺得诗，谓浩曰："妾之此身，今已为君所有，幸终始成之。"遂携手下亭，转柳穿花，至墙下，浩扶策莺升梯而去。

自此之后，虽音耗时通，而会遇无便。经数日，忽惠寂来告曰："莺莺致意，其父守官河朔，来日挈家登程，愿君莫忘旧好。候回日，当议秦晋之礼。"惠寂辞去。浩神悲意惨，度日如年，抱恨怀愁，俄经二载。一日，浩季父召浩语曰："吾闻不孝，以无嗣为大。今汝将及当立之年，犹未纳室，虽未至绝嗣，而内政亦不可缺。此中有孙氏者，累世仕宦，家业富盛，其女年已及笄，幼奉家训，习知妇道，我欲与汝主婚，结亲孙氏。今若失之，后无令族。"浩素畏季父赋性刚暴，不敢抗拒，又不敢明言李氏之事，遂通媒妁，与孙氏议姻。择日将成，而莺莺之父任满方归，浩不能忘旧情，乃遣惠寂密告莺曰："浩非负心，实被季父所逼，复与孙氏结亲，负心违愿，痛彻心髓！"莺谓寂曰："我知其叔父所为，我必能自成其事！"寂曰："善为之！"遂去。

莺启父母曰："儿有过恶，玷辱家门，愿先启一言，然后请死。"父母惊骇，询问："我儿何自苦如此？"莺曰："妾自幼岁慕西邻张浩才名，曾以此身私许偕老。曾令乳母白父母欲与浩议姻，当日尊严不蒙允许。今闻浩与孙氏结婚。弃妾此身，将归何地？然女行已失，不可复嫁他人，此愿若违，含笑自绝。"父母惊谓莺曰："我止有一女，所恨未能选择佳婿。若早知，可以商议。今浩既已结婚，为之奈何？"莺曰："父母许以儿归浩，则妾自能措置。"父曰："但愿亲成，一切不问。"莺曰："果如是，容妾诉于官府。"遂取纸作状，更服旧妆，径至河南

夕阳消柳外
暝色赚花间

府讼庭之下。龙图阁待制陈公方据案治事，见一女子执状向前。公停笔问曰："何事？"莺莺敛身跪告曰："妾诚诳妄，上渎高明，有状上呈。"公令左右取状展视云：

> 告状妾李氏：切闻语云"女非媒不嫁"。此虽至论，亦有未然。何也？昔文君心喜司马，贾午志慕韩寿，此二女皆有私奔之名，而不受无媒之谤。盖所归得人，青史标其令德，注在篇章，使后人继其所为，免委身于佣俗。妾于前岁慕西邻张浩才名，已私许之偕老。言约已定，誓不变更。今张浩忽背前约，使妾呼天叩地，无所告投！切闻律设大法，礼顺人情。若非判府龙图明断，孤寡终身何恃！为此冒耻渎尊，幸望台慈，特赐予决。谨状。

陈公读毕，谓莺莺曰："汝言私约已定，有何为据？"莺取怀中香罗并花笺上二诗，皆浩笔也。陈公命追浩至公庭，责浩与李氏既已约婚，安可再婚孙氏？浩仓卒但以叔父所逼为辞，实非本心。再讯莺曰："尔意如何？"莺曰："张浩才名，实为佳婿，使妾得之，当克勤妇道，实龙图主盟之大德。"陈公曰："天生才子佳人，不当使之孤零，我今曲与汝等成之。"遂于状尾判云：

> 花下相逢，已有终身之约；中道而止，竟乖偕老之心。在人情既出至诚，论律文亦有所禁。宜从先约，可断后婚。

判毕，谓浩曰："吾今判合与李氏为婚。"二人大喜，拜谢相公恩德，遂成夫妇，偕老百年。后生二子，俱擢高科。话名《宿香亭张浩遇莺莺》。

> 当年崔氏赖张生，今日张生仗李莺；
> 同是风流千古话，西厢不及宿香亭。

第 三 十 卷

金明池吴清逢爱爱

朱文灯下逢刘倩，师厚燕山遇故人。
隔断死生终不泯，人间最切是深情。

话说大唐中和年间，博陵有个才子，姓崔名护，生得风流俊雅，才貌无双。偶遇春榜动，选场开，收拾琴剑书箱，前往长安应举。归当暮春，崔生暂离旅舍，往城南郊外游赏。但觉口燥咽干，唇焦鼻热。一来走得急，那时候也有些热了。这崔生只为口渴，又无溪涧取水。只见一个去处：

灼灼桃红似火，依依绿柳如烟，竹篱，茅舍，黄土壁，白板扉，哞哞犬吠桃源中，两两黄鹂鸣翠柳。

崔生去叩门，觅一口水。立了半日，不见一人出来。正无计结，忽听得门内笑声。催生鹰觑鹘望，去门缝里一瞧，元来那笑的，却是一个女孩儿，约有十六岁，那女儿出来开门，崔生见了，口一发燥，咽一发干，唇一发焦，鼻一发热。连忙叉手向前道："小娘子拜揖。"那女儿回个娇娇滴滴的万福道："官人宠顾茅舍，有何见谕？"崔生道："卑人博陵崔护，别无甚事，只因走远气喘，敢求勺水解渴则个。"女子听罢，并无言语。疾忙进去，用纤纤玉手，捧着磁瓯，盛半瓯茶，递与崔生。崔生接过，呷入口，透心也似凉好爽利！只得谢了自回。想着功名，自去赴选。谁想时运未到，金榜无名，离了长安，匆匆回乡去了。

倏忽一年，又遇开科。崔生又起身赴试。追忆故人，且把试事权时落后，急往城南，一路上东观西望，只怕错认了女儿住处。顷刻到门前，依旧桃红柳绿，犬吠莺啼。崔生至门，见寂寞无人，心中疑惑。还去门缝里瞧时，不闻人声。徘徊半晌，去白板扉上题四句诗：

去年今日此门中，人面桃花相映红。

人面不知何处去？桃花依旧笑春风。

题罢，自回。明日放心不下，又去探看。忽见门儿呀地开了，走出一个人来。生得：

须眉皓白，鬓发稀疏。身披白布道袍，手执斑竹拄杖。堪为四皓商山客，做得磻溪执钓人。

那老儿对崔生道："君非崔护么？"崔生道："丈人拜揖，卑人是也。不知丈人何以见识？"那老儿道："君杀我女儿，怎生不识？"惊得崔护面色如土，道："卑人未尝到老丈宅中，何出此言？"老儿道："我女儿去岁独自在家，遇你来觅水。去后昏昏如醉，不离床席。昨日忽说道：'去年今日曾遇崔郎，今日想必来也。'走到门前，望了一日，不见。转身抬头，忽见白板扉上诗，长哭一声，瞥然倒地。老汉扶入房中，一夜不醒。早间忽然开眼道：'崔郎来了，爹爹好去迎接。'今君果至，岂非前定。且请进去一看。"谁想崔生入得门来，里面哭了一声。仔细看时，女儿死了。老儿道："郎君今番真个偿命！"崔生此时，又惊又痛。便走到床前，坐在女儿头边，轻轻放起女儿的头，伸直了自家腿，将女儿的头，放在腿上，亲着女儿的脸道："小娘子，崔护在此。"顷刻间，那女儿三魂再至，七魄重生，须臾就走起来。老儿十分欢喜。就赔妆奁，招赘崔生为婿。后来崔生发迹为官，夫妻一世团圆。正是：

月缺再圆，镜离再合，花落再开，人死再活。

为甚今日说这段话？这个便是死中得活。有一个多情的女儿，没兴遇着个子弟，不能成就，干折了性命，反作成别人洞房花烛。正是：

有缘千里能相会，无缘对面不相逢。

说这女儿遇着的子弟，却是宋朝东京开封府有一员外，姓吴名子虚。平生是个真实的人，止生得一个儿子，名唤吴清。正是爱子娇痴，独儿得惜。那吴员外爱惜儿子，一日也不肯放出门。那儿子却是风流博浪的人，专要结识朋女，觅柳寻花。忽一日，有两个朋友来望，却是金枝玉叶，凤子龙孙，是宗室赵八节使之子。兄弟二人，大的讳应之，小的讳茂之，都是使钱的勤儿。两个叫院子通报。

吴小员外出来迎接，分宾而坐。献茶毕，问道："幸蒙恩降，不知又何使令？"二人道："即今清明时候，金明池上，士女喧阗，游人如蚁。欲同足下一游，尊意如何？"小员外大喜道："蒙二兄不弃寒贱，当得奉陪。"小员外便教童儿挑了酒樽食罍，备三匹马，与两个同去。迤逦早到金明池。陶谷学士有首诗道：

> 万座笙歌醉后醒，绕池罗幕翠烟生。
> 云藏宫殿九重碧，日照乾坤五色明。
> 波面画桥天上落，岸边游客鉴中行。
> 驾来将幸龙舟宴，花外风传万岁声。

三人绕池游玩，但见：

> 桃红似锦，柳绿如烟。花间粉蝶双双，枝上黄鹂两两。踏青士女纷纷至，赏玩游人队队来。

三人就空处，饮了一回酒。吴小员外道："今日天气甚佳，只可惜少个侑酒的人儿。"二赵道："酒已足矣，不如闲步消遣，观看士女游人，强似呆坐。"三人挽手同行。刚动脚不多步，忽闻得一阵香风，绝似麝兰香，又带些脂粉气。吴小员外迎这阵香风上去，忽见一簇妇女，如百花斗彩，万卉争妍。内中一位小娘子，刚刚十五六岁模样，身穿杏黄衫子，生得如何：

> 眼横秋水，眉拂春山。发似云堆，足如莲蕊。两颗樱桃分素口，一枝杨柳斗纤腰。未领略遍体温香，早已睹十分丰韵。

吴小员外看见，不觉遍体苏麻，急欲捱身上前。却被赵家两兄弟拖回，道："良家女子，不可调戏，恐耳目甚多，惹祸招非。"小员外虽然依允，却似勾走了魂灵一般。那小娘子随着众女娘自去了。小员外与二赵相别自回，一夜不睡，道："好个十相具足的小娘子，恨不曾访问他居止姓名。若访问得明白，央媒说合，或有三分侥幸。"次日，放心不下，换了一身整齐衣服，又约了二赵，在金明池上，寻昨日小娘子踪迹。

> 分明昔日阳台路，不见当时行雨人。

吴小员外在游人中，往来寻趁，不见昨日这位小娘子，心中闷闷不悦。赵大哥道："足下情怀少乐，想寻春之兴未遂。此间酒肆中，多有当垆少妇。愚弟兄陪足下一行，倘有看得上眼的，沽饮三杯，也当春风一度，如何？"小员外道："这些老妓凤倡，残花败柳，学生平日都不在意。"赵二哥道："街北第五家，小小一个酒肆，到也精雅。内中有个量酒的女儿，大有姿色，年纪也只好二八，只是不常出来。"小员外欣然道："烦相引一看。"三人移步街北，果见一个小酒店，外边花竹扶疏，里面杯盘罗列。赵二哥指道："此家就是。"三人入得门来，悄无人声，不免唤一声："有人么？有人么？"须臾之间，似有如无，觉得娇娇媚媚，妖妖娆娆，走一个十五六岁花朵般多情女儿出来。那三个子弟，见了女儿，齐齐的三头对地，六臂向身，唱个喏道："小娘子拜揖。"那多情的女儿，见了三个子弟，一点春心动了，按捺不下，一双脚儿出来了，则是麻麻地进去不得。紧挨着三个子弟坐地。便教迎儿取酒来。那四个可知道喜！四口儿并来，没一百岁。方才举得一杯，忽听得驴儿蹄响，车儿轮响，却是女儿的父母上坟回来。三人败兴而返。

迤逦春色凋残，胜游难再，只是思忆之心，形于梦寐。转眼又是一年。三个子弟不约而同，再寻旧约。顷刻已到。但见门户萧然，当垆的人不知何在。三人少歇一歇问信，则见那旧日老儿和婆子走将出来，三人道："丈人拜揖。有酒打一角来。"便问："丈人，去年到此，见个小娘子量酒；今日如何不见？"那老儿听了，簌地两行泪下："覆官人，老汉姓卢名荣。官人见那量酒的，就是老拙女儿，小名爱爱。去年今日合家去上坟，不知何处来三个轻薄厮儿，和他吃酒，见我回来散了。中间别事不知。老拙两个薄薄罪过他两句言语，不想女儿性重，顿然悒怏，不吃饮食，数日而死。这屋后小丘，便是女儿的坟。"说罢，又簌簌地泪下。三人嗫口不敢再问，连忙还了酒钱，三个马儿连着，一路伤感不已。回头顾盼，泪下沾襟，怎生放心得下！正是：

> 夜深喧暂息，池台唯月明。
>
> 无因驻清景，日出事还生。

那三个正行之际，恍惚见一妇人，素罗罩首，红帕当胸，颤颤摇摇，半前半却。觑着三个，低声万福。那三个如醉如痴，罔知所措。道他是鬼，又衣裳有缝，地下有影；道是梦里，自家掐着又疼。只见那妇人道："官人认得奴家，即去岁金明池上人也。官人今日到奴家相望，爹妈诈言我死，虚堆个土坟，待瞒过官人们。奴家思想前生有缘，幸得相遇。如今搬在城里一个曲巷小楼，且是潇洒。倘不弃嫌，屈尊一顾。"三人下马齐行。瞬息之间，便到一个去处。入得门来，但见：

小楼连苑，斗帐藏春。低檐浅映红帘，曲阁遥开锦帐。半明半暗，人居掩映之中；万绿万红，春满风光之内。

上得楼儿，那女儿便叫："迎儿，安排酒来，与三个姐夫贺喜。"无移时，酒到痛饮。那女儿所事熟滑。唱一个娇滴滴的曲儿，舞一个妖媚媚的破儿，挡一个紧飕飕的筝儿，道一个甜甜嫩嫩的千岁儿。那弟兄两个饮散，相别去了。吴小员外回身转手，搭定女儿香肩，搂定女儿细腰，捏定女儿纤手，醉眼乜斜，只道楼儿便是床上，火急做了一班半点儿事。端的是：

春衫脱下，绣被铺开，酥胸露一朵雪梅，纤足启两弯新月。未开桃蕊，怎禁他浪蝶深偷；半折花心，忍不住狂蜂恣采。潸然粉汗，微喘相偎。

睡到天明，起来梳洗，吃些早饭，两口儿絮絮叨叨，不肯放手。吴小员外焚香设誓，啮臂为盟。那女儿方才掩着脸，笑了进去。

吴小员外自一路闷闷回家。见了爹妈，道："我儿，昨夜宿于何处？教我一夜不睡，乱梦颠倒。"小员外道："告爹妈，儿为两个朋友是皇亲国戚，要我陪宿，不免依他。"爹妈见说是皇亲，又曾来望，便不疑他。谁想情之所钟，解释不得。有诗为证：

铲平荆棘盖楼台，楼上笙歌鼎沸开。
欢笑未终离别起，从前荆棘又生来。

那小员外与女儿两情厮投，好说得着。可知哩，笋芽儿般后生，遇着花朵儿女娘，又是芳春时候。正是：

佳人窈窕当春色，才子风流正少年。

小员外只为情牵意惹，不隔两日，少不得去伴女儿一宵。只一件，但见女儿时，自家觉得精神百倍，容貌胜常；才到家，便颜色憔悴，形容枯槁，渐渐有如鬼质，看看不似人形，饮食不思，药饵不进。父母见儿如此，父子情深，顾不得朋友之道，也顾不得皇亲国戚，便去请赵公子兄弟二人来，告道："不知二兄日前带我豚儿何处非为？今已害得病深。若是医得好，一句也不敢言；万一有些不

测，不免击鼓诉冤，那时也怪老汉不得！"那兄弟二人听罢，切切偶语："我们
虽是金枝玉叶，争奈法度极严，若子弟贤的，一般如凡人叙用，若有些争差的，
罪责却也不小。万一被这老子告发时，毕竟于我不利。"疾忙回言："丈人，贤
嗣之疾，本不由我弟兄。"遂将金明池酒店上遇见花枝般多情女儿，始末叙了一
遍。老儿大惊，道："如此说，我儿着鬼了！二位有何良计可以相救？"二人道：
"有个皇甫真人，他有割妖符剑，除非请他来施设，退了这邪鬼，方保无恙。"
老儿拜谢道："全在二位身上。"二人回身就去。却是：

> 青龙共白虎同行，吉凶事全然未保。

两个上了路，远远到一山中，白云深处，见一茅庵：

> 黄茅盖屋，白石垒墙。阴阴松暝鹤飞回，小小池晴龟出曝。翠柳碧
> 梧夹路，玄猿白鹤迎门。

顷刻间庵里走出个道童来，道："二位莫不是寻师父救人么？"二人道："便
是，相烦通报则个。"道童道："若是别患，俺师父不去。只割情欲之妖。却为
甚的？情能生人，亦能死人。生是道家之心，死是道家之忌。"二人道："正要
割情欲之妖，救人之死。"小童急去，请出皇甫真人。真人见道童已说过了：
"吾可一去。"

迤逦同到吴员外家。才到门首，便道："这家被妖气罩定，却有生气相临。"
却好小员外出见，真人吃了一惊，道："鬼气深了！九死一生，只有一路可救。"
惊得老夫妻都来跪告真人："俯垂法术，救俺一家性命。"真人道："你依吾说，
急往西方三百里外避之。若到所在，这鬼必然先到。倘若满了一百二十日，这鬼
不去，员外拚着一命，不可救治矣。"员外应允。备素斋，请皇甫真人斋罢，相
别自去。老员外速教收拾担仗，往西京河南府去避死。正是：

> 曾观前定录，生死不由人。

小员外请两个赵公子相伴同行。沿路去时，由你登山涉岭，过涧渡桥，闲中
闹处，有伴无人，但小员外吃食，女儿在旁供菜；员外临睡，女儿在傍解衣；若
员外登厕，女儿拿着衣服。处处莫避，在在难离。不觉在洛阳几日。

忽然一日屈指算时，却好一百二十日。如何是好？那两个赵公子和从人守着
小员外，请到酒楼散闷，又愁又怕，都搁不住泪汪汪地。又怕小员外看见，急急

拭了。小员外目睁口呆，罔知所措。正低了头倚着栏干，恰好皇甫真人骑个驴儿过来。赵公子看见了，慌忙下楼，当街拜下，扯住真人，求其救度。吴清从人都一齐跪下拜求。真人便就酒楼上结起法坛，焚香步罡，口中念念有词。行持了毕，把一口宝剑，递与小员外道："员外本当今日死。且将这剑去，到晚紧闭了门。黄昏之际，定来敲门，休问是谁，速把剑斩之。若是有幸，斩得那鬼，员外便活，若不幸误伤了人，员外只得纳死。总然一死，还有可脱之理。"吩咐罢，真人骑驴去了。

小员外得了剑，巴到晚间，闭了门。渐次黄昏，只听得剥啄之声。员外不露声息，悄然开门，便把剑斫下，觉得随手倒地。员外又惊又喜，心窝里突突地跳。连叫："快点灯来！"众人点灯来照，连店主人都来看。不看犹可，看时，众人都吃了一大惊：

> 分开八片顶阳骨，倾下半桶冰雪水。

店主人认得砍倒的尸首，却是店里奔走的小厮阿寿，十五岁了，因往街上登东，关在门外，故此敲门，恰好被剑砍坏了。当时店中嚷动，地方来，见了人命事，便将小员外缚了。两个赵公子也被缚了，等待来朝，将一行人解到河南府。

大尹听得是杀人公事，看了辞状，即送狱司勘问。吴清将皇甫真人斩妖事，备细说了。狱司道："这是荒唐之言。见在杀死小厮，真正人命，如何抵释！"喝教手下用刑。却得跟随小员外的，在衙门中使透了银子。狱卒禀道："吴清久病未痊，受刑不起。那两个宗室，只是干连小犯。"狱官借水推舟，权把吴清收监，候病痊再审，二赵取保在外。一面着地方将棺木安放尸首，听候堂上吊验，斩妖剑作凶器驻库。

却说吴小员外是夜在狱中垂泪叹道："爹娘止生得我一人，从小寸步不离，何期今日死于他乡！早知左右是死，背井离乡，着什么来！"又叹道："小娘子呵，只道生前相爱，谁知死后缠绵，恩变成仇，害得我骨肉分离，死无葬身之地，我好苦也！我好恨也！"嗟怨了半夜，不觉睡去。梦见那花枝般多情的女儿，妖妖娆娆，走近前来，深深道个万福道："小员外休得怅恨奴家。奴自身亡之后，感太元夫人空中经过，怜奴无罪早夭，授以太阴炼形之术，以此元形不损，且得游行世上。感员外隔年垂念，因而冒耻相从；亦是前缘宿分，合有一百二十日夫妻，今已完满，奴自当去。前夜特来奉别，不意员外起其恶意，将剑砍奴，今日受一夜牢狱之苦，以此相报。阿寿小厮，自在东门外古墓之中，只教官府覆验尸首，便得脱罪。奴又与上元夫人求得玉雪丹二粒，员外试服一粒，管取百病消除，元神复旧；又一粒员外谨藏之，他日成就员外一段佳姻，以报一百二十日夫妻之恩。"说罢，出药二粒，如鸡豆般，其色正红，分明是两粒火珠。那女儿将一粒纳于小员外袖内，一粒纳于口中，叫声："奴去也，还乡之日，千万到奴家荒坟一顾，也表员外不忘故旧之情！"

小员外再欲叩问详细，忽闻钟声聒耳，惊醒将来。口中觉有异香，腹里一似火团展转，汗流如雨。巴到天明，汗止，身子顿觉健旺。摸摸袖内，一粒金丹尚在，宛如梦中所见。小员外隐下余情，只将女鬼托梦说阿寿小厮见在，请覆验尸首，便知真假。狱司禀过大尹。开棺检视，原来是旧笤帚一把，并无他物。寻到东门外古墓，那阿寿小厮如醉梦相似，睡于破石墩之内。众人把姜汤灌醒，问他如何到此，那小厮一毫不知。狱司带那小厮并笤帚，到大尹面前，教店主人来认，实是阿寿未死，方知女鬼的做作。大尹即将众人赶出。皇甫真人已知斩妖剑不灵，自去入山修道去了。二赵接得吴小员外，连称恭喜。酒店主人也来谢罪，三人别了主人家，领着仆从，欢欢喜喜回开封府来。

离城还有五十余里，是个大镇，权歇马上店，打中火。只见间壁一个大户人家门首，贴一张招医榜文：

> 本宅有爱女患病垂危，人不能识。倘有四方明医，善能治疗者，奉
> 谢青蚨十万，花红羊酒奉迎，绝不虚示。

吴小员外看了榜文，问店小二道："间壁何宅？患的是甚病？没人识得？"小二道："此地名褚家庄，间壁住的，就是褚老员外。生得如花似玉一位小娘子，年方一十六岁。若干人来求他，老员外不肯轻许。一月之间，忽染一病，发狂谵语，不思饮食，许多太医下药，病只有增无减。好一主大财乡，没人有福承受得。可惜好个小娘子，世间难遇！如今看看欲死，老夫妻两口儿昼夜啼哭，只祈神拜佛，做好事保福，也不知费了若干钱钞了。"小员外听说，心中暗喜，道："小二哥，烦你做个媒，我要娶这小娘子为妻。"小二道："小娘子十生九死，官人便要讲亲，也待病痊。"小员外道："我会医的是狂病，不愿受谢，只要许下成婚，手到病除。"小二道："官人请坐，小人即时传语。"

须臾之间，只见小二同着褚公到店中来，与三人相见了，问道："那一位先生善医？"二赵举手道："这位吴小员外。"褚公道："先生若医得小女病痊，帖上所言，毫厘不敢有负。"吴小员外道："学生姓吴名清，本府城内大街居住，父母在堂，薄有家私，岂希罕万钱之赠。但学生年方二十，尚未婚配，久慕宅上小娘子容德俱全，倘蒙许谐秦晋，自当勉举卢扁。"二赵在傍，又帮衬许多好言。夸吴氏名门富室，又夸小员外做人忠厚。褚公爱女之心，无所不至，不由他不应承了，便道："若果然医得小女好时，老汉赔薄薄妆奁，送至府上成婚。"吴清

向二赵道："就烦二兄为媒，不可退悔！"褚公道："岂敢！"

当下褚公连三位都请到家中，设宴款待。吴清性急，就教老员外："引进令爱房中，看病下药。"褚公先行，吴清随后。可是缘分当然，吴小员外进门时，那女儿就不狂了。吴小员外假要看脉，养娘将罗帏半揭，帏中但闻金钏索琅的一声，舒出削玉团冰的一只纤手来。正是：

> 未识半面花容，先见一双玉腕。

小员外将两手脉俱已看过，见神见鬼的道："此病乃邪魅所侵，非学生不能治也。"遂取所存玉雪丹一粒，以新汲井花水，令其送下。那女子顿觉神清气爽，病体脱然。褚公感谢不尽。是日三人在褚家庄欢饮。至夜，褚公留宿于书斋之中。次日，又安排早酒相请。二赵道："扰过就告辞了。只是吴小员外姻事，不可失信。"褚公道："小女蒙活命之恩，岂敢背恩忘义？所谕敢不如命！"小员外就拜谢了岳丈。褚公备礼相送，为程仪之敬。三人一无所受，作别还家。

吴老员外见儿子病好回来，欢喜自不必说。二赵又将婚姻一事说了，老员外十分之美。少不得择日行聘，六礼既毕，褚公备千金嫁装，亲送女儿过门成亲。吴小员外在花烛之下，看了新妇，吃了一惊：好似初次在金明池上相逢这个穿杏黄衫的美女。过了三朝半月，夫妇厮熟了。吴小员外叩问妻子。去年清明前二日，果系探亲入城，身穿杏黄衫，曾到金明池上游玩。正是人有所愿，天必然之。那褚家女子小名，也唤做爱爱。

吴小员外一日对赵氏兄弟说知此事，二赵各各称奇："此段姻缘，乃卢女成就，不可忘其功也。"吴小员外即日到金明池北卢家店中，述其女儿之事，献上金帛，拜认卢荣老夫妇为岳父母，求得开坟一见，愿买棺改葬。卢公是市井小人，得员外认亲，无有不从。小员外央阴阳生择了吉日，先用三牲祭礼烧奠，然后启土开棺。那爱爱小娘子面色如生，香泽不散，乃知太阴炼形之术所致。吴小员外叹羡了一回。改葬已毕，请高僧广做法事七昼夜。其夜又梦爱爱来谢，自此踪影遂绝。后吴小员外与褚爱爱，百年谐老。卢公夫妇，亦赖小员外送终，此小员外之厚德也。有诗为证：

> 金明池畔逢双美，了却人间生死缘。
> 世上有情皆似此，分明火宅现金莲。

第三十一卷

赵春儿重旺曹家庄

> 东邻昨夜报吴姬，一曲琵琶荡客思。
> 不是妇人偏可近，从来世上少男儿。

这四句诗是夸奖妇人的。自古道："有志妇人，胜如男子。"且如妇人中，只有娼流最贱，其中出色的尽多。有一个梁夫人，能于尘埃中识拔韩世忠。世忠自卒伍起为大将，与金兀术四太子，相持于江上，梁夫人脱簪珥犒军，亲自执桴，擂鼓助阵，大败金人。后世忠封蕲王，退居西湖，与梁夫人谐老百年。又有一个李亚仙，他是长安名妓，有郑元和公子嫖他，吊了梢，在悲田院做乞儿，大雪中唱"莲花落"。亚仙闻唱，知是郑郎之声，收留在家。绣褥裹体，剔目劝读，一举成名，中了状元，亚仙直封至一品夫人。这两个是红粉班头，青楼出色：

> 若与寻常男子比，好将巾帼换衣冠。

如今说一个妓家故事，虽比不得李亚仙、梁夫人恁般大才，却也在千辛百苦中熬炼过来，助夫成家，有个小小结果，这也是千中选一。

话说扬州府城外，有个地名，叫曹家庄。庄上曹太公是个大户之家。院君已故，止生一位小官人，名曹可成。那小官人人材出众，百事伶俐。只有两件事非其所长：一者不会读书，二者不会作家。常言道："独子得惜。"因是个富家爱子，养骄了他，又且自小纳粟入监，出外都称相公，一发纵荡了。专一穿花街，串柳巷，吃风月酒，用脂粉钱，真个满面春风，挥金如土，人都唤他做"曹呆子"。太公知他浪费，禁约不住，只不把钱与他用。他就瞒了父亲，背地将田产各处抵借银子。那败子借债，有几般不便宜处：第一，折色短少，不能足数，遇狠心的，还要搭些货物；第二，利钱最重；第三，利上起利，过了一年十个月，只倒换一张文书，并不催取，谁知本重利多，便有铜斗家计，不够他盘算；第四，居中的人还要扣些谢礼，他把中人就自看做一半债主，狐假虎威，需索不休；第五，写借票时，只拣上好美产，要他写做抵头，既写之后，这产业就不许你卖与他人，及至准算与他，又要减你的价钱，若算过，便有几两赢余，要他找绝，他又东扭西捏，朝三暮四，没有得爽利与你；有此五件不便宜处，所以往往破家。为尊长的只管拿住两头不放，却不知中间都替别人家发财去了。十分家当，实在没用得五分。这也是只顾生前，不顾死后。左右把与他败的，到不如自眼里看他结末了，也得明白。

明识儿孙是下流，故将锁钥用心收。

儿孙自有儿孙算，枉与儿孙作马牛。

闲话休叙，却说本地有个名妓，叫作赵春儿，是赵大妈的女儿。真个花娇月艳，玉润珠明，专接富商巨室，赚大主钱财。曹可成一见，就看上了。一住整月，在他家撒漫使钱。两个如胶似漆，一个愿讨，一个愿嫁，神前罚愿，灯下设盟。争奈父亲在堂，不敢娶他入门。那妓者见可成是慷慨之士，要他赎身。原来妓家有这个规矩，初次破瓜的，叫作梳栊孤老；若替他把身价还了鸨儿，由他自在接客，无拘无管，这叫作赎身孤老。但是赎身孤老要歇时，别的客只索让他，十夜五夜，不论宿钱。后来若要娶他进门，别不费财礼。又有这许多脾胃处。曹可成要与春儿赎身，大妈索要五百两，分文不肯少。可成各处设法，尚未到手。

忽一日，闻得父亲唤银匠在家倾成许多元宝，未见出笋。用心体访，晓得藏在卧房床背后复壁之内，用帐子掩着。可成觑个空，趱进房去，偷了几个出来。又怕父亲查检，照样做成贯铅的假元宝，一个换一个，大模大样的，与春儿赎了身，又置办衣饰之类。以后但是要用，就将假银换出真银，多多少少都放在春儿处，凭他使费，并不检查。真个来得易，去得易，日渐日深，换个行云流水，也不曾计个数目是几锭几两。春儿见他撒漫，只道家中有余，亦不知此银来历。

忽一日，太公病笃，唤可成夫妇到床头，叮嘱道："我儿，你今三十余岁，也不为年少了。'败子回头便作家'！你如今莫去花柳游荡，收心守分。我家当之外，还有些本钱，又没第二个兄弟分受，尽彀你夫妻受用。遂指床背后说道："你揭开帐子，有一层复壁，里面藏着元宝一百个，共五千两，这是我一生的精神，向因你务外，不对你说。如今交付你夫妻之手，置些产业，传与子孙，莫要又浪费了！"又对媳妇道："娘子，你夫妻是一世之事，莫要冷眼相看，须将好言谏劝丈夫，同心合胆，共做人家。我九泉之下，也得瞑目。"说罢，须臾死了。

可成哭了一场，少不得安排殡葬之事，暗想复壁内，正不知还存得多少真银？当下搬将出来，铺满一地，看时，都是灌铅的假货，整整的数了九十九个，刚剩得一个真的。五千两花银，费过了四千九百五十两！可成良心顿萌，早知这东西始终还是我的，何须性急！如今大事在身，空手无措，反欠下许多债负，懊悔无及，对着假锭放声大哭。浑家劝道："你平日务外，既往不咎，如今现放着许多银子，不理正事，只管哭做什么？"可成将假锭偷换之事，对浑家叙了一遍。浑家平昔间为老公务外，谏劝不从，气得有病在身。今日哀苦之中，又闻了这个消息，如何不恼！登时手足俱冷，扶回房中，上了床，不够数日，也死了。端的是：

从前做过事，没兴一齐来。

可成连遭二丧，痛苦无极，勉力支持。过了七七四十九日，各债主都来算账，把曹家庄祖业田房，尽行盘算去了。因出房与人，上紧出殡。此时孤身无靠，权退在坟堂屋内安身。不在话下。

且说赵春儿久不见可成来家，心中思念，闻得家中有父丧，又浑家为假锭事气死了，恐怕七嘴八张，不敢去吊问。后来晓得他房产都费了，搬在坟堂屋里安身，甚是凄惨，寄信去请他来。可成无颜相见，回了几次。连连来请，只得含羞而往。春儿一见，抱头大哭，道："妾之此身，乃君身也。幸妾尚有余资，可以相济，有急何不告我！"乃治酒相款，是夜留宿。明早，取白金百两，赠与可成，嘱咐他拿回家省吃省用。"缺少时，再来对我说。"可成得了银子，顿忘苦楚，迷恋春儿，不肯起身。就将银子买酒买肉，请旧日一班闲汉同吃。春儿初次不好阻他，到第二次，就将好言苦劝，说："这班闲汉，有损无益。当初你一家人家，都是这班人坏了。如今再不可近他了。我劝你回去是好话。且待三年服满之后，还有事与你商议。"一连劝了几次。可成还是败落财主的性子，疑心春儿厌薄他，忿然而去。春儿放心不下，悄地教人打听他，虽然不去跳槽，依旧大吃大用。春儿暗想，他受苦不透，还不知稼穑艰难，且由他磨炼去。过了数日，可成盘缠竭了，有一顿，没一顿，却不伏气去告求春儿。春儿心上虽念他，也不去惹他上门了。约莫十分艰难，又教人送些柴米之类，小小周济他，只是不敷。

却说可成一般也有亲友，自己不能周济，看见赵春儿家担东送西，心上反不乐，到去撺掇可成道："你当初费过几千银子在赵家，连这春儿的身子都是你赎的。你今如此落寞，他却风花雪月受用，何不去告他一状，追还些身价也好。"可成道："当初之事，也是我自家情愿，相好在前。今日重新番脸，却被子弟们笑话。"又有嘴快的，将此话学与春儿听了，春儿暗暗点头："可见曹生的心肠还好。"又想道："'人无千日好，花无百日红'，若再有人撺掇，怕不变卦？"踌躇了几遍，又教人去请可成到家，说道："我当初原许嫁你，难道是哄你不成？一来你服制未满，怕人议论；二来知你艰难，趁我在外寻些衣食之本。你切莫听人闲话，坏了夫妻之情！"可成道："外人虽不说好话，我却有主意，你莫疑我。"住了一二晚，又赠些东西去了。

光阴似箭，不觉三年服满。春儿备了三牲祭礼，香烛纸钱，到曹氏坟堂拜奠，又将钱三串，把与可成做起灵功德，可成欢喜，功德完满，可成到春儿处作谢，春儿留款。饮酒中间，可成问从良之事。春儿道："此事我非不愿，只怕你还想娶大娘。"可成道："我如今是什么日子，还说这话？"春儿道："你目下虽如此说，怕日后挣得好时，又要寻良家正配，可不枉了我一片心机？"可成就对天说起誓来。春儿道："你既如此坚心，我也更无别话。只是坟堂屋里，不好成亲。"可成道："在坟边左近，有一所空房要卖，只要五十两银子，苟买得他的，到也方便。"春儿就凑五十两银子，把与可成买房，又与些另碎银钱，教他收拾房室，置办些家火。择了吉日，至期，打叠细软，做几个箱笼装了。带着随身伏侍的丫鬟，叫作翠叶，唤个船只，蓦地到曹家，神不知，鬼不觉，完其亲事。

> 收将野雨闲云事，做就牵丝结发人。

毕姻之后，春儿与可成商议过活之事。春儿道："你生长富室，不会经营生理，还是赎几亩田地耕种，这是务实的事。"可成自夸其能，说道："我经了许多折挫，学得乖了，不到得被人哄了！"春儿凑出三百两银子，交与可成。可成是散漫惯了的人，银子到手，思量经营那一桩好？往城中东占西卜。有先前一班闲汉，遇见了，晓得他纳了春姐，手中有物，都来哄他：某事有利无利，某事利重利轻，某人五分钱，某人合子钱。不一时，都哄尽了。空手而回，却又去问春儿要银子用。气得春儿两泪交流道："'常将有日思无日，莫待无时思有时'。你当初浪费以有今日，如今是有限之物，费一分没一分了。"初时硬了心肠，不管闲事。以后夫妻之情，看不过，只得又是一五一十担将出来，无过是买柴籴米之类。拿出来多遍了，觉得渐渐空虚，一遍少似一遍。可成先还有感激之意，一年半载，理之当然，只道他还有多少私房，不肯和盘托出，终日闹吵逼他拿出来。春儿被逼不过，别口气，将箱笼上钥匙，一一交付丈夫，说道："这些东西，左右是你的，如今都交与你，省得欠挂！我今后自和翠叶纺绩度日，我也不要你养活，你也莫缠我。"春儿自此日为始，就吃了长斋，朝暮纺绩自食。可成一时虽不过意，却喜又有许多东西，暗想道："且来变买银两，今番赎取些恒业，为恢复家缘之计，也在浑家面上争口气。"虽然腹内踌躇，却也说而不作。常言："食在口头，钱在手头。"费一分，没一分，坐吃山空。不上一年，又空言了，更无出没。瞒了老婆，私下把翠叶这丫头，卖与人去。春儿又失了个纺绩的伴儿，又气又苦，从前至后，把可成诉说一场。可成自知理亏，懊悔不迭，禁不住眼中流泪。又过几时，没饭吃了，对春儿道："我看你朝暮纺绩，倒是一节好生意。你如今又没伴，我又没事做，何不将纺绩教会了，也是一只饭碗。"春儿又好笑又好恼，忍不住骂道："你堂堂一躯男子汉，不指望你养老婆，难道一身一口，再没个道路寻饭吃？"可成道："贤妻说得是。'鸟瘦毛长，人贫智短。'你教我那一条道路寻得饭吃的，我去做。"春儿道："你也曾读书识字，这里村前村后，少个训蒙先生，坟堂屋里又空着，何不聚集几个村童教学，得些学俸，好盘用。"可成道："'有智妇人，胜如男子'，贤妻说得是。"当下便与乡老商议，聚了十来个村童，教书写仿，甚不耐烦，出于无奈。过了些时，渐渐惯了，枯茶淡饭，绝不想分外受用。春儿又不时牵前扯后的诉说他。可成并不敢回答一字，追思往事，要便流泪。想当初偌大家私，没来由付之流水，不须题起；就是春儿带来这些东西，若会算计时，尽可过活，如今悔之无及！

如此十五年，忽一日，可成入城，撞见一人，豸补银带，乌纱皂靴，乘舆张盖而来，仆从甚盛。其人认得是曹可成，出轿施礼。可成躲避不迭。路次相见，各问寒暄。此人姓殷名盛，同府通州人。当初与可成同坐监，同拨历的，近选得浙江按察使经历，在家起身赴任，好不热闹。可成别了殷盛，闷闷回家，对浑家说道："我的家当已败尽了，还有一件败不尽的，是监生。今日看见通州殷盛选了三司首领官，往浙江赴任，好不兴头！我与他是同拨历的，我的选期已透了，怎得银子上京使用。"春儿道："莫做这梦罢，见今饭也没得吃，还想做官！"

过了几日，可成欣羡殷监生荣华，三不知又说起。春儿道："选这官要多少使用？"可成道："本多利多，如今的世界，中科甲的也只是财来财往，莫说监生官。使用多些，就有个好地方，多趁得些银子，再肯营干时，还有一两任官做。使用得少，把个不好的缺打发你，一年二载，就升你做王官，有官无职，监生的本钱还弄不出哩。"春儿道："好缺要多少？"可成道："好缺也费得千金。"春儿道："百两尚且难措，何况千金？还是训蒙安稳。"可成含着双泪，只得又去坟堂屋里教书。正是：

渐无面目辞家祖，剩把凄凉对学生。

忽一日，春儿睡至半夜醒来，见可成披衣坐于床上，哭声不止。问其缘故，可成道："适才梦见得了官职，在广东潮州府，我身坐府堂之上，众书吏参谒。我方吃茶，有一吏，瘦而长，黄须数茎，捧文书至公座，偶不小心，触吾茶瓯，翻污衣袖，不觉惊醒，醒来乃是一梦。自思一贫如洗，此生无复冠带之望，上辱宗祖，下玷子孙，是以悲泣耳！"春儿道："你生于富家，长在名门，难道没几个好亲眷，何不去借贷，为求官之资，倘得一命，偿之有日。"可成道："我因自小务外，亲戚中都以我为不肖，摈弃不纳，今穷困如此，枉自开口，人谁托我？便肯借时，将何抵头？"春儿道："你今日为求官借贷，比先前浪费不同，或者肯借也不见得。"可成道："贤妻说得是。"次日，真个到三亲四眷家去了一巡：也有闭门不纳的，也有回说不在的，就是相见时，说及借贷求官之事，也有冷笑不答的，也有推辞没有的，又有念他开口一场，少将钱米相助的。可成大失所望，回复了春儿。

早知借贷难如此，悔却当初不作家。

可成思想无计，只是啼哭。春儿道："哭怎么？没了银子便哭，有了银子又会撒漫起来。"可成道："到此地位，做妻子的还信我不过，莫说他人！"哭了一场："不如死休！只可惜负了赵氏妻十五年相随之意，如今也顾不得了。"可成正在寻死，春儿上前解劝道："'物有一变，人有千变，若要不变，除非三尺盖面'。天无绝人之路，你如何把性命看得恁轻？"可成道："蝼蚁尚且贪生，岂有人不惜死？只是我今日生而无用，到不如死了干净，省得连累你终身。"春儿道："且不要忙，你真个收心务实，我还有个计较。"可成连忙下跪道："我的娘，你有甚计较？早些救我性命！"春儿道："我当初未从良时，结拜过二九一十八个姊妹，一向不曾去拜望，如今为你这冤家，只得忍着羞去走一遍。一个姊妹出十两，十八个姊妹，也有一百八十两银子。"可成道："求贤妻就去。"春儿道："初次上门，须用礼物，就要备十八副礼。"可成道："莫说一十八副礼，就是一副礼也无措。"春儿道："若留得我一两件首饰在，今日也还好活动。"可成又啼哭起来。春儿道："当初谁叫你快活透了，今日有许多眼泪！你且去理会起送文书，待文书有了，那京中使用，我自去与人讨面皮，若弄不来文书，可不枉了。"可成道："我若起不得文，誓不回家！"一时间说了大话，出门去了，暗想道：

"要备起送文书，府县公门也得些使用。"不好又与浑家缠帐，只得自去，向那几个村童学生的家里告借。一钱五分的凑来，好不费力。若不是十五年折挫到于如今，这些须之物把与他做一封赏钱，也还不够，那个看在眼里。正是彼一时此一时。

可成凑了两许银子，到江都县干办文书。县里有个朱外郎，为人忠厚，与可成旧有相识，晓得他穷了，在众人面前，替他周旋其事，写个欠票，等待有了地方，加利寄还，可成欢欢喜喜，怀着文书回来，一路上叫天地，叫祖宗，只愿浑家出去告债，告得来便好。走进门时，只见浑家依旧坐在房里绩麻，光景甚是凄凉。口虽不语，心下慌张，想告债又告不来了，不觉眼泪汪汪，又不敢大惊小怪，怀着文书，立于房门之外，低低的叫一声："贤妻。"春儿听见了，手中擘麻，口里问道："文书之事如何？"可成便脚揣进房门，在怀中取出文书，放于桌上道："托赖贤妻福荫，文书已有了。"春儿起身，将文书看了，肚里想道："这呆子也不呆了。"相着可成问道："你真个要做官？只怕为妻的叫奶奶不起！"可成道："说哪里话！今日可成前程，全赖贤妻扶持挈带，但不识借贷之事如何？"春儿道："都已告过，只等你有个起身日子，大家送来。"可成也不敢问借多借少，慌忙走去肆中择了个吉日，回复了春儿。

春儿道："你去邻家，借把锄头来用。"须臾，锄头借到。春儿拿开了绩麻的篮儿，指这搭地说道："我嫁你时，就替你办一顶纱帽埋于此下。"可成想道："纱帽埋在地下，却不朽了？莫要拗他，且锄着看。"怎地运起锄头，狠力几下，只听得当的一声响，翻起一件东西。可成到惊了一跳，检起看，是个小小瓷坛，坛里面装着散碎银两，和几件银酒器。春儿叫丈夫拿去城中倾兑，看是多少。可成倾了锞儿，兑准一百六十七两，拿回家来，双手捧与浑家，笑容可掬。春儿本知数目，有心试他，见分毫不曾苟且，心下甚喜。叫再取锄头来，将十五年常坐下绩麻去处，一个小矮凳儿搬开了，教可成再锄下去，锄出一大瓷坛，内中都是黄白之物，不下千金。原来春儿看见可成浪费，预先下着，悄地埋藏这许多东西，终日在上面坐着绩麻，一十五年并不露半字，真女中丈夫也！可成见了许多东西，掉下泪来。春儿道："官人为甚悲伤？"可成道："想着贤妻一十五年，勤劳辛苦，布衣蔬食，谁知留下这一片心机。都因我曹可成不肖，以至连累受苦！今日贤妻当受我一拜！"说罢，就拜下去。春儿慌忙扶起道："今日苦尽甘来，博得好日，共享荣华。"可成道："盘缠尽有，我上京听选，留贤妻在家，形孤影只。不若同到京中，百事也有商量。"春儿道："我也放心不下。如此甚好。"当时打一行李，讨了两房童仆，雇下船只，夫妻两口，同上北京。正是：

运去黄金失色，时来铁也生光。

破家只为貌如花
又仗红颜再起家
如此红颜千古少
劝君还是莫贪花

可成到京，寻个店房，安顿了家小，吏部投了文书。有银子使用，就选了出来。初任是福建同安县二尹，就升了本省泉州府经历，都是老婆帮他做官，宦声大振。又且京中用钱谋为，公私两利，升了广东潮州府能判。适值朝觐之年，太守进京，同知推官俱缺，上司道他有才，批府印与他执掌，择日升堂管事，吏书参谒已毕，门子献茶，方才举手，有一外郎，捧文书到公座前，触翻茶瓯，淋漓满袖。可成正欲发怒，看那外郎瘦而长，有黄须数茎，猛然想起数年之前，曾有一梦，今日光景，宛然梦中所见。始知前程出处，皆由天定，非偶然也。那外郎惊慌，磕头谢罪。可成好言抚慰，全无怒意。合堂称其大量。

是日退堂，与奶奶述其应梦之事。春儿亦骇然，说道："据此梦，量官人功名止于此任，当初坟堂中教授村童，衣不蔽体，食不充口，今日三任为牧民官，位至六品大夫，太学生至此足矣。常言：'知足不辱'，官人宜急流勇退，为山林娱老之计。"可成点头道是。坐了三日堂，就托病辞官。上司因本府掌印无人，不允所辞。勉强视事，分明又做了半年知府。新官上任，交印已毕，次日又出致仕文书。上司见其恳切求去，只得准了。百姓攀辕卧辙者数千人，可成一一抚慰，夫妻衣锦还乡，三任宦资约有数千金，赎取旧日田产房屋，重在曹家庄兴旺，为宦门巨室。这虽是曹可成改过之善，却都亏赵春儿赞助之力也。后人有诗赞云：

破家只为貌如花，又仗红颜再起家。
如此红颜千古少，劝君还是莫贪花。

国学经典文库

中国二十大名著

警世通言

图文珍藏版

第三十二卷

杜十娘怒沉百宝箱

扫荡残胡立帝畿，龙翔凤舞势崔嵬。
左环沧海天一带，右拥太行山万围。
戈戟九边雄绝塞，衣冠万国仰垂衣。
太平人乐华胥世，永永金瓯共日辉。

这首诗，单夸我朝燕就建都之盛。说起燕都的形势，北倚雄关，南压区夏，真乃金城天府，万年不拔之基。当先洪武爷扫荡胡尘，定鼎金陵，是为南京。到永乐爷从北平起兵靖难，迁于燕都，是为北京。只因这一迁，把个苦寒地面，变作花锦世界。自永乐爷九传至于万历爷，此乃我朝第十一代的天子。这位天子，聪明神武，德福兼全，十岁登基，在位四十八年，削平了三处寇乱。那三处？

日本关白平秀吉，西夏哱承恩，播州杨应龙。

平秀吉侵犯朝鲜，哱承恩、杨应龙是士官谋叛，先后削平。远夷莫不畏服，争来朝贡。真个是：

一人有庆民安乐，四海无虞国太平。

话中单表万历二十年间，日本国关白作乱，侵犯朝鲜。朝鲜国王上表告急，天朝发兵泛海往救。有户部官奏准："目今兵兴之际，粮饷未充，暂开纳粟入监之例。"原来纳粟入监的，有几般便宜：好读书，好科举，好中，结末来又有个小小前程结果。以此宦家公子，富室子弟，到不愿做秀才，都去援例做太学生。自开了这例，两京太学生，各添至千人之外。内中有一人，姓李名甲，字干先，浙江绍兴府人氏。父亲李布政所生三儿，唯甲居长。自幼读书在庠，未得登科，

杜十娘怒沉百宝箱

援例入于北雍。因在京坐监，与同乡柳遇春监生同游教坊司院内，与一个名姬相遇。那名姬，姓杜名媺，排行第十，院中都称为杜十娘，生得：

> 浑身雅艳，遍体娇香。两弯眉画远山青，一对眼明秋水润。脸如莲萼，分明卓氏文君；唇似樱桃，何减白家樊素。可怜一片无瑕玉，误落风尘花柳中。

那杜十娘自十三岁破瓜，今一十九岁，七年之内，不知历过了多少公子王孙。一个个情迷意荡，破家荡产而不惜。院中传出四句号来，道是：

> 坐中若有杜十娘，斗筲之量饮千觞。
>
> 院中若识杜老媺，千家粉面都如鬼。

却说李公子，风流年少，未逢美色，自遇了杜十娘，喜出望外，把花柳情怀，一担儿挑在他身上。那公子俊俏宠儿，温存性儿，又是撒漫的手儿，帮衬的勤儿，与十娘一双两好，情投意合。十娘因见鸨儿贪财无义，久有从良之志；又见李公子忠厚志诚，甚有心向他。奈李公子惧怕老爷，不敢应承。虽则如此，两下情好愈密，朝欢暮乐，终日相守，如夫妇一般，海誓山盟，各无他志，真个：

> 恩深似海恩无底，义重如山义更高。

再说杜妈妈，女儿被李公子占住，别的富家世室，闻名上门，求一见而不可得。初时李公子撒漫用钱，大差大使，妈妈胁肩谄笑，奉承不暇。日往月来，不觉一年有余，李公子囊箧渐渐空虚，手不应心，妈妈也就怠慢了。老布政在家闻知儿子嫖院，几遍写字来唤他回去。他迷恋十娘颜色，终日延挨。后来闻知老爷在家发怒，越不敢回。古人云："以利相交者，利尽而疏。"那杜十娘与李公子真情相好，见他手头愈短，心头愈热。妈妈也几遍教女儿打发李甲出院，见女儿

国学经典文库 中国二十大名著 警世通言 图文珍藏版

不统口，又几遍将言语触突李公子，要激怒他起身。公子性本温克，词气愈和，妈妈没奈何，日逐只将十娘叱骂道："我们行户人家，吃客穿客，前门送旧，后门迎新，门庭闹如火，钱帛堆成垛。自从那李甲在此，混账一年有余，莫说新客，连旧主顾都断了，分明接了个钟馗老，连小鬼也没得上门，弄得老娘一家人家，有气无烟，成什么模样！"

杜十娘被骂，耐性不住，便回答道："那李公子不是空手上门的，也曾费过大钱来。"妈妈道："彼一时，此一时，你只教他今日费些小钱儿，把与老娘办些柴米，养你两口也好。别人家养的女儿便是摇钱树，千生万活，偏我家晦气，养了个退财白虎！开了大门七件事，般般都在老身心上。到替你这小贱人，白白养着穷汉，教我衣食从何处来？你对那穷汉说，有本事出几两银子与我，到得你跟了他去，我别讨个丫头过活却不好？"十娘道："妈妈，这话是真是假？"妈妈晓得李甲囊无一钱，衣衫都典尽了，料他没处设法，便应道："老娘从不说谎，当真哩！"十娘道："娘，你要他许多银子？"妈妈道："若是别人，千把银子也讨了，可怜那穷汉出不起，只要他三百两，我自去讨一个粉头代替。只一件，须是三日内交付与我，左手交银，右手交人。若三日没有银时，老身也不管三七二十一，公子不公子，一顿孤拐，打那光棍出去。那时莫怪老身！"十娘道："公子虽在客边乏钞，谅三百金还措办得来。只是三日忒近，限他十日便好。"妈妈想道："这穷汉一双赤手，便限他一百日，他那里来银子？没有银子，便铁皮包脸，料也无颜上门。那时重整家风，孍儿也没得话讲。"答应道："看你面，便宽到十日。第十日没有银子，不干老娘之事。"十娘道："若十日内无银，料他也无颜再见了。只怕有了三百两银子，妈妈又翻悔起来。"妈妈道："老身年五十一岁了，又奉十斋，怎敢说谎？不信时与你拍掌为定，若翻悔时，做猪做狗！"

> 从来海水斗难量，可笑虔婆意不良。
> 料定穷儒囊底竭，故将财礼难娇娘。

是夜，十娘与公子在枕边议及终身之事。公子道："我非无此心。但教坊落籍，其费甚多，非千金不可，我囊空如洗，如之奈何？"十娘道："妾已与妈妈议定，只要三百金，但须十日内措办。郎君游资虽罄，然都中岂无亲友，可以借贷？倘得如数，妾身遂为君之所有，省受虔婆之气。"公子道："亲友中为我留恋行院，都不相顾，明日只做束装起身，各家告辞，就开口假贷路费，凑聚将来，或可满得此数。"起身梳洗，别了十娘出门。十娘道："用心作速，专听佳音。"公子道："不须吩咐。"公子出了院门，来到三亲四友处，假说起身告别，众人到也欢喜。后来叙到路费欠缺，意欲借贷。常言道："说着钱，便无缘。"

亲友们就不招架，他们也见得是，道李公子是风流浪子，迷恋烟花，年许不归，父亲都为他气坏在家。他今日抖然要回，未知真假，倘或说骗盘缠到手，又去还脂粉钱，父亲知道，将好意翻成恶意，始终只是一怪，不如辞了干净，便回道："目今正值空乏，不能相济，惭愧，惭愧！"人人如此，个个皆然，并没有个慷慨丈夫，肯统口许他一十二十两。李公子一连奔走了三日，分毫无获，又不敢回决十娘，权且含糊答应。到第四日又没想头，就羞回院中。平日间有了杜家，连下处也没有了，今日就无处投宿，只得往同乡柳监生寓所借歇。

柳遇春见公子愁容可掬，问其来历。公子将杜十娘愿嫁之情，备细说了。遇春摇首道："未必。未必。那杜媺曲中第一名姬，要从良时，怕没有十斛明珠，千金聘礼。那鸨儿如何只要三百两？想鸨儿怪你不钱使用，白白占住他的女儿，设计打发你出门。那妇人与你相处已久，又碍却面皮，不好明言，明知你手内空虚，故意将三百两卖个人情，限你十日。若十日没有，你也不好上门。便上门时，他会说你笑你，落得一场亵渎，自然安身不牢，此乃烟花逐客之计。足下三思，休被其惑。据弟愚意，不如早早开交为上。"公子听说，半晌无言，心中疑惑不定。遇春又道："足下莫要错了主意。你若真个还乡，不多几两盘费，还有人搭救，若是要三百两时，莫说十日，就是十个月也难。如今的世情，那肯顾缓急二字的。那烟花也算定你没处告债，故意设法难你。"公子道："仁兄所见良是。"口里虽如此说，心中割舍不下，依旧又往处边东央西告，只是夜里不进院门了。

公子在柳监生寓中，一连住了三日，共是六日了。杜十娘连日不见公子进院，十分着紧，就教小厮四儿街上去寻。四儿寻到大街，恰好遇见公子。四儿叫道："李姐夫，娘在家里望你。"公子自觉无颜，回复道："今日不得功夫，明日来罢。"四儿奉了十娘之命，一把扯住，死也不放，道："娘叫咱寻你，是必同去走一遭。"李公子心上也牵挂着婊子，没奈何，只得随四儿进院。见了十娘，嘿嘿无言。十娘问道："所谋之事如何？"公子眼中流下泪来。十娘道："莫非人情淡薄，不能足三百之数么？"公子含泪而言，道出二句：

　　　不信上山擒虎易，果然开口告人难。

一连奔走六日，并无铢两，一双空手，羞见芳卿，故此这几日不敢进院。今日承命呼唤，忍耻而来，非某不用心，实是世情如此。"

十娘道："此言休使虔婆知道。郎君今夜且住，妾别有商议。"十娘自备酒肴，与公子欢饮。

睡至半夜，十娘对公子道："郎君果不能办一钱耶？妾终身之事，当如何也?"公子只是流涕，不能答一语。渐渐五更天晓。十娘道："妾所卧絮褥内，藏有碎银一百五十两，此妾私蓄，郎君可持去。三百金，妾任其半，郎君亦谋其半，庶易为力。限只四日，万勿迟误！"十娘起身将褥付公子，公子惊喜过望。唤童儿持褥而去，径到柳遇春寓中，又把夜来之情与遇春说了。将褥拆开看时，絮中都裹着零碎银子，取出兑时果是一百五十两。遇春大惊道："此妇真有心人也。既系真情，不可相负，吾当代为足下谋之。"公子道："倘得玉成，绝不有负。"当下柳遇春留李公子在寓，自出头各处去借贷。两日之内，凑足一百五十两，交付公子道："吾代为足下告债，非为足下，实怜杜十娘之情也。"

李甲拿出三百两银子，喜从天降，笑逐颜开，欣欣然来见十娘，刚是第九日，还不足十。十娘问道："前日分毫难借，今日如何就有一百五十两？"公子将柳监生事情，又述了一遍。十娘以手加额道："使吾二人得遂其愿者，柳君之力也！"两个欢天喜地，又在院中过了一晚。

次日，十娘早起，对李甲道："此银一交，便当随郎君去矣。舟车之类，合当预备。妾昨日于姊妹中借得白银二十两，郎君可收下为行资也。"公子正愁路费无出，但不敢开口，得银甚喜。说犹未了，鸨儿恰来敲门叫道："嫩儿，今日是第十了。"公子闻叫，启户相延道："承妈妈厚意，正欲相请。"便将银三百两放在桌上。鸨儿不料公子有银，嘿然变色，似有悔意。十娘道："儿在妈妈家中八年，所致金帛，不下数千金矣。今日从良美事，又妈妈亲口所订，三百金不欠分毫，又不曾过期。倘若妈妈失信不许，郎君持银去，儿即刻自尽！恐那时人财两失，悔之无及也！"鸨儿无词以对。腹内筹画了半晌，只得取天平兑准了银子，说道："事已如此，料留你不住了。只是你要去时，即今就去，平时穿戴衣饰之类，毫厘休想！"说罢，将公子和十娘推出房门，讨锁来就落了锁。此时九月天气，十娘才下床，尚未梳洗，随身旧衣，就拜了妈妈两拜，李公子也作了一揖，一夫一妇，离了虔婆大门。

鲤鱼脱却金钩去，摆尾摇头再不来。

公子教十娘且住片时："我去唤个小轿抬你，权往柳荣卿寓所去，再作道理。"十娘道："院中诸姊妹平昔相厚，理宜话别。况前日又承他借贷路费不可不一谢也。"乃同公子，到各姊妹处谢别。姊妹中唯谢月朗、徐素素与杜家相近，尤与十娘亲厚，十娘先到谢月朗家。月朗见十娘秃鬓旧衫，惊问其故，十娘备述来因，又引李甲相见。十娘指月朗道："前日路资，是此位姐姐所贷，郎君可致谢。"李甲连连作揖。月朗便教十娘梳洗，一面去请徐素素来家相会。十娘梳洗已毕，谢、徐二美人各出所有，翠钿金钏，瑶簪宝珥，锦袖花裙，鸾带绣履，把杜十娘装扮得焕然一新，备酒作庆贺筵席。月朗让卧房与李甲、杜媺二人过宿。

次日，又大排筵席，遍请院中姊妹。凡十娘相厚者，无不毕集。都与他夫妇把盏称喜。吹弹歌舞，各逞其长，务要尽欢，直饮至夜分。十娘向众姊妹一一称谢。众姊妹道"十姊为风流领袖，今从郎君去，我等相见无日。何日长行，姊妹们尚当奉送。"月朗道："候有定期，小妹当来相报。但阿姊千里间关，同郎君远去，囊箧萧条，曾无约束，此乃吾等之事。当相与共谋之，勿令姊有穷途之虑也。"众姊妹各唯唯而散。

是晚，公子和十娘仍宿谢家。至五鼓，十娘对公子道："吾等此去，何处安身？郎君亦曾计议有定着否？"公子道："老父盛怒之下，若知娶妓而归，必然加以不堪，反致相累。展转寻思，尚未有万全之策。"十娘道："父子天性，岂能终绝。既然仓卒难犯，不若与郎君于苏、杭胜地，权作浮居。郎君先回，求亲友于尊大人面前，劝解和顺，然后携妾于归，彼此安觅。"公子道："此言甚当。"

次日，二人起身辞了谢月朗，暂住柳监生寓中，整顿行装。杜十娘见了柳遇春，倒身下拜，谢其周全之德："异日我夫妇必当重报。"遇春慌忙答礼道："十娘钟情所欢，不以贫窭易心，此乃女中豪杰。仆因风吹火，谅区区何足挂齿！"三人又饮了一日酒。

次早，择了出行吉日，雇倩轿马停当。十娘又遣童儿寄信，别月朗。临行之际，只见肩舆纷纷而至，乃谢月朗与徐素素，拉众姊妹来送行。月朗道："十姊从郎君千里间关，囊中消索，吾等甚不能忘情。今合具薄赆，十姊可检收，或长途空乏，亦可少助。"说罢，命从人挈一描金文具至前，封锁甚固，正不知什么东西在里面。十娘也不开看，也不推辞，但殷勤作谢而已。须臾，舆马齐集，仆夫催促起身。柳监生三杯别酒，和众美人送出崇文门外，各各垂泪而别。正是：

> 他日重逢难预必，此时分手最堪怜。

再说李公子同杜十娘行至潞河，舍陆从舟。却好有瓜洲差使船转回之便，讲定船钱，包了舱口，比及下船时，李公子囊中并无分文余剩。你道杜十娘把二十两银子与公子，如何就没了？公子在院中嫖得衣衫褴褛，银子到手，未免在解库中取赎几件穿着，又制办了铺盖，剩来只勾轿马之费。公子正当愁闷，十娘道："郎君勿忧，众姊妹合赠，必有所济。"乃取钥开箱。公子在傍自觉惭愧，也不敢窥觑箱中虚实。只见十娘在箱里，取出一个红绢袋来，掷于桌上道："郎君可开看之。"公子提在手中，觉得沉重，启而观之，皆是白银，计数整五十两。十娘仍将箱子下锁，亦不言箱中更有何物。但对公子道："承众姊妹高情，不唯途路不乏，即他日浮寓吴、越间，亦可稍佐吾夫妻山水之费矣。"公子且惊且喜道："若不遇恩卿，我李甲流落他乡，死无葬身之地矣。此情此德，白头不敢忘也！"自此每谈及往事，公子必感激流涕。十娘亦曲意抚慰。一路无话。

不一日，行至瓜州，大船停泊岸口，公子别雇了民船，安放行李。约明日侵晨，剪江而渡。其时仲冬中旬，月明如水，公子和十娘坐于舟首。公子道："自出都门，困守一舱之中，四顾有人，未得畅语。今日独据一舟，更无避忌。且已离塞北，初近江南，宜开怀畅饮，以舒向来抑郁之气，恩卿以为何如？"十娘道："妾久疏谈笑，亦有此心，郎君言及，足见同志耳。"公子乃携酒具于船首，与十娘铺毡并坐，传杯交盏。饮至半酣，公子执卮对十娘道："恩卿妙音，六院推首。某相遇之初，每闻绝调，辄不禁神魂之飞动。心事多违，彼此郁郁，鸾鸣凤奏，久矣不闻。今清江明月，深夜无人，肯为我一歌否？"十娘兴亦勃发，遂开喉顿嗓，取扇按拍，呜呜咽咽，歌出元人施君美《拜月亭》杂剧上"状元执盏与婵娟"一曲，名《小桃红》。真个：

声飞霄汉云皆驻，响入深泉鱼出游。

却说他舟有一少年，姓孙名富，字善赉，徽州新安人氏。家资巨万，积祖扬州种盐。年方二十，也是南雍中朋友。生性风流，惯向青楼买笑，红粉追欢，若嘲风弄月，到是个轻薄的头儿。事人偶然，其夜亦泊舟瓜洲渡口，独酌无聊。忽听得歌声嘹亮，凤吟鸾吹，不足喻其美。起立船头，伫听半晌，方知声出邻舟。正欲相访，音响倏已寂然。乃遣仆者潜窥踪迹，访于舟人，但晓得是李相公雇的船，并不知歌者来历。孙富想道："此歌者必非良家，怎生得他一见？"展转寻思，能宵不寐。捱至五更，忽闻江风大作。及晓，彤云密布，狂雪飞舞。怎见得？有诗为证：

千山云树灭，万径人踪绝。
扁舟蓑笠翁，独钓寒江雪。

因这风雪阻渡，舟不得开，孙富命艄公移船，泊于李家舟之傍，孙富貂帽狐裘，推窗假作看雪。值十娘梳洗方毕，纤纤玉手，揭起舟傍短帘，自泼盂中残水，粉容微露，却被孙富窥见了，果是国色天香。魂摇心荡，迎眸注目，等候再见一面，杳不可得。沉思久之，乃倚窗高吟高学士《梅花诗》二句，道：

雪满山中高士卧，月明林下美人来。

李甲听得邻舟吟诗，舒头出舱，看是何人。只因这一看，正中了孙富之计。孙富吟诗，正要引李公子出头，他好乘机攀话。当下慌心举手，就问："老兄尊姓何讳？"李公子叙了姓名乡贯，少不得也问那孙富。孙富也叙过了。又叙了些太学中的闲话，渐渐亲熟。孙富便道："风雪阻舟，乃天遣与尊兄相会，实小弟之幸也。舟次无聊，欲同尊兄上岸，就酒肆中一酌，少领清诲，万望不拒！"公子道："萍水相逢，何当厚扰？"孙富道："说哪里话！'四海之内，皆兄弟也'。"喝教艄公打跳，童儿张伞，迎接公子过船，就于船头作揖。然后让公子先行，自己随后，各各登跳上涯。

　　行不数步，就有个酒楼。二人上楼，拣一副洁净座头，靠窗而坐。酒保列上酒肴。孙富举杯相劝，二人赏雪饮酒。先说些斯文中套话，渐渐引入花柳之事。二人都是过来之人，志同道合，说得入港，一发成相知了。孙富屏去左右，低低问道："昨夜尊舟清歌者，何人也？"李甲正要卖弄在行，遂实说道："此乃北京名姬杜十娘也。"孙富道："既系曲中姊妹，何以归兄？"公子遂将初遇杜十娘，如何相好，后来如何要嫁，如何借银讨他，始末根由，备细述了一遍。孙富道："兄携丽人而归，固是快事，但不知尊府中能相容否？"公子道："贱室不足虑，所虑者，老父性严，尚费踌躇耳！"孙富将机就机，便问道："既是尊大人未必相容，兄所携丽人，何处安顿？亦曾通知丽人，共作计较否？"公子攒眉而答道："此事曾与小妾议之。"孙富欣然问道："尊宠必有妙策。"公子道："他意欲侨居苏杭，流连山水。使小弟先回，求亲友宛转于家君之前，俟家君回嗔作喜，然后图归，高明以为何如？"孙富沉吟半晌，故作愀然之色，道："小弟乍会之间，交浅言深，诚恐见怪。"公子道："正赖高明指教，何必谦逊？"孙富道："尊大人位居方面，必严帷薄之嫌，平时既怪兄游非礼之地，今日岂容兄娶不节之人。况且贤亲贵友，谁不迎合尊大人之意者？兄枉去求他，必然相拒。就有个不识时务的进言于尊大人之前，见尊大人意思不允，他就转口了。兄进不能和睦家庭，退无词以回复尊宠。即使留连山水，亦非长久之计。万一资斧困竭，岂不进退两难！"

　　公子自知手中只有五十金，此时费去大半，说到资斧困竭，进退两难，不觉点头道是。孙富又道："小弟还有句心腹之谈，兄肯俯听否？"公子道："承兄过爱，更求尽言。"孙富道："疏不间亲，还是莫说罢。"公子道："但说何妨！"孙富道："自古道：'妇人水性无常。'况烟花之辈，少真多假，他既系六院名姝，相识定满天下；或者南边原有旧约，借兄之力，挈带而来，以为他适之地。"公子道："这个恐未必然。"孙富道："即不然，江南子弟，最工轻薄，兄留丽人独居，难保无逾墙钻穴之事。若挈之同归，愈增尊大人之怒。为兄之计，未有善策。况父子天伦，必不可绝。若为妾而触父，因妓而弃家，海内必以兄为浮浪不经之人。异日妻不以为夫，弟不以为兄，同袍不以为友，兄何以立于天地之间？兄今日不可不熟思也！"

公子闻言，茫然自失，移席问计："据高明之见，何以教我？"孙富道："仆有一计，于兄甚便。只恐兄溺枕席之爱，未必能行，使仆空费词说耳！"公子道："兄诚有良策，使弟再睹家园之乐，乃弟之恩人也。又何惮而不言耶？"孙富道："兄飘零岁余，严亲怀怒，闺阁离心，设身以处兄之地，诚寝食不安之时也。然尊大人所以怒兄者，不过为迷花恋柳，挥金如土，异日必为弃家荡产之人，不堪承继家业耳！兄今日空手而归，正触其怒。兄倘能割衽席之爱，见机而作，仆愿以千金相赠。兄得千金，以报尊大人，只说在京授馆，并不曾浪费分毫，尊大人必然相信。从此家庭和睦，当无间言，须臾之间，转祸为福。兄请三思，仆非贪丽人之色，实为兄效忠于万一也！"李甲原是没主意的人，本心惧怕老子，被孙富一席话，说透胸中之疑，起身作揖道："闻兄大教，顿开茅塞。但小妾千里相从，义难顿绝，容归与商之。得其心肯，当奉复耳。"孙富道："说话之间，宜放婉曲。彼既忠心为兄，必不忍使兄父子分离，定然玉成兄还乡之事矣。"二人饮了一回酒，风停雪止，天色已晚。孙富教家僮算还了酒钱，与公子携手下船。正是：

逢人且说三分话，未可全抛一片心。

却说杜十娘在舟中，摆设酒果，欲与公子小酌，竟日未回，挑灯以待。公子下船，十娘起迎，见公子颜色匆匆，似有不乐之意，乃满斟热酒劝之。公子摇首不饮，一言不发，竟自床上睡了。十娘心中不悦，乃收拾杯盘，为公子解衣就枕，问道："今日有何见闻，而怀抱郁郁如此？"公子叹息而已，终不启口。问了三四次，公子已睡去了，十娘委绝不下，坐于床头而不能寐。到夜半，公子醒来，又叹一口气。十娘道："郎君有何难言事，频频叹息？"公子拥被而起，欲言不语者几次，扑簌簌掉下泪来。十娘抱持公子于怀间，软言抚慰道："妾与郎君情好，已及二载，千辛万苦，历尽艰难，得有今日。然相从数千里，未曾哀戚。今将渡江，方图百年欢笑，如何反起悲伤？必有其故，夫妇之间，死生相共，有事尽可商量，万勿讳也。"

公子再四被逼不过，只得含泪而言道："仆天涯穷困，蒙恩卿不弃，委曲相从，诚乃莫大之德也。但反复思之，老父位居方面，拘于礼法，况素性方严，恐添嗔怒，必加黜逐，你我流荡，将何底止？夫妇之欢难保，父子之伦又绝。日间蒙新安孙友邀饮，为我筹及此事，寸心如割！"十娘大惊道："郎君意将如何？"

公子道："仆事内之人，当局而迷，孙友为我画一计颇善，但恐恩卿不从耳！"十娘道："孙友者何人？计如果善，何不可从？"公子道："孙友名富，新安盐商，少年风流之士也，夜间闻子清歌，因而问及。仆告以来历，并谈及难归之故，渠意欲以千金聘汝，我得千金，可藉口以见吾父母，而恩卿亦得所天。但情不能舍，是以悲泣。"说罢，泪如雨下。

十娘放开两手，冷笑一声道："为郎君画此计者，此人乃大英雄也！郎君千金之资，既得恢复，而妾归他姓，又不致为行李之累，发乎情，止乎礼，诚两便之策也。那千金在哪里？"公子收泪道："未得恩卿之诺，金尚留彼处，未曾过手。"十娘道："明早快快应承了他，不可错过机会。但千金重事，须得兑足交付郎君之手，妾始过舟，勿为贾竖子所欺。"时已四鼓，十娘即起身挑灯梳洗道："今日之妆，乃迎新送旧，非比寻常。"于是脂粉香泽，用意修饰，花钿绣袄，极其华艳，香风拂拂，光彩照人。装束方完，天色已晓。

孙富差家童到船头候信。十娘微窥公子，欣欣似有喜色，乃催公子快去回话，及早兑足银子。公子亲到孙富船中，回复依允。孙富道："兑银易事，须得丽人妆台为信。"公子又回复了十娘，十娘即指描金文具道："可便抬去。"孙富喜甚，即将白银一千两，送到公子船中。十娘亲自检看，足色足数，分毫无爽。用手把船舷，以手招孙富。孙富一见，魂不附体。十娘启朱唇，开皓齿道："方才箱子可暂发来，内有李郎路引一纸，可检还之也。"孙富视十娘已为瓮中之鳖，即命家童送那描金文具，安放船头之上。十娘取钥开锁，内皆抽屉小箱。十娘叫公子抽第一层来看，只见翠羽明珰，瑶簪宝珥，充牣于中，约值数百金。十娘遽投之江中。李甲与孙富及两船之人，无不惊诧。又命公子再抽一箱，乃玉箫金管；又抽一箱，尽古玉紫金玩器，约值数千金。十娘尽投之于大江中。岸上之人，观者如堵，齐声道："可惜，可惜！"正不知什么缘故。最后又抽一箱，箱中复有一匣。开匣视之，夜明之珠，约有盈把。其他祖母绿、猫儿眼，诸般异宝，目所未睹，莫能定其价之多少。众人齐声喝彩，喧声如雷。十娘又欲投之于江。李甲不觉大悔，抱持十娘恸哭，那

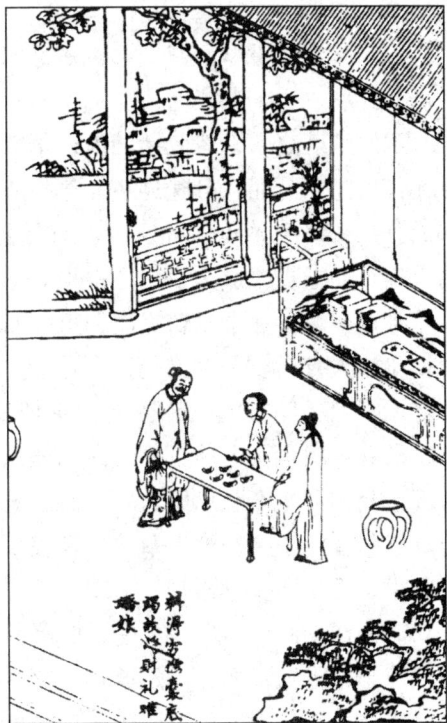

孙富也来劝解。

十娘推开公子在一边，向孙富骂道："我与李郎备尝艰苦，不是容易到此。汝以奸淫之意，巧为谗说，一旦破人姻缘，断人恩爱，乃我之仇人，我死而有知，必当诉之神明，尚妄想枕席之欢乎！"又对李甲道："妾风尘数年，私有所积，本为终身之计，自遇郎君，山盟海誓，白首不渝。前出都之际，假托众姊妹相赠，箱中韫藏百宝，不下万金，将润色郎君之装，归见父母，或怜妾有心，收佐中馈，得终委托，生死无憾。谁知郎君相信不深，惑于浮议，中道见弃，负妾一片真心。今日当众目之前，开箱出视，使郎君知区区千金，未为难事。妾椟中有玉，恨郎眼内无珠。命之不辰，风尘困瘁，甫得脱离，又遭弃捐。今众人各有耳目，共作证明，妾不负郎君，郎君自负妾耳！"于是众人聚观者，无不流涕，都唾骂李公子负心薄幸。公子又羞又苦，且悔且泣，方欲向十娘谢罪。十娘抱持宝匣，向江心一跳。众人急呼捞救，但见去暗江心，波涛滚滚，杳无踪影。可惜一个如花似玉的名姬，一旦葬于江鱼之腹。

三魂渺渺归水府，七魄悠悠入冥途。

当时旁观之人，皆咬牙切齿，争欲拳殴李甲和那孙富。慌得李、孙二人，手足无措，急叫开船，分途遁去。李甲在舟中，看了千金，转忆十娘，终日愧悔，郁成狂疾，终身不痊。孙富自那日受惊，得病卧床月余，终日见杜十娘在傍诟骂，奄奄而逝。人以为江中之报也。

却说柳遇春在京坐监完满，束装回乡，停舟瓜步。偶临江净脸，失坠铜盆于水，觅渔人打捞。及至捞起，乃是个小匣儿。遇春启匣观看，内皆明珠异宝，无价之珍。遇春厚赏渔人，留于床头把玩。是夜梦见江中一女子，凌波而来，视之，乃杜十娘也。近前万福，诉以李郎薄幸之事。又道："向承君家慷慨，以一百五十金相助，本意息肩之后，徐图报答。不意事无终始，然每怀盛情，悒悒未忘。早间曾以小匣托渔人奉致，聊表寸心，从此不复相见矣。"言讫，猛然惊醒，方知十娘已死，叹息累日。

后人评论此事，以为孙富谋夺美色，轻掷千金，固非良士；李甲不识杜十娘一片苦心，碌碌蠢才，无足道者。独谓十娘千古女侠，岂不能觅一佳侣，共跨秦楼之凤，乃错认李公子，明珠美玉，投于盲人，以致恩变为仇，万种恩情，化为流水，深可惜也！有诗叹云：

不会风流莫妄谈，单单情字费人参。
若将情字能参透，唤作风流也不惭。

第三十三卷

乔彦杰一妾破家

世事纷纷难诉陈，知机端不误终身。

若论破国亡家者，尽是贪花恋色人。

话说大宋仁宗皇帝明道元年，这浙江路宁海军，即今杭州是也。在城众安桥北首观音庵相近，有一个商人，姓乔名俊，字彦杰，祖贯钱塘人。自幼年丧父母，长而魁伟雄壮，好色贪淫。娶妻高氏，各年四十岁。夫妻不生得男儿，止生一女，年一十八岁，小字玉秀。至亲三口儿。止有一仆人，唤作赛儿。这乔俊看来有三五万贯资本，专一在长安崇德收丝，往东京卖了，贩枣子胡桃杂货回家来卖，一年有半年不在家。门首交赛儿开张酒店，雇一个酒大工叫做洪三，在家造酒。其妻高氏，掌管日逐出进钱钞一应事务。不在话下。

明道二年春间，乔俊在东京卖丝已了，买了胡桃枣子等货，船到南京上新河泊。正要行船，因风阻了，一住三日。风大，开船不得，忽见邻船上有一美妇，生得肌肤似雪，鬌挽乌云。乔俊一见，心甚爱之，及访问艄工道："你船中是什么客人？缘何有宅眷在内？"艄工答道："是建康府周巡检病故，今家小扶灵柩回山东去，这年小的妇人，乃是巡检的小娘子。官人问他做甚？"乔俊道："艄工，你与我问巡检夫人，若肯将此妾与人，我情愿多与他些财礼，讨此妇为妾，说得这事成了，我把五两银子谢你。"艄工遂乃下船舱里，去说这亲事，言无数句，话不一席，有分教这乔俊娶这个妇人为妾，直使得：

一家人口因他丧，万贯家资指日休。

当下，艄工下船舱问老夫人道："小人告夫人跟前，这个小娘子，肯嫁与人么？"老夫人道："你有甚好头脑说他？若有人要娶他，就应承罢，只要一千贯文财礼。"艄工便说："邻船上有一贩枣子客人，要娶一个二娘子，特命小人来与夫人说知。"夫人便应承了。艄工回复乔俊说:"夫人肯与你了,要一千贯文财礼哩!"乔俊听说大喜,即便开箱,取出一千贯文,便教艄工送过夫人船上去。夫人接了,说与艄工,教请乔俊过船来相见。乔俊换了衣服,径过船来拜见夫人。夫人问明白了乡贯姓氏,说叫侍妾近前吩咐道:"相公已死,家中儿子厉害,我今做主,将你嫁与这个官人为妾,即今便过乔官人船上去。宁海郡大马头去处,快活过了生世,你可小心伏侍,不可托大!"这妇人与乔俊拜辞了老夫人,夫人与他一个衣箱物件之类,却送过船去。乔俊取五两银子谢了艄工,心中十分欢喜,乃问夫人:"你的名字叫作什么?"妇人乃言:"我叫作春香,年二十五岁。"当晚就舟中与春香同铺而睡。

次日天晴,风息浪平,大小船只,一齐都开。乔俊也行了五六日,早到北新关,歇船上岸。叫一乘轿子抬了春香,自随着径入武林门里。来到自家门首,下了轿,打发轿子去了。乔俊引春香入家中来。自先走入里面去与高氏相见,说知此事,出来引春香入去参见。高氏见了春香,焦躁起来,说:"丈夫,你既娶来了,我难以推故。你只依我两件事,我便容你。"乔俊道:"你且说那两件事?"高氏启口说出,直教乔俊有家难奔,有国难投。正是:

> 妇人之语不宜听,割户分门坏五伦。
> 勿信妻言行大道,世间男子几多人!

当下高氏说与丈夫:"你今已娶来家,我说也自枉然了。只是要你与他别住,不许放在家里!"乔俊听得说:"这个容易,我自赁房屋一间与他另住。"高氏又说:"自从今日为始,我再不与你做一处。家中钱本什物,首饰衣服,我自与女儿两个受用,不许你来讨。一应官司门户等事,你自教贱婢支持,莫再来缠我,你依得么?"乔俊沉吟了半晌,心里道:"欲待不依,又难过日子。罢罢!"乃言:"都依你。"高氏不语。次日早起去搬货物行李回家,就央人赁房一间,在铜钱局前——今对贡院是也。拣个吉日，乔俊带了周氏，点家火一应什物完备，搬将过去，住了三朝两日，归家走一次。

光阴似箭，日月如梭，不觉半年有余。乔俊刮取人头账目，及私房银两，还勾做本钱。收丝已完，打点家中柴米之类，吩咐周氏："你可耐静，我出去多只两月便回。如有急事，可回去大娘家里说知。"道罢，径到家里说与高氏："我明日起身去后，多只两月便回。倘有事故，你可照管周氏，看夫妻之面！"女儿道："爹爹早回。"别了妻女，又来新住处打点，明早起程。此时是九月间，出门搭船，登途去了。

一去两个月，周氏在家终日倚门而望，不见丈夫回来。看看又是冬景至了。其年大冷。忽一日晚彤云密布，纷纷扬扬，下一天大雪。高氏在家思付，丈夫一去，因何至冬时节，只管不回？这周氏寒冷，赛儿又病重，起身不得；乃叫洪三将些柴米炭火钱物，送与周氏。周氏见雪下得大，闭门在家哭泣。听得敲门，只道是丈夫回来，慌忙开门，见了洪大工挑了东西进门。周氏乃问大工："大娘、大姐一向好么？"大工答道："大娘见大官人不回，记挂你无盘缠，教我送柴米钱钞与你用。"周氏见说，回言："大工，你回家去，多多拜上大娘、大姐！"大工别了，自回家去。次日午牌时分，周氏门首又有人敲门。周氏道："这等大雪，又是何人敲门？"只因这人来，有分教，周氏再不能与乔俊团圆。正是：

闭门屋里坐，祸从天上来。

当日雪下得越大，周氏在房中向火。忽听得有人敲门，起身开门看时，见一人头戴破头巾，身穿旧衣服，便问周氏道："嫂子，乔俊在家么？"周氏答道："自从九月出门，还未回哩。"那人说："我是他里长。今来差乔俊去海宁砌江塘，做夫十日，歇二十日，又做十日。他既不在家，我替你们寻个人，你出钱雇他去做工。"周氏答道："既如此，只凭你教人替了，我自还你工钱。"里长相别出门。次日饭后，领一个后生，年约二十岁，与周氏相见。里长说与周氏："此人是上海县人，姓董名小二。自幼他父母俱丧，如今专靠与人家做工过日，每年只要你三五百贯钱，冬夏做些衣服与他穿。我看你家里又无人，可雇他在家走动也好。"周氏见说，心中欢喜道："委实我家无人走动，看这人，想也是个良善本分的，工钱便依你罢了。"当下遂谢了里长，留在家里。至次日，里长来叫去海宁做夫，周氏取些钱钞与小二，跟着里长去了，十日回来。这小二在家里小心谨慎，烧香扫地，件件当心。

且说乔俊在东京卖丝，与一个上厅行首沈瑞莲来往，倒身在他家使钱，因此留恋在彼，全不管家中妻妾。只恋花门柳户，逍遥快乐，那知家里赛儿病了两个余月死了，高氏叫洪三买具棺木，扛出城外化人场烧了。高氏立性贞洁，自在门前卖酒，无有半点狂心。不想周氏自从安了董小二在家，到有心看上他，有时做夫回来，热羹热饭搬与他吃。小二见他家无人，勤谨做活。周氏时常眉来眼去的勾引他。这小二也有心，只是不敢上前。

一日，正是十二月三十日夜，周氏叫小二去买些酒果鱼肉之类过年。到晚，周氏叫小二关了大门，去灶上荡一注子酒，切些肉做一盘，安排火盆，点上了灯，就摆在房内床面前桌儿上。小二在灶前烧火，周氏轻轻的叫道："小二，你来房里来，将些东西去吃！"小二千不合万不合走入房内，有分教：小二死无葬身之地。正是：

> 僮仆人家不可无，岂知撞了不良徒；
> 分明一段跷蹊事，瞒着堂堂大丈夫。

此时周氏叫小二到床前，便道："小二，你来你来，我和你吃两杯酒，今夜你就在我房里睡罢。"小二道："不敢！"周氏骂了两三声"蛮子"，双手把小二抱到床边，挨肩而坐。便将小二扯过怀中，解开主腰儿，教他摸胸前麻团也似白奶。小二淫心荡漾，便将周氏脸揍过来，将舌尖儿度在周氏口内，任意快乐。周氏将酒筛下，两个吃一个交杯酒，两人合吃五六杯。周氏道："你在外头歇，我在房内也是自歇，寒冷难熬。你今无福，不依我的口。"小二跪下道："感承娘子有心，小人亦有意多时了，只是不敢说。今日娘子抬举小人，此恩杀身难报。"二人说罢，解衣脱带，就做了夫妻。一夜快乐，不必说了。天明，小二先起来烧汤洗碗做饭，周氏方起，梳妆洗面罢，吃饭。正是：

> 少女少郎，情色相当。

却如夫妻一般在家过活，左右邻舍皆知此事，无人闲管。

却说高氏因无人照管门前酒店，忽一日，听得闲人说："周氏与小二通奸。"且信且疑，放心不下。因此教洪大工去与周氏说："且搬回家，省得两边家火。"周氏见洪大工来说，沉吟了半响，勉强回言道："既是大娘好意，今晚就将家火搬回家去。"洪大工得了言语自回家了。周氏便叫小二商量："今大娘要我搬回家去，料想违他不得，只是你却如何？"小二答道："娘子，大娘家里也无人，小人情愿与大娘家送酒走动。只是一件，不比此地，不得与娘子快乐了，不然，就今日拆散了罢。"说罢，两个搂抱着，哭了一回。周氏道："你且安心，我今收拾衣箱什物，你与我挑回大娘家去。我自与大娘说，留你在家，暗地里与我快乐。且等丈夫回来，再做计较。"小二见说，才放心欢喜，回言道："万望娘子用心！"当日下午收拾已了，小二先挑了箱笼来。捱到黄昏，洪大工提个灯笼去接周氏。周氏取具锁锁了大门，同小二回家。正是：

飞蛾扑火身须丧，蝙蝠投竿命必倾。

当时小二与周氏到家，见了高氏。高氏道："你如今回到家一处住了，如何带小二回来？何不打发他去了？"周氏道："大娘门前无人照管，不如留他在家使唤，待等丈夫回时，打发他未迟。"高氏是个清洁的人，心中想道："在我家中，我自照管着他，有甚皂丝麻线？"遂留下教他看店，讨酒坛，一应都会得。不觉又过了数月。周氏虽和小二有情，终久不比自住之时，两个任意取乐。一日，周氏见高氏说起小二诸事勤谨，又本分，便道："大娘，何不将大姐招小二为婿，却不便当？"高氏听得大怒，骂道："你这个贱人，好没志气！我女儿招雇工人为婿？"周氏不敢言语，吃高氏骂了三四日。高氏只倚着自身正大，全不想周氏与他通奸，故此要将女儿招他。若还思量此事，只消得打发了小二出门，后来不见得自身同女打死在狱，灭门之事。

且说小二自三月来家，古人云："一年长工，二年家公，三年太公。"不想乔俊一去不回，小二在大娘家一年有余，出入房室，诸事托他，便做乔家公，欺负洪三。或早或晚，见了玉秀，便将言语调戏他。不则一日，不想玉秀被这小二奸骗了。其事周氏也知，只瞒着高氏。似此又过了一月。其时是六月半，天道大热，玉秀在房内洗浴。高氏走入房中，看见女儿奶大，吃了一惊。待女儿穿了衣裳，叫女儿到面前问道："你吃何人弄了身体，这奶大了？你好好实说，我便饶你！"玉秀推托不过，只得实说："我被小二哄了。"高氏跌脚叫苦："这事都是这小婆娘做一路，坏了我女孩儿，此事怎生是好？"欲待声张起来，又怕嚷动人知，苦了女儿一世之事。当时沉吟了半晌，眉头一蹙，计上心来，只除害了这蛮子，方才免得人知。

不觉又过了两月。忽值八月中秋节到，高氏叫小二买些鱼肉果子之物，安排家宴，当晚高氏、周氏、玉秀在后圆赏月，叫洪三和小二别在一边吃。高氏至夜三更，叫小二赏了两大碗酒。小二不敢推辞，一饮而尽，不觉大醉，倒了，洪三也有酒，自去酒房里睡了。这小二只因酒醉，中了高氏计策，当夜便是：

东岳新添枉死鬼，阳间不见少年人。

当时高氏使女儿自去睡了，便与周氏说："我只管家事买卖，那知你与这蛮子通奸。你两个做了一路，故意教他奸了我的女儿。丈夫回来，教我怎的见他分说？我是个清清白白的人，如今讨了你来，被你玷辱我的门风，如何是好！我今与你只得没奈何，害了这蛮子性命，神不知，鬼不觉。倘丈夫回来，你与我女儿俱各免得出丑，各无事了。你可去将条索来！"周氏初时不肯，被高氏骂道："都是你这贱人，与他通奸，因此坏了我女儿，你还恋着他？"周氏吃骂得没奈何，只得去房里取了麻索，递与高氏。高氏接了，将去小二脖项下一绞。原来妇人家手软，缚了一个更次，绞不死，小二喊起来。高氏急了，无家火在手边，教周氏去灶前捉把劈柴斧头，把小二脑门上一斧，脑浆流出死了。高氏与周氏商量："好却好了，这死尸须是今夜发落便好。"周氏道："可叫洪三起来，将块大石缚在尸上，驮去丢在新桥河里水底去了，待他尸首自烂，神不知，鬼不觉。"高氏大喜，便到酒作坊里叫起洪大工来。

大工走入后园，看见了小二尸首道："祛除了这害最好，倘留他在家，大官人回来，也有老大的口面。"周氏道："你可趁天未明，把尸首驮去新河里，把块大石缚住，坠下水里去。若到天明，倘有人问时，只说道小二偷了我家首饰物件，夜间逃走了。他家一向又无人往来的，料然没事。"洪大工驮了尸首，高氏将灯照出门去。此时有五更时分，洪大工驮到河边，掇块大石，绑缚在尸首上，丢在河内，直推开在中心里。这河有丈余深水，当时沉下水底去了，料道永无踪迹。洪大工回家。轻轻的关了大门，高氏与周氏各回房里睡了。高氏虽自清洁，也欠些聪明之处，错干了此事。既知其情，只可好好打发了小二出门便了，千不合，万不合，将他绞死。后来却被人首告，打死在狱，灭门绝户，悔之何及！

且说洪大工睡至天明，起来开了酒店，高氏依旧在门前卖酒。玉秀眼中不见了小二，也不敢问。周氏自言自语，假意道："小二这厮无礼偷了我首饰物件，夜间逃走了。"玉秀自在房里，也不问他。那邻舍也不管他家小二在与不在。高氏一时害了小二性命，疑绝不下，早晚心中只恐事发，终日忧闷过日。正是：

要人知重勤学，怕人知事莫做。

却说武林门外清湖闸边，有个做靴的皮匠，姓陈名文，浑家程氏五娘。夫妻两口儿，止靠做靴鞋度日。此时是十月初旬，这陈文与妻子争论，一口气，走入门里满桥边皮市里买皮，当日不回，次日午后也不回。程五娘心内慌起来。又过了一夜，亦不见回。独自一个在家烦恼。将及一月，并无消息。这程五娘不免走入城里问讯，径到皮市里来，问卖皮店家，皆言："一月前何曾见你丈夫来买皮？莫非死在那里了？"有多口的道："你丈夫穿甚衣服出来？"程五娘道："我丈夫头戴万字头巾，身穿着青绢一口中。一月前说来皮市里买皮，至今不见信息，不知何处去了?"众人道:"你可城内各处去寻,便知音信。"程五娘谢了众人,绕城中逢人便问。一日,并无踪迹。

过了两日,吃了早饭,又入城来寻问。不端不正,走到新桥上过。正是事有凑巧,物有偶然。只见河岸上有人喧哄说道:"有个人死在河里,身上穿领青衣服,泛起在桥下水面上。"程五娘听得说,连忙走到河岸边,分开人众一看时,只见水面上漂浮一个死尸,穿着青衣服。远远看时,有些相像。程氏便大哭道:"丈夫缘何死在水里?"看的人都呆了。程氏又哀告众人:"那个伯伯,肯与奴家拽过我的丈夫尸首到岸边,奴家认一认看。奴家自奉酒钱五十贯。"当时有一个破落户,叫作王酒酒,专一在街市上帮闲打哄,赌骗人财。这厮是个泼皮,没人家理他,当时也在那里看。听见程五娘许说五十贯酒钱,便说道:"小娘子,我与你拽过尸首来岸边你认看。"五娘哭罢道:"若得伯伯如此,深恩难报!"这王酒酒见只过往船,便跳上船去,叫道:"艄工,你可住一住,等我替这个小娘子,拽这尸首到岸边。"当时王酒酒拽那尸首来。王酒酒认得乔家董小二的尸首,口里不说出来,只教程氏认看。只因此起,有分教高氏一家,死于非命。正是:

> 闹里钻头热处歪,遇人猛惜爱钱财。
> 谁知错认尸和首,引出冤家祸患来。

此时,王酒酒在船上,将竹篙推那尸首到岸边来,程氏看时,见头面皮肉却被水浸坏了,全不认得。看身上衣服却认得,是丈夫的模样,号号大哭,哀告王酒酒道:"烦伯伯同奴去买口棺木来盛了,却又作计较。"王酒酒便随程五娘到褚堂仵作李团头家,买了棺木,叫两个火家来河下捞起尸首,盛于棺内,就在河岸边存着,那时新桥下无甚人家住,每日止有船只来往。程氏取五十贯钱,谢了王酒酒。

王酒酒得了钱,一径走到高氏酒店门前,以买酒为名,便对高氏说:"你家缘何打死了董小二,丢在新桥河内?如今泛将起来。你道一场好笑!那里走一个来错认做丈夫尸首,买具棺木盛了,改日却来埋葬。"高氏道:"王酒酒,你莫胡言乱语,我家小二,偷了首饰衣服在逃,追获不着,那得这话!"王酒酒道:"大娘子,你不要赖!瞒了别人,不要瞒我。你今送我些钱钞买求我,我便任那妇人错认了去。你若白赖不与我。我就去本府首告,叫你吃一场人命官司。"高氏听得,便骂起来:"你这破落户,千刀万剐的贼,不长俊的乞丐!见我丈夫不在家,今来诈我!"王酒酒被骂,大怒而去。能杀的妇人,到底无志气,胡乱与他些钱钞,也不见得弄出事来。当时高氏千不合万不合,骂了王酒酒这一顿,被那厮走到宁海郡安抚司前,叫起屈来。

安抚相公正坐厅上押文书，叫左右唤至厅下，问道："有何屈事?"王酒酒跪在厅下，告道："小人姓王名青，钱塘县人，今来首告。邻居有一乔俊，出外为商未回。其妻高氏，与妾周氏，一女玉秀，与家中一雇工人董小二有奸情。不知怎的缘故，把董小二谋死，丢在新桥河里，如今泛起。小人去与高氏言说，反被本妇百般辱骂。他家有个酒大工，叫作洪三，敢是同心谋害的。小人不甘，因此叫屈。望相公明镜昭察!"安抚听罢，着外郎录了王青口词，押了公文，差两个牌军押着王青，去捉拿三人并洪三，火急到厅。

当时公人径到高氏家，捉了高氏、周氏、玉秀、洪三四人，关了大门，取锁锁了，径到安抚司厅上。一行人跪下。相公是蔡州人，姓黄名正大，为人奸狡，贪滥酷刑。问高氏："你家董小二何在?"高氏道："小二拐物在逃，不知去向。"王青道："要知明白，只问洪三，便知分晓。"安抚遂将洪三拖翻拷打，两腿五十黄荆，血流满地。打熬不过，只得招道："董小二先与周氏有奸，后搬回家，奸了玉秀。高氏知觉，恐丈夫回家，辱灭了门风，于今年八月十五日，中秋夜赏月，教小的同小二两个在一边吃酒，我两个都醉了。小的怕失了事，自去酒房内睡了。到五更时分，只见高氏、周氏来酒房门边，叫小的去后园内，只见小二尸首在地，教我速驮去丢在河内去。小的问高氏因由，高氏备将前事说：'二人通同奸骗女儿，倘或丈夫回日，怎的是好? 我今出于无奈，因是赶他不出去，又怕说出此情，只得用麻索绞死了。'小的是个老实的人，说道：'看这厮忒无理，也祛除一害。'小的便将小二尸首，驮在新桥河边，用块大石，缚在他身上，沉在水底下。只此便是实话。"安抚见洪三招状明白，点指画字。

二妇人见洪三已招，惊得魂不附体，玉秀抖做一块。安抚叫左右将三个女人过来供招。玉秀只得供道："先是周氏与小二有奸。母高氏收拾回家，将奴调戏，奴不从。后来又调戏，奴又不从，将奴强抱到后园奸骗了。到八月十五日，备果吃酒赏月，母高氏先叫奴去房内睡了，并不知小二死亡之事。"安抚又问周氏："你既与小二有奸，缘何将女孩儿坏了? 你好好招承，免至受苦!"周氏两泪交流，只得从头一一招了。安抚又问高氏："你缘何谋杀小二?"高氏抵赖不过，从头招认了。都押下牢监了。安抚俱将各人供状立案。次日，差县尉一人，带领仵作行人，押了高氏等去新河桥下检尸。当日闹动城里城外人都得知。男子妇人，挨肩擦背，不计其数，一齐来看。正是：

> 好事不出门，恶事传千里。

却说县尉押着一行人到新桥下，打开棺木，取出尸首，检看明白。将尸放在棺内，县尉带了一干人回话。董小二尸虽是斧头打碎顶门，麻索绞痕见在。安抚叫左右将高氏等四人，各打二十下，都打得昏晕复醒。取一面长枷，将高氏枷了。周氏、玉秀、洪三俱用铁索锁了，押下大牢内监了。王青随衙听候。且说那皮匠妇人，也知得错认了，再也不来哭了。思量起来，一场惶恐，几时不敢见人。这话且不说。

再说玉秀在牢中汤水不吃，次日死了。又过了两日，周氏也死了。洪三看看病重，狱卒告知安抚，安抚令官医医治，不痊而死。止有高氏浑身发肿，棒疮疼痛熬不得，饭食不吃，服药无用，也死了。可怜不勾半个月日，四个都死在牢中。狱卒通报，知府与吏商量，乔俊久不回家，妻妾在家，谋死人命，本该偿命。凶身人等俱死，具表申奏朝廷，方可决断。不则一日，圣旨到下，开读道："凶身俱已身死，将家私抄扎入官。小二尸首，又无苦主亲人来领，烧化了罢。"当时安抚即差吏去，打开乔俊家大门，将细软钱物，尽数入官，烧了董小二尸首，不在话下。

却说乔俊合当穷苦，在东京沈瑞莲家，全然不知家中之事。住了两年，财本使得一空，被虔婆常常发语道："我女儿恋住了你，又不能接客，怎的是了？你有钱钞，将些出来使用，无钱，你自离了我家，等我女儿接别个客人。终不成饿死了我一家罢！"乔俊是个有钱过的人，今日无了钱，被虔婆赶了数次，眼中泪下。寻思要回乡，又无盘缠。那沈瑞莲见乔俊泪下，也哭起来，道："乔郎，是我苦了你！我有些日前趱下的零碎钱，与你些，做盘缠回去罢。你若有心，到家取得些钱，再来走一遭。"乔俊大喜，当晚收拾了旧衣服，打了一个衣包，沈行首取出三百贯文，把与乔俊打在包内，别了虔婆，驮了衣包，手提了一条棍棒，又辞了瑞莲，两个流泪而别。

且说乔俊于路搭船，不则一日，来到北新关。天色晚了，便投一个相识船主人家宿歇，明早入城。那船主人见了乔俊，吃了一惊，道："乔官人，你一向在那里去了，只管不回？你家中小娘子周氏，与一个雇工人有奸。大娘子取回一家住了，却又与你女儿有奸。我听得人说，不知争奸也是怎的，大娘子谋杀了雇工人，酒大工洪三将尸丢在新桥河内。有了两个月，尸首泛将起来，被人首告在安抚司，捉了大娘子、小娘子、你女儿并酒大工洪三到官。拷打不过，只得招认。监在牢里，受苦不过，如今四人都死了。朝廷文书下来，抄扎你家财产入官。你如今投哪里去好？"乔俊听罢，却似：

分开八片顶阳骨，倾下半桶冰雪来！

这乔俊惊得呆了半晌，语言不得。那船主人排些酒饭与乔俊吃，哪里吃得下。两行泪珠，如雨收不住，哽咽悲啼，心下思量："今日不想我闪得有家难奔，有国难投，如何是好？"翻来覆去，过了一夜。次日黑早起来，辞了船主人，背了衣包，急急奔武林门来。到着自家对门一个古董店王将仕门首立了，看自家房屋，俱拆没了，止有一片荒地。却好王将仕开门，乔俊入下衣包，向前拜道："老伯伯，不想小人不回，家中如此模样！"王将仕道："乔官人，你一向在那里不回？"乔俊道："只为消折了本钱，归乡不得，并不知家中的消息。"王将仕邀乔俊到家中坐定，道："贤侄听老身说，你去后家中……。"把从头之事，一一说了，"只好笑一个皮匠妇人，因丈夫死在外边，到来错认了尸。却被王酒酒那厮首告，害了你大妻、小妾、女儿并洪三到官，被打得好苦恼，受疼不过，都死在牢里，家产都抄扎入官了。你如今哪里去好？"乔俊听罢，两泪如倾，辞别了王将仕。上南不是，落北又难，叹了一口气道："罢罢罢！我今年四十余岁，儿女又无，财产妻妾俱丧了，去投谁的是好？"一径走到西湖上第二桥，望着一湖清水便跳，投入水下而死，这乔俊一家人口，深可惜哉！

却说王青这一日午后，同一般破落户，在西湖上闲荡，刚到第二桥坐下，大家商量凑钱出来买碗酒吃。众人道："还劳王大哥去买，有些便宜。"只见王酒酒接钱在手，向西湖里一撒，两眼睁得圆滴溜口中大骂道："王青！那董小二奸人妻女，自取其死，与你何干？你只为诈钱不遂，害得我乔俊好苦！一门亲丁四口，死无葬身之地，今日须偿还我命来！"众人知道是乔俊附体，替他磕头告饶。只见王青打自己把掌约有百余，骂不绝口，跳入湖中而死。众人传说此事，都道乔俊虽然好色贪淫，却不曾害人，今受此惨祸，九泉之下，怎放得王青过！这番索命，亦天理之必然也。后人有诗云：

乔俊贪淫害一门，王青毒害亦亡身。
从来好色亡家国，岂见诗书误了人！

第三十四卷

王娇鸾百年长恨

天上乌飞兔走，人间古往今来；昔年歌管变荒台，转眼是非兴败！
须识闹中取静，莫因乖过成呆。不贪花酒不贪财，一世无灾无害。

　　话说江西饶州府余干县长乐村，有一小民叫作张乙。因贩些杂货到于县中，夜深投宿城外一邸店，店房已满，不能相容。间壁锁下一空房，却无人住。张乙道："店主人何不开此房与我？"主人道："此房中有鬼，不敢留客。"张乙道："便有鬼，我何惧哉！"主人只得开锁，将灯一盏，扫帚一把，交与张乙。张乙进房，把灯放稳，挑得亮亮的。房中有破床一张，尘埃堆积，用扫帚扫净，展上铺盖，讨些酒饭吃了，推转房门，脱衣而睡。梦见一美色妇人，衣服华丽，自来荐枕，梦中纳之。及至醒来，此妇宛在身边。张乙问是何人。此妇道："妾乃邻家之妇，因夫君远出，不能独宿，是以相就。勿多言，久当自知。"张亦不再问。天明，此妇辞去。至夜又来，欢好如初。如此三夜。店主人见张客无事，偶话及此房内曾有妇人缢死，往往作怪，今番却太平了，张乙听在肚里。
　　至夜，此妇仍来。张乙问道："今日店主人说这房中有缢死女鬼，莫非是你？"此妇并无惭讳之意，答道："妾身是也。然不祸于君，君幸勿惧。"张乙道："试说其详。"此妇道："妾乃娼女，姓穆，行廿二，人称我为廿二娘。与馀干客人杨川相厚。杨许娶妾归去，妾将私财百金为助。一去三年不来，妾为鸨儿拘管，无计脱身，抑郁不堪，遂自缢而死。鸨儿以所居售人，今为旅店。此房，昔日妾之房也，一灵不泯，犹依栖于此。杨川与你同乡，可认得么？"张乙道："认得。"此妇道："今其人安在？"张乙道："去岁已移居饶州南门，娶妻开店，生意甚足。"妇人嗟叹良久，更无别语。
　　又过了二日，张乙要回家。妇人道："妾愿始终随君，未识许否？"张乙道："倘能相随，有何不可？"妇人道："君可制一小木牌，题曰：'廿二娘神位。'置于箧中。但出牌呼妾，妾便出来。"张乙许之。妇人道："妾尚有白金五十两埋于此床之下，没人知觉，君可取用。"张掘地果得白金一瓶，心中甚喜。过了一夜。次日，张乙写了牌位，收藏好了，别店主而归。到于家中，将此事告与浑家。浑家初时不喜，见了五十两银子，遂不嗔怪。张乙于东壁立了廿二娘神主，其妻戏往呼之，白日里竟走出来，与妻施礼。妻初时也惊讶，后遂惯了，不以为事。夜来张乙夫妇同床，此妇亦来，也不觉床之狭窄。

过了十余日，此妇道："妾尚有凤债在于郡城，君能随我去索取否？"张利其所有，一口应承。即时顾船而行，船中供下牌位。此妇同行同宿，全不避人。

不则一日，到了饶州南门，此妇道："妾往杨川家讨债去。"张乙方欲问之，此妇倏已上岸。张随后跟去，见此妇竟入一店中去了。问其店，正杨川家也。张久候不出。忽见杨举家惊惶，少顷哭声振地。问其故，店中人云："主人杨川向来无病，忽然中恶，九窍流血而死。"张乙心知廿二娘所为，嘿然下船，向牌位苦叫，亦不见出来了。方知有凤债在郡城，乃杨川负义之债也。有诗叹云：

> 王魁负义曾遭谴，李益亏心亦改常；
> 请看杨川下梢事，皇天不佑薄情郎。

方才说穆廿二娘事，虽则死后报冤，却是鬼自出头，还是渺茫之事。如今再说一件故事，叫做"王娇鸾百年长恨"。这个冤更报得好。

此事非唐非宋，出在国朝天顺初年。广西苗蛮作乱，各处调兵征剿，有临安卫指挥王忠所领一枝浙兵，违了限期，被参降调河南南阳卫中所千户。即日引家小到任。王忠年六十余，止一子王彪，颇称骁勇，督抚留在军前效用。到有两个女儿，长曰娇鸾，次曰娇凤。鸾年十八，凤年十六。凤从幼育于外家，就与表兄对姻。只有娇鸾未曾许配。夫人周氏，原系继妻。周氏有嫡姐，嫁曹家，寡居而贫，夫人接他相伴甥女娇鸾，举家呼为曹姨。娇鸾幼通书史，举笔成文。因受女慎于择配，所以及笄未嫁，每每临风感叹，对月凄凉。唯曹姨与鸾相厚，知其心事，他虽父母亦不知也。

一日，清明节届，和曹姨及侍儿明霞后园打秋千耍子，正在闹热之际，忽见墙缺处有一美少年，紫衣唐巾，舒头观看，连声喝彩。慌得娇鸾满脸通红，推着曹姨的背，急回香房。侍女也进去了。生见园中无人，逾墙而入，秋千架子尚在，余香仿佛，正在凝思。忽见草中一物，拾起看时，乃三尺线绣香罗帕也。生得此如获珍宝。闻有人声自内而来，复逾墙而出，仍立于墙缺边，看时，乃是侍儿来寻香罗帕的。生见其三回五转，意兴已倦，微笑而言："小娘子！罗帕已入人手，何处寻觅？"侍儿抬头见是秀才，便上前万福道："相公想已检得，乞即见还，感德不尽！"那生道："此罗帕是何人之物？"侍儿道："是小姐的。"那生道："既是小姐的东西，还得小姐来讨，方才还他。"侍儿道："相公府居何处？"
那生道："小生姓周名廷章，苏州府吴江县人，父亲为本学司教，随任在此，与
尊府只一墙之隔。"

原来卫署与学宫基址相连，卫叫作东衙，学叫作西衙。花园之外，就是学中
的隙地。侍儿道："贵公子又是近邻，失瞻了。妾当禀知小姐，奉命相求。"廷
章道："敢闻小姐及小娘子大名？"侍儿道："小姐名娇鸾，主人之爱女，妾乃贴
身侍婢明霞也。"廷章道："小生有小诗一章，相烦致于小姐，即以罗帕奉还。"
明霞本不肯替他寄诗，因要罗帕入手，只得应允。廷章道："烦小娘子少待。"
廷章去不多时，携诗而至。桃花笺叠成方胜。明霞接诗在手，问："罗帕何在？"
廷章笑道："罗帕乃至宝，得之非易，岂可轻还？小娘子且将此诗，送与小姐看
了，待小姐回音，小生方可奉璧。"明霞没奈何，只得转身。

> 只因一幅香罗帕，惹起千秋《长恨歌》。

话说娇鸾小姐自见了那美少年，虽则一时惭愧，却也挑动个"情"字。口
中不语，心下踌躇道："好个俊俏郎君！若嫁得此人，也不枉聪明一世。"忽见
明霞气忿忿的入来。娇鸾问："香罗帕有了么？"明霞口称："怪事！香罗帕却被
西衙周公子收着，就是墙缺内喝彩的那紫衣郎君。"娇鸾道："与他讨了就是。"
明霞道："怎么不讨？也得他肯还！"娇鸾道："他为何不还？"明霞道："他说
'小生姓周名廷章，苏州府吴江人氏，父为司教，随任在此。与吾家只一墙之隔。
既是小姐的香罗帕，必须小姐自讨。'"娇鸾道："你怎么说？"明霞道："我说
待妾禀知小姐，奉命相求。他道，有小诗一章，烦吾传递，待有回音，才把罗帕
还我。"明霞将桃花笺递与小姐。娇鸾见了这方胜，已有三分之喜，拆开看时，
乃七言绝句一首：

> 帕出佳人分外香，天公教付有情郎。
> 殷勤寄取相思句，拟作红丝入洞房。

娇鸾若是个有主意的，拼得弃了这罗帕，把诗烧却，吩咐侍儿，下次再不许
轻易传递，天大的事都完了。奈娇鸾一来是及瓜不嫁知情慕色的女子，二来满肚
才情不肯埋没，亦取薛涛笺答诗八句：

> 妾身一点玉无瑕，生自侯门将相家；
> 静里有亲同对月，闲中无事独看花。

碧梧只许来奇凤，翠竹那容入老鸦；
寄语异乡孤另客，莫将心事乱如麻。

明霞捧诗方到后园，廷章早在缺墙相候。明霞道："小姐已有回诗了，可将罗帕还我。"廷章将诗读了一遍，益慕娇鸾之才，必欲得之，道："小娘子耐心，小生又有所答。"再回书房，写成一绝：

居傍侯门亦有缘，异乡孤另果堪怜。
若容鸾凤双栖树，一夜箫声入九天。

明霞道："罗帕又不还，只管寄什么诗？我不寄了。"廷章袖中出金簪一根道："这微物奉小娘子，权表寸敬，多多致意小姐。"明霞贪了这金簪，又将诗回复娇鸾。娇鸾看罢，闷闷不悦。明霞道："诗中有甚言语触犯小姐？"娇鸾道："书生轻薄，都是调戏之言。"明霞道："小姐大才，何不作一诗骂之，以绝其意。"娇鸾道："后生家性重，不必骂，且好言劝之可也。"再取薛笺题诗八句：

独立庭际傍翠阴，侍儿传语意何深！
满身窃玉偷香胆，一片撩云拨雨心。
丹桂岂容稚子折，珠帘那许晓风侵？
劝君莫想阳台梦，努力攻书入翰林。

自此一倡一和，渐渐情熟，往来不绝。明霞的足迹不断后园，廷章的眼光不离墙缺。诗篇甚多，不暇细述。时届端阳，王千户治酒于园亭家宴。廷章于墙缺往来，明知小姐在于园中，无由一面，侍女明霞亦不能通一语。正在气闷，忽撞见卫卒孙九。那孙九善作木匠，长在卫里服役，亦多在学中做工。廷章遂题诗一绝封固了，将青蚨二百赏孙九买酒吃，托他寄与衙中明霞姐。孙九受人之托，忠人之事，伺候到次早，才觑个方便，寄得此诗于明霞，明霞递于小姐。拆开看之，前有叙云："端阳日园中望娇娘子不见，口占一绝奉寄：

配成彩线思同结，倾就蒲觞拟共斟。
雾隔湘江欢不见，锦葵空有向阳心。"

后写"松陵周廷章拜稿"。娇娘看了，置于书几之上，适当梳头，未及酬和。忽曹姨走进香房，看见了诗稿，大惊道："娇娘既有西厢之约，可无东道之主，此事如何瞒我？"娇鸾含羞答道："虽有吟咏往来，实无他事，非敢瞒姨娘也。"曹姨道："周生江南秀士，门户相当，何不教他遣媒说合，成就百年姻缘，岂不美乎？"娇鸾点头道："是。"梳妆已毕，遂答诗八句：

> 深锁香闺十八年，不容风月透帘前。
> 绣衾香暖谁知苦？锦帐春寒只爱眠。
> 生怕杜鹃声到耳，死愁蝴蝶梦来缠。
> 多情果有相怜意，好倩冰人片语传。

廷章得诗，遂假托父亲周司教之意，央赵学究往王千户处求这头亲事。王千户亦重周生才貌。但娇鸾是爱女，况且精通文墨，自己年老，一应卫中文书笔札，都靠着女儿相帮，少他不得，不忍弃之于他乡，以此迟疑未许。廷章知姻事未谐，心中如刺，乃作书寄于小姐。前写：

"松陵友弟廷章拜稿：自睹芳容，未宁狂魄。夫妇已是前生定，至死靡他；媒妁传来今日言，为期未决。遥望香闺深锁，如唐玄宗离月宫而空想嫦娥；要从花圃红游，似牵牛郎隔天河而苦思织女。倘复迁延于月日，必当夭折于沟渠，生若无缘，死亦不瞑。勉成拙律，深冀哀怜。诗曰：

> 未有佳期慰我情，可怜春价值千金。
> 闷来窗下三杯酒，愁向花前一曲琴。
> 人在琐窗深处好，闷回罗帐静中吟。
> 孤凄一样昏黄月，肯许相携诉寸心？"

娇鸾看罢，即时复书。前写

"虎衔爱女娇鸾拜稿：轻荷点水，弱絮飞帘，拜月亭前，懒对东风听杜宇；画眉窗下，强消长昼刺鸳鸯。人正困于妆台，诗忽坠于香案。启观来意，无限幽怀。自怜薄命佳人，恼杀多情才子。一番信到，一番使妾倍支吾；几度诗来，几度令人添寂寞。休得跳东墙学攀花之手，可以仰北斗驾折桂之心。眼底无媒，书中有女。自此衷情封去札，莫将消息问来人。谨和佳篇，仰祈深谅！诗曰：

> 秋月春花亦有情，也知身价重千金；
> 虽窥青琐韩郎貌，羞听东墙崔氏琴。
> 痴念已从空里散，好诗唯向梦中吟；

此生但作干兄妹，直待来生了寸心。"

廷章阅书赞叹不已，读诗至末联"此生但作干兄妹"，忽然想起一计道："当初张珙、申纯，皆因兄妹得就私情。王夫人与我同姓，何不拜之为姑？便可通家往来，于中取事矣！"遂托言西衙窄狭，且是喧闹，欲借卫署后园观书。周司教自与王千户开口。王翁道："彼此通家，就在家下吃些见成茶饭，不烦馈送。"周翁感激不尽，回向儿子说了。廷章道："虽承王翁盛意，非亲非故，难以打搅，孩儿欲备一礼，拜认王夫人为姑。姑侄一家，庶乎有名。"周司教是糊涂之人，只要讨些小便宜，道："任从我儿行事。"廷章又央人通了王翁夫妇，择个吉日，备下彩缎书仪，写个表侄的名刺，上门认亲，极其卑逊，极其亲热。王翁是个武人，只好奉承，遂请入中堂，教奶奶都相见了。连曹姨也认做姨娘，娇鸾是表妹，一时都请见礼。王翁设宴后堂，权当会亲。一家同席。廷章与娇鸾，暗暗欢喜，席上眉来眼去，自不必说。当日尽欢而散。

姻缘好恶犹难问，踪迹亲疏已自分。

次日，王翁收拾书室，接内侄周廷章来读书。却也晓得隔绝内外，将内宅后门下锁，不许妇女入于花园。廷章供给，自有外厢照管。虽然搬做一家，音书来往又不便了。娇鸾松筠之志虽存，风月之情已动。况既在席间，眉来眼去，怎当得园上凤隔鸾分。愁绪无聊，郁成一病。朝凉暮热，茶饭不沾。王翁迎医问卜，全然不济，廷章几遍到中堂问病，王翁只教致意，不令进房。廷章心生一计，因假说："长在江南，曾通医理。表妹不知所患何症，待侄儿诊脉便知。"王翁向夫人说了，又教明霞，道达了小姐，方才迎入。廷章坐于床边，假以看脉为由，抚摩了半晌。其时王翁夫妇俱在，不好交言，只说得一声保重，出了房门，对王翁道："表妹之疾，是抑郁所致，常须于宽敞之地，散步陶情，更使女伴劝慰，开其郁抱，自当勿药。"王翁敬信周生，更不疑惑，便道："衙中只有园亭，并无别处宽敞。"廷章故意道："若表妹不时要园亭散步，恐小侄在彼不便，暂请告归！"王翁道："既为兄妹，复何嫌阻？"即日教开了后门，将锁钥付曹姨收管，就教曹姨陪侍女儿任情闲耍，明霞伏侍，寸步不离，自以为万全之策矣。

却说娇鸾原为思想周郎致病，得他抚摩一番，已自欢喜。又许散步园亭，陪伴伏侍者，都是心腹之人，病便好了一半。每到园亭，廷章便得相见，同行同坐。有时亦到廷章书房中吃茶，渐渐不避嫌疑，挨肩擦背。廷章捉个空，向小姐恳求，要到香闺一望。娇鸾目视曹姨，低低向生道："锁钥在彼，兄自求之。"廷章已悟。次日廷章取吴绫二端，金钏一副，央明霞献与曹姨。姨问鸾道："周公子厚礼见惠，不知何事?"娇鸾道:"年少狂生，不无过失，渠要姨包容耳。"曹姨道:"你二人心事，我已悉知。但有往来，绝不泄漏?"因把钥匙付与明霞。鸾心大喜，遂题一绝寄廷章云:

暗将私语寄英才，倘向人前莫乱开。
今夜香闺春不锁，月移花影玉人来。

　　廷章得诗，喜不自禁。是夜黄昏已罢，樵鼓方声，廷章悄步及于内宅，后门半启，捱身而进。自那日房中看脉出园上来，依稀记得路径，缓缓而行。但见灯光外射，明霞候于门侧。廷章步进香房，与鸾施礼，便欲搂抱。鸾将生挡开，唤明霞快请曹姨来同坐。廷章大失所望，自陈苦情，责其变卦，一时急泪欲流。鸾道:"妾本贞姬，君非荡子。只因有才有貌，所以相爱相怜。妾既私君，终当守君之节;君若弃妾，岂不负妾之诚。必失明神，誓同白首，若还苟合，有死不从!"说罢，曹姨适至，向廷章谢日间之惠。
　　廷章遂央姨为媒，誓谐伉俪，口中咒愿如流而出。曹姨道:"二位姨甥，既要我为媒，可写合同婚书四纸，将一纸焚于天地，以告鬼神;一纸留于吾手，以为媒证;你二人各执一纸，为他日合卺之验。女若负男，疾雷震死;男若负女，乱箭亡身。再受阴府之愆，永堕酆都之狱。"生与鸾听曹姨说得痛切，各各欢喜。遂依曹姨所说，写成婚书誓约。先拜天地，后谢曹姨。姨乃出清果醇醪，与二人把盏称贺。三人同坐饮酒，直至三鼓，曹姨别去。生与鸾携手上床，云雨之乐可知也。五鼓，鸾促生起身，嘱咐道:"妾已委身于君，君休负恩于妾，神明在上，鉴察难逃。今后妾若有暇，自遣明霞奉迎，切莫轻行，以招物议。"廷章字字应承，留恋不舍。鸾急教明霞送出园门。是日，鸾寄生二律云:

昨夜同君喜事从，芙蓉帐暖语从容。
贴胸交股情偏好，拨雨撩云兴转浓。
一枕凤鸾声细细，半窗花月影重重。
晓来窥视鸳鸯枕，无数飞红扑绣绒。

其一

衾翻红流效绸缪，乍抱郎腰分外羞。
月正圆时花正好，云初散处雨初收。
一团恩爱从天降，万种情怀得自由。

寄语今宵中夕夜，不须欹枕看牵牛。

其二

廷章亦有酬答之句。自此鸾疾尽愈，门锁竟驰。或三日或五日，鸾必遣明霞召生。来往既频，恩情愈笃。

如此半年有余。周司教任满，升四川峨眉县尹。廷章恋鸾之情，不肯同行。只推身子有病，怕蜀道艰难，况学业未成，师友相得，尚欲留此读书。周司教平昔纵子，言无不从。起身之日，廷章送父出城而返。鸾感廷章之留，是日邀之相会，愈加亲爱。如此又半年有余，其中往来诗篇甚多，不能尽载。

廷章一日阅邸报，见父亲在峨眉不服水土，告病回乡。久别亲闱，欲谋归觐。又牵鸾情爱，不忍分离。事在两难，忧形于色。鸾探知其故，因置酒劝生道：“夫妇之爱，瀚海同深；父子之情，高天难比。若恋私情而忘公义，不唯君失子道，累妾亦失妇道矣。”曹姨亦劝道：“今日暮夜之期，原非百年之算。公子不如暂回乡故，且觐双亲。倘于定省之间，即议婚姻之事，早完誓愿，免致情牵。”廷章心犹不决。娇鸾教曹姨竟将公子欲归之情，对王翁说了。此日正是端阳，王翁治酒与廷章送行，且致厚赆。廷章义不容己，只得收拾行李，是夜鸾另置酒香闺，邀廷章重伸前誓，再订婚期。曹姨亦在坐，千言万语，一夜不睡。临别，又问廷章住居之处。廷章道：“问做什么？”鸾道：“恐君不即来，妾便于通信耳。”廷章索笔写出四句：

思亲千里返姑苏，家住吴江十七都。
须问南麻双漾口，延陵桥下督粮吴。

廷章又解说：“家本吴姓，祖当里长督粮，有名督粮吴家，周是外姓也。此字虽然写下，欲见之切，度日如岁，多则一年，少则半载，定当持家君柬贴，亲到求婚，绝不忍闺阁佳人，悬悬而望。”言罢，相抱而泣。将次天明，鸾亲送生出园。有联句一律：

绸缪鱼水正投机，无奈思亲使别离。（廷章）
花圃从今谁待月？兰房自此懒围棋。（娇鸾）
唯忧身远心俱远，非虑文齐福不齐。（廷章）
低首不言中自省，强将别泪整蛾眉。（娇鸾）

须臾天晓，鞍马齐备。王翁又于中堂设酒，妻女毕集，为上马之饯。廷章再拜而别。鸾自觉悲伤欲泣，潜归内室，取乌丝笺题诗一律，使明霞送廷章上马，伺便投之。章于马上展看云：

> 同携素手并香肩，送别那堪双泪悬。
> 郎马未离青柳下，妾心先在白云边。
> 妾持节操如姜女，君重纲常类闵骞。
> 得意匆匆便回首，香闺人瘦不禁眠。

廷章读之泪下，一路上触景兴怀，未尝顷刻忘鸾也。

闲话休叙。不一日，到了吴江家中，参见了二亲，一门欢喜。原来父亲已与同里魏同知家议亲，正要接儿子回来行聘完婚。生初时有不愿之意，后访得魏女美色无双，且魏同知十万之富，妆奁甚丰。慕财贪色，遂忘前盟。过了半年，魏氏过门，夫妻恩爱，如鱼似水，竟不知王娇鸾为何人矣。

> 但知今日新妆好，不顾情人望眼穿。

却说娇鸾一时劝廷章归省，是他贤慧达理之处。然已去之后，未免怀思。白日凄凉，黄昏寂寞。灯前有影相亲，帐底无人共语。每遇春花秋月，不觉梦断魂劳。捱过一年，杳无音信。忽一日，明霞来报道："姐姐可要寄书与周姐夫么？"娇鸾道："那得有这方便？"明霞道："适才孙九说临安卫有人来此下公文。临安是杭州地方，路从吴江经过，是个便道。"娇鸾道："既有便，可教孙九嘱咐那差人，不要去了。"即时修书一封，曲叙别离之意，嘱他早至南阳，同归故里，践婚姻之约，成终始之交。书多不载。书后有诗十首。录其一云：

> 端阳一别杳无音，两地相看对月明。

暂为棒萱辞虎卫，莫因花酒恋吴城。
游仙阁内占离合，拜月亭前问死生。
此去愿君心自省，同来与妾共调羹。

封皮上又题八句：

此书烦递至吴衙，门面春风足可夸。
父列当今宣化职，祖居自古督粮家。
已知东宅邻西宅，犹恐南麻混北麻。
去路逢人须借问，延陵桥在那村些？

又取银钗二股，为寄书之赠。书去了七个月，并无回耗。
时值新春，又访得前卫有个张客人，要往苏州收货。娇鸾又取金花一对，央
孙九送与张客，求他寄书。书意同前，亦有诗十首。录其一云：

春到人间万物鲜，香闺无奈别魂牵；
东风浪荡君尤荡，皓月团圆妾未圆。
情洽有心劳白发，天高无计托青鸾。
衷肠万事凭谁诉？寄与才郎仔细看。

封皮上题一绝：

苏州咫尺是吴江，吴姓南麻世督粮。
嘱咐行人须着意，好将消息问才郎。

张客人是志诚之士，往苏州收货已毕，赍书亲到吴江。正在长桥上问路，恰
好周廷章过去。听得是河南声音，问的又是南麻督粮吴家，知娇鸾书信，怕他到
彼，知其再娶之事，遂上前作揖通名，邀往酒馆三杯，拆开书看了。就于酒家借
纸笔，匆匆写下回书，推说父病未痊，方侍医药，所以有误佳期；不久即图会
面，无劳注想。书后又写："路次借笔不备，希谅！"张客收了回书，不一日，
回到南阳，付孙九回复鸾小姐。鸾拆书看了，虽然不曾定个来期，也当画饼充
饥，望梅止渴。过了三四个月，依旧杳然无闻。娇鸾对曹姨道："周郎之言欺我
耳！"曹姨道："誓书在此，皇天鉴知。周郎独不怕死乎？"忽一日，闻有临安人
到，乃是娇鸾妹子娇凤生了孩儿，遣人来报喜。娇鸾彼此相形，愈加感叹。且喜

又是寄书的一个顺便，再修书一封托他。这是第三封书，亦有诗十首。末一章云：

> 叮咛才子莫蹉跎，百岁夫妻能几何？
> 王氏女为周氏室，文官子配武官娥。
> 三封心事烦青鸟，万斛闲愁锁翠蛾。
> 远路尺书情未尽，相思两处恨偏多。

封皮上亦写四句：

> 此书烦递至吴江，粮督南麻姓字香。
> 去路不须驰步问，延陵桥下暂停航。

鸾自此寝废餐忘，香消玉减，暗地泪流，恹恹成病。父母欲为择配，娇鸾不肯，情愿长斋奉佛。曹姨劝道："周郎未必来矣，毋拘小信，自误青春。"娇鸾道："人而无信，是禽兽也。宁周郎负我，我岂敢负神明哉？"光阴荏苒，不觉已及三年。娇鸾对曹姨说道："闻说周郎已婚他族，此信未知真假。然三年不来，其心肠亦改变矣。但不得一实信，吾心终不死！"曹姨道："何不央孙九亲往吴江一遭，多与他些盘费。若周郎无他更变，使他等候同来，岂不美乎？"娇鸾道："正合吾意，亦求姨娘一字，促他早早登程可也。"当下娇鸾写就古风一首。其略云：

> 忆昔清明佳节时，与君邂逅成相知。嘲风弄月通来往，拨动风情无限思。侯门曳断千金索，携手挨肩游画阁。好把青丝结死生，盟山誓海情不薄。白云渺渺草青青，才子思亲欲别情。顿觉桃脸无春色，愁听传书雁几声。君行虽不排鸾驭，胜似征蛮父兄去。悲悲切切断肠声，执手牵衣理前誓。与君成就鸾凤友，切莫苏城恋花柳。自君之去妾攒眉，脂粉慵调发如帚。姻缘两地相思重，雪月风花谁与共？可怜夫妇正当年，空使梅花蝴蝶梦。临风对月无欢好，凄凉枕上魂颠倒。一宵忽梦汝娶亲，来朝不觉愁颜老。盟言愿作神雷电，九天玄女相传遍。只归故里未归泉，何故音容难得见？才郎意假妾意真，再驰驿使陈丹心。可怜三七羞花貌，寂寞香闺思不禁。

曹姨书中亦备说女甥相思之苦，相望之切。二书共作一封，封皮亦题四句：

荡荡名门宰相衙，更兼粮督镇南麻。

逢人不用停舟问，桥跨延陵第一家。

孙九领书，夜宿晓行，直至吴江延陵桥下。犹恐传递不的，直候周廷章面送。廷章一见孙九，满脸通红，不问寒温，取书纳于袖中，竟进去了。少顷，教家童出来回复道："相公娶魏同知家小姐，今已二年。南阳路远，不能复来矣。回书难写，仗你代言。这幅香罗帕乃初会鸾姐之物，并合同婚书一纸，央你送还，以绝其念。本欲留你一饭，诚恐老爹盘问嗔怪。白银五钱权充路费，不次更不劳往返。"孙九闻言大怒，掷银于地不受，走出大门，骂道："似你短行薄情之人，禽兽不如！可怜负了鸾小姐一片真心，皇天断然不佑你！"说罢，大哭而去。路人争问其故，孙老儿数一数二的逢人告诉。自此周廷章无行之名，播于吴江，为衣冠所不齿。正是：

平生不作亏心事，世上应无切齿人。

再说孙九回至南阳，见了明霞，便悲泣不已，明霞道："莫非你路上吃了苦？莫非周家郎君死了？"孙九只是摇头。停了半晌，方说备细，如此如此："他不发回书，只将罗帕婚书送还，以绝小姐之念，我也不去见小姐了。"说罢，拭泪叹息而去。明霞不敢隐瞒，备述孙九之语。娇鸾见了这罗帕，已知孙九不是个谎话，不觉怨气填胸，怒色盈面。就请曹姨至香房中，告诉了一遍，曹姨将言劝解。娇鸾如何肯听，整整的哭了三日三夜，将三尺香罗帕，反复观看，欲寻自尽。又想道："我娇鸾名门爱女，美貌多才，若嘿嘿而死，却便宜了薄情之人。"乃制绝命诗三十二首及《长恨歌》一篇诗云：

倚门默默思重重，自叹双双一笑中。

情惹游丝牵嫩绿，恨随流水缩残红。

当时只道春回准，今日方知色是空！

回首凭栏情切处，闲愁万里怨东风。

余诗不载。其《长恨歌》略云：

《长恨歌》，为谁作？题起头来心便恶。朝思暮想无了期，再把鸾笺诉情薄。妾家原在临安路，麟阁功勋受恩露。后因亲老失军机，降调南阳卫千户。深闺养育娇鸾身，不曾举步离中庭。岂知二九灾星到，忽随女伴妆台行。秋千戏蹴方才罢，忽惊墙角生人话。含羞归去香房中，仓忙寻觅香罗帕。罗帕谁知入君手？空令梅香往来走。得蒙君赠香罗诗，恼妾相思淹病久。感君拜母结妹兄，来词去简饶恩情。只恐恩情成苟合，两曾结发同山盟。山盟海誓还不信，又托曹姨作媒证。婚书写定烧苍穹，始结于飞在天命。情交二载甜如蜜，才子思亲忽成疾。妾心不忍君心愁，反劝才郎归故籍。叮咛此去姑苏城，花街莫听阳春声。一睹慈颜便回首，香闺可念人孤另。嘱咐殷勤别才子，弃旧怜新任从尔。那知一去意忘还，终日思君不如死！有人来说君重婚，几番欲信仍难凭。后因孙九去复返，方知伉俪谐文君。此情恨杀薄情者，千里姻缘难割舍。到手恩情都负之，得意风流在何也？莫论妾愁长与短，无处箱囊诗不满。题残锦札五千张，写秃毛锥三百管。玉闺人瘦娇无力，佳期反作长相忆。枉将八字推子平，空把三生卜《周易》。从头一一思量起，往日交情不亏汝。既然恩爱如浮云，何不当初莫相与？莺莺燕燕皆成对，何独天生我无配。娇凤妹子少二年，适添孩儿已三岁。自惭轻弃千金躯，伊欢我独心孤悲。先年誓愿今何在？举头三尺有神祇。君往江南妾江北，千里关山远相隔。若能两翅忽然生，飞向吴江近君侧。初交你我天地知，今来无数人扬非。虎门深锁千金色，天教一笑遭君机。恨君短行归阴府，譬似皇天不生我。从今书递故人收，不望回音到中所。可怜铁甲将军家，玉闺养女娇如花。只因颇识琴书味，风流不久归黄沙。白罗丈二县高梁，飘然眼底魂茫茫。报道一声娇鸾缢，满城笑杀临安王。妾身自愧非良女，擅把闺情贱轻许。相思债满还九泉，九泉之下不饶汝。当初宠妾非如今，我今怨汝如海深。自知妾意皆仁意，谁想君心似兽心！再将一幅罗鲛绡，殷勤远寄郎家遥。自叹兴亡皆此物，杀人可恕情难饶。反复叮咛只如此，往日闲愁今日止。君今肯念旧风流，饱看娇鸾书一纸。

书已写就，欲再遣孙九。孙九咬牙怒目，绝不肯去。正无其便，偶值父亲痰火病发，唤娇鸾替他检阅文书。娇鸾看文书里面，有一宗乃勾本卫逃军者，其军乃吴江县人。鸾心生一计，乃取从前倡和之词，并今日《绝命诗》及《长恨歌》汇成一帙，合同婚书二纸，置于帙内，总作一封，入于官文书内，封筒上填写"南阳卫掌印千户王投下直隶苏州府吴江县当堂开拆"，打发公差去了。王翁全然不知。是晚，娇鸾沐浴更衣，哄明霞出去烹茶，关了房门，用杌子填足，先将白练挂于梁上，取原日香罗帕，向咽喉扣住，接连白练，打个死结，蹬开杌子，两脚悬空，煞时间三魂漂渺，七魄幽沉。刚年二十一岁。

始终一幅香罗帕，成也萧何败也何！

明霞取茶来时，见房门闭紧，敲打不开，慌忙报与曹姨。曹姨同周老夫人打开房门看了，这惊非小，王翁也来了。合家大哭，竟不知什么意故。少不得买棺殓葬。此事搁过休题。

再说吴江阙大尹接得南阳卫文书，拆开看时，深以为奇。此事旷古未闻。适然本府赵推官，随察院樊公祉按临本县。阙大尹、赵推官是金榜同年，因将此事与赵推官言及。赵推官取而观之，遂以奇闻，报知樊公。樊公将诗歌及婚书反复详味，深惜娇鸾之才，而恨周廷章之薄幸。乃命赵推官密访其人。次日，擒拿解院。樊公亲自诘问。廷章初时抵赖，后见婚书有据，不敢开口。樊公喝教重责五十收监。行文到南阳卫，查娇鸾曾否自缢。

不一日，文书转来，说娇鸾已死。樊公乃于监中吊取周廷章，到察院堂上。樊公骂道："调戏职官家子女，一罪也。停妻再娶，二罪也；因奸致死，三罪也。婚书上说：'男若负女，万箭亡身'，我今没有箭射你，用乱棒打杀你，以为薄幸男子戒！"喝教合堂皂快，齐举竹批乱打，下手时宫商齐响，着体处血肉交飞。顷刻之间，化为肉酱。满城人无不称快。周司教闻知，登时气死。魏女后来改嫁。向贪新娶之财色，而没恩背盟，果何益哉！有诗叹云：

一夜恩情百夜多，负心端的欲如何？
若云薄幸无冤报，请读当年《长恨歌》。

第三十五卷

况太守断死孩儿

春花秋月足风流，不分红颜易白头。

试把人心比松柏，几人能为岁寒留？

这四句诗，泛论春花秋月，恼乱人心，所以才子有悲秋之辞，佳人有伤春之咏。往往诗谜写恨，目语传情，月下幽期，花间密约，但图一刻风流，不顾终身名节，这是两下相思，各还其债，不在话下。又有一等男贪而女不爱，女爱而男不贪，虽非两相情愿，却有一片精诚。如冷庙泥神，朝夕焚香拜祷，也少不得灵动起来。其缘短的，合而终睽；倘缘长的，疏而转密。这也是风月场中所有之事，亦不在话下。又有一种男不慕色，女不怀春，志比精金，心如坚石，没来由被旁人播弄，设圈设套，一时失了把柄，堕其术中，事后悔之无及。如宋时玉通禅师，修行了五十年，因触了知府柳宣教，被他设计，教妓女红莲假扮寡妇借宿，百般诱引，坏了他的戒行。这般会合，那些个男欢女爱，是偶然一念之差。如今再说个诱引寡妇失节的，却好与玉通禅师的故事做一对儿。正是：

未离恩山休问道，尚沉欲海莫参禅。

话说宣德年间，南直隶扬州府仪真县，有一民家，姓丘，名元吉，家颇饶裕。娶妻邵氏，姿容出众，兼有志节。夫妇甚相爱重。相处六年，未曾生育，不料元吉得病身亡。邵氏年方二十三岁，哀痛之极，立志守寡，终身永无他适。不觉三年服满。父母家因其年少，去后日长，劝他改嫁。叔公丘大胜，也叫阿妈来委曲譬喻他几番。那邵氏心如铁石，全不转移。设誓道："我亡夫在九泉之下，邵氏若事二姓，更二夫，不是刀下亡，便是绳上死！"众人见他主意坚执，谁敢再去强他？自古云："呷得三斗醋，做得孤孀妇。"孤孀不是好守的。替邵氏从长计较，到不如明明改个丈夫，虽做不得上等之人，还不失为中等，不到得后来出丑。正是：

> 作事必须踏实地，为人切莫务虚名。

邵氏一口说了满话，众人中贤愚不等，也有啧啧夸奖他的，也有似疑不信，睁着眼看他的。谁知邵氏立心贞洁，闺门愈加严谨。止有一侍婢，叫作秀姑，房中作伴，针指营生。一小厮，叫作得贵，年方十岁，看守中门。一应薪水买办，都是得贵传递。童仆已冠者，皆遣出不用。庭无闲杂，内外肃然。如此数年，人人信服，那个不说邵大娘少年老成，治家有法。

光阴如箭，不觉十周年到来。邵氏思念丈夫，要做些法事追荐。叫得贵去请叔公丘大胜来商议，延七众僧人，做三昼夜功德。邵氏道："奴家是寡妇，全仗叔公过来主持道场。"大胜应允。

语分两头。却说邻近搬来一个汉子，姓支名助，原是破落户，平昔不守本分，不做生理，专一在街坊上赶热管闲事过活。闻得人说邵大娘守寡贞洁，且是青年标致，天下难得。支助不信，不论早暮，常在丘家门首闲站。果然门无杂人，只有得贵小厮买办出入。支助就与得贵相识，渐渐熟了。闲话中，问得贵："闻得你家大娘生得标致，是真也不？"得贵生于礼法之家，一味老实，遂答道："标致是真。"又问道："大娘也有时到门前看街么？"得贵摇手道："从来不曾出中门，莫说看街，罪过罪过！"

一日，得贵正买办素斋的东西，支助撞见，又问道："你家买许多素品为其么？"得贵道："家主十周年，做法事要用。"支助道："几时？"得贵道："明日起，三昼夜，正好辛苦哩！"支助听在肚里，想道："既追荐丈夫，他必然出来拈香，我且去偷看一看，什么样嘴脸？真像个孤孀也不？"

却说次日，丘大胜请到七众僧人，都是有戒行的，在堂中排设佛像，鸣铙击鼓，诵经礼忏，甚是志诚。丘大胜勤勤拜佛。邵氏出来拈香，昼夜各只一次，拈过香，就进去了，支助趁这道场热闹，几遍混进去看，再不见邵氏出来。又问得贵，方知日间只昼食拈香一遍。支助到第三日，约莫昼食时分，又踅进去，闪在橱子傍边隐着。见那些和尚都穿着袈裟，站在佛前吹打乐器，宣和佛号。香火道人在道场上手忙脚乱的添香换烛。本家止有得贵，只好往来答应，那有工夫照管外边。就是丘大胜同着几个亲戚，也都呆看和尚吹打，那个来稽查他。少顷，邵氏出来拈香，被支助看得仔细。常言："若要俏，添重孝。"缟素妆束，加倍清雅。分明是：

> 广寒仙子月中出，姑射神人雪里来。

　　支助一见，遍体酥麻了，回家想念不已。是夜，道场完满，众曾直至天明方散。邵氏依旧不出中堂了。支助无计可施，想着："得贵小厮老实，我且用心下钓子。"

　　其时五月端五日，支助拉得贵回家，吃雄黄酒。得贵道："我不会吃酒，红了脸时，怕主母嗔骂。"支助道："不吃酒，且吃只粽子。"得贵跟支助家去，支助教浑家剥了一盘粽子，一碟糖，一碗肉，一碗鲜鱼，两双箸，两个酒杯，放在桌上。支助把酒壶便筛，得贵道："我说过不吃酒，莫筛罢！"支助道："吃杯雄黄酒应应时令，我这酒淡，不妨事。"得贵被央不过，只得吃了。支助道："后生家莫吃单杯，须吃个成双。"得贵推辞不得，又吃了一杯。支助自吃了一回，夹七夹八说了些街坊上的闲话，又斟一杯劝得贵。得贵道："醉得脸都红了，如今真个不吃了。"支助道："脸左右红了，多坐一时回去，打什么紧？只吃这一杯罢，我再不劝你了。"

　　得贵前后共吃了三杯酒。他自幼在丘家被邵氏大娘拘管得严，何曾尝酒的滋味，今日三杯落肚，便觉昏醉。支助乘其酒兴，低低说道："得贵哥，我有句闲话问你。"得贵道："有甚话尽说。"支助道："你主母孀居已久，想必风情亦动，倘得个汉子同眠同睡，可不喜欢？从来寡妇都牵挂着男子，只是难得相会。你引我去试他一试何如？若得成事，重重谢你。"得贵道："说什么话！亏你不怕罪过！我主母极是正气，闺门整肃，日间男子不许入中门，夜间同使婢持灯照顾四下，各门锁讫，然后去睡。便要引你进去，何处藏身？地上使婢不离身畔，闲话也说不得一句，你却恁地乱讲。"支助道："既如此，你的房门可来照么？"得贵道："怎么不来照？"支助道："得贵哥，你今年几岁了？"得贵道："十七岁了。"支助道："男子十六岁精通，你如今十七岁，难道不想妇人？"得贵道："便想也没用处。"支助道："放着家里这般标致的，早暮在眼前，好不动兴！"得贵道："说也不该，他是主母，动不动非打则骂，见了他，好不怕哩！亏你还敢说取笑的话。"支助道："你既不肯引我去，我教导你一个法儿，作成你自去上手何如？"得贵摇手道："做不得，做不得，我也没有这样胆！"支助道："你莫管做得做不得，教你个法儿，且去试他一试。若得上手，莫忘我今日之恩。"

　　得贵一来乘着酒兴，二来年纪也是当时了，被支助说得心痒，便问道："你且说如何去试他？"支助道："你夜睡之时，莫关了房门，由他开着，如今五月，天气正热，你去赤身仰卧，把那话儿弄得硬硬的，待他来照门时，你只推做睡着了，他若看见，必然动情。一次两次，定然打熬不过，上门就你。"得贵道："倘不来如何？"支助道："拼得这事不成，也不好嗔责你，有益无损。"得贵道："依了老哥的言语，果然成事，不敢忘报。"须臾酒醒，得贵别了，是夜依计而

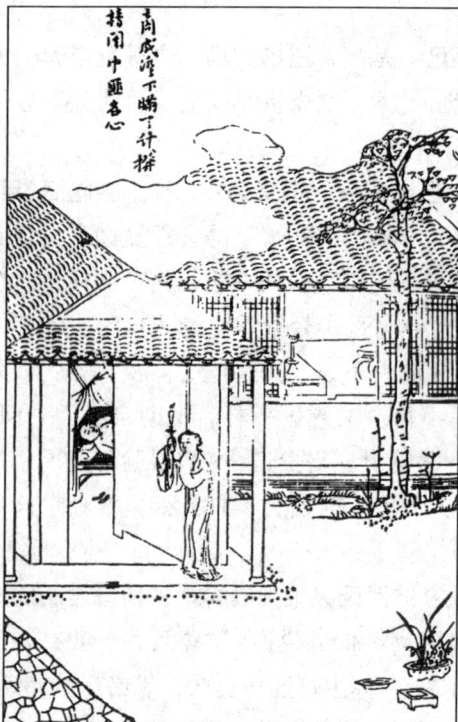

行。正是：

商成灯下瞒天计，拨转闺中匪
石心。

　　论来邵氏家法甚严，那得贵长成十七岁，嫌疑之际，也该就打发出去，另换个年幼的小厮答应，岂不尽善。只为得贵从小走使服的，且又粗蠢又老实。邵氏自己立心清正，不想到别的情节上去，所以因循下来。却说是夜，邵氏同婢秀姑点灯出来照门，见得贵赤身仰卧，骂："这狗奴才，门也不关，赤条条睡着，是什么模样？"叫秀姑与他扯上房门。若是邵氏有主意，天明后叫得贵来，说他夜里懒惰放肆，骂一场，打一顿，得贵也就不敢了。他久旷之人，却似眼见希奇物，寿增一纪，绝不做声。得贵胆大了，到夜来，依前如此。邵氏同婢又去照门，看见又骂道："这狗才一发不成人了，被也不盖。"叫秀姑替他把卧单扯上，莫惊醒他。此时便有些动情，奈有秀姑在傍碍眼。

　　到第三日，得贵出外撞见了支助。支助就问他曾用计否？得贵老实，就将两夜光景都叙了。支助道："他叫丫头替你盖被，又教莫惊醒你，便有爱你之意，今夜决有好处。"其夜，得贵依原开门，假睡而待。邵氏有意，遂不叫秀姑跟随。自己持灯来照，径到得贵床前，看见得贵赤身仰卧，那话儿如枪一般，禁不住春心荡漾，欲火如焚。自解去小衣，爬上床去，还只怕惊醒了得贵，悄悄地跨在身上，从上而压下。得贵忽然抱住，番身转来，与之云雨：

　　一个久疏乐事，一个初试欢情；一个认着故物肯轻抛？一个尝了甜头，难遽放。一个饥不择食，岂嫌小厮粗丑？一个狃恩恃爱，那怕主母威严。分明恶草藤罗，也共名花登架去；可惜清心冰雪，化为春水向东流。十年清白已成虚，一夕垢污难再洗。

　　事毕，邵氏向得贵道："我苦守十年，一旦失身于你，此亦前生冤债，你须谨口，莫泄于人，我自有看你之处。"得贵道："主母吩咐，怎敢不依！"自此夜为始，每夜邵氏以看门为由，必与得贵取乐而后入。又恐秀姑知觉，到放个空，教得贵连秀姑奸骗了。邵氏故意欲责秀姑，却教秀姑引进得贵以塞其口。彼此河同水密，各不相瞒。得贵感支助教导之恩，时常与邵氏讨东讨西，将来奉与支助。支助指望得贵引进，得贵怕主母嗔怪，不敢开口。支助几遍讨信，得贵只是延捱下去。过了三五个月，邵氏与得贵如夫妇无异。

也是数该败露。邵氏当初做了六年亲，不曾生育，如今才得三五月，不觉便胸高腹大，有了身孕。恐人知觉不便，将银与得贵，教他悄地赎贴坠胎的药来，打下私胎，免得日后出丑。得贵一来是个老实人，不晓得坠胎是什么药；二来自得支助指教，以为恩人，凡事直言无隐。今日这件私房关目，也去与他商议。那支助是个棍徒，见得贵不肯引进自家，心中正在忿恨，却好有这个机会，便是生意上门。心生一计，哄得贵道："这药只有我一个相识人家最效，我替你赎去。"乃往药铺中赎了固胎散四服，与得贵带回。邵氏将此药做四次吃了，腹中未见动静，叫得贵再往别处赎取好药。得贵又来问支助："前药如何不效？"支助道："打胎只是一次，若一次打不下，再不能打了。况这药只此一家最高，今打不下，必是胎受坚固，若再用狼虎药去打，恐伤大人之命。"得贵将此言对邵氏说了，邵氏信以为然。

到十月将满，支助料是分娩之期，去寻得贵说道："我要合补药，必用一血孩子。你主母今当临月，生下孩子，必然不养，或男或女，可将来送我。你亏我处多，把这一件谢我，亦是不费之惠，只瞒过主母便是。"得贵应允。过了数日，果生一男。邵氏将男溺死，用蒲包裹来，教得贵密地把去埋了。得贵答应晓得，却不去埋，背地悄悄送与支助。支助将死孩收讫，一把扯住得贵喝道："你主母是丘元吉之妻，家主已死多年，当家寡妇，这孩子从何而得？今番我去出首。"得贵慌忙掩住他口，说道："我把你做恩人，每事与你商议，今日何反面无情？"支助变着脸道："干得好事！你强奸主母，罪该凌迟，难道叫句恩人就罢了？既知恩当报恩，你作成得我什么事？你今若要我不开口，可向主母讨一百两银子与我，我便隐恶而扬善，若然没有，绝不干休，见有血孩作证，你自到官司去辨，连你主母做不得人，我在家等你回话，你快去快来！"

急得得贵眼泪汪汪，回家料瞒不过，只得把这话对邵氏说了。邵氏埋怨道："此是何等东西，却把做礼物送人！坑死了我也！"说罢，流泪起来。得贵道："若是别人，我也不把与他，因他是我的恩人，所以不好推托。"邵氏道："他是你什么恩人？"得贵道："当初我赤身仰卧，都是他教我的方法来调引你，没有他时，怎得你我今日恩爱？他说要血孩合补药，我好不奉他？谁知他不怀好意！"邵氏道："你做的事，忒不即溜。当初是我一念之差，堕在这光棍术中，今已悔之无及。若不将银买转孩子，他必然出首，那时难以挽回。"只得取出四十两银子，教得贵拿去与那光棍赎取血孩，背地埋藏，以绝祸根。得贵老实，将四十两银子，双手递与支助，说道："只有这些，你可将血孩还我罢！"支助得了银子，贪心不足，思想："此妇美貌，又且囊中有物。借此机会，倘得捱身入马，他的家事在我掌握之中，岂不美哉！"乃向得贵道："我说要银子，是取笑话，你当真送来，我只得收受了。那血孩我已埋讫。你可在主母前引荐我与他相处，倘若见允，我替他持家，无人敢欺负他，可不两全其美？不然，我仍在地下掘起孩子出首。限你五日内回话。"得贵出于无奈，只得回家，述与邵氏。邵氏大怒道："听那光棍放屁，不要理他！"得贵遂不敢再说。

却说支助将血孩子用石灰腌了，仍放蒲包之内。藏于隐处。等了五日，不见得贵回话。又捱了五日，共是十日。料得产妇也健旺了，乃往丘家门首，伺候得贵出来，问道："所言之事济否？"得贵摇头道："不济，不济！"支助更不问第二句，望门内直闯进去，得贵不敢拦阻，到走往街口远远的打听消息。邵氏见有人走进中堂，骂道："人家内外各别，你是何人，突入吾室？"支助道："小人姓支名助，是得贵哥的恩人。"邵氏心中已知，便道："你要寻得贵，在外边去，此非你歇脚之所！"支助道："小人久慕大娘，有如饥渴。小人纵不才，料不在得贵哥之下，大娘何必峻拒？"邵氏听见话不投机，转身便走。支助赶上，双手抱住，说道："你的私孩，现在我处，若不从我，我就首官！"邵氏忿怒无极，只恨摆脱不开，乃以好言哄之，道："日里怕人知觉，到夜时，我叫得贵来接你。"支助道："亲口许下，切莫失信。"放开了手，走几步，又回头说道："我也不怕你失信！"一直出外去了。

气得邵氏半晌无言，珠泪纷纷而坠。推转房门，独坐凳子上，左思右想，只是自家不是。当初不肯改嫁，要做上流之人，如今出乖露丑，有何颜见诸亲之面？又想道："日前曾对众发誓：'我若事二姓，更二夫，不是刀下亡，便是绳上死'我今拚这性命，谢我亡夫于九泉之下，却不干净！"秀姑见主母啼哭，不敢上前解劝，守住中门，专等得贵回来。得贵在街上望见支助去了，方才回家，见秀姑问："大娘呢！"秀姑指道："在里面。"得贵推开房门看主母。却说邵氏取床头解手刀一把，欲要自刎，担手不起。哭了一回，把刀放在卓上。在腰间解下八尺长的汗巾，打成结儿，悬于梁上，要把颈子套进结去，心下展转凄惨，禁不住呜呜咽咽的啼哭。忽见得贵推门而进，抖然触起他一点念头：当初都是那狗才做圈做套，来作弄我，害了我一生名节！说时迟，那时快，只就这点念头起处，仇人相见，分外眼睁，提起解手刀，望得贵当头就劈，那刀如风之快，恼怒中，气力倍加，把得贵头脑劈做两界，血流满地，登时呜呼了。邵氏着了忙，便引颈受套，两脚蹬开凳子，做一个秋千把戏：

地下新添冤恨鬼，人间少了俏孤孀。

　　常言：“赌近盗，淫近杀。”今日只为一个“淫”字，害了两条性命。且说秀姑平昔惯了，但是得贵进房，怕有别事，就远远闪开。今番半晌不见则声，心中疑惑，去张望时，只见上吊一个，下横一个。吓得秀姑软作团，按定了胆，把房门款上，急跑到叔公丘大胜家中报信。丘大胜大惊，转报邵氏父母，同到丘家，关上大门，将秀姑盘问致死缘由。元来秀姑不认得支助，连血孩诈去银子四十两的事，都是瞒着秀姑的。以此秀姑只将邵氏、得贵平昔奸情叙了一遍：“今日不知何故两个都死了？”三番四复问他，只如此说。邵公、邵母听说奸情的话，满面羞惭，自回去了，不管其事。丘大胜只得带秀姑，到县里出首。知县验了二尸，一名得贵，刀劈死的；一名邵氏，缢死的。审问了秀姑口辞。知县道：“邵氏与得贵奸情是的；主仆之分已废，必是得贵言语触犯，邵氏不忿，一时失手，误伤人命，情慌自缢，更无别情。”责令丘大胜殡殓。秀姑知情，问杖官卖。

　　再说支助自那日调戏不遂，回家，还想赴夜来之约。听说弄死了两条人命，吓了一大跳，好几时不敢出门。一日早起，偶然捡着了石灰腌的血孩，连蒲包拿去抛在江里。遇着一个相识叫做包九，在仪真闸上当夫头，问道：“支大哥，你抛的是什么东西？”支助道：“腌几块牛肉，包好了，要带出去吃的，不期臭了。九哥，你两日没甚事？到我家吃三杯？”包九道：“今日忙些个，苏州府况钟老爷驰驿复任，即刻船到，在此趱夫哩！”支助道：“既如此，改日再会！”支助自去了。

　　却说况钟原是吏员出身，礼部尚书胡濙荐为苏州府太守，在任一年，百姓呼为“况青天”。因丁忧回籍，圣旨夺情起用，特赐驰驿赴任。船至仪真闸口，况爷在舱中看书，忽闻小儿啼声，出自江中，想必溺死之儿，差人看来，回报：“没有。”如此两度。况爷又闻啼声，问众人皆云不闻。况爷口称怪事。推窗亲看，只见一个小小蒲包，浮于水面，况爷叫水手捞起，打开看了，回复：“是一个小孩子。"况爷问:"活的,死的?"水手道:"石灰腌过的,像死得久了。"况爷想道:"死的如何会啼?况且死孩子,抛掉就罢了,何必灰腌,必有缘故!"叫水手,把这死孩连蒲包放在船头上:"如有人晓得来历,密密报我,我有重赏。"水手奉钧旨,拿出船头。

恰好夫头包九看见小蒲包,认得是支助抛下的:"他说是臭牛肉,如何却是个死孩?"遂进舱禀况爷:"小人不晓得这小孩子的来历,却认得抛那小孩子在江里这个人,叫作支助。"况爷道:"有了人,就有来历了。"一面差人密拿支助,一面请仪真知县到察院中同问这节公事。

况爷带了这死孩,坐了察院。等得知县来时,支助也拿到了。况爷上坐,知县坐于左手之傍。况爷因这仪真不是自己属县,不敢自专,让本县推问。那知县见况公是奉过敕书的,又且为人古怪,怎敢僭越。推逊了多时,况爷只得开言,叫:"支助,你这石灰腌的小孩子,是那里来的?"支助正要抵赖,却被包九在傍指实了,只得转口道:"小的见这脏东西在路旁不便,将来抛向江里,其实不知来历。"况爷问包九:"你看见他在路傍捡的么?"包九道:"他抛下江里,小的方才看见。问他什么东西,他说是臭牛肉。"况爷大怒道:"既假说臭牛肉,必有瞒人之意!"喝教手下选大毛板,先打二十再问。况爷的板子厉害,二十板抵四十板还有余,打得皮开肉绽,鲜血迸流。支助只是不招,况爷喝教夹起来。

况爷的夹棍也厉害,第一遍,支助还熬过;第二遍,就熬不得了,招道:"这死孩是邵寡妇的。寡妇与家童得贵有奸,养下这私胎来。得贵央小的替他埋藏,被狗子爬了出来。故此小的将来抛在江里。"况爷见他言词不一,又问:"你肯替他埋藏,必然与他家通情。"支助道:"小的并不通情,只是平日与得贵相熟。"况爷道:"他埋藏只要朽烂,如何把石灰腌着?"支助支吾不来,只得磕头道:"青天爷爷,这石灰其实是小的腌的。小的知邵寡妇家殷实,欲留这死孩去需索他几两银子。不期邵氏与得贵都死了,小的不遂其愿,故此抛在江里。"况爷道:"那妇人与小厮,果然死了么?"知县在傍边起身打一躬,答应道:"死了,是知县亲验过的。"况爷道:"如何便会死?"知县道:"那小厮是刀劈死的,妇人是自缢的。知县也曾细详,他两个奸情已久,主仆之分久废,必是小厮言语触犯,那妇人一时不忿,提刀劈去,误伤其命,情慌自缢,别无他说。"况爷肚里踌躇:"他两个既然奸密,就是语言小伤,怎下此毒手!早间死孩儿啼哭,必有缘故!"遂问道:"那邵氏家还有别人么?"知县道:"还有个使女,叫作秀姑,官卖去了。"况爷道:"官卖,一定就在本地。烦贵县差人提来一审,便知端的。"知县忙差快手去了。

不多时,秀姑拿到,所言与知县相同,况爷踌躇了半晌,走下公座,指着支助,问秀姑道:"你可认得这个人?"秀姑仔细看一看,说道:"小妇人不识他姓名，曾认得他嘴脸。"况爷道："是了，他和得贵相熟，必然曾同得贵到你家去。你可实说，若关句含糊，便上拶！"秀姑道："平日间实不曾见他上门，只是末来，他突入中堂，调戏主母，被主母赶去。随后得贵方来，主母正在房中啼哭。得贵进房不多时，两个就都死了。"况爷喝骂支助："光棍！你不曾与得贵通情，如何敢突入中堂？这两条人命，都因你起！"叫手下："再与我夹起来！"支助被夹昏了，不由自家做主，从前至尾，如何教导得贵哄诱主母；如何哄他血孩到手，诈他银子；如何挟制得贵要他引入同奸；如何闯入内室，抱住求奸，被他如何哄脱了，备细说了一遍："后来死的情由，其实不知。"况爷道："这是真情了。"放了夹，叫书吏取了口词明白。

知县在傍，自知才力不及，惶恐无地。况爷提笔，竟判审单：

> 审得支助，奸棍也。始窥寡妇之色，辄起邪心；既秉弱仆之愚，巧行诱语。开门裸卧，尽出其谋；固胎取孩，悉堕其术。求奸未能，转而求利；求利未厌，仍欲求奸。在邵氏一念之差，盗铃尚思掩耳；乃支助几番之诈，探篚加以逾墙。以恨助之心恨贵，恩变为仇；于杀贵之后自杀，死有余愧。主仆既死勿论，秀婵已杖何言。唯是恶魁，尚逃法网。包九无心而遇，腌孩有故而啼，天若使之，罪难容矣！宜坐致死之律，兼追所诈之赃。

况爷念了审单，连支助亦甘心服罪。况爷将此事申文上司，无不夸奖大才，万民传颂，以为包龙图复出，不是过也。这一家小说，又题做《况太守断死孩儿》。有诗为证：

> 俏邵娘见欲心乱，蠢得贵福过灾生。
> 支赤棍奸谋似鬼，况青天折狱如神。

第三十六卷

皂角林大王假形

富贵还将智力求，仲尼年少合封侯。
时人不解苍天意，空使身心半夜愁。

话说汉帝时，西川成都府，有个官人，姓栾，名巴，少好道术，官至郎中，授得豫章太守，择日上任，不则一日，到得半路，远近接见；到了豫章，交割牌印已毕。元来豫章城内有座庙，唤做庐山庙。好座庙！但见：

苍松偃盖，古桧蟠龙。侵云碧瓦鳞鳞，映日朱门赫赫。巍峨形势，
控万里之澄江；生杀威灵，总一方之祸福。新建庙牌镌古篆，两行庭树
种宫槐。

这座庙甚灵，有神能于帐中共人说话，空中饮酒掷杯。豫章一郡人，尽来祈求福德，能使江湖分风举帆，如此灵应。这栾太守到郡，往诸庙拈香。次至庐山庙，庙祝参见。太守道："我闻此庙有神最灵，能对人言。我欲见之集福。"太守拈香下拜道："栾巴初到此郡，特来拈香，望乞圣慈，明彰感应。"问之数次，不听得帐内则声。太守焦躁道："我能行天心正法，此必是鬼，见我害怕，故不敢则声。"向前招起帐幔，打一看时，可煞作怪，那神道塑像都不见了。这神道是个作怪的物事，被栾太守来看，故不敢出来。太守道："庙鬼诈为天官，损害百姓。"即时教手下人把庙来拆毁了。太守又恐怕此鬼游行天下，所在血食，诳惑良民，不当稳便，乃推问山川社稷，求鬼踪迹。

却说此鬼走至齐郡，化为书生，风姿绝世，才辨无双。齐郡太守却以女妻之。栾太守知其所在，即上章解去印绶，直至齐郡，相见太守，往捕其鬼。太守召其女婿出来，只是不出。栾太守曰："贤婿非人也，是阴鬼诈为天官，在豫章城内被我追捕甚急，故走来此处。今欲出之甚易。"乃请笔砚书成一道符，向空

中一吹，一似有人接去的。那一道符，径入太守女儿房中。且说书生在房里觑着浑家道："我去必死！"那书生口衔着符，走至栾太守面前。栾太守打一喝："老鬼何不现形！"那书生即变为一老狸，叩头乞命。栾太守道："你不合损害良民，依天条律令处斩。"喝一声，但见刀下，狸头坠地。遂乃平静。

说话的说这栾太守断妖则甚？今日一个官人，只因上任，平白地惹出一件跷蹊作怪底事来，险些坏了性命。却说大宋宣和年间，有个官人姓赵，名再理，东京人氏，授得广州新会县知县。这广里怎见得好？有诗道：

苏木沈香劈作柴，荔枝圆眼绕篱栽。

船通异国人交易，水接他邦客往来。
地暖三冬无积雪，天和四季有花开。
广南一境真堪美，琥珀玶琫玳瑁阶。

当下辞别了母亲妻子，带着几个仆从迤逦登程。非止一日，到得本县，众官相贺。第一日谒庙行香，第二日交割牌印，第三日打断公事。只见：

冬冬牙鼓响，公吏两边排。
阎王生死案，东岳摄魂台。

知县恰才坐衙，忽然打一喷涕。厅上阶下众人也打喷涕。客将覆判县郎中："非敢学郎中打喷涕。离县九里有座庙，唤做皂角林大王庙。庙前有两株皂角树，多年结成皂角，无人敢动，蛀成末子。往时官府到任，未理公事，先去拈香。今日判县郎中不曾拈香。大王灵圣，一阵风吹皂角末到此。众人闻了皂角末，都打喷涕。"知县道："作怪！"即往大王庙烧香。到得庙前，离鞍下马。庙祝接到殿上，拈香拜毕。知县揭起帐幔，看神道怎生结束：

戴顶簇金蛾帽子，着百花战袍，系蓝田碧玉带，抹绿绣花靴。脸子
是一个骷髅，去骷髅眼里生出两只手来，左手提着方天戟，右手结印。

知县大惊，问庙官："春秋祭赛何物？"庙官覆知县："春间赛七岁花男，秋
间赛个女儿。都是地方敛钱，预先买贫户人家儿女。临祭时将来背剪在柱上，剖
腹取心，劝大王一杯。"知县大怒，教左右执下庙官，送狱勘罪："下官初授一
任，为民父母，岂可枉害人性命。"即时教从人打那泥神，点火把庙烧做白地。
一行人簇拥知县上马。只听得喝道："大王来！大王来！"问左右是甚大王。客
将覆告："是皂角林大王。"知县看时，红纱引道，闹装银鞍马，上坐着一个鬼
王，眼如漆丸，嘴尖数寸，妆束如庙中所见。知县叫取弓箭来，一箭射去。昏天
闭日，霹雳交加，射百道金光，大风起飞砂走石，不见了皂角林大王。人从扶策
知县归到县衙。明日依旧判断公事。众父老下状要与皂角林大王重修庙宇。知县
焦躁，把众父老赶出来。说这广州有数般瘴气：

> 欲说岭南景，闻知便大忧。
> 巨象成群走，巴蛇捉对游。
> 鸩鸟藏枯木，含沙隐渡头。
> 野猿啼叫处，惹起故乡愁。

赵知县自从烧了皂角林大王庙，更无些个事。在任治得路不拾遗，犬不夜吠，丰
稔年熟。

时光似箭，不觉三年。新官上任，赵知县带了人从归东京。在路行了几日，
离那广州新会县有二千余里，来到座馆驿，唤做峰头驿，知县入那馆驿安歇。仆
从唱了下宿喏。到明朝，天色已晓，赵知县开眼看时，衣服箱笼都不见。叫人从
时，没有人应。叫管驿子，也不应。知县披了被起来，开放阁门看时，不见一人
一骑。馆驿前后并没一人。荒忙出那馆驿门外，看时：

> 经年无客过，尽日有云收。

思量："从人都到哪里去了？莫是被强寇劫掠？"披着被，飞也似下那峰头
驿。行了数里，没一个人家。赵知县长叹一声，自思量道："休，休！生作湘江
岸上人，死作路途中之鬼。"远远地见一座草舍。知县道："惭愧！"行到草舍，
见一个老丈，便道："老丈拜揖，救赵再理性命则个！"那老儿见知县披着被，
便道："官人如何恁的打扮？"知县道："老丈，再理是广州新会县知县，来到这

峰头驿安歇。到晓，人从行李都不见。"老儿道："去不作怪！"也亏那老儿便交知县入来，取些旧衣服换了，安排酒饭请他。住了五六日，又措置盘费撺掇知县回东京去。知县谢了出门。

夜住晓行，不则一日，来到东京。归去那对门茶坊里，叫点茶婆婆："认得我？"婆婆道："官人失望。"赵再理道："我便是对门赵知县，归到峰头驿安歇，到晓起来，人从担仗都不见一个，罪过村间一老儿与我衣服盘费。不止一日，来到这里。"婆婆道："官人错了！对门赵知县归来两个月了。"赵再理道："先归的是假，我是真的。"婆婆道："那得有两个知县？"再理道："相烦婆婆叫我妈妈过来。"婆婆仔细看时，果然和先前归来的不差分毫。只得走过去，只见赵知县在家坐地。婆婆道了万福，却和外面一般的。入到里面，见了妈妈道："外面又有一个知县归来！"妈妈道："休要胡说！我只有一个儿子，那得有两个知县来！"婆婆道："且去看一看。"走到对门，赵再理道："妈妈认得儿？"妈妈道："汉子休胡说！我只有一个儿子，那得两个？"赵再理道："儿是真的。儿归到峰头驿，睡了一夜。到晓，人从行李都不见了。如此这般，来到这里。"看的人抈肩叠背，拥约不开，赵再理揪着娘不肯放。点茶的婆婆道："生知县时须有个瘢痕隐记。"妈妈道："生那儿时，脊背下有一搭红记。"脱下衣裳，果然有一搭红记。看的人发一声喊："先归的是假的！"

却说对门赵知县问门前为甚乱嚷。院子道："门前又一个知县归来。"赵知县道："甚人敢恁的无状！我已归来了，如何又一个赵知县？"出门，看的人都四散走开。知县道："妈妈，这汉是甚人，如何扯住我的娘无状！"娘道："我儿身上有红记，是真的。"赵知县也脱下衣裳。众人大喊一声，看那脊背上，也有一搭红记。众人道："作怪！"赵知县送赵再理去开封府。正直大尹升堂。那先回的赵知县，公然冠带入府，与大尹分宾而坐，谈是说非。大尹先自信了，反将赵再理喝骂，几番便要用刑拷打。赵再理理直气壮，不免将峰头驿安歇事情，高声抗辨。大尹再三不决，猛省思量：有告劄文凭是真的。"便问赵再理："你是真的，告劄文凭在哪里？"赵再理道："在峰头驿都不见了。"大尹台旨，教客将请假的赵知县来。太守问："判县郎中，可有告劄文字在何处？"知县道："有。"令人去妈妈处取来呈上。大尹叫："赵再理，你既是真的，如何官告文凭，却在他处？"再理道："告大尹，只因在峰头驿失去了。却问他几年及第？试官是兀谁？当年做甚题目？因何授得新会县知县？"大尹思量道："也是。"问那假的赵知县，一一对答，如赵再理所言，并无差误。大尹发决断不下。那假的赵知县归家，把金珠送与推欵司。自古"官不容针，私通车马"。推司接了假的知县金珠，开封府断配真的出境直到兖州奉符县。两个防送公人，带着衣包雨伞，押送上路。

不则一日，行了三四百里路。地名青岩山脚下，前后都没有人家。公人对赵再理道："官人，商量句话。你到牢城营里，也是担土挑水，作塌杀你，不如就这里寻个自尽。非甘我二人之罪，正是上命差遣，盖不由己。我两个去本地官司，讨得回文。你便早死，我们也得早早回京。"赵再理听说，叫苦连天："罢，罢！死去阴司，告状理会！"当时颤做一团，闭着眼等候棍子落下。

公人手里把着棍子，口里念道："善去阴司，好归地府！"恰才举棍要打，只听得背后有人大叫道："防送公人，不得下手！"吓得公人放下棍子，看时，见一个六七岁孩儿，裹着光纱帽，绿襕衫，玉束带，甜鞋净袜，来到目前。公人问："是谁？"说道："我非是人。"唬得两个公人，喏喏连声。便道："他是真的赵知县，却如何打杀他？我与你一笏银，好看承他到奉符县，若坏了他性命，教你两个都回去不得。"一阵风，不见了小儿。二人便对赵知县道："莫怪，不知道是真的！若得回东京，切莫题名。"迤逦来到奉符县牢城营，端公交割了，公人说上项事，端公便安排书院，请那赵知县教两个孩儿读书，不教他重难差役。然虽如此，坐过公堂的人，却教他做这勾当，好生愁闷，难过日子。

不觉捱了一年。时遇春初，往后花园闲步散闷，见花柳生芽，百禽鸣舞。思想为官一场，功名已付之度外，奈何骨肉分离，母子夫妻，俱不相认。不知前生作何罪业，受此恶报！糊口于此，终无出头之日，凄然堕下泪来。猛见一所池子，思量："不如就池里投水而死，早去阴司地府告理他。"叹了口气，觑着池里一跳。只听得有人叫道："不得投水！"回头看时，又见个光纱帽、绿襕衫、玉束带孩儿道："知县，婆婆教你三月三日上东峰东岳左廊下，见九子母娘娘，与你一件物事，上东京报仇。"赵知县拜谢道："尊神，如今在东京假赵某的是甚人？"孩儿道："是广州皂角林大王。"说罢，一阵风不见了。

巴不得到三月三日，辞了端公，往东峰东岱岳烧香。上得岳庙，望那左廊下，见九子母娘娘，拜祝再三。转出庙后，有人叫："赵知县！"回头看时，见一个孩儿，挽着三个角儿，棋子布背心，道："婆婆叫你！"随那小儿，行半里田地看时，金钉朱户，碧瓦雕梁，望见殿上坐着一个婆婆，眉分两道雪，髻挽一窝丝，有三四个孩儿，叫"恩人来了。"如何叫赵知县是恩人？他在广州做知县时，一年便救了两个小厮，三年便救几人性命，因此叫作恩人。知县在阶下拜求。婆婆便请知县上殿来："且坐，安排酒来！"数杯酒后，婆婆道："见今在东京夺你家室的，是皂角林大王。官司如何断决得？我念你有救童男童女之功，却用救你。"便叫第三个孩儿："你取将那件物事！"孩儿手里托着黄帕，包着一个盒儿。婆婆去头上拔一只金钗，吩咐知县道："你去那山脚下，一所大池边头一株大树，把金钗去那树上敲三敲，那水面上定有夜叉出来。你说是九子母娘娘差来，便带你到龙宫海藏取一件物事在盒子内，便可往东京坏那皂角林大王。"知县拜谢婆婆，便下东峰东岱岳来。

到山脚下，寻见池子边大树，用金钗去敲三敲。一阵风起，只见水面上一个夜叉出来，问："是甚人？"便道："奉九子母娘娘命，来见龙君。"夜叉便入去。不多时，复出来，叫知县闭目，只听得风雨之声。夜叉叫开眼，看时：

蔼蔼祥云笼殿宇，依依薄雾罩回廊。

夜叉教知县把那盒子来。知县便解开黄袱，把那盒子与夜叉。夜叉揭开盒盖，去那殿角头叫恶物过来。只见一件东西，似龙无角，似虎有鳞，入于盒内。把盒盖定，把黄袱包子，付与知县牢收，直到东京去坏皂角林大王。夜叉依旧教他闭目，引出水中。

知县离了东峰东岱岳，到奉符县，一路上自思量："要去问牢城营端公还是不去好？我是配来的罪人，定不肯放我去，留住便坏了我的事，不如一径取路。"过了奉符县，趁金水银堤汴河船，直到东京开封府前，大声叫屈："我是真的赵知县，却配我到兖州奉符县。如今占住我浑家的不是人，是广州新会县皂角林大王！"众人都拥将来看，便有做公的捉入府来，驱到厅前阶下。大尹问道："配去的罪人，辄敢道我打断不明！"赵知县告大尹："再理授得广州新会县知县，第一日打断公事，忽然打一个喷涕，厅上厅下人都打喷涕。客将禀报：'离县九里有座皂角林大王庙，庙前有两株皂角树，多年蛀成末，无人敢动。判县郎中不曾拈香，所以大王显灵，吹皂角末来打喷涕。'再理即时备马往庙拈香，见神道形容怪异，眼里伸出两只手来。问庙祝春秋祭赛何物，覆道：'春赛祭七岁花男，秋赛祭一童女，背绑那将军柱上，剖腹取心供养。'再理即时将庙官送狱究罪，焚烧了庙宇神像。回来路上，又见喝：'大王来！'红纱照道。再理又射了一箭，次后无事。捻指三年任满，到半路馆驿安歇。到天明起来，三十余人从者不见一人。上至头巾，下至衣服，并不见，只得披着被走乡中。亏一个老儿赠我衣服盘费，得到东京。不想大尹将再理断配去奉符县。因上东峰东岱岳，遇九子母娘娘，得其一物，在盒子中，能坏得皂角林大王，若请那假知县来，坏他不得，甘罪无辞。"大尹道："你且开盒子先看一看，是甚物件。"再理告大尹："看不得。揭开后，坏人性命。"

大尹教押过一边，即时请将假知县来，到厅坐下。大尹道："有人在此告判县郎中非人，乃是广州新会县皂角林大王。"假知县听说，面皮通红，问："是谁说的？"大尹道："那真赵知县上东峰东岱岳，遇九子母娘娘所说。"知县大惊，仓皇欲走。那真的赵知县在阶下，也不等大尹台旨，解开黄袱，揭开盒子，只见风雨便下，伸手不见掌。须臾，云散风定，就厅上不见了假的知县。大尹唬

得战做一团。只得将此事奏知道君皇帝，降了三个圣旨：第一，开封府问官追官勒停；第二，赵知县认了母子，仍旧补官；第三，广州一境不许供养神道。

赵知县到家，母亲、妻子号淘大哭，"怎知我儿却是真的！"那三十余人从问时，覆道："驿中五更前后，教备马起行，怎知是假的！"众人都来贺喜。问盒中是何物，便坏得皂角林大王。赵知县道："下官亦不认得是何物。若不是九子母娘娘，满门被这皂角林大王所坏，须往东峰东岱岳烧香拜谢则个。"即便拣日，带了妈妈、浑家、仆从，上汴河船，直到兖州奉符县，谢了端公。那端公晓得是真赵知县，寿承不迭。

住了三两日，上东峰东岱岳来。得庙门，径来左廊下谢那九子母娘娘。烧罢香，拜谢出门。妈妈和浑家先下山去。赵知县带两个仆人往山后闲行。见怪石上坐一个婆婆，颜如莹玉，叫一声"赵再理，你好喜也！"赵知县上前认时，便是九子母娘娘。赵知县即时拜谢。娘娘道："早来祈祷之事，吾已都知。盒子中物，乃是东峰东岱岳一个狐狸精。皂角林大王，乃是阴鼠精。非狸不能捕鼠。知县不妨到御前奏上，宣扬道办。"道罢，一阵风不见了。赵知县骇然大惊，下山来对妈妈、浑家说知，感谢不尽。直到东京，奏知道君皇帝。此时道教方当盛行，降一道圣旨，逢州遇县，都盖九子母娘娘神庙。至今庙宇犹有存者。诗云：

世情宜假不宜真，信假疑真害正人。
若是世人能辨假，真人不用诉明神。

第三十七卷

万秀娘仇报山亭儿

春浓花艳佳人胆，月黑风高壮士心。
讲论只凭三寸舌，秤评天下浅和深。

话说山东襄阳府，唐时唤做山南东道。这襄阳府城中，一个员外，姓万，人叫作万员外。这个员外，排行第三，人叫作万三官人。在襄阳府市心里住，一壁开着干茶铺，一壁开着茶坊。家里一个茶博士，姓陶，小名叫作铁僧，自从小时绾着角儿，便在万员外家中掉盏子，养得长成二十余岁，是个家生孩儿。当日茶市罢，万员外在布帘底下，张见陶铁僧这厮，栾四五十见钱在手里。万员外道："且看如何？"元来茶博士市语，唤做"走州府"，且如道市语说："今日走到余杭县"，这钱，一日只稍得四十五钱，余杭是四十五里；若说一声"走到平江府"，早一日稍三百六十足。若还信脚走到"西川成都府"，一日却是多少里田地！万员外望见了，且道："看这斯如何？"只见陶铁僧栾了四五十钱，鹰觑鹘望，看布帘里面，约莫没人见，把那见钱怀中便撅。

万员外慢腾腾地掀开布帘出来，柜身里凳子上坐地，见陶铁僧舒手去怀里摸一摸，唤做"自搜"，腰间解下衣带，取下布袱，两只手提住布袱角，向空一抖，拍着肚皮和腰，意思间分说，教万员外看道，我不曾偷你钱。万员外叫过陶铁僧来问道："方才我见你栾四五十钱在手里，望这布帘里一望了，便撅了，你实对我说，钱却不计厉害。见你解了布袋，空中抖一抖，真个瞒得我好！你这钱藏在哪里？说与我，我到饶你；若不说，送你去官司。"陶铁僧叉大姆指不离方寸地道："告员外，实不敢相瞒，是有四五十钱，安在一个去处。"那厮指道："安在挂着底浪荡灯铁片儿上。"万员外把凳子站起脚上去，果然是一垛儿，安着四五十钱。万员外复身再来凳上坐地，叫这陶铁僧来问道："你在我家里几年？"陶铁僧道："从小里，随先老底便在员外宅里掉茶盏抹托子。自从老底死后，罪过员外收留，养得大，却也有十四五年。"万员外道："你一日只做偷我

五十钱，十日五百，一个月一贯五百，一年十八贯，十五来年，你偷了我二百七十贯钱。如今不欲送你去官司，你且闲休！"当下发遣了陶铁僧。这陶铁僧辞了万员外，收拾了被包，离了万员外茶坊里。

这陶铁僧小后生家，寻常和啰槌不曾收拾得一个，包裹里有得些个钱物，没十日都使尽了。又被万员外吩咐尽一襄阳府开茶坊底行院。这陶铁僧没经纪，无讨饭吃处。当时正是秋间天色，古人有一首诗道：

柄柄芰荷枯，叶叶梧桐坠。
细雨洒霏微，催促寒天气。
蛩吟败草根，雁落平沙地。
不是路途人，怎知这滋味？

一阵价起底是秋风，一阵价下底是秋雨。陶铁僧当初只道是除了万员外不要得我别外也有经纪处；却不知吃这万员外都吩咐了行院，没讨饭吃处。那厮身上两件衣裳，生绢底衣服，渐渐底都曹破了，黄草衣裳，渐渐底卷将来。曾记得建康府中二官人有一词儿，名唤做《鹧鸪天》：

黄草秋深最不宜，肩穿袖破使人悲。领单色旧裰先卷，怎奈金风早晚吹。　才挂体，皱双眉。出门羞赧见相知。邻家女子低声问，觅与奴糊隔帛儿。

陶铁僧看着身上黄草布衫，卷将来，风飕飕地起，便再来周行老家中来，心下自道："万员外忒忘地毒害！便做我拿了你三五十钱，你只不使我便了，'那个猫儿不偷食'，直吩咐尽一襄阳府开茶坊底教不使我，致令我而今没讨饭吃处。这一秋一冬，却是怎地计结？做什么是得？"正忘地思量，则见一个男女来行老家中道："行老，我问你借一条匾担。"那周行老便问道："你借匾担做什么？"那个哥哥道："万三员外女儿万秀娘，死了夫婿，今日归来，我问你借匾担去挑笼仗则个。"陶铁僧自道："我若还不被赶了，今日我定是同去搬担，也有百十钱撰。"当时越思量越烦恼,转恨这万员外。陶铁僧道:"我如今且出城去,看这万员外女儿归,怕路上见他,告这小娘子则个,怕劝得他爹爹,再去求得这经纪也好。"陶铁僧拽开脚出这门去,相次到五里头,独自行。身上又不齐不整,一步懒了一步。正怎地行,只听得后面一个人叫道:"铁僧,我叫你。"回头看那叫底人时,却是:

　　人材凛凛,掀翻地轴鬼魔王;容貌堂堂,撼动天关夜叉将。

　　陶铁僧唱喏道:"大官人叫铁僧做什么?"大官人道:"我几遍在你茶坊里吃茶,都不见你。"铁僧道:"上复大官人,这万员外不近道理,赶了铁僧多日。则怎地赶了铁僧,兀自来厉害,如今直吩咐一襄阳府开茶坊行院,教不得与铁僧经纪。大官人,看铁僧身上衣裳都破了,一阵秋风起,饭也不知在何处吃?不是今秋饿死,定是今冬冻死。"那大官人问道:"你如今却哪里去?"铁僧道:"今日听得说,万员外底女儿万秀娘死了夫婿,带着一个房卧,也有数万贯钱物,到晚归来,欲待拦住万小娘子,告他则个。"大官人听得道是:

　　入山擒虎易,开口告人难。

　　大官人说:"大丈夫,靠他做什么?把似告他,何似自告。"自便把指头指一个去处,叫铁僧道:"这里不是说话处,随我来。"
　　两个离了五里头大路,入这小路上来。见一个小小地庄舍,寂静去处。这座庄:

　　前临剪径道,背靠杀人冈。远看黑气冷森森,近视令人心胆丧。料
　　应不是孟尝家,只会杀人并放火。

　　大官人见庄门闭着,不去敲那门,就地上捉一块砖儿,撇放屋上。顷刻之间,听得里面掣拴抽擐,开放门,一个大汉出来,看这个人,兜腮卷口,面上刺着六个大字。这汉不知怎地,人都叫他做"大字焦吉"。出来与大官人厮叫了,指着陶铁僧问道:"这个是甚人?"大官人道:"他今日看得外婆家报与我,是好一拳买卖。"三个都入来大字焦吉家中。大官人腰里把些碎银子,教焦吉买些酒和肉来共吃。陶铁僧吃了,便去打听消息,回来报说道:"好教大官人得知,如今笼仗什物,有二十来担,都搬入城去了。只有万员外的女儿万秀娘,与他万小员外,一个当直,唤做周吉,一担细软头面金银钱物笼子,共三个人,两匹马,

到黄昏前后，到这五里头，要赶门入去。"大官人听得说，三人把三条朴刀，叫："铁僧，随我来！"去五里头林子前等候。

果是黄昏左右，万小员外，和那万秀娘，当直周吉，两个使马的，共五个人，待要入城去。行到五里头，见一所林子，但见：

> 远观似突兀云头，近看似倒悬雨脚。
> 影摇千尺龙蛇动，声撼半天风雨寒。

那五个人方才到林子前，只听得林子内大喊一声，叫道："紫金山三百个好汉，且未消出来，恐怕唬了小员外共小娘子！"三条好汉，三条朴刀，唬得五个人顶门上荡了三魂，脚板下走了七魄。两个使马的都走了，只留下万秀娘、万小员外、当直周吉三人。大汉道："不坏你性命，只多留下买路钱！"万小员外教周吉把与他。周吉取一锭二十五两银子把与这大汉。那焦吉见了道："这厮，却不叵耐你！我们却只直你一锭银子！"拿起手中朴刀，看着周吉，要下手了。那万小员外和万秀娘道："如壮士要时，都把去不妨。"大字焦吉担着笼子，却待入这林子去，只听得万小员外叫一声道："铁僧，却是你来劫我！"唬得焦吉放了担子道："却不厉害！若放他们去，明日襄阳府下状，捉铁僧一个去，我两个怎地计结？"都赶来看着小员外，手起刀举，道声："着！"看小员外时：

> 身如柳絮飘扬，命似藕丝将断。

大字焦吉一下朴刀杀了小员外，和那当直周吉，拖这两个死尸入林子里面去，担了笼仗。陶铁僧牵了小员外底马，大官人牵了万秀娘底马。万秀娘道："告壮士，饶我性命则个！"当夜都来焦吉庄上来。连夜敲开酒店门，买些个酒，买些个食，吃了。打开笼仗里金银细软头面物事，做三分：陶铁僧分了一分，焦吉分了一分，大官人也分了一分。这大官人道："物事都分了，万秀娘却是我要，待把来做个札寨夫人。"当下只留这万秀娘在焦吉庄上。万秀娘离不得是把个甜言美语，啜持过来。

在焦吉庄上不则一日，这大官人无过是出路时抢金劫银，在家时饮酒食肉。一日大醉，正是：

> 三杯竹叶穿心过，两朵桃花脸上来。

万秀娘问道："你今日也说大官人，明日也说大官人，你如今必竟是我地丈

图文珍藏版

夫。犬马尚分毛色，为人岂无姓名？敢问大官人，姓甚名谁？"大官人乘着酒兴，就身上指出一件物事来道："是，我是襄阳府上一个好汉，不认得时，我说与你道，教你：

顶门上走了三魂，脚板下荡散七魄。"

掀起两只腿上间朱刺着底文字，道："这个便是我姓名，我便唤做十条龙苗忠，我却说与你。"原来是：

壁间犹有耳，窗外岂无人？

大字焦吉在窗子外面听得，说道："你看我哥哥苗大官人，却没事，说与他姓名做什么？"走入来道："哥哥，你只好推了这牛子休！"元来强人市语，唤杀人做"推牛子"，焦吉便要教这十条龙苗忠杀了万秀娘，唤做：

斩草除根，萌芽不发；斩草若不除根，春至萌芽再发。

苗忠哪里肯听焦吉说，便向焦吉道："钱物平分，我只有这一件偏倍得你们些子，你却恁地吃不得，要来害他。我也不过只要他做个压寨夫人，又且何妨！"焦吉道："异日却为这妇女变做个厉害，却又不坏了我！"忽一日，等得苗忠转脚出门去，焦吉道："我几回说与我这哥哥，教他推了这牛子，左右不肯。把似你今日不肯，明日又不肯，不如我与你下手，推了这牛子，免致后患。"那焦吉怀里和鞘掇着一把尖长靶短、背厚刃薄八字尖刀，走入那房里来。万秀娘正在房里坐地。只见焦吉掣那尖刀执在手中，左手揪住万秀娘，右手提起那刀，方欲下手。只见一个人从后面把他腕子一捉，捉住焦吉道："你却真个要来坏他，也不看我面。"焦吉回头看时，便是十条龙苗忠。那苗忠道："只消叫他离了你这庄里便了，何须只管要坏他？"当时焦吉见他恁地说，放下了。当日天色晚了。

红轮西坠，玉兔东生。佳人秉烛归房，江上渔翁罢钓。萤火点开青

草面，蟾光穿破碧云头。

到一更前后，苗忠道："小娘子，这里不是安顿你去处，你须见他们行坐时，只要坏你。"万秀娘道："大官人，你如今怎地好？"苗忠道："容易事。"便背了万秀娘，夜里走了一夜，天色渐渐晓，到一所庄院。苗忠放那万秀娘在地上，敲那庄门。里面应道："便来。"不移时，一个庄客来。苗忠道："报与庄主，说道苗大官人在门前。"庄客人去报了庄主。那庄中一个官人出来，怎地打扮？且看那官人：

> 背系带砖项头巾，着斗花青罗褙子，腰系袜头档裤，脚穿时样丝鞋。

两个相揖罢，将这万秀娘同来草堂上，三人分宾主坐定，苗忠道："相烦哥哥，甚不合寄这个人在庄上则个。"官人道："留在此间不妨。"苗忠向那人同吃了几碗酒，吃些个早饭，苗忠掉了自去。那官人请那万秀娘来书院里，说与万秀娘道："你更知得一事么？十条龙苗大官人，把你卖在我家中了。"万秀娘听得道，簌簌地两行泪下。有一首《鹧鸪天》，道是：

> 碎似真珠颗颗停，清如秋露脸边倾。洒时点尽湘江竹，感处曾摧数里城。　　思薄幸，忆多情，玉纤弹处暗销魂。有时看了鲛绡上，无限新痕压旧痕。

万秀娘哭了，口中不说，心下寻思道："苗忠底贼！你劫了我钱物，杀了我哥哥，又杀了当直周吉，奸骗了我身己，划地把我来卖了，教我如何活得！"

则好过了数日。当夜，天昏地惨，月色无光。各自都去睡了。万秀娘移步出那脚子门，来后花园里，仰面观天祷祝道："我这爹爹万员外，想是你寻常不近道理，而今教我受这折罚，有今日之事。苗忠底贼！你劫了我钱物，杀了我哥哥，杀了我当直周吉，骗了我身己，又将我我卖在这里！"就身上解下抹胸，看着一株大桑树上，掉将过去道："哥哥员外阴灵不远，当直周吉，你们在鬼门关下相等。我生为襄阳府人，死为襄阳府鬼！"

欲待把那颈项伸在抹胸里自吊，忽然黑地里隐隐见假山子背后一个大汉，手里把着一条朴刀，走出来，指着万秀娘道："不得做声，我都听得你说地话。你如今休寻死处，我救你出去，不知如何？"万秀娘道："恁地时可知道好。敢问壮士姓氏？"那大汉道："我姓尹名宗，我家中有八十岁的老母，我寻常孝顺，人都叫作孝义尹宗。当初来这里，指望偷些个物事，卖来养这八十岁地老娘，今日却限撞着你。也是'路见不平，拔刀相助'，救你出去，却无他事，不得慌。"把这万秀娘一肩肩到园墙根底，用力打一耸，万秀娘骑着墙头。尹宗把朴刀一点，跳过墙去，接这万秀娘下去，一背背了。方才待行，则见黑地里，把一条笔头枪看得清，喝声道："着！"向尹宗前心便擢将来，扢折地一声响，这汉是园墙外面巡逻的，见一个大汉，把条朴刀，跳过墙来，背着一个妇女，一笔头枪擢将来。黑地里尹宗侧身躲过，一枪擢在墙上，正摇索那枪头不出。尹宗背了万秀娘，提着朴刀，拽开脚步便走。

相次走到尹宗家中，尹宗在路上说与万秀娘道："我娘却是怕人，不容物，你到我家中，实把这件事说与我娘道。"万秀娘听得道："好。"巴得到家中，尹宗的娘听得道："儿子归来。"那婆婆开放门，便着手来接这儿子，将为道儿子背上偷得甚地物事了喜欢，则见儿子背着一个妇女。婆婆不问事由，拿起一条柱杖，看着尹宗落夹背便打，也打了三四柱杖，道："我教你去偷些个物事来养我老，你却没事，背这妇女归来则甚？"那尹宗吃了三四柱杖，未敢说与娘道。万秀娘见那婆婆打了儿子，肚里便怕。尹宗却放下万秀娘，教他参拜了婆婆，把那前面话，对着婆婆说了一遍；道谢尹宗："救妾性命。"婆婆道："何不早说？"尹宗便问娘道："我如今送他归去，不知如何？"婆婆问道："你而今怎地送他归去？"尹宗道："路上一似姊妹，解房时便说是哥哥妹妹。"婆婆道："且待我来教你。"即时走入房里，去取出一件物事。婆婆提出一领千补百衲旧红衲背心，披在万秀娘身上，指了尹宗道："你见我这件衲背心，便似见娘一般，路上切不得胡乱生事，淫污这妇女。"万秀娘辞了婆婆。尹宗脊背上背着万秀娘，迤逦取路，待要奔这襄阳府路上来。

当日天色晚，见一所客店，姊妹两人解了房，讨些饭吃了。万秀娘在客店内床上睡，尹宗在床面前打铺。夜至三更前后，万秀娘在那床上睡不着，肚里思量道："荷得尹宗救我，便是我重生父母，再长爷娘一般。只好嫁与他，共做个夫妻谢他。"万秀娘移步下床，款款地摇觉尹宗道："哥哥，有三二句话，与哥哥说。妾荷得哥哥相救，别无答谢，有少事拜复，示知尊意如何？"尹宗见说，拿起朴刀在手，道："你不可胡乱。"万秀娘心里道："我若到家中，正嫁与他。尹宗定不肯胡乱做些个。"得这尹宗却是大孝之人，依娘言语，不肯胡行。万秀娘见他焦躁，便转了话道："哥哥，若到襄阳府，怕你不须见我爹爹、妈妈。"尹宗道："只是怎地时不妨。来日到襄阳府城中，我自回，你自归去。"到得来日，尹宗背着万秀娘走，相将到襄阳府，则有得五七里田地。正是：

遥望楼头城不远，顺风听得管弦声。

看看望见襄阳府，平白地下一阵雨：

> 云生东北，雾涌西南。须臾倒瓮倾盆，顷刻悬河注海。

这阵雨下了不住，却又没处躲避。尹宗背着万秀娘，落路来见一个庄舍，要去这庄里躲雨。只因来这庄里，教两个变做：

> 青云有路，翻为苦楚之人；白骨无坟，变作失乡之鬼。

这尹宗分明是推着一车子没兴骨头，入那千万丈琉璃井里。这庄却是大字焦吉家里。万秀娘见了焦吉那庄，目睁口痴，罔知所措，焦吉见了万秀娘，又不敢问，正怎地踌蹰。则见一个人吃得八分来醉，提着一条朴刀，从外来。万秀娘道："哥哥，兀底便是劫了我底十条龙苗忠！"尹宗听得道，提手中朴刀，奔那苗忠。当时苗忠一条朴刀，来迎这尹宗。元来有三件事奈何尹宗不得：第一，是苗忠醉了；第二，是苗忠没心，尹宗有心；第三，是苗忠是贼人心虚。苗忠自知奈何尹宗不得，提着朴刀便走。尹宗把一条朴刀赶将来，走了一里田地，苗忠却遇着一堵墙，跳将过去。尹宗只顾赶将来，不知大字焦吉也把一条朴刀，却在后面，把那尹宗坏了性命。果谓是：

> 螳螂正是遭黄雀，岂解堤防挟弹人。

那尹宗一个，怎抵当得两人？不多时，前面焦吉，后面苗忠，两个回来。苗忠放下手里朴刀，右手换一把尖长靶短、背厚刃薄八字尖刀，右手撧住万秀娘胸前衣裳，骂道："你这个贱人。却不是叵耐你，几乎教我吃这大汉坏了性命，你且吃我几刀！"正是：

> 故将挫玉摧花手，来折江梅第一枝。

那万秀娘见苗忠刀举，生一个急计，一只手托住苗忠腕子道："且住！你好没见识，你情知道我又不识这个大汉姓甚名谁，又不知道他是何等样人？不问事由，背着我去，恰好走到这里，我便认得这里是焦吉庄上，故意叫他行这路，特地来寻你。如今你倒坏了我，却不是错了！"苗忠道："你也说得是。"把那刀来入了鞘，却来啜醋万秀娘道："我争些个错坏了你！"正怎地说，则见万秀娘左手揪住苗忠，右手打一个漏风掌，打得苗忠耳门上似起一个霹雳。那苗忠：

> 睁开眉下眼，咬碎口中牙。

那苗忠怒起来，却见万秀娘说道："苗忠底贼，我家中有八十岁地老娘，你共焦吉坏了我性命，你也好休！"道罢，僻然倒地。苗忠方省得是这尹宗附体在秀娘身上，即时扶起来，救得苏醒，当下却没甚话说。

却说这万员外，打听得儿子万小员外和那当直周吉，被人杀了，两个死尸在城外五里头林子，更劫了一万余贯家财，万秀娘不知下落。去襄阳府城里下状，出一千贯赏钱，捉杀人劫贼，哪里便捉得，万员外自备一千贯，过了几个月，没捉人处。州府赏钱，和万员外赏钱，共添做三千贯，明示榜文，要捉这贼，则是没捉处。

当日，万员外邻舍，一个公公，七十余岁，养得一个儿子，小名叫作合哥。大伯道："合哥，你只管躲懒，没个长进，今日也好去上行些个'山亭儿'来卖。"合哥挑着两个土袋，撅着二三百钱，来焦吉庄里，问焦吉上行些个"山亭儿"，拣几个物事。唤做：

> 山亭儿，庵儿，宝塔儿；
> 石桥儿，屏风儿，人物儿。

买了几件了。合哥道："更把几件好样式底'山亭儿'卖与我。"大宇焦吉道："你自去屋角头窗子外面，自拣几个。"

当时合哥移步来窗子外面，正在那里拣"山亭儿"，则听得窗子里面一个人，低低地叫道："合哥！"那合哥听得道："这人好似万员外地女儿声音。"合哥道："谁叫我？"应声道："是万秀娘叫。"那合哥道："小娘子，你如何在这里？"万秀娘说："一言难尽，我被陶铁僧领他们劫我在这里，相烦你归去，说与我爹爹妈妈，教去下状，差人来捉这大宇焦吉、十条龙苗忠，和那陶铁僧。如今与你一个执照归去。"就身上解下一个刺绣香囊，从那窗窟笼子掉出，自入去。合哥接得，贴腰撅着，还了焦吉"山亭儿"钱，挑着担子便行。焦吉道："你这厮在窗子边，和什么人说话？"唬得合哥一似：

> 分开八片顶阳骨，倾下半桶冰雪水。

合哥放下"山亭儿"担子，看着焦吉道："你见什么，便说我和兀谁说话？"

焦吉探那窗子里面，真个没谁。担起担子便走，一向不歇脚，直入城来，把一担"山亭儿"，和担一时尽都把来倾在河里，掉臂挥拳归来。

爷见他空手归来，问道："'山亭儿'在哪里？"合哥应道："倾在河里了。"问道："担子呢？"应道："揰在河里。""匾担呢？"应道："揰在河里。"大伯焦躁起来道："打杀这厮！你是甚意思？"合哥道："三千贯赏钱，劈面地来！"大伯道："是如何？"合哥道："我见万员外女儿万秀娘，在一个去处。"大伯道："你不得胡说！他在哪里？"合哥就怀里取出那刺绣香囊，教把看了，同去万员外家里。万员外见说，看了香囊，叫出他这妈妈来，看见了刺绣香囊，认得真个是秀娘手迹，举家都哭起来。万员外道："且未消得哭。"即时同合哥来州里下状。

官司见说，即特差士兵二十余人，各人尽带着器械，前去缉捕这场公事。当时叫这合哥引着一行人，取苗忠庄上去，即时就公厅上责了限状，唱罢喏，迤逦登程而去。真个是：

> 个个威雄似虎，人人猛烈如龙，雨具麻鞋，行缠搭膊。手中杖牛头铛，拨互叉，鼠尾刀，画皮弓，柳叶箭。在路上饥食渴饮，夜住晓行。才过杏花村，又经芳草渡。好似皂雕追紫燕，浑如饿虎赶黄羊。

其时合哥儿一行，到得苗忠庄上，吩咐教众缉捕人："且休来，待我先去探问。"多时不见合哥儿回来，那众人商议道："想必是那苗忠知得这事，将身躲了。"合哥回来，与众人低低道："作一计引他，他便出来。"离不得到那苗忠庄前庄后，打一观看，不见踪由。众做公底人道："是那苗忠每常间见这合哥儿来家中，如父母看待，这番却是如何？"别商量一计，先教差一人去，用火烧了那苗忠庄，便知苗忠躲在那里。苗忠一见士兵烧起那庄子，便提着一条朴刀，向西便走。做公底一发赶来，正是：

> 有似皂雕追困雁，浑如雪鹘打寒鸠。

那十条龙苗忠慌忙走去，到一个林子前，苗忠入这林子内去方才起得十余步，则见一个大汉，浑身血污，手里搦着一条朴刀，在林子里等他，便是那吃他坏了性命底孝义尹宗在这里相遇。所谓是：

> 劝君莫要作冤仇，狭路相逢难躲避。

苗忠认得尹宗了，欲待行，被他拦住路，正恁地进退不得，后面做公底赶上，将一条绳子，缚了苗忠，并大字焦吉、茶博士陶铁僧。解在襄阳府来，押下司理院，绷爬吊拷，一一勘正，三人各自招伏了。同日将大字焦吉、十条龙苗忠、茶博士陶铁僧，押赴市曹，照条处斩。合哥便请了那三千贯赏钱。万员外要报答孝义尹宗，差人迎他母亲到家奉养。又去官中下状用钱，就襄阳府城外五里头，为这尹宗起立一座庙宇。直到如今，襄阳府城外五头孝义庙，便是这尹宗底，至今古迹尚存，香烟不断。话名只唤做《山亭儿》，亦名《十条龙陶铁僧孝义尹宗事迹》。后人评得好：

> 万员外刻深招祸，陶铁僧穷极行凶。
> 生报仇秀娘坚忍，死为神孝义尹宗。

第三十八卷

蒋淑真刎颈鸳鸯会

眼意心期卒未休，暗中终拟约登楼。

光阴负我难相偶，情绪牵人不自由。

遥夜定怜香蔽膝，闷时应弄玉搔头。

樱桃花谢梨花发，肠断青春两处愁。

右诗单说着"情色"二字，此二字，乃一体一用也。故色绚于目，情感于心，情色相生，心目相视。虽亘古迄今，仁人君子，弗能忘之。晋人有云："情之所钟，正在我辈。"慧远曰："情色觉如磁石，遇针不觉合为一处。无情之物尚尔，何况我终日在情里做活计耶？"如今只管说这"情色"二字则甚？且说个临淮武公业，于咸通中，任河南府功曹参军。爱妾曰非烟，姓步氏，容止纤丽，弱不胜绮罗，善秦声，好诗弄笔。公业甚嬖之。比邻乃天水赵氏第也，亦衣缨之族。其子赵象，端秀有文学。忽一日于南垣隙中，窥见非烟，而神气俱丧，废食思之。遂厚赂公业之阍人，以情相告。阍有难色。后为赂所动，令妻伺非烟闲处，具言象意。非烟闻之，但含笑而不答。阍媪尽以语象。象发狂心荡，不知所如。乃取薛涛笺，题一绝于上。诗曰：

绿暗红稀起暝烟，独将幽恨小庭前。

沉沉良夜与谁语？星隔银河月半天。

写讫，密缄之，祈阍媪达于非烟。非烟读毕，吁嗟良久，向媪而言曰："我亦曾窥见赵郎，大好才貌，今生薄福，不得当之。尝嫌武生粗悍，非青云器也。"乃复酬篇，写于金凤笺。诗曰：

画檐春燕须知宿，兰浦双鸳肯独飞。

长恨桃源诸女伴，等闲花里送郎归。

封付阍媪，令遗象。象启缄，喜曰："吾事谐矣！"但静坐焚香，时时虔祷以候。越数日，将夕，阍媪促步而至，笑且拜曰："赵郎愿见神仙否？"象惊，连问之。传非烟语曰："功曹今夜府直，可谓良时。妾家后庭，即君之前垣也。若不渝约好，专望来仪，方可候晤。"语罢，既曛黑，象乘梯而登。非烟已置重榻于下。既下，见非烟艳妆盛服，迎入室中，相携就寝，尽缱绻之意焉。及晓，象执非烟手曰："接倾城之貌，挹希世之人。已担幽明，永奉欢狎。"言讫，潜归。兹后不盈旬日，常得一期于后庭矣。展幽彻之恩，馨宿昔之情，以为鬼鸟不知，人神相助。如是者周岁。

无何，非烟数以细故挝其女奴，奴衔之，乘间尽以告公业。公业曰："汝慎勿扬声，我当自察之！"后至堂直日，乃密陈状请假。迨夜，如常入直，遂潜夫伏里门。俟暮鼓既作，蹑足而回，循墙至后庭。见非烟方倚户微吟，象则据垣斜睇。公业不胜其忿，挺前欲擒象。象觉跳出。公业持之，得其半襦。乃入室，呼非烟诘之。非烟色动，不以实告。公业愈怒，缚之大柱，鞭挝血流。非烟但云："生则相亲，死亦无恨！"遂饮杯水而绝。象乃变服易名，远窜于江湖间，稍避其锋焉，可怜雨散云消，花残月缺。且如赵象知机识务，离脱虎口，免遭毒手，可谓善悔过者也。

于今又有个不识窍的小二哥，也与个妇人私通，日日贪欢，朝朝迷恋，后惹出一场祸来，尸横刀下，命赴阴间；致母不得侍，妻不得顾，子号寒于严冬，女啼饥于永昼。静而思之，着何来由！况这妇人不害了你一条性命了？真个：

> 蛾眉本是婵娟刃，杀尽风流世上人。

说话的，你道这妇人住居何处？姓甚名谁？元来是浙江杭州府武林门外落乡村中，一个姓蒋的生的女儿，小字淑真。生得甚是标致，脸衬桃花，比桃花不红不白；眉分柳叶，如柳叶犹细犹弯。自小聪明，从来机巧，善描龙而刺凤，能剪雪以裁云。心中只是好些风月，又饮得几杯酒。年已及笄，父母议亲，东也不成，西也不就。每兴凿穴之私，常感伤春之病。自恨芳年不偶，郁郁不乐。垂帘不卷，羞杀紫燕双飞；离阁慵凭，厌听黄莺并语。未知此女几时得偶素愿？因成商调《醋葫芦》小令十篇，系于事后，少述斯女始末之情。奉劳歌伴，先听格律，后听芜词：

湛秋波两剪明，露金莲三寸小。弄春风杨柳细身腰，比红儿态度应更娇。他生得诸般齐妙，纵司空见惯也魂消！

况这蒋家女儿，如此容貌，如此伶俐，缘何豪门巨族，王孙公子，文士富商，不行求聘？却这女儿心性有些跷蹊，描眉画眼，傅粉施朱。梳个纵髻头儿，着件叩身衫子，做张做势，乔模乔样。或倚槛凝神，或临街献笑，因此闾里皆鄙之。所以迁延岁月，顿失光阴，不觉二十余岁。

隔邻有一儿子，名叫阿巧，未曾出幼，常来女家嬉戏。不料此女已动不正之心有日矣。况阿巧不甚长成，父母不以为怪，遂得通家往来无间。一日，女父母他适，阿巧偶来，其女相诱入室，强合焉。忽闻扣户声急，阿巧惊遁而去。女父母至家亦不知也。且此女欲心如炽，久渴此事，自从情窦一开，不能自已。阿巧回家，惊气冲心而殒。女闻其死，哀痛弥极，但不敢形诸颜颊。奉劳歌伴，再和前声：

锁修眉恨尚存，痛知心人已亡。霎时间云雨散巫阳，自别来几日行坐想。空撇下一天情况，则除是梦里见才郎。

这女儿自因阿巧死后，心中好生不快活，自思量道："皆由我之过，送了他青春一命。"日逐踱踱不下，倏尔又是一个月来。女儿晨起梳妆，父母偶然视听，其女颜色精神，语言恍惚，老儿因谓妈妈曰："莫非淑真做出来了？"殊不知其女春色飘零，蝶粉蜂黄都退了；韶华狼藉，花心柳眼已开残。妈妈老儿互相埋怨了一会，只怕亲戚耻笑："常言道：'女大不中留。'留在家中，却如私盐包儿，脱手方可。不然，直待事发，弄出丑来，不好看。"那妈妈和老儿说罢，央王嫂嫂作媒："将高就低，添长补短，发落了罢。"

一日，王嫂嫂来说，嫁与近村李二郎为妻。且李二郎是个农庄之人，又四十多岁，只图美貌，不计其他。过门之后，两个颇说得着。瞬息间十有余年，李二郎被他彻夜盘弄，衰惫了。年将五十之上，此心已灰。奈何此妇正在妙龄，酷好不厌，仍与夫家西宾有事。李二郎一见，病发身故。这妇人眼见断送两人性命了。奉劳歌伴，再和前声：

> 结姻缘十数年，动春情三四番。萧墙祸起片时间，到如今反为难上难。把一对凤鸾惊散，倚阑干无语泪偷弹。

那李大郎斥退西宾，择日葬弟之柩。这妇人不免守孝三年。其家已知其非，着人防闲。本妇自揣于心，亦不敢妄为矣。朝夕之间，受了多少的熬煎，或饱一顿，或缺一餐，家人都不理他了。将及一年之上，李大郎自思留此无益，不若逐回，庶免辱门败户。遂唤原媒眼同，将妇罄身赶回。本妇如鸟出笼，似鱼漏网，其余物饰，亦不计较。本妇抵家，父母只得收留，那有好气待他，如同使婢。妇亦甘心忍受。

一日，有个张二官过门，因见本妇，心甚悦之，挽人说合，求为继室。女父母允诺，恨不推将出去。且张二官是个行商，多在外，少在内，不曾打听得备细。设下盒盘羊酒，涓吉成亲。这妇人不去则罢，这一去，好似：

> 猪羊奔屠宰之家，一步步来寻死路。

是夜，画烛摇光，粉香喷雾。奉劳歌伴，再和前声：

> 喜今宵，月再圆，赏名园，花正芳。笑吟吟携手上牙床，恣交欢恍然入醉乡。不觉的浑身通畅，把断弦重续两情偿。

他两个自花烛之后，日则并肩而坐，夜则叠股而眠，如鱼藉水，似漆投胶。一个全不念前夫之恩爱，一个那曾题亡室之音容。妇羡夫之殷富，夫怜妇之丰仪。两个过活了一月。一日，张二官人早起，吩咐虞候收拾行李，要往德清取账。这妇人怎生割舍得他去。张二官人不免起身，这妇人簌簌垂下泪来。张二官道：“我你既为夫妇，不须如此。”各道保重而别。别去又过了半月光景。这妇人是久旷之人，既成佳配，未尽畅怀，又值孤守岑寂，好生难遣。觉身子困倦，步至门首闲望。对门店中一后生，约三十已上年纪，资质丰粹，举止闲雅。遂问随侍阿瞒，阿瞒道：“此店乃朱秉中开的。此人和气，人称他为朱小二哥。”妇人问罢，夜饭也不吃，上楼睡了。楼外乃是官河，舟船歇泊之处。将及二更，忽闻梢人嘲歌声隐约，侧耳而听，其歌云：

二十去了廿一来，不做私情也是呆。

有朝一日花容退，双手招郎郎不来。

妇人自此复萌觊觎之心，往往倚门独立。朱秉中时来调戏。彼此相慕，目成眉语，但不能一叙款曲为恨也。奉劳歌伴，再和前声：

美温温，颜面肥，光油油，鬓发长。他半生花酒肆颠狂，对人前扯拽都是谎。全无有风云气象，一味里窃玉与偷香。

这妇人羡慕朱秉中不已，只是不得凑巧。一日，张二官讨账回家，夫妇相见了，叙些间阔的话。本妇似有不悦之意，只是勉强奉承，一心倒在朱秉中身上了。张二官在家又住了一个月之上。正值仲冬天气，收买了杂货赶节，赁船装载到彼，发卖之间，不甚称意，把货都赊与人上了，旧账又讨不上手。俄然逼岁，不得归家过年，预先寄些物事回家支用。不题。

且说朱秉中因见其夫不在，乘机去这妇人家贺节。留饮了三五杯，意欲做些暗昧之事。奈何往来之人，应接不暇，取便约在灯宵相会。秉中领教而去。捻指间又届十三日试灯之夕。于是：

户户鸣锣击鼓，家家品竹弹丝。游人队队踏歌声，仕女翩翩垂舞袖。鳌山彩结，巍峨百尺矗晴空；凤篆香浓，缥缈千层笼绮陌。闲庭内外，溶溶宝烛光辉；杰阁高低，烁烁华灯照耀。

奉劳歌伴，再和前声：

奏箫韶一派鸣，绽池莲万朵开。看六街三市闹挨挨，笑声高满城春似海。期人在灯前相待，几回价又恐燕莺猜。

其夜，秉中侵早的更衣着靴，只在街上往来。本妇也在门首抛声衒俏，两个相见暗喜，准定目下成事。不期伊母因往观灯，就便探女。女扃户邀入参见，不免留宿。秉中等至夜分，闷闷归卧。次夜如前，正遇本妇，怪问如何爽约。挨身相就，止做得个"吕"字儿而散。少间，具酒奉母。母见其无情无绪，向女言曰："汝如今迁于乔木，只宜守分，也与父母争一口气。"岂知本妇已约秉中等了二夜了，可不是鬼门上占卦？平旦，买两盒饼馓，雇顶轿儿，送母回了。

薄晚，秉中张个眼慢，钻进妇家，就便上楼。本妇灯也不看，解衣相抱，曲尽于飞。然本妇平生相接数人，或老或少，那能造其奥处？自经此合，身酥骨软，飘飘然其滋味不可胜言也！且朱秉中日常在花柳丛中打交，深谙十要之术。那十要？

　　　　一要滥于撒漫，二要不算工夫，
　　　　三要甜言美语，四要软款温柔，
　　　　五要乜斜缠帐，六要施逞枪法，
　　　　七要妆聋做哑，八要择友同行，
　　　　九要穿着新鲜，十要一团和气。
　　　　若狐媚之人，缺一不可行也。

　　再说秉中已回，张二官又到。本妇便害些木边之目，田下之心，要好只除相见。奉劳歌伴，再和前声：

　　报黄昏，角数声，助凄凉，泪几行。论深情海角未为长，难捉摸这般心内痒。不能勾相偎相傍，恶思量萦损九回肠。

　　这妇人自庆前夕欢娱，直至佳境，又约秉中晚些相会，要连歇几十夜。谁知张二官家来，心中纳闷，就害起病来。头疼腹痛，骨热身寒。张二官颙望回家，将息取乐，因见本妇身子不快，倒戴了一个愁帽。遂请医调治，倩巫烧献，药必亲尝，衣不解带，反受辛苦，不似在外了。

　　且说秉中思想，行坐不安，托故去望张二官，称道："小弟久疏趋侍，昨闻荣回，今特拜谒。奉请明午于蓬舍，少具鸡酒，聊与兄长洗尘，幸勿他却。"翌日，张二官赴席，秉中出妻女奉劝，大醉扶归。已后还了席，往往来来。本妇但闻秉中在座，说也有，笑也有，病也无；倘或不来，就呻吟叫唤，邻里厌闻。张二官指望便好，谁知日渐沉重。本妇病中，但瞑目，就见向日之阿巧和李二郎偕来索命，势渐狞恶。本妇惧怕，难以实告，唯向张二官道："你可替我求问：'几时脱体？'"如言径往洞虚先生卦肆，卜下卦来，判道："此病大分不好，有横死老幼阳人死命为祸，非今生乃宿世之冤。今夜就可办备福物酒果冥衣各一分，用鬼宿度河之次，向西铺设，苦苦哀求，庶有少救，不然，绝不好也。"奉劳歌伴，再和前声：

　　揶揄来苦怨咱，朦胧着便见他。病恹恹害的眼儿花，瘦身躯怎禁没乱杀！则说不和我干休罢，几时节离了两冤家！

张二官正依法祭祀之间，本妇在床，又见阿巧和李二郎击手言曰："我辈已诉于天，着来取命。你央后夫张二官再四恳求，意甚虔恪。我辈且容你至五五之间，待同你一会之人，却假弓长之手，与你相见。"言讫，欻然不见了。本妇当夜似觉精爽些个，后看看复旧。张二官喜甚，不题。却见秉中旦夕亲近，馈送迭至，意颇疑之，尤未为信。一日，张二官入城催讨货物，回家进门，正见本妇与秉中执手联坐。张二官倒退扬声，秉中迎出相揖。他两个亦不知其见也，张二官当时见他殷勤，已自生疑七八分了，今日撞个满怀，凑成十分。张二官自思量道："他两个若犯在我手里，教他死无葬身之地！"遂往德清去做买卖。到了德清，已是五月初一日。安顿了行李在店中，上街买一口刀，悬挂腰间。至初四日连夜奔回，匿于他处，不在话下。

再题本妇渴欲一见，终日去接秉中。秉中也有些病在家里。延至初五日，阿瞒又来请赴鸳鸯会，秉中勉强赴之。楼上已筵张水陆矣，盛两盂煎石首，贮二器炒山鸡，酒泛菖蒲，糖烧角黍。其余肴馔蔬果，未暇尽录。两个遂相轰饮，亦不顾其他也。奉劳歌伴，再和前声：

> 绿溶溶酒满斝，红焰焰烛半烧。正中庭花月影儿交，直吃得玉山时自倒。他两个贪欢贪笑，不堤防门外有人瞧。

两个正饮间，秉中自觉耳热眼跳，心惊肉战，欠身求退。本妇怒曰："怪见终日请你不来，你何轻贱我之甚！你道你有老婆，我便是无老公的？你殊不知我做鸳鸯会的主意。夫此二鸟，飞鸣宿食，镇常相守，尔我生不成双，死作一对。"昔有韩凭妻美，郡王欲夺之，夫妻皆自杀。王恨，两冢瘗之，后冢上生连理树，上有鸳鸯，悲鸣飞去。此两个要效鸳鸯比翼交颈，不料便成语谶。况本妇甫能闾闾得病好，就便荒淫无度。正是：

> 偷鸡猫儿性不改，养汉婆娘死不休。

　　再说张二官提刀在手，潜步至门，梯树窃听。见他两个戏谑歌呼，历历在耳，气得按捺不下，打一砖去。本妇就吹灭了灯，声也不则了。连打了三块，本妇教秉中先睡："我去看看便来。"阿瞒持烛先行，开了大门，并无人迹。本妇叫道："今日是个端阳佳节，那家不吃几杯雄黄酒！"正要骂间，张二官跳将下来，喝道："泼贼！你和甚人贪夜吃酒？"本妇吓得战做一团，只说："不不不！"张二官乃曰："你同我上楼一看，如无便罢，慌做什么？"本妇又见阿巧、李二郎一齐都来，自分必死，延颈待尽。秉中赤条条惊下床来，匍匐口称："死罪，死罪！情愿将家私并女奉报，哀怜小弟母老妻娇，子幼女弱！"张二官哪里准他，则见刀过处，一对人头落地，两腔鲜血冲天。正是：

　　　　当时不解恩成怨，今日方知色是空。

　　当初本妇卧病，已闻阿巧、李二郎言道："五五之间，待同你一会之人，假弓长之手，再与相见。"果至五月五日，被张二官杀死。"一会之人"，乃秉中也。祸福未至，鬼神必先知之，可不惧欤！故知士矜才则德薄，女衔色则情放，若能如执盈，如临深，则为端士淑女矣，岂不美哉！唯愿率土之民，夫妇和柔，琴瑟谐协，有过则改之，未萌则戒之，敦崇风教，未为晚也。在座看官，漫听这一本《鸳鸯刎颈会》。奉劳歌伴，再和前声：

　　　　见抛砖，意暗猜，入门来，魂已惊。举青锋过处丧多情，到今朝你心还未省！送了他三条性命，果冤冤相报有神明。

　　又调《南乡子》一阕，词曰：

　　　　春老怨啼鹃，玉损香消事可怜。一对风流伤白刃，冤冤，惆怅劳魂赴九泉。　　抵死苦留连，想是前生有业缘！景色依然人已散，天天，千古多情月自圆。

第三十九卷

福禄寿三星度世

欲学为仙说与贤，长生不死是虚传。
少贪色欲身康健，心不瞒人便是仙。

说这四句诗，单说一个官人，二十年灯窗用心，苦志勤学，谁知时也，运也，命也，连举不第，没分做官，有分做仙去。这大宋第三帝主，乃是真宗皇帝。景德四年，秋八月中，这个官人，水乡为活，捕鱼为生。捕鱼有四般：

攀缯者仰，鸣榔者闹，垂钓者静，撒网者舞。

这个官人，在一座州，谓之江州，军号定江军。去这江州东门，谓之九江门外，一条江，随地呼为浔阳江。

万里长江水似倾，东连大海若雷鸣。
一江护国清冷水，不请衣粮百万兵。

这官人于八月十四夜，解放渔船，用棹竿掉开，至江中，水光月色，上下相照。这官人用手拿起网来，就江心一撒，连撒三网，一鳞不获。只听得有人叫道："刘本道，刘本道，大丈夫不进取光显，何故捕鱼而堕志？"那官人吃一惊，连名道姓，叫得好亲。收了网，四下看时，不见一人。再将网起来撒，又有人叫，四顾又不见人。似此三番，当夜不曾捕鱼，使船傍岸。

到明日十五夜，再使船到江心，又有人连名道姓，叫刘本道。本道焦躁，放下网听时，是后面有人叫。使船到后看时，其声从芦苇中出。及至寻入芦苇之中，并无一人。却不作怪！使出江心举网再撒，约莫网重，收网起来看时，本道又惊又喜，打得一尾赤稍金色鲤鱼，约长五尺。本道道谢天地，来日将入城去卖，有三五日粮食。将船傍岸，缆住鲤鱼，放在船板底下，活水养着。待欲将身

入舱内解衣睡，觉肚中又饥又渴。看船中时，别无止饥止渴的物。怎的好？番来覆去，思量去那江岸上，有个开村酒店张大公家，买些酒吃才好。

就船中取一个盛酒的葫芦上岸来。左胁下挟着棹竿，右手提着葫芦，乘着月色，沿江而走，肚里思量："知他张大公睡也未睡？未睡时，叫开门，沽些酒吃；睡了时，只得忍饥渴睡一夜。"迤逦行来，约离船边半里多路，见一簇人家。这里便是张大公家。到他门前，打一望里面有灯也无？但见张大公家有灯。怎见得？有只词名《西江月》，单咏着这灯花：

> 零落不因春雨，吹残岂借东风。结成一朵自然红，费尽工夫怎种？　　内有焰难藏粉蝶，生花不惹游蜂。更阑人静画堂中，曾伴玉人春梦。

本道见张大公家有灯，叫道："我来问公公沽些酒吃，公公睡了便休，未睡时，可沽些与我。"张大公道："老汉未睡。"开了门，问刘官人讨了葫芦，问了升数，入去盛将出来道："酒便有，却是冷酒。"本道说与公公："今夜无钱，来日卖了鱼，却把钱来还。"张大公道："妨甚事？"张大公关了门。本道挟着棹竿，提着葫芦，一面行，肚中又饥，顾不得冷酒，一面吃，就路上也吃了二停。到得船边，月明下，见一个人球头光纱帽，宽袖绿罗袍，身材不满三尺，觑着本道掩面哭道："吾之子孙，被汝获尽！"本道见了，大惊，江边无这般人，莫非是鬼！放下葫芦，将手中棹竿去打，叫声："着！"打一看时，火光迸散，豁剌剌地一声响。本道凝睛看时，不是有分为仙，险些做个江边失路鬼，波内横亡人。有诗为证：

> 高人多慕神仙好，几时身在蓬莱岛。
> 由来仙境在人心，清歌试听《渔家傲》。
> 此理渔人知得少，不经指示谁能晓。
> 君欲求鱼何处非，鹊桥有路通仙道。

当下本道看时，不见了球头光纱帽、宽袖绿罗袍、身不满三尺的人。却不作怪！到这缆船岸边，却待下船去，本道叫声苦，不知高低。去江岸边，不见了船："不知甚人偷了我的船去？"看那江对岸，万籁无声；下江一带，又无甚船只。今夜却是哪里去歇息？思量："这船无人偷我的。多时捕鱼不曾失了船，今日却不见了这船！不是下江人偷去，还是上江人偷我的。"本道不来下江寻船，将葫芦中酒吃尽了，葫芦撇在江岸，沿那岸走。从二更走至三更，哪里见有船？思量："今夜何处去好？"走来走去，不知路径。

走到一座庄院前，放下棹竿，打一望，只见庄里停着灯。本道进退无门，欲待叫，这庄上素不相识，欲待不叫，又无栖止处。只得叫道："有人么？念本道是打鱼的，因失了船，寻来到此。夜深无止宿处，万望庄主暂借庄上告宿一宵！"只听得庄内有人应道："来也！官人少待。"却是女人声息。那女娘开放庄门，本道低头作揖。女娘答礼相邀道："官人请进，且过一宵了去。"本道谢了，挟着棹竿，随那女娘入去。女娘把庄门掩上，引至草堂坐地，问过了姓名，殷勤启齿道："敢怕官人肚饥，安排些酒食与官人充饥，未知何如？"本道道："谢娘子，胡乱安顿一个去处，教过得一夜，深谢相留！"女娘道："不妨，有歇卧处……"说犹未了，只听得外面有人声唤："阿耶，阿耶！我不撩拨你，却打了我！这人不到别处去，定走来我庄上借宿。"这人叫开门，本道吃一惊："告娘子，外面声唤的是何人？"女娘道："是我哥哥。"本道走入一壁厢黑地里立着看时，女娘移身去开门，与哥哥叫声万福。那人叫唤："阿耶，阿耶！妹妹关上门，随我入来。"女娘将庄门掩了，请哥哥到草堂坐地。本道看那草堂上的人，叫声苦："我这性命须休！"正是猪羊入屠宰之家，一脚脚来寻死路。有诗为证：

撇了先妻娶晚妻，晚妻终不恋前儿。
先妻却在晚妻丧，盖为冤家没尽期。

本道看草堂上那个人，便是球头光纱帽、宽袖绿罗袍、身子不满三尺的人。"我曾打他一棹竿，去那江里死了，我却如何到他庄上借宿！"本道顾不得那女子，挟着棹竿，偷出庄门，奔下江而走。却说庄上那个人声唤，看着女子道："妹妹安排乳香一块，暖一碗热酒来与我吃，且定我脊背上疼。"即时，女子安排与哥哥吃，问道："哥哥做甚声唤？"哥哥道："好教你得知，我又不撩拨他。我在江边立地，见那厮沽酒回来，我掩面大哭道：'吾之子孙，尽被汝获之。'那厮将手中棹竿打一下，被我变一道火光走入水里去，那厮上岸去了。我却把他的打鱼船摄过。那厮四下里没寻处，迤逦沿江岸走来。我想他不走别处去，只好来我庄上借宿。妹妹，他曾来借宿也不？"妹妹道："却是兀谁？"哥哥说："是刘本道，他是打鱼人。"女娘心中暗想："原来这位官人，是打我哥哥的。不免与他遮饰则个。"遂答应道："他曾来庄上借宿，我不曾留他，他自去了。哥哥辛苦了，且安排哥哥睡。"

却说刘本道沿着江岸，荒荒走去，从三更起仿佛至五更，走得腿脚酸疼。明月下，见一块大石头，放下棹竿。方才歇不多时，只听得有人走得荒速，高声大叫："刘本道休走！我来赶你。"本道叫声苦："不知高低，莫是那汉赶来，报那一棹竿的冤仇？"把起棹竿立地，等候他来。无移时，渐近看时，见那女娘身穿白衣手捧着一个包裹走至面前道："官人，你却走了。后面寻不见你，我安排哥哥睡了，随后赶来。你不得疑惑，我即非鬼，亦非魅，我乃是人。你看我衣裳有缝，月下有影，一声高似一声。我特地赶你来。"本道见了，放下棹竿，问："娘子连夜赶来，不知有何事？"女娘问："官人有妻也无？有妻为妾，无妻嫁你。包裹中尽有余资，勾你受用。官人是肯也不？"本道思量怎般一个好女娘，又提着一包衣饰金珠，这也是求之不得的，觑着女娘道："多谢，本道自来未有妻子。"将那棹竿撇下江中，同女娘行至天晓，入江州来。本道叫女娘做妻。女娘问道："丈夫，我两个何处安身是好？"本道应道："放心，我自寻个去处。"

走入城中，见一人家门首，挂着一面牌，看时，写着"顾一郎店"。本道向前问道："那个是顾一郎？"那人道："我便是。"本道道："小生和家间爹爹说不着，赶我夫妻两口出来，无处安歇。问一郎讨间小房，权住三五日。亲戚相劝，回心转意时，便归去，却得相谢。"顾一郎道："小娘子在哪里？"本道叫："妻子来相见则个。"顾一郎见他夫妻两个，引来店中，去南首第三间房，开放房门，讨了钥匙。本道看时，好喜欢，当日打火做饭吃了，将些金珠变卖来，买些箱笼被卧衣服。在这店中约过半年，本道看着妻子道："今日使，明日使，金山也有使尽时。"女娘大笑道："休忧！"去箱子内取出一物，教丈夫看："我两个尽过得一世。"正是：

> 休道男儿无志气，妇人犹且辨贤愚。

当下女娘却取出一个天圆地方卦盘来。本道见了，问妻子缘何会他。女娘道："我爹爹在日，曾任江州刺史，姓齐名文叔。奴小字寿奴。不幸去任时，一行人在江中，遭遇风浪，爹妈从人俱亡。奴被官人打的那球头光纱帽、宽袖绿罗袍、身材不满三尺的人，救我在庄上。因此拜他做哥哥。如何官人不见了船，却是被他摄了。你来庄上借宿，他问我时，被我瞒过了。有心要与你做夫妻。你道我如何有这卦盘？我幼年，曾在爹行学三件事：第一，写字读书；第二，书符咒水；第三，算命起课。我今日却用着这卦盘，可同顾一郎出去寻个浮铺，算命起课，尽可度日。"本道谢道："全仗我妻贤达。"当下把些钱，同顾一郎去南瓦子内，寻得卦铺，买些纸墨笔砚，挂了牌儿，拣个吉日，去开卦肆。取名为白衣女士。顾一郎相伴他夫妻两人坐地，半日先回。

当日不发市，明日也不发市。到后日午后，又不发市。女娘觑着丈夫道："一连三日不发市，你理会得么？必有人冲撞我。你去看有甚事，来对我说！"本道起身，去瓦左瓦右都看过，无甚事。走出瓦子来，大街上但见一伙人围着。本道走来人丛外打一看时，只见一个先生，把着一个药瓢在手，开科道：

"五里亭亭一小峰，自知南北与西东。
世间多少迷途客，不指还归大道中。

看官听说，贫道乃是皖公山修行人。贫道有三件事，离了皖公山，走来江州。在席一呵好事君子，听贫道说：第一件，贫道在山修行一十三年，炼得一炉好丹，将来救人；第二件，来寻一物；第三件，贫道救你江州一城人……"众人听说皆惊。先生正说未了，大笑道："众多君子未曾买我的药，却先见了这一物。你道在何处？"觑着人丛外头用手一招道："后生，你且入来。"本道看那先生，先生道："你来！我和你说。"

吓得本道慌随先生入来。先生拍着手："你来救得江州一城人！贫道见那一物了。在哪里？这后生便是。"众人吃惊，如何这后生却是一物？先生道："且听我说。那后生，你眉中生黑气，有阴祟缠扰。你实对我说。"本道将前项见女娘的话，都一一说知。先生道："众人在此，这一物，便是那女子。贫道救你。"去地上黄袱里，取出一道符，把与本道："你如今回去，先到房中，推醉了去睡。女娘到晚归来，睡至三更，将这符安在他身上，便见他本来面目。"本道听那先生说了，也不去卦肆里，归到店中，开房门，推醉去睡。

却说女娘不见本道来，到晚自收了卦铺，归来焦躁，问顾一郎道："丈夫归也未？"顾一郎道："官人及早的醉了，入房里睡。"女娘呵呵大笑道："原来如此！"入房来，见了本道，大喝一声，本道吃了一惊。女娘发话道："好没道理！日多时夫妻，有甚亏负你，却信人斗叠我两人不和！我教你去看有甚人冲撞卦铺，教我三日不发市。你却信乞道人言语，推醉睡了，把一道符教安在我身上，看我本来面目。我是齐刺史女儿，难道是鬼祟？却信恁般没来头的话，要来害我！你好好把出这符来，和你做夫妻，不把出来时，目前相别。"本道怀中取出符来，付与女娘。安排晚饭吃了。

睡一夜，明早起来吃了早饭，却待出门，女娘道："且住，我今日不开卦铺，和你寻那乞道人，问他是何道理，却把符来，唆我夫妻不和，二则去看我与他斗法。"

两个行到大街上，本道引至南瓦子前，见一伙人围住先生。先生正说得高兴，被女娘分开人丛，喝声："乞道人，你自是野外乞丐，却把一道符，斗叠我夫妻不和。你教安在我身上，见我本来面目。"女娘拍着手道："我乃前任刺史齐安抚女儿，你们都是认得我爹爹的，辄敢道我是鬼祟！你有法，就众人面前赢了我，我有法，赢了你。"先生见了大怒，提起剑来，觑着女子头便斫。看的人只道先生坏了女娘。只见先生一剑斫去，女娘把手一指，众人都发声喊，皆惊呆了。有诗为证：

> 昨夜东风起太虚，丹炉无火酒杯疏。
> 男儿未遂平生志，时复挑灯玩古书。

女娘把手一指，叫声："着！"只见先生剑不能下，手不能举。女娘道："我夫妻两个无事，把一道符与他奈何我，却奈何我不得！今日有何理说？"先生但言："告娘子，恕贫道！贫道一时见不到，激恼娘子，望乞恕饶。"众人都笑，齐来劝女娘。女娘道："看众人面，饶了你这乞道人。"女娘念念有词，那剑即时下地。众皆大笑。先生分开人丛，走了。一呵人尚未散，先生复回来。莫是奈何那女娘？却是来取剑。先生去了。

自后女子在卦铺里，从早至晚，挨挤不开，算命发课，书符咒水，没工夫得吃点心，因此出名。忽一日，见一个人，引着一乘轿子，来请小娘子道："小人是江州赵安抚老爷的家人，今有小衙内患病，日久不痊。奉台旨，请教小娘子乘轿就行。"女娘吩咐了丈夫，教回店里去。女子上轿来，见赵安抚引入花园。见小衙内在亭子上，自言自语，口里酒香喷鼻。一行人在花园角门边，看白衣女士作法。念咒毕，起一阵大风：

> 来无形影去不知，吹开吹谢总由伊。
> 无端暗度花枝上，偷得清香送与谁。

风过处，见一黄衣女子，怒容可掬，叱喝："何人敢来奈何我！"见了白衣女子，深深下拜道："原来是妹子。"白衣女士道："甚的姐姐从空而下？"那女子道："妹妹，你如何来这里？"白衣女士道："奉赵安抚请来救小衙内，坏那邪祟。"女子不听得，万事俱休，听了时，睁目切齿道："你丈夫不能救，何况救外人。"一阵风不见了黄衣女子。白衣女士就花园内救了小衙内。赵安抚礼物相酬谢了，教人送来顾一郎店中。

到得店里，把些钱赏与来人，发落他去。问顾一郎丈夫可在房里。顾一郎道："好教小娘子得知，走一个黄衣女子入房，挟了官人，托起天窗，望西南上去了。"白衣女士道："不妨！"即喝声："起！"就地上踏一片云，起去赶那黄衣女子，仿佛赶上，大叫："还我丈夫来！"黄衣女子看见赶来，叫声："落！"放下刘本道，却与白衣女士斗法。

本道顾不得妻子，只顾自走。走至一寺前，力乏了，见一僧在门首立地。本道问："吾师，借上房歇脚片时则个。"僧言："今日好忙哩！有一施主来寺中斋僧。"正说间，只见数担柴，数桶酱，数担米，更有香烛纸札，并斋衬钱。远望凉伞下一人，便见那球头光纱帽，宽袖绿罗袍、身材不满三尺的人。本道见了，落荒便走。被那施主赶上，一把捉住道："你便是打我一棹竿的人！今番落于吾手，我正要取你的心肝，来做下酒。"本道正在危急，却得白衣女士赶来寺前。见了那人，叫道："哥哥莫怪！他是我丈夫……"说犹未毕，黄衣女子也来了，对那人高叫道："哥哥，莫听他，哪里是他真丈夫？即是打哥哥的，姊妹们都是仇人了。"一扯一拽，四个搅做一团。

刘本道
鱼逢怪

正争不开，只见寺中走出一个老人来，大喝一声："畜生不得无礼！"叫："变！"黄衣女子变做一只黄鹿；绿袍的人，变做绿毛灵龟；白衣女子，变做一只白鹤。老人乃是寿星，骑白鹤上升，本道也跨上黄鹿，跟随寿星；灵龟导引，上升霄汉。那刘本道原是延寿司掌书记的一位仙官，因好与鹤、鹿、龟三物玩耍，懒惰正事，故此谪下凡世为贫儒。谪限完满，南极寿星引归天上。那一座寺，唤做寿星寺，见在江州浔阳江岸上，古迹犹存。诗云：

> 原是仙官不染尘，飘然鹤鹿可为邻。
> 神仙不肯分明说，误了阎浮多少人。

国学经典文库

中国二十大名著

警世通言

图文珍藏版

第四十卷

旌阳宫铁树镇妖

春到人间景色新，桃红李白柳条青。
香车宝马闲来往，引却东风入禁城。
酾剩酒，豁吟情，顿教忘却利和名。
豪来试说当年事，犹记旌阳伏水精。

粤自混沌初辟，民物始生，中间有三个大圣人，为三教之祖。三教是什么教？一是儒家：乃孔夫子，删述《六经》，垂宪万世，为历代帝王之师，万世文章之祖，这是一教。一是释家：是西方释迦牟尼佛祖，当时生在舍卫国刹利王家，放大智光明，照十方世界，地涌金莲华，丈六金身，能变能化，无大无不大，无通无不通，普度众生，号作天人师，这又是一教。一是道家：是太上老君，乃元气之祖，生天生地，生佛生仙，号铁师元炀上帝。他化身周历尘沙，也不可计数。至商汤王四十八年，又来出世，乘太阳日精，化为弹丸，流入玉女口中，玉女吞之，遂觉有孕。怀胎八十一年，直到武丁九年，破胁而生，生下地时，须发就白，人呼为老子。老子生在李树下，因指李为姓，名耳，字伯阳。后骑着青牛出函谷关。把关吏尹喜望见紫气，知是异人，求得《道德真经》共五千言，传留于世。老子入流沙修炼成仙，今居太清仙境，称为道德天尊。这又是一教。

那三教之中，唯老君为道祖，居于太清仙境。彩云缭绕，瑞气氤氲。一日，是寿诞之辰，群三十三天天宫，并终南山、蓬莱山、阆苑山等处，三十六洞天，七十二福地，列位神仙，千千万万，或跨彩鸾，或骑白鹤，或驭赤龙，或驾丹凤，皆飘飘然乘云而至。次第朝贺，献上寿词，稽首作礼。词名《水龙吟》：

红云紫盖葳蕤，仙宫浑是阳春候。玄鹤来时，青牛过处，彩云依旧。寿诞宏开，喜《道德》五千言，流传万古不朽。　况是天上仙筵，献珍果人间未有；巨枣如瓜，与着万岁冰桃，千年碧藕。比乾坤永劫无休，举沧海为真仙寿。

彼时老君见群臣赞贺，大展仙颜，即设宴相待。酒至半酣，忽太白金星越席言曰："众仙长知南赡部州江西省之事乎？江西分野，旧属豫章。其地四百年后，当有蛟蜃为妖，无人降伏，千百里之地，必化成中洋之海也。"老君曰："吾已知之。江西四百年后，有地名西山，龙盘虎踞，水绕山环，当出异人，姓许名逊，可为群仙领袖，殄灭妖邪。今必须一仙下凡，择世人德行浑全者，传以道法，使他日许逊降生，有传授渊源耳。"斗中一仙，乃孝悌王姓卫，名弘康，字伯冲，出曰："某观下凡有兰

期者，素行不疚，兼有仙风道骨，可传以妙道。更令付此道与女真谌母，谌母付此道于许逊。口口相承，心心相契，使他日真仙有所传授，江西不至沉没，诸仙以为何如？"老君曰："善哉，善哉！"众仙即送孝悌王至焰摩天中，通明殿下，将此事奏闻玉帝。玉帝允奏，即命直殿仙官，将神书玉旨付与孝悌王领讫。孝悌王辞别众仙，踅起祥云。顷刻之间，到阎浮世界来了。

却说前汉有一个，姓兰名期字子约，本贯兖州曲阜县高平乡九原里人氏。历年二百，鹤发童颜，率其家百余口，精修孝行，以善化人，与物无忤。时人不敢呼其名，尽称为兰公。彼时儿童谣云："兰公兰公，上与天通，赤龙下迎，名列斗中。"人知其必仙也。

一日，兰公凭几而坐，忽有一人，头戴逍遥巾，身披道袍，脚穿云覆，手中拿一个鱼鼓简板儿，潇潇洒洒，徐步而来。兰公观其有仙家道气，慌忙下阶迎接，分宾坐定。茶毕，遂问："仙翁高姓贵名？"答曰："吾乃斗中之仙，孝悌王是也。自上清下降，遨游人间，久闻先生精修孝行，故此相访。"兰公闻言，即低头拜曰："贫老凡骨，勉修孝行，止可淑一身，不能率四海，有何功德，感动仙灵！"孝悌王遂以手扶起兰公曰："居！吾语汝孝悌之旨。"兰公欠身起曰："愿听指教！"孝悌王曰："始炁为大道于日中，是为'孝仙王'。元炁为至道于月中，是为'孝道明王'。玄炁为孝道于斗中，是为'孝悌王'。夫孝至于天，

日月为之明；孝至于地，万物为之生；孝至于民，王道为之成。是故舜文至孝，凤凰来翔。姜诗王祥，得鱼奉母。即此论之，上自天子，下至庶人，孝道所至，异类皆应。先生修养三世，行满功成，当得元炁于月中，而为孝道明王。四百年后，晋代有一真仙许逊出世，传吾孝道之宗，是为众仙之长，得始炁于日中，而为孝仙王也。"

自是孝悌王，悉将仙家妙诀，及金丹宝鉴、铜符铁券，并上清灵章飞步斩邪之法，一一传授与兰公。又嘱道："此道不可轻传，唯丹阳黄堂者，有一女真谌母，德性纯全，汝可传之，可令谌母传授与晋代学仙童子许逊，许逊复传吴猛诸徒，则渊源有自，超凡入圣者，不患无门矣。"孝悌王言罢，足起祥云，冲宵而去。兰公拜而送之。自此以后，将金符铁券秘诀逐一参悟，遂择地修炼仙丹。其法云：

> 黑铅天之精，白金地之髓。黑隐水中阳，白有火之炁。黑白往来蟠，阴阳归正位。二物俱含性，丹经号同类。黑以白为天，白以黑为地。阴阳混沌时，朵朵金莲翠。宝月满丹田，霞光照灵慧。休闲通天窍，莫泄混元气。精奇口诀功，火侯文武意。凡中养圣孙，万般只此贵。一日生一男，男男各有配。

兰公炼丹已成，举家服之，老者发白反黑，少者辟谷无饥，远近闻之，皆知其必飞升上清也。时有火龙者，系洋子江中孽畜，神通广大，知得兰公成道，法教流传，后来子孙必遭奸灭。乃率领鼋帅虾兵蟹将，统领党类，一齐奔出潮头，将兰公宅上团团围转住，喊杀连天。兰公听得，不知灾从何来，开门一看，好惊人哩！但见：

> 一片黑烟，万团烈火，却是红孩儿身中四十八万毛孔，一齐逬出；又是华光将手里三十六块金砖，一并烧辉。咸阳遇之，烽焰三月不绝；昆山遇之，玉石一旦俱焚。疑年少周郎"赤壁鏖战"，似智谋诸葛"博望烧屯"。

那火，也不是天火，也不是地火，也不是人火，也不是鬼火，也不是雷公霹雳火，却是那洋子江中一个火龙吐出来的。惊得兰公家人，叫苦不迭。兰公知是火龙为害，问曰："你这孽畜无故火攻我家，却待怎的？"孽龙道："我只问你取金丹宝鉴、铜符铁券并灵章等事。你若献我，万事皆休，不然烧得你一门尽绝！"兰公曰："金丹宝鉴等，乃斗中孝悌王所授，我怎肯胡乱与你？"只是那火光中，闪出一员鼋帅，形容古怪，背负团牌，扬威耀武。兰公睁仙眼一看，原来是个鼋鼋，却不在意下。又有那虾兵乱跳，蟹将横行，一个个身披甲胄，手执钢叉。兰公又举仙眼一看，原来都是虾蟹之属，转不着意了，遂剪下一个中指甲来，约有三寸多长，呵了一口仙气，念动真言，化作个三尺宝剑。有歌为证：

> 非钢非铁体质坚，化成宝剑光凛然。
> 不须锻炼洪炉烟，稜稜杀气欺龙泉。
> 光芒颜色如霜雪，见者咨嗟叹奇绝！
> 琉璃宝匣吐莲花，查镂金环生明月。
> 此剑神仙流金精，干将莫邪难比伦。
> 闪闪烁烁青蛇子，重重片片绿龟鳞。
> 腾出寒光逼星斗，响声一似苍龙吼。
> 今朝挥向烈炎中，不识蛟螭敢当否？

兰公将所化宝剑望空掷起。那剑刮喇喇，就似翻身鹞子一般，飞入火焰之中，左一冲右一击，左一挑右一剔，左一砍右一劈，那些孽怪如何当抵得住！只见鼋帅遇着缩头缩脑，负一面团牌急走，他却走在哪里？直走在峡江口深岩里躲避，至今尚不敢出头哩。那虾兵遇着，拖着两个钢叉连跳连跳，他却走在哪里？直走在洛阳桥下石缝子里面藏身，至今腰也不敢伸哩。那蟹将遇着，虽有全身坚甲不能济事，也拖着两个钢叉横走直走，他须有八只脚儿更走不动，却被"扑砻松"宝剑一劈，分为两半。你看他腹中，不红不白，不黄不黑，似脓却不是脓，似血却不是血，遍地上滚将出来。真个是：

> 但将冷眼观螃蟹，看你横行得几时？

那火龙自知兰公法大，难以当抵，叹曰："'儿孙自有儿孙福'。我后来子孙，福来由他去享，祸来由他去当，我管他则甚？"遂奔入洋子江中，万丈深潭底藏身去了。自是兰公举家数十口，拔宅升天，玉帝封兰公为孝明王。不在话下。

却说金陵丹阳郡，地名黄堂，有一女真，字曰婴，潜通至道，忘其甲子，不知几百年岁。乡人累世见之，齿发不衰，皆以谌母呼之。一日，偶过市上，见一小儿伏地悲哭，问其来历，说："父母避乱而来，弃之于此。"谌母怜其孤苦，遂收归抚育。渐已长成，教他读书，聪明出众，天文地理，无所不通。有东邻耆老，欲以女娶之，谌母问儿允否？儿告曰："儿非浮世之人，乃月中孝道明王，领斗中孝悌王仙旨，教我传道与母。今此化身为儿，度脱我母，何必更议婚姻！但可高建仙坛，传付此道，使我母飞升上清也。"谌母闻得此言，且惊且喜，遂于黄堂建立坛宇，大阐孝悌王之教。谌母已得修真之诀，于是孝明王仍以孝悌王所授金丹宝鉴、铜符铁券灵章，及正一斩邪、三五飞步之术，悉传与谌母。谌母乃谓孝明王曰："论昔日恩情，我为母，君为子。论今日传授，君为师，我为徒。"遂欲下拜。孝明王曰："只论子母，莫论师徒。"乃不受其拜，唯嘱之曰："此道宜深秘，不可轻泄！后世晋代有二人学仙，一名许逊；一名吴猛，二人皆名登仙籍。唯许逊得传此道。按《玉皇玄谱》仙籍品秩，吴猛位居元郡御史，许逊位居都仙大使，兼高明太史，总令仙部，是为众仙之长。老母可将此道传与许逊，又着许逊传与吴猛，庶品秩不紊矣。"明王言罢，拜辞老母，飞腾太空而去。有诗为证：

> 出入无车只驾云，尘凡自是不同群；
> 明王恐绝仙家术，告戒叮咛度后人。

却说汉灵帝时，十常侍用事，忠良党锢，谗谄横行，毒流四海，万民嗟怨。那怨气感动了上苍，降下两场大灾，久雨之后，又是久旱，那雨整整的下了五个月，直落得江湖满目，厨灶无烟。及至水退了，又经年不雨。莫说是禾苗槁死，就是草木也干枯了。可怜那一时的百姓，吃早膳先愁晚膳，缝夏衣便作冬衣。正是朝有奸臣野有贼，地无荒草树无皮。壮者散于四方，老者死于沟壑。时许都有一人，姓许，名琰，字汝玉，乃荥阳许由之后。为人慈仁，深明医道，擢太医院医官。感饥荒之岁，乃罄其家资，置丸药数百斛，名曰："救饥丹"，散与四方食之。每食一丸，可饱四十余日。饥民赖以不死者甚众。至献帝初平年间，黄巾贼起，天下大乱，许都又遭大荒，斗米千钱，人人菜色，个个鹄形。时许琰已故，其子许肃家尚丰盈，将自己仓谷尽数周给各乡，遂挈家避乱江南，择居豫章之南昌。有鉴察神将许氏世代积善，奏知玉帝："若不厚报，无以劝善！"玉帝准奏，即仰殿前掌判仙官，将《玄谱》仙籍品秩，逐一查检，看有何仙轮当下世？仙官检看毕，奏曰："晋代江南，当出一孽龙精，扰害良民，生养蛟党繁盛。今轮系玉洞天仙降世，传受女真谌母飞步斩邪之法，斩灭蛟党以除民害。"玉帝闻奏，即降旨，宣取玉洞天仙，令他身变金凤，口衔宝珠，下降许肃家投胎。有诗为证：

> 御殿亲传玉帝书，祥云蔼蔼凤衔珠。
> 试看凡子生仙种，积善之家庆有余。

却说吴赤乌二年三月，许肃妻何氏，夜得一梦，梦见一只金凤飞降庭前，口内衔珠，坠在何氏掌中，何氏喜而玩之，含于口中，不觉溜下肚子去了，因而有孕。许肃一则以喜，一则以惧。喜的是年过三十无嗣，今幸有孕；惧的是何氏自来不曾生育，恐临产艰难。那广润门有个占卦先生，混名"鬼推"，决断如神，不免去问他个吉凶，或男或女，看他如何？许肃整顿衣帽，竟望广润门来。只见那先生忙忙的，占了又断，断了又占，拨不开的人头，移不动的脚步。许员外站得个腿儿酸麻，还轮他不上，只得叫上一声："鬼推先生！"那先生听知叫了他的混名，只说是个旧相识，连忙的说道："请进，请进！"许员外把两只手推开了众人，方才挨得进去。相见礼毕，许员外道："小人许肃敬来问个六甲，生男生女，或吉或凶？请先生指教。"那先生就添上一炷香，唱上一个喏，口念四句：

虔叩六丁神，文王卦有灵。
吉凶含万象，切莫顺人情。

通陈了姓名意旨，把铜钱掷了六掷，占得个"地天泰"卦。先生道："恭喜，好一个男喜。"遂批上几句云：

福德临身旺，青龙把世持。
秋风生桂子，坐草却无虞。

许员外闻言甚喜，收了卦书，遂将几十文钱谢了先生。回去对浑家说了，何氏心亦少稳。光阴似箭，忽到八月十五中秋，其夜天朗气清，现出一轮明月，皎洁无翳。许员外与何氏玩赏，贪看了一会，不觉二更将尽，三鼓初传，忽然月华散彩，半空中仙音嘹喨，何氏只一阵腹痛，产下个孩儿，异香满室，红光照人。真个是：

五色云中呈鸑鷟，九重天上送麒麟。

次早，邻居都来贺喜，所生即真君也。形端骨秀，颖悟过人，年甫三岁，即知礼让。父母乃取名逊，字敬之。年十岁，从师读书，一目十行俱下，作文写字，不教自会，世俗无有能为之师者。真君遂弃书不读，慕修养学仙之法，却没有师传，心常切切。忽一日，有一人，姓胡，名云，字子元，自幼与真君同窗，情好甚密，别真君日久，特来相访。真君倒屣趋迎，握手话旧。子元见真君谈吐间有驰慕神仙之意，乃曰："老兄少年高才，乃欲为云外客乎？"真君曰："惶愧，自思百年旦暮，欲求出世之方，恨未得明师指示！"子元曰："兄言正合我意，往者因访道友云阳詹晄先生，言及西宁州有一人，姓吴，名猛，字世云，曾举孝廉，仕吴为洛阳令。后弃职而归，得传异人丁义神方，日以修炼为事。又闻南海太守鲍靓有道德，往师事之，得其秘法。回至豫章，江中风涛大作，乃取所执白羽扇画水成路，徐行而渡，渡毕，路复为水。观者大骇，于是道术盛行，弟子相从者甚众。区区每欲拜投，奈母老不敢远离，兄若不惜劳苦，可往师之。"真君闻言，大喜曰："多谢指教！"真君待子元别去，即拜辞父母，收拾行李，竟投西宁，寻访吴君。有诗赞曰：

> 无影无形仙路难，未经师授莫跻攀。
> 胡君幸赐吹嘘力，打破玄元第一关。

话说真君一念投师，辞不得路途辛苦。不一日，得到吴君之门，写一个门生拜帖，央道童通报。吴君看是"豫章门生许逊"，大惊曰："此人乃有道之士！"即出门迎接。此时吴君年九十一岁，真君年四十一岁，真君不敢当客礼，口称："仙丈，愿受业于门下。"吴君曰："小老精通道术，焉能为人之师？但先生此来，当尽剖露，岂敢自私，亦不敢以先生在弟子列也。"自此每称真君为"许先生"，敬如宾友。真君亦尊吴君而不敢自居。

一日，二人坐清虚堂，共谈神仙之事。真君问曰："人之有生必有死，乃古今定理。吾见有壮而不老，生而不死者，不知何道可致？"吴君曰："人之有生，自父母交媾，二气相合，阴承阳生，气随胎化。三百日形圆，灵光入体，与母分离；五千日气足，是为十五童男。此时阴中阳半，可以比东日之光。过此以往，不知修养，则走失元阳，耗散真气，气弱则有病老死苦之患。"真君曰："病老死苦，将何却之？"吴君曰："人生所免病老死苦，在人中修仙，仙中升天耳。"真君曰："人死为鬼，道成为仙，仙中升天者，何也？"吴君曰："纯阴而无阳者，鬼也。纯阳而无阴者，仙也。阴阳相离者，人也。唯人可以为仙，可以为鬼。仙有五等，法有三成，持修在人而已。"真君曰："何谓法有三成，仙有五等？"吴君曰："法有三成者，小成、中成、大成。仙有五等者：鬼仙、人仙、地仙、神仙、天仙。所谓鬼仙者，少年不修，恣情纵欲，形如枯木，心若死灰，以致病死，阴灵不散，成精作怪，故曰鬼仙。鬼仙不离于鬼也。所谓人仙者，修真之士，不悟大道，唯小用其功。绝五味者，岂知有六气？忘七情者，岂知有十戒？行嗽咽者，哂吐纳之为错；著采补者，笑清净以为愚。采阴取妇人之气者，与缩金龟者不同，；盖阳食女子之乳者，与炼金丹不同。此等之流，只是于大道中得一法一术成功，但能安乐延寿而已，故曰人仙。人仙不离于人也。所谓地仙者，天仙之半，神仙之中，亦止小成之法。识坎离之交配，悟龙虎之飞腾，炼成丹药，得以长生住世，故曰地仙。地仙不离于地也。所谓神仙者，以地仙厌居尘世，得中成之法，抽铅添汞，金精炼顶，玉液还丹，五气朝元，三阳聚顶，功满忘形，胎生自化，阴尽阳纯，身外有身，脱质成仙，超凡入圣，谢绝尘世，以归三岛，故曰神仙。神仙不离于神也。所谓天仙者，以神仙厌居三岛，得大成之法，内外丹成，道上有功，人间有行，功行满足。授天书以返洞天，是曰天仙。天仙不离于天也。然修仙之要，炼丹为急，吾有《洞仙歌》二十二首，君宜谨记之。

丹之始，无上元君授圣主。	法出先天五太初，遇元修炼身冲举。
丹之祖，生育三才运今古。	隐在鄱湖山泽间，志士采来作丹母。
丹之父，晓来飞上扶桑树。	万道霞光照太虚，调和兔髓可烹煮。
丹之母，金晶莹洁夜三五。	乌兔搏搦不终朝，炼成大药世无比。
丹之胎，乌肝兔髓毓真胚。	一水三汞三砂质，四五三成明自来。
丹之兆，三日结胎方入妙。	万丈红光贯斗牛，五音六律随时奏。
丹之质，红紫光明人莫识。	元自虚无黍米珠，色即是空空即色。
丹之灵，十月脱胎丹始成。	一粒一服百日足，改换形骨身长生。
丹之圣，九年炼就五霞鼎。	药力加添水火功，枯骨立起孤魂醒。
丹之室，上弦七兮下弦八。	中虚一寸号明堂，产出灵苗成金液。
丹之釜，垣廓坛炉须坚固。	内外护持水火金，日丁金胎产盘古。
丹之灶，鼎曲相通似蓬岛。	上安垣廓护金炉，立炼龙膏并虎脑。
丹之火，一日时辰十二个。	文兮武兮要合宜，抽添进退莫太过。
丹之水，器凭胜负斯为美。	不潮不溢致中和，滋产灵苗吐金蕊。
丹之威，红光耿耿冲紫薇。	七星灿灿三台烂，天丁地甲皆皈依。
丹之窍，天地人分各有粤。	紫薇嶽渎及明君，三界精灵皈至道。
丹之彩，依方逐位安排派。	青红赤白黄居中，摄瑞招祥神自在。
丹之用，真土真铅与真汞。	黑中取白赤中青，全凭水火静中动。
丹之融，阴阳配合在雌雄。	龙精虎髓鼎中烹，造化抽添火候功。
丹之理，龙膏虎髓灵无比。	二家交姤仗黄精，屯蒙进退全终始。
丹之瑞，小无其内大无外。	放弥六合退藏密，三界收来黍珠内。
丹之完，玉皇捧禄要天缘。	等闲岂许凡人泄，万劫之中始一传。"

真君曰："多谢指述。敢问仙丈，五仙之中，已造到何仙地位?"吴君曰："小老山野愚蒙，功行殊欠，不过得小成之功，而为地仙耳。若于神仙天仙，虽知门路，无力可攀。"遂将烧炼秘诀，并白云符书，悉传与真君。

真君顿首拜谢，相辞而归。回至家中，厌居闹市，欲寻名山胜地，以为栖身之所。闻知汝南有一人，姓郭名璞，字景纯，明阴阳风水之道，遨游江湖。真君敬访之。璞一日早起，见鸦从东南而鸣，遂占一课，断曰："今日午时，当有一仙客许姓者，到我家中，欲问择居之事。"至日中，家童果报客至。璞慌忙出迎，礼罢，分宾而坐。璞问曰："先生非许姓，为卜居而来乎？"真君曰："公何以知之？"璞曰："某今早卜卦如此，未知然否？"真君曰："诚然。"因自叙姓名，并道卜居之意。璞曰："先生仪容秀伟，骨骼清奇，非尘中人物。富贵之地，不足居先生。居先生者，其神仙之地乎？"真君曰："昔吕洞宾居庐山而成仙，鬼谷子居云梦而得道，今或无此吉地么？"璞曰："有，但当遍历耳。"于是命童仆收拾行囊，与真君同游江南诸郡，采访名山。

一日，行至庐山，璞曰："此山嵯峨雄壮，湖水还东，紫云盖顶，累代产升仙之士。但山形属土，先生姓许，羽音属水，水土相克，不宜居也。但作往来游寓之所则可矣。"又行至饶州鄱阳，地名傍湖，璞曰："此傍湖富贵大地，但非先生所居。"真君曰："此地气乘风散，安得拟大富贵耶？"璞曰："相地之法，道眼为上，法眼次之。道眼者，凭目力之巧，以察山河形势。法眼者，执天星河图紫薇等法，以定山川吉凶富贵之地。天地所秘，神物所护，苟非其人，见而不见。俗云'福地留与福人来'，正谓此也。"真君曰："今有此等好地，先生何不留一记，以为他日之验？"郭璞乃题诗一首为记，云：

> 行尽江南数百州，唯有傍湖出石牛。
> 雁鹅夜夜鸣更鼓，鱼鳖朝朝拜冕旒。
> 离龙隐隐居乾位，巽水滔滔入艮流。
> 后代福人来遇此，富贵绵绵八百秋。

许、郭二人离了鄱阳，又行至宜春栖梧山下，有一人，姓王名朔，亦善通五行历数之书。见许、郭二人登山采地，料必异人，遂迎至其家。询姓名已毕，朔留二人宿于西亭，相待甚厚。真君感其殷勤，乃告之曰："子相貌非凡，可传吾术。"遂密授修炼仙方。郭璞曰："此居山水秀丽，宜为道院，以作养真之地。"王朔从其言，遂盖起道院，真君援笔大书"迎仙院"三字，以作牌额。王朔感戴不胜。二人相辞而去。遂行至洪都西山，地名金田，则见：

> 嵯嵯峨峨的山势，突突兀兀的峰峦，活活泼泼的青龙，端端正正的白虎，圆圆净净的护沙，湾湾环环的朝水。山上有苍苍郁郁的虬髯美松，山下有翠翠青青的凤尾修竹，山前有软软柔柔的龙须嫩草，山后有古古怪怪的鹿角枯樟。也曾闻华华彩彩的鸾吟，也曾闻昂昂藏藏的鹤

唉，也曾闻咆咆哮哮的虎啸，也曾闻呦呦诜诜的鹿鸣，这山呵！比浙之天台更生得奇奇绝绝，比闽之武夷更生得迤迤逦逦，比池之九华更生得迤迤逦逦，比蜀之峨眉更生得秀秀丽丽，比楚之武当更生得尖尖圆圆，比陕之终南更生得巧巧妙妙，比鲁之泰山更生得蜿蜿蜒蜒，比广之罗浮更生得苍苍奕奕。真个是天下无双胜境，江西第一名山。万古精英此处藏，分明是个神仙宅。

却说郭璞先生，行到山麓之下，前观后察，左顾右盼，遂将罗经下针，审了方向，抚掌大笑曰："璞相地多矣，未有如此之妙！若求富贵，则有起歇；如欲栖隐，大合仙格。观其冈阜厚圆，位坐深邃，三峰壁立，四环云拱，内外勾锁，无不合宜。大凡相地兼相其人，观君表里正与地符。且西山属金，以五音论之，先生之姓，羽音属水，金能生水，合得长生之局，舍此无他往也。但不知此地谁人为主？"傍有一樵夫指曰："此地乃金长者之业。"真君曰："既称长者，必是善人。"

二人径造其家。金公欣然出迎，欢若平生。金公问曰："二位仙客，从何而至？"郭璞曰："小子姓郭名璞，略晓阴阳之术。因此位道友，姓许名逊，欲求栖隐之地，偶采宝庄，正合仙格，欲置一舍，以为修炼之所，不知尊翁肯慨诺否？"金公曰："第恐此地褊小，不足以处许君；如不弃，并寒庄薄地数亩悉当相赠。"真君曰："愿订价多少？唯命是从。"金公曰："大丈夫一言，万金不易，愚老拙直，平生不立文券。"乃与真君索大钱一文，中破之，自收其半，一半付还真君。真君叩头拜谢。三人分别而去。于是真君辞了郭璞，择取吉日，挈家父母妻子，凡数十口，徙于西山，筑室而居焉。金公后封为地主真官。金氏之长，即今玉隆万寿宫是也。

却说真君日以修炼为事，炼就金丹，用之可以点石为金，服之可以却老延年。于是周济贫乏，德义彰播。时晋武帝西平蜀，东取吴，天下一统，建元太康。从吏部尚书山涛之奏，诏各郡保举孝廉贤能之士。豫章郡太守范宁，见真君孝养二亲，雍睦乡里，轻财利物，即保举真君为孝廉。武帝遣使臣束帛赍诏，取真君为蜀郡旌阳县令。真君以父母年老，不忍远离，上表辞职。武帝不允，命本郡守催迫上任。

捱至次年，真君不得已辞别父母妻子，只得起程。真君有二姊，长姊事南昌盱君，夫早丧，遗下一子盱烈，字道微，事母至孝。真君虑其姊孀居无倚，遂筑室于宅之西，奉姊居之，于是母子得闻妙道。真君临行，谓姊曰："吾父母年迈，妻子尚不知世务，贤姊当代弟掌治家事。如有仙翁隐客相过者，可以礼貌相待。汝子盱烈，吾嘉其有仁孝之风，使与我同往任所。"盱母曰："贤弟好去为官，家下一应事体为姊的担当，不劳远念。"言未毕，忽有一少年上堂，长揖言曰："吾与盰烈哥哥，皆外甥也，何独与盰兄同行，而不及我？"真君视其人，乃次姊之子，复姓钟离，名嘉，字公阳，新建县象牙山西里人也。父母俱早丧，自幼依于真君。为人气象恢弘，德性温雅，至是欲与真君同行。真君许之，于是二甥得薰陶之力，神仙器量，从此以立。真君又呼其妻周夫人，告之曰："我本无心功名，奈朝廷屡聘，若不奉行，恐抗君命。自古忠孝不能两全，二亲老迈，汝当朝夕侍奉，调护寒暑，克尽汝子妇之道。且儿女少幼，须不时教训，勤以治家，俭以节用，此是汝当然事也。"周夫人答曰："谨领教。"言毕，拜别而行。不在话下。

却说真君未到任之初，蜀中饥荒，民贫不能纳租；真君到任，上官督责甚严。真君乃以灵丹点瓦石为金，暗使人埋于县衙后圃。一旦，拘集贫民未纳租者，尽至阶下。真君问曰："朝廷粮税，汝等缘何不纳？"贫民告曰："输纳国税，乃理之常，岂敢不遵？奈因饥荒，不能纳尔。"真君曰："既如此，吾罚汝等在于县衙后圃，开凿池塘，以作工数，倘有所得，即来完纳。"民皆大喜，即往后圃开凿池塘，遂皆拾得黄金，都来完纳，百姓遂免流移之苦。邻郡闻风者皆来依附，遂至户口增益。按《一统志》，旌阳县属汉州，真君飞升后，改为德阳，以表真君之德及民也。其地赖真君点金，故至今尚富。这话休题。

那时民间又患瘟疫，死者无数，真君符咒所及，即时痊愈。又怜他郡病民，乃插竹为标，置于四境溪上，焚符其中，使病者就而饮之，无不痊可。其老幼妇女尪羸不能自至者，令人汲水归家饮之，亦复安痊。郡人有诗赞曰：

百里桑麻知善政，万家烟井沐仁风。
明悬藻鉴秋阳暴，清逼冰壶夜月溶。
符置江滨驱瘟病，金埋县圃起民穷。
真君德泽于今在，庙祀巍巍报厥功。

却说成都府有一人，姓陈名勋，字孝举。因举孝廉，官居益州别驾。闻真君传授吴猛道法，今治旌阳，恩及百姓，遂来拜谒，愿投案下，充为书吏，使朝夕得领玄教。真君见其人，气清色润，遂付以吏职。既而见勋有道骨，乃引勋居门下为弟子，看守药炉。又有一人，姓周名广，字惠常，庐陵人也。乃吴都督周瑜之后，游巴蜀云台山，粗得汉天师驱精斩邪之法。至是闻真君深得仙道，特至旌阳县投拜真君为师，愿垂教训。真君纳之，职掌雷坛。二人自是得闻仙道之妙。真君任旌阳既久，弟子渐众，每因公余无事，与众弟子讲论道法。

却说晋朝承平既久，处有五胡强横，浊乱中原。那五胡？

匈奴刘渊居晋阳，羯戎石勒居上党，羌人姚弋仲居扶风，氐人符洪居临渭，鲜卑慕容廆居昌黎。

先是汉、魏以来，收服夷、狄，诸胡多居塞内。太子洗马江统劝武帝徙于边地，免后日夷、狄乱华之祸。武帝不听。至是果然侵乱晋朝。太子惠帝愚蠢，贾后横恣，杀戮大臣。

真君乃谓弟子曰："吾闻君子有道则见，无道则隐。"遂解官东归。百姓闻知，扳辕卧辙而留，泣声震地。真君亦泣下，谓其民曰："吾非肯舍汝而去，奈今天下不久大乱，吾是以为保身之计。尔等子民，各务生业。"百姓不忍，送至百里之外，或数百里，又有送至家中，不肯回者。真君至家，拜见父母妻子，合家相庆，喜不自胜。即于宅东空地结茅为屋，状如营垒，令蜀民居之。蜀民多改其氏族，从真君之姓，故号许氏营。

却说真君之妻周夫人对真君言："女姑年长，当择佳配。"真君曰："吾久思在心矣。"遍观众弟子中，有一人，姓黄名仁览，字紫庭，建城人也。乃御史中丞黄辅之子。其人忠信纯笃，有受道之器。真君遂令弟子周广作媒，仁览禀于父母，择吉备礼，在真君宅上成婚。满月后，禀于真君同仙姑归家省亲。仙姑克尽妇道，仁览吩咐其妻在家事奉公姑，复拜辞父母，敬从真君求仙学道。

却说吴真君猛，时年一百二十余岁矣，闻知真君解绶归家，自西安来相访。真君整衣出迎，坐定叙阔，命筑室于宅西以居之。一日忽大风暴作，吴君即书一符，掷于屋上，须臾见有一青鸟衔去，其风顿息，真君问曰："此风主何吉凶？"吴君曰："南湖有一舟经过，忽遇此风，舟中有一道人呼天求救，吾以此止之。"

不数日，有一人深衣大带，头戴幅巾，进门与二君施礼曰："姓彭名抗，字武阳，兰陵人也。自少举孝廉，官至晋朝尚书左丞。因见天下将乱，托疾辞职，闻许先生施行德惠，参悟仙机，特来拜投为师。昨过南湖，偶遇狂风大作，舟几覆，吾乃呼天号救，俄有一青鸟飞来，其风顿息。今日得拜仙颜，实乃万幸。"真君即以吴君书符之事告之。彭抗拜谢不胜，遂挈家居豫章城中。既而见真君一子未婚，愿将女胜姐为配。真君从之。自后待彭抗以宾礼，尽以神仙秘术付之。东明子有诗云：

> 二品高官职匪轻，一朝抛却拜仙庭。
> 不因懿戚情相厚，彭老安能得上升？

此时真君传得吴猛道术，犹未传谌母飞步斩邪之法。有太白金星奏闻玉帝："南昌郡孽龙将为民害，今有许逊原系玉洞真仙降世，应在此人收伏，望差天使赍赐斩妖神剑，付与许逊，助斩妖精，免使黎民遭害。"玉帝闻奏，即宣女童二人，将神剑二口，赍至地名柏林，献于许逊，宣上帝之命，教他斩魅除妖，济民救世。真君拜而受之，回顾女童，已飞升云端矣。后人有诗叹曰：

坚金烈火炼将成，削铁吹毛耀日明。
玉女捧来离紫府，江湖从此水流腥。

且说江南有一妖物，号曰"孽龙"。初生人世，为聪明才子，姓张名酷。因乘船渡江，偶值大风，其船遂覆，张酷溺于水中，彼时得附一木板，随水漂流，泊于沙滩之上。肚中正饿，忽见明珠一颗，取而吞之。那珠不是别的珠，乃是那火龙生下的卵。吞了这珠却不饿了，就在水中能游能泳。过了一月有余，脱胎换骨，遍身尽生鳞甲，止有一个头，还是人头。其后这个畜生，只好在水中戏耍，或跳入三级巨浪，看鱼龙变化；或撞在万丈深潭，看虾鳖潜游。不想火龙见了，就认得是他儿子，嘘了一气，教以神通。那畜生走上岸来，即能千变万化，于是呼风作雨，握雾撩云。喜则化人形而淫人间之女子，怒则变精怪而兴陆地之波涛，或坏人屋舍，或食人精血，或覆人舟船，取人金珠，为人间大患。诞有六子，数十年间，生息蕃盛，约有千余。兼之族类蛟党甚多，常欲把江西数郡滚出一个大中海。

一日，真君炼丹于艾城之山，有蛟党辄兴洪水，欲漂流其丹室。真君大怒，即遣神兵擒之，钉于石壁，今钉蛟石犹在。又挥起宝剑，将一蛟斩讫。不想那孽龙知道，杀了他的党类。一呼百集，老老少少，大大小小，都打做一团儿。孽龙道："许逊恁般可恶，欲诛吾党，不报此仇，生亦枉然！"内有一班孽畜，有叫孽龙做公公的，有叫作伯伯的，有叫作叔叔的，有叫作哥哥的，说道："不消费心，等我们去，把那许逊抓将来，碎尸万段，以泄其恨！"孽龙道："闻得许逊传授了吴猛的法术，甚有本事，还要个有力量的去才好！"内有一长蛇精说道："哥哥，等我去来。"孽龙道："贤弟到去得。"于是长蛇精带了百十个蛟党，一齐冲奔许氏之宅，一字阵儿摆开，叫道："许逊，敢与我比势么？"真君见是一伙蛟党，仗剑在手问云："你这些孽畜，有甚本事，敢与我相比？"长蛇精道："你听我说：

鳞甲棱层气势雄，神通会上显神通。
开喉一旦能吞象，伏气三年便化龙。
巨口张时偏作雾，高头昂处便呼风。
身长九万人知否，绕遍昆仑第一峰。

长蛇精恃了本事，耀武扬威，众蛟党一齐踊跃，声声口口说道："你不该杀了我家人，定不与你干休！"真君曰："只怕你这些孽畜逃不过我手中宝剑。"那长蛇精就弄他本事，放出一阵大风，又只见：

视之无影，听之有声，噫大块之怒号，传万窍之跳叫。一任他砾砾磅磅，栗栗烈烈，撼天关，摇地轴，九天仙子也愁眉；那管他青青白白，红红黄黄，翻大海，搅长江，四海龙王同缩颈。雷轰轰，电闪闪，飞的是沙，走的是石，直恁的满眼尘霾春起早；去惨惨，雾雾腾腾，折也乔林，不也古木，说什么前村灯火夜眠迟。忽喇喇，前呼后叫，左奔右突，就是九重龙楼凤阁，也教他万瓦齐飞；吉都都，横冲直撞，乱卷斜拖，即如千丈虎狼穴，难道是一毛不拔！纵宗生之大志，不敢谓其乘之而浪破千层；虽列子之泠然，吾未见其御之而旬有五日。

正是：

万里尘沙阴晦暝，几家门户响敲推！
多情折尽章台柳，底事掀开社屋茅。

真个好一阵大风也！真君按剑在手，叱曰："风伯等神，好将此风息了！"须臾之间，那风寂然不动。谁知那些孽怪，又弄出一番大雨来，则见：

石燕飞翔，商羊鼓舞。滂沱的云中泻下，就似倾盆；忽喇的空里注来，岂因救旱。逼逼剥剥，打过那园林焦叶，东一片，西一片，翠色阑珊，淋淋筛筛，滴得那池沼荷花，上一瓣，下一瓣，红妆零乱。沟面洪盈，倏忽间漂去高凤庭前麦；檐头长溜，须史里洗却周武郊外兵。这不是鞭将蜥蜴，碧天上祈祷下的甘霖；这却是驱起鲸鲵，沧海中喷将来的唾沫。
正是：

茅屋人家烟火冷。梨花庭院梦魂惊；
渠添浊水通鱼入，地秀苍苔滞鹤行。

真个好一阵大雨也！真君又按剑叱曰："雨师等神，好将此雨止了！"那雨一霎时间半点儿也没了。

真君乃大显法力，奔往长蛇精阵中，将两口宝剑挥起，把长蛇精挥为两段。那伙蛟党，见斩了蛇精，各自逃生。真君赶上，一概诛灭。径往群蛟之所，寻取孽龙。那孽龙闻得斩了蛇精，伤了许多党类，心里那肯干休。就呼集一党蛟精，约有千百之众，人多口多，骂着真君："骚道，野道，你不合这等上门欺负人！"于是呼风的呼风，唤雨的唤雨，作雾的作雾，兴云的兴云，攫烟的攫烟，弄火的弄火，一齐奔向前来。真君将两口宝剑，左砍右斫，那蛟党多了，怎生收伏得尽。况真君此时未传得谌母飞腾之法，只是个陆地神仙。那孽龙到会变化，冲上云霄，就变成一个大鹰儿。真个：

　　　　爪似铜钉快利，嘴似铁钻坚刚。展开双翅欲飞扬，好似大鹏模样。
　　　云里叫时声大，林端立处头昂。纷纷鸟雀尽潜藏，那个飞禽敢挡！

　　只见那鹰儿在半空展翅，忽喇地扑将下来，到把真君脸上挝了一下，挝得血流满面。真君忙挥剑斩时，那鹰又飞在半空中去了。真君没奈何，只得转回家中。那些蛟党见伤得性命多了，亦各自收阵回去。

　　却说真君见孽龙神通广大，敬来吴君处相访，求其破蛟之策。吴君曰："孽龙久为民害，小老素有剪除之心。但恨道法未高，莫能取胜。汝今既擒蛟党，孽龙必然忿怒，愈加残害，江南休矣！"真君曰："如此奈何！"吴君曰："我近日闻得镇江府丹阳县，地名黄堂，有一女真谌母，深通道术，吾与汝同往师之，叩其妙道，然后除此妖物，未为晚也。"真君闻言大喜，遂整行囊与吴君共往黄堂，谒见谌母。谌母曰："二公何人？到此有何见谕？"真君曰："弟子许逊、吴猛，今因江南有一孽龙精，大为民害。吾二人有心殄灭，奈法术殊欠。久闻尊母道传无极，法演先天，径来恳求，望指示仙诀，实乃平生之至愿也。"言讫，拜伏于地。谌母曰："二公请起，听吾言之：君等乃夙禀奇骨，名在天府。昔者孝悌王，自上清下降山东曲阜县兰公之家，谓兰公曰：'后世晋代当出一神仙，姓许名逊，传吾至道，是为众仙之长。'遂留下金丹宝鉴、铜符铁券，并飞步斩邪之法，传与兰公。复令兰公传我，兰公又使我收掌，以待汝等，积有四百余年矣。子今既来，吾当传授于汝。"于是选择吉日，依科设仪，付出铜符铁券、金丹宝鉴，并正一斩邪之法，三五飞腾之术，及诸灵章秘诀，并各样符箓，悉以传诸许君。今净明法、五雷法之类，皆谌母所传也。谌母又谓吴君曰："君昔者以神方为许君之师，今孝悌王之道，唯许君得传，汝当退而反师之也。"真君传道已毕，将欲辞归。心中暗想："今幸得闻谌母之教，每岁必当谒拜，以尽弟子之礼。"此意未形于言，谌母已先知矣。乃对真君曰："我今还帝乡，子不必再来谒也。"乃取香茅一根，望南而掷，其茅随风飘然。谌母谓真君曰："子于所居之南数十里，看香茆落于何处，其处立吾庙宇，每岁逢秋，一至吾庙足矣。"谌母言罢，空中忽有龙车凤辇来迎，谌母即凌空而去。

其时吴、许二君望空拜送，即还本部。遂往寻飞茆之迹，行至西山之南四十里，觅得香茆，已丛生茂盛，二君遂于此地建立祠宇，亦以黄堂名之。令匠人塑谌母宝像，严奉香火，期以八月初三日，必往朝谒。即今崇真观是也，朝谒之礼犹在。真君亦于黄堂立坛，悉依谌母之言，将此道法传授吴君。吴君反拜真君为师。自此二人始有飞腾变化之术。

回至小江，寓客店，主人宋氏见方外高人，不索酒钱，厚具相待。二君感其恭敬，遂求笔墨画一松树于其壁上而去。自二君去后，其松青郁如生，风动则其枝摇摇，月来则其彩淡淡，露下则其色湿湿，往来观者，日以千计。去则皆留钱谢之，宋氏遂至巨富。后江涨堤溃，店屋俱漂，唯壁不坏。

却说孽龙精被真君斩其族类，心甚怒。又闻吴君同真君往黄堂学法，于是命蛟党先入吴君所居地方，残害生民，为降灾祸。真君回至西宁，闻蛟孽腥风袭人，责备社伯："汝为一县鬼神之主，如何纵容他为害？"社伯答曰："妖物神通广大，非小神能制。"再三谢罪。忽孽龙精见真君至，统集蛟党，涌起十数丈水头。那水波涛泛涨，怎见得好狠？

> 只听得漰漰声振谷，又见那滔滔势漫天！雄威响若雷奔走，猛涌波如雪卷颠。千丈波高漫道路，万层涛激泛山岩。泠泠如漱玉，滚滚似鸣弦。触石沧沧喷碎玉，回湍渺渺漩涡圆。低低凸凸随流荡，大势弥漫上下连。

真君见了这等大水，恐损坏了居民屋宇田禾，急将手中宝剑，望空书符一道，叫道："水伯，急急收水！"水伯收得水迟，真君大怒。水伯道："常言泼水难收，且从容些！"真君欲责水伯，水伯大惧，须臾间将水收了，依旧是平洋陆地。真君提着宝剑径斩孽龙。那孽龙变作一个巡海夜叉，持枪相迎。这一场好杀：

> 真君剑砍，妖怪枪迎，剑砍霜光喷烈火，枪迎锐气迸愁云。一个是洋子江生成的恶怪，一个是灵霄殿差下的仙真。那一个扬威耀武欺天律，这一个御暴除灾转法轮。真仙使法身驱雾，魔怪争强浪滚尘。两家努力争功绩，皆为洪都百万民。

那些蛟党见孽龙与真君正杀得英雄，一齐前来助战。忽然弄出一阵怪砂来，要把真君眼目蒙蔽。只见：

似雾如烟初散漫，纷纷蔼蔼下天涯。白茫茫到处难开眼，昏暗暗飞
时找路差。打柴的樵子失了伴，采药的仙童不见家。细细轻飘如麦面，
精精翻覆似芝麻。世间朦胧山顶暗，长空迷没太阳遮。不比尘嚣随骏
马，难言轻软衬香车，此沙本是无情物，登时刮得眼生花。

此时飞沙大作，那蛟党一齐呐喊，真君呵了仙气一口，化作一阵雄风，将沙
刮转。吴君在高阜之上，观看妖孽，更有许大神通，于是运取掌心蛮雷，望空打
去。虽风云雷雨，乃蛟龙所喜的，但此系吴君法雷，专打妖怪。则见：

运之掌上，震之云间飑飑虩虩可畏，轰轰划划初闻。烧起谢仙之火
烈，推转阿香之车轮。音赫赫，就似撞八荒之鼓，音闻天地；声喤喤，
又如放九边之炮，响振军屯。使刘先主失了双箸，教蔡元中绕遍孤坟。
闻之不及掩耳，当之谁不销魂！真个天仙手上威灵振，蛟魅胸中
胆倾。

那些群孽，闻得这个法雷，惊天动地之声，倒海震山之怒，唬得魂不附体。
更见那真君两口宝剑，寒光闪闪，杀气腾腾，孽龙当抵不住，就收了夜叉之形，
不知变了个什么物件，潜踪遁走。真君乃舍了孽龙，追杀蛟党，蛟党四散逃去。
真君追二蛟至鄂渚，忽然不见。路逢三老人侍立，真君问曰："吾追蛟孽至
此，失其踪迹，汝三老曾见否？"老人指曰："敢伏在前桥之下？"真君闻言，遂
至桥侧，仗剑叱之。蛟党大惊，奔入大江，藏于深渊。真君乃即书符数道，敕遣
符使驱之。蛟孽不能藏隐，乃从上流奔出。真君挥剑斩之，江水俱红，此二蛟皆
孽龙子也。今鄂渚有三圣王庙，桥名伏龙桥，渊名龙窝，斩蛟处名上龙口。
真君复回到西宁，怒社伯不能称职，乃以铜锁贯其祠门，禁止民间不许祭
享。今分宁县城隍庙正门常闭，居民祭祀者亦少。乃令百姓崇祀小神，其人姓
毛，兄弟三人，即指引真君桥下斩蛟者。今封叶佑侯，血食甚盛。
真君见吴君曰："孽龙潜逃，蛟党奔散，吾欲遍寻踪迹，一并诛之。"吴君
曰："君自金陵远回，令椿萱大人，且须问省。吾谅此蛟党，有师尊在，岂能复
恣猖狂，待徐徐除之！"于是二君回过丰城县杪针洞。真君曰："后此洞必有蛟
螭出入，吾当镇之。"遂取大杉木一根，书符其上以为楔，至今其楔不朽。又过
奉新县，地名藏溪，又名蛟穴，其中积水不竭。真君曰："此溪乃蛟龙所藏之
处。"遂举神剑劈破溪傍巨石，书符镇之，今镇蛟石犹在。又过新建县，地名叹

早湖，湖中水蛭甚多，皆是蛟党奴隶，散入田中，啑人之血。真君恶之，遂将药一粒，投于湖中，其蛭永绝，今名药湖。复归郡城，转西山之宅，回见父母，一家具庆，不在话下。

却说真君屡败孽龙，仙法愈显，德著人间，名传海内。时天下求为弟子者，不下千数，真君却之不可得，乃削炭化为美妇数百人，夜散群弟子寝处。次早验之，未被炭妇污染者得十人而已。先受业者六人：

陈勋字孝举，成都人。

周广字惠常，庐陵人。

黄仁览字紫庭，建城人。真君之婿。

彭抗字武阳，兰陵人。其女配真君之子。

盱烈字道微，南昌人。真君外甥。

钟离嘉字公阳，新建人。真君外甥。

后相从者四人：

曾亨字典国，泗水人。骨秀神慧，孙登见而异之，乃潜心学道，游于江南，居豫章之丰城真阳观。闻真君道法，投于门下。时荷字道阳，巨鹿人。少出家，居东海沐阳院奉仙观，修老子之教。因入四明山遇神人授以胎息导引之术，颇能辟谷，亦能役使鬼神。慕真君之名，徒步踵门，愿充弟子。

甘战字伯武，丰城人。性喜修真，不求闻达，径从真君学道。

施岑字太玉，沛郡人。其父施朔仕吴，因移居于九江赤乌县。岑状貌雄杰，勇健多力，时闻真君斩蛟立功，喜而从之。真君使与甘战各持神剑，常侍左右。

这弟子十人，不被炭妇染污。真君嘉之，凡周游江湖，诛蛟斩蛇，时刻相从，即异时上升诸徒也。其余被炭妇所污者，往往自愧而去。今炭妇市犹在。真君谓施岑、盱烈曰："目今妖孽为害，变化百端，无所定向。汝二人可向鄱阳湖中追而寻之。"施、盱欣然领命，仗剑而去。夜至鄱阳湖中，登石台之上望之，今饶河口有眺台，俗呼为钓台非也。此盖施、盱眺望妖蜃出没之所耳。其时但见一物隐隐如蛇，昂头摆尾，横亘数十里。施岑曰："妖物今在此乎？"即拔剑挥之，斩其腰。至次日天明视之，乃蜈蚣山也。至今其山断腰，仙迹犹在。施岑谓盱烈曰："黑夜吾认此山，以为妖物，今误矣，与汝尚当尽力追寻。"

却说蘖龙精被真君杀败，更伤了二子，并许多族类，咬牙嚼齿，以恨真君。聚集众族类商议，欲往小姑潭，求老龙报仇。众蛟党曰："如此甚好。"蘖龙乃奔入小姑潭深底。那潭不知有几许深，谚云："大姑阔万丈，小姑深万丈。"所以叫作小姑潭，那蘖龙到万丈潭底，只见：

> 水泛泛漫天，浪层层拍岸。江中心有一座小姑山，虽是个中流砥柱，江下面有一所老龙潭，却似个不朽龙宫。那龙宫盖的碧磷磷鸳鸯瓦，围的光闪闪孔雀屏，垂的疏朗朗悲翠帘，摆的弯环环虎皮椅。只见老龙坐在虎椅之上，龙女侍在堂下，龙兵绕在宫前，夜叉立在门边，龙子龙孙列在阶上。真个是江心渺渺无双景，水府茫茫第一家。

说那老龙出外，他原是黄帝荆山铸鼎之时，骑他上天。他在天上贪毒，九天玄女拿着他送与罗堕阇尊者。尊者养他在钵盂里，养了千百年。他贪毒的性子不改，走下世来，就吃了张果老的驴，伤了周穆王的八骏。朱漫泙心怀不忿，学就个屠龙之法，要下手着他。他又藏在巴蜀地方，一人家后园之中橘子里面。那两个着棋的老儿想他做龙脯，他又走到葛陂中来，撞着费长房打一棒，他就忍着疼奔走华阳洞去。那晓得吴绰的斧子又厉害些，当头一劈，受了老大的亏苦，头脑子虽不曾破，却失了项下这一颗明珠，再也上天不得。因此上拜了小姑娘娘，求得这所万丈深潭，盖造个龙宫，恁般齐整。

却说那蘖龙奔入龙宫之内，投拜老龙，哭哭啼啼，告诉前情，说着许逊斩了他的儿了，伤了他的族类，苦苦还要擒他。言罢，放声大哭。那龙宫大大小小，那一个不泪下。老龙曰："'兔死狐悲，物伤其类。'许逊既这等可恶，待我拿来，与你复仇！"蘖龙曰："许逊传了谌母飞步之法，又得了玉女斩邪之剑，神通广大，难以轻敌。"老龙曰："他纵有飞步之法，飞我老龙不过，他纵有斩邪之剑，斩我老龙不得。"于是即变作个天神模样，三头六臂，黑脸獠牙，则见：

> 身穿着重重铁甲，手提着利利钢叉。头戴着金盔，闪闪耀红霞，身跨着奔奔腾腾的骏马。雄纠纠英风直奋，威凛凛杀气横加。一心心要与人报冤家，古古怪怪的好怕。

那老龙打扮得这个模样，巡江夜叉，守宫将卒，人人喝彩，个个称奇，道："好一个妆束！"蘖龙亦摇身一变，也变作天神模样。你看他怎生打扮？则见：

> 面乌乌赵玄坛般黑，身挺挺邓天王般长。手持张翼德丈八长枪，就

好似斗口灵官的形状。口吐出葛仙真君的腾腾火焰，头放着华光菩萨的闪闪豪光。威风凛凛貌堂堂，不比前番模样。

那孽龙打扮出来，龙宫之内，可知人人喝彩，个个夸奇。两个龙妖一齐打个旋风，奔上岸来。老龙居左，孽龙居右，蛟党列成阵势，准备真君到来迎敌。不在话下。

施岑与旴烈从高阜上一望见那妖气弥天，他两个少年英勇，也不管他势头来得大，也不管他党类来得多，就掣手中宝剑跳下高阜来，与那些妖怪大杀一场。施、旴二人，虽传得真君妙诀，终是寡不敌众，三合之中，当抵不住，败阵而走。老龙与孽龙随后赶杀。施、旴大败，回见真君，具说前事。

真君大怒，遂提着两口宝剑，命甘战、时荷二人同去助阵。驾一朵祥云，径奔老龙列阵之所。那孽龙见了，自古"仇人相见，分外眼睁"，就提那长枪，径来刺着真君。老龙亦举起钢叉径来叉着真君。好一个真君，展开法力，就两口宝剑，左遮右隔。只见：

> 这一边挥宝剑，对一枝长枪，倍增杀气，那一边挥宝剑，架一管钢叉，顿长精神。这一边砍将去，就似那吕梁泻下的狂澜，如何当抵？那一边斫将去，就似那蜀山崩了的土地，怎样支撑？这一边施高强武艺，杀一个鹘入鸦群；那一边显凛烈威风，杀一个虎奔羊穴。这一边用一个风扫残红的法子，杀得他落花片片坠红泥；那一边使一个浪滚陆地的势儿，杀得他尘土茫茫归大海。真个是拨开覆地翻天手，要斩兴波作浪邪。

二龙与真君混战，未分胜败，忽翻身腾在半空，却要呼风唤雨，飞砂走石，来捉真君。此时真君已会腾云雾，遂赶上二龙，又在半空中杀了多时，后落下平地又战。那些蛟党，见真君法大，二龙渐渐当抵不住，一齐掩杀过来。时荷、甘战二人，乃各执利剑，亦杀入阵中。你看那师徒们横冲直撞，那些妖孽怎生抵敌得住？那老龙力气不加，三头中被真君伤了一头，六臂中被真君断了一臂，遂化阵清风去了。孽龙见老龙败阵，心中慌张，恐被真君所捉，亦化作一阵清风望西而去。其余蛟党，各自逃散。有化作螽斯，在麦陇上哗哗剥剥跳的；有化作青蝇，在棘树上嘈嘈杂杂闹的；有化作蚯蚓，在水田中扭扭屹屹走的；有化作蜜蜂，在花枝上扰扰嚷嚷采的；有化作蜻蜓，在云霄里轻轻款款飞的；有化作土狗子，不做声，不做气，躲在田傍下的。彼时真君追赶妖孽，走在田傍上经过，忽失了一足，把那田傍踹开。只见一道妖气，迸将出来。真君急忙看时，只见一个土狗子躲在那里。真君将剑一挥，砍成两截，原来是蘗龙第五子也。后人有诗叹曰：

> 自笑蛟精不见机，苦同仙子两相持。
> 今朝挥起无情剑，又斩亲生第五儿。

却说真君斩了蘗龙第五子，急忙追寻蘗龙，不见踪影。遂与二弟子且回豫章。吴君谓真君曰："目今蛟党还盛，未曾诛灭，蘗龙有此等助威添势，岂肯罢休！莫若先除了他的党类，使他势孤力弱，一举可擒，此所谓射人先射马之谓也。"真君曰："言之有理。"遂即同施岑、甘战、陈勋、盱烈、钟离嘉群弟子随己出外追斩蛟党。犹恐蘗龙精溃其郡城，留吴君、彭抗在家镇之。于是真君同群弟子，或登高山，或往穷谷，或经深潭，或诣长桥，或历大湖等处，寻取蛟党灭之。

真君一日至新吴地方，忽见一蛟，变成一水牛，欲起洪水，淹没此处人民。嘘气一口，涨水一尺，嘘气二口，长水二尺。真君大怒，挥剑欲斩之。那蛟蘗见了真君，魂不附体，遂奔入潭中而去。真君即立了石碑一片，作镇蛟之文以禁之。其文曰：

> 奉命太玄，得道真仙。劫终劫始，先地先天。无量法界，玄之又玄。勤修无遗，白日升仙。神剑落地，符法升天。妖邪丧胆，鬼精逃潜。

其潭至今名曰镇龙潭，石碑犹存。

一日，真君又行至海昏之上，闻有巨蛇据山为穴，吐气成云，长有数里，人畜在气中者，即被吞吸。江湖舟船，多遭其覆溺，大为民害。施岑登北岭之高而望之，见其毒气涨天，乃叹曰："斯民何罪，而久遭其害也？"遂禀真君，欲往诛之。真君曰："吾闻此畜，妖气最毒，搪突其气者，十人十死，百人百亡，须待时而往。"良久，俄有一赤鸟飞过，真君曰："可矣。"言赤鸟报时，天神至、地神临，可以诛妖。后于其地立观，名候时观，又号赤鸟观。

且说那时真君引群弟子前至蛇所。其蛇奋然跃出深穴，举首高数十丈，眼若火炬，口似血盆，鳞似金钱，口中吐出一道妖气。则见：

> 冥冥蒙蒙，比蚩尤迷敌的大雾；昏昏暗暗，例元规污人的飞尘。飞去飞来，却似那汉殿宫中结成的黑块；滚上滚下，又似那泰山岩里吐出

的顽云。大地之中，遮蔽了峰峦岭曲；长空之上，隐藏了日月星辰。弥弥漫漫，涨将开千有百里；霏霏拂拂，当着了十无一生。

正是：

　　妖蛇吐气三千丈，千里犹闻一阵腥。

真君呼一口仙风，吹散其气。率弟子各挥宝剑，乡人摩旗摇鼓，呐喊振天相助。妖蛇全无惧色，奔将过来。真君运起法雷，劈头打去，兼用神剑一指，蛇乃却步。施岑、甘战二人，奋勇飞步纵前，施踏其首，甘端其尾，真君先以剑劈破其颡，陈勋再引剑当中腰斩之，蛇腹遂尔裂开。忽有一小蛇自腹中走出，长有数丈，施岑欲斩之。真君曰："彼母腹中之蛇，未曾见天日，犹不曾加害于民，不可诛之。"遂叱曰："畜生好去，我放汝性命，毋得害人！"小蛇惧怯，奔行六七里，闻鼓噪之声，犹反听而顾其母。此地今为蛇子港。群弟子再请追而戮之。真君曰："既放其生而又追戮之，是心无恻隐也。"蛇子遂得入江。今有庙在新建吴城，甚是灵感。宋真宗敕封"灵顺昭应安济惠泽王"，俗呼曰小龙王庙是也。大蛇既死，其骨聚而成洲，今号积骨洲。

真君入海昏，经行之处，皆留坛靖，凡有六处。通候时之地为七，一曰进化靖，二曰节奏靖，三曰丹符靖，四曰华表靖，五曰紫阳靖，六曰霍阳靖，七曰列真靖，其势布若星斗之状，盖以镇压其后也。其七靖今皆为宫观，或为寺院。巨蟒既诛，妖血污剑，于是洗厉之，且削石以试其锋，今新建有靡剑池、试剑石犹在。真君谓诸徒曰："蛟党除之莫尽，更有孽龙精通灵不测，今知我在此，若伺隙溃我郡城，恐吴、彭二人莫能慑服。莫若弃此而归。"施岑是个勇士，谓曰："此处妖孽甚多，再寻几日，杀几个回去却好。"真君曰："吾在外日久，恐吾郡蛟党又聚作一处，可速归除之！"于是悉离海昏而行。海昏乡人感真君之德，遂立生祠，四时享祭。不在话下。

且说孽龙精果然深恨真君，乘其远出，欲将豫章郡滚成一海，以报前仇。遂聚集败残蛟党，尚有七八百余，孽龙曰："昨夜月离于毕，今夜酉时，主天阴晦暝，风雨大作，我与尔等，趁此机会，把豫章郡一滚而沉，有何不可？"此时正是午牌时分，吴君猛与彭君抗恰从西山高处，举目一望，只见妖气漫天，乃曰："许师往外诛妖，不想妖气尽聚于此。"言未毕，忽见豫章郡社伯并土地等神，来见吴君说："孽龙又聚了八百余蛟党，欲搅翻江西一郡，变作沧海，只待今夜酉牌时分风雨大作之时，就要下手。有等居民，闻得此信，皆来小神庙中，叩头磕脑，叫小神保他。我想江西不沉却好，若沉了时节，正是'泥菩萨落水，自身难保'，还保得别人？伏望尊仙怎生区处。"吴君听说此事，到吃了一大惊，遂与彭君急忙下了山头。吴君谓彭君曰："尔且仗剑一口，驱使神兵，先往江前江后寻逻。"彭君去了。

　　吴君乃上了一座九星的法坛，取过一个五雷的令牌，仗了一口七星的宝剑，注上一碗五龙吐的净水，念了几句"乾罗恒那九龙破秽真君"的神咒，捏了一个三台的真诀，步了一个八卦的神罡。乃飞符一道，径差年值功曹，送至日宫太阳帝君处投下，叫那太阳帝君，把这个日轮儿缓缓的沉下，却将酉时翻作午时，就要如鲁阳挥以长戈，即返三舍，虞公指以短剑，却转几分的日子。又飞符一道，径差月值功曹，送至月宫太阴星君处投下。叫那太阴星君把这个月轮儿缓缓的移上，却将亥时翻作酉时，就要如团团离海角，渐渐出云衢，此夜一轮满，清光何处无。又飞符一道，径差日值功曹，送至风伯处案下，叫那风伯今晚将大风息了，一气不要吹嘘，万窍不要怒叫，切不可过江掇起龙头浪，拂地吹开马足尘，就树撮将黄叶落，入山推出白云来。又飞符一道，径差时值功曹，送至雨师处投下，叫那雨师今晚收了雨脚，休要得点点滴滴打破芭蕉，淋淋漓漓洗开苔藓，颓山黑雾倾浓墨，倒海冲风泻急湍，势似阳侯夸滇海，声如项羽战章邯。又飞符一道，差那律令大神，径到雷神处投下，叫那雷神今晚将五雷藏着，休得要驱起那号令，放出那霹雳，轰轰烈烈，使一鸣山岳震，再鼓禹门开，响激天关转，身从地穴来。又飞符一道，差着急脚大神，送至云师处投下，叫他今晚卷起云头，切不可氤氤氲氲，遮掩天地，渺渺漠漠，蒙蔽江山，使那重重翼凤飞层汉，叠叠从龙出远波，太行游子思亲切，巫峡襄王入梦多。吴君遣符已毕，又差那社伯等神，火速报知真君，急回豫章郡，慑伏群妖，毋得迟误。吴君调拨已毕，遂亲自仗剑，镇压群蛟。不在话下。

　　却说孽龙精只等待日轮下去、月光上来的酉牌时分，就呼风唤雨，驱云使雷，把这豫章一郡滚沉。不想长望短望，日头只在未上照耀，叫他下去，那日头就相似缚了一条绳子，再也不下去。孽龙又招那月轮上来，这月轮就相似有人扯住着他，再也不上来。孽龙怒起，也不管酉时不酉时，就命取蛟党，大家呼着风来。谁知那风伯遵了吴君的符命，半空中叫道："孽龙！你如今学这等歪，却要放风，我那个听你！"孽龙呼风不得，就去叫雷神打雷。谁知那雷神遵了吴君的符命，半下儿不响。孽龙道："雷公，雷公！我往日唤你，少可有千百声，今日半点声气不做，敢害哑了？"雷神道："我到不害哑，只是你今日害颠！"孽龙见雷公不响，无如之奈，只得叫声："云师，快兴云来！"那云师遵了吴君的符命，把那千岩万壑之云，只卷之退藏于密，那肯放之弥于六合。只见玉宇无尘，天清气朗，那云师还在半空中，唱一个"万里长江收暮云"耍子哩。孽龙见云师不肯兴云，且去问雨师讨雨。谁知那雨师，亦遵了吴君的符命，莫说是千点万点洒将下来，就是半点儿也是没有的。

孽龙精望日日不沉，招月月不上，呼风风不至，唤雨雨不来，驱雷雷不响，使云云不兴。直激得怒从心上起，恶向胆边生，遂谓众蛟党曰："我不要风云雷雨，一小小豫章郡终不然滚不成海？"遂耸开鳞甲，翻身一转，把那江西章江门外，就沉了数十余丈。吴君看见，即忙飞起手中宝剑，驾起足下祥云，直取孽龙，孽龙与吴君厮战，彭君亦飞剑助敌，在江西城外大杀一场。孽龙招取党类，一涌而至，在上的变成无数的黄蜂，扑头扑脑乱丁；在下的变成滚滚的长蛇，遍足乱绕。孽龙更变作个金刚菩萨，长又长，大又大，手执金戈，与吴君、彭君混战。好一个吴君，又好一个彭君！上杀个雪花盖顶，战住狂蜂；下杀个枯树盘根，战住长蛇；中杀个鹞子翻身，抵住孽龙。自未时杀起，杀近黄昏。忽真君同着诸弟子到来，大喝一声："许逊在此！孽畜敢肆害么？"诸蛟党皆有惧色。孽龙见了真君，咬定牙根，要报前仇，乃谓群蛟曰："今日遭此大难，我与尔等，生死存亡，在此一举！"诸蛟踊跃言曰："父子兄弟，当拚命一战，胜则同生，败则同死！"遂与孽龙精力战真君，怎见得厉害：

> 愁云蔽日，杀气漫空，地覆天翻，神愁鬼哭。仙子无边法力，妖精许大神通。一个万丈潭中孽怪，舞着金戈；一个九重天上真仙，飞将宝剑。一个棱棱层层甲鳞竦动，一个变变化化手段高强。一个呵一口妖气，雾涨云迷；一个吹一口仙风，天清气朗。一个领蛟子蛟孙战真仙，恰好似八十万曹兵鏖赤壁；一个同仙徒仙弟收妖孽却好似二十八汉将闹昆阳。一个翻江流，搅海水，重重叠叠涌波涛；一个撼乾枢，摇坤轴，烈烈轰轰运霹雳。一个要为族类报了冤仇，一个要为生民除祸害。

正是：

> 两边齐角力，一样显神机。
> 到头分胜败，毕竟有雄雌！

却说孽龙精奋死来战真君，真君正要拿住他，以绝祸根。那些蛟党终是心中惧怯，真君的弟子们，各持宝剑，或斩了一两个的，或斩了三四个的，或斩了五六个的，喷出腥血，一片通红。周广一剑，又将孽龙的第二子斩了。其余蛟党，一个个变化走去。只有孽龙与真君独战，回头一看，蛟党无一人在身傍，也只得跳上云端，化一阵黑风而走。真君急追赶时，已失其所在，乃同众弟子回归。真君谓吴猛曰："此番若非君之法力，数百万生灵，尽葬于波涛中矣！"吴君曰：

"全仗尊师杀退蛟孽,不然,弟子亦危也。"

却说孽龙屡败,除杀死族类外,六子之中,已杀去四子。众蛟党恐真君诛己,心怏怏不安,尽皆变去,止有三蛟未变。三蛟者,二蛟系孽龙子,一蛟系孽龙孙,藏于新建洲渚之中,其余各变形为人,散于各郡城市填中,逃躲灾难。

一日,有真君弟子曾亨入于城市,见二少年,状貌殊异,鞠躬长揖,向曾亨问曰:"公非许君高门乎?"曾亨曰:"然。"既而问少年曰:"君是何人也?"少年曰:"仆家居长安,累世崇善。远闻许公深有道术,诛邪斩妖,必仗神剑,愿闻此神剑,有何功用?"曾亨曰:"吾师神剑,功用甚大,指天天开,指地地裂,指星辰则失度,指江河则逆流。万邪不敢当其锋,千妖莫能樱其锐。出匣时,霜寒雪凛,耀光处,鬼哭神愁,乃天赐之至宝也。"少年曰:"世间之物,不知亦有何物可当贤师神剑,而不为其所伤?"曾亨戏谓之曰:"吾师神剑,唯不伤冬瓜葫芦二物耳,其余他物皆不能当也。"少年闻言,遂告辞而去。曾亨亦不知少年,乃是蛟精所变也。"蛟精一闻冬瓜葫芦之言,尽说与党类知悉。

真君一日以神剑授弟子施岑、甘战,令其遍寻蛟党诛之。蛟党以甘、施二人寻追甚紧,遂皆化为葫芦冬瓜,泛满江中。真君登秀峰之巅,运神光一望,乃呼施岑、甘战谓曰:"江中所浮者,非葫芦冬瓜,乃蛟精余党也。汝二人可覆水内斩之。"于是施岑、甘战飞步水上,举剑望葫芦乱砍。那冬瓜葫芦乃是轻浮之物,一砍即入水中,不能得破。正懊恼之间,忽有过往大仙在虚空中观看,遂令社伯之神,变为一八哥鸟儿,在施岑、甘战头上叫曰:"下剔上,下剔上!"施岑大悟,即举剑自下剔上,满江蛟党,约有七百余性命,连根带蔓,悉无噍类。江中碧澄澄流水,变为红滚滚波涛。止有三蛟未及变形者,因而获免。真君见蛟党尽诛,遂封那八哥鸟儿头一冠,所以至今八哥儿头上,皆有一冠,真君斩尽蛟党,后人有诗叹曰:

> 神剑棱棱辟万邪,碧波江上砍葫瓜;
> 孽龙党类思翻海,不觉江心杀自家。

且说孽龙精所生六子,已诛其四。蛟党千余,俱被真君诛灭。止有第三子与第六子,并有一长孙,藏于新建县洲渚之中,尚得留命。及闻真君尽诛其蛟类,乃大哭曰:"吾父未知下落,今吾等兄弟六人,传有子孙六七百,并其族类,共计千余。今皆被许逊剿灭,止留我兄弟二人,并一侄在此。吾知许逊道法高妙,岂肯容我叔侄们性命?不如前往福建等处,逃躲残生,再作区处。"正欲起行,忽见真君同弟子甘战、施岑卒至,三蛟急忙逃去。真君见一道妖气冲天而起,乃指与甘、施二人曰:"此处有蛟党未灭,可追去除之,以绝其根。"

　　真君遂与甘、施二人，飞步而行，蹑踪追至半路，施岑飞剑斩去一尾。追至福建延平府，地名潆洋九甲潭，其一蛟即藏于深潭之中。真君召乡人谓曰："吾乃豫章许逊，今追一蛟精至此，伏于此潭，吾今将竹一根，插于潭畔石壁之上，以镇压之，不许残害生民。汝等居民，勿得砍去！"言毕，即将竹插之，嘱曰："此竹若罢，许汝再生。此竹若茂，不许再出。"至今潭畔，其竹毋若凋零，则复生一笋成竹，替换复茂。今号为"许真君竹"。至今其竹一根在。往来舟船，有商人见其蛟者，其蛟无尾。更有一蛟，被真君与甘、施二人，赶至福建建宁府崇安县，有一寺名怀玉寺，其寺有一长老，法名全善禅师。在法堂诵经，忽见一少年，走入寺中，哀告曰："吾乃蘗龙之子，今被许逊剿灭全家，追赶至此，望贤师怜悯，救我一命，后当重报！"长老曰："吾闻豫章许逊道法高妙，慧眼通神，吾此寺中，何处可躲？"少年曰："长老慈悲为念，若肯救拔小人，小人当化作粟米一粒，藏于贤师掌中，待许逊到寺，贤师只合掌诵经，方保无事。"长老允诺，少年即化为粟米一粒，入于长老掌中躲讫。真君与甘战、施岑二人，赶入寺中，谓长老曰："吾乃豫章许逊，赶一蛟精至此，今在何处？可令他出来见我！"长老也不答应，只管合掌拱手，口念真经。真君不知藏在长老掌中，遍寻不见，遂往寺外前后处寻之，并不见踪迹。施岑曰："想蛟精去矣，吾等合往他处寻赶。"却说蛟精以真君去寺已远，乃复化为少年，拜谢长老曰："深蒙贤师活命之恩，无可报答，望贤师吩咐寺中，着令七日七夜不要撞钟擂鼓，容我报答一二。"长老依言，吩咐师兄师弟、徒子徒孙等讫。及至三日，只见寺中前后狂风顿起，冷气飕飕，土木自动。长老大惊，谓僧众曰："吾观蘗龙之子，本是害人之物，得我救命，教我等'七日七夜不动钟鼓'。今止三日，风景异常，想必是他把言语哄我。若不打动钟鼓，莫承望他报恩，此寺反遭其害，那时悔之晚矣。"于是即令僧众撞起那东楼上华钟。那钟儿响了一百单八声，荣荣汪汪。正是：

　　　　梵王宫里鲸声吼，商客舟中夜半闻。

　　又打起那西楼上画鼓。那鼓儿响了一个三起三煞，叮叮咚咚。正是：

　　　　俨若雷鸣云汉上，恍疑鼍吼海涛中。

　　那蛟精闻得钟鼓之声，吃了一惊，即转身又化为少年，回到寺中，来见长老言曰："吾前日吩咐寺中，七日勿动钟鼓，意欲将寺门外前后高山峻岭，滚成万亩良田，报答我师活命之恩。今才三日，止将高山上略荡得平些，滚有泉出，未及如数，而吾师即动钟鼓，其故何也？”长老以狂风顿起、山动地动为对。那少年不胜叹息。长老乃令人往寺外前后观之，但见高峻之处，皆荡得坦平，滚滚泉流不竭。至今怀玉寺中，不止千顷平坦良田，盖亦蛟精报恩所致。

却说真君离了寺门，遍寻不见蛟精，乃复回高处望之，只见妖气依原还在寺中。乃与甘、施二人，又来寺中寻觅。其蛟精知真君复来，即先化为一僧，拜辞长老言曰：“吾族中有众千余，皆被许逊诛灭，兄弟六人，已亡其四，吾父又未知存亡何如，吾今悔改前非，修行悟道。”言毕垂泪而别。真君果复至寺中，只见妖气出外，遂乃蹑迹追至建阳，地名叶墩。遥见一僧，知是蛟精所变。乃令甘、施二弟子，追赶至近，甘、施意欲斩之。真君连忙喝住曰：“不可，此物虽是害人，今化为僧，量必改恶迁善。”遂叱曰：“孽畜，我今赦汝前去，汝务要从善修行，勿害生民！吾有谛语，吩咐与汝，劳心记着：‘逢湖则止，逢仰则住。’”吩咐已毕，遂纵之而去。甘战叱曰：“孽畜，我师父饶了你性命，再不要害人！”施岑亦叱曰：“孽畜，你若不遵我师父谛语，再若害人，我擒汝就如反掌之易！”那僧含羞乱窜而去。脱离了叶墩地方，来至一村，前有一山，遇一牧童，其僧乃问曰：“此处是何地方？”牧童答曰：“此处地方贵湖，前面一山，名曰仰山。”僧闻牧童之言，乃大喜曰：“适间承真君吩咐：‘逢湖则止，逢仰则住。’今到此处，合此二意，可以在此居住矣。”遂憩于路旁水田之间，其中间泉水，四时不竭，此地名龙窟。后乃名离龙窟。龙僧即于仰山修行，法名古梅禅师，遂建一寺，名仰山寺。其寺当时乏水，古梅将指头在石壁上乱指，皆有泉出。其寺田粮亦广，至今犹在，真君即于叶墩立一观，名曰真君观，遥与仰山相对，以镇压之。其观至今犹存。

却说真君又追一蛟精，其蛟乃孽龙第一子之子，孽龙之长孙也。此蛟直走至福州南台躲避，潜其踪迹。真君命甘、施二弟子，遍处寻索，乃自立于一石上，垂纶把约，忽觉钓丝若有人扯住一般，真君乃站在石上，用力一扯，石遂裂开。石至今犹在。因名为钓龙石。只见扯起一个大螺，约有二三丈高大，螺中有一女子现出，真君曰：“汝妖也！”那女子双膝跪地，告曰：“妾乃南海水侯第三女。闻尊师传得仙道，欲求指教修真之路，故乘螺舟，特来相叩。”真君乃指以高盖山，可为修炼之所，且曰：“此山有苦参甘草，上有一井，汝将其药投于井中，日饮其水，久则自可成仙。”遂命女子复入螺中，有异风一口，吹螺舟浮于水面，直到高盖山下。女子乘螺于此，其螺化为大石，至今犹在。遂登山采取苦参甘草等药，日于井中投之，饮其井泉，后女子果成仙而去。至今其乡有病者，汲井泉饮之，其病可愈。却说施岑、甘战回见真君，言蛟精无有寻处。真君登高山绝顶以望，见妖气一道，隐隐在福州城开元寺井中喷出。乃谓弟子曰：“蛟精已入在井中矣。”遂至其寺中，用铁佛一座，置于井上压之。其铁佛至今犹在。真君收伏三蛟已毕，遂同甘战、施岑复回豫章，再寻孽龙诛之。后人有诗叹曰：

> 迢迢千里到南闽，寻觅蛟精驾雾云；
> 到处留名留异迹，今人万古仰真君。

却说孽龙既不能滚沉豫章，其族党变为瓜葫，一概被真君所灭。所生六子，斩了四子，只有二子一孙，犹未知下落。越思越恼，只得又奔往洋子江中，见了火龙父亲，哭诉其事。火龙曰："四百年前，孝悌明王传法与兰公，却使兰公传法与谌母，谌母传法与许逊。吾知许逊一生，汝等有此难久矣。故我当时就令了鼋帅，统领虾兵蟹将，要问他追了金丹宝鉴铜符铁券之文。谁知那兰公将我等杀败。我彼时少年精壮，也奈何兰公不得，今日有许多年纪，筋力憔悴，还奈得许逊何！这凭你自去。"孽龙叹曰："今人有说父不顾子的世界。果然果然。"火龙骂曰："畜生！我满眼的孙子，今日被你不长进，败得一个也没了，还来怨我父亲！"遂打将孽龙出来。

孽龙见父亲不与他做主，遂在江岸上放声大哭，惊动了南海龙王敖钦第三位太子。彼时太子领龙王钧旨，同巡江夜叉全身披挂，手执钢刀，正在此巡逻长江，认得是火龙的儿子，即忙问曰："你在此哭甚事？"孽龙道："吾族党千余，皆被许逊诛灭，父亲又不与我作主，我今累累然若丧家之狗，怎的由人不哭？"太子曰："自古道：'家无全犯。'许逊怎么就杀了你家许多人？他敢欺我水府无人么？老兄且宽心，待我显个手段，擒他报取冤仇！"孽龙道："许逊传了谌母飞步之法，仙女所赐宝剑，其实神通广大，难以轻敌。"太子曰："我龙宫有一铁杵，叫作如意杵；有一铁棍，叫作如意棍。这个杵，这个棍，欲其大，就有屋桶般大，欲其小，只如金针般小，欲其长，就有三四丈长，欲其短，只是一两寸短。因此名为如意。此皆父王的宝贝。那棍儿被孙行者讨去，不知那猴子打死了千千万万的妖怪。只有这如意杵儿，未曾使用，今带在我的身边，试把来与许逊弄一弄，他若当抵得住，真有些神通。"孽龙问道："这杵是那一代铸的？"太子道："这杵是乾坤开辟之时，有一个盘古王，凿了那昆仑山几片棱层石，架了一座的红炉。砍了广寒宫一株婆娑树，烧了许多的黑炭。取了须弥山几万斤的生铁，用了太阳宫三昧的真火，叫了那炼石的女娲，炼了七七四十九个日头。却命着雨师洒雨，风伯煽风，太乙护炉，祝融看火，因此上炼得这个杵儿。要大就大，要小就小，要长就长，要短就短。且此杵有些妙处，抛在半空之中，一变十，十变百，百变千，千变万，更会变化哩。"孽龙问曰："如今那铁杵放在哪里？"太子即从耳朵中拿将出来，向风中幌一幌，就有屋桶般大，幌两幌，就有竹竿般长。孽龙大喜曰："这样东西，要长就长，要大则大，那许逊有些法力，尚可当抵一二；徒弟们皆是后学之辈，禁得几杵?"

夜叉见太子欲与孽龙报仇，乃谏曰："爷爷没有钧旨，太子怎敢擅用军器？恐爷爷知道，不当稳便。"太子曰："吾主意已定，你肯辅我，便同去，如不肯辅我，任你先转南海去罢!"夜叉不肯相助，自去了。那太子奔杀豫章，要拿许逊，与孽龙报仇。却怎生打扮，则见：

> 重叠叠"鳖甲"坚固，整齐齐"海带"飞斜。身骑着"海马"号三花，好一似"天门冬"将军披挂。走起了磊磊落落"滑石"，飞将来溟溟漠漠"辰砂"。索儿绞的是"天麻"，要把"威灵仙"拿下。

却说真君同着弟子甘战、施岑等各仗宝剑，正要去寻捉孽龙，忽见龙王三太子叫曰："许逊，许逊！你怎么这等狠心，把孽龙家千百余人，一概诛戮！你敢小觑我龙宫么？我今日与你赌赛一阵，才晓得我的本事!"真君慧眼一看，认得是南海龙王的三太子，喝曰："你父亲掌管南海，素称本分，今日怎的出你们不肖儿子？你好好回去，免致后悔!"太子道："你杀人之父，人亦杀其父。杀人之兄，人亦杀其兄。孽龙是我水族中一例之人，我岂肯容你这等欺负!"于是举起钢刀，就望真君一砍。真君亦举起宝剑来迎，两个大杀一场。则见：

> 一个是九天中神仙领袖，一个是四海内龙子班头。一个的道法精通，却会吞云吸雾；一个的武艺惯熟，偏能掣电驱雷。一个呼谌母为了师傅，最大神通；一个叫龙王做了父亲，尽高声价。一个飞宝剑，前挑后剔，光光闪闪，就如那大寒陆地凛严霜；一个抛铁杵，直撞横冲，珇珇珰珰，就如那除夜人家烧爆竹。真个是棋逢敌手，终朝胜负难分；却原来阵遇对头，两下高低未辨。

真君与那太子刀抵剑，剑对刀，自巳牌时分，战至午时，不分胜败。施岑谓众道友曰："此龙子本事尽高，恐师父不能拿他，可大家一齐掩杀。"那太子见真君弟子一齐助战，遂在耳朵中，取出那根铁杵来，幌了两三幌，望空抛起，好一个铁杵！一变作十，十变作百，百变作千，千变作万，半天之中，就如那纷纷柳絮颠狂舞，滚滚蜻蜓上下飞。满空撞得砑砑响，恰是潘丞相公子打擂槌。你看那真君的弟子们，才把那脑上的杵儿撇开，忽一杵在脑后一打；才把那脑后的杵儿架住，忽一杵在心窝一笃；才把心窝的杵儿一抹，忽一杵在肩膀上一锥。那些弟子们怕了那杵，都败阵而走。好一个真君，果有法术，果有神通，将宝剑望东一指，杵从东落；望西一指，杵从西开；望南一指，杵从南坠；望北一指，杵从北散。真君虽有这等法力，争奈千千万万之杵，一杵去了，一杵又来，却未能取胜。

忽观世音菩萨空中闻得此事，乃曰："敖钦龙王十分仁厚，生出这个不肖儿子，助了蛟精。我若不去收了如意杵宝贝，许逊纵有法力，无如之奈。"于是驾起祥云，在半空之中，解下身上罗带，做成一个圈套儿丢将起来，把那千千万万之杵，尽皆套去。那太子见有人套去他的宝贝，心下慌张，败阵而走。孽龙接见问曰："太子与许孙征战，得大胜否？"太子曰："我战许孙正在取胜之际，不想有一妇人，使一个圈套，把我那宝贝套了去了。我今没处讨得！"孽龙曰："套宝贝者，非是别人，乃是观世音菩萨……"言未毕，真君赶至，孽龙望见，即化一阵黑风走了。太子心中不忿，又提着手中钢刀，再来交战。此是败兵之将，英勇不加，两合之中，被真君左手一剑架开钢刀，却将右手一剑来斩太子。忽有人背后叫曰："不可，不可！"真君举眼一看，见是观音，遂停住宝剑。观音曰："此子是敖钦龙王的第三子，今无故辅助孽龙，本该死罪。奈他父亲素是仁厚，今我在此，若斩了此子，龙王又说我不救他，体面上不好看。"真君方才罢手。

却说那巡江夜叉回转龙宫，将太子助孽龙之事，一一禀知龙王。龙王顿足骂曰："这畜生忒的不肖！"彼时东海龙王敖顺、西海龙王敖广、北海龙王敖润同聚彼处。亦曰："这畜生今日去战许逊，就如那葛伯与汤为仇。辅助孽龙，就如那崇侯助纣为虐，容不得他！"敖钦曰："这样儿子，要他则甚！"遂取过一口利剑，敕旨一道，令夜叉将去叫太子自刎而亡。夜叉领了敕旨，赍了宝剑，径来见着三太子，太子闻知其故，唬得魂不着体，遂跪下观音叫道："善菩萨！没奈何，到我父王处，保过这次。"观音道："只怕你父亲难饶你死罪，你不如到蛇盘谷中鹰愁涧躲避，三百年后，等唐三藏去西天取经，罚你变做个骡子，径生天竺国驮经过来，那时将功赎罪，我对你父亲说过，或可留你。"太子眼泪汪汪，拜辞观世音，往鹰愁涧而去。观音复将所收铁杵，付与夜叉，教夜叉交付与龙王去讫。真君亦辞了观音，回转豫章。不在话下。

却说观音菩萨别了真君，欲回普陀岩去，孽龙在途中投拜，欲求与真君讲和，后当改过前非，不敢为害，言辞甚哀。观音见其言语恳切，乃转豫章，来见真君。真君问曰："大圣到此，复有何见谕？"观音曰："吾此一来，别无甚事，孽龙欲与君讲和，今后改恶迁善，不知君允否？"真君曰："他既要讲和，限他一夜滚百条河，以鸡鸣为止，若有一条不成，吾亦不许。"观音辞真君而去。弟子吴猛谏曰："孽畜原心不改，不可许之。"真君曰："吾岂不知，但江西每逢春雨之时，动辄淹浸，吾欲其开成百河，疏通水路耳，非实心与之和也。吾今吩咐社伯，阻挠其功，勿使足百条之数，则其罪难免，亦不失信于观音矣。"却说孽龙接见观音，问其所以。观音将真君所限之事，一一说与。孽龙大喜，是夜用尽神通，连滚连滚，恰至四更，社伯扣计其数，已滚九十九条。社伯心慌，乃假作鸡鸣，引动众鸡皆鸣。孽龙闻得大惊，自知不能免罪，乃化为一少年，未及天明，即循往湖广躲避去讫。真君至天明，查记河数，止欠一条，鸡声尽鸣，乃知是社伯所假也。遂令弟子计功受赏。真君急寻孽龙之时，已不知其所在。后来遂于河口立县，即今之南康湖口县是焉。

却说孽龙遁在黄州府黄冈县地方，变作个少年的先生求馆。时有一老者，姓史名仁，家颇饶裕，有孙子十余人，正欲延师开馆。孽龙至其家，自称："豫章曾良，闻君家有馆，特来领教。"史老见其人品清高，礼貌恭敬，心窃喜之。但不知其学问何如，遂谓曰："敝乡旧俗，但先生初来者，或考之以文，或试之以对，然后启账。卑老有一对，欲领尊教何如？"孽龙曰："愿闻。"史老曰："曾先生腰间加四点，鲁邦贤士。"孽龙曰："我就把令孙为对。"遂答曰："史小子头上着一横，吏部天官。"史老见先生对得好，不胜之喜，乃曰："先生高才邃养，奈寒舍学俸微少，未可轻屈。"孽龙道："小子借寓读书，何必计利！"史老遂择日启馆，叫诸孙具贽见之仪，行了拜礼，遂就门下受业。孽龙教授那些生徒，辨疑解惑，读书说经，明明白白，诸生大有进益。不在话下。

却说真君以孽龙自滚河以后，遍寻不见，遂同甘战、施岑二人，径到湖广地面，寻觅踪迹。忽望妖气在黄冈县乡下姓史的人家，乃与二弟子径往其处，至一馆中，知是孽龙在此，变作先生，教训生徒。真君乃问其学生曰："先生哪里去了？"学生答云："先生洗浴去了。"真君曰："在哪里洗浴？"学生曰："在涧中。"真君曰："这样十一月天气，还用冷水洗浴？"学生曰："先生是个体厚之人，不论寒天热天，常要水中去浸一浸。若浸得久时，还有两三个时辰才回来。"真君乃与弟子，坐在馆中，等他回时，就下手拿着。忽举头一看，见柱壁上有对联云：

赵氏孤儿，切齿不忘屠岸贾。
伍员烈士，鞭尸犹恨楚平王。

又壁上题有诗句云：

自叹年来运不齐，子孙零落却无遗；
心怀东海波澜阔，气压西江草树低。
怨处咬牙思旧恨，豪来挥笔记新诗；
男儿不展风云志，空负天生八尺躯。

真君看诗对已毕，大惊，谓弟子曰："此诗此对，皆是复仇之诗。若此孽不除，终成大患，汝等务宜勉力擒之！"言未毕，忽史老来馆中，看孙子攻书。时盛冬天气，史老身上披领羊裘，头上戴顶暖帽，徐徐而来。及见真君丰姿异常，连忙施礼，问曰："先生从何而来？"真君曰："小生乃豫章人，特来访友。"史老谓孙子曰："客在此，何不通报？"遂邀真君与二弟子至家下告茶。茶毕，史老问真君姓名，真君曰："小生姓许名逊，此二徒，一姓施名岑，一姓甘名战。"史老曰："闻得许君者，法术甚妙，诛灭蛟精，敢是足下否？"真君曰："然。"史老遂下拜。真君以其年老，连忙答礼。史老问曰："仙驾临此，欲何为？"真君曰："尊府教令孙者，乃孽龙精也，变形于此，吾寻踪觅迹，特来擒之。"史老大惊曰："怪道这个先生无问寒天暑天，日从涧中洗浴。浴水之处，往时浅浅的，今成一潭，深不可量。"真君曰："老翁有缘，幸遇小生相救，不然，今日是个屋舍，后日是个江河，君家且葬鱼腹矣。"史老曰："此蛟精怎的拿他？"真君曰："此孽千变万化，他若堤防于我，擒之不易。幸今或未觉，纵要变时，必资水力。可令公家凡水缸水桶洗脸盆，及碗盏之类，皆不可注水，使他变化不去，我自然拿了他。"史老吩咐已毕。孽龙正洗浴回馆，真君见了，大喝一声："孽畜！走哪里去？"孽龙大惊，却待寻水而变，遍处无水，唯砚池中有一点余水未倾，遂从里面变化而去，竟不知其踪迹。后人有诗叹曰：

> 堪叹蛟精玄上玄，墨池变化至今传。
>
> 当时若肯心归正，却有金书取上天。

史老见真君赶去孽龙，甚是感谢，乃留真君住了数日，极其款曲。真君曰："此处孽龙居久，恐有沉没之患，汝可取杉木一片过来，吾书符一道，打入地中，庶可以镇压之。"真君镇符已毕，感史老相待殷勤，更取出灵丹一粒，点石一片，化为黄金，约有三百余两，相谢史老而去。施岑曰："孽龙今不知遁在何处？可从此湖广上下，遍处寻诛之。"真君曰："或此孽瞰我等在此，又往豫章，欲沉郡城土地，未可知也。莫若且回家中，觅其踪迹，如果不在，再往外获之未晚。"于是师弟们一路回归。

却说孽龙精砚池变去，又化为美少男子，逃往长沙府。闻知刺史贾玉家生有一女，极有姿色，怎见得：

> 眉如翠羽，肌如凝脂，齿如瓠犀，手如柔荑。脸衬桃花瓣，鬓堆金凤丝。秋波湛湛妖娆态，春笋纤纤娇媚姿。说什么汉苑王嫱，说什么吴宫西施，说什么赵家飞燕，说什么杨家贵妃。柳腰微摆鸣金珮，莲步轻

移动玉肢。月里姮娥难比此，九天仙子怎如斯？

蜃龙遂来结拜刺史贾玉。贾玉问曰："先生何人也？"答曰："小人姓慎名郎，金陵人氏。自幼颇通经典，不意名途淹滞，莫能上达，今作南北经商之客耳。因往广南贩货，得明珠数斛，民家无处作用，特来献与使君，伏望笑留。"贾使君曰："此宝乃先生心力所求，况汝我萍水相逢，岂敢受此厚赐。"再三推拒。慎郎献之甚切，使君不得已而受之。留住数日，使君见慎郎礼貌谦恭，丰姿美丽，琴棋书画，件件皆能，弓矢干戈，般般惯熟，遂欲以女妻之。慎郎鞠躬致谢，复将珍宝厚贿使君亲信之人，悉皆称赞慎郎之德。使君乃择吉日，将其女与慎郎成亲，不在话下。

却说慎郎在贾府成婚以后，岁遇春夏之时，则告禀使君，托言出游江湖，经商买卖。至秋冬之时，则重载船只而归，皆是奇珍异宝。使君大喜曰："吾得佳婿矣！"盖不知其为蛟精也。所得资财宝货，皆因春夏大水，覆人舟船，抢人财宝，装载而归。慎郎入赘三年，复生三子。一日慎郎寻思起来，不胜忿怒曰："吾家世居豫章，子孙族类，一千余众，皆被许逊灭绝，破我巢穴，使我无容身之地。虽然潜居此地，其实怨恨难消，今既岁久，谅许逊不复知有我也。我今欲回豫章，大兴洪水，溃没城郡，仍灭取许逊之族，报复前仇，方消此恨。"言罢，来见使君。使君问曰："贤婿有何话说？"慎郎曰："方今春风和暖，正宜出外经商，特来拜辞岳父而去。家中妻子，望岳丈看顾。"使君曰："贤婿放心前去，不必多犹，若得充囊之利，早图返棹。"言罢，分别而去。

时晋永嘉七年，真君与其徒甘战、施岑周览城邑，遍寻蛟孽，三年间，杳无踪迹，已置之度外去了。不想这蜃龙自来送死。忽一日，道童来报，有一少年子弟，丰姿美貌，衣冠俊伟，来谒真君。真君命入，问曰："先生何处人也？"少年曰："小生姓慎名郎，金陵人氏。久闻贤公有斡旋天地之手，慑伏蜃龙之功，海内少二，寰中寡双，小生特来过访，欲遂识荆之愿，别无他意。"真君曰："蛟精未除，徒负虚名，可愧，可愧！"真君言罢，其少年告辞而出。真君送而别之。甘、施二弟子曰："适间少年，是何人也？"真君曰："此蜃龙也，今来相见，探我虚实耳。"甘、施曰："何以知之？"真君曰："吾观其人妖气尚在，腥风袭人，是以知之。"甘、施曰："既如此，即当擒而诛之，何故又纵之使去也？"真君曰："吾四次擒，皆被变化而去，今佯为不知，使彼不甚堤防，庶可随便擒之耳。"施岑乃问曰："此时不知逃躲何处？吾二人愿往杀之。"真君举慧眼一照，乃曰："今在江浒，化为一黄牛，卧于郡城沙碛之上。我今化为黑牛，与之相斗，汝二人可提宝剑，潜往窥之。候其力倦，即拔剑而挥之，蛟必可诛也。"言罢，遂化一黑牛，奔跃而去，真个：

四蹄坚固如山虎，两角峥嵘似海龙。

今向沙边相抵触，神仙变化果无穷。

真君化成黑牛，早到沙碛之上，即与黄牛相斗，恰斗有两个时辰，甘、施二人，蹑迹而至，正见二牛相斗，黄牛力倦之际，施岑用剑一挥，正中黄牛左股。甘战亦挥起宝剑斩及一角，黄牛奔入城南井中，其角落地。今马当相对，有黄牛洲，此角日后成精，常变牛出来，害取客商船只。不在话下。

却说真君谓甘、施曰："孽龙既入井中，谅巢穴在此。吾遣符使吏兵导我前进，汝二人可随我之后，蹑其踪迹，探其巢穴，擒而杀之，以绝后患。"言罢，真君乃跳入井中。施、甘二人，亦跳入井中。符使护引真君前进，只见那个井，其口上虽是狭的，到了下面，别是一个乾坤。这边有一个孔，透着那一个孔，那边有一个洞，透着那一个洞，就似杭州城二十四条花柳巷，巷巷相穿；又似龙窟港三十六条大湾，湾湾相见。常人说道："井中之蛙，所见甚小。"盖未曾到这个所在，见着许大世界。真君随符使一路而行，忽见有一样物件，不长不短，圆圆的相似个擂槌模样。甘战拾起看时，乃是一车辖。问于真君曰："此井中，怎的有此车辖？"真君曰："昔前汉有一人，姓陈，名遵，每大会宾客，辄闭了门，取车辖投于井中，虽有急事，不得去。必饮罢，才捞取车辖还人。后有一车辖，再捞不起，原来水荡在此处来了。"

又行数里，忽见有一个四方四角，新新鲜鲜的物件，施岑检将起来一看，原来是个印匣儿。问于真君，真君曰："昔后汉有宦官张让劫迁天子，北至河上，将传国玉玺投之井中，再无人知觉。后洛阳城南骊宫井有五色气一道直冲上天，孙坚认得是宝贝的瑞气，遂命人浚井，就得了这一颗玉玺。玺便得去，却把这个匣儿遗在这里。"又行数里，忽见有一件物，光闪闪，白净净，嘴湾湾，腹大大的，甘战却拾将起来一看，原来是个银瓶。甘战又问于真君，真君曰："曾闻有一女子吟云：'石上磨玉簪，玉簪欲成中央折；井底引银瓶，银瓶欲上丝绳绝。'想这个银瓶，是那女子所引的，因断了绳子，故流落在此。"

符使禀曰："孽龙多久遁去，真仙须急忙追赶，途路之上，且不要讲古。"真君于是命弟子趱步而行。只见水族之中，见了的，唬得魂不附体，鲇鱼儿只把口张，团鱼儿只把颈缩，虾子儿只顾拱腰，鲫鱼儿只顾摇尾，真君都置之不问。却说那符使引真君再转一湾抹一角，正是行到山穷水尽处，看看在长沙府贾玉井中而出。真君曰："今得其巢穴矣。"遂辞了符使回去，自来抓寻。

却说孽龙精既出其井，仍变为慎郎，入于贾使君府中。使君见其身体狼狈，举家大惊，问其缘故。慎郎答曰："今去颇获大利，不幸回至半途，偶遇贼盗，资财尽劫。又被杀伤左额左股，疼痛难忍。"使君看其刀痕，不胜隐痛。令家僮请求医士疗治。真君乃扮作一医士，命甘、施二人，扮作两个徒弟跟随。这医士呵：

道明贤圣，药辨君臣。遇病时，深识着望闻问切；下药处，精知个功巧圣神。戴唐巾，披道服，飘飘扬扬；摇羽扇，背葫芦，潇潇洒洒。诊寸关尺三部脉，辨邪审痼，奚烦三折肱；疗上中下三等人，起死回生，只是一举手。真个是东晋之时，重生了春秋扁鹊；却原来西江之地，再出着上古神农。万古共称医国手，一腔都是活人心。

却说真君扮了医士，贾府僮仆见了，相请而去；进了使君宅上，相见礼毕，使君曰："吾婿在外经商，被盗贼杀伤左额左股，先生有何妙药，可以治之？容某重谢。"真君曰："宝剑所伤，吾有妙法，手到即愈。"使君大喜，即召慎郎出来医治。当时蛟精卧于房中，问僮仆曰："医士只一人么？"僮仆曰："兼有两个徒弟。"蛟精却疑是真君，不敢轻出。其妻贾氏催促之曰："医人在堂，你何故不出？"慎郎曰："你不晓事，医得我好也是这个医士，医得不好也是这个医士。"贾氏竟不知所以。使君见慎郎不出，亲自入房召之。真君乃随使君之后，直至房中厉声叱曰："孽畜再敢走么？"孽龙计穷势迫，遂变出本形，蜿蜒走出堂下。不想真君先设了天罗地网，活活擒之。又以法水喷其三子，悉变为小蛟。真君拔剑并诛之。贾玉之女，此时亦欲变幻，施岑活活擒住。使君大惊。真君曰："慎郎者，乃孽龙之精，今变作人形，拜尔为岳丈。吾乃豫章许逊，追寻至此擒之。尔女今亦成蛟，合受吾一剑。"贾使君乃与其妻，跪于真君之前，哀告曰："吾女被蛟精所染，非吾女之罪，伏望怜而赦之！"真君遂给取神符与贾女服之，故得不变。

真君谓使君曰："蛟精所居之处，其下即水。今汝舍下深不逾尺，皆是水泉。可速徙居他处，毋自蹈祸！"使君举家惊惶，遂急忙迁居高处。原住其地，不数日果陷为渊潭，深不可测。今长沙府昭潭是也。施岑却从天罗地网中取出孽龙，欲挥剑斩之。真君曰："此孽杀之甚易，擒之最难。我想江西系是浮地，下面皆为蛟穴。城南一井其深无底，此井与江水同消长，莫若锁此畜回归，吾以铁树镇之井中，系此孽畜于铁树之上，使后世，倘有蛟精见此畜遭厥磨难，或有警惕，不敢为害。"甘战曰："善。"遂锁了孽龙，径回豫章。于是驱使神兵，铸铁为树，置之郡城南井中。下用铁索钩锁，镇其地脉，牢系孽龙于树，且祝之曰：

铁树开花，其妖若兴，吾当复出。铁树居正，其妖永除，水妖屏又留记云：

> 铁树镇洪州，万年永不休！天下大乱，此处无忧；天下大旱，此处薄收。

又元朝吴全节有诗云：

> 八索纵横维地脉，一泓消长定江流；
> 豫章胜地由天造，砥柱中天亿万秋。

真君又铸铁为符，镇于鄱阳湖中。又铸铁盖覆于庐陵元潭，今留一剑在焉。又立府靖于崦嵫山顶，皆所以镇压后患也。

真君既擒妖孽，功满乾坤。时晋明帝太宁二年，大将军王敦字处仲，出守武昌，举兵内向，次洞庭湖。真君与吴君同往说之，盖欲止敦而存晋室也。是时郭景纯亦在王敦幕府，因此三人得以相会。景纯谓真君曰："公斩蠚蛟精，功行圆满，况曩时西山之地，灵气钟完，公不日当上升矣。"真君感谢。

一日，景纯同真君、吴君来谒王敦。敦见三人同至，大喜，遂令左右设宴款待。酒至半酣，敦问曰："我昨宵得一梦，梦见一木破天，不知主何吉凶？"真君曰："木上破天，乃未字也。公未可妄动！"吴君曰："吾师之言，灼有先见，公谨识之。"王敦闻二君言，心甚不悦，乃令郭璞卜之。璞曰："此数用克体，将军此行，干事不成也。"王敦不悦曰："我之寿有几何？"璞曰："将军若举大事，祸将不久，若遂还武昌，则寿未可量。"王敦怒曰："汝寿几何？"璞曰："我寿尽在今日。"王敦大怒，令武士擒璞斩之。真君与吴君举杯掷起，化为白鹤一双，飞绕梁栋之上。王敦举眼看鹤，已失二君所在。

且说郭璞既死，家人备办衣衾棺椁，殓毕。越三日，市人见璞衣冠俨然，与亲友相见如故。王敦知之不信，令开棺视之，果无尸骸，始知璞脱质升仙也，自后王敦行兵果败，遂还武昌而死，卒有支解之刑，盖不听三君之谏，以至于此。

再说吴君邀真君同下金陵，遨游山水。既而欲买舟上豫章，打头风不息。舟中人曰："当此仲夏，南风浩荡，舟船难进，奈何？"真君曰："我代汝等驾之，汝等但要瞑目安坐，切勿开眼窥视。"吴君乃立于船头，真君亲自把船，遂召黑龙二尾，挟舟而行。经池阳之地，以先天无极都雷府之印，印西崖石壁上以辟水怪，今有印纹。舟渐渐凌空而起，须臾，过庐山之巅，至云霄峰，二君欲观洞府景致，故其船梢刮抹林木之表，戛戛有声。舟人不能忍，皆偷眼窥之，忽然舍舟于层峦之上，折桅于深涧之下，今号铁船峰，其下有断石，即其桅也。真君谓舟人曰："汝等不听吾言，以至如此，今将何所归乎？"舟人恳拜，愿求济度之法。真君教以服饵灵药，遂得辟谷不饥，尽隐于紫霄峰下。二君乃各乘一龙，回至豫章，遂就旧时隐居，终日与诸弟子讲究真诠，乃作思仙之歌云：

> 天运循环兮，疾如飞，人生世间兮，欲何为？争名夺利兮，徒丘墟，风月滋味兮，有谁知？不如且进黄金卮，一饮一唱日沉西。丹砂养就玉龙池，小口世界宽无涯；世人莫道是愚痴，酩然一笑天地齐。

又作八宝垂训曰：

> 忠孝廉谨，宽裕容忍；忠则不欺，孝则不悖；廉而罔贪，谨而勿失。修身如此，可以成德。宽则得众，裕然有余；容而翕受，忍则安舒。接人以礼，怨咎涤除。凡我弟子，动静勤笃。念兹在兹，当守其独！有丧厥心，三官考戮。

却说天地水府三元三品三官大帝，及太白金星，因言真君原是玉洞天仙下降。今除荡妖孽，惠及生灵，德厚功高。其弟子吴猛等，扶同真君，共成至道，皆宜推荐，以至天庭。商议具表，奏闻玉帝。玉帝准奏，乃授许逊九天都仙大使，兼高明大使之职，封孝先王。远祖祖父，各有职位。先差九天采访使崔子文、段丘仲捧诏一道，谕知许孙，预示飞升之期，以昭善报。采访二仙捧诏下界，时晋孝武宁康二年甲戌，真君时年一百三十六岁。八月朔旦，见云仗自天而下，导从者甚众，降于庭中。真君迎接拜讫，二仙曰："奉玉皇敕命，赐子宝诏，子可备香花灯烛，整顿衣冠，俯伏阶下，以听宣读！"诏曰：

> 上诏学仙童子许逊：卿在多劫之前，积修至道，勤苦悉备。天经地纬，悉已深通；万法千门，罔不师历。救灾拔难，除害荡妖；功济生灵，名高玉籍。众真推荐，宜有甄升，可受九州都仙大使、兼高明大使、孝先王之职。赐紫彩羽袍、琼瑶宝节各一事。期以八月十五午时，拔宅上升。诏书到日，信诏奉行。

读罢，真君再拜，遂登阶受诏毕，乃揖二仙上坐，问其姓名。二仙曰："余乃崔子文、段丘仲，俱授九天采访使之职。"真君曰："愚蒙有何德能，感动天帝，更劳二仙下降？"二仙曰："公修己利人，功行已满。昨者群真保奏，升入仙班，相迎在迩，先命某等捧诏谕知。"言毕，遂乘龙车而去。真君既得天书之后，门弟子吴猛等，与乡中耆老，及诸亲眷，皆知行期已近，朝夕会饮，以叙别情。真君谓众人曰："欲达神仙之路，在先行其善而后立其功。吾去后一千二百四十年间，豫章之境，五陵之内，当出地仙八百余人。其师出于豫章，大阐吾教。以吾坛前松树枝垂覆拂地，郡江心中，忽生沙洲掩过井口者，是其时也。"后人有言："龙沙会合，真仙必出。"按龙沙在章江西岸畔，与郡城相对，事见《龙沙记》。潘清逸有《望龙沙》五言诗云：

> 五陵无限人，密视松沙记；
> 龙沙虽未合，气象已虚异。
> 昔时云浪游，半作桑麻地；
> 地形带江转，山势若连契。

是时八月望日，大营斋会，遍召里人及诸亲友并门弟子，长少毕集。至日中，遥闻音乐之声，祥云缭绕，渐至会所。羽盖龙车，仙童彩女，官将吏兵，前后拥护。前采访使崔子文、段丘仲二仙又至。真君拜迎。二仙复宣诏曰：

> 上诏学仙童子许逊：功行圆满，已仰潜山司命官，传金丹于下界，返子身于上天。及家口厨宅，一并拔之上升。着令天丁力士与流金火铃，照辟中间，无或散漫。仍封远祖许由玉虚仆射；又封曾祖许琰太微兵卫大夫，曾祖母太微夫人；其父许肃封中岳仙官，母张氏封中岳夫人。钦此钦遵，诏至奉行。

真君再拜受诏毕。崔子文曰："公门下弟子虽众，唯陈勋、曾亨、周广、时荷等外，黄仁览与其父，盱烈与其母，共四十二口，合当从行。余者自有升举之日，不得皆往也。"言罢，揖真君上了龙车，仙眷四十二口，同时升举。里人及门下弟子，不与上升者，不舍真君之德，攀辕卧辙，号泣振天，愿相随而不可得。真君曰："仙凡有路可通，汝等但能遵行孝道，利物济民，何患无报耶！"真君族孙许简哀告曰："仙翁拔宅冲升，后世无所考验，可留下一物，以为他日之记。"真君遂留下修行钟一口，并一石函，谓之曰："世变时迁，此即为陈迹矣。"真君有一仆名许大者，与其妻市米于西岭，闻真君飞升，即奔驰而归。行忙车覆，遗其米于地上，米皆复生，今有覆米冈、生米镇犹在。比至哀泣，求其从行。真君以彼无有仙分，乃授以地仙之术，夫妇皆隐于西山。仙仗既举，屋宇鸡犬皆上升。唯鼠不洁，天兵推下地来。一跌肠出，其鼠遂拖肠不死。后人或有见之者，皆为瑞应。又坠下药臼一口，碾毂一轮，又坠下鸡笼一只，于宅之东南十里。又许氏仙姑，坠下金钗一股，今有许氏坠钗洲犹在。时人以其拔宅上升，有诗叹美云：

> 慈仁共美许旌阳，惠泽生民耿不忘。
> 拔宅上升成至道，阳功阴德感苍苍。

仙驾飞空渐远，望之不可见，唯见祥云彩霞，弥漫上谷，百里之内，异香芬馥。忽有红锦帏一幅飞来，旋绕故地之上。

却说真君仙驾经过袁州府宜春县栖梧山，真君乃遣二青衣童子，下告王朔，具以玉皇诏命，因来相别，王朔举家瞻拜，告曰："朔蒙尊师所授道法，遵奉已久，乞带从行！"真君曰："子仙骨未充，止可延年得寿而已，难以带汝同行。"乃取香茆一根掷下，令二童子授与王朔，教之曰："此茆味异，可栽植于此地，久服长生。甘能养肉，辛能养节，苦能养气，咸能养骨，滑能养肤，酸能养筋，宜调和美酒饮之，必见功效。"言讫而别。王朔依真君之言，即将此茆栽植，取来调和酒味服之，寿三百岁而终。今临江府玉虚观即其地也。仙茆至今犹在。真君飞升之后，里人与其族孙许简，就其地立祠，以所遗诗一百二十首，写于竹简之上，载之巨筒，令人探取，以决休咎。其修行钟、药毂、药臼、石函等事，并宝藏于祠。后改为观，因空中有红锦帏飞来旋绕，故名曰游帏观。

真君既至天庭，玉帝升殿，崔子文、段丘仲二仙引真君与弟子等听候玉旨。玉帝宣入朝见，真君扬尘拜舞，俯伏金阶下，上表奏曰："臣许逊庸才劣质，虽有咒水行符鹹毒之功，盖亦赖众弟子十一人之力。今弟子之中止有陈勋、曾亨、周广、时荷、黄仁览、盱烈六人，已蒙圣恩超升天界。更有吴猛、施岑、甘战、钟离嘉、彭抗五人，未蒙拔擢，诚为缺典。望乞一视同仁，宣至天庭，同归至道。"玉帝见奏，即传玉旨差周广为使，赍传诏旨，令吴猛等五人同日上升。周广即拜辞玉帝，赍诏下宣。是时乃晋宁康二年九月初一日也。吴猛时年一百八十六岁，见真君上升，己不与从，心曲怏怏。正与施岑、甘战、钟离嘉、彭抗四道友，同归西宁，聚义修炼。只见周广赍诏自天而下，众相见毕，动问其下界之故。周广曰："吾师朝见玉帝，奏上帝诸位仙友多助仙功，未得上升，恳求玉帝超擢。玉帝即差广赍诏旨，令五君上升，同归至道。"五人听言大喜，各乘白鹿车，白昼冲升。今有吴仙村吴仙观，是其飞升之处。然真君所从游者三千余人，其有功有行而得上升者，通吴君十有一人焉耳。真君领弟子朝见玉帝毕，玉帝各授以仙职。遂率群弟子拜谒太师祖孝悌明王卫弘、师祖孝明王兰公、师傅谌母已毕，又谢了三官金星保奏之功。真君又荐举故人许都胡云、云阳詹晼二人，皆有道之士，玉帝皆封真人之号。不在话下。

却说真君自升仙后，屡显神通。隋炀帝无道，烧毁佛祠，乃将游帷观废毁。唐高宗永淳年间，遂命真人胡惠超重新新建之。至宋太宗、仁宗皆赐御书，真宗时赐改游帷观曰玉隆宫。至宋代政和二年，徽宗忽得重疾，面生恶疮。昼寝恍然一梦，见东华门有一道士，戴九华冠，

披绛章服，左右童子，持剑导前，来至丹墀稽首。帝疑非人间道士，因问曰："卿是何人？"道士对曰："吾为许旌阳，权掌九天司职，上帝诏往西瞿耶国按察，经由故国，知主上患疾，特来顾之。"帝曰："朕患毒疮，诸药不能愈，卿有药否？"道士即取小瓢子倾药一粒，如绿豆子大，呵气抹于徽宗疮上，遂揖而去。且曰："吾洪都西山弊舍，久已零落，乞望圣眼一瞻为幸。"帝豁然而寤，觉满面清凉，以手摩之，疮遂愈矣。乃令近臣将图经考之，见洪州西山有许旌阳遗迹。诏造许真君行宫，改修玉隆宫，仍添"万寿"二字，塑真君新像，尊号曰"神功妙济真君"。许真君所遗之物，皆有神护守，不可触犯。如殿前手植柏树，其荣瘁常兆本宫盛衰，翦叶煮汤，诸病可愈。井中铁树，唐严撰作洪州牧，心内不信，令人掘

发。俄然天变，忽有迅雷烈风，江波泛溢，城郭震动。撰惧，叩头悔谢，久之而后止。又强取修行钟，置之僧寺，击之声哑如土木。撰坐寐，见神人叱责，醒觉，而送钟还宫。又碾轮、药臼，州牧徐登令取至府观之，犹未及观，遂乃飞去还宫。又石函，唐朝张善安窃据洪州，强凿开其盖，内册朱书数字云："五百年后，强贼张善安开凿之。"善安看毕，恐惧遂磨洗其字，终不泯灭。因藏其盖，其字尚留函底。宋高宗建炎间，金人寇江左，欲焚毁宫殿。俄而水自楹桷喷出，火不能烧，虏酋大惊，乃彻兵而去。皇明列圣，元加寅奉，敕赐重修宫殿。真君屡出护国行医。正德戊寅年间，宁府阴谋不轨，亲诣其宫，真君降箕笔云：

　　三三两两两三三，杀尽江南一担担。
　　荷叶败时黄菊绽，大明依旧镇江山。

后来果败。诸灵验不可尽述。后人有诗叹云：

金书玉检不能留，八字遗言可力求；
试看真君功行满，三千弱水自通舟。

附　录

三桂堂本第四十卷
叶法师符石镇妖

> 世上浮名本不奇，遥遥千里欲何之？
> 狂风急雨堪销骨，裂雪严霜可断须。
> 万物从来皆有怪，一身何处不逢机。
> 请君认得家乡好，莫向天涯惹是非。

这首诗单劝人守分营生，安居乐业，切莫道在家淡泊，痴心妄想，要往远方图个高名厚利。正不知在家虽则淡泊，却脚踏实地，没甚惊惶恐吓。若到外方行走，陆路有鞍马之劳，水路有波涛之虑；陆路又有虎豹豺狼，水路又有蛟龙鱼鳖；陆路要防响马草寇，剪径拐子；水路要防钻舱水贼，抽帮打劫。还有那谋财的店主，劫客的艄公。就是合伴的伙计，跟随的奴仆，往往有见财起意，反面无情。只这几般厉害，倘或遭遇，大则倾陷性命，小则流落他乡，那时要求家中的淡泊也不能勾了。所以古老有言："出外一里，不如家里。"又道："不历风波险，安知行路难。"

看官，这几般虽则厉害，也还是人世常有之事，未足为异。如今且听在下说一桩路途遭难，希奇作怪的故事。这故事若说出来时，直教：

> 积年老客也惊心，新出商人须缩首。

话说大唐高宗时，有个官人姓李名鹔，字羽南，敦煌人氏。那敦煌乃边鄙之地，读书的少，习武服田的多。这李鹔耻随流俗，立志苦工磨穿雪案，萤窗究彻圣经贤传，做了个饱学才人。到中宗嗣圣元年，开科取士，李鹔赴京应试。是年凡中进士科二十名，博学宏词科二十名。李鹔应博学宏词科，得魁金榜，除授绛县县尹。

若论李勉这般才学，又是个边卷，合该在翰林供奉，只因对策里边有两句言语指斥时事，触犯了武则天太后，所以不得清华之选。你道触犯武则天的是甚言语？那策中有云：

> 栉风沐雨之天下，正在吾宗；礼乐文章之纲纪，勿归他姓。

原来是时高宗新崩，中宗初立，武则天揽权树党，不容中宗作主，渐渐有废子自立之意。满朝文武官员，谁不畏惧太后威势？大小政令俱要禀命，就是平章军国重务，及春秋两番贡学大事，没有太后旨意，谁敢擅行？所以新进士廷对策一一都要到太后宫中经过，方敢揭榜。谁知李勉不识时务，用这一联说话道破了他的机关。太后看到此处，不觉拍案大怒，便要倾他性命。因是新进，没甚罪过，又恐失了人心，勉强与他个外任。这也是万分侥幸了。

李勉领了诰身，即日离京回乡，带领家眷赴任，那时武则天已废中宗为庐陵王，安置房州，又立了睿宗。不多几时，太后自占了天位，建号改年，天下拱手从顺，李勉也只得自安其位。喜得他立志廉洁，爱民如子。更有一件好处：不肯交结权要，希图汲引。因此合县钦服，清名直传播到京师。那时虽是女主当阳之日，公道还有几分，随他李勉这样不结交权要，不十年间，也转到刺史之职，出守邵州。

李勉故乡敦煌本在极边，历任却多在内地，所以自登仕路，从未曾到家。今番授了邵州之职，不免枉道还乡祭祖。那宗族亲戚都来庆贺，尽怀厚望。那晓得他宦囊清涩，表情而已。凭你说得唇破舌穿，也还道是矫廉悭吝。

李勉在家盘桓两月，收拾起程。一行数余人，至亲只有三口：一个是夫人金氏，一个是才周岁的孩儿。一路马车直至邵州。金陵登舟，不想路途劳顿，下得船来，身体慵倦，更兼有个鼻衄之症，不时发作。又见洞庭湖风波险恶，愈觉心惊。看看前至岳州，猛然想起一个念头，开言说道："夫人，我今不去赴任了。"夫人惊讶道："相公历了许多风霜劳苦，来到此间，闻去邵州已近，如何反生退悔之念？"李勉道："不是我有退悔之意，想将起来，当今武太后占了天位，皇帝久困房州，内有张昌宗、张易之这辈幸臣擅权用事，外有周兴、来俊臣那般酷吏罗织害人，王孙贵戚诛夷殆尽，义士忠臣力杀无遗。我向年官卑职小，没人起念，如今做了刺史，是守土重臣，岂无小人嫉妒？倘有丝毫不到之处，身家便难保全。更兼儿子幼小，自己鼻血症候又不时发作，何苦忍着病痛，担着惊恐，博这虚名虚器？不如挂冠回去，淡饭粗衣，到也逍遥散诞！"夫人道："你话虽说得有理，只是目下还撇不得这官哩！"李勉道："却是为何？"夫人道："我家向来贫寒，没甚田产，及至做官，又不要钱钞。如今若就罢官，照旧是个穷酸秀才，怎生过活？这还是小事，到孩子长大起来，聘娶读书之费，把什么来使用？依着我，还该赴任。此番莫学前任，一清到底了。分内该取的，好歹也要些儿，做他两三年，料必也有好些财物。那时收拾归去，置些产业，传与儿孙享用，可不名利两全！"李勉听了夫人这片言语，沈吟暗想，果然没甚产业，后来子孙无不贫乏之虑。把为官之念却又拨转，乃道："夫人之言也说得是，但我在任清白，岂可今番为着子孙之计，顿然改节？只好积下这两三年俸金，回去置买几亩田地，教子孙耕读便了。"夫人道："自来做官的那一个是不要钱的？偏你有许多胶柱鼓瑟！"

夫妻们正话间，忽然括起大风，波涛鼎沸，把船只险些掀翻，惊得满船失色。幸喜还是个顺风，顷刻间便到了岳州城下。艄工下帆傍岸，系缆抛锚，等候风息再行。李勉又受了这场惊恐，把做官念头又冷了一半。到了次日，对夫人说道："这岳州乃荆襄要会，三楚名邦，有白鹤山、岳阳楼许多景致，我且上去观玩一番。"夫人听说，即唤侍儿："取过冠带与相公更换。"李勉道："乘闲游玩，何消冠带，随身衣服便了。"道罢，走出船头，唤过两个仆人跟随。艄子打著扶手，主仆登涯，慢腾腾步进岳州城里。

那城中六街三市，做买做卖的十分闹热，往来的衣冠人物也都朴素轩昂。李勉观之不足，玩之有余。正当游行之际，只见闹市中显出一个铺面，门首立个招牌，上写着：

折字如神，吉凶立见。

李勉看了，心中暗想："我今行藏走定，进退狐疑，何不就他一问，以决行止？"随跨上阶头，举手向前，道声："先生请了。"那先生起身答礼道："尊官请坐。"李勉便向左边椅上坐下，道："先生，在下有事不决，求拆一字。"那先生道："信口说来，不要思想。"李勉抬头见对面壁上一幅白纸，又写著四句道：

字中玄妙，水流花开；
其字则一，八面推来。

李勉随手就指着"其"字说道："先生，就是这'其'字吧。"那先生展开一张素纸，把笔醮上些墨水，向纸上写下这个"其"字，沈思半晌，开言问道："尊官，此字何用？"李勉道："在下敦煌人氏，在江河上做些小小生意，乘便要到邵州地方寻一相知，因见路上不好行走，意欲转去，两念未决，烦恼先生指示。"那先生又把"其"字的意思仔细想了一回，乃道："尊官可是因路上风波危险，要想回家去吗？"李鹢道："还是去的好，不去的好？"那先生道："要去不去，不去要去。"李鹢道："先生差矣！或该去，或不该去，只一言而决，如何说这葫芦提的话？"先生笑道："尊官休要性急！据这'其'字，数中有许多蹊跷古怪的缘故，待我细细说来。这'其'字便是尊官主身，加着水旁，成个'淇'字，应在尊官有江河之行了。假如水字正书，两边相称，即为波平浪静，管取中流稳渡了。如今乃是三点水，下边这一点倒挑起来，即为波涛反激之状，这不是身临风浪之危，兴起归与之念了？去了水字，换个马字旁，是为骐字，身虽具不动之形，马却有驰骋之势，此不去要去也。左旁除下马字，右旁加上月字，合成期字，如今红日中天，那得有月？所以归去无期，此要去不去也。再去了月字，贴上虫字，则为蜞字。蜞为水族介虫之属，有横行之势，原从淇字水旁推起，当有鳞介之类，得水相济，成器为妖，今紧贴尊官主身'其'字，此物必要来害尊官性命。再将'其'字中二画拆去，便是共字，此物当与尊官共为一身。应主妖物化作尊官，尊官化作妖物，方才应得这个'其'字。"李鹢听了这般言语，心下暗想道："本要问他决个行止，不道讲出这些胡话来。"忍不住又问道："既在下与妖物互相更变，后来毕竟如何？"先生道："'其'字成数有八，自八以内为七，七者生数；自八以外为九，九者死数。今生数有余，死数未到，主有八月灾难，不至伤身。又八数在易则为八卦，在天则为八风，当有道通天地，气合阴阳一个异人前来，方得消灾解难，起死回生，元神复旧。"

李鹢一发见他说得荒唐，冷笑一声，又戏言道："然则救我之人，数该何姓？"先生道："事难遥度，理有可推，你再说一个字来。"李鹢就指着壁上"水流花开"中"花"字与他看，先生随口应道："花须叶护，救你的定主姓叶。"李鹢笑道："唤甚名字？"先生道："天机不可尽泄，到后自当应验。"李鹢道："倘或不验，却是如何？"先生道："尊官莫轻觑此灾，必不出八八时中。若过第六日无事，径来打碎招牌，下情赔礼。"

李鹢初时分毫不信，到后见说得这般斩钉截铁，顿添疑惑，唤从人将银子谢了先生，作别起身。也无心到岳阳楼游玩，急忙取路回船，对夫人说这拆字的缘故。夫人听了，说道："相公休听这走方花子，从古至今，那曾见有妖物变人，人变妖物之事！"李鹢道："初时我原不信，因他说过了第六日不验，情愿打碎招牌，下礼请罪，故此心内疑惑。"夫人笑道："相公，你枉自聪明，却被这花子哄了。我们在此守风，这暴风无非一周时，最多也不过三日便开船了，难道为这拆字的，直等到六日后才行不成？"李鹢顿足道："夫人见得是，我一时见不到，被他惑了！"叫家人李贵吃了午膳再进城去买本州土产方竹杖及竹簟等物，凑送人事。

李贵奉命去，到日晚，却同着本州一个差役回船，说："因买竹篝与铺家斗口，撕打起来，被他扭到州里，小的说是李爷家人，刘太爷押小的到此查探。若果是李爷，先投名帖。"差役急忙回报："今有名帖在此。"李鹗看了名帖，对夫人道："刘公名申，与我同科，昔在都中会晤，甚是相契。今日停泊在此，吾恐取干涉之厌，所以不去拜他。"金夫人道："相公，你也忒狷介了。"李刺史也将名帖教李贵同差役回覆。

刘申随即出城，上船来拜，彼此寒暄，各道自都中分手，天各一方，欲晤无繇，正是他乡遇故知，话浓不觉日暮，刘太守辞别回府。次日，风恬浪静，李刺史主意答拜了刘太守，即便开船。不意刘太守再四挽留，设宴款待是不必说，又于词讼中寻些门路，设处百余金聊为赆敬。因此准准盘桓了五日。

其时正是八月中旬天气，李刺史设宴舟中，请刘太守游湖玩景，少酬雅贶。饮至更余，刘申辞谢进城，那轮儿望的明月，正光辉如昼。李鹗乘着酒兴，仍教移船出港，致舟中流，洞开舱窗，重整杯盘，与夫人玩月。次后，夫妻两口儿倚窗而望，则见：湖光涵月色，远雾隐渔灯。李刺史正说："难得刘太守恁般厚情。"忽地将手捏着鼻子，叫声："阿也，苦也！这病又来了！"原来李鹗连日多用了杯中物，俗谚说得好："酒是色媒人。"李鹗酒后未免犯著他，因此鼻衄之病复发，两孔中流下苏木汁来。俯首向窗外放了手，血都滴在船旁撬头板上。这番比旧更多。金夫人取汗巾正替丈夫揩拭余血，只见水动波翻，钻出一件物事，爬上撬头板，把那鼻血舐哂个罄尽。李刺史仔细看时，却是黄猫还大，比犬更小的一个獭，俗名叫作"水狗"。那畜生见人去看他，濮通的撺入水里去了。李鹗想起拆字先生说话，心下颇有些惊疑，便叫拢入港，收拾歇息。一宿无话。

次日，刘太守置酒本府，承值船中邀李刺史游君山饯别。那君山在洞庭湖中，上有十二峰，峰峦跂上，古帝尧之女湘君居此，故名君山。当日，刘太守、李刺史易换便服，只带十数个从人登山游玩。看了柳毅祠，才到得湘妃墓侧，忽然发起一阵怪风来。怎见得：

　　　无形无影透人怀，四季能吹万物开，
　　　　就树撮将黄叶去，入山推出白云来。

那阵风过处，只听得乱树背后深草丛中，扑地一声响，跳出一只斑斓猛虎，剪尾咆哮，撺出林来，径扑李鹗。吓得众人也顾不得什么刺史太守，发声喊，乱撺奔逃。刘太守幸的和众役一般会奔，脱得这场大难。连跌带滚，跑了四五里山路，才到船边，众人气喘急促，忙叫打跳上船不迭。

那李刺史的船因有家眷在内，相隔刘太守的船五十余步。刘太守与众人才上得船，只见李刺史在君山上摆将下来，冷笑着说道："李鹗来了。"刘太守见了李刺史，方才定性，开言教人快请李爷上船。那李刺史全然不采，一径上了自己的船，又唤在先随上山的从人也上了船，喝教舟师："快开船，趁顺风去！"金夫人说道："也该谢别刘太守。"李鹗哪里肯听，李贵也来禀说，李刺史便要打将起来。舟人不敢违拗，只得收拾开船。刘太守再差人来请时，船已开到波心去了。刘太守忙教也张帆赶上去。水手禀道："李爷船风顺帆扬，这里挂帆理楫停当时，李爷船已是去了若干路，如何赶上？"刘太守道："这也是，想是李爷怪我等不顾他，奔了下来。却也好笑，我每又无器械在手，若来救你，连自己性命都送，却不是从井救人，他怎般没分晓！"叫左右传令，开船回府。

舟役尊令正欲开船，只见君山山坡后转出一个老僧，厮赶著一只大鸟，走近船边高叫道："刘太守，莫错怪李刺史，只问这啄蚌鸟便了。三日后便知端的。"说罢，即把啄蚌鸟捧上船来。刘太守未及详问，那老僧化阵风，寂然不见。刘太守十分惊讶，便带啄蚌鸟回府。那鸟不鸣不食，终日呆立，亦不畏人。刘太守心疑，委绝不下。

等到第三日，忽报有道士相访，刘太守出厅，教请相见。叙礼毕，那道士说道："贫道姓叶，法名静能，结庐罗浮山修炼，两日望见洞庭湖中怨气冲天，妖氛敝日，贫道仗剑下山，到洞庭湖左近细察，见妖氛已远，怨气却在相公内衙。"刘太守听罢，惊喜各半，便将前日同李刺史游君山遇虎，及后遇老僧送啄蚌鸟之事备述。叶静能即教快取此鸟来看，刘太守传令，须臾于内衙取至。叶静能看时，却是大似宾鸿的一只鹗鸟。叶静能忙教取水，遂捏诀念咒，望着鹗鸟喷了一口水，煞时毛退羽落，却是峨冠博带的一个李刺史。刘太守与满堂人众大惊失色。

叶静能见李刺史昏迷，知道中毒，取出随身带来的药饵，即教安排些安魂定魄解魔祛毒汤与李刺史吃了。李鹗似梦方觉，说："被老虎所扑，自分必死，何期又到此处？"望着刘太守，纳头便拜道："仁兄之恩，真是天高地厚。"刘太守连忙扶起道："仁兄莫错谢了人。"指着叶静能道："救仁兄者乃是此位法师。"便将往事细述。李鹗听罢，反惊得四肢麻木，半响动弹不得。

叶静能道："妖物如此变幻不测，恐在邵州为害不小，待贫道去剿除妖物。"遂辞别李鹗等众，取路来到邵州。打听得李刺史已上任数日了，静能谛察妖气，正在刺史府中。次日，俟李刺史出来拜客，看那刺史头上一股黑气，直冒到半空里。静能道："原来这个刺史，便是妖怪！"静能看路旁有块捣衣大青石，他便密念咒语，向石喷了一口气，把手向空书符一道，那石在地左盘右旋，忽然飞起空中，刮喇一声，不偏不斜，正压在假刺史头上，连轿带扛都压下去。轿夫人等虽不远咫尺，却不曾压伤半个。众人发声喊，都跑散了，不敢上前。叶静能在人

国学经典文库 中国二十大名著 警世通言 图文珍藏版

丛中走出大叫："众人不得害怕！"众人看时，却是星冠鹤氅一个羽士。静能教众人看石下，已非刺史，乃是百十余围的一个大鼋。那鼋修炼日久，身坚壳硬，却是不曾压死，尚在那里伸头缩尾，被三百余斤的大石压住鼋背，众人方敢上前。叶静能吩咐众人分投去请阖城绅士耆老，半晌齐集。静能喝叫："鼋怪，快供实情！"那老鼋在石下伸头探脑，挣扎不脱，口吐人言，供称道："老鼋生在洞庭湖中，寿已千余岁，颇能变化鸟兽等形。前因变水狗于湖滨窥探，偶吞李刺史鼻血，便能变化人形。不合化虎吓众，将真刺史为啄蚌，假官人是鼋妖。今被擒拿，伏乞饶命。所供是实。"叶静能听罢，便将剑向鼋当头刺去，可怜千岁老鼋，到此一场春梦。烦人将鼋锯开，分食其肉，至今鼋壳尚存。

静能将书符咒水及消毒解腥药饵教李刺史合家调服，静能飘然而去。邵州士绅属官及岳州太守将此事合词奏闻，则天皇后降旨封叶静能普济灵通真人，建祠邵州。李鹔调摄病痊，驰驿上任。李刺史到毒退病痊上任之日，准准的二百四十余日，深叹拆字先生恁般灵验，差人再到岳州谢刘太守及访问拆字先生。那拆字先生已是不知去向。刘太守差人到君山物色送鹔老僧，并无踪迹，唯妙寂庵中方丈左壁上水墨画的僧像，酷似老僧。后来李刺史任满，到君山拜谢僧像，那时刘太守已去任。李刺史自此弃家入山，访叶静能学道，亦成地仙，后世往往有人见之。所以这话本叫作《叶法师符石镇妖》。后人有诗称诵叶静能之功云：

静能法力冠黄冠，斩怪擒妖百姓安；
若非符石腾空起，堂上于今有假官。